Ewald Reder

Sergej Rachmaninow – Leben und Werk

(1873–1943)

Biografie

Ewald Reder

Sergej Rachmaninow – Leben und Werk
(1873–1943)

Biografie

Mit umfassendem Werk- und Repertoireverzeichnis

TRIGA\VERLAG

Die Deutsche Bibliothek – CIP-Einheitsaufnahme
Reder, Ewald:
Sergej Rachmaninow – Leben und Werk (1873–1943):
Biografie / Ewald Reder. –
Gelnhausen: TRIGA\VERLAG, 2001
ISBN 3-89774-039-7

1. Auflage 2001

Herzbachweg 2, D-63571 Gelnhausen

Umschlaggestaltung/Satz: Beate Hautsch, Göttingen
Druck: Alfa-Druck GmbH, Göttingen
Printed in Germany
ISBN 3-89774-039-7

Herrn Chordirektor ADC
Fritz Rotschuh (†1978)
sowie
Herrn Botschaftsrat a.D.
Dr. Erich Sommer (†1996)
in memoriam

There is enough
music for a life,
but not enough
life for music.

(Rachmaninow 1942)

Inhalt

Vorwort

Lieben Sie Rachmaninow?

– Ich weiß es nicht!
– Aber Sie schreiben doch eine Biografie über diesen Mann?
Nein, ich schreibe vielleicht eine Annäherung an das Wesen einer Person nieder, basierend auf seinen Werken, seinen Briefen, seinen Selbstzeugnissen, seinen Schallplattenaufnahmen und vielen Zeugnissen anderer über ihn, die glauben und glaubten ihn gekannt zu haben. Aber ich kann seine Gedanken nicht aufspüren, auch nicht in seinen Selbstzeugnissen. Was einer denkt und schreibt, sind immer zwei Seiten einer Medaille. Was einer wirklich empfindet, weiß ich nicht! Ich erzähle vielfach Belegtes in einem Zusammenhang, den ich selbst schaffe. Seine Fotos, seine Bilder kenne ich. – Wirklich? Ein beherrschtes, kühles Gesicht unter einer hohen Stirn, die in einen kurzen Haarschnitt nahtlos übergeht. Ein voller, sinnlich geschwungener Mund, eine gerade Nase. Beherrscht wird das Gesicht von zwei leicht schräg gestellten Augenpartien. Die Augen selbst wirken melancholisch – aber dies ist schon wieder subjektiv! Er scheint Kühle, Unnahbarkeit, Distanz zu verströmen. Es wird schwer sein, nachspüren zu wollen, was ein solcher Mann gedacht und gefühlt haben mag, zumal ich generell zu Beginn des 21. Jahrhunderts nicht wissen kann, was ein Mann, der am Ende des 19. Jahrhunderts geboren wurde, empfand. Hölderlins Maxime, dass ein Subjekt, in diesem Falle ein »Ich« als Autor, in einem Objekt, hier einer der bedeutendsten Pianisten des 20. Jahrhunderts, aufgehen müsse und umgekehrt, scheint mir aussichtslos. Seine Person zieht offensichtlich einen Distanzkreis um sich, den der Biograf letztendlich nicht vollkommen durchdringen kann – der Rest Schweigen? Ich kenne – oder glaube zu kennen – den Musiker nur aus Dokumenten, nicht persönlich. Wenn ich etwas über ihn verfassen will, kann ich entweder historische Fakten abschreiben oder eine Geschichte schreiben, ein Umfeld aufbauen, in dem er reagieren könnte, ihn aus der Vergangenheit in die Gegenwart holen, seine Konturen sichtbar machen.
Trotz all dieser Vorbehalte trafen wir uns in Gedanken und Werken – der Komponist und der Autor – immer wieder. Als Kind hörte ich sei-

nen Namen im Elternhaus öfter erwähnt. Mein Großvater väterlicherseits war Baltendeutscher, drei Jahre jünger als Rachmaninow, studierte in St. Petersburg bei Rimskij-Korsakow Komposition und Dirigieren und legte dort 1902 seine Künstlerprüfung ab. Er hatte Rachmaninow selbst bis 1917 oft in Russland bei Konzerten gehört und gesehen. Die Erzählungen darüber weckten meine kindliche Neugier.

Als junger Klavierstudent kam ich persönlich mit seinen Klavierwerken sehr intensiv in Kontakt – jeder Pianist spielt heute seine Klavierkonzerte No. 2 und No. 3, seine Préludes oder seine Etudes tableaux gehören in viele Klavierabende, die Paganinivariationen sind schon fast Standardrepertoire in vielen Orchesterprogrammen mit Klavierwerken.

1973 hatte ich als junger Mann ein Gesprächskonzert in München zu seinem 100. Geburtstag veranstaltet und zum ersten Mal im Rahmen der diesbezüglichen Vorbereitungen auch seine Kammermusik schätzen gelernt.

Während des Studiums trafen wir auch wieder aufeinander: der Meister der Orchesterpalette, der Instrumentierung war es nun, der mich während meiner Kompositionsstudien an der Hochschule für Musik in München beschäftigte. Hier lag der Schwerpunkt meiner Betrachtungen auf den Sinfonien, Opern und größeren sinfonischen Werken. Ab 1993 wiederum, zum 50. Todestag und zugleich 120. Geburtstag, war es der Chorleiter, der dem Komponisten begegnete. Jetzt standen die sakralen Großwerke, die Liturgie und seine Vespervertonung, im Mittelpunkt meiner Betrachtungen und hier kommen der Autor in mir und der Komponist zum insgesamt fünften Male zusammen.

Warum nun gerade dieser Komponist? Vielleicht hege ich eine gewisse Sympathie für Außenseiter. Nein, diese Rolle spielt er nicht beim Publikum oder den Pianisten in den Konzertsälen, vielmehr, zumindest im deutschen Sprachraum, bei der Fachwelt. Er ist einer der letzten Romantiker in einem Jahrhundert, das von neuen Theorien und Gedankengebäuden beherrscht wird. Ein historischer Komponist, wenn man Schellings Definition bezüglich eines Historikers verwenden will, der eigentlich ein nach rückwärts gewandter Philosoph sei, aber auch ein Mann Kierkegaards, der erst im Rückblick die Ursachen seines Handelns begreift und begreifbar machen kann. Als Komponist gehört er ohne Zweifel zum Fin de siècle, mit all dessen

Doppelbödigkeit: einerseits genialer Instrumentalist und Meister der Orchesterfarben, ein Beherrscher der barocken Polyphonie – andererseits Eklektizist mit starkem Hang zum Salonsentimentalismus. In vieler Hinsicht sind Werk- und Personenbetrachtung Sergej Rachmaninows mit denen Gustav Mahlers vergleichbar. Bei beiden Künstlerpersönlichkeiten wartet Deutschland immer noch auf ihre vollständige »Wiederentdeckung«, fast ist man versucht zu schreiben auf ihre Rehabilitierung. Ganz anders in den russischen oder anglo-amerikanischen Ländern.

Hier hat sich die »Mahlerrenaissance« auch auf Rachmaninows Werke erstreckt, werden ernst zu nehmende Dissertationen und Werkuraufführungen veranstaltet, während sich in unserem Bewusstsein gerade die 2. Sinfonie oder die beiden Klaviersonaten zu den bekannten »Ohrwürmern« gesellen.

Vielleicht liegt ein Schlüssel zu diesem Problem in dem generellen Ansatzpunkt, was ein musikalisches »Kunstwerk« soll. Wir sind an objektive Großideen, an poetische Abhandlungen, an ideologisch-theoretische Leitstrukturen gewöhnt, nicht aber daran, dass Musik und ihre Realisierung auch ein Mittel, eine Hilfe für Äußerungen im Bereich subjektiver psychischer Spannungszustände eines Komponisten sein kann. Rachmaninows Musik unterliegt nicht mehr objektiver Kriterien philosophisch-abstrakter Gedankengänge, sie hat keinen Anspruch auf formale oder inhaltliche Großprojekte. Nein, in ihrer minimalistischen Variationsstruktur, in ihrer Zusammenfassung bestehender und bekannter Strukturen zu neuen Aussageformen gleicht sie einer Literatur, die Sprache nicht neu erfindet, aber sie neu ausleuchtet zur Darstellung subjektiver und subjektiv empfundener Wirklichkeit!

Wenn dieses Buch ein wenig zum besseren Verständnis der Person und des eng mit derselben verbundenen Werkes des Komponisten Rachmaninow beitragen kann, so hat es dieselbe Aufgabe erfüllt, die schon Wofgang Amadeus Mozart in einem Brief an seinen Vater 1782 seinen Klavierkonzerten stellte: »Dem Kenner Satisfaktion, dem Liebhaber aber zugleich Unterhaltung zu bieten!«

Natürlich entsteht ein solches Werk nicht in isolierter »Titanenarbeit«, sondern ist, wie alles im Leben, auf die tatkräftige Mithilfe und den Zuspruch vieler zurückzuführen. Für alle, die dieses Buch und seine Entstehung begleitet haben, sei an erster Stelle mein unvergessener Freund und »Fastlandsmann«, Herr Botschaftsrat a. D. Dr.

Erich Franz Sommer (†1996) genannt, dessen Kenntnisse der russischen Sprache und Lebensansichten mir manch verborgene Quellen erschlossen haben. Ihm soll mit diesem Buch ein ehrendes Andenken gewidmet sein.

Großer Dank für ihre Mühe und vor allem Geduld gebühren meiner Lektorin, Frau Erika Thalmaier, die mit viel Umsicht und Feinarbeit mir zur Seite stand, sowie meiner Frau Sybille, die mit unerschütterlicher Energie nicht nur die Tücken ›moderner Technik‹ überwand, sondern stets mich vorwärts trieb, wenn die Kräfte zu erlahmen drohten. Dies gilt ebenso für meine Schwester, Frau Petra Kotsch, die mir einerseits ihr reiches Fotoarchiv für dieses Buch öffnete, andererseits zusammen mit meiner Frau als sorgfältige und aufmerksame Korrektorin sowie rechtliche Ratgeberin beisprang.

Auch dem Triga-Verlag sei hier an dieser Stelle ausdrücklich ein Dankesplatz eingeräumt, weil er mich überzeugte, dieses Buch zu veröffentlichen. Auch ein Autor braucht gelegentlich Anstöße von außen.

Einen solchen hatte ich als junger Mann zum ersten Mal 1973 von einer Persönlichkeit erhalten, die damals in München im Gesprächskonzert saß und mich ermunterte, auf diesem Weg fortzuschreiten. Daher sei sein Name auch als letzter genannt: Chordirektor ADC Fritz Rotschuh, unvergessener Leiter der »Münchner Chorbuben«. Er wollte immer ein Nachwort zu diesem Buch verfassen. Leider machte sein früher Tod alle Pläne diesbezüglich zunichte. Deshalb wird in diesem Buch auf ein Nachwort verzichtet.

Freising, im März 2001
Ewald Reder

I. Kapitel

»Zu neuen Ufern«

Dieser Leitsatz Modest Mussorgskijs steht nicht zu Unrecht am Anfang dieses Buches über einen der bedeutendsten russischen Komponisten, Dirigenten und Pianisten des 19. und 20. Jahrhunderts.
Erst 50 Jahre vor der Geburt Sergej Rachmaninows gelang es nämlich, in Russland eine eigenständige Musikkultur aus der Taufe zu heben, in deren Reifeprozess nur Peter Tschaikowskij zu Beginn europaweit volle Anerkennung zuteil wurde, obwohl gerade bei ihm die Anlehnungen an die Stilrichtungen des westlichen Europas am deutlichsten ausgeprägt waren.
Die »nationale« Musik hat sich in Russland wesentlich schleppender und mühevoller entwickeln können als im übrigen Europa oder in Asien. Daran war die politische Zerrissenheit des Großraums im Verlauf des Mittelalters nicht ganz unschuldig. Dies wird deutlich, wenn

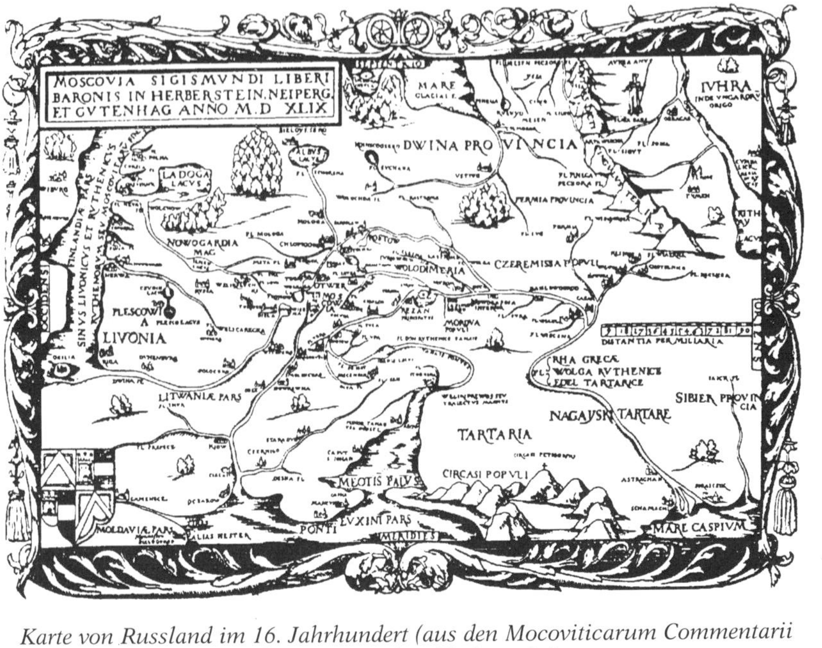

Karte von Russland im 16. Jahrhundert (aus den Mocoviticarum Commentarii des Sigismund zu Herberstein)

man sich die soziologische Entwicklung »russischer« Musik bis 1872 kurz vor Augen führt:
82,4 % der Bevölkerung im Gesamtgebiet der heutigen GUS-Staaten lebten vor der Revolution 1917 auf dem Lande! Eine bürgerlich-städtische Kulturträgerschicht fehlte in den frühen russichen Staatswesen, wleche u. a. in Deutschland Kultur und Politik seit der Zeit des späten Mittelalters entscheidend beeinflusste, denken wir hierbei nur an den Wirkungskreis der »Meistersinger« (15. Jh.) oder der »Lesegesellschaften« (17. Jh.).
So überrascht den Betrachter nicht, dass »Ständelieder« als Ausdruck gesellschaftlichen Bewusstseins in der russischen Musik völlig fehlen, d. h. es gibt keine Hinweise auf Handwerker-, Bergmanns- oder Studentenlieder. Auch Parodien, d. h. Lieder mit geistlich gefärbtem Inhalt auf Melodien, die dem weltlichen Bereich entnommen wurden, finden sich nur wenige, sieht man von den »duchownijesticho«-Gesängen ab, balladesken Liedern mit geistlichem Inhalt. Daher lassen sich Aussagen über eine Musikkultur weltlichen Inhalts im Gebiet der heutigen Republik Russland für die Zeit des Mittelalters nur mit dem Adjektiv »mutmaßlich« versehen.
Erst für das 18. Jh. ist in diesem Bereich die Quellenlage halbwegs gesichert. Das städtische Großbürgertum, in der Regel reiche Kaufmannsfamilien, baute nach seinen spezifischen Gesichtspunkten eine Tradition »russischer« Musik auf, die eher ein Konglomerat unterschiedlicher »Ohrwürmer« aller couleurs beinhaltete, denn eigenständige Musikpflege, ein »insalata mista«, eine Popularmusik im besten Sinne des Wortes.
Erschwerend kommt noch hinzu, dass wir es für das Spätmittelalter in Russland politisch bis zum 15. Jh. mit großen, selbstständigen und nur sehr lose miteinander verbundenen Gebietsherrschaften zu tun haben, die sehr oberflächlich durch die Zwangsherrschaft der »Goldenen Horde« in der Mongolenzeit »vereint« wurden. Analogien dieser historischen Entwicklung lassen sich heute bei den Problemen der GUS-Staaten auf dem Boden des zerfallenen Sowjetimperiums beobachten.
Wollen wir also von den Anfängen einer »russischen« Musikkultur sprechen, dann nur unter folgenden Gesichtspunkten:

1. Das russische Musikgut ist mit dem bäuerlichen Brauchtum eng verbunden und von regionalen ethisch-politischen Verhältnissen geprägt.
2. »Lebens- und Brauchtumslieder« stehen in engstem Bezug zur All-

tagswirklichkeit, d. h. sie haben bevorzugt die Themenkreise: Jahreszeiten, Ernte, Hochzeit (mit streng festgelegtem Ablauf), Tod und Abschied.

3. Politische Zentren führen auch zu musikalischen Typisierungen, wie es u. a. die Gesangskultur im Nowgoroder Raum zwischen dem 14. und 15. Jh. ahnen lässt. So wurden besonders um den Onegasee Epengesänge entwickelt, die »bylina«.
4. Eine wechselhafte Verbindung zwischen geistlichem und weltlichem Singen, ein Parodieverfahren, darf für den westlichen Raum der GUS-Staaten vermutet werden, ist aber nicht eindeutig belegbar.

Mit dem Zusammenbruch der Mongolenherrschaft und der Schaffung eines zentralpolitischen Großraumes im 15./16. Jh. wurde ein Liedtypus musikalisch bestimmend: »Protjashnaja pesnja«, das »gedehnte« Lied. Hierbei handelt es sich um melismatische Gesänge mit großem Ambitus und größeren Intervallsprüngen, meist lyrischen Inhalts, der aber in seiner Textverständlichkeit sehr gedehnt, fast zerdehnt wurde und schließlich zur Vertonung einzelner Silben führte. Das gesamte Liedschaffen Sergej Rachmaninows steht in dieser Tradition der »Protjashnaja«. Die konsequenteste Anwendung dieser Silbenexzerpierung finden wir folgerichtig in einem seiner berühmtesten Lieder wieder, bezeichnenderweise als »Vocalise« betitelt! Den deutschen Volksmusikkenner mag bei diesen Liedern freilich die Variantenpolyphonie überraschen, »Podgolska polifonia«, die sehr früh zu mehrstimmigen Gesängen in der bäuerlichen Musik führte. Allerdings finden wir diese wiederum vermehrt im südwestrussischen Raum, der im Mittelalter stark von polnischer und litauischer, also von westeuropäischer Musiktradition beeinflusst wurde, besonders von den Motettenformen der Renaissancezeit:

Rachmaninow: »Das große Abend- und Morgenlob« op. 37

Die Gegenstimmen zur Hauptmelodie, dem *cantus*, waren dabei meist improvisiert, unterstützten als Unterstimmen die Melodie oder stellten als Koloratur eine Ausschmückung der Oberstimme dar. Manchmal bildeten die Unterstimmen zum *cantus* auch einen Kanon, indem sie mit dem zweiten Ton der Melodie begannen. Sekund- und Quintparallelen führten dabei zu sehr dissonanten Reibungen, die den Liedern eine gewisse Herbheit, eine Sprödigkeit verliehen, welche gegen die Terzenseligkeiten der Zigeunermusik oder der italienischen Opern bei der aristokratisch-großbürgerlichen Oberschicht in den Zentren und größeren Städten ab dem 18. Jh. natürlich chancenlos war.

Die später selbst von Kritikern oft gerühmte polyphone Meisterschaft Sergej Rachmaninows könnte durch diese spielerische Art der »Bauernmusik« vorgebildet worden sein. Seine Vorliebe für das Landleben und die »Landkultur« sind immerhin eindeutig belegbar!

Diese Variantenpolyphonie wurde aber sicherlich nicht a cappella gesungen, sondern mit Saiten-, Zupf- und Blasinstrumenten begleitet. Schriftliche Aufzeichnungen sind allerdings hierfür nur spärlich vorhanden.

Auch die 17,6 % der Bevölkerung der GUS-Staaten, die vor 1917 in den Städten lebten, kannten und pflegten diese »Bauernmusik«. Leider aber können wir in Russland die gleiche Entwicklung wie in Ungarn beobachten:

Das »städtische« Lied benützt zwar Elemente der bäuerlichen Musizierweise, formt diese aber, vorsichtig formuliert, um, vereinfacht ihren *ductus* und schuf so seit dem 18. Jh. Liedsammlungen mit dem Titel »Tschatuschka«, »Schnaderhüpferl« (!), in Form von vier Zeilen, die die westliche Vorstellung vom »typischen« russischen Volkslied prägten!

Wie Franz Liszt (1811–1886) und Johannes Brahms (1833–1897) die städtische Dilettanten- und Zigeunermusik in den Cafés und Restaurants in Ungarns Städten kennen gelernt und in Westeuropa durch ihre Sammlungen »Ungarische Rhapsodien« oder »Ungarische Tänze« verbreitet hatten, so übernahm auch Ludwig van Beethoven (1770–1827) aus einer Liedersammlung von Pratsch Ende des 18. Jh. »russischen« Volkslieder und verwendete sie als folkloristisches Themenmaterial in den Quartetten op. 59, bekannt als »Rasumowskiquartette«!

Selbst die Revolution von 1917 bediente sich noch dieser populären Gattung der »Volksmusik«, und unter Stalins Herrschaft kam es zum Groteskum, dass das »städtisch-kleinbourgeoise Schnaderhüpferl« des 19. Jh. mit seinen alten Vorstadt-, Tanz- und Scherzelementen zum »Prototyp« des politischen Massenliedes »aufblühte«!

Ähnlich plakative Folklore in den Augen des Auslandes erlebt die zweite Säule der »russischen« Musik, mit der Sergej Rachmaninow Zeit seines Lebens engstens verbunden sein wird: die russisch-orthodoxe Kirchenmusik. In ihrem ursprünglichsten Sinne war sie ein Westimport, stammte sie doch aus dem griechisch-byzantinischen Raum. 998, mit der Übernahme der orthodoxen Form des Christentums im Großfürstentum Kiew, wurde auch die griechisch-byzantinische Liturgie, allerdings in kirchenslawischer Übersetzung, in Russland eingeführt. Die acht Kirchentonarten (oktoecho) waren für die musikalische Form der »russischen« Gottesdienste ebenso verbindlich wie der monodische Kirchengesang in A-cappella-Form. Die sehr melismatischen Gesänge, »Kondakarien«, wurden dabei in einer eigenen Notation, der »Krjuki-Neumen«, aufgezeichnet.

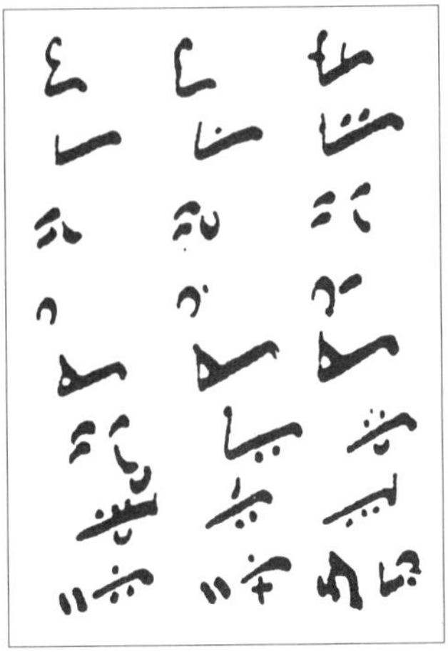

Die Krjuki-Neumen (Quelle: MGG)

Neben den feierlichen Gesängen, hauptsächlich in den Kathedralen üblich, gab es die syllabische Form der Liturgiegesänge, die ebenfalls diesem Oktoecho verpflichtet waren: die Stolpe-Gesänge – »Stolpowjoe penje«.

Die älteste Stolpe-Notation (12./13. Jh.):

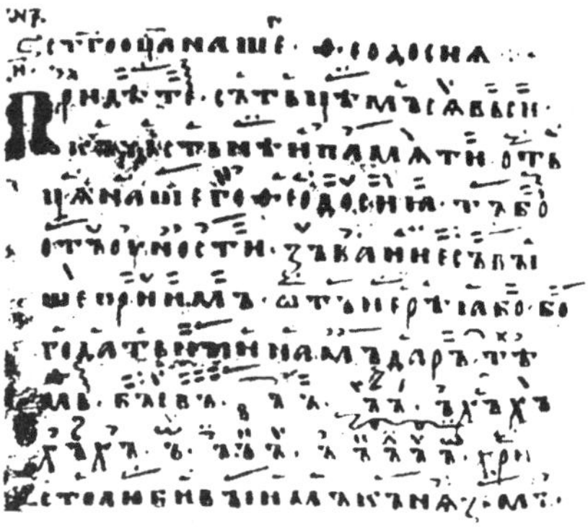

Gesang zu Ehren des hl. Theodosius v. Kiew
(Quelle: Synodalen Druckerei, Moskau)

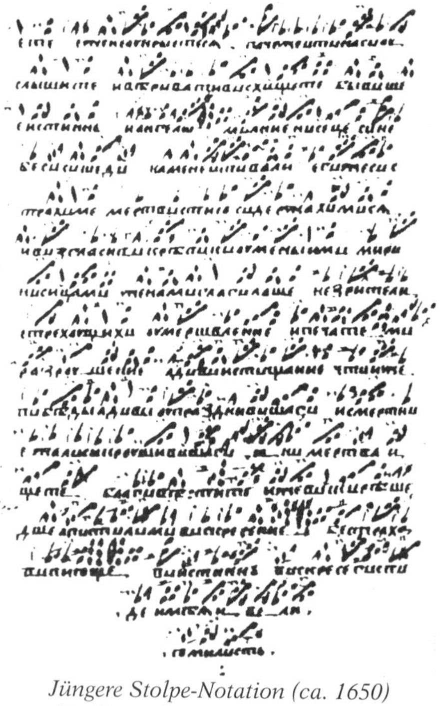

Jüngere Stolpe-Notation (ca. 1650)
(Quelle: Breslau, Universitätsbibliothek)

Die griechische Kirchenmusik blieb in all den Jahrhunderten somit richtungweisend in der »russischen« Musik, zumindest auf sakralem Gebiet. Dies ist vor allem auf zwei Gesichtspunkte zurückzuführen:

1. Bis 1488 waren die Metropoliten und Bischöfe ebenso wie die Chorsänger und Chorleiter Griechen.
2. Die griechische Kirchenmusik wurde vor allem in der Ukraine und in Weißrussland als Gegenpropaganda zu den stärker werdenden katholischen Missionsversuchen gepflegt. Besonders, da ab 1237, nachdem die Mongolen das Großfürstentum Kiew als bestehende Staatsstruktur zerstört hatten, Nowgorod das neue Zentrum russischer Politik wurde, Kiew und Lemberg aber unter die Herrschaft der polnisch-litauischen Krone gerieten und unter deren kulturellem Einfluss einen eigenen Weg zur »russischen« Musik einschlugen.

In Nowgorod entwickelten sich auf dem Sektor der russisch-orthodoxen Kirchenmusik die ersten festen Regeln, so z. B. »Popewki«, tropische Figuren für jeden Kirchenton. Setzte man nun mehrere »Popewki« aneinander, so ergab sich in dem Centosystem ein geschlossener Melodiebogen nach dem Baukastensystem.
An der Wende von 16. Jh. zum 17. Jh. schuf zudem der Singmeister Iwan Schujdurow aus Nowgorod eine Vereinheitlichung und Präzisierung des Notensystems, die von dem Musiktheoretiker Alexander Mezenez dahingehend weiterentwickelt wurde, dass er die Notierung der Tonfolgen alphabetisierte und die Buchstaben in das westeuropäische Zeilensystem übertrug.
Fast zwei Jahrhunderte nach den westeuropäischen Vereinheitlichungen war es somit auch in Russland möglich, mit *einer* Notation eine einheitliche Musikentwicklung einzuleiten.
Hilfreich hierbei war sicherlich die Entwicklung des neuen wirtschaftlich-politischen Schwerpunktes in und um Moskau, das sich nach dem Fall von Byzanz (1453) nun programmatisch als das Dritte Rom bezeichnete. Besonders Iwan IV. (1533–1584), von der Geschichte mit dem Beinamen »der Schreckliche« belegt, verhalf der Kirchenmusik zu einer ersten Blüte, war er einerseits doch selbst Singmeister, d. h. Leiter einer Kapelle, als auch andererseits Protektor vieler Cantores, d. h. Dirigenten von kleinen Singgruppen, Choristen und Chorsängern. Dies wurde besonders ab 1570 deutlich, als

Put'-Notation (16.–17. Jh.), Gesänge aus den Horae zu Weihnachten. London, British Museum, Ms. Add. 23 999, fol. 40v–41r.

die »Gosudarewy pewtschie diaki«, die Kantorei des Zaren, Vorbildfunktion für die regionale Entwicklung der Kirchenmusik im Großfürstentum erhielt. Schon Iwan III. (1462–1505) hatte diese Kapelle gegründet, und dies ist wiederum für die Biografie von Sergej Rachmaninow entscheidend, hängt doch seine Familiengeschichte sehr eng mit diesem Großfürsten zusammen!

In der Kantorei des Zaren wurden die Sänger nach dem Vorbild der byzantinischen Hofkapelle in Gruppen, »Stranizy«, zu je fünf Sängern eingeteilt. Die gesamte Mitgliederzahl der Kapelle dürfte allerdings die 20 nicht überschritten haben. Dieser »Musterkapelle«, die den vielen Kapellen an westeuropäischen Fürstenhöfen zur gleichen Zeit vergleichbar war, stand ab 1589 die Kantorei des Patriarchen, die »Partriarschie pewtschie diaki«, gegenüber, die als »Moskauer Synodalchor« auch die beiden großen Kirchenwerke Sergej Rachmaninows aufführen wird, dann allerdings als gemischter Kathedralchor mit einer Mitgliederstärke von 40 bis 150 SängerInnen! Beide Kapellen er-

Der Kreml in Moskau – nicht nur Hort der Politik, sondern auch musikalisches Zentrum im Mittelalter
(Archiv: P. Kotsch)

füllten übrigens bis 1917 ungebrochen ihre Funktion und waren somit wirkliche Traditionsträger.

Ab 1552 lassen sich dann unter dem wieder stärker werdenden Einfluss Kiewer Musiker die ersten Spuren einer Mehrstimmigkeit in beiden Kapellen auf sakralem Gebiet feststellen: »strotschnoe penie« (Zeilengesänge). Dabei beginnt der Gesang in allen Gruppen zuerst unisono, dann entwickelt die Oberstimme eine eigenständige Weiterführung der Melodie, vorwiegend in langgezogenen Tönen. Gerade da bedeutende Kompositionen für die russisch-orthodoxe Kirchenmusik von Sergej Rachmaninow verfasst wurden – »Liturgie des hl. Johannes Chrysostomos« op. 31 und die Vespergesänge »Das große Abend- und Morgenlob« op. 37 – ist es notwendig, die Entwicklung dieser Gesänge genauer zu betrachten, um einerseits festzustellen, auf welches Kulturgut Sergej Rachmaninow bei diesen Komposi-

Archangelskij-Kathedrale im Kreml zu Moskau Eingangsportal
(Archiv: P. Kotsch)

tionen zurückgreifen konnte, und andererseits, warum er diese Kompositionsform zu einem großartigen Höhepunkt und Abschluss zugleich geführt hat. Rachmaninow verwendet in seiner »Liturgie« op. 31 noch diese »Zeilenkomposition«, d. h. eine Arsis, die ein bis drei Töne umfasst, dann ein Rezitativ auf einem Ton je nach Silbenlage, am Schluss der Zeile eine Thesis, die zwei bis fünf Töne umfasst. Bis heute hat sich diese mittelalterliche Singweise als eine Art Gemeindegesang in russischen Kirchen erhalten![1] Die Oberstimme übernimmt den *cantus firmus,* die zweite Stimme begleitet diesen in Terzen, während der Bass die harmonischen Grundtöne sucht:

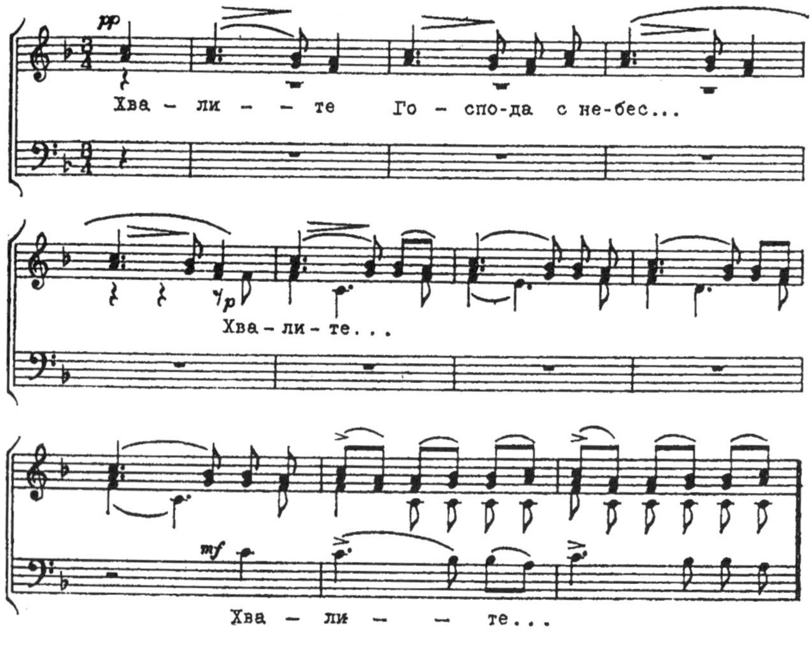

Rachmaninow, Liturgie op. 31, 16. Gesang

Auch die seit der Mitte des 17. Jh. in Moskau durch den griechischen Diakon Meletios eingeführte Form des Gesangs finden wir mit der Bezeichnung »Griechischer Gesang« in eher eintönigen Rezitativen und einfachen Melismen bei den Vespergesängen Rachmaninows wieder:

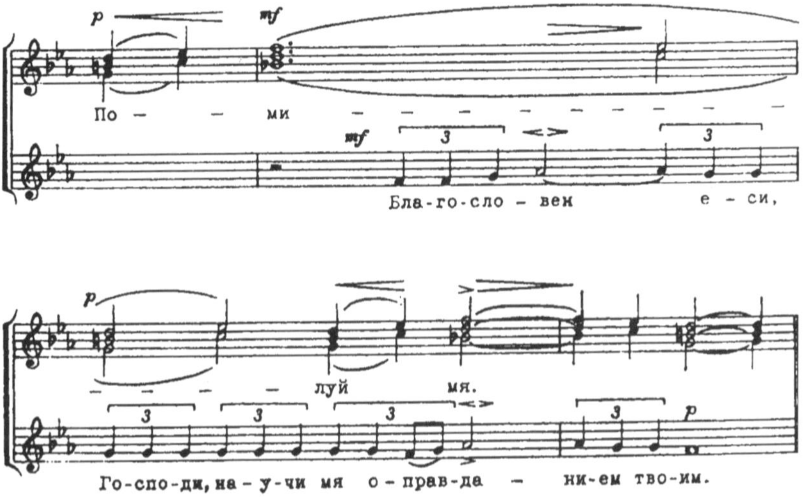

Rachmaninow, Vesper op. 37, XII. Gesang, Gloria

Ab 1652/54, spätestens aber ab 1762 beherrschte die ›Kiewer Musiktradition‹ endgültig die kaiserliche Kantorei, welche seit 1703, dem Gründungsdatum der Stadt, ihren Hauptsitz nach St. Petersburg verlegt hatte. Die schon im Spätmittelalter durch die Herrschaft der polnisch-litauischen Krone begonnene Beeinflussung der orthodoxen Kirchenmusik durch katholische Traditionen fand ab 1737 ihre Fortsetzung, als der Italiener Francesco Araja Leiter der kaiserlichen Hofkapelle geworden war. Die Ordinarien wurden italienisiert, die

Peter der Große wies Russland den Weg nach Westen – Sein Denkmal in St. Petersburg mit der Isaak-Kathedrale im Hintergrund
(Archiv: P. Kotsch)

Proprien blieben slawistisch gefärbt! 1772 wurden die wichtigsten dieser Ordinarien in fünf Büchern von der Heiligen Synode als für ganz Russland verbindlich veröffentlicht: die »Znamennyje Raspewy«. Bis 1917 stellten die Darbietungen dieser kaiserlichen Hofkapelle in der Wiedergabe geistlicher Gesänge eine Vorbildfunktion dar, die mit der der Wiener Hofkapelle früherer Jahrhunderte verglichen werden kann, die einerseits bedeutende Komponisten auf ihren Weg vorbereitete (Joseph Haydn und Franz Schubert), andererseits – im Gegensatz zum Pendant aus St. Petersburg – heute teilweise in den »Wiener Sängerknaben« fortbesteht. Wie in Wien so sind etwa ab 1750 auch in St. Petersburg Knaben in den Oberstimmen als Sänger nachweisbar, bis 1880 (!) jedoch keine Frauenstimmen, wie im gesamten Chorwesen des Zarenreiches!

Die Hofkapelle vertrat also den ukrainisch-italienischen Musikstil, »Partes« genannt, wobei die Mehrstimmigkeit auf Dreiklangbasis erreicht wurde, melodiös und einprägsam für Sänger und Zuhörer gleichermaßen bis heute. 1796 wurde der bedeutendste Vertreter dieser Kompositionsrichtung, Dimitij Bortnjanski (1751–1825), Direktor der kaiserlichen Hofkapelle, 1816 sogar einziger (!) Zensor für die gesamte Kirchenmusik des Reiches!

Der Blick in die Kuppel der Isaak-Kathedrale verrät dieselben italienisch-klassizistischen Einschläge im Baustil, die sich auch in der Kirchenmusik widerspiegeln.
(Archiv: P. Kotsch)

Ohne sein »nihil obstat« konnte keine Kirchenmusik aufgeführt werden und 1848 wurde sein Messbuch »Obychod« obligatorisch für die russische Staatskirche. Da zudem die gesamte Chorleiterausbildung für den Kirchendienst über die kaiserliche Hofkapelle lief, wundert es niemanden, dass der Laie heute noch diese Form der italienisierten Kirchenmusik für die wahre »russische« hält. Die kirchliche Musikentwicklung als Analogie zur weltlichen. Allerdings muss einschränkend hinzugefügt werden: Der »Obychod« galt nur für die Grundgesänge, ein »Liber usualis« der Liturgie. Diese Grundgesänge waren vierstimmig verfasst, wobei als Vorbild die deutsche evangelische Kirchenmusik mit ihren Choralvertonungen galt: punctum contra punctum. Unter Nikolai Bachmetjew (1761–1783 Direktor) – eine Verwandte von ihm, Maria, sollte Rachmaninows Urgroßmutter werden! – wurde die kaiserliche Hofkapelle vollends zur »Beckmesserei«. Nur die Kompositionen wurden zugelassen, die Regeln und deren Einhaltung über Intuition und Phantasie stellten:

1. Die Vierstimmigkeit im Satz ist streng einzuhalten und a cappella auszuführen.
2. Die polyphone Stimmführung des Chorals ist streng zu beachten.
3. Der *cantus firmus* befindet sich immer in der Oberstimme und ist strikt diatonisch auszuführen.
4. Die zweite Stimme begleitet immer die Melodie in Terz- oder Sextabstand.
5. Der Dominantseptakkord wird auch in der Kirchenmusik – nach westlichem Vorbild – der Klassik Zentralstelle der Komposition.
6. Absolute Symmetrie des Rhythmus zum Text ist erforderlich, d. h. ersterer muss flexibel gehalten werden. Eventuelle Pausen oder Ritardandi sind den Sängern ad libitum zu stellen.
7. Parodie oder Rekonstruktion volksliedbezogener Melodien sind der Neuschöpfung vorzuziehen (»Protjashnaja pesnja«).

Wie Walter Stolzing in Richard Wagners »Die Meistersinger von Nürnberg« musste daher Peter Tschaikowskij mit seiner »Liturgie« op. 41 in die Phalanx der kaiserlichen »Beckmesser« einbrechen! Zwar gelang auch ihm mit dieser »Gegenkomposition« die Überwindung des starren Reglements, allerdings ebenfalls nur mit Hilfe seines »Hans Sachs«, diesmal in der Person des Verlegers Jürgensohn, der das »nihil obstat« des Zensors durch ein gleichwertiges der geist-

lichen, nicht der musikalischen Zensur ersetzte. Geistliche Musik durfte nur innerhalb der Heiligen Synode, dem kirchenorganisatorischen Kopf der orthodoxen Kirche Russlands, entstehen oder nur mit ihrer Zustimmung veröffentlicht werden. Da Tschaikowskij die Liturgie zuerst aber im Ausland ohne Erlaubnis veröffentlicht hatte, erfolgte das Verbot für Russland prompt, das Jürgensohn mit einer Klage vor dem Bezirksgericht in St. Petersburg beantwortete und die Freigabe der Komposition erreichte. Am 30.12.1880 durfte die 1878 komponierte »Liturgie des heiligen Chrysostomos« in einem Konzert der Russischen Musikgesellschaft aufgeführt werden. Ein teuer erkaufter Sieg! Die Kirchenleitung revanchierte sich sofort: das Werk kam auf den Index und wurde für die Kirchenräume verboten! Wo aber sollte Kirchenmusik sonst aufgeführt werden?
Ausnahme von diesem Interdikt bildete nur der Todestag des Komponisten. An diesem erklang die Liturgie alljährlich in einer der Kirchen des Alexander-Newskij-Klosters in St. Petersburg.
Mit Tschaikowskijs Sieg über die Zensur war die Bahn für viele Komponisten, auch für Sergej Rachmaninow, frei, neue Wege für die mehrstimmige nationale Kirchenmusik zu finden. Beide »Revolutionäre«, Tschaikowskij und Jürgensohn, werden darüber hinaus noch zu den wichtigsten Wegbereitern für den jungen Rachmaninow in anderen musikalischen Bereichen werden.
Trotz Tschaikowskijs Durchbruch blieb der Einfluss der italienisierten, pseudorussischen Musik der St. Petersburger Hofkapelle bis 1917 erhalten und brachte auch noch bedeutende Komponisten dieses Genres hervor: B. P. Turtschaninow oder A. Archangelskij (1846–1924), der 1880 zum ersten Mal Frauen- statt Knabenstimmen im Liturgiegesang einsetzte. Alle werden sie Wegbegleiter, Kritiker oder Feinde Rachmaninows sein, der sich noch in seiner Jugendzeit dem anderen Zentrum russischer Sakralmusik zugewandt hatte: der Moskauer Schule für Kirchengesang und dem bereits erwähnten Synodalchor, dessen Leiter seit 1888 Stepan W. Smolenskij (1848-1909) war, zugleich seit 1889 Professor für Kirchenmusik am Moskauer Konservatorium.
Zu seinen Schülern zählten auch Rachmaninow und Skrjabin, die bei ihm lernten, die alten russichen Melodien aus den überlieferten Neumen in die »moderne« Musiksprache und deren Notation zu übersetzen.
Ausgehend von den Überlegungen Nikolaij Potulows (1810–1873)

wandte sich die Moskauer Schule wieder der Urform des Kirchengesangs, den Stolpe-Gesängen, zu und harmonisierte sie neu.
Vor allem Alexander Kastalski (1856–1926) begründete in Moskau mit seinem Hauptwerk »Grundlagen der Volkspolyphonie« die Kompositionsweisen, die Rachmaninow in seinen beiden großen Kirchenkompositionen zum Höhepunkt führen sollte:

1. Vierstimmigkeit oder Doppelchor können, müssen aber nicht sein.

Rachmaninow: Liturgie op. 31, 4. Gesang

2. Zwei- und Dreistimmigkeit (a), aber auch Unisonogesänge (b) sind gleichberechtigt zugelassen:

(a)

Liturgie op. 31, 16. Gesang

(b)

Liturgie op. 31, 14. Gesang

3. Der *cantus firmus* kann sich in jeder Stimme befinden, auch im Bass.
4. Die kanonische Melodie wird nicht abgeändert.
5. Klangfarben können durch Stimmkreuzung und Stimmverdoppelung erreicht werden.
6. Fax bourdon, vom weltlichen Volkslied übernommen, wird kirchenmusikalisch erlaubt und verwendet:

Liturgie op. 31, 16. Gesang

Trotz dieser engen Anlehnung an Kastalskis Hauptwerk konnte sich Rachmaninow aber auch dem entwickelten Zeitgeist nicht verschließen!

Eine Rekonstruktion, eine »ars antiqua«, war 1910 ebenso wenig möglich wie heute, trotz aller Bewegungen im Sinne einer »Alten Musik«: Wir hören eine Monteverdi-Oper schließlich auch mit dem »Tristanakkord« Richard Wagners im Ohr oder unter dem Aspekt Schönbergscher Dodekaphonik. Wir können nicht 400 Jahre Musikgeschichte aus unserem Gedächtnis oder unseren Wertvorstellungen einfach ausblenden! Was einem Carl Orff bei seiner Arbeit an Monteverdis Oper »Orfeo« bewusst wurde, war auch Rachmaninow klar: seine Vorliebe für spätromantische Ultrachromatik, exzessive Bassführung oder dynamische Überspitzungen (pppp-fff!) lassen an vokalsinfonische, opernhafte Dramaturgie denken, der wiederum einfache Harmonisierungsblöcke gegenüberstehen. Dominante Schlusswendungen eines Gesanges als Hinwendung zur neuen Tonart des nächsten Gesanges verstärken die Tendenz zu einem inneren Zusammenhang, zu einem Chor-Oratorium, obwohl er in den mehrstimmigen A-cappella-Gesängen op. 31 sehr wohl Freiräume für die notwendigen religiösen Handlungen lässt: diese werden durch Doppelstriche gekennzeichnet, wenn Platz für die Popenrufe innerhalb der Liturgie sein soll, die dann der Chor mit Gegengesang zu beantworten hat.

Dies alles sah Kastalski, zudem ein Schüler Tschaikowskijs, sehr wohl. Trotzdem missfielen ihm viele Teile der von Rachmaninow vertonten Liturgie. Tschaikowskij hatte 1878 das Material der überlieferten Kirchengesänge nicht angetastet, nur diatonisch ›rein‹ gesetzt, da ihm die modalen Strukturen der Melodien zu ungewöhnlich schienen. 1888 erschien ein Rückgriff auf die alten Strukturen möglich und Kastalski widmete sich mit Feuereifer dieser Aufgabe. Er systematisierte die überlieferten Gesänge und verband sie mit alten Volksliedwendungen. Eine an sich verdienstvolle »Archäologie« konnte aber mit einer freien Behandlung dieser alten Modi, wie ein zeitgenössischer Komponist sie handhabt, nicht einverstanden sein.

Rachmaninow negierte diese Kritik vollkommen. Seine absolute Klangvorstellung, seine subjektive Denkweise mussten sich über die objektive Wissenschaft hinwegsetzen, zumal er auch die Religion selbst sehr subjektiv auffasste.

Zeit seines Lebens stand Rachmaninow der Amtskirche überaus distanziert gegenüber, war aber seit frühester Jugend ein tiefreligiöser Mensch. Kirchenmusik übte einen starken Einfluss auf ihn aus: die Themen seiner ersten Sinfonie lassen sich aus alten Kirchenliedern ableiten, die »sinfonischen Tänze«, sein letztes Werk, zitieren das bekannte Kirchenlied »Gesegnet bist Du, O Herr« aus seinen Vesperver-

Ad fontes – zurück zu den Quellen! Symbol hierfür die Fassade der Archangelskij-Kathedrale im Kreml zu Moskau.
(Archiv: P. Kotsch)

tonungen op. 37. Ebenso weist das Thema des ersten Satzes seines dritten Klavierkonzertes eine starke Ähnlichkeit mit dem Introitusgesang der Vesperkomposition auf:

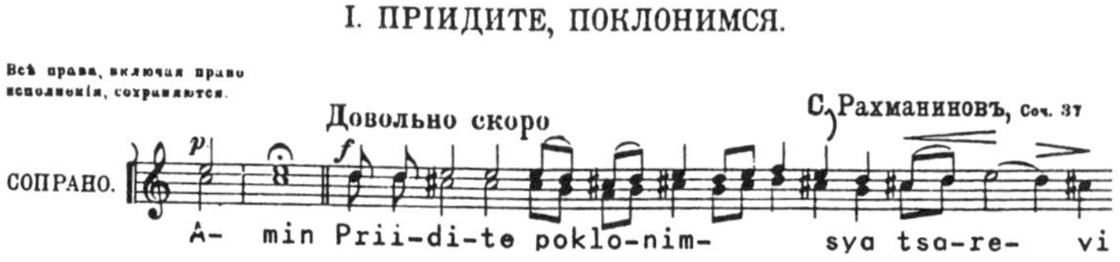

Vespergesänge, I. Gesang

Klavierkonzert d-Moll

Auch die Chorsinfonie op. 35 ist thematisch stark der Kirchenmusik verpflichtet und über die häufige Verwendung der katholischen Requiemsequenz »dies irae« in seinen Werken wird noch zu berichten sein. So gesehen war es für Rachmaninow kompositorisch kein langer Weg bis zur Vertonung der Liturgie op. 31, obwohl hier alle Melosstrukturen von ihm selbst entwickelt worden waren – im Gegensatz zu den Vespergesängen op. 37. Die Spuren reichen bis in die Kindheit zurück, als er bei der Großmutter zum ersten Mal nachhaltig mit Kirchemusik bei den Sonntagsgottesdiensten in Berührung kam. Auch den erwachsenen Mann lassen diese Klänge nicht los. Alexander Goedicke (1877–1957) erinnert sich, dass Rachmaninow auch in späteren Jahren in Moskau regelmäßig Gottesdienste besuchte und diese Liturgie in vielfältiger Form hörte:

Den Kirchengesang schätzte er sehr, und oftmals, sogar im Winter, stand er bereits um 7 Uhr morgens auf, mietete sich in vollkommener Dunkelheit eine Kutsche und ließ sich meistens in die Taganka, ins Andronjew-Kloster fahren, wo er im Halbdunkl der großen Kirche den ganzen Gottesdienst ausharrte und sich die alten, herben Kirchengesänge aus dem Oktoecho anhörte, die von den Mönchen in parallelen Quinten gesungen wurden. [3)]

Oft sei er dann am selben Abend noch ins Sinfoniekonzert gefahren und hätte den Abend dann bei Zigeunermusik in den Restaurants

»Jara« und »Streljna« ausklingen lassen – dies aber alles ohne Begleitung! Musik als Quietiv der Seele!
Zudem faszinierten ihn seit den Kindertagen auf dem Landgut Oneg Glocken und deren Klänge. Glockengießereien und Glockengeläut waren in Nowgorod, in deren Nähe Oneg lag, weltberühmt und mit den Charillions des westlichen Europas im 16. und 17. Jh. absolut vergleichbar. Die verschiedenen Klangfarben, die minimalen Intervalle der einzelnen Idiophone – Sekunde, große, kleine Terz, Quart und Quint – übten auf ihn eine fast hypnotische Wirkung aus. Improvisierte er als Kind mit diesen Klängen noch auf dem großmütterlichen Klavier nach den Gottesdienstbesuchen, so durchziehen Anklänge an diese Instrumente fast alle seine Kompositionen:

Der Klang der Kirchenglocken beherrschte alle Städte Russlands, die ich gewöhnlich kannte – Nowgorod, Kiew, Moskau. Sie begleiteten jeden Russen von der Kindheit bis zum Grab, und kein Komponist konnte sich ihrem Einfluss entziehen.[4)]

Auch in der Liturgie op. 31 ist im Gesang No. 16 ein solches Glockengeläut vokalisiert wiedergegeben, wie er es oft in seiner Kinderzeit in Nowgorod gehört hatte:

Liturgie op. 31, 16. Gesang

Vor, gleichzeitig mit und neben Rachmaninow hatten Rimskij-Korsakow, Ippolitow-Iwanow oder Arenski, Professor des Moskauer Konservatoriums und Lehrer Rachmaninows, diese russischen »Wege zu neuen Ufern« auf dem Sektor der Kirchenkompositionen beschritten. Allerdings gilt für ihre Kompositionen das gleiche Fazit wie für die Großwerke Rachmaninows: für die Liturgie, für den Gottesdienst schwer gebräuchlich, waren sie eher, wie die Vespergesänge op. 37

Rachmaninows, Klangsinfonien mit geistlichem Inhalt, obwohl sich alle bemühten, für den Kirchengebrauch akzeptabel zu schreiben.
Bis 1917 hatte sich so in Russland eine Musikkultur auf geistlichem Gebiet entwickelt, die überliefertes Gedankengut einzigartig lebendig erhielt und mit neuen Inhalten mischte:

1. In den Klöstern wurde zur Jahrhundertwende immer noch nach den »Kanonarchen« des Mittelalters gesungen, d. h. nach einem Souffleur oder Vorsänger, der die Gesänge Satz für Satz auf einen Ton skandierte. Die Sänger wiederholten dann diese Passage.
   Anklänge an diese Musikform finden wir auch in Rachmaninows Liturgie op. 31: [3)]

Liturgie op. 31, 2. Gesang

   Die vollkommene Unisonogesangsform des Mittelalters hatte sich aber auch hinter Klostermauern nicht lebendig erhalten können. Der Mehrstimmigkeit mussten die Mönche und Nonnen ebenfalls ihren Tribut zollen und harmonisiert singen.
2. In den Pfarrkirchen der Dörfer und kleinen Städten, aber auch in den Lehrerbildungsanstalten mit Multiplikatorenfunktion entstanden kleine gemischte Chöre mit 12 bis 30 SängerInnen, die keine Stilrichtung oder stilistische Einheit bevorzugten, sondern ein breitgefächertes Repertoire aufwiesen.
3. In den Städten waren es die großen Kathedralchöre mit 40 bis 150 SängerInnen, denen Vorbildfunktion in den Landesmetropolen im Bereich der Aufführungspraxis, Erforschung und Verarbeitung des Liedgutes zugesprochen wurde und für deren Können die großen Kirchenwerke der Komponisten gedacht waren, auch die von Sergej Rachmaninow.[4)]
4. Auf den Latifundien der Großgrundbesitzer waren über die Aufhe-

bung der Leibeigenschaft (1862) hinaus die italienisierten Kirchenchöre aus Bauern- und Dienerschaft aktiv, die von den Besitzern im 17. und 18. Jh. aus Repräsentationsgründen ins Leben gerufen und von Italienern und/oder in Italien geschulten Leibeigenen unterrichtet und ausgebildet wurden.

5. Auch die Komponisten selbst wurden an den Konservatorien in Moskau und St. Petersburg intensiv mit Chor- und Kirchenmusik vertraut gemacht. Sergej Rachmaninow hatte als Abschlussarbeit im Fach Komposition ein Chorwerk auf geistlicher Textgrundlage abzuliefern: seine Motette »Deus meus« für gemischten Chor a cappella.

1900 entstand unter dem uns bereits bekannten Stepan Smolenskij nun in Moskau die »Moskauer Schule für Kirchenmusik« (Synodalschule), die den Dilettantenchören der reichen Kaufmannschaft den »reinen« Kirchengesang der frühslawischen Byzantinistik nahebringen und deren Vorlieben für die italienisierten Petersburger Gesänge und ihrer »insalata mista«-Haltung ein Ende setzen sollte. Einige Erfolg versprechende Denkansätze hierzu zeigen die Werke von P. Tschesnokow (1877–1944), von ihm wird auch im weiteren noch zu lesen sein, oder von A. Nikolski (1874–1943). Die Revolution von 1917 zerstörte aber diesen einzigartigen Pluralismus auf dem Sektor geistlicher Musik gründlich, waren doch seit dem Mittelalter die Glockengeläute der Kirchen und Klöster stets auch Aufruf zum Widerstand gegen die Staatsmacht. Nur die »Devisen bringenden« pseudoreligiösen Werke der kaiserlichen Hofkapelle wurden nach 1945 für das westliche Ausland publiziert und vom staatlichen Rundfunkchor der UdSSR auf Tonträger verbreitet, aber auch die beiden Großwerke Rachmaninows, die eigentlich den Moskauer Bestrebungen zuzuordnen sind. Ob nun im Zuge der Reformen und der wachsenden Bedeutung der russisch-orthodoxen Kirche für die GUS-Staaten eine Weiterentwicklung auf sakral-musikalischem Gebiet eintreten kann, muss abgewartet werden.

Dem kirchlichen Pluralismus, beeinflusst, aber nicht dominiert von westlichen Vorbildern katholischer oder evangelischer Seite, stand die Dominanz des Westens in der Kunstmusik gegenüber. Einerseits fehlte in Russland eine tragende bürgerliche Mittelschicht in den Städten, andererseits wurden die bäuerlich-weltlichen Formen der Gebrauchsmusik bis weit in das 17. Jh. von der orthodoxen Kirche als »Teufelsmusik« verfolgt und, wo immer möglich, vernichtet. So war das Mönchtum die einzige relevante Schicht, die Kunstmusik entwickeln konnte. Erste religiöse Kunstmusik, »geistliches Konzert« genannt, entwickelte sich unter Iwan IV. (1533–1584), als durch den verstärkten Westhandel Orgel und Virginal die begleitenden Instrumente zur vokalen Musik in Moskau wurden. Wie sehr sich diese Form geistlicher Kunstmusik über Jahrhunderte erhalten hat, sehen wir wiederum am Werk Sergej Rachmaninows. Zu den ersten KOmpositionen nach seiner Studienzeit gehört ebenfalls ein »Geistliches Konzert« (1893), für vierstimmigen Chor auf den Text »O Mutter Gottes, wachsam betend« verfasst:

Formal ist dieses Werk – am 12. Dezember 1893 zum ersten und einzigen Mal zu Lebzeiten des Komponisten anlässlich eines Konzertes mit geistlicher Chormusik von Tschaikowskij, Archangelskij, Sokolskij und Rimskij-Korsakow durch den Synodalchor unter Leitung von Wasilij Orlow aufgeführt – ganz der dreisätzigen klassischen Form verpflichtet, wie sie Bortnjanski für die »Geistlichen Konzerte« als verbindlich erklärt hatte.

Der erste Abschnitt – »Satz« – in der Tonart g-Moll gehalten, ist der umfangreichste und nimmt im Themenmaterial bereits Motivbausteine des 2. Klavierkonzertes (!) vorweg:

Der kurze Mittelteil – »Scherzo« (?) – in c-Moll besteht aus einer vierstimmigen Fuge, deren »Dux« Rachmaninow als satztechnische Klammer, als »memory-effect« für den Zuhörer noch einmal im dritten Satz, diesmal in G-Dur gehalten, metaphorisch zitiert.

Mit der ukrainischen Form der mehrstimmigen Gesänge während der Liturgie verbreiteten sich auf dem Sektor der Kunstmusik die »Kanty«, geistliche Lieder in Strophenform mit Instrumentalbegleitung. Später mit weltlichen Texten parodiert, verbreiteten sie sich ab dem späten 17. Jh. über ganz Russland.

Interessanterweise hat sich diese Praxis noch bis ins 20. Jh. erhalten. Sehen wir uns den Beginn des 1. Klavierkonzertes von Sergej Prokofjew an:

Die Parallele zum 3. Abschnitt des »Geistlichen Konzertes« von Sergej Rachmaninow ist akustisch offensichtlich! Beide wurden allem Anschein nach von ukrainischen Volkssängern beeinflusst: Prokofjew, weil dort geboren und aufgewachsen, Rachmaninow während seiner dortigen Sommerferien.

Der Adel, potenzieller Träger der weltlichen Kunstmusik, blieb passiv. Bis zu den petrinischen Reformen bestimmten die »Skomochi«, Spielleute, meist dem Zigeunermilieu verhaftet, das musikalische Leben der Bojarenfamilien. Dort schufen sie das schon erwähnte Klischee der »russischen« Volksmusik. Diese Vorliebe der russischen Oberschicht für Zigeunermusik und -leben blieb im 19. Jh. trotz favorisierter Kosakenklischees erhalten und als Lebensritual liebevoll gehegt und gepflegt. Auch der junge Rachmaninow wird in Moskau mit Zigeunermusik und -leben »erwachsen«.

Mit den ersten Romanows, Michail Fjodorowitsch (1613–1645) und Alexej Michailowitsch (1645–1676), wurden diese »Ansätze« einer Kunstmusik noch mehr verwestlicht. Musiker aus den Niederlanden und aus Polen kamen jetzt an den Zarenhof. Man wollte nicht mehr rückständig, sondern progressiv im »Lande des Bären« erscheinen und sich auf Westkurs als zivilisiert präsentieren! Das Dilemma vieler Entwicklungsländer im 20. Jh. war in Russland schon im 17. Jh. vorgegeben. Was heute den einen ihre Coca Cola und ihre Jeans, das waren den anderen damals ihre Brüsseler Spitzen und ihre Bartlosigkeit. So erschien 1675 die erste »russische Harmonielehre«, logischerweise von einem Ukrainer (!) verfasst: Nikolai Dilzki.

Peter der Große und seine Nachfolgerinnen auf dem Zarenthron »zwangen« dem Hochadel diese Westimporte regelrecht auf, so dass vor Michail Glinka Kunstmusik nur als Import in Adelskreisen lebensfähig zu sein schien. Vor allem die auch im übrigen Europa grassierende Mode à l'Italienne wurde in St. Petersburg zur alleinigen Ideologie erhoben, steigerte dieser Import doch das persönliche Ansehen des Importeurs. Erst nach 1825 (!), also knapp 50 Jahre vor der Geburt Sergej Rachmaninows, nach den Schrecken des Dekabristenaufstandes, setzte langsam ein Umdenken in den herrschenden Kreisen ein, können wir von einer Entwicklung der autochthonen Musik in Russland sprechen.

Michael Glinka (1804–1856) unternahm als erster den Versuch, »russisch« zu schreiben. Wie alle russischen Komponisten des 19. Jahrhunderts kam Glinka auf Umwegen zur Musik. Er, der körperlich

St. Petersburg – Die barocke Kirche der Peter- und Paul-Festung – nicht nur Grabmonument für die Romanows, sondern auch Ausdruck westlich orientierten Kunstverständnisses.
(Archiv: P. Kotsch)

nicht zum Offizier taugte, musste zunächst nach dem Willen des Vaters die Stelle eines Sekretärs im Verkehrsministerium in St. Petersburg antreten. In der dortigen Gesellschaft konnte er seine Begabung auf musikalischem Gebiet nach und nach entfalten. Trotz schwerer Schicksalsschläge – seine Ehe ging auseinander und ständige Krankheiten schwächten ihn körperlich sehr – gelang ihm 1836 die Fertigstellung seiner großen Oper »Ein Leben für den Zaren«. Die Uraufführung fand am 27.12.1836 in St. Petersburg statt, wobei auch der Hof anwesend war.
Obwohl das Libretto – es beschreibt die Rettung des Zarenreiches im 16. Jh. vor einer polnischen Invasion durch den selbstlosen Einsatz eines Bauern, der die feindliche Armee in dem winterlichen Urwald dem Untergang entgegenführt – nicht gerade neu und sensationell, die Musik nicht revolutionär waren, verhalf das Zusammentreffen aller Komponenten, insbesondere das gesteigerte künstlerische (= hand-

werkliche) Niveau der Oper später zu ihrem großartigen Erfolg. Das Werk lebt vornehmlich von der treffenden musikalischen Charakterisierung der verschiedenen Personen und Völker, wie z. B. der berühmten »Todesmazurka« der Polen.

Die Petersburger Gesellschaft jedoch reagierte ablehnend und verächtlich. Für sie war immer noch das westeuropäische Vorbild maßgebend, und alle Versuche, von diesem abzuweichen, waren verpönt. So gelang es ihr schließlich durch ein großangelegtes Intrigenspiel das Werk zu Fall zu bringen, indem sie den Zaren überzeugte, dass es für ihn eher schädlich denn nützlich sei, dieses Werk aufführen zu lassen. Glinka starb 1857 in Berlin, von den Freunden verlassen, vergessen oder gleichgültig behandelt. Er war immer auf der Suche nach einer »gesetzlichen«, d. h. »eheähnlichen Verbindung zwischen westeuropäischer Fuge und russischem Volkslied« gewesen. Seine Idee und sein Ziel, eine russische Nationalmusik salonfähig zu machen, blieben aber in den Künstlerkreisen nicht unbeachtet.

In St. Petersburg fand sich eine Gruppe junger Männer zusammen, die begeistert Musik betrieben. Sie setzten sich zum Ziel, eine nationale, russische Musik zu komponieren, zu pflegen und ihr endlich zum Erfolg zu verhelfen. »Das Häuflein der mächtigen Fünf« nannte sich diese Gruppe um Caesar Cui (1835–1918) und Wladimir Stasow (1824–1906), der als ihr Theoretiker und Propagandist auftrat. Mit einem ebenso entschlossenen wie radikalen Verhalten, sowohl innerhalb der eigenen Reihen als auch gegenüber der Gesellschaft, hat die Gruppe die Grundlage für das Entstehen einer russischen Nationalmusik gelegt. Sie griffen Glinkas Ideen auf und verschlossen sich ganz den gebräuchlichen Musiknormen der höfischen Gesellschaft. Daher wurde Peter Tschaikowskij erbittert von ihnen bekämpft, dessen westlich orientierte, galante und glänzend instrumentierte Musik sie ablehnten und als »unrussisch« empfanden. Bei ihren Zusammenkünften, die mit den ›Schubertiaden‹ zu Anfang des 19. Jahrhunderts in Wien vergleichbar waren, schufen Männer wie Alexander Borodin (1833–1887) – z. B. die »Steppenskizze aus Mittelasien« – Werke von zentraler Bedeutung für die russische Musikgeschichte. Ihren Berufen als Wissenschaftler, Ärzte oder Offiziere gingen sie jedoch immer gewissenhaft nach, was ihnen den Ruf »Genies und Dilettanten« einbrachte.

Johann Sebastian Bach wurde von ihnen als gefühlsloser »Petrefakt« verurteilt, Chopin war für sie sentimentale Gefühlsduselei und Wag-

Die Entwicklung der verschiedenen Musikrichtungenin Russland während des 19. Jahrhunderts

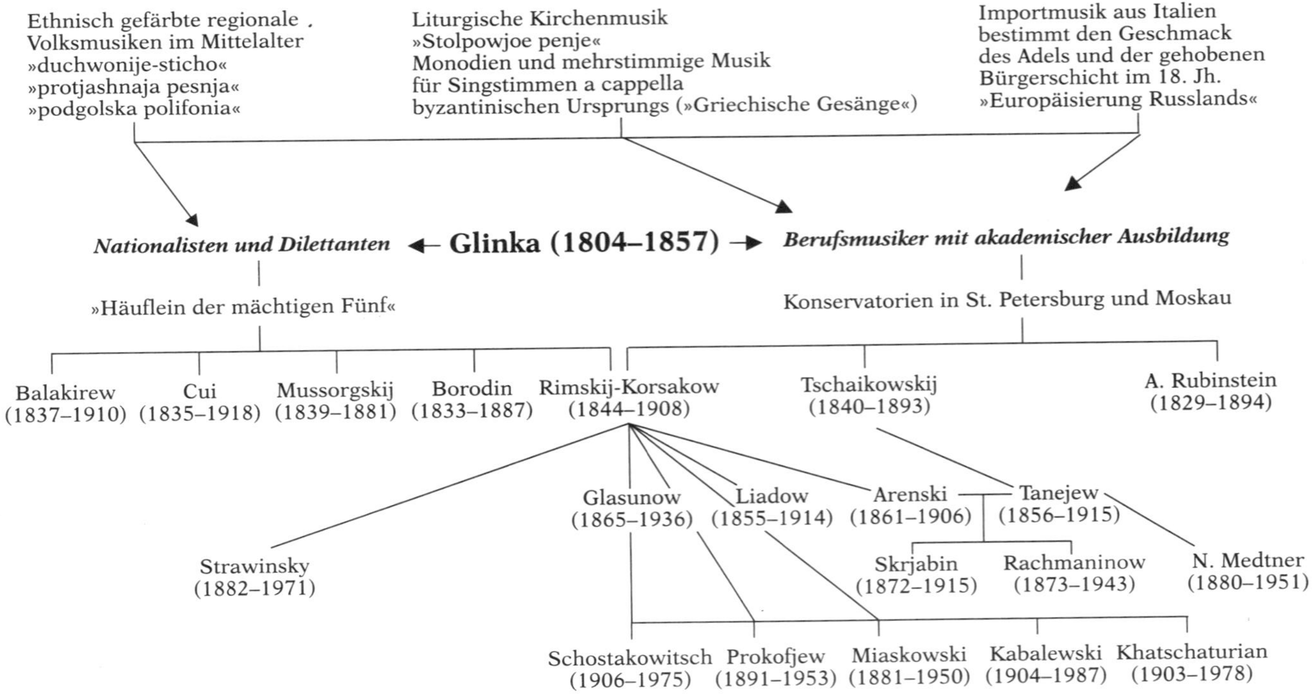

Grabmal von Modest Mussorgskij auf dem Tichwiner Friedhof im Alexander-Newskij-Kloster zu St. Petersburg
(Archiv: P. Kotsch)

ner erschien in ihren Augen gar als noch nicht kritikwürdig. Nur die Musiker der eigenen, nationalen Bestrebungen, wie Glinka und Dargomyschskij – z. B. seine Oper »Der steinerne Gast« (Libretto von Alexander Puschkin) – wurden anerkannt, ja geradezu angebetet. Die Gruppe bekämpfte zudem musikalische Einrichtungen wie das St. Petersburger und das Moskauer Konservatorium unter der Leitung der Gebrüder Rubinstein hinsichtlich deren Versuche, die Musiker nach westlichen Maßstäben und vor allem professionell auszubilden. Aus diesem »Häuflein der mächtigen Fünf« ragten besonders Modest Mussorgskij (1839–1881) und dessen Lehrer Mili Alexejwitsch Bala-

kirew (1837–1910) hervor. Balakirew war unbestritten der Führer der Gruppe, dirigierte ihre Konzerte und organisierte die fortschrittliche »Freie Musikschule«. Ein schul- oder studienmäßiges Lernen gab es in diesem Zirkel allerdings nicht. Man übte sich, indem man Sinfonien theoretisch durcharbeitete oder die Kompositionsversuche der Mitglieder diskutierte. In diesem Kreis schuf Mussorgskij die eigentliche »erste« russische Nationaloper. Das Werk mit dem Titel »Boris Godunow« missachtet scheinbar alle Regeln der Kunst – aus Mangel an Kompositionsstudien fehlte dem Komponisten die Kenntnis des strengen Satzes und der Instrumentierung – und wird erst heute, nach dem Wandel des musikalischen Bewusstseins der Zuhörerschaft durch »atonale« und »Zwölftonmusik«, in der Originalfassung und nicht in der Bearbeitung von Rimskij-Korsakow aufgeführt, der das Opernfragment »kultivierte« und »zivilisierte«.
Aber auch Modest Mussorgskij erlitt das Schicksal, das so mancher bedeutende russische Komponist des 19. Jh. ertragen musste: 44-jährig starb er verwahrlost und verlassen in einem St. Petersburger Hospital. Seine Opern und Werke anderer Gattungen, zunächst verschollen, erlebten nach und nach, manchmal über den Zeitraum eines Jahrhunderts hinweg, ihre Uraufführungen. Vieles von ihm musste erst von anderen, so von dem bereits erwähnten Rimskij-Korsakow, fertiggestellt werden, da er selbst nur Skizzen hinterlassen hatte. Die Gesellschaft hatte ihn geächtet, totschweigen konnte sie ihn nicht. Der Boden für die Entwicklung einer russische Musikkultur war bereit.
In dieser Zeit der Spannungen und Zerwürfnisse, des Ringens um die eigentliche russische Musik und der Kämpfe zwischen Tradition und Fortschritt wird Sergej Rachmaninow am 1. April 1873 geboren.

II. Kapitel

Die Familie Rachmaninow – Sergejs Jugendjahre –

Schenkt man der Familienchronik Glauben, dann gehörten die Rachmaninows zum ältesten Adel des Landes. Zwar konnten sie sich nicht auf den legendären Normannenführer Rurik zurückführen, der im 9. Jahrhundert die erste reguläre Herrschaft auf osteuropäischem Boden gründete, oder auf einen seiner Gefolgsleute berufen. Sie waren auch nicht direkt oder indirekt mit den Romanows verwandt, aber immerhin: einen Mongolenführer kann die Familie in ihr Stammbuch schreiben! Sein Name: Dragosch.

Fürstentümer im 13. Jahrhundert (ungefähre Grenzen)

(Quelle: SZ-Archiv)

300 Jahre lang stöhnte Russland unter dem Mongolenjoch der »Goldenen Horde« und auch das moldauische Fürstentum – heute als selbstständige Republik – zwischen Pruth und Dnjestr im Südwesten der Ukraine gelegen, wurde von ihnen regiert.
Das Fürstentum Moldavia, wie das Land im Mittelalter hieß, lag im Nordosten des heutigen Staatsgebietes Rumäniens, zwischen Siebenbürgen und Bessarabien. Zentrum des von Setreth und Pruth durchflossenen, fruchtbaren Tieflandes ist die Stadt Jassy. 1512 wurde das bis dahin selbstständige Fürstentum mit einer Gesamtfläche von 38.060 qkm Vasall des osmanischen Reiches, behielt aber unter den einheimischen Gospoden seine Selbstverwaltung:

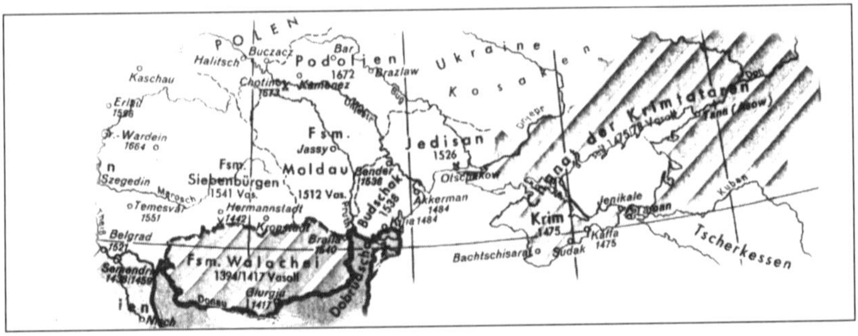

(Quelle: Putzger, Geschichtsatlas)

In den russisch-türkischen Kriegen des 18. und 19. Jahrhunderts wurde es wiederholt von Russland besetzt, 1829 unter russischem Schutz autonom, 1859 mit der Walachei verbunden und 1861 vereinigt zum Staatsgebilde Rumänien unter der Herrschaft des Bojaren A. I. Cusza erhoben:

(Quelle: Putzger, Geschichtsatlas)

Die östlichen Teile gerieten in den Folgen des Zweiten Weltkrieges zusammen mit Bessarabien unter russische Herrschaft und bildeten die Moldauische SSR, jetzige moldawische Republik:

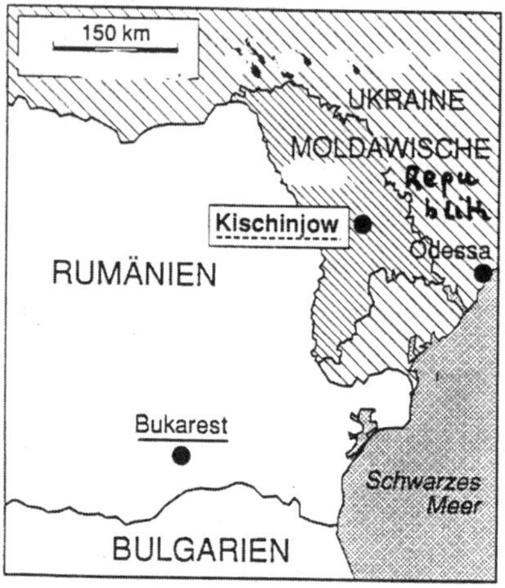

(Quelle: SZ-Archiv)

Die Landessprache setzt sich aus einem ostrumänischen Dialekt mit kyrillischer Schrift zusammen.
Einer dieser Gospoden (Fürsten) von Moldavia, Stephan IV. »der Große«, verheiratete seine Tochter Jelena mit dem ältesten Sohn Iwan III. (1440–1505) von Moskau. Dem Hochzeitszug des Jahres 1483 folgte bald Jelenas jüngerer Bruder nach Moskau und dessen Sohn Wassilij verwendete als Beinamen das Wort »rachmanin«. Auf diesen Namen führte sich die Familie Rachmaninow zurück.
Leider waren die Karten für das junge Paar schlecht gemischt. Zwar kam noch im Hochzeitsjahr der erwünschte Stammhalter und Garant für die Thronfolge, Dimitrij, zur Welt, aber der Zarewitsch Iwan starb bereits 1490 und in den sich anschließenden Hofintrigen um Zar Iwan III. konnte sich die Schwiegertochter als Erbwalterin ihres Sohnes nicht durchsetzen. 1502 verbannte Zar Iwan sie und den Enkel vom Hofe. Ihrer beider Spuren verlieren sich im Nebel der Geschichte.
Wiederum laut Familienchronik standen die Rachmaninows zwar nicht im Brennpunkt des Geschehens oder gar am Schalthebel politischer Macht, aber doch immer auf der »richtigen Seite«! Nach 1727 erhielt Jewlew Rachmaninow von Peter dem Großen als »Lohn für

treue Dienste« das Landgut im Gouvernement Tambow, dem späteren Stammsitz der Familie, und sein Sohn, Gerasim Jewlewitsch Rachmaninow wurde 1741 von der Zarin Elisabeth Romanowa, der Tochter Peter des Großen, in den erblichen Adelsstand erhoben. Zusätzlich erwarb Gerasim, Sergejs Ururgroßvater, noch das Gut Snamenskoje in Koslowskij Ujesd hinzu, als er aus dem aktiven Offiziersdienst ausschied. Sein Sohn wiederum, Sergejs Urgroßvater Alexander Gerasimovitsch, war der erste Musiker der Familie.

Gemäß der Familienchronik soll er ein ausgezeichneter Geiger gewesen sein. Im Alter von 23 Jahren heiratete er Maria Bachmetjewa, die aus der berühmten Musikerfamilie stammte (vgl. Kapitel I). Mit ihrer Hilfe organisierte er in Snamenskoje Chor und Orchester aus Laienmusikern, die er größtenteils aus seinen Leibeigenen rekrutierte. Sergejs Großvater wiederum, Arkadij, entdeckte als erster das Klavier als sein musikalisches Betätigungsfeld. Er wird Schüler von John Field (1782–1837) in St. Petersburg. Der Ire Field unterrichtete Arkadij Rachmaninow nicht nur in der praktischen Handhabung des Klavierspiels, sondern – selbst Komponist und Begründer der Kompositionsgattung »Nocturne« – brachte Arkadij auch die Grundlagen der Improvisation (damals noch ein Lehrfach des Instrumentalunterrichtes) und des Kontrapunktes bei. Bald war Arkadij strahlender Mittelpunkt der St. Petersburger Salons und Snamenskojer Feste. Jelena Chroschinskaja, geb. Prinzessin Golizyn, schreibt in ihren Erinnerungen, dass die Familie Rachmaninow als wohlhabend, ja fast reich galt, der Krone loyal gegenüberstand und ansonsten weltoffen und festefreudig war. Über Arkadij Rachmaninow berichtet sie von dem beglückenden Erlebnis, wenn nach dem Tee zu später Nachmittagsstunde Klänge von John Field, Frédéric Chopin oder Felix Mendelssohn Bartholdy von Arkadij Rachmaninow angeschlagen wurden. Meistens begannen diese Musikstunden mit einer Arie aus Glinkas Oper »Ruslan und Ludmilla«, ehe man sich europäischer Musik zuwandte.[1)]

Sergejs Vater, Wassilij Rachmaninow (1841–1916), machte dem Beinamen »rachmanin« seines Urahns aus dem 15. Jahrhundert alle Ehre: »großzügig, spendabel«. Durch ihn trat nämlich der finanzielle Ruin der Familie ein, von dem sie sich nie mehr erholen sollte! Zuerst sah jedoch alles anders aus.

Wassilij Rachmaninow schlug mit 16 Jahren die Militärlaufbahn ein, kämpfte im Kaukasus (1857–1859) gegen den rebellischen Moslemführer Iman Schamil, einen Anhänger der strengen islamischen Muriden-Sekte und Vorbild für den heutigen Separatisten Schamil Bassajew. Iman Schamil wurde von der russischen Übermacht nach erbitterten Kämpfen gefangen genommen, in Moskau dem Zar wie ein exotisches Tier vorgeführt – und ins Exil geschickt!

Oberst Michael Graf Woronzow – in der Bildmitte mit Offizieren – wurde im Jahr 1844 zum Befehlshaber der russischen Truppen im Kaukasus berufen. Er sollte die Region befrieden.
Quelle: Archiv SZ

Wassilij erhielt kurz darauf als Offizier im vornehmen Garderegiment bei Warschau seinen ehrenvollen Abschied in das Leben eines adeligen Müßiggängers. Sein Charme, Witz und Auftreten begeisterten die St. Petersburger Damenwelt, und wenn er sich als Amateurpianist ans Klavier setzte, um bekannte Themen aus Oper und Konzert zu »improvisieren«, gewann er rasch ihre Zuneigung. Er ehelichte kurze Zeit nach seinem Abschied Ljubowa Petrowna Butakowa, die für den Spieler und Spekulanten Wassilij Rachmaninow zwei große Vorteile aufwies:
Erstens brachte sie fünf große Güter als Heiratsgut mit, da sie die einzige Tochter des Generals Pjottr Iwanowitch Butakow war.
Zweitens war ihr Vater ein hochangesehenes Mitglied der St. Petersburger Gesellschaft, hochdekoriert und zeitweise Rektor der Kadettenanstalt in Nowgorod.
Mit seiner Heirat machte Wassilij Rachmaninow als einziger unter neun Kindern, die sein Vater Arkadij Rachmaninow gezeugt hatte, Karriere, und alles schien bestens geregelt und gesichert, als Sergej

Rachmaninow am 20. März bzw. 1. April 1873[2] das Licht der Welt erblickte. Jedoch nicht, wie bisher allgemein angenommen, in Oneg, dem Lieblingsgut der Familie, sondern laut Taufschein in Semjonowo. Diesen weitverbreiteten Irrtum hat der englische Biograf Geoffrey Norris 1976 in seinem Buch »Sergej Rakhmaninov« beseitigt.
Sergej war das vierte von insgesamt sechs Kindern der Familie Rachmaninow: Jelena, Sofija, Wladimir, Sergej, Warwara und Arkadij. Warwara starb noch als Säugling auf dem Gut Oneg, Sofija wird in St. Petersburg im Kindesalter an Diphterie sterben, Jelena, Sergejs Lieblingsschwester, ebenfalls dort mit 16 Jahren.
Seine Kindheit verbrachte Sergej Rachmaninow zuerst in Oneg. Die herrliche Landschaft, das blühende Gut der Familie übten zweifellos große Wirkung auf den Jungen aus.
Die Ehe der Eltern litt dagegen schon früh unter Spannungen, die den Jungen psychisch sehr belasteten. Der Vater war von eher bohemiehafter Natur, Fantast und Tagträumer, der eigentlich nie lernte erwachsen zu werden und dem die Corsage des Militärdienstes für die Planung eines geordneten Tagesablaufes als Zivilist völlig fehlte, nachdem er den Militärdienst quittiert hatte.
Die Mutter dagegen, willensstark und eher rational denn idealistisch eingestellt, dominierte in der Erziehung des Sohnes zusammen mit einer Schweizer Erzieherin, Mme. Defert. Gefühlsmäßig hing der Sohn zeit seines Lebens am Vater und schien manche Charakterzüge von ihm geerbt zu haben – Großzügigkeit, Rastlosigkeit, Phantastentum –, andererseits hatte die Mutter mit ihrer Rationalität, Selbstdisziplin und Ordnungsliebe ihm die Voraussetzungen mitgegeben, die für seine späteren Karrieren als Pianist, Dirigent und Komponist notwendig sein werden und seinen Depressionen und Melancholieanfällen, sicherlich durch die Erfahrungen in seiner Kindheit ausgelöst, wenigstens etwas Einhalt gebieten konnten. Aber immer wird er auf der Suche nach Vaterersatz sein, nach Führung gewährenden Persönlichkeiten, nach einem »zweiten Vater«, um mit Hölderlin zu sprechen, mit dessen Leben Rachmaninow manches gemeinsam hat. Nur der »Turm« wird ihm erspart bleiben!
Die Mutter gab dem Knaben den ersten Klavierunterricht. Jedes Mal, wenn er etwas angestellt hatte – und kleine Jungen spielen bekanntlich gerne anderen Leuten Streiche –, musste der kleine Sergej zur Strafe unter den Flügel kriechen und dort warten, bis die Familie ihm wieder gestattete hervorzukommen. Dass dadurch der Kontakt

Der Familienstammbaum der Rachmaninows

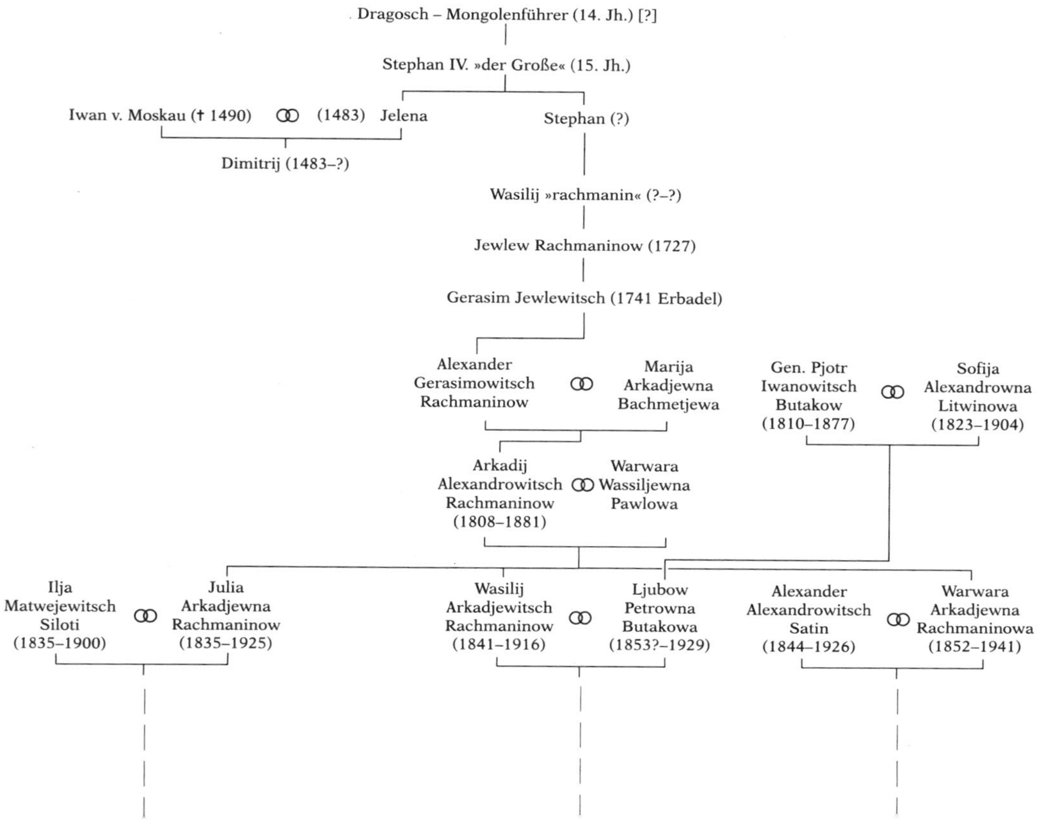

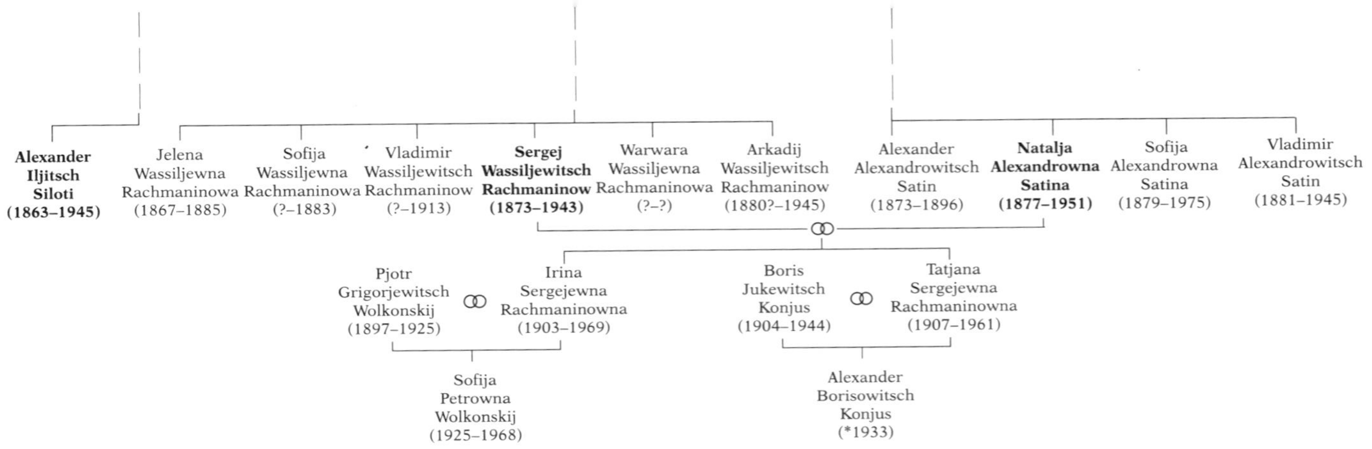
Alexander Iljitsch Siloti (1863–1945)
Jelena Wassiljewna Rachmaninowa (1867–1885)
Sofija Wassiljewna Rachmaninowa (?–1883)
Vladimir Wassiljewitsch Rachmaninow (?–1913)
Sergej Wassiljewitsch Rachmaninow (1873–1943)
Warwara Wassiljewna Rachmaninowa (?–?)
Arkadij Wassiljewitsch Rachmaninow (1880?–1945)
Alexander Alexandrowitsch Satin (1873–1896)
Natalja Alexandrowna Satina (1877–1951)
Sofija Alexandrowna Satina (1879–1975)
Vladimir Alexandrowitsch Satin (1881–1945)
Pjotr Grigorjewitsch Wolkonskij (1897–1925)
Irina Sergejewna Rachmaninowna (1903–1969)
Boris Jukewitsch Konjus (1904–1944)
Tatjana Sergejewna Rachmaninowna (1907–1961)
Sofija Petrowna Wolkonskij (1925–1968)
Alexander Borisowitsch Konjus (*1933)

zum Instrument nicht der beste war, ist verständlich, obwohl er zur allgemeinen Überraschung eines Tages anfing, über die von der Schweizer Erzieherin Mme. Defert – die Mutter begleitete am Klavier – gesungenen Schubertlieder zu »improvisieren«, d. h. das Gehörte nachzuspielen und mit eigenen »Klängen« zu versehen. An der Unlust des Knaben am planmäßig zu erlernenden Klavierspiel konnte aber auch 1882 die neue Gouvernante Anna Ornatskaja – Absolventin des St. Petersburger Konservatoriums und Schülerin von Gustav Kross – nichts ändern. Allerdings zeigt sich hier schon eine erste Querverbindung des neunjährigen Rachmaninows zu seinem späteren Mentor Peter Tschaikowskij:
Gustav Kross, der von 1867 bis zu seinem Tode 1885 am St. Petersburger Konservatorium unterrichtete, war der Pianist der russischen Erstaufführung von Tschaikowskijs berühmtem Klavierkonzert in b-Moll op. 23 am 13. November 1875! Jetzt aber, 1882, versagte seine Schülerin ebenso bei ihren Bemühungen, aus dem Kleinen einen zweiten Mozart zu machen wie zuvor die Mutter; zumal der von Sergej über alles geliebte Vater sowieso nichts von einer geregelten Musikerziehung wissen wollte. Er träumte nicht vom Lorbeer der Kunst, sondern von dem des Schlachtfeldes. Ähnlich wie in der Familie Rimskij-Korsakows vertrat auch hier der Vater den Standpunkt: »Musik sollte man nur als angenehmen Zeitvertreib betrachten, vergleichbar mit Schnaps und Kartenspiel«. Musik als Beruf, das war für die Aristokratie oder das Großbürgertum im Großrussischen Reich undenkbar. Die ganze Musiktradition Russlands lebte daher von »Genies und Dilettanten«[3)], die das Kunststück fertigbrachten, ihrem Beruf und ihrer Passion gleichzeitig nachzugehen (vgl. Kapitel I). Auch der Vater Peter Tschaikowskijs soll auf die Frage eines Bekannten nach der erfolgreichen Aufführung des »Dornröschenballetts« seines Sohnes in St. Petersburg, ob ihm denn nun ein Orden für hervorragende Dienste im Ministerium oder dieser triumphale Erfolg für seinen Sohn lieber wäre, geantwortet haben: »Der Orden gefiele mir besser«. Und gleicher Ansicht war Sergejs Vater, Wassilij Rachmaninow. Wozu hatte er schließlich einen General als Schwiegervater und war selbst im Krieg gewesen? Der Sohn sollte die Offizierslaufbahn einschlagen und, wie es sich für den Sproß einer uralten Adelsfamilie gehörte, auch gleich in einem Eliteregiment, im »Corps des pages« in St. Petersburg. Und da in dieses Regiment nur die wirkliche »Crème de la Crème« aufgenommen wurde, die Rachmaninows aber nicht zu den

obersten Tausend der russischen Gesellschaft gehörten, musste der alte General mit Referenzen aushelfen. So hätte, da die Beziehungen des Großvaters ausreichten, der junge Sergej – wie viele andere auch, so z. B. Alexander Skrjabin oder der bereits erwähnte Rimskij-Korsakow – im zarten Alter von neun Jahren die Uniform einer Kadettenanstalt anlegen, Spielzeug mit dem Gewehr vertauschen müssen!
Vergessen wir nicht: Die Rachmaninows waren eine erbadelige Familie mit Offizierstradition und soziografisch zum russischen Landadel, dem Mittelstand der aristokratischen Ständepyramide, zu zählen. Diese Familien waren das bevorzugte Reservoir für die mittleren und oberen Offiziersränge und lebten, finanziell abgesichert, von den Einkünften ihrer Latifundien, die von Leibeigenen oder Pächtern zum Nullkostenpreis bewirtschaftet wurden. Da auch politisch chancenlos – Politik wurde von den rund 1.000 Familien des Hochadels gemacht – wurden diese, wohl als wohlhabend zu bezeichnenden Bohemiens zum kulturellen Motor im Russland des 19. Jh.! Zusammen mit dem aufstrebenden Großbürgertum aus den Städten – in der Regel Großindustrielle und Kaufleute – bildete der Landadel eine politisch konservativ eingestellte Mittelschicht, ohnmächtig in der Tat, aber interessiert an der Idee, an den schönen, wahren und guten Dingen des Lebens, an Kunst und Kultur. Die Kultursprachen Deutsch und Französisch gehörten zum guten Ton, sie waren schließlich die Sprachen der Dichter, Denker und Musiker, man las alles, was man irgendwo auftreiben konnte, und legte sich in fernseh- und rundfunkloser Zeit auf den Landgütern große Bibliotheken an, die aber oft in reiner Repräsentation vor sich hinstaubten. Letztere erfüllte diese Mittelschicht im Winter in den Städten, wo sie standesgemäß in »Stadthäusern«, mehr oder weniger großen Palais, residierte. Dann wurden fast jeden Abend Theater und Konzerte besucht oder zu Dichterlesungen versus Hauskonzerten gebeten. Alle kulturellen Probleme wurden bei solchen Soirees intensiv diskutiert und analysiert sowie in einer Flut von Zeitschriften kritisiert und kommentiert. Allein zwischen 1890 und 1917 gab es in den Kulturzentren St. Petersburg und Moskau 15 (!) umfangreiche Fachzeitschriften, nur für Musik. Hinzu kamen die mehr oder weniger ausführlichen Feuilletons der Tageszeitungen. Alle fanden ihr Auskommen, sprich ihre Abnehmer und Abonnenten.
Nur unter diesem Medienblickwinkel wird der von mir bezeichnete »Kulturkampf« in den Jahren 1912–1917 in Moskau und St. Petersburg zu verstehen und nachzuvollziehen sein.

Der kleine Landadel und die bürgerliche Oberschicht kompensierten politische Ohnmacht mit kulturellem Engagement, sie brachten den künstlerischen Nachwuchs aus ihren eigenen Reihen hervor und lieferten zugleich auch das Publikum für die Konzerte desselbigen. Dieser sich selbst speisende Zyklus wurde mit der Revolution beileibe nicht unterbrochen, nur in andere Schichten verlagert, ein Zeichen dafür, wie durchlässig diese während der zaristischen Spätzeit nach unten und oben waren!

Allerdings, so intensiv Kunst und ihre Formen aktiv und kreativ auf den Landgütern und in den Städten gepflegt wurden, Kunst als Beruf blieb unvorstellbar: L'art pour l'art – ja, aber nicht als Lebensunterhalt.

Dieser Landadel verstand sich zugleich als Bewahrer und Pfleger und war einer Veränderung des Künstlertums zum professionellen Berufs- und weg vom Lebenskünstler strikt abgeneigt. Als Anton Rubinstein (1829–1894), der große Pianist, Komponist und Begründer des St. Petersburger Konservatoriums sowie einer professionellen Musikausbildung in Russland überhaupt, sich zuerst 1855 in der Wiener *Zeitschrift für Musik* und fünf Jahre später, 1860, in dem russischen Journal *Das Zeitalter* abschätzig über den russischen Dilettantismus sowie die mehr als mangelhafte Darbietung von Musik äußerte und auch für sein Land eine staatlich geregelte Musikerausbildung zum Berufsmusiker forderte, machte der Landadel zusammen mit der Ministerialbürokratie, oft die unterste Adelsschicht, empört Front gegen ihn. Der erste »Kulturkampf« tobte, Rubinstein musste ein Mobbing schlimmster Sorte ertragen, und auch Rachmaninows Großvater Arkadij ergriff die Feder zum Streite und erklärte in Schriftform, dass die Ideen Rubinsteins gegen jedes Traditionsverständnis verstoßen und es in Russland sehr wohl unter den Adeligen gebildete und qualifizierte Dilettanten gäbe. Dies sei vollkommen ausreichend, Berufsmusiker seien weder notwendig noch gäbe es für sie einen Platz. Er stand nicht allein mit seinen Ansichten, wie uns die zitierten Beispiele aus den Mündern der Väter Tschaikowskijs oder Rimskij-Korsakows zeigten.

Fast schien es, als ob der heiße Wunsch der Mutter in Bezug auf die Musikkarriere ihres Sohnes nichts als ein Traum bleiben würde. Aber nur fast! Denn die Spielleidenschaft und der Spekulationstrieb des Vaters zerrütteten das einst so große Vermögen der Familie. Hinzu kam noch die Aufhebung der Leibeigenschaft 1861, die aus Rentiers rational-ökonomisch denken sollende Gutsbesitzer machte. Nun kostete Arbeit plötzlich, war eine Kosten-/Nutzungsrechnung aufzustellen, hieß es kalkulieren und rationalisieren. Hiermit war Rachmaninows Vater restlos überfordert und vom Naturell auch nicht dazu geeignet, so dass nach dem Tod der beiden Großväter –1877 starb General Butakow und 1881 Arkadij Rachmaninow – der Ruin unausweichlich wurde. Dass sich Wasilij bei seinen Geschäftsabenteuern auch noch auf Gutsverwalter verließ, die in der Regel zuerst an sich dachten, beschleunigte noch die finanzielle Talfahrt.

Ein Gut nach dem anderen kam unter den Hammer, bis schließlich auch das Lieblingsgut der Familie, Oneg am Wolchowfluss, in fremde Hände überging. Die Familie war bettelarm, ohne Obdach und Zuhause. Für die Mutter und die fünf Kinder fand sich rasch eine Lösung: Die Großmutter mütterlicherseits, Mme. Butakowa, bot ihnen in St. Petersburg im eigenen Haus Obdach. Der Vater tauchte nach dem Tod seiner Tochter Sofija (1883) in Moskau unter und blieb für die nächsten Jahre verschwunden. Die beiden Frauen standen allein und mussten für den Unterhalt der Familie sorgen, gewiss keine leichte Aufgabe! Natürlich hatte das ehrgeizige Unternehmen »Kadettenschule« für Sergej nun ein Ende. Während seine Brüder auf eine einfache Militärakademie ohne Glanz und Pomp gehen mussten, steckte man Sergej in das Konservatorium, wo er nun endlich, dem Wunsch der Mutter gemäß, zum Berufsmusiker ausgebildet werden sollte. Ein Stipendium, vermittelt durch seine Gouvernante und Klavierlehrerin Anna Ornatskaja, erleichterte den Entschluss für die Familie sicherlich.

Sergej Rachmaninow trat am Konservatorium zuerst in die Juniorenklasse ein, in der er in elementarer Musiklehre und Gehörbildung große Kenntnisse und Fähigkeiten zeigte. Schon kurz nach Studienbeginn bescheinigte ihm sein Gehörbildungslehrer Rubets ein absolutes Gehör, das den Jungen befähigte, auch aus kompliziertesten Tongebilden einzelne Töne herauszuhören. Da Kross keine Studenten der Anfangssemester in seine Klavierklasse aufnahm, blieb nur Demjanskij als möglicher Lehrer für Sergej Rachmaninow übrig. Machte der frischgebackene Studiosus des St. Petersburger Konservatoriums auch in den Fächern Gehörbildung, Musikgeschichte, Gesang, Chorsingen oder Solfeggioübung solche Fortschritte, dass ihn Rubets schließlich davon ausdrücklich befreite, so versagte dagegen Demjanskij als Hauptfachlehrer in seinen Bemühungen, aus Sergej Rachmaninow einen zumindest durchschnittlichen Pianisten zu formen.

Als schließlich auch noch der Theorieunterricht bei Prof. Liberio Sacchetti für den neunjährigen Jungen immer mehr zu »spanischen Dörfern« ausartete, empfahl sich Sergej auf französisch vom Unterricht. Vergessen wir nicht, Konservatorien waren in dieser Zeit noch Ganzheitsschulen, »Bewahrungsanstalten«, wie es die lateinische Wortwurzel aussagt. In Italien für Findelkinder, die an der Kirchentür abgegeben wurden, konzipiert, übernahmen die Konservatorien europaweit nicht nur musikalische, sondern auch allgemeinbildende Aufgaben: neben dem fachspezifischen Unterricht standen die Sprachen Russisch, Französisch, Deutsch auf dem Stundenplan, dazu Mathematik (wohl eher algebraisches Rechnen), Geografie, Geschichte und Religion. Ein gewiss nicht leicht zu bewältigendes Pensum für die Kinder.

Was nützten da Gedanken an mögliche Verletzungen des Handgelenks oder der Arme? Die Eisbahnen im Winter sowie Hinterhöfe und Straßenbahnlinien des Newskij-Prospektes im Frühjahr luden in St. Petersburg zu aufregenden Entdeckungsreisen für zehnjährige Jungs ein! Karrieredenken war nun wirklich zu viel verlangt für einen Jungen, der einerseits den Drill des Konservatoriums aus tiefster Seele verabscheute, andererseits auch zu Hause eine psychische Hölle durchmachte. Der Vater, als bankrotter ehemaliger Rittmeister der kaiserlich-russischen Kavallerie untergetaucht, galt in der Familie als tot. Die Mutter führte zu Hause ein strenges Regiment, bemüht, jedem ihrer Kinder etwas an Ausbildung zukommen zu lassen. Den finanziellen Unterhalt besorgte die Großmutter mütterlicherseits aus der Witwenpension für ihren verstorbenen Mann, den General Butakow, seines Zeichens Geschichtslehrer sowie Rektor an der Nowgoroder Arektschejew-Akademie für militärische Wissenschaften. Der älteste Bruder Sergej Rachmaninows war beim Militär, und so war Sergej – so absonderlich es klingen mag – mit neun Jahren das Familienoberhaupt über zwei Frauen, zwei Schwestern und zwei Brüder. Im patriarchalischen Russland war das gang und gäbe, jedoch für den sensiblen Sergej zu viel. Zu Hause das Gezeter der Weiblichkeit, im Konservatorium die mahnenden Worte der Professoren – genug!

Allerdings, ein Problem bedrückte die Knabenseele ganz empfindlich: das Notenbüchlein, in dem die Leistungsvermerke aller Professoren semesterweise ihren Niederschlag fanden. Jedoch, der Knabe fand rasch Abhilfe! Jedes Mal am Tag der Noteneintragung zog er sich zu Hause ins Badezimmer zurück und besserte mit Rasiermesser und Tinte die jeweiligen Einser zu Vierern aus, und so entstanden im

elterlichen Badezimmer unter Sergejs geschickten Händen zwar nicht die besten Ergebnisse, aber immerhin befriedigender Durchschnitt, und der häusliche Friede war wieder hergestellt.
Dass dies nicht lange gut gehen konnte, war auch Sergej Rachmaninow klar, und der große Krach folgte bei der Prüfung zum Abschluss des Grundstudienjahres. Jetzt half auch das große Wohlwollen des Direktors, Prof. Karl Davidow, nicht mehr. Er musste Mme. Rachmaninowa mitteilen, dass ihr hoffnungsvoller Sprössling in allen Hauptfächern durchgefallen war! Die Mutter war entsetzt, das Barometer zu Hause zeigte auf Sturm, Rachmaninow musste das Konservatorium verlassen. Die Musikerausbildung schien ebenso zu scheitern wie die militärische Laufbahn.
Die Großmutter wurde nun zum einzigen Bezugspunkt für den Kleinen. Sie, die ihn immer schon abgöttisch liebte, überwand auch jetzt als erste die Enttäuschung und wandte ihm wieder ihre Liebe zu. Von ihrem letzten Geld hatte sie das Landgut Borisowo, das ihr Schwiegersohn zuvor unter den Hammer gebracht hatte, zurückgekauft. Hier nun verbrachte Sergej seine glücklichsten Lebensjahre. Schwimmen, Reiten, mit Gleichaltrigen raufen und spielen, all dies stand ihm dort völlig frei. Bosisowo war für ihn der Ausbruch aus einem starren Familienkorsett, in dem ein Neunjähriger bereits erwachsen sein sollte. Hier hörte er nicht dauernd die Klagen seiner Mutter über die angespannte Finanzlage der Familie, zwang man ihn nicht ständig zu billiger Mozartimitation. Borisowo und die alten Klöster und Kirchen in und um Nowgorod, in denen er mit den liturgischen Gesängen der Mönche sowie der faszinierenden Welt der Glocken bekannt und vertraut wurde, und deren Gottesdienste er mit seiner strenggläubigen Großmutter jeden Sonntag besuchte, bildeten für ihn die stärksten Jugenderinnerungen.
Langsam hatte sich unterdessen die älteste Schwester Jelena musikalisch zu einer Berühmtheit im Gesang herangebildet. Sechs Jahre älter als Sergej, zwang sie den Jungen wieder zum regelmäßigen Üben, indem sie ihn als Korrepetitor für eigene Zwecke einspannte. In Rachmaninows »Erinnerungen«, die Oskar von Riesemann 1933 herausgab, schildert Sergej seine Schwester Jelena als stimmliches Wunder, eine Altstimme, die ein Phänomen im Blattsingen gewesen sein soll, sich mühelos jede Partie ersang.
Sie war es auch, die den jungen Sergej persönlich mit Peter Tschaikowskij bekannt machte, der später sein Idol werden sollte.

Wie Sergej in seinen »Erinnerungen« weiter berichtet[4], sollen es vor allem die Texte verschiedener, von seiner Schwester gesungener Lieder gewesen sein, die ihn damals interessierten. Sergej übte wieder regelmäßig, jedoch am meisten befriedigte ihn das Nachempfinden kompositorischer Linien in den Werken von Frédéric Chopin und Felix Mendelssohn Bartholdy. Stundenlang versuchte er in »Improvisationen« den Meistern auf ihre kompositorischen Spuren zu kommen, und es sah fast so aus, als ob aus Jelena und Sergej eine Neuauflage des musizierenden Geschwisterpaares Nannerl und Wolfgang Mozart werden sollte. Jedoch der Schein trog!

Jelena nahm Gesangsstunden bei Prof. Ippolyt P. Pryanischnikow, einer Berühmtheit unter den Gesangspädagogen in St. Petersburg. Sie sang am kaiserlichen Bolschoj-Theater zu Moskau vor und wurde – was damals als große Auszeichnung galt – mit 17 Jahren als Mitglied des Ensembles für die Spielzeit 1885/86 aufgenommen. Leider aber war dies zu viel für ihre physische Konstitution. Rachmaninow erzählt in seinen »Erinnerungen«, dass sie an einer gefährlichen Anämie (wohl eher einer Virusinfektion) gestorben sei, noch bevor sie die Früchte ihres Ruhms ernten konnte. Die hoffnungsvollen Ansätze hatten sich wieder einmal zerschlagen.

Die verzweifelte Mutter schrieb an ihren Neffen Alexander Siloti (1863–1945)[5] und berichtete ihm, dass der Direktor des Konservatoriums, Karl I. Davidow, ihren Sergej als faul und liederlich bezeichnet habe. Zwar lobte er eine gewisse Begabung am Klavier, aber angesichts der Vorkommnisse müsse dem Jungen das Stipendium leider aberkannt werden und er habe das Konservatorium zu verlassen.

Siloti, Schüler Franz Liszts, 22 Jahre alt und neuer Stern am russischen Pianistenhimmel, hatte zuerst wenig Lust, sich dieses lästigen Familienproblems anzunehmen. Aber aus Rücksicht auf seine Tante Ljubowa Rachmaninowa – seine Mutter war eine Schwester des Vaters von Sergej – hörte er sich Sergej eine Stunde lang an, erkannte die starke, aber vollkommen unausgebildete Begabung des Cousins, und stellte dann fest:

»Es gibt nur einen Mann, der hier helfen kann, und dies ist Swerjew, mein früherer Lehrer in Moskau«.[4]

Die Familie kratzte die letzten Kopeken zusammen, kaufte die Fahrkarte, gab dem Jungen 100 Rubel Fahrgeld mit und entließ ihn nach Moskau. Ein Lebensabschnitt ging zu Ende. Die unbeschwerte Kindheit war vorüber, der Abschied von der Großmutter nur unter Tränen möglich. Die letzten 25 Kopeken für Bonbons und Naschwerk, dann war auch dies vorbei. Als sich die Räder des Zuges in Bewegung setzten, gehörte das »Leben eines Taugenichts« endgültig der Vergangenheit an, »Wilhelm Meisters Lehrjahre« sollten beginnen.

Die Stadtsilhouette von St. Petersburg im Abendlicht – Blick vom Newa-Kanal
(Archiv: P. Kotsch)

III. Kapitel

»Wilhelm Meisters Lehrjahre«

Als der Zug von St. Petersburg die sommerliche Landschaft in Richtung Moskau durcheilte, zogen dem zwölfjährigen Sergej Rachmaninow wohl noch einmal die letzten Jahre seiner Kindheit durch den Kopf. Viel Erfreuliches wird es sicher nicht gewesen sein: Der finanzielle Ruin der Familie, das Verschwinden des Vaters, die Diphterieepidemie in St. Petersburg im Winter 1884/85, an der auch Sergej und seine Geschwister erkrankt waren – Schwesterchen Sofija war daran gestorben –, die Konservatoriumszeit und die finanzielle Not der Familie. Zudem fiel ihm der Abschied von den herrlichen Sommern in Borisowo, von der Großmutter, die ihm für jedes Vorspielen vor Gästen 25 Kopeken zusteckte, sowie von den wunderschönen Besuchen in den großen Kirchen Nowgorods sicherlich schwer.

Aber jetzt hieß es von den Kinderjahren Abschied nehmen, die Schwelle zum Erwachsenwerden überschreiten, an der ein Mann stand, der ob seiner Strenge und Zucht berüchtigt war: Nicolaj Swerjew (1832–1893).

Wie Sergej Rachmaninow stammte er aus altrussischem Landadel und war seit 1866 auf Vermittlung von Nikolaj Rubinstein als Klavierprofessor für die Unterstufe am Moskauer Konservatorium tätig. Von Gestalt stattlich, bestach er in den Moskauer Zirkeln des Landadels sowie der bürgerlichen Oberschicht durch alle Tugenden eines »Aristokraten«: sicheres Auftreten, vollendete Umgangsformen, eine rasche Auffassungsgabe, sehr gute Allgemeinbildung. Darüberhinaus soll er noch ein sehr gepflegtes, fast literarisches Russisch gesprochen haben, was ihn zu einem geschätzten Gast oder Gastgeber in den »feinen Kreisen« Moskaus machte. Es war bekannt, dass er seine Schüler rau und hart anfasste, sie körperlich züchtigte und ihnen alles an physischer und psychischer Kraft abverlangte. Vielleicht hatte ihn dieser Erziehungsstil in allen Lebensbereichen frühzeitig altern lassen? Auf alle Fälle galt er in Mokauer Kreisen als uralt, und die Leute waren maßlos überrascht, als bei seinem Tod im Jahre 1893 publik wurde, dass er erst 61 Jahre alt war!

Alles in allem war Swerjew ein Mustergeschöpf jenes traditionellen Dilettantismus, den Rachmaninows Großvater Arkadij 1860 so vehe-

Die bedeutendsten russischen Pianisten und ihre Wurzeln im 19. und 20. Jahrhundert

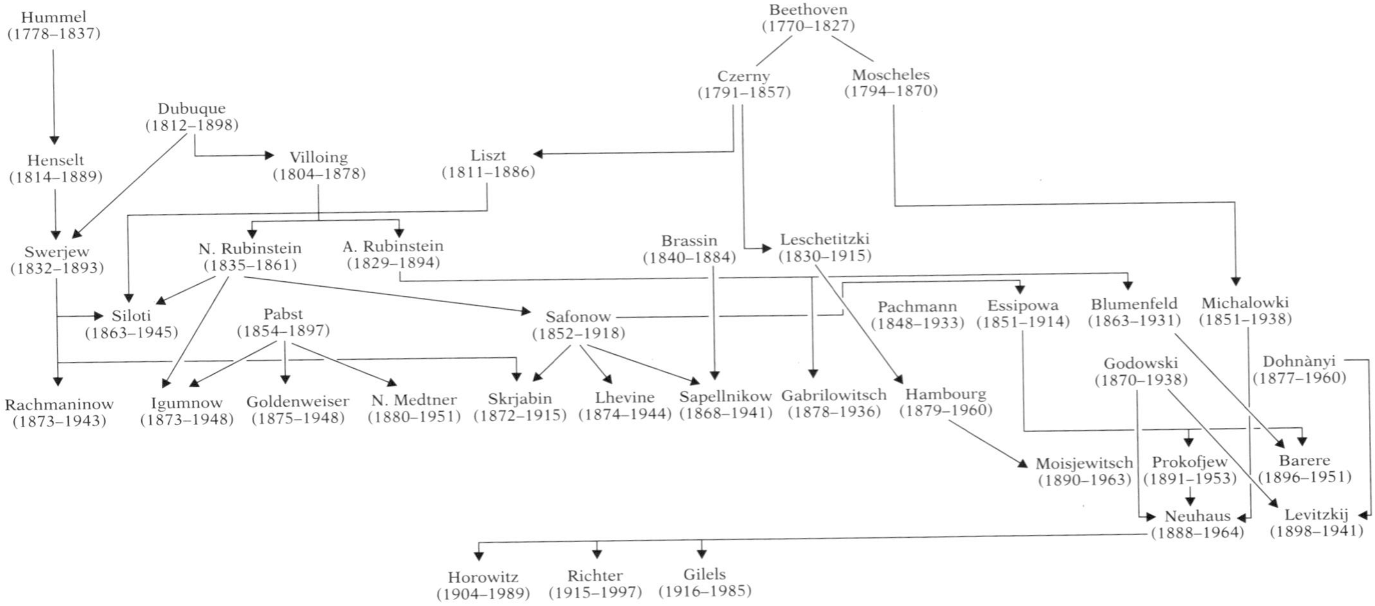

ment gegen Nikolaj Rubinstein verteidigt hatte, andererseits aber auch ein Mittler zwischen den Welten. Seine persönliche Freundschaft eben mit diesem so heftig attackierten Rubinstein ermöglichte seinen Schülern neue Wege.

Was ihm selbst versagt blieb, erreichte er für sie: erfolgreich den Weg zum Berufsmusiker einzuschlagen.

Bei allen Gerüchten und Histörchen, die sich um seine Person rankten, vergaß aber komischerweise jeder, sich Gedanken zu machen, ob dieser Nicolaj Swerjew überhaupt selbst Klavier spielen konnte. Er gab keine Konzerte, spielte seinen Schülern nie etwas vor und ging mit seiner Fingerfertigkeit nicht »hausieren«. Gleichwohl soll er nach Aussage seiner Schüler über einen herrlich differenzierten Anschlag als auch über eine wunderbare Leichtigkeit und Lockerheit der Fingerhaltung verfügt haben. Seine Interpretation der Sonate cis-Moll op. 27/2, der »Mondscheinsonate«, von Ludwig van Beethoven war in den Augen seiner Schüler ein beeindruckendes Erlebnis, und sie schwärmten noch davon, als sie längst selber große Meister ihres Faches waren. Die breite Öffentlichkeit hörte nie etwas davon.[1)]

Nikolaj Swerjew, der als Kind in Moskau das Gymnasium besucht hatte und durch seinen Freund und Gönner Lew A. Mey, Dichter und Direktor der Schule, auf die Universität geschickt worden war und so dem vorgezeichneten Weg einer Militärkarriere entkommen konnte, erzählte nie viel von seinem Leben. Daher sind nur spärliche Spuren seines Werdeganges festzustellen. Swerjew verließ die Moskauer Universität ohne Abschluss, als der finanzielle Zusammenbruch der Familie drohte, und verschwand mit der Bemerkung, dass er jetzt seine Angelegenheiten ordnen wolle. Wieder ins öffentliche Leben zurückgekehrt, bezog er eine Stelle in der Zivilverwaltung. Nebenbei nahm er Klavierstunden bei Alexander Dubuque, dem »russischen Klavierpapst«, und Adolf von Henselt.

Alexander Dubuque (1812–1898), selbst Schüler von John Field und nach eigenen Angaben noch mit Ludwig van Beethoven persönlich bekannt, bildete unter vielen anderen auch die Brüder Rubinstein aus, mit denen Swerjew zu diesem Zeitpunkt erste Kontakte geschlossen haben dürfte. Fast zur gleichen Zeit tauchte aber sein Name unter anderem in Tschaikowskijs Tagebüchern auf. Tschaikowskij vermerkte, dass Nicolaj Swerjew ihn gefragt habe, ob er bei ihm Unterricht in Musiktheorie haben könne, und Tschaikowij habe zugestimmt, obwohl er zum damaligen Zeitpunkt gar keinen Unterricht auf privater

Basis habe geben wollen. Aus diesem Unterrichtsverhältnis hatte sich dann eine tiefe und lebenslange Freundschaft entwickelt.
Vor allem die Handhaltung, der Fingerwurf sowie sauberes und klar fixiertes Spiel waren Swerjews Hauptanliegen. Die Disziplin der exakten Körperhaltung war für Swerjew entscheidend, und nur bei ihrer korrektesten Anwendung sah er eine Möglichkeit zum Aufbau späterer Techniken. Wer seine Schule durchlaufen hatte, konnte ohne Schwierigkeiten zu Safanow oder Alexander Siloti an das Konservatorium überwechseln. Ein Neubeginn oder mühseliges Umlernen war nicht nötig. Seine Schüler mussten dafür ein wahres Mammutprogramm an Etüden und Übungen absolvieren. Hinzu kam noch seine Vorliebe für klaren, straffen Rhythmus – basierend auf einem in allen Situationen gleichbleibenden Metrum –, den die Schüler pedantisch genau einhalten mussten.
Permanente Überwachung dieser Übungen schuf aus jungen Talenten so wahre Könige an ihrem Instrument. Fügte sich einer seiner Zöglinge nicht, hatte er nichts zu lachen. Dann wurde Swerjew wirklich rau und grob und behandelte seine Schüler wie die »letzten Stallknechte«.[1)]
In sein großes und geräumiges Appartement Ecke Smolenskij-Platz/Rushejnyj-perenlok (Waffengasse), das er zusammen mit seiner Schwester bewohnte, nahm er nun Sergej Rachmaninow als dritten Zögling neben Matwej Presman (1870–1941) und L. Maximow auf. Diese Privatschüler lebten und arbeiteten bei den Swerjews kostenlos! Dafür zahlten sie aber auch einen hohen Preis: absoluter Gehorsam und Abbruch fast aller Beziehungen zum Elternhaus! Nur Alexander Skrjabin (1872–1915), im gleichen Jahr wie Rachmaninow als vierter im Bunde bei Swerjew aufgenommen, genoss eine Sonderstellung: er blieb zu Hause bei den Eltern wohnen, besuchte die Kadettenanstalt weiter und kam nur sonntags zum Unterricht.
Rachmaninow erreichte Moskau, wurde von seiner Tante Julia Siloti vom Bahnhof abgeholt, zu Swerjew gebracht, bekam sein Zimmer zugewiesen und musste sofort in die graue Hausuniform schlüpfen. Diese Uniform, deren Schnitt stark an die offiziellen Hochschuluniformen des zaristischen Russland erinnerte, war ganz einfach gehalten, aber im Schnitt zweifelsohne elegant und in der Stoffwahl nicht billig, ließ Swerjew sie doch bei seinem eigenen Maßschneider herstellen.
Nach kurzer Eingewöhnung in seine neue Umgebung hatte sich Sergej Rachmaninow an den Flügel zu setzen, Swerjew schob seinen

großen Ohrensessel neben diesen und hörte dem Jungen zu. Als dieser geendigt hatte, sprach Swerjew zu ihm: »Mein lieber kleiner Herr, du spielst wie ein ganz erbärmlicher Flickschuster!«[2]

Nach diesem vernichtenden Urteil begann der gnadenlose Drill, der Rachmaninow aber – laut seinen »Memoiren«[2] – befähigte, zu dem aufzusteigen, was er im amerikanischen Exil werden sollte, zu einem ungekrönten König der Pianisten!

Der Tag begann bei Swerjew um sechs Uhr morgens. Bereits zu dieser Stunde hatte der betreffende Schüler, der eingeteilt war, am Klavier zu sitzen und sein Pensum zu absolvieren, das in täglich drei Übungsstunden zu bewältigen war. Ganz gleich, ob man am Abend vorher vom Theater spät nach Hause gekommen oder zu einem Hauskonzert bei anderen Leuten eingeladen war, wen es in der Reihenfolge traf, musste, ob Winter oder Sommer, ob kalte oder warme Jahreszeit herrschte, um sechs Uhr morgens am Klavier sitzen und seine Aufgaben erledigen. Matwej L. Presman berichtet[1], dass die Jungen oft übermüdet waren, schlecht und unkonzentriert spielten. Swerjew sei dann stets im Nachthemd erschienen und habe den Buben mit harter Disziplin dazu gebracht – teilweise mit Schlägen und Fußtritten – seine Müdigkeit zu vergessen.

Wie im regulären Konservatorium erhielten die Zöglinge im »Privatinternat Swerjew« zusätzlich allgemeinbildenden Unterricht in den Kultursprachen Deutsch und Französisch, erteilt von einem eigens engagierten Privatlehrer.

Vom harten Einerlei des Trainings blieb nur der Sonntag verschont. Dann waren die Schüler den Tag über frei und mussten auch nicht, wie unter der Woche, auf Abruf bereitstehen. Swerjew hatte nämlich des Öfteren die Angewohnheit, seine Zöglinge in die Häuser zu schikken oder mitzunehmen, in denen er privaten Unterricht erteilte. Dort mussten die Knaben dann vor den höheren Haustöchtern sowie deren Eltern vorspielen, wobei Swerjew bemerkte: »Schaut, dies ist der richtige Weg, Klavier zu spielen!«[2]

Der übungsfreie Sonntag fand jede Woche seine Krönung in einem feierlichen Diner, das Swerjew in seiner Wohnung für 15 bis 20 Leute veranstaltete. In der Gästeliste fanden sich die klangvollsten Namen Moskauer Künstler. So ist es nicht verwunderlich, dass Peter und Modest Tschaikowskij – letzterer als Librettist nicht nur von seinem Bruder geschätzt –, Anton und Nikolaj Rubinstein, Alexander Siloti sowie die Sänger Tartakow und Jakowlew schon ob ihres häufigen

Besuches »zur Familie« zu rechnen waren, und gelegentlich stellte sich auch Dubuque ein. Wer aber glaubt, dies alles sei nur aus Gründen der Geselligkeit geschehen oder aus Huldigung an das Amusement, der irrt sich sehr. Nach dem Abendessen, dem eigentlichen Diner also, hatten sich die Zöglinge an das Klavier zu begeben und nach bestem Wissen und Gewissen ihre augenblicklich studierten Werke vorzutragen. Technische Schwierigkeiten spielten dabei ebensowenig eine Rolle wie musikalischer Geschmack. Ob Etüden von Clementi, Czerny, Cramer oder eine Sonate von Mozart oder Beethoven, all dies fand Gehör und kritische Beurteilung vor einem Publikum, das man sich erlesener nur schwer vorstellen kann. Die größten russischen Pianisten beurteilten die Leistungen zwölf- bis vierzehnjähriger Knaben, berieten, diskutierten.

Swerjew gab an einem solchen Abend dem Zuckerbrot vor der Peitsche den Vorzug und lobte alles und jeden! Besondere Freude bereiteten aber beiden Seiten die Improvisationen der Schüler am Klavier! Jeder von den vier Zöglingen durfte spielen, was er wollte und wie er wollte, jede Disziplinetikette fehlte. Swerjew feuerte die anwesenden Künstler ebenfalls zu demonstrativem Beifall an und verbot ihnen, selbst am Klavier Proben ihres Könnens – außer zu Demonstrationszwecken – zu geben. Enttäuschungen wurden bei den jungen Klavierspielern so von vorneherein vermieden! Dabei sollte man nicht vergessen, dass der persönliche Kontakt mit diesen Künstlern für die Knaben später, wenn es in der beruflichen Laufbahn auf Protektion ankam, sehr nützlich war. Diese hervorragende Chance, der Ausbildung von stupiden »Tastenathleten« einen sinnvollen Weg zum ernsthaften Künstler zu geben, nützte ohne Frage nicht nur den Schülern. Swerjew selbst konnte sich anlässlich solcher Dinerabende hervorragend in Szene setzen, sein pädagogisches Geschick unter Beweis stellen und die Mehrkosten der Bewirtung als Werbungskosten abschreiben[1)], denn alles diente dazu, reichen Familien die musikalische Ausbildung ihrer Kinder unter Swerjews bewährter Leitung schmackhaft zu machen. Sein Schüler Presman schätzte dessen Jahreseinkommen allein aus dem Kreis seiner Privatschüler auf mehr als 10.000 Rubel. Bei einem Kurs von vier Goldmark für einen Rubel ein sehr hohes Einkommen in jenen Jahren!

War Swerjew auf der einen Seite also durchaus der kühle Finanzbuchhalter, der bei aller künstlerischen Leidenschaft nie das Finanzielle außer Acht ließ, so sorgte er sich doch andererseits sehr um die

Ausbildung seiner Zöglinge und legte deren Ziele weit über denen des rein Handwerklichen fest.
Einen Tag in der Woche wurde den Kindern zusätzlich Literaturkunde vermittelt, eine Art Musikkanon. In diesen medienlosen Zeiten blieb den Knaben hierfür nur der Weg des Selbststudiums. Wenn sie Musik hören wollten, mussten sie – außerhalb des Konzert- und Opernrahmens – Musik realisieren, indem sie selbst zum Instrument griffen bzw. sich an dasselbige setzten. Diese Aufgabe übernahm im Hause Swerjew die Pianistin Belopolskaja, die mit den Jungen die Klavierauszüge der klassischen Sinfonieliteratur oder der Kammermusik an zwei Klavieren durchspielte.
Darüberhinaus hatte Swerjew bei allen Opern-, Theater- und Konzerthäusern Moskaus die teuersten Logen während der gesamten Spielzeit angemietet. Fast jeden Abend suchte er mit seinen Zöglingen einen

Nicolaj Swerjew und seine »Zöglinge« 1886:
Maximow, Rachmaninow und Presmann (von links nach rechts).
(S. W. Rachmaninoff. Musikverlag, Moskau 1988)

dieser »Musentempel« auf, um die Schüler mit neuen Werken und künstlerischen Persönlichkeiten der Wort- und Tonkunst bekannt zu machen. Alexander Puschkins Dramen wechselten mit Rossinis »Barbier von Sevilla«, Johann Wolfgang von Goethes »Faust« mit dem fünften Klavierkonzert Ludwig van Beethovens. Die jungen Leute hörten und sahen die berühmtesten Künstler ihrer Zeit: Eleonora Duse, Salvini, Rossi, Tschaikowskij, die Rubinsteins und viele andere. Wohl aus akustischen Gründen, aber auch, wie Rachmaninow in seinen »Erinnerungen« 1933[2)] berichtete, weil er nicht gesehen werden wollte, hatte Swerjew diese Plätze in den jeweiligen Theatern erworben.
So wurden die jungen Studenten – die »Künstler von morgen« – schon sehr früh in den Rahmen der Exklusivität und künstlerischen Einsamkeit gepresst, der für viele später zum unentrinnbaren Käfig werden sollte! Männlichkeitsbewusstsein in der Tradition früherer Jahrhunderte, gepaart mit »Sendungsbewusstsein« und übertriebener Menschenverachtung schufen auf diese Weise z. B. die Psyche Alexander Skrjabins, den »Übermenschen« Nietzschescher Prägung, der sich im Laufe seines Lebens mehr durch Exzesse und persönliche Kapriolen auszeichnete, denn durch »humanistischen« Geist. Diese Lebenshaltung ist aber auf diese Kindheitsprägung zurückzuführen.
Ganz gleich, ob sich ein solches Verhalten in künstlerischen Extravaganzen à la Skrjabin oder in der aristokratischen Zurückhaltung Sergej Rachmaninows äußerte, die patriarchalische Welt Nicolaj Swerjews und Anton Rubinsteins hatte sie geprägt. Zwar oblag die Hausverwaltung in der Rushejnyj-perenlok (Waffengasse) Anna Sergejewna, Nicolajs Schwester, Nicolaj selbst jedoch war der beständige Bezugspunkt der jungen Männer, die seine Schüler waren.
Von Tischmanieren angefangen bis zu Kartenspielen und Tanzunterricht genossen die Schüler in seiner Person eine Ausbildung, die gewährleisten sollte, dass sie sich auch in der »großen Gesellschaft« bewegen konnten. Jeden Samstag rekrutierte z. B. Swerjew aus der Schar seiner Schülerinnen Mädchen, die den jungen »Herren« als Tanzpartnerinnen zur Verfügung zu stehen hatten. Um auf alle Eventualitäten eines »Gesellschaftslebens« vorbereitet zu sein, wurde nun an solchen Nachmittagen das Tanzbein geschwungen, was zweifelsohne zur Freude von Eltern und Lehrern geschah, nicht jedoch zu der der Schüler. Alle schilderten später diese Unterrichtsstunden als die schlimmsten ihres Lebens und entwickelten sich geradezu zu »Tanzmuffeln«.[1)]

Erlitt Swerjew auf diesem Sektor seiner Erziehung eine Niederlage, so konnte er auf Anhieb einen Erfolg erzielen, als es um die drei Klischee-Charakteristika russischen Oberschichtlebens ging: Wodka, Champagner und Zigeuner![3]

Wer jemals ein reines Knabengymnasium oder eine andere Art ausschließlich männlichen Zusammenlebens kennen gelernt hat, wird wissen, wie eng diese Gesellschaft zusammenhält. Die Gruppe lebt für sich, sondert sich ab und ist stolz darauf, außerhalb menschlicher Konventionen zu stehen. Kameradschaft und Freundschaft sind hier die stärksten Bande. Man kämpft für ein Ziel und verachtet das, was außerhalb dieses Gesichtskreises liegt! Die Frau wird nicht als eigenständig-individuelles Wesen gesehen, sie wird bewusst gar nicht in die Gruppe mit einbezogen, man betrachtet entweder sie als Gebrauchsgegenstand oder als asexuelles Wesen. Früh zum männlichen »Führungsimage« herangewachsen, verkörperten Nicolaj Swerjew und Nikolaj Rubinstein den eingefleischten Junggesellentypus homoerotischer Prägung, dem alles Weibliche widerwärtig ist, dem Begriffe wie Familie, Verantwortung und Partnerschaft Nervenfieber verursachen und der sich in seiner Rolle als ungeliebter, aber beachteter Sonderling gefällt. In dem Stil alten »Husarendenkens«, mit Männerfreundschaft, Ehrbegriffen im Sinne eines »Codex mysticus«, mit strengstem Reglement auf der einen Seite und schrankenloser Freiheit auf der anderen, wuchsen die jungen Schüler heran. Mit Beginn der Pubertät führte Nicolaj Swerjew seine Schüler in vornehme Restaurants aus, um, wie Peter Tschaikowskij in seinen Tagebüchern vermerkte, die »Rituale des Essens und Trinkens« kennen zu lernen. Zug um Zug drang die junge Schar weiter in die »Geheimnisse des Lebens« ein. Besuche in Nachtclubs, bei Zigeunern und bei Frauen diverser Bordelle schlossen sich an, und so ist es nicht verwunderlich, dass die jungen Künstler, von der harten Ausbildung einerseits sowieso schon frühzeitig geformt, nun auf der anderen Seite durch diese »Gesellschaftserziehung« einem frühzeitigen Alterungsprozess unterworfen waren. Uniform, Kartenspiele – hierin hatte Swerjew eine bemerkenswert profitorientierte Passion entwickelt –, Rauchen und die willkürliche Freiheit sexueller Beziehungen lenkten die musikalische Erziehungsanstalt Swerjews mehr und mehr in die Rolle einer Kadettenanstalt, deren Spiegelbild um die Jahrhundertwende am besten wohl Robert Musil (1880–1942) in seiner Erzählung »Die Verwirrung des Zöglings Törleß« nachgezeichnet hat.

Und ebenso wie im österreich-ungarischen Kaiserreich, so spielten auch im spätzaristischen Russland die Zigeuner eine feste Rolle im Großbürgertum. Ihre Musik, ihre Übersentimentalität, die nicht selten von Amateurkomponisten bürgerlicher oder adliger Kreise noch bis ins Geschmacklose gesteigert wurde, war das »Rauschgift« des 19. Jahrhunderts! Nirgendwo ließ sich der eigene Seelenschmerz besser auskosten, konnten die Tränen schneller fließen oder das Freudengebrüll stärker gesteigert werden als bei den schmachtenden Klängen der »Pusztageigen«. Bei keinem Fest, auf keiner Hochzeit, keinem Geburtstag durften sie fehlen. Tschaikowskij, Rachmaninow, Davidow oder die Brüder Rubinstein entnahmen der Zigeunermusik viele Anregungen für ihre Kompositionen. Ja, geradezu Pilgerfahrten unternahm die Moskauer Künstleraristokratie allwöchentlich in die tristen Vorstädte der Metropole, in denen die Zigeuner menschenunwürdig hausten, nicht nur der Musik oder Festlichkeit wegen. Die bildhübschen Frauen der Zigeuner hatten es ihnen angetan und diese wiederum geizten nicht mit Gegenleistungen, wenn sich daraus eine »lohnende Partie« ergab. Nicht selten heirateten Zigeunerinnen in reiche Bürgerhäuser ein oder konnten sich einen Stammplatz in der niedereren Ahnengalerie eines Adelshauses sichern: Manus manum lavat!

Leonid L. Sabanejew (1881–1968) sah daher zu Recht im Moskau dieser Jahre ein »Bohemienmilieu mit aristokratischen Lebensvorbildern«. Die Lebenserziehung Swerjews, diese Sucht nach einer Atmosphäre ständiger Zerstreuung, »trunkener Mystizismus« und nach ekstatischen Sensationen sah Sabanejew allerdings als die Kehrseite einer Medaille, die bitterer Pessimismus hieß. Einschränkend sei angemerkt, dass er zu solchen Ansichten kam, als er schon Musikkritiker bei der *Prawda* und sozialistentreu war. Aber ein weiteres Fundament für die depressiven, melancholischen Zustände in der Psyche Rachmaninows wurde sicherlich in dieser Zeit gelegt.[4)]

Eine Abwechslung vom strapaziösen Moskauer Alltag bildete für die jungen Künstler der Sommer mit seinen Ferienmonaten Mai bis September. Zu dieser Zeit zog sich Swerjew alljährlich auf die Halbinsel Krim zurück. Dort pflegte der Klavierpädagoge stets auf dem Landgut eines befreundeten russischen Geschäftsmannes namens Tokmanow zu logieren, aber wenn er seine Zöglinge mitnahm, was des Öfteren geschah, so mietete er für diese extra eine kleine Villa an. Und damit die jungen Künstler nicht zu sehr dem süßen Nichtstun erla-

gen, verpflichtete er den Kollegen Laduchin, Harmonielehreprofessor am Moskauer Konservatorium, sich der Zöglinge anzunehmen. In dreimonatiger Arbeit lernten die Schüler unter der harten Hand des allgegenwärtigen Professors die Regeln des strengen Kontrapunktes, der Harmonielehre und Improvisation, ein Pensum, für das sie am Konservatorium zwei bis drei Jahre Zeit gehabt hätten.
1886 hatte dieser »Crashkurs« ein klares Ziel: im Herbst war bereits die Aufnahmeprüfung in den Harmonielehrekurs für Fortgeschrittene bei A. Arenski am Konservatorium geplant.
Nach Aussage von Matwej Presman[3] soll in diesem Sommer auf der Krim Rachmaninow seine erste Komposition geschrieben haben. Er war zum damaligen Zeitpunkt 13 Jahre alt. Presman berichtet, dass Rachmaninow sich plötzlich während dieser Monate von der Gruppe abgesondert habe, geistesabwesend den Gesprächen anderer lauschte, allein spazierengegangen sei und dabei mit den Händen um sich gefuchtelt habe, als ob er ein Orchester dirigierte. Eines Tages hätte Sergej ihn in sein Zimmer gebeten, sei ans Klavier gegangen und hätte zu spielen begonnen. »Weißt du, was das ist?«, habe ihn Rachmaninow gefragt. »Nein«, habe Presman geantwortet. »Und dir gefällt dieser Orgelpunkt im Bass mit chromatischer Fortschreitung in den Oberstimmen?«, habe Sergej weiter gefragt. Presman bejahte, und Rachmaninow hätte stolz darauf geantwortet: »Ich habe es selbst komponiert und ich werde es dir widmen!«[3]
Den Musikwissenschaftlern[5] ist es allerdings bis heute noch nicht gelungen zu klären, um welches Frühwerk von Rachmaninow es sich hierbei handelt. Auch Rachmaninow selbst hat es später nie erwähnt. Geoffrey Norris führte in seiner Rachmaninow-Biografie als erstes Werk ein kurzes Scherzo in d-Moll für Orchester an, das stark von der Kompositionstechnik Mendelssohns geprägt sei.[6] Die Komposition erfolgte aber bereits während des ersten Konservatoriumsjahres, in der Zeit vom 5.–21.2.1887 unter Anleitung von Arenski.
Alle vier Schüler Swerjews hatten im Herbst 1886 die Aufnahmeprüfung glänzend bestanden, und Rachmaninow erhielt wiederum – diesmal aufgrund erwiesener Leistungen und nicht auf Vermittlung wie in St. Petersburg – ein Stipendium, das Nikolaj-Rubinstein-Stipendium. Offiziell war er nun in die Solfeggio-Klasse von Konstantin K. Albrecht aufgenommen und besuchte auch wieder die wissenschaftlichen Klassen der allgemeinbildenden Fächer.
Anton Stepanowitsch Arenski (1861–1906) übernahm die Harmonie-

lehreklasse, in die der 13-jährige Rachmaninow am Konservatorium eintrat. Der zwölf Jahre ältere Lehrer war bereits auch Leiter der Kaiserlichen Kapelle in St. Petersburg. Neben seinen Orchester-, Opern-, und Chorkompositionen sowie Liedern und Romanzen war er der russische »Erfinder« der Klaviersuite für zwei Klaviere als Kompositionsform.[7)]
Der junge Professor entwickelte innerhalb dieser Suiten eine Vorliebe für die Aneinanderreihung musikalischer Miniaturformen, wie die Romantik sie europaweit schätzte: Romanze, Elegie, Barcarole, Scherzo, Walzer usw., die er zyklisch zu größeren Werkeinheiten verbinden wollte – »Sinfonie en miniature«. Dies machte auf den jungen Rachmaninow einen bleibenden großen Eindruck. Noch als Dirigent wird er in seiner ersten Moskauer Konzertsaison 1905/06 Kompositionen von Arenski in seine sinfonischen Programme aufnehmen!
Leider haften den Tonschöpfungen Arenskis eine gewisse »Plüschhaftigkeit« und eine »Salonatmosphäre« an, die auch den späteren Werken Rachmaninows bei Kritikern ihren Stempel aufdrücken werden. Das Urteil der Nachwelt scheint sich dabei auf die Aussage von Arenskis Studienkollegen Rimskij-Korsakow zu stützen: »Er wird bald vergessen sein!«
Nur der bezaubernde Walzer aus der ersten Suite für zwei Klaviere sowie die »Variationen über ein Thema von P. Tschaikowskij« überlebten im Gedächtnis des Publikums. Jascha Heifetz wiederum, einer der großen Geiger des 20. Jh., schätzte durchaus noch andere Kompositionen von Arenski, so besonders dessen Klaviertrio, von dem er eigenhändig eine Transkription für Violine und Klavier zum Konzertgebrauch verfasste!
Aber auch Sir Henry Wood, der englische Dirigent und spätere Bewunderer von Rachmaninows 3. Sinfonie, führte in den ersten Jahren der Promenadenkonzerte in London zahlreiche Werke Arenskis auf! Andererseits war Arenski 1886 ein junger Mann und in jeder Hinsicht auf der Höhe seiner Zeit. Er begeisterte die jungen Menschen nicht nur zur Kreativität im Bereich neuer harmonischer Verbindungen und tonaler Erweiterungen bis zur Ultrachromatik, sondern weckte auch ihre Phantasien im rhythmisch-metrischen Bereich. Kein Wunder, dass im gleichen Jahr neben dem Scherzo noch weitere Kompositionen des jungen Rachmaninows unter Anleitung Arenskis entstanden: eine Sammlung von vier Klavierwerken sowie drei Nocturnes.

Getreu der Arenskischen Vorlieben für Miniaturformen betitelt Rachmaninow die vier Klavierwerke: Romance (fis-Moll) – Prélude (es-Moll) – Mélodie (Es-Dur) – Gavotte (D-Dur). Eigentlich wollte er diese Tonschöpfungen immer als sein op. 1 verstanden wissen, lange vor dem Klavierkonzert, seinem offiziellen op. 1, aber dann schienen sie ihm doch nicht eigenständig genug. In der Tat lässt in all diesen Werken – wohl besser als musikalische »Aquarelle en miniature« bezeichnet – Tschaikowskij als Vorbild grüßen. In der Gavotte allerdings fallen drei Elemente ins Auge, die später zu Charakteristika Rachmaninowscher Kompositionstechniken werden:

1. Die – sicherlich von Arenski – geweckte Vorliebe für swingende Rhythmen, d. h. ungerade Rhythmeneinteilungen mit wechselnden Schwerpunktmöglichkeiten. So notiert er für die Gavotte einen $\frac{5}{4}$-Takt, der nun in jedem Takt verschiedene Akzentebenen zulässt. Immer kann ein anderes Viertel betont werden, die Musik beginnt zu »grooven«, wie die Jazzmusiker sagen. Dave Brubeck und sein »Take five« vorweggenommen! Auch in Amerika wird Rachmaninow daher nicht ohne Grund zum begeisterten *Jazzer*, wenn auch nur im privaten Bereich – der Imagepflege wegen!
2. Innerhalb der Basslinie fallen die an Glockenklänge erinnernden Intervallsprünge im Quint-, Quart-, Terzbereich auf. Hier beginnt sich das Kindheitsfaszinosum dieser Idiophone aus Nowgoroder Tagen zu manifestieren, freilich angeregt durch Arenskis *Basso ostinato* op. 5/5:

Rachmaninow: Gavotte

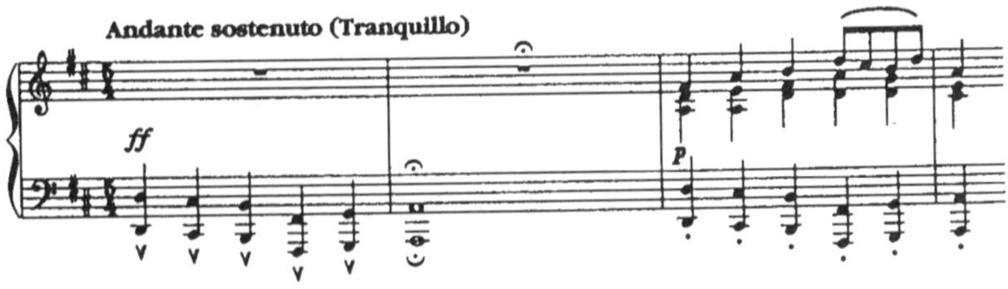

Arenski: Basso ostinato op. 5/5

3. Harmonisch greift er zu den stärksten Klangmitteln der damaligen Diatonik: zu Septimen- und Nonakkorden. Zusammen mit dem übermäßigen Dreiklang werden sie das Fundament seiner späteren Klangsprache bilden.

Die noch im gleichen Jahr entstandenen drei *Nocturnes* (fis-Moll, F-Dur, c-Moll) sind dagegen wohl eher als »Fingerübungen« im formalen Bereich einer Kompositionsgattung zu verstehen. Insofern hatte Rachmaninow mit seiner Idee, die vier Klavierstücke als op. 1 zu bezeichnen, nicht Unrecht. Sie beinhalten alle wesentlichen Materialien seiner späteren Kompositionen.
Erinnert im Nocturne fis-Moll die langatmig-rhapsodische Struktur noch sehr an das Finale des 1. Satzes der 2. Klaviersonate von Johannes Brahms, zeigt der rhythmisch bewegte Mittelteil jedoch schon eigenständige Züge.
Ähnliches ist auch beim zweiten Werk derselben Gattung in F-Dur zu beobachten: hier stand ohne Zweifel das Intermezzo aus Borodins »Petite Suite« bei der Themenentwicklung Pate. Das dritte, in der Tonart c-Moll gehalten, verrät eine intensive Beschäftigung mit dem Schaffen Robert Schumanns.
Alle drei Werke sind ganz der Episodik und Improvisation verhaftet, offenbaren zudem aber eine schon bemerkenswerte Instrumentierungskunst, d. h. sie sind pianistisch geschrieben, aber in ihrer gedanklichen Anlage zu langatmig. Trotzdem erzeugt der erst 14-jährige Komponist gerade im dritten Nocturne eine fast als tragisch zu bezeichnende Gefühlstiefe, die viel über die psychische Verfassung des Autors aussagt:

Die Gattung *Nocturne* – von John Field begründet und durch die Werke Chopins bekannt gemacht – setzt unausgesprochene poetische, also außermusikalische Gedanken in absolute Musik um, ein Formkind der frühen Romantik, als man sich »die Welt vom poetischen Atem durchstreift« vorstellte. Zwar wird sich auch Rachmaninow immer am stärksten in Kompositionen erweisen, die von außermusikalischen Dingen initiiert oder beeinflusst werden, auf den Formtypus »*Nocturne*« aber ist er nicht mehr zurückgekommen.
Am 12.1.1888 beendete Rachmaninow diese Arbeiten, aber der Unterricht bei Arenski bringt weitere Früchte! Die gleiche Jahreszahl als Entstehungsdatum trägt eine Romanze für Violine und Klavier in a-Moll, nur mit der Tempoangabe »Lento« betitelt. Das Datum Oktober 1888 ziert dann die ersten Skizzen zu einer Großform: die Studien zu einer Oper mit dem Titel »Esmeralda« nach Victor Hugos Novelle »Notre Dame de Paris«, aber mehr als Studien zu diesem Sujet sind nicht vorhanden.
Wie erfolgreich Arenskis Arbeit bei den jungen Leuten wirklich war, zeigte sich im Frühjahr 1889 bei der Zwischenprüfung zum Abschluss des Grundstudiums. Neben der Harmonisierung einer vorgegebenen Melodie im vierstimmigen Satz sollte noch ein Prélude als freie Kompositionsform bei vorgegebener Tonart und einzuhaltendem Modulationsweg innerhalb von 16–30 Takten abgeliefert werden. Die Harmonisierungsaufgabe hatte sofort praktisch am Klavier zu erfolgen, das Prélude war schriftlich auszuarbeiten. Ehrenvorsitzender der Prüfungskommission war Peter Tschaikowskij. Das beste

Prüfungsergebnis erreichte Rachmaninow, und Arenski ermunterte den jungen Mann, doch noch eine Kostprobe seines Könnens zu liefern. Rachmaninow wählte dabei ein »Lied ohne Worte« und der Ehrenvorsitzende versah ob dieser Leistung die im Prüfungsprotokoll vermerkte Benotung 5 als beste Zensur noch mit drei Pluszeichen, die Bestbenotung überhaupt! Rachmaninow konnte sein Glück kaum fassen! Der verehrte Großmeister erkannte seine, Rachmaninows, Kunst an – Herz, was begehrst du mehr?
Das Manuskript dieser Komposition in d-Moll ist leider verschollen, aber 1931 rekonstruierte Rachmaninow eine Fassung für die von Oskar von Riesemann geplante Biografie (S. 31):

Schon der Beginn zeigt wiederum die wesentlichen Elemente des späteren Kompositionsstiles Rachmaninows: -Bewegung als rhythmischer Impulsgeber, die absteigende kleine Terz als motivische Urzelle sowie die in Sekundschritten abwärts geführte Tenorstimme als Leitstruktur.
Nach dieser Prüfung konnten alle Zöglinge Swerjews problemlos in das fünfjährige Hauptstudium am Konservatorium eintreten, das nun ganz der Berufsvorbereitung gewidmet sein sollte. Rachmaninow belegte als Hauptfächer Klavier und Komposition, denn auch am Instrument hatte er in diesen vier Jahren bei Swerjew große Fortschritte gemacht.
Zum ersten Mal lesen wir seinen Namen bereits am 27.11.1885 auf dem Programmzettel eines Schülerkonzertes am Konservatorium, obwohl er noch gar kein ordentlich Studierender war. Wenige Monate nach seinem Unterrichtsbeginn bei Swerjew spielte er in diesem Konzert das Präludium cis-Moll aus dem Wohltemperierten Klavier Bd. 1 von Johann Sebastian Bach. Danach suchen wir seinen Namen allerdings für zwei Jahre vergebens bei Schülerkonzerten. Erst für den 2.11.1887, also fast auf den Tag genau zwei Jahre später, finden wir seinen Namen wieder auf einer Aufführungsmitteilung. An diesem Tag spielte er den 2. und 3. Satz aus der Klaviersonate Es-Dur

op. 31/3 von Ludwig van Beethoven. Den 1. Satz desselben Werkes interpretierte sein Internatsmitstreiter Maximow.

Bereits im nächsten Konzert stand Rachmaninows Name schon wieder auf dem Programm: am 4.12.1887 spielte er Werke von Schulhoff und Moschkowski. Danach verschwand sein Name abermals für fast ein Jahr aus den Konzertprogrammen, aber im Oktober 1888 stand er wieder auf dem Podium, diesmal mit Präludium und Fuge Cis-Dur aus dem Wohltemperierten Klavier Bd. 1 von Johann Sebastian Bach und einer Etüde in f-Moll von Anton Rubinstein. Im Dezember des gleichen Jahres ließ er sich in einem weiteren Schülerkonzert mit dem 1. Satz aus der Sonate op. 28 (»Pastorale«) von Ludwig van Beethoven sowie der 2. Ballade von Liszt hören.

Im Monat seiner Zwischenprüfung dann der erste größere Erfolg auch als Pianist: Am 12.3.1889 spielte er, zusammen mit Maximow, Robert Schumanns »Andante und Variationen« für zwei Klaviere. Und da dieses Schülerkonzert öffentlich stattfand, erfolgte auch zwei Tage später in der Zeitung *Theater und Leben* eine Belobigung vonseiten der Kritik. Größere Ehrung aber dürfte für ihn die Mitwirkung – zusammen mit Maximow – am 50-jährigen Künstlerjubiläums Anton Rubinsteins gewesen sein, einem der verehrten Hausgötter und -gäste im »Internat Swerjew«.

Ergaben sich in den Theoriefächern und im Hauptfach Komposition beim Übertritt ins Hauptstudium für Rachmaninow keine Schwierigkeiten – er belegte bei Arenski weiter Harmonielehre, erweitert mit dem Unterrichtsfach Instrumentierung, sowie Kontrapunkt beim Direktor des Konservatoriums, Tanejew –, so wurde der Wechsel ins Hauptfach Klavier erheblich schwieriger!

Wie sein Internatskamerad Matwej Presman wollte auch er, und ebenfalls nach ihm Alexander Skrjabin, in die Klavierklasse von Wasilij I. Safonow (1852–1918) eintreten.

Safonow kam auf Empfehlung Peter Tschaikowskijs aus St. Petersburg nach Moskau und hatte seit 1885 eine eigene Klavierklasse am Konservatorium. Resentiments und Affinitäten zwischen Moskau und St. Petersburg, zwischen erzkonservativem Landadel und westlich orientierter Dienstleistungsmetropole, machten Safonow das Leben in Moskau schwer. Hinzu kam, dass er bei Schülern und Studenten sehr beliebt war, so dass die alteingesessenen Moskowiter auf Abhilfe sannen.

Wie dem auch sei, Swerjew zwang Rachmaninow, wohl auch aus familienpolitischen Gründen, nicht wie Presman und Skrjabin zu Safo-

now zu gehen, sondern zu seinem Cousin Alexander Siloti, der den Jungen damals auch an Swerjew vermittelt hatte. Rachmaninow fügte sich, wie meistens, einer älteren Autorität und besuchte gehorsam die Klasse seines Cousins, mit zweischneidigem Erfolg: einerseits hatte Siloti sehr viel Verständnis für die kompositorischen Neigungen Rachmaninows, ermunterte und förderte ihn, wo er nur konnte. Zudem war Siloti vor seiner Lehrtätigkeit drei Jahre Schüler bei Franz Liszt in Weimar gewesen, hatte also neben virtuos-pianistischen auch wichtige künstlerische Impulse empfangen.
Neben der Lehrtätigkeit war er Geschäftsmann und Organisator, der viel für das russische Musikleben bis 1918 tat.
Die Beziehung zwischen den beiden hielt ein Leben lang. Zudem schloss Rachmaninow mit seinen Mitstudenten K. Igumnow (1873–1948) und Alexander B. Goldenweiser wichtige Freundschaften für die spätere Zeit als Berufskünstler.
Andererseits aber wurde Safonow 1889 Direktor des Konservatoriums und Leiter der sinfonischen Konzerte der Russischen Musikgesellschaft. In dieser Monopolstellung sollte er sich noch bitter an Sergej Rachmaninow rächen, den er selbst gerne in seiner Klavierklasse gesehen hätte: Jahrelang erhielt Rachmaninow von der Musikgesellschaft kein Engagement als Solist bzw. irgendeinen Unterrichtsauftrag am Konservatorium. Safonow akzeptierte ihn zwar als Komponist, aber nie als Pianist!
Überhaupt wurde das Jahr 1889 zur ersten Krise, zur ersten Bewährungsprobe für den jungen Mann Sergej, denn auch die weitere Zusammenarbeit mit Arenski gestaltete sich nun problematisch. Zwar sind Studien zu einem Klavierauszug für ein Klavierkonzert in c-Moll erhalten, zweifelsohne ein Produkt der Instrumentierungsübungen bei Arenski, datiert vom November 1889, sowie zwei Sätze zu einem Streichquartett aus der Jahreswende, eine *Romance* in g-Moll und ein *Scherzo* in D-Dur, die Safonow am 24.1.1891 in einer Fassung für Streichorchester im Rahmen eines Konservatoriumskonzertes aufführte, aber die nun im viersemestrigen Studium geforderten polyphonen Kompositionsweisen zu vermitteln, war Arenski scheinbar außerstande.
Die als Vorbedingung für dieses Studium erforderliche Motette für sechs Stimmen bei vorgegebenem Modulationsschema auf den lateinischen Text »Deus meus« lieferte Rachmaninow zwar wieder als Bestarbeit mit höchster Punktzahl ab, aber bereits die erste Zwi-

schenprüfung nach dem Wintersemester 1889/90 weist nur die Gesamtnote 3 auf, für Rachmaninow eine mehr als unterdurchschnittliche Leistung. Diese sollte erst der zweite Theorielehrer, Sergej Tanejew (1856–1915), ändern, mit dem Rachmaninow eine enge Freundschaft bis zu dessen Tode verbinden sollte!
Tanejew, ebenfalls Schüler von Peter Tschaikowskij, wurde 1885 Direktor des Konservatoriums und trat damit die Nachfolge von Nikolaj A. Hubertus an, der das Institut nach dem Tode Nikolaj Rubinsteins vier Jahre verwaltet hatte. Er selbst sollte das Amt ebenfalls nur vier Jahre inne haben, ehe der liberale Mann politisch resignierte und das Amt Safonow überließ. Zudem war Tanejew Stammgast im Hause Swerjews und schon dadurch Rachmaninow bestens vertraut. Ende 1885, wenige Monate nach Einzug Sergejs ins Haus Swerjews, stellte Tanejew den Jungen zusammen mit Josef Lhévinne Anton Rubinstein persönlich vor, als dieser zur 100. Aufführung seiner Oper in Moskau weilte.
Tanejew sprang für den erkrankten Arenski im Frühjahr 1890 ein und übernahm nun auch die »Fugenklasse«, d. h. den Unterricht in strenger Polyphonie. Ihm gelang es, das Interesse der Jungen wieder für den strengen Kontrapunkt zu wecken und sie für diese Kompositionsform zu interessieren, indem er sie aktiv in den Unterricht mit einbezog. Die Fugen Johann Sebastian Bachs wurden nicht mehr konsumiert, d. h. wortlos vor sich hingespielt, sondern Tanejew brachte eigene Themen, forderte zur Bearbeitung auf, präsentierte eigene Lösungsvorschläge und zwang zur Kritik, zur Auseinandesetzung mit denselben: Polyphonie wurde darüberhinaus in diesem Denkgebäude nicht als isolierte historische Epoche betrachtet, museal seziert, sondern als Basis und Grundgerüst aller zeitgenössischen Musik. Für Tanejew ging jede Musikaussage auf die polyphonen Formen des 16. und 17. Jh. zurück, aber diese beruhten wiederum auf den kirchlichen und weltlichen Monodiegesängen des Mittelalters. Diese Basis, wenn auch über Jahrhunderte hinweg ständig überarbeitet und verändert, sei auch in den modernen Formen westlicher Musikprägung zu spüren.
Als unerschöpfliches Potenzial für diesen Formenreichtum westeuropäischer Musik biete sich nach Meinung Tanejews das Volkslied als Themenlieferant an und es bedürfe nur der menschlichen Phantasie, diesen Reichtum in die entsprechenden Strukturen einfließen zu lassen. Russland besäße nach seiner Meinung auch dieses Potenzial, nämlich den geistlichen Choral und das Volkslied, aber keine na-

tional-eigenständige Harmonik oder formale Strukturen. Tanejew schlug also in seinem gedanklichen Lehrgebäude vor, die westlichen Formen der Fuge, Sonate oder Sinfonie zu übernehmen und hierzu auch die Harmonik, jedoch mit dem russischen Liedgut zu verarbeiten. Dann wäre seiner Meinung nach eine russische Nationalmusik möglich.[8)]

Von diesen Hypothesen angeregt, wird Rachmaninow ebenfalls später auf die musikalischen »Urformen« Choral und Lied zurückgreifen und in diesem Sinne großartige Meisterwerke, z. B. das schon erwähnte »große Abend- und Morgenlob« op. 37 für Chor a cappella, die Chorsinfonie »Glocken« op. 35 oder die Volksliedthemen und Tanzvarianten im 3. Klavierkonzert d-Moll op. 30 schaffen. All diese Werke wären ohne den Versuch der kulturellen Symbiose Tanejews nicht möglich gewesen. Kurzum, Tanejew wurde für Rachmaninow bald zur bestimmenden Leitfigur, auch in außermusikalischen Lebensbereichen, und dies um so mehr, als langsam eine Entfremdung im persönlichen Verhältnis zwischen Nicolaj Swerjew und Sergej Rachmaninow eintrat.

Rachmaninow hatte mit Eintritt in die Hauptklassen am Konservatorium den Unterricht bei Swerjew aufgegeben, wohnte aber noch in dessen Haus. Den Wünschen in Bezug auf mehr Selbstständigkeit, die Rachmaninow mit 16 Jahren äußern konnte, kam Swerjew überhaupt nicht entgegen. Hinzu trat noch Swerjews berüchtigter Jähzorn, der – wie Rachmaninow in seinen »Erinnerungen« berichtet – jede vernünftig begonnene Unterhaltung in eine wüste Schreierei und Beschimpfung ausarten ließ, wobei nicht selten Bücher und Einrichtungsgegenstände durch das Zimmer flogen. Zum endgültigen Bruch kam es im Oktober 1889, als Rachmaninow Swerjew bat, ihm ein eigenes Zimmer zu geben und ihm bei der Miete eines Klavieres behilflich zu sein. Swerjew lehnte dies rundweg ab, wurde jähzornig und warf Sergej vor, gegen die Hausregeln verstoßen zu haben, als er seine Verwandten, die Satins, in Moskau besucht habe, und dies, obwohl familiärer Kontakt den Schülern strengstens verboten war. Rachmaninow packte seine Sachen zusammen, zog aus und quartierte sich, nach einem kurzen Intermezzo in der Wohnung des Freundes Michail Slonow, bei seiner Tante väterlicherseits, Mme. Satina,[8)] ein. Natürlich blieb der Bruch des Schüler-Lehrerverhältnisses zwischen Swerjew und Rachmaninow nicht unbemerkt in Moskaus Künstlergilde und gab reichlich Nahrung für die Gerüchteküche. Rachmani-

now und Swerjew wurden scharf beobachtet, und da sie nur mehr sehr distanziert miteinander verkehrten, sich nicht mehr grüßten oder miteinander sprachen, regte dies die Phantasie der Leute noch mehr an. Leonid Sabanejew[4] behauptet, sein alter Freund Sergej Rachmaninow habe mit Swerjew das freundschaftliche Verhältnis gebrochen und nicht umgekehrt, wie Swerjew immer behauptete. Der Grund hierfür sei die homosexuelle Veranlagung Swerjews gewesen. Manche Gründe sprechen auch für solch eine These: In seinem Pensionat gab es nie Schülerinnen und das »Swerjewsche Pensionat« wurde zuweilen im Moskauer Volksmund der »Zoo« betitelt und seine Schüler als »Swerjews Harem«.
Zudem war die enge Verbindung zu Tschaikowskij und Nikolaj Rubinstein ein weiterer Grund, ihn zur Homosexuellenszene zu zählen, zumal unverheiratet und mit männlichen Kindern in einer Wohnung zusammenlebend, die von diesen beiden Künstlern – deren Neigung zur gleichgeschlechtlichen Liebe jedermann kannte, aber niemals offen aussprach – oft besucht wurde. Allerdings konnte eine solch ängstlich zu verbergende Neigung zu katastrophalen Folgen führen, wie das Lebensende Tschaikowskijs zeigt. Nach den Gesetzen des Zarenreiches vom 15.8.1845, 17.4.1863 und 11.6.1885 drohte Entdeckten nicht nur 10 bis 12 Jahre Zwangsarbeit in Sibirien sowie Verlust der finanziellen und gesellschaftlichen Basis. Das Mobbing der Gesellschaft war noch schlimmer, lebenslange Ächtung und Isolierung für die betreffende Person waren unvermeidlich.
Die freundschaftliche und familiäre Umgebung bei seiner Tante Warwara Satina tat Sergeijs psychischer Konstitution gut. Mit den vier Kindern der Familie Satin: Alexander, Natalja, Sofija und Wladimir schloss er rasch Freundschaft und blühte in diesem geordneten Familienleben richtig auf. Hier hatte er nun sein eigenes Zimmer, in dem er ungestört üben und arbeiten konnte, wenn er nicht gerade den Kindern am Klavier vorspielen und dabei Phantasiegeschichten, sprich Melodramen, erfinden musste.
In dieser gelösten Atmosphäre wandte sich Rachmaninow zum ersten Mal einer für ihn neuen, aber richtungsweisenden Kompositionsform, dem Kunstlied, zu, wobei er Gedichte von M. Lermontow und A. Fet vertonte: »Am Tor des Paradieses« und »Ich will dir nichts erzählen«.[12]
Trotz aller Erfolge sah es die Mutter nicht gerne, dass ihr Sohn im fernen Moskau so ganz ohne die bewährten »Erziehungspredigten«

von ihrer Seite auskommen sollte und zudem noch bei der Verwandtschaft seines Vaters logierte. Sie drängte den Sohn wieder nach St. Petersburg zurückzukehren und bei Rimskij-Korsakow am dortigen Konservatorium weiter zu studieren. Aber Rachmaninow blieb in Moskau, verbrachte sogar die Ferienmonate mit seiner Tante auf deren Landgut Iwanowka, südöstlich von Moskau, im Distrikt Tambow, und ließ sich nur kurz auf Snamenskoje, dem Landgut der Großmutter, sehen.

Vor allem mit drei Cousinen Natalja, Ludmila und Vera verband ihn ein herzliches Freundschaftsverhältnis. Allerdings dauerte es einige Zeit, bis die drei Mädchen Swerjews »Erziehung« bei ihrem Cousin durchbrechen konnten. Er wirkte zu Anfang sehr abweisend, fast gefühlskalt und nur langsam taute er bein gemeinsamen Abendmusizieren, beim Singen der Volks- und Kirchenlieder oder bei allgemeinen Gesprächen auf.

Vera, vier Jahre jünger als er, hing mit geradezu abgöttischer Liebe an Sergej, und er hatte eine Reihe von Spitznamen, mit denen er sie immer neckte. Als die Mutter, Mme. Skalon – Frau eines Generals in St. Petersburg –, merkte, dass das Verhältnis über den platonischen Rahmen hinausgehen wollte, verbot sie Rachmaninow ihrer Tochter Vera nach seiner Rückkehr nach Moskau zu schreiben oder sich mit ihr allein zu treffen. Aber Liebe findet bekanntlich immer einen Weg, um ans Ziel zu gelangen, und so schrieb Rachmaninow einfach an deren älteste Schwester Natalja und legte Brief sowie Notizen für Vera bei. Zugleich widmete er Vera Skalon seine *Romanze für Cello und Klavier* und schrieb, als ausgleichende Gerechtigkeit für die eindeutige Bevorzugung von Vera, für alle drei Schwestern einen Walzer zu sechs Händen. Das weitere Schicksal dieser »Sommerliaison« war zeittypisch:

Vera starb bereits 1909 als Frau eines hohen Staatsbeamten, den sie auf Wunsch ihrer Eltern geheiratet hatte. Ihre Schwestern behaupteten immer, an gebrochenem Herzen, weil sie ihren Cousin nicht vergessen konnte. Rachmaninow setzte ihr mit der Liedvertonung »Im Schweigen« auf einen Text von A. Fet ein Denkmal, indem er ihr dieses Lied, datiert vom 17.10.1890, widmete und es in seine Liedsammlung op. 4 aufnahm.

1983 griff der russische »Konsalik«, der Bestsellerautor Jurij Nagibin, diese »Liebelei« noch einmal auf und machte sie zum Gegenstand seiner Novelle »Flieder«, im Sammelband »Künstlernovellen« 1986 in

Berlin erschienen. Mehr als ein russisches Melodrama à la Hollywood ist daraus nicht geworden und es beinhaltet keine ernsthafte Aussage. Im Sommer 1890 traten nun zu allen schulischen und privaten Erfolgen für Rachmaninow auch künstlerische Aussichten. Der einflussreiche Verleger Jürgensohn fragte den 17-jährigen Rachmaninow, ob er nicht die Klaviertranskription von Tschaikowskijs Ballettmusik »Dornröschen« übernehmen wollte. Tschaikowskij habe nämlich noch im Jahre 1889 Alexander Siloti gebeten, eine zweihändige Transkription für Klavier vorzunehmen. Später änderte Tschaikowskij seine Absicht und bat um eine Version für Klavier zu vier Händen. Siloti machte daraufhin – infolge einer »Unpässlichkeit« seiner rechten Hand – den Vorschlag, die Arbeit doch dem jungen Sergej Rachmaninow zu übertragen, und Tschaikowskij habe – wohl in der Erinnerung an das positive Prüfungsergebnis von 1889 – dem Vorschlag zugestimmt. Soweit Jürgensohn.
Rachmaninow stürzte sich mit Feuereifer in seine neue Arbeit, und schon am 13. Mai 1890 konnte er Natalja Satina brieflich mitteilen, dass er den ersten Akt des Balletts fertig umgeschrieben habe. Übung dazu hatte er ja bereits im Jahre 1886 sammeln können, als er sich, noch unter Leitung Arenskis, mit einer vierhändigen Klavierfassung von Tschaikowskijs Ouvertüre »Manfred« beschäftigt hatte. Aber wie groß war die Enttäuschung, als das Werk Peter Tschaikowskij zur Prüfung vorgelegt wurde! Der Mann, der einst Rachmaninow so gelobt hatte, wurde nun zum schlimmsten Kritiker. Am 23. Juli 1890 schrieb Rachmaninow an Natalja:

... Tschaikowskijs Kritik war fürchterlich für mich. Von allen Arbeiten war die meine zweifelsohne die schlechteste, und was noch schlimmer war, völlig zu Recht! ...

Wutentbrannt gingen Jürgensohn und Peter Tschaikowskij zu Alexander Siloti und berichteten über die vergeblichen Anstrengungen seines Zöglings. Siloti musste nun, obwohl durch die verletzte Hand gehandikapt, selbst die Korrekturen vornehmen, und als er die Verbesserung des ersten Aktes Tschaikowskij zuschickte, dankte dieser und schrieb am 19. Juli 1890 zurück:

Ich bin völlig zufrieden mit Ihren Verbesserungen und glaube nun, dass die Transkription beendet werden kann«

Tief betrübt kehrte Sergej Rachmaninow nach Moskau zurück und kam gerade recht, Tschaikowskijs neue Oper »Pique Dame« zu erleben. Zwar klappte es mit der Premiere am 19. Dezember 1890 nicht, da Rachmaninow hierfür keine Karten mehr erhalten hatte, aber am 7. Januar 1891 konnte er dieses Werk seines großen Vorbildes endlich bewundern. Zugleich arbeitete er selbst an einer russischen Rhapsodie für zwei Klaviere!

Die »Russische Rhapsodie« in e-Moll für zwei Klaviere wurde innerhalb von zwei Tagen niedergeschrieben: 12.-14.1.1891. Formal ist sie sicherlich eine Antwort auf die Klaviersuiten Arenskis, also eine zyklische Variationsreihe über ein eigenes Thema, inhaltlich dagegen eine Auseinandersetzung mit den kompositorischen Vorbildern seiner Studienzeit: Balakirews (1837–1910) *Islamai-Fantasie* ist in dieser Rhapsodie ebenso zu entdecken wie Tschaikowskijs Orchesterwerk *Ouvertüre 1812.*

Der pianistische Aufwand wiederum zeigt deutlich die Beschäftigung mit den Klavierwerken von Franz Liszt. Harmonisch nimmt die Chromatik gegenüber den früheren Werken Rachmaninows zu, womit wohl die von Balakirew ausgelöste »Mode orientale« auch in der Musiksprache Rachmaninows zum Ausdruck gebracht werden sollte. So fällt innerhalb der acht Variationen die vierte besonders auf, da in ihr Rachmaninow die gleiche Volksweise *U vorot* aus dem Nowgoroder Raum als Melodieträger benützt wie Tschaikowskij in seiner *Ouvertüre 1812:*

Rachmaninow: Rhapsodie

Tschaikowskij: Ouvertüre

Zugleich geriet der junge Klavierstudent mit diesem Werk sofort wieder in die Querelen des musikalischen Alltags! Ursprünglich als Ur-

aufführung für das öffentliche Schülerkonzert am 24.2.1891 geplant, musste die Aufführung aber abgesetzt werden, da Swerjew Maximow die Mitwirkung als Duopartner untersagt hatte – das Zerwürfnis zwischen Swerjew und Rachmaninow saß tief.[9)]
Erst nach der Klavierprüfung Rachmaninows, am 17.1.1891, wurde die »Russische Rhapsodie«, jetzt mit Josef Lhévinne als Duopartner, uraufgeführt. A. Goldenweiser erinnert sich:

... Ich erinnere mich, dass bei einem Wohltätigkeitskonzert für unsere Kollegen – wir arrangierten oft solche Konzerte – dieses Werk an zwei Klavieren von Rachmaninow und Lhévinne aufgeführt wurde; den Abschluss bildete eine Variation in Oktaven, von einem zum anderen Pianisten durchlaufend, wobei jeder das Tempo steigerte, um den anderen auszubooten. Jeder der beiden Pianisten verfügte über phänomenale Handgelenke, aber Rachmaninow gewann schließlich dieses Finale.[10)]

Das Konzert vom 24.2.1891 wurde für Rachmaninow ebenfalls zum Erfolg, auch ohne Uraufführung! Er spielte als Solist den 1. Satz des 4. Klavierkonzertes von Anton Rubinstein zusammen mit dem Hochschulorchester unter Safonow und seine »Romance«, der erste Satz seines Streichquartettes in g-Moll, erklang, wie bereits erwähnt, in einer Fassung für Streichorchester unter dem gleichen Dirigenten. Lobten die *Moskauer Nachrichten* vom 28.2.1891 den Pianisten Rachmaninow, so hob der Kritiker von *Neues vom Tage* am 26.2.1891 ausdrücklich die Begabung des Komponisten hervor. Von diesem Erfolg beflügelt und durch andere, äußere Umstände gleichermaßen gezwungen, wollte Rachmaninow noch im gleichen Jahr die Abschlussprüfung im Fach Klavier anstreben, ein Jahr früher als geplant! Alexander Siloti hatte seine Professur am Konservatorium wegen Streitigkeiten mit Safonow zurückgegeben und Rachmaninow wollte das mit einem Lehrerwechsel verbundene Prüfungsrisiko nicht eingehen. Andererseits stand für den gleichen Tag bereits die Prüfung im Fach Komposition, Teilgebiet Fuge, fest, die für Rachmaninow verbindlich war, um in die Klasse der freien Komposition eintreten zu können. Ein Wettlauf mit der Zeit begann! Geholfen hatte ihm bei diesem Prüfungsstress vor allem Anna Strachowa, eine Meisterschülerin Silotis, die täglich mit ihm trainierte. Rachmaninow meldete sich zur Prüfung an und spielte am 24.05.1891 die Prüfungsstücke: Sonate C-Dur op. 53 »Waldstein« von Ludwig van Beethoven und den

1. Satz der b-Moll Sonate von Frédéric Chopin so hervorragend, dass er diese Prüfung mit Auszeichnung bestand, obwohl er zuvor in der Meinung aller Prüfer hierfür eigentlich noch zu unreif gewesen war. Nun fehlte ihm nur noch ein Prädikatsexamen, um sein Ziel zu erreichen, nämlich die große goldene Ehrenmedaille des Moskauer Konservatoriums, die nur für besonders gute Leistungen vergeben wurde. Und hier half ihm das Glück! Safonow hatte, trotz oder wegen der Differenzen mit Siloti, Rachmaninow nicht nur die Erlaubnis für die Klavierprüfung erteilt, sondern auch, dass er die Klausur der Teilprüfung in Komposition am folgenden Tag nachschreiben konnte. Auf dem Heimweg von der Klavierprüfung hörte er Safonow und Arenski erregt auf der Straße diskutieren, wobei es offensichtlich um das Fugenthema der Klausur ging. Safonow soll dabei die Beantwortung des Fugenthemas, den Comes, vor sich hingepfiffen haben, während die beiden über eine Lösung debattierten. Rachmaninow merkte sich Safonows Pfeifversuch und erkannte am nächsten Tag bei Betrachtung des vorgegebenen Themas, dass Safonows Pfeifen tatsächlich der gesuchte Comes, der Lösungsschlüssel zu diesem sehr ambivalenten und komplizierten Thema war. Selbst A. Skrjabin hatte am Vortag diese Aufgabe nicht lösen können! Daher durfte dieser erst in die »freie Kompositionsklasse« eintreten, nachdem er in den Sommerferien sechs »fehlerlose« Fugen komponiert hatte.[11)]

Es fehlte nur noch die letzte Prüfung in freier Komposition, und diese wollte Rachmaninow ebenfalls ein Jahr früher als vorgesehen ablegen!

Zwei Gründe waren für diesen Schritt maßgeblich:

1. Rachmaninow musste ohne eigene Mittel studieren, d. h. vorwiegend auf Kosten anderer. Das Stipendium erstreckte sich nur auf den Unterricht am Konservatorium. Kost und Logis beglichen die Satins, alles andere hatte er selbst zu bestreiten. Er gab zwar einige Klavierstunden bei der Familie Sergej M. Tretjakows und hatte auf Vermittlung Arenskis auch eine Chorleiterstelle in Moskau, aber davon konnte er kaum leben.
2. Die Situation am Konservatorium war alles andere als angenehm für Rachmaninow. Vor allem mit dem neuen Direktor Safonow gab es nicht nur die bereits erwähnten persönlichen Schwierigkeiten. Safonow war sicherlich ein guter Administrator. Nach Aussage von Michail E. Bukinik (1872-1947), Mitstudent und späterer Kammermusikpartner Rachmaninows, Cellist und Musikkritiker,

sogar ein sehr guter. Er richtete zum ersten Mal Kammermusik-, Orchester- und Chorklassen ein, leitete persönlich den Hochschulchor und das Orchester, teilte die Klavierklassen in pädagogische und künstlerische Studiengänge auf, hob die Stundenzahl für die Pflichtfächer an und hatte offensichtlich ein »goldenes Händchen«, wenn es um Finanzen ging. Dies lässt jedenfalls die stark gestiegene Zahl der Stipendien an Studenten in jenen Jahren vermuten. Persönlich dagegen muss er von despotischer Art gewesen sein, und seine Unkollegialität veranlasste nicht nur Alexander Siloti zum bereits besprochenen Rücktritt, sondern auch 1890 Tschaikowskij vom Direktionsposten der Moskauer Sektion der Russischen Musikgesellschaft. Hinzu kam, dass bei aller Organisation das Niveau im Unterricht, besonders im Bereich der Komposition, sich keinesfalls adäquat verbesserte. Bukinik schreibt diesbezüglich:

Dennoch wurde uns rasch klar, dass das Konservatorium keinesfalls die gesamte Palette der aktuellen Musik vermittelte. Wagner war noch keineswegs Gegenstand des Unterrichtes und die Werke Mussorgskijs wurden nur belächelt. Weder die Werke Edvard Griegs noch die von Johannes Brahms waren Unterrichtsgegenstand.[12)]

Auch Sabanejew erkannte zwar die Fortschritte in der allgemeinen Ausbildung an, bemängelte aber den konservativen Stil im Fach Komposition:

Für einen jungen Komponisten dieser Epoche war es fast unmöglich, neue Wege zu beschreiten oder Experimente zu wagen. So etwas »gehörte« sich am Konservatorium einfach nicht. Daher setzten sich die jungen Komponisten zum Ziel à la Tschaikowskij oder Anton Rubinstein zu schreiben ... Dissonantes oder Ungewöhnliches waren verpönt. Tschaikowskijs enorme Autorität und sein Genius hinterließen ihren unauslöschlichen Eindruck auf ihn, und Rachmaninows ganze Ästhetik entwickelte sich unter dem Einfluss dieses nach Mussorgskij vielleicht »russischsten« aller russischen Komponisten.[4)]

Den hervorragenden Instrumentalisten und Sängern, die das Konservatorium unter der Herrschaft Safonows Jahr für Jahr verließen, stand ein Konservativismus innerhalb der Kompositionsklassen gegenüber, der zwar politischen Frieden garantierte, aber auch Stagnation. Ins gleiche Horn stößt auch Boleslaw Jaworski (1877–1942) in seinen Erinnerungen. Er allerdings war schon stark von Skrjabin und seinem Mystizismus beeinflusst, als er diese verfasste, wie seine Lehren vom »Modalrhythmus« und der »Gravitationstheorie« beweisen. Aber seine Kritik an der mangelnden Allgemeinbildung, sprich Literaturkenntnis, der jungen Kompositionsschüler deckt sich mit den bereits bekannten Äußerungen.

Kurzum, Rachmaninow fühlte sich unwohl, seine persönliche Situation erschien ihm unerträglich. Nur ein Prädikatsexamen, möglichst früh, schien ihm einen Ausweg – ein Stipendium im Ausland oder einige lukrative Konzerte – zu bieten. Nach langem Zögern willigte Arenski schließlich ein und meldete ihn für die Prüfung im Frühjahr 1892 in freier Komposition an. Skrjabin, der von dieser Erlaubnis hörte, wollte nachziehen, aber Arenski schätze ihn nicht und stellte sich taub. Als Antwort verließ Skrjabin die Kompositionsklasse und wird als Pianist der Klasse Safonow im gleichen Jahr wie Rachmaninow das Konservatorium ohne Diplom im Fach Komposition verlassen! Ein Novum in der Musikgeschichte!

Allerdings verlangte Arenski von Rachmaninow für sein Entgegenkommen mehrere Pflichtwerke: eine sinfonische Arbeit und mehrere Vokalrezitative als Vorarbeiten zur Diplomarbeit: eine Oper, deren Libretto Rachmaninow erst im Frühjahr 1892 bekannt gegeben werden sollte. Voller Schwung stürzte sich der junge Komponist, das Ende seiner Studienzeit nun sichtbar vor Augen, in die neu gestellten Aufgaben. Zu diesem Zweck zog er sich wieder auf das Landgut Iwanowka der Familie Satin zurück, wo er die gesamten Sommermonate verbrachte. Ein Jahr zuvor hatte er dort zum ersten Mal seine Sommerferien verlebt, seinen Jugendflirt mit Vera Skalon genossen und die weite Steppenlandschaft zunehmend ins Herz geschlossen, obwohl sie in starkem Gegensatz zu den Waldgebieten der Nowgoroder Gegend seiner Jugendzeit stand. Bereits für den damaligen Sommer sind dort die ersten Skizzen zu seinem Klavierkonzert, seinem offiziellen Opus 1, nachweisbar. Jetzt, im Sommer 1891, reiste er mit dem fast beendeten Konzert nach Iwanowka, um es fertig zu instrumentieren. Gleichzeitig hielt sich auch sein Cousin Alexander Siloti dort auf, um das Klavierkonzert a-Moll op. 16 von Edvard Grieg intensiv zu studieren. Wen wundert es, dass sich diese Beschäftigung auch im Klavierkonzert op. 1 von Sergej Rachmaninow in starkem Maße widerspiegelt? Bis zum Ende seines Lebens wird er von Griegs Konzert schwärmen und es für das größte dieses Sujets halten:

... Wenige Tage später gaben wir ihm zu Ehren eine kleine Gesellschaft, zu der auch Colmans und Boyers kamen. Bei Tisch erklärte der russische Meister mit Emphase: »Für mich ist das größte Klavierkonzert das von Grieg«. Das war nun fürwahr ein sonderbares Urteil. Als ich sagte, ich habe es mit Ormandy eingespielt, wollte er sofort die Platte hören. Also versammelten wir uns zum Kaffee um den Plattenspieler, und ich legte die erste Pressung auf, die ich kürzlich erhalten hatte. Er lauschte konzentriert mit geschlossenen Augen, während die anderen ihn beobachteten. Ich selbst kam mir vor wie ein Musikstudent bei der Prüfung. Kein Wort fiel bis zum Ende des Konzertes. Dann hob er träge die Lider: »Der Flügel ist verstimmt«. Mehr sagte er nicht. Als ich das Konzert aber in der Carnegie-Hall mit dem Philadelphia Orchestra spielte, kam Rachmaninow auf das Podium, während das Publikum noch klatschte und klatschte ebenfalls für jedermann sichtbar mit hocherhobenen Händen ...[13)]

So erinnert sich Arthur Rubinstein an eine Begegnung mit Rachmaninow 1942 in Amerika.
Aber nicht nur in Bezug auf das Klavierkonzert war der zweite Aufenthalt auf Iwanowka für Rachmaninow wichtig. Er hatte dieses Landgut als zweite Heimat akzeptiert, zumal auch der Kontakt zur eigenen Familie sich damals auf das Mindestmaß beschränkte. So schrieb er in einem Brief vom 11.6.1891 an Natalija Skalon:

... Ich fuhr nicht zu meiner Familie, obwohl sie mich eingeladen hatten, ich fuhr nicht, weil ich das Gefühl habe, dort nicht wirklich erwünscht zu sein. Dies gilt für alle, ausgenommen meinen Vater, aber der lebt ja auch nicht dort. Die Einladung, ausgesprochen von meinen Verwandten, glaube ich, erfolgte wohl nur aus Anstandsgründen ...[14)]

Zuerst schritt die Arbeit auch zügig voran. Frei von allen privaten Querelen, weit ab vom Trubel am Moskauer Konservatorium widmete er sich nicht nur seinem Klavierkonzert, sondern begann auch mit Skizzen zum ersten Satz einer Sinfonie in d-Moll, später als »Jugendsinfonie« bezeichnet, schrieb ein *Prélude* in F-Dur für Klavier solo und gedachte auch den drei Skalon-Schwestern wieder, indem er zum *Valse* des Vorjahres nun eine *Romanze* in der gleichen Tonart A-Dur hinzufügte und beide Werke unter dem Titel »*Zwei Stücke für Klavier zu sechs Händen*« dem Schwesterntrio widmete.

Daneben genoss er natürlich die Freuden des Landlebens, aber leider nicht ohne Folgen! Zuerst sah alles nach einer schweren Infektion aus. Wohl infolge eines Insektenstiches bekam er schwere Fieberanfälle und musste das Bett für mehrere Wochen hüten, die Ärzte behandelten offensichtlich auf Malaria. Am 20.7.1891 schrieb er diesbezüglich an M. A. Slonow, seinem Studienfreund und zeitweiligen Wohngenossen, nach Moskau:

Am 6. Juni hatte ich Instrumentierung und Reinschrift meines Klavierkonzertes zur Gänze abgeschlossen. Ich wäre schon wesentlich früher fertig gewesen, aber nach der Fertigstellung des 1. Satzes ereilte mich eine sehr langwierige Krankheit. Daher konnte ich die beiden anderen Sätze erst am 3. Juli niederschreiben. Innerhalb von 2½ Tagen konzipierte und instrumentierte ich diese beiden. Du kannst dir vorstellen, was für eine Heidenarbeit das war. Ich schrieb von 5 Uhr morgens bis 8 Uhr abends fast ohne Pause, so dass ich am Ende der Arbeit vollkommen erschöpft war. Danach brauchte ich einige Tage Ruhe. Wenn ich arbeite, empfinde ich niemals das Gefühl einer Müdigkeit, im Gegenteil eher eine Art von Vergnügen. Wenn ich aber fühle, dass meine Arbeit sich dem Ende zugeneigt und meine Anstrengungen zum Ziel geführt haben, überkommt mich eine große Müdigkeit. Mit dem Konzert bin ich zufrieden, was ich von meiner letzten Romanze überhaupt nicht behaupten kann.[15)]

Die Krankheit schien überwunden, die Arbeit gut voranzugehen. Alles Gründe, um zufrieden noch ein paar Tage im September bei der geliebten Großmutter auf ihrem Landgut Snamenskoje vorbeizuschauen und dort die Skizzen zur »Jugendsinfonie« zu vollenden. Arenskis Vorbedingungen mussten schließlich erfüllt sein, wenn Rachmaninow im Frühjahr 1892 die Prüfung am Konservatorium ablegen wollte! Dazu gehörte eben auch ein sinfonisches Werk. Der erste Satz, Grave-Allegro betitelt, trägt als Abschlussdatum den 28.9.1891. Eine Woche früher schloss er am 20.9.1891 die bereits erwähnte *Romanze* ab. Aber nun schlug die Krankheit heimtückisch zurück!

Die als Malaria diagnostizierte Infektion erwies sich als Meningitis, als Hirnhautentzündung! Glücklicherweise war Rachmaninow bei neuerlichem Krankheitsausbruch schon wieder in Moskau. Da die Satins noch nicht wieder in die Stadt zurückgekehrt waren, zog er zu seinem Studienfreund Michail Slonow, wieder einmal! Aber der Zustand verschlimmerte sich. Slonow bat Juri S. Sachnowskij um Beistand. Der gemeinsame Freund und Mitstudent am Konservatorium half sofort und zusammen transportierten sie Rachmaninow ins Elternhaus Sachnowskijs. Gleichzeitig wurde Alexander Siloti über den Zustand des Vetters von beiden verständigt und dieser alarmierte endlich Prof. Mitropolski, damals eine medizinische Kapazität in Moskau. Sechs Wochen dauerte der Kampf, dann war Rachmaninow über dem Berg, aber physisch vollkommen geschwächt. Kaum das Bett verlassend, griff er wieder zur Feder. Er musste komponieren, Arenski die gewünschten Werke vorlegen, sonst war die Zulassung zur Prüfung weg! Innerhalb von sieben Tagen entstand daher vom 9.–15.12.1891 ein *sinfonisches Poem* für großes Orchester in d-Moll, »Prinz Rostislaw«, nach der gleichnamigen Ballade von Alexeij K. Tolstoj (1856). Zum Nachweis seiner Instrumentierungsfertigkeit erweiterte er den Orchesterpart gegenüber dem Sinfoniesatz um Englischhorn, Harfe und eine Anzahl von Perkussionsinstrumenten. Harmonisch, in der inhaltlichen Aussage, kommt nun neben den Sept- und Nonakkorden der übermäßige Dreiklang als neues Ausdrucksmittel hinzu. Dunkle und weiche Molltonarten beherrschen die Klangpalette. Natürlich dürfen bei einer solchen »Vordiplomarbeit« die geforderten Anklänge an die Werke großer Meister nicht fehlen. So sind die Parallelen zur Ouvertüre »Romeo und Julia« von Peter Tschaikowskij gerade in der Lento-Introduktion mehr als auffällig:

Stofflich kommt das Sujet der Ballade Rachmaninows Psyche entgegen. Die Ballade lebt vom Stillstand, von Unbeweglichkeit, nicht von einer Handlung, die zur Dramatik einladen würde. Tod – Wasser – Einsamkeit, wichtige Schlüsselbegriffe für spätere Werke Rachmaninows, tauchen hier in den Klagen des toten Prinzen auf, der nach einer verlorenen Schlacht vergessen im Flussbett des Dnjepr begraben liegt – eine Analogie zum Grab des Germanenkönigs Alarich im Busseto –, und laden den Komponisten zu psychologisierenden Klangbil-

dern, zur Tonmalerei ein. Solche Vorgaben werden auch in Zukunft Rachmaninow kompositorisch immer zu Höchstleistungen inspirieren.
Das in den tiefen Streichern vorgetragenen Anfangsmotiv, ein Aufgesang, von der Dominate A-Dur zur Tonika d-Moll schreitend, bildet das Leitmotiv, die Urzelle dieses sinfonischen Poems und wird hauptsächlich in den Blechbläsern – Metapher für den sozialen Rang des Prinzen – vorgetragen:

Posaunen und Tuben zertrümmern aber immer wieder die Satzstrukturen, ein Symbol für die dreimaligen Verzweiflungsschreie des Prinzen, während die Nymphen, seine einzigen Begleiterinnen, in den Wasserfluten sein goldenes Haar kämmen:

Den ersten Klageruf richtet der Prinz nach seiner jungen Frau, den zweiten nach seinem Bruder und den dritten nach der Kiewer Priesterschaft.
Aber seine Frau ist in Wirklichkeit längst wieder verheiratet, niemand erinnert sich noch an ihn und überhaupt ist seine Stimme viel zu schwach, um sich in der Welt der Lebenden noch Gehör zu verschaffen. Schließlich ergibt er sich resignativ in die allgemeine Vergessenheit, nur die Nymphen bleiben ihm in der anderen, der Todeswelt, als geduldige Gesprächspartner.
Fast selbstverständlich, dass das Werk »seinem lieben Professor St. Arenski« gewidmet und sorgfältigst ausgeführt wurde. Aber zu einer Aufführung kam es zu Lebzeiten Rachmaninows nicht. Die Uraufführung erfolgte zwei Jahre nach seinem Tod, am 2.11.1945, in Moskau mit den Moskauer Philharmonikern unter der Leitung von N. P. Anosows, die Veröffentlichung im Druck gar erst 1947!

Auch die von Arenski geforderten Übungen in Vokalrezitativen konnte Rachmaninow in diesem Jahr erfüllen: er vertonte zwei Monologe aus Puschkins Drama »Boris Godunow«, skizzierte ein Vokalquartett nach Puschkins Gedicht »Poltawa« und schrieb mehrere Lieder: Zwei Lieder für hohe Stimme und Klavier auf die Gedichte: »Es war im April« (Text: E. Pailleron) und »Die Dämmerung brach herein« (Text: A. K. Tolstoj) sowie ein Lied für Bassstimme und Klavier: »Nacht, verbracht ohne Schlaf« (Text: M. Lermontow). Hinzu kam noch ein russisches Schifferlied. Alle Vorgaben waren somit erfüllt, und Rachmaninow fieberte dem Frühjahr 1892 entgegen, der Bekanntgabe des Librettos der zu vertonenden Oper für die Abschlussprüfung. Bis dahin allerdings waren noch eine Reihe obligatorischer Konzertverpflichtungen innerhalb des Konservatoriumsrahmens zu erfüllen, außerdem veranstaltete Rachmaninow auch ein eigenes Konzert – zur Aufbesserung der Finanzen, wie er hoffte, aber leider vergeblich!
Das Konzert fand am 30.1.1892 im Wostrjakow-Saal in Moskau statt. Da sich Rachmaninow die Kosten eines Programmdruckes sparen wollte, hat sich dieses Debüt nur in den Erinnerungen Alexander Goldenweisers erhalten. Wir wissen aber, dass der Cellist Anatolij A. Brandukow (1856-1930) und der Geiger David G. Krejn mitwirkten und Rachmaninow hierfür ein besonderes Werk verfasste: »*Prélude et Danse Orientale pour Violoncelle avec Accompagnement de Piano*« op. 2.
Wesentlich ausführlicher sind wir dagegen über den »Erfolg« des Konzertes informiert. Am 18.2.1892 schrieb er darüber an seine Cousine Natalija Skalon:

Sie können sich kaum vorstellen, was es bedeutet, privat ein Konzert zu organisieren. Für mich ist es eigentlich nichts anderes als ein Betteln an Vorzimmertüren selbst solcher Häuser, die Sie anderenfalls nie betreten würden. Dies ist sehr unangenehm, frustrierend und lähmt meine Schaffenskraft. Ich gab dieses Konzert wegen meiner schlechten finanziellen Lage. In dieser Hinsicht hatte ich aber überhaupt keinen Erfolg. Ich kann nicht einmal meine Schulden zurückzahlen, so dass ich bei meinen Gläubigern in Zahlungsrückstand geraten bin, was keinesfalls angenehm für mich ist ...[16]

Zu den finanziellen gesellten sich aber auch noch persönliche Unannehmlichkeiten. Für den 17.3.1892 war die Uraufführung seines

1. Klavierkonzertes – der 1. Satz – in einem Hochschulkonzert unter Leitung Safonows angesetzt. Die persönlichen Spannungen zwischen beiden würden, so glaubte Rachmaninow, der Aufführung wenig dienlich sein und so fuhr er in dem Brief an seine Cousine fort:

In drei Wochen muss ich einen Satz meines Konzertes mit Orchesterbegleitung spielen, d. h. unter der Stabführung von Safonow.
Auch dies ist wenig angenehm für mich. Und dann habe ich noch Einladungen für drei weitere Konzerte. Ich bin der Sache überdrüssig ...[16)]

Alle warteten gespannt auf die erste Probe für das Konzert. Im Orchester saß wieder der Cellist Bukinik und erinnert sich später:

Während der Proben zeigte der 18-jährige Rachmaninow denselben selbstbewussten ruhigen Charakter, den wir schon aus unseren privaten Kontakten kannten. Safonow, der immer die Kompositionen seiner Studenten selbst aufführte, pflegte brutal und unsentimental alles, was ihm nicht gefiel, in deren Partituren zu ändern, abzumildern und zu kürzen, um sie nach seiner Meinung spielbarer zu machen. Die Studenten der Kompositionsklassen, schon glücklich darüber, dass ihre Werke überhaupt zu Gehör gebracht würden, Koreschtschenko, Könemann und Morosow eingeschlossen, wagten nicht, Safonow zu widersprechen und stimmten seinen Kommentaren und Veränderungsvorschlägen bereitwillig zu. Bei Rachmaninow aber biss Safonow auf Granit. Dieser Jungkomponist lehnte nicht nur jeden Eingriff in die Komposition kategorisch ab, sondern erdreistete sich auch noch, Safonow in seiner Dirigierarbeit zu kritisieren und dessen Fehler in den Bereichen Tempo und Artikulierung aufzuzeigen. Safonow war offensichtlich ungehalten, akzeptierte aber die Rechte des Autors am Werk, erkannte auch, da er keineswegs engstirnig war, an, dass ein Komponist, auch ein Anfänger, seine eigenen Ansichten über die eines Interpreten stellen muss. So bemühte er sich, jeden Eklat zu vermeiden. Rachmaninows Talent als Komponist war so offensichtlich, und seine ruhige Bestimmtheit machte einen solchen Eindruck auf alle, dass sogar der allgewaltige Safonow nachgeben musste.[17)]

Wie Recht Rachmaninow mit seiner Haltung hatte, bewies die Kritik. In der Zeitschrift *Künstlertagebuch* lesen wir unter der Überschrift *Studentenkonzert des Konservatoriums* am 17. März:

Herr Rachmaniow, der mit Bravour den ersten Satz aus seinem selbstkomponierten Klavierkonzert vortrug, hinterließ einen sehr nachhaltigen Eindruck. Als Pianist graduierte er im vergangenen Jahr bei Herrn Siloti, und seine Virtuosität ist noch nicht ausgereift; jetzt ist er als Student der Kompositionsklasse von Herrn Arenski aufs Podium zurückgekehrt und zeigt durchaus interessante, erwartungsvolle Ansätze für weitere Werke. Natürlich finden wir im ersten Satz seines Konzertes noch keine eigenständige Persönlichkeit, aber Geschmack, Sensibilität, Melodie und Eleganz sowie solides Handwerkszeug sind ohne Zweifel vorhanden ...[18]

Kaum war diese Unannehmlichkeit ausgestanden, ergab sich schon wieder eine neue, diesmal im privaten Sektor: sein Vater tauchte plötzlich wieder aus der Versenkung bei ihm auf, und Rachmaninow gab ihm sofort in der kleinen Wohnung, die er immer noch zusammen mit seinem Freund Slonow bewohnte, Gast- und Wohnrecht. Auch eine Arbeit wurde gefunden. Wieder musste der uns schon be-

Arenski sitzt zwischen seinen »Meisterschülern«:
Lew Konjus, Nikita Morosow und Sergej Rachmaninow 1892
(S. W. Rachmaninoff, Musikverlag, Moskau 1988)

kannte Freund Juri Sachnowskij helfen. Dessen Familie gehörte zur bürgerlichen Oberschicht in Moskau, war eine reiche Kaufmannsfamilie in der Tverskaja Sastwa, deren Gastfreundlichkeit Rachmaninow während seiner schweren Erkrankung genossen hatte.
Haupteinnahmequelle der Familie war ein gut florierendes Rennplatzunternehmen, bei dem sich Wasilij Rachmaninow als Pferdespezialist bis zu seinem Tode 1916 nützlich machen konnte. Leider verfiel der Vater aber sofort wieder in sein altes, landaristokratisches Leben. Die Abende verbrachte er mit Gesinnungsgenossen, sprich ehemaligen Offizierskameraden, bei ausgedehnten Trinkgelagen in der kleinen Wohnung, wobei er lautstark und sich selbst am Klavier begleitend, alte Soldaten- oder Trinklieder zum Besten gab, sehr zum Missfallen seines Sohnes, der sich doch auf die Abschlussprüfung vorbereiten musste!
Am 15.3.1892 erhielt Rachmaninow endlich von Arenski das Libretto für die Pflichtoper zugestellt – »Aleko«, ein Zigeunersujet nach dem Gedicht »der Zigeuner« von Alexander Puschkin in der Fassung von W. I. Nemirowitsch-Dantschenko –, aber erst am 26. des Monats konnte er mit der Arbeit beginnen, nachdem sein Vater die Wohnung verlassen und sich eine neue Bleibe gesucht hatte, nicht ohne heftige Auseinandersetzungen mit dem Sohn zuvor.
Bereits am 15. April, innerhalb von vier Wochen also, musste die Oper fertig in Partiturform vorliegen, d. h. nicht nur komponiert und instrumentiert, sondern auch in Reinschrift. In dem schon bekannten Brief an Natalija Skalon schrieb Rachmaninow diesbezüglich:

Nach dem 15. April werden sie bei uns nach dem Vorbild des St. Petersburger Konservatoriums auf Aufführbarkeit hin geprüft, wobei die besten Einakter Ende Mai dann auch wirklich zu Gehör gebracht werden. Falls meine Oper zu diesen besten gehören sollte, werde ich nach dem 15. April nur eine einzige Aufgabe haben: in die Proben zu meiner zukünftigen Oper zu gehen. Falls sie nicht unter den auserwählten sein sollte, werde ich trotzdem meine Studien am Konservatorium beenden und sofort nach dem 15. April aufs Land fahren …[16)]

Wie im Rausch begann Rachmaninow mit der Arbeit:

Ich nahm das Libretto, wie es war, verschwendete keinen Gedanken an eine mögliche Verbesserung desselben. Slonow saß mir an meinem

Tisch gegenüber, und während ich schrieb, reichte ich ihm zugleich die fertig geschriebenen Seiten hinüber, ohne auch nur aufzublicken, und der hilfsbereite Slonow fertigte sofort in seiner gestochenen Notenschrift Reinschriften derselbigen an.[19]

Bereits am 13. April, zwei Tage vor Abgabetermin, hatte Rachmaninow den kompletten Einakter fertiggestellt. Arenski, der bestenfalls mit Skizzen gerechnet hatte, zumal das Libretto verspätet bekannt gegeben worden war, reagierte verblüfft und meinte, bei diesem Tempo einen Akt innerhalb eines Monats aufführungsreif zu vollenden, würde wohl innerhalb eines Jahres zu 12 Opernakten führen, eine rekordverdächtige Leistung.
Am 7. Mai 1892 trug Rachmaninow schließlich seine erste Oper im Klavierauszug der Prüfungskommission vor und erhielt – wieder einmal ist man versucht zu schreiben – die Bestbenotung 5+. Damit war das Ziel erreicht: die Große Goldmedaille des Moskauer Konservatoriums für herausragende Leistungen in den Fächern Klavier und Komposition – erst der dritte Preisträger seit Gründung des Konservatoriums. Vor ihm hatten nur Tanejew und Koreschtschenko dies erreicht, und sein Name wurde unter die beiden in die marmorne Ehrentafel im Foyer des Konservatoriums eingemeißelt.
Am 31.5.1892 erklang beim großen Abschlusskonzert, wieder unter Leitung Safonows, das Orchesterintermezzo aus Rachmaninows Oper »Aleko« und anschließend stand ein Empfang im Hause Swerjews auf dem Programm. Endlich erfolgte die längst überfällige Aussöhnung zwischen beiden, und Swerjew schenkte ihm zum Abschied eine goldene Uhr, die Rachmaninow bis zu seinem Lebensende tragen sollte. Damit waren Rachmaninows Studienjahre endgültig zu Ende. »Wilhelm Meister« hatte seine Lehrjahre absolviert, die Zeit der »Wanderjahre«, die Zeit des »freien Künstlers« mit ihren Höhen und Tiefen begann.

IV. Kapitel

»Herr Cis-Moll«

Die illustre »Tuhlegesellschaft« des Moskauer Konservatoriums als frischgebackener Künstler verlassend, sah sich Sergej Rachmaninow nun ganz auf sich allein gestellt: im wahrsten Sinne des Wortes »freischaffend«. Aber die goldene Ehrenmedaille des Moskauer Konservatoriums ließ sich – zu Anfang wenigstens – rasch in bares Geld umsetzen. Karl Gutheil, der zweite große russische Verleger neben Jürgensohn, gab Rachmaninow 500 Rubel – etwa 2.000 Goldmark – für die Manuskripte der Oper »Aleko«, zwei Werke für Violoncello und sechs Lieder.

Allerdings, die Oper »Aleko«, sein preisgekröntes Prüfungsstück, musste noch 60 (!) Jahre auf ihre erste Gesamtausgabe warten. Gutheil hatte zu Lebzeiten Sergej Rachmaninows nur einen Klavierauszug herausgegeben, plante jedoch immer wieder eine vollständige Partitur- und Stimmenausgabe, die aber erst 1953 – zehn Jahre nach Rachmaninows Tod – in Moskau vom Sowjetischen Staatsverlag veröffentlicht wurde.

Gutheil war mit Nachdrucken klassischer deutscher Musikwerke gut im Geschäft und ebenso mit der Herausgabe von Tanz- und Zigeunermusiken. Seit 1886 hatte der deutschstämmige Verleger zudem mit dem Aufkauf des Verlages Stellkowski in St. Petersburg auch mehrere russische Komponisten im Angebot, so z. B. die Kompositionen Glinkas, Dargomyschkijs und Balakirews. Er suchte aber nun noch einen jungen, Erfolg versprechenden Komponisten mit akademischer Ausbildung, um dem Vorwurf der Förderung des Dilettantismus zu entgehen, wenn er nur Werke von »Freizeitkomponisten« verlegte. Als Jürgensohn sich bezüglich der gesuchten Person an seinen alten Freund Swerjew wandte, empfahl dieser sofort den jungen Rachmaninow. Zugleich schaltete der alte Fuchs auch Tschaikowskij in die Verhandlungen ein, um den immer noch andauernden Zwist bezüglich der fehlgeschlagenen »Dornröschentranskription« aus der Welt zu schaffen. Mit dem Hinweis auf die Unerfahrenheit des Jungkomponisten in kaufmännischen Dingen ermöglichte Swerjew eine persönliche Unterredung zwischen Tschaikowskij und Rachmaninow, deren Ergebnis offensichtlich Rachmaninows ungewöhnlich hohes Ersthonorar war, das er in den Verhandlungen bei Gutheil erzielte. Wie gut dieser Vertrag wirklich ausfiel, wird man daran ermessen können, dass der junge Mann bis dato 15 Rubel für einen Klavierschüler bei vier Stunden pro Monat erhielt!

Rachmaninow verbrachte den Sommer 1892 als Erholungs- und Ruhepause im Bezirk Kostroma, wo er auf dem Landgut der Konowalows – der Besitzer war Textilfabrikant in Moskau – logierte. Dem Sohn der Familie erteilte er als Gegenleistung während des Aufenthaltes Musikstunden. Der gleichmäßige Tagesablauf mit Schwimmen, Reiten, Spazierengehen und Unterrichten tat Rachmaninows immer noch angegriffener Gesundheit wohl. Daneben las er bereits die Korrekturen des Klavierauszuges zu seiner Oper, die Gutheil geschickt hatte, und beschäftigte sich mit der Zusammenstellung der von Gutheil mit der Oper angekauften »Salonmusiken«. Bei den angeforderten Cellowerken op. 2 war die Auswahl mangels Alternativen leicht: es sind dies »*Prélude et Danse orientale*«, geschrieben für sein Konzertdebüt am 30.1.1892 in Moskau. Bei der gewünschten Liedauswahl mit der damals beliebten Genrebezeichnung »Romanzen« – durchkomponierte Gesänge mit lyrischem Charakter und als instrumentale Variante seit Arenskis Tagen in den Konservatoriumskursen Rachmaninow bestens vertraut – fiel die Wahl dem jungen Komponisten schwerer. Die Sammlung sollte sechs Lieder umfassen. Rachmaninow wählte vier, bereits in den Jahren zuvor verfasste Kompositionen aus: »Singe nicht, du Schöne«, »O nein, ich flehe, geh nicht fort«, »Morgen« und »Im Schweigen«. Diese Lieder stammten aus den Jahren 1890–1892. Für die Drucklegung redigierte Rachmaninow sie auf Kostroma und suchte nach neuen Texten für die noch fehlenden zwei Vertonungen. Daneben sang und musizierte man in jenen Tagen viel auf dem Lande. Durchreisende Wandermusikanten, zumeist Zigeuner, machten auf den Latifundien Station und spielten zum Tanz auf. Zigeunerweisen waren daher bei den Landadeligen »in«, wenn auch leider nicht immer die Menschen, die sie darboten!

Wen wundert es, dass das Colorit dieser als op. 4 veröffentlichten »Romanzen« nicht nur die vorangegangene Opernarbeit bei Rachmaninow verrät – z. B. »Singe nicht, du Schöne« weist starke Affinitäten zum »Tanz der Frauen« aus der Oper »Aleko« auf –, sondern auch stark folkloristische Züge trägt: Zigeunertonleiter, verminderter Dreiklang auf der 7. Stufe oder Ostinatobass. Im Bereich der Melodiebildung gibt es bei dieser Liedsammlung neben »seiner« verminderten Quart (als cis-f aber schon in den Werken Monteverdis aufzeigbar und als ›Monteverdiquart‹ seitdem zu bezeichnen) sicherlich auch Anklänge an Volkslieder, vorwiegend aus dem kaukasischen Raum. Der Klavierpart übt keine Begleitfunktion gegenüber der Singstimme aus, sondern ist gleichwertiger Partner derselben, tritt zu ihr in Korrespondenz und verdeutlicht durch harmonische Strukturen die Textaussage. Aber diese Romanzen sind kein Zyklus, haben keinen gemeinsamen thematischen Hintergrund oder verfolgen die Auseinandersetzung mit einem bestimmten musikalischen oder textlichen Problem. Sie sind Einzelkompositionen, nur lose zusammengefasste »Gefälligkeiten« an das zahlende Liebhaberpublikum!

Gleichzeitig wurde er aber auf dem Landgut der Konowalows durch die wandernden Zigeunergruppen, vielleicht auch in Erinnerung an die Zigeunerkapellen in den Moskauer Restaurants der Swerjewzeit, zu einer größeren Komposition angeregt: dem »Capriccio über Zigeunerthemen«, seinem späteren op. 12. Im Sommer 1892 entstand auf dem Landgut eine Fassung für zwei Klaviere, die Orchestrierung erfolgte erst später. Vielleicht hoffte der Jungkomponist, Gutheil würde eine solche Fassung eher ankaufen als eine Orchesterpartitur, als Kaufreiz für das dilettierende Großbürgertum in Moskau?

Zum Ferienende jedenfalls war Rachmaninow wieder in Moskau und zog am 6.9.1892 abermals bei den Satins ein, da er sich eine eigene Existenz angesichts der noch vollkommen ungesicherten Einkommenslage nicht leisten konnte.

Seine damaligen Gedanken waren wohl – wie es ein Brief an Natalija Skalona beweist – ganz auf die bevorstehende Premiere seiner Oper »Aleko« gerichtet sowie auf die Drucklegung seiner anderen Werke. Gutheil erklärte sich bereit, das Klavierkonzert No. 1 in fis-Moll von Sergej Rachmaninow anzukaufen. Hinzu kam noch das Angebot von Safonow, Teile der Oper »Aleko« konzertant aufzuführen.

Zieht man für das Jahr 1892 Bilanz, so wäre für den beruflichen Werdegang des Jungkomponisten auf den ersten Blick ein voller Erfolg zu verzeichnen, wenn man in Rechnung stellt, dass der junge Künstler immerhin erst ein halbes Jahr – seit 1. Juni 1892 – freischaffend war. Die Wirklichkeit sah jedoch anders aus. Das zu Ende gehende Jahr fand Rachmaninow in einer tiefen finanziellen Krise: Die 500 Rubel von Gutheil waren längst aufgebraucht – bei Auszahlung des Honorars leistete sich Rachmaninow, befreit vom lästigen Zwang der

Studentenzeit, die Erfüllung einiger »Lebenswünsche« –, pekuniäre Not blickte aus allen Ecken. Nicht einmal einen Wintermantel konnte er sich selbst kaufen. Die Skalon-Schwestern erbarmten sich seiner und machten ihm einen solchen zum Geschenk.

Zu all diesen privaten Nöten gesellten sich noch berufliche Rückschläge, zwar erwartet, aber in dieser Situation fast tödlich: Die Premiere seiner Oper wurde auf März 1893 verschoben, Gutheil veröffentlichte von Rachmaninows Klavierkonzert No. 1 nur einen Auszug für zwei Klaviere, Safonow führte allein die Tänze aus der Oper in einem Konzert auf, und auch dies mit großer Verspätung: am 19. Februar 1893, zwar mit enormem Erfolg, wie die Zeitung *Moskovskiye vedomosti* auf Seite fünf am 5. März 1893 meldete, aber nach den Verkaufsziffern seiner Werke zu schließen mit wenig Resonanz. Nur in Kiew wurde der gedruckte Klavierauszug der Oper »Aleko« gut verkauft. Besonders die Arien des alten und jungen Zigeuners und Alekos »Cavatine« erfreuten sich bei den dortigen bürgerlichen Laienmusikern großer Beliebtheit.[1)]

Hinzu kamen noch die stockenden Verhandlungen für weitere Konzerte. Zwar wurde er in der Spielzeit 1892/93 zu zahlreichen Wohltätigkeitskonzerten oder zu »literarisch-musikalischen Soirees« eingeladen, aber diese »Auftritte« waren selbstverständlich honorarlos und ohne Publicity, sprich Plakatwerbung oder Presserezensionen. Safonow lehnte ihn bekanntermaßen als Pianist ab, so dass Engagements bei der Russischen Musikgesellschaft ebenfalls ausblieben.

Auch Verhandlungen mit K. M. Schröder, dem Konzertagenten und Klavierfabrikanten in St. Petersburg, blieben erfolglos, desgleichen mit der Firma Pleyel in Paris. A. Brandukow, der Mitstreiter des ersten selbstorganisierten Konzertes in Moskau vom Januar des Jahres 1892, sprach zwar von einer gemeinsamen Konzertreise, aber nicht definitiv. Insgesamt gesehen wäre somit das Jahr 1892 den beruflichen und finanziellen Erwartungen nicht gerecht geworden, wenn nicht am 26. September bei einem Konzert anlässlich der Elektroausstellung in Moskau Rachmaninow ein kleines Werk von insgesamt vier Seiten uraufgeführt hätte, das ihn unsterblich machte: sein Prélude in cis-Moll, später in op. 3. als No. 2 aufgenommen. Diese Komposition wurde ein Erfolg ohnegleichen. Zwei Kontinente, Europa und Amerika, identifizierten sich mit dieser Tonschöpfung, Generationen von Musikliebhabern und Amateurpianisten »hämmerten es in die Tasten«, ja die Hysterie ging so weit, dass man Rachmaninow in seinen Exiljahren zwang, es bei jedem Konzert als Zugabe zu geben bzw. ihm fanatische Konzertbesucher sogar während seiner Tätigkeit in den USA in die Städte nachreisten, um es möglichst oft zu hören. Kein Klavierabend Rachmaninows war vollständig ohne das Prélude in cis-Moll, und begann er, des Werkes überdrüssig, die Originalkomposition zu verändern, so hieß es gleich in der Presse, z. B. in England: Rachmaninow könne seine eigene Komposition nicht richtig spielen!!

Zeitweise ging die Identifizierung von Komponist und Werk in den Augen und Ohren seiner Zuhörer so weit, dass man ihn nur noch »Herr cis-Moll« nannte.[1)]

Es mutet fast wie ein Treppenwitz der Geschichte an, dass lächerliche 40 Rubel Schuld an diesem »Evergreen der Salons« hatten, die ihm Gutheil für fünf kleine Klavierwerke zahlen wollte.[1)]

Unzählige Geschichten rankten sich um dieses Prélude. Die Phantasie des Publikums fand immer neue Ideen für die Entstehung des Werkes:

Die Introduktion und der große Largoteil wurden als die Glocken der Kreml-Kirchen gedeutet, Napoleons Einzug in Moskau im Jahre 1812 dem Agitato unterlegt.

Aber auch sadistische und religiöse Assoziationen fehlten nicht: Eine Dame fragte schriftlich an, ob es sich bei diesem Werk um die musikalische Darstellung eines Todeskampfes handle, den ein Mann erleide, der bei lebendigem Leib in einem Sarg festgenagelt sei! In England hielt sich das hartnäckige Gerücht, diese Musik nähme das Jüngste Gericht schon vorweg![2)]

Aber keine dieser psychologisch-historischen Metaphern waren die Ursache für diese Komposition.

In einem sehr aufschlussreichen Kommentar vom Februar 1910 beschrieb Rachmaninow in der amerikanischen Zeitschrift *Delineator* selbst, wie dieses Werk zu interpretieren sei, und welche Beweggründe ihn zu der Komposition angeregt hätten:

Absolute Musik kann in einem Zuhörer gewisse psychologische Stimmungsbilder freisetzen. Aber ihre vorrangige Funktion ist es, ein geistvolles Vergnügen in spielerischem Umgang mit der Form zu bieten. Dies war letztendlich auch der Gedanke Bachs in seinen wundervollen Préludes ... Ihre wunderbare Schönheit wäre zerstört, würden wir versuchen, in ihnen die Psychologie des Komponisten, sein ganzes Ge-

mütsspektrum zu erforschen … Das Prélude, das ich verfasste, ist eine Form der absoluten Musik, das, wie schon der Name sagt, vor einem gewichtigeren Werk gespielt werden sollte, ein »Vorspiel« sozusagen, vergleichbar mit einer Introduktion oder Ouvertüre. Zwar ist die Form heute durchaus gewachsen und kann auch für gewichtigere und aussagebezogenere Musik herangezogen werden, aber so lange der Formbegriff über einem Musikwerk steht, sollte die Interpretation dieses Werkes auch in seiner Anlage und zeitlichen Dauer dem Titel Rechnung tragen. Zum Beispiel bemühe ich mich unter dieser Überlegung darum, die Aufmerksamkeit des Zuhörers mit Hilfe des Eröffnungsthemas zu fesseln:

(Der Autor fügt dem Kommentar Rachmaninows die Notenbeispiele hinzu, die dem besseren Verständnis dienen sollen. Im Original befinden sich diese nicht! E. R.)

Diese drei Noten, unisono im Bass und Diskant, sollten feierlich und gewichtig vorgetragen werden. Nach der Einleitung erscheint diese Melodie, bestehend aus den erwähnten drei Noten in den ersten 12 Takten als Leitthema, während als Kontrapunkt in den Nebenstimmen eine Gegenmelodie mit Akkordstützung auftritt:

Hiermit schaffen wir zwei gegensätzliche Melodien, die auch im Sinne des Kontrapunkts polyphon gegeneinander arbeiten, und erreichen so unser Ziel, nämlich die Aufmerksamkeit des Publikums zu fesseln …

Die erste technische Schwierigkeit dieses Werkes liegt darin, dem ersten Teil und dem Eröffnungsthema die nötige Ruhe zu geben. Ein allgemeiner Fehler ist es, den ersten Teil zu laut zu spielen. Ich gebe zu, hierin verbirgt sich durch die Anlage des Werkes eine große Versuchung, aber der Höhepunkt, die Steigerung ist dann nicht mehr möglich. Sie werden gemerkt haben, dass ich die Introduktion dynamisch als ff verstanden haben will, aber Sie werden auch im Laufe des Werkes noch einige Stellen finden, die mit fff unterschrieben sind. Sie sollten also mit Ihren dynamischen Kräften haushalten! Die Akkorde sollten dann ebenfalls leicht und mühelos erklingen, keinesfalls unregelmäßig oder gar im Arpeggio, wobei die Melodie im Sopran sehr sanglich hörbar sein sollte … Im zweiten, sehr raschen Teil liegt die Melodie in den Außenfingern der rechten Hand als Tenuto-Ton auf jeder ersten Note einer Triolengruppe:

Aber ich habe diese Passage auch »allegro con fuoco« überschrieben. Der Interpret muss seine Vorstellung den technischen Möglichkeiten, die er besitzt, anpassen. Er darf diese Stelle nicht herunterhetzen, weit über seine Möglichkeiten hinaus, und dabei die Melodie zugrunde richten. Die Wiederholung des ersten Themas in Doppeloktaven braucht die ganze Kraft des Interpreten:

Ein Schüler muss dabei stets auf den Unterschied zwischen »wild« und »majestätisch« aufmerksam gemacht werden. Es wird sich als heilsam erweisen, diese Passage sogar ein wenig langsamer zu nehmen als den Anfang und mit dem deutlichen Ziel vor Augen, dass sie in einem decrescendo endet. Ich selbst würde hiermit nach dem 60. Takt beginnen ...[3)]

Liest man diese sehr genaue und im Übrigen längere Analyse Sergej Rachmaninows, so fallen einem zwei wichtige Gesichtspunkte auf: einmal, dass keine außermusikalischen Ereignisse die Komposition dieses Werkes auslösten, und zum zweiten, auf welch hohem intellektuellen und pianistischen Können Rachmaninow stand. Es braucht keine schweißtriefenden Kraftakte sinnloser Tastenhämmerei, um seinem Werk zur Größe zu verhelfen! Majestät, nicht rasende Fingerwut losgelassener Virtuosenstupidität ist sein erklärtes Ziel. Alle Versuche bombastischer Aufblähung – u. a. auch eine Umarbeitung für acht (!) Klaviere in den USA 1929 – führen zu einer Verfremdung des Werkes. Selbst Mickey Mouse trat in einem Walt Disney-Comic als »Tastenungeheuer« am Klavier mit diesem Prélude auf. Darüber aller-

»Herr Cis-Moll«
Sergej Rachmaninow
(Foto: Ullstein)

dings musste Rachmaninow selbst bei seinen Besuchen 1939 in den Filmstudios Hollywoods lachen.

Die Verbreitung der Komposition erfolgte epidemiehaft, nachdem sein Cousin Alexander Siloti 1898 diese in sein Programm für seine Europa- und Amerikatourneen aufgenommen hatte. Als Rachmaninow 1908 England und 1909 Amerika zum ersten Male besuchte, musste er feststellen, dass alle dort bekannten Pianisten die Tonschöpfung inzwischen als festen Bestandteil in ihrem Programm hatten. Ein Werk, das eigentlich nur als Präambel für das darauffolgende Klavierkonzert in d-Moll von Anton Rubinstein gedacht war, von dem er bei der Elektroausstellung in Moskau 1892 den ersten Satz unter dem tschechischen Dirigenten Vojtech Hlavac spielte.

Begeistert reagierte aber die Fachwelt auf dieses Werk nicht. Clara Schumann bemängelte die vielen Quintparallelen, die sie nach den Regeln des Kontrapunkts und der Harmonielehre schlicht als »falsch« empfand und kurzerhand »verbesserte«, damit der Geschmack begeisterter Studenten nicht darunter leide. Tanejew wiederum bemerkte pikanterweise, dass ihn das Prélude sehr wohl an die Novelletten von Robert Schumann erinnerten, sicherlich nicht zum Vergnügen von Clara! Auch Rachmaninows eigenhändige Uraufführung stieß nicht auf allgemeine Zustimmung.[4)]

In den *Russischen Nachrichten* schrieb Nikolaj Kaschkin (1839-1920) – nicht nur Musikkritiker, sondern auch Professor am Konservatorium in Moskau – von der »strahlenden Technik«, die Rachmaninows Spiel an diesem Abend beherrschte, während der uns schon bekannte Bukinik, Cellist, Mitstudent und in jenen Tagen scharfzüngige Kritiker der Zustände am Konservatorium, sich negativ über Rachmaninows Klavierspiel äußerte:

Nach meiner Erinnerung war der Showeffekt, der äußere Rahmen für dieses Konzert hervorragend, aber technisch wurde das Konzert eher mangelhaft realisiert. Man spürte, dass Rachmaninow weder das Instrument beherrschte, noch, wie ich glaube, sich sehr sorgfältig auf diesem vorbereitet hatte.[5)]

Wir dürfen aber eins nicht vergessen: das Konzert war nicht wichtig angesichts der beginnenden Illuminiszenz eines ganzen Zeitalters. Telefonverbindungen innerhalb Moskaus, Lichtspiele, beleuchtete Springbrunnen, elektrische Eisenbahnen mit Demonstrationsfahrten lock-

ten das Publikum. In den üblichen Rahmenprogrammen einer solchen Ausstellung passte eben auch ein Konzert, als »Großes Nachtfest« angekündigt! Wer Lust hatte, hörte zu, wer nicht – fuhr Eisenbahn! Kein Wunder, dass die Konzentration auf beiden Seiten – Musiker und Publikum – nicht die beste war. Musik wurde zum Hintergrundgeräusch für visuelle Erlebnisse! Dies dürfte sich auch im Spiel Rachmaninows niedergeschlagen haben.
Der Publikumserfolg hatte zudem weitere Schattenseiten. Da Russland das Copyright auf internationaler Basis nicht anerkannte, bekam Rachmaninow außer den bereits erwähnten 40 Rubel Ersthonorar keine weitere Kopeke mehr zu sehen, obwohl das Werk fast stündlich in der Welt aufgeführt wurde![3]
In einem Gespräch[6] äußerte sich S. Rachmaninow 1942:

Unter diesen Umständen sollte ich eigentlich dankbar sein, dass ich diese Komposition geschrieben habe. Aber ich bin mir nicht sicher, ob nicht die Unterlassungssünde, sich das internationale Copyright zu sichern, ein Glücksfall für mich war. Hätte ich diese Rechte erhalten, wäre ich ein reicher Mann geworden und hätte nicht mehr komponiert. So aber wurde ich durch den Erfolg angestachelt, eine weitere Reihe von 10 Préludes, mein Opus 23, zu schreiben und das Copyright von einem deutschen Verleger zu erhalten. Ich glaube, dass sie viel bessere Musik darstellen, als mein erstes Prélude, aber das Publikum teilt offensichtlich meine Meinung nicht …

Aber so ganz hat er den geschäftlichen Tiefschlag seines »Kassenschlagers« nie überwunden. Noch im gleichen Jahr ärgerte sich Rachmaninow über den finanziellen Verlust in einem Streitgespräch mit dem von ihm nicht geliebten Igor Strawinsky. (Diese Ablehnung beruhte übrigens auf Gegenseitigkeit):

… Rachmaninow aß etwas Kaviar und wandte sich an Strawinsky mit der sarkastischen Bemerkung: »Ihr Petruschka und Ihr Feuervogel haben Ihnen doch bestimmt nie einen Pfennig Tantiemen eingebracht?« Strawinsky lief rot an und entgegnete wütend: »Und was ist mit Ihrem Prélude in Cis und all den Konzerten, die Sie in Russland publiziert haben, was? Sie mussten selber Konzerte geben, um sich Ihren Lebensunterhalt zu verdienen.« Die Damen und ich fürchteten schon, es könnte zwischen den beiden Komponisten zu einer bösartigen Auseinanderset-

zung kommen, doch geschah wunderbarerweise das Gegenteil. Beide Meister rechneten zusammen, welche Vermögen sie hätten verdienen können, und nach dem Essen blieben sie beieinander und fuhren fort, sich diesen Tagträumen von immensen Summen hinzugeben, die sie hätten einnehmen können ...[7)]

Fast ein Bomot, darauf hinzuweisen, dass Rachmaninow neben diesem Prélude als viertes Werk in dieser Sammlung »Cinque Morceaux de fantaisie« op. 3 eine »Polichinelle« aufnahm – Strawinsky sollte später die »Pulchinella-Suite« schreiben! Ein Schelm, wer dabei schlechtes denkt!
Um der Historie aber Gerechtigkeit widerfahren zu lassen, sei angemerkt, dass nicht nur aus Widmungsgründen Arenski das kompositorische Vorbild für dieses Klavierwerk war. Dessen zweite Suite op. 23 (»Silhouettes«) weist ebenfalls einen Satz gleichen Titel auf:

»Èlegie«, das Eröffnungswerk op. 3 von Sergej Rachmaninow, ist dagegen eine abermalige Verbeugung vor der Person und dem Werk Peter Tschaikowskijs. Diesmal nahm der junge Komponist wohl bewusst Bezug auf die Komposition »Jahreszeiten« op. 37 des Meisters, besonders auf den dort vertonten Monat »September«! Die »Melodie« aus der gleichen Sammlung op. 30 wiederum, in E-Dur verfasst, ist ein echtes »Salonwerk« mit einer lied- oder opernexzerpierten Melodie in der linken Hand.
Trotz dieses Welterfolges wurde Rachmaninow aber keineswegs über Nacht eine Berühmtheit. Zwischen den 50 Rubel für ein Konzert im Zarenreich und den späteren 3.000 Dollar für einen Konzertabend in Amerika lag noch ein weiter, mühevoller Weg!
Vorläufig, im Winter 1892/93, war er froh über jeden Provinzauftritt, und war das Programm auch noch so kunterbunt. In diesem Punkt hatte Strawinsky Recht: von seinen Kompositionen konnte Rachmaninow wirklich nicht leben.
Die überwiegend freundliche Presse bei seinem Moskauer »Debüt« auf der Elektroausstellung – sie bescheinigte ihm gutes technisches

und musikalisches Rüstzeug und schrieb weiter, dass die drei Solowerke, nämlich Chopins »Berceuse«, Liszts Arrangement des »Faustwalzers« von Gounod und sein eigenes cis-Moll-Prélude sehr erfreulich waren – »bescherte« ihm noch im Winter zwei Konzertangebote in Charkow und Orel, wobei letzteres anscheinend nicht stattgefunden hat.
Geoffrey Norris[8)] ist dieser Ansicht ebenso wie Robert Threlfall.[6)] Und in der Tat finden wir nur einen kurzen Brief Rachmaninows an Michail Slonow, der am geplanten Konzert in Charkow teilnehmen sollte, in dem es heißt:

... Meine Ankunft in Charkow hängt von Orel ab, wo ich eingeladen wurde, ein Konzert zu geben. Je früher ich mein Konzert in Orel gebe, desto schneller werde ich nach Charkow kommen ...

Das Konzert in Charkow fand am 9. Januar 1893[9)] statt. Es beinhaltete folgendes Programm:

I. Impromptu Walzer Des-Dur Berceuse Walzer a-Moll Polonaise	Frédric Chopin
II. »Des Abends« »Aufschwung«	Robert Schumann
Ungarische Rhapsodie No. 12	Franz Liszt
III. Èlegie Prélude Melodie Polichinelle Serenade	Sergej Rachmaninow[6)]

Slonow sang zwischen diesen Solonummern Arien und Lieder von Borodin, Tschaikowskij, Arenski, A. Rubinstein, Davidow und Mozart. Das Konzert schien sehr erfolgreich verlaufen zu sein, da Rachmaninow am 8. Februar 1893 ein weiteres Konzert in Charkow gab, diesmal mit Schumanns »Kreisleriana«, seinen *»Cinque Morceaux de* *fantaisie*«[10] und Werken von Arenski, Liszt, Chopin. Slonow sang diesmal die »*Cavatine*« aus Rachmaninows Oper »Aleko«. Diese beiden Konzerte aber bewirkten genauso wenig wie sein Debüt bei der Moskauer Elektroausstellung im Jahr zuvor die große Pianistenkarriere späterer Zeiten. Er spielte gut, besaß solide technische Grundlagen und einen ausgeprägten Sinn für Phrasierung und Rhythmik. Aber bis zur bewundernswerten Wiedergabe der »Grobschmiedvariationen« von Händel, der blitzenden und überaus sensiblen Interpretation der Chopinwalzer in den 30er Jahren des 20. Jahrhunderts war noch ein weiter und – unbeabsichtigter Weg! Denn in allen Briefen des Jahres 1893 erklärte Rachmaninow immer, dass er viel zu wenig Zeit zum Üben habe, da seine Tätigkeit als Komponist ihn völlig in Anspruch nähme. Hauptsächlich trat er daher in den »Circle-Abenden« der musikalisch-literarischen Salons der Moskauer Oberschicht als Interpret eigener Werke auf. Persönlich fühlte er sich dabei vor allem dem Kreis um seinen Studienfreund Goldenweiser verbunden, da er hier sowohl seine neuesten Kompositionen vorlegen als auch die anderer Komponisten hören konnte. Jede Woche traf man sich und las, spielte oder sang die neuesten Kompositionen der damaligen Avantgarde, die meist im Beljajew-Verlag erschienen waren:

Nach und nach brachte auch Rachmaninow eigene Kompositionen, zumeist Romanzen, mit. Slonow, der nicht eben über eine tragfähige Stimme verfügte, aber dafür ausgezeichnet vom Blatt sang, intonierte diese, während Rachmaninow begleitete. Dann diskutierten Sachnowski und Goldenweiser die Kompositionen … In unserem Kreis wusste jeder, dass Slonow, Rachmaninow und Sachnowskij engste Freunde waren, wobei Slonow ihn eher schrankenlos bewunderte, während Sachnowski ihn eher väterlich umsorgte. Lezterer war sicherlich kein Komponist, aber ein geistreicher und fanatischer Musikliebhaber. Er hatte Geld – vielleicht als einziger von uns – und lebte mit seiner Mutter am Tversker Tor. Sachnowski besaß auch Orchesterpartituren von Wagner-Opern, die er sich aus Deutschland hatte schicken lassen, darunter »Rheingold«, »Götterdämmerung« und »Parsifal«. Diese wurden natürlich von unserem Kreis intensivst studiert.[11]

Neben solchen »Schubertiaden« gab es unzählige Vereine in mehr oder minder lockerer Organisationsform, die zu jenen Tagen das kulturelle Leben in Russlands Städten bestimmten.

Mal als »Kreis«, mal als »Klub«, mal als »Versammlung« bezeichnet oder gar als »Moskauer Gesellschaft der Kunstliebhaber«, boten sie in ihren regelmäßigen Abenden, oft in Kurzform nur nach dem Wochentag »Freitag«- oder »Sonnabend«-Veranstaltung genannt, jungen Künstlern zwar kein Geld, aber das notwendige Entree in ein gesellschaftliches Beziehungsgeflecht, das lukrativ für die jungen Künstler werden konnte.

Auch Rachmaninow sollte dies bald erfahren. Mit seiner Oper ging es nicht weiter, Termine für eventuelle Aufführungen wurden immer wieder verschoben. Rachmaninow war verzweifelt! Wieder musste der »Siloti-Clan« helfen, diesmal Cousin Sergej, seines Zeichens Marineoffizier. Er verschaffte Rachmaninow für den 24.12.1892 eine Einladung in den »Salon«-Abend bei Jewgenija Kriwenka, den die Gattin eines Kanzleigerichtsdirektors im Ministerium des Kaiserlichen Gerichtshofes anlässlich der Weihnachtsfeierlichkeiten gab. Anwesend war auch Pogoshew, Direktor des Kanzleigerichtes des Kaiserlichen Theaters. Von Siloti geschickt in Szene gesetzt, spielte Rachmaninow auf Einladung der Hausherrin die Tänze aus seiner Oper nach dem Diner auf dem Klavier vor. Pogoshew, von der Hausherrin sanft gedrängt, sagte spontan eine Aufführung am Bolschoj-Theater für das Frühjahr 1893 zu und hielt den Termin auch ein!

Daher war es vor allem die geplante Premiere seiner Oper »Aleko« am 27.4.1893, die ihn das Frühjahr über am meisten beanspruchte. Tschaikowskij war bei allen Proben zugegen, legte letzte Hand mit an, sprach mit dem Dirigenten Altani und den Solisten selbst die kleinsten Probleme durch und erlebte persönlich die Uraufführung mit. Anschließend sprach er, zu Siloti gewandt, seine Hochachtung aus und bemerkte, dass diese Oper sehr erfreulich sei. Jahre später erinnerte sich Rachmaninow, wie sehr ihn Tschaikowskij damals bei der Uraufführung geehrt hatte:

Ich denke, dass der Erfolg der Oper nicht so sehr auf ihrer kompositorischen Qualität beruht hatte als vielmehr auf dem Interesse Tschaikowskij für sie. Ja, er war geradezu verliebt in sie. Er sagte zu mir: »Ich habe gerade meine Oper »Jolante« fertiggestellt, die zwei Akte umfasst und daher für eine Abendvorstellung nicht lang genug ist. Würden Sie Einwände erheben, wenn diese Oper zusammen mit der Ihrigen aufgeführt wird? Er sagte wirklich: ›Würden Sie Einwände erheben?‹ Dabei war er ein berühmter Komponist von 53 Jahren und ich ein 20-jähriger Novize …[12)]

Die anwesende Presse äußerte sich lobend über die Aufführung, wenn auch mit den zu erwartenden Einschränkungen, schließlich war Rachmaninow ein »Joungster« im Komponistengeschäft.
Nicolaj Kaschkin übernahm auch diesmal wieder die Rezension für die *Moskauer Nachrichten*, ein halbes Jahr nach der Uraufführung des Préludes bei der Elektroausstellung.
Unter dem Datum 29.4.1893 lesen wir:

Aleko verrät als Komposition einiges an Talent, aber es ist auch das Werk eines noch unerfahrenen Komponisten und beinhaltet daher einige Schwachstellen, die auf seinen Mangel an Erfahrung zurückzuführen sind. Bei einem jungen Mann, der seine Oper schrieb, als er noch die Schulbank drückte, nicht weiter verwunderlich. Der Zusammenhang zwischen den einzelnen Nummern und Szenen ist als mangelhaft einzustufen. Abgeschlossene Szenen reihen sich pausenlos aneinander, so dass der Zuhörer den Überblick verliert. Ein erfahrenerer Komponist hätte diese Brüche kaschiert und »Brücken« zwischen den Nummern eingebaut, die den Zuhörern Gelegenheit gegeben hätten, sich auf die neue Situation einzustellen.

Semjon Kruglikow (1851–1910) meinte dazu in der Zeitung *Der Künstler*:

Rachmaninow ist ein talentierter Komponist mit fundiertem Handwerkszeug und gutem Stilgefühl. Er kann ein guter Opernkomponist werden, denn er hat ein Gefühl für die Bühne, kann sich instinktiv auf die menschliche Stimmpsyche einstellen und entwickelt ein gutes Melodiegespür … Als Werk eines 18-jährigen Komponisten, eines Studenten, ist Aleko schon mehr als beachtlich –, als eine Oper, bestimmt für die Bühne des Bolschoj-Theaters, hinterlässt sie beim Zuschauer einen mehr als nachhaltigen Eindruck.[13)]

Die Zweitaufführung am 29.4.1993 verstärkte noch den positiven Eindruck der Premiere, aber damit hatte es sich leider auch schon! Die Oper verschwand aus dem Spielplan und eine Kiewer Inszenierung im Herbst 1893 brachte es auch nur auf zwei Aufführungen, trotz des bereits erwähnten guten Verkaufs des Notenmaterials. Der Verleger kam auf seine Kosten, Rachmaninow nicht! Dabei fehlte es nicht an Protegierung!

Schon bei der Uraufführung der Oper »Jolante« in St. Petersburg hatte Tschaikowskij am 6.12.1892 in einem Interview der *Petersburger Zeitung* erklärt, dass es für ihn Zeit sei, das Komponieren aufzugeben und den Weg für jüngere Leute freizumachen. Auf die Frage des Interviewers, ob es denn überhaupt welche gäbe, bejahte Tschaikowskij und nannte Glasunow in St. Petersburg, Arenski und Rachmaninow in Moskau.[14] Bereits ein Jahr später beendete Tschaikowskij mit der 6. Sinfonie sowohl sein künstlerisches Schaffen als auch sein Leben, wobei die tragischen Umstände seines Todes hier nicht berücksichtigt werden sollen.
Für Rachmaninow bedeutete diese autorisierte »Kronprinzenrolle« zunächst eine sehr fruchtbare Schaffensperiode. Angespornt durch den Vertrauensbeweis des großen Meisters vollendete er im Sommer 1893 seine Suite No. 1 – »*Fantaisie (Tableaux) pour deux Pianos*« betitelt – für zwei Klaviere op. 5, vervollständigte seine Liedersammlung op. 4 durch zwei neue Textvertonungen, die er Natalja Satina und Mme. Lysikowa widmete, vertonte den Choral »Volitwach neusypajuschich« (»Oh, Mutter Gottes, die du wachsam betest«) als »Geistliches Konzert« für gemischten Chor a cappella, veröffentlichte unter op. 6 zwei Kompositionen für Klavier und Violine und konzipierte sein erstes größeres sinfonisches Werk, die Orchesterfantasie »Utjos« – »Fels« – op. 7. Alle Werke entstanden in den Monaten Juni bis August 1893, die er in der Nähe von Charkow verbrachte, denn Slonow hatte ihn, wohl in Erinnerung an die beiden Konzerte, auf das Landgut Lebedin der Familie Lysikow eingeladen, wo er vor allem von Frau Lysikowa auf das Herzlichste gehegt und gepflegt wurde. So war diese erstaunliche Werkfülle der drei Monate leicht zu erklären.[15]
Das letztgenannte Werk, die Orchesterfantasie op. 7 »Fels«, basiert auf den ersten beiden Zeilen des gleichnamigen Gedichtes von Lermontow. Alle Biografen und Musikwissenschaftler stimmen jedoch darin überein, dass die eigentliche Inspirationsquelle Tschechows Kurzgeschichte »Na puti« – »Auf der Landstraße« – war, die 1886 in *Novoye Vremya* veröffentlicht worden war. Hierfür spricht vor allem auch die Widmung, die Rachmaninow über eine Abschrift der Partitur schrieb, die er 1898 Tschechow zusandte: *Dem lieben und hochverehrten Anton Pawlovich Tschechow, Autor der Geschichte »Auf der Landstraße«, die als Programm dieser Komposition zugrunde liegt.*
Insofern wäre der Sachverhalt klar. Nicht jedoch, wenn man sich die Geschichte Tschechows näher betrachtet und dazu die Musik Rach-

maninows in Relation setzt. Diese feinnervige und fast tiefenpsychologisch angelegte Geschichte handelt von einem Mann mittleren Alters, der eine junge Frau an einem verlassenen Ort längs einer Landstraße trifft. Der Reiz der Geschichte liegt darin, dass beide jetzt die Möglichkeit hätten, ihr Leben zu ändern bzw. miteinander zu gestalten, aber die Abreise beider in entgegengesetzte Richtungen macht dieses Vorhaben zunichte. Diesem feinsinnigen und pointierten Erzählstil steht die Komposition Rachmaninows gegenüber. Die harmonischen, kontrapunktischen und formalen Gegebenheiten dieser Tondichtung geben keinesfalls die tiefgründige Spannung und Problematik Tschechowscher Meisterprosa wieder. So würde der Autor dieses Buches vielmehr dazu neigen, analog der Suite No. 1, auch bei dieser ersten Orchesterfantasie Lermontows Gedicht als thematischen Faden zu sehen. Dieses wesentlich naivere und sentimentalere Poem erzählt die Geschichte eines Berges, auf dem eine kleine Wolke Rast macht und dem Berg während der Nacht erzählt, wie sie hin- und hergetrieben werde, wobei sie ihren Inhalt, ihr eigentliches Leben, auf den Berg rinnen lassen müsse; der Berg bleibt nach diesem Klagelied allein in den verlassenen Gegenden zurück, »tief in Gedanken versunken und traurig«. Natürlich ähneln sich in ihrer semantischen, metaphorischen Bedeutung beide Erzählungen. Nur erklärt Tschechow die Möglichkeit, semantische Räume zu überschreiten oder dies nicht zu tun, und die daraus resultierenden psychologischen Verirrungen viel differenzierter und tiefgründiger als Lermontows Parabel von der Wolke und dem Felsen.

So wäre eher zu vermuten, dass sich auch die klare, in den Holzbläserkantilenen Tschaikowskij nachempfundene Orchesterfantasie nicht nur die ersten beiden Zeilen des Lermontowschen Gedichtes zum Vorbild genommen hat, sondern sich insgesamt enger an die Dichtung als an die Prosaerzählung Tschechows anschließt.

Ein weiterer Beweis für diese These lässt sich auch in der engen Verwandtschaft des dritten Themas mit dem »Nymphenthema« aus der sinfonischen Dichtung »Prinz Rostislaw« finden:

Wie dieses »Nymphenthema« mündet auch das »Wolkenthema« in einen ekstatischen Tanz, der wiederum an »Tamaras Wahnsinnstanz« aus Balakirews gleichnamiger sinfonischen Dichtung erinnert sowie ihre Reminiszenz in dem punktierten Rhythmus der Kastagnetten in der »Zigeunerweise« aus Rachmaninows Oper »Aleko« findet.
Solch plakativ-naturalistische Darstellungsformen passen schwerlich zur Darstellung von Psychogrammen, wie sie in Tschechows Meisterprosa auftauchen!
Gewidmet wurde diese Orchesterfantasie ein Jahr später Nicolaj Rimskij-Korsakow als Dank für die Aufführung der Zigeunermädchentänze aus »Aleko« beim russischen Sinfoniekonzert in St. Petersburg am 29. Dezember 1894. Ein Jahr zuvor hatte Tschaikowskij, der zufällig 1887 von Lermontows Gedicht (!) eine Vertonung für gemischten Chor a cappella verfasst hatte, eine erste Kostprobe aus der sinfonischen Dichtung gehört und wollte unbedingt eine Aufführung in St. Petersburg in der kommenden Saison für seinen Schützling durchsetzen sowie das Werk auf die geplante Europatournee mitnehmen. Dazu kam es jedoch nicht mehr.
Die Uraufführung fand schließlich am 20.1.1896 in St. Petersburg unter Leitung von A. Glasunow statt. Schon anlässlich dieser Premiere äußerte sich César Cui bei seiner Kritik in der Zeitung *Novosti i birzhevaya gazeta* vom 22.1.1896 extrem negativ bezüglich der Komposition sowie der Person Sergej Rachmaninows, eine Ouvertüre zu den späteren Hasstiraden bei der Uraufführung von dessen 1. Sinfonie:

Die Fantasie präsentiert sich in ihrer Konzeption als eine Art Mosaik, das freilich wohl eher ein Haufen unzusammenhängender kleiner Steinchen geblieben ist. Diese Steinchen weisen daher auch keinerlei Beziehungen oder Ordnungssysteme zueinander auf. Der Komponist will immer irgendwohin, kommt aber nie irgendwo an; die ganze Komposition zeigt den Autor eher als Klangfetischisten denn als Architekten einer ernsthaften inhaltlichen Aussage … Rachmaninow ist ohne jeden Zweifel ein talentierter Mann; er beweist Geschmack und eine bemerkenswerte Fertigkeit in der Instrumentierung, aber weder ein Gespür für

Maß noch die Fähigkeit, sich auf eine Idee und deren natürliche Entwicklung zu konzentrieren …

Zur besagten Begegnung mit Tschaikowskij 1893, etwa Mitte September, bei Tanejew hatte Rachmaninow zwar seine sinfonische Dichtung mitgebracht, aber Tschaikowskij stand eigentlich im Mittelpunkt der Ereignisse: Tanejew und Lew Konjus spielten den Klavierauszug von Tschaikowskijs 6. Sinfonie, von Konjus zu vier Händen arrangiert, wurden aber ständig von Tschaikowskij, der einen hypernervösen Eindruck machte, unterbrochen, der mit nichts, aber auch gar nichts zufrieden war. Erst Rachmaninows Komposition beruhigte den Meister offensichtlich:

Was hat Serjosha in diesem Sommer alles komponiert! Ein Poem, ein Konzert, eine Suite, und der Himmel weiß, was sonst noch … Und ich schrieb nur eine Sinfonie! – so jedenfalls erinnerte sich später Rachmaninow![16)]

Die beiden mussten offensichtlich auch über die Klaviersuite gesprochen haben, denn Rachmaninow versprach eine sorgfältige Redigierung und eine Aufführung im kommenden Winter in Moskau, zusammen mit Paul Pabst (1854–1897). Dieser war Schüler von Franz Liszt gewesen und wirkte jetzt als Lehrer für die höheren Semester am Konservatorium in Moskau. Der Kontakt zwischen beiden, vielleicht auf Initiative A. Silotis zustande gekommen, ist wohl als enger zu bezeichnen. Rachmaninow jedenfalls widmete Pabst die Klavierwerke op. 10! Die Widmung der Klaviersuite op. 5 aber hatte Tschaikowskij bei diesem Septembertreffen offensichtlich akzeptiert.
Auch diese Suite für zwei Klaviere ist, wie die sinfonische Dichtung »Fels«, von literarischen Ausgangspunkten geprägt. Beide Werke offenbaren Rachmaninows gewachsene Neigung zu musikalischen Bildern, aber nun nicht mehr zu Miniaturen mit Saloncharakter, geprägt von den Arenskischen Suitvariationen aus der Konservatoriumszeit, sondern nun rückt die »poetische Idee« in den Vordergrund, d. h eine programmatische Ganzheitsfolge in einzelnen Abschnitten. In einem Brief an Natalija Skalona vom 5.6.1893 teilte er dieses Vorhaben mit und analysiert sein Vorgehen zugleich:
Über jedem der vier Sätze der Suite stünde als Motto ein Versepigramm:

Aus Lermontows Gedicht »Venezia« habe er Verse als Motto für den ersten Satz, »Barcarole« betitelt, gewählt. Den zweiten, »La Nuit … L'Amour«, ziere ein Epigramm von Byron, während er dem dritten, »Tränen« überschrieben, ein Motto von Tjutschew vorgestellt habe: »Menschliche Tränen«. Dem vierten, »Osterfest« betitelt, seien die Anfangszeilen aus dem gleichnamigen Gedicht A. Chomjakows zugrunde gelegt worden.[17)]
Auffällig sind aber andere Gesichtspunkte, die viel eher einen Schlüssel zum Verständnis Rachmaninowscher Musik als subjektive Darstellung psychischer Entwicklungen mit objektiven Mitteln zeigen: Musik als seelischer Befreiungsakt! Bereits am 7.2.1893 schrieb er in einem langen Brief an Natalija Skalona eine Art psychologische Selbstanalyse:

… Sie irren sich nicht, wenn Sie glauben, sich mein Schweigen dadurch erklärbar machen zu müssen, dass es mir nicht gut geht. Dies entspricht vollkommen der Wahrheit. Dieser Kummer erstreckt sich auch auf meine Psyche. Viele Worte darüber zu verlieren, erscheint mir nicht sinnvoll, denn man beseitigt den Kummer nicht, man verdoppelt ihn nur, wenn man darüber spricht. Meine Familie scheint sich bloß ein Ziel gesetzt zu haben: mich zu Tode zu martern und ins Grab zu bringen. Dies geschieht aber eher unabsichtlich und ist von äußeren Umständen bestimmt. Meine Familie will mich in folgender Weise aufrichten: Der Vater führt ein vollkommen haltloses Leben, meine Mutter ist schwer krank. Der älteste Bruder macht Schulden, die er Gott weiß wann zurückzahlen will – diesbezüglich ist auf meine Person unter den gegenwärtigen Umständen nur geringe Hoffnung zu setzen; der jüngste Bruder ist stockfaul und bleibt in der jetzigen Klasse wiederum sitzen; die Großmutter zu guter Letzt ist dem Tode nah … Ich bin irgendwie psychisch gealtert, müde geworden, alles wird mir manchmal unerträglich schwer. In einem solchen Zeitpunkt zermartere ich mir selbst den Kopf. Zudem habe ich jeden Tag Krämpfe und hysterische Anfälle, die gewöhnlich in erneuten Krämpfen enden, wobei ich das Gefühl habe, dass sich Kopf und Hände über alle Maßen zusammenziehen. Aber ist es möglich, einen moralischen Schmerz auszukurieren? Kann man wirklich ein ganzes Nervensystem auswechseln? Nebenbei gesagt, habe ich eine solche Auswechslung schon versucht. Aber die nächtelangen Zechereien halfen auch nicht, und ich kam von diesem Einfall ab, indem ich beschloss, die Sauferei wieder aufzugeben. Sie ist zu nichts

nutze ... alle vergessen immer, dass ich neben einem (vielleicht) begabten Musiker – ich wiederhole: alle – ein Mensch wie alle anderen bin, der – ebenso wie alle – vom Leben das fordert, was alle fordern ... Aber ich bin nach Lage der Dinge (oh, diese Lage der Dinge!!) ein unglücklicher Mensch, und als Mensch werde ich nach meinen Charakteranlagen niemals glücklich sein. Dies sage ich mir voraus und prophezeie es mit absolut nüchterner Klarheit, dass dieser Zustand in Erfüllung gehen wird ... [18)]

Wie richtig diese Selbstanalyse war, sehen wir in der Klaviersuite op. 5! Bleibt die Melosführung seltsam ziellos, schwebend, ohne Telos, so fallen nun Modalstrukturen auf, die hypnotiesierend, insistierend immer und immer wiederholt werden. Diese Modi finden wir als Gruppen und Grüppchen in allen Parametern: Melodie – Rhythmus – Harmonie.
Teilweise erreichen sie fast einpeitschende Wirkung mit dem Ziel der Trance. Hier versucht jemand, sich wie Rilkes Panther aus einem seelischen Gefängnis zu befreien, dessen Gitterstäbe wie ein Alptraum auf seiner Brust liegen. Dazu gehörten der depressive Glockenklang – wohl der der St. Sophienkathedrale in Nowgorod als Klangvorgabe – ebenso wie die Ostinatofiguren, die den erstarrten seelischen Zustand, dieses »tot zu sein, ohne sterben zu können«, nicht nur der textlichen Vorgaben der Gedichte, sondern auch der eigenen Psyche widerspiegeln. Wenn man von Autorintension bei Komponisten sprechen kann, dann nirgendwo mehr als in den Werken Rachmaninows! Musik als Spiegel der Seele!
Im letzten Satz, »Osterfest«, bricht er auf einmal aus diesem seelischen Käfig aus. Hier packt ihn die religiöse Freude über das höchste Fest der orthodoxen Kirche. Parallelen zu »Boris Godunow« stellen sich ein und nicht zufällig erscheinen die Anklänge an die Krönungsszene in der Oper von Modest Mussorgskij. Den Jubelhymnus »Christus ist auferstanden« verwendet übrigens nicht nur Rachmaninow am Ende seiner Klaviersuite, sondern auch Rimskij-Korsakow in seiner »Osterfest-Ouvertüre«.
Im Herbst 1893 kam es aber noch zu einer weiteren Einladung, diesmal nach St. Petersburg. Der Verleger Beljajew hatte ihn zu seinen »Freitagen«, zu seinen literarisch-musikalischen Abenden, eingeladen und Rachmaninow stellte dort seine Suite vor. Später erinnerte er sich an diesen Abend:

Sie setzten Felix (Blumenfeld) an das 2. Klavier, weil er der einzige war, der perfekt prima-vista spielen konnte. Ich spielte aus dem Gedächtnis. Alle waren gekommen – Ljàdow, Rimskij-Korsakow – und hörten aufmerksam und offensichtlich wohlwollend zu. Rimskij lächelte die ganze Zeit. Sie überhäuften mich mit Lob und Rimskij sagte:
»Alles gelungen, mit Ausnahme der Stelle am Ende, wenn der Gesang »Christus ist auferstanden« zu hören ist. Hier wäre es besser, den Gesang erst solistisch zu setzen, und dann bei der Wiederholung zusammen mit den Glocken zu bringen«. Ich war in dieser Zeit dumm und selbstverliebt – ich war erst 20 – und so zuckte ich nur mit den Schultern und fragte: »Und warum? In Wirklichkeit fällt der Gesang immer mit dem Glockengeläut zusammen«. Natürlich änderte ich keine Note. Erst später begriff ich, wie berechtigt Rimskij-Korsakows Kritik gewesen war. Die wahre Größe Rimskijs wurde mir erst im Laufe der Jahre bewusst, und es tat mir sehr Leid, dass ich nie sein Schüler geworden war.[19)]

Eine späte Abbitte wohl auch an die Mutter, die ihn in den Jahren 1890/91 mehrfach gedrängt hatte, doch nach St. Petersburg zurückzukehren und bei Rimskij-Korsakow am Konservatorium weiterzustudieren.
Im Herbst 1893 versuchte Rachmaninow zudem im privaten Bereich die ersten Schritte in die Selbstständigkeit und bezog in Moskau ein möbliertes Zimmer im Apartmenthaus »Amerika« an der Wosdwishenka-Straße, eine eher zweitklassige Unterkunft, meist benutzt von Handelsreisenden, Studenten und Leuten zweifelhafter Herkunft und Absichten. Der Kontakt zu seinen Verwandten, den Satins, riss jedoch nicht ab, ja, sollte sich in einer Weise vertiefen, die der Familie gar nicht recht war!
Zuerst ging die Arbeit auch im neuen Domizil weiter zügig voran. Er vollendete seine sechs Lieder op. 8 nach Gedichten deutscher und ukrainischer Dichter in der Übersetzung Pleschtschejews. Der Dichter, vorrangig als Übersetzer tätig, war in den liberalen Kreisen Moskaus sehr geschätzt. Rachmaninow hoffte sicherlich mit der Vertonung von sechs »Romanzen« in dessen Übersetzung auf breitere Resonanz und gute Verkaufszahlen zu stoßen.
Thematisch zeugen alle Lieder von der besagten intensiven Beschäftigung mit russischer Volksmusik innerhalb der Sommermonate während seines Aufenthaltes auf dem Landgut der Lysikows. Das Lied

No. 5 ist daher auch folgerichtig der Hausherrin gewidmet. Das Lied No. 4 zeigt dagegen die gedankliche Auseinandersetzung mit einer georgischen Volksweise, während im weiteren Verlauf der Komposition die absteigende chromatische Gesangslinie über dem ostinaten A-Bass in der Klavierbegleitung besonders auffällt:

Sodann beschäftigte er sich mit einem neuen Opernstoff »Undine«, wurde aber im Oktober durch Ereignisse, die ihn tief berühren sollten, von einer Realisierung abgehalten und kehrte später nie mehr zu diesem Libretto zurück:

Am 12. Oktober 1893 starb im Alter von 61 Jahren sein Mentor und früherer Klavierlehrer Swerjew in Moskau. Rachmaninow folgte dem Trauerzug, der sich am 14. Oktober durch die Straßen Moskaus wälzte. Bereits vier Tage später war er in Kiew, um am 18. und 21. Oktober die ersten beiden Aufführungen seiner Oper »Aleko« zu dirigieren, und nur vier Tage später, am 25. Oktober 1893, vernahm er, nach Moskau zurückgekehrt, die erschütternde Nachricht vom Tode Tschaikowskijs. Zwei große Musiker im Abstand von wenigen Wochen hintereinander gestorben! Nicht nur für die Musikwelt insgesamt ein großer Verlust, sondern vor allem für Sergej Rachmaninow. Swerjew hatte ihn als Pianist ausgebildet, ihm die Verbindung zum Verleger Gutheil vermittelt. Tschaikowskij war der große Mentor, der Protektor für Rachmaninow, durch dessen Fürspruch und Hilfe sich Theater- und Konzertsäle für den jungen Komponisten öffneten, der beratend Premieren und Proben überwacht hatte. All dies gab es nun nicht mehr. Jetzt musste Rachmaninow denselben bitteren Weg gehen, den fast alle jungen Komponisten gehen, die nach Anerkennung und internationalem Ruhm streben!

Das Grabmal von Peter Tschaikowskij auf dem Tichwiner Friedhof im Alexander-Newskij-Kloster zu St. Petersburg
(Archiv: P. Kotsch)

Aus dem unmittelbaren persönlichen Empfinden heraus entstand kurz nach den Trauerfeierlichkeiten das »Trio élégiaque« in d-Moll op. 9, das Tschaikowskij gewidmet wurde. Am 27.12.1893 war die Reinschrift beendet, die Uraufführung erfolgte am 12.2.1894 mit Julij Konjus an der Violine und Brandukow wieder am Violoncello sowie dem Komponisten am Klavier.

Bereits in den Jahren 1890/1891 hatte sich Rachmaninow mit dieser musikalischen Aussageform beschäftigt. Das Manuskript des in der

Tonart g-Moll verfassten Werkes weist die Datierung 18.–21.1.1892 auf und war wohl für sein erstes Konzert außerhalb der Konservatoriumsmauern gedacht gewesen.
Formal und inhaltlich wiederum stark seinem ersten Klavierkonzert verpflichtet, fällt in dieser »lento lugubre« betitelten Komposition zusätzlich die starke Affinität zu Tschaikowskijs »Manfred-Sinfonie« auf:

Die Coda, »alla marcia funebre« betitelt, scheint als Trauerzug in der Ferne zu verschwinden.
Erheblich umfangreicher und langatmiger nun die zweite Komposition mit gleichem Titel!
Der zweite Satz dieses Trios op. 9 erinnert bewusst an Tschaikowskijs Trio op. 50 in a-Moll: formal in Thema und Variationen angelegt, hat melodisch das Thema sehr viel Ähnlichkeit mit dem Grundthema des Tschaikowskij-Trios, das ebenfalls 1882 eine Abschiedsmusik auf einen bedeutenden Toten war, »im Gedenken an einen großen Künstler – Nikolaj Rubinstein«:

Tschaikowskij op. 50

Rachmaninow op. 9

Zugleich wird die thematische Beziehung zum Vorbild auf die Parodie eigener Werke ausgedehnt! So sind die Gedankenspiele an das »Sehnsuchtsmotiv« aus seiner Orchesterfantasie »Fels« in der ersten Variation des zweiten Trio-Satzes mit der auffälligen Verwendung des Leittons cis' sicherlich nicht zufällig! Schließlich war es seine letzte Komposition, die Rachmaninow Tschaikowskij zur Begutachtung vorgelegt hatte:

Interessant auch die Verwendung des Harmoniums in diesem Satz: »Seconde Partie avec accompagnement d'Harmonium«.
Allen russischen, aber auch den meisten europäischen Komponisten war dieses Instrument im 19. Jh. regelrecht »verhasst«! Nur Giacomo Rossini in seiner »Petite messe solennelle« oder Anton Dvořák in seinen »Bagatellen« op. 47 verwandten es. Eine Erklärung für die Wahl dieses Instruments wurde bis heute nicht gefunden.
Von den insgesamt acht Variationen des zweiten Satzes, alle hauptsächlich in Dur-Tonarten gehalten, ist kompositorisch eigentlich nur die dritte wirklich interessant, in der die nervös flirrenden Klavierfiguren mit den Pizzicati der Streicher korrespondieren!
Die siebte Variation, in d-Moll gehalten, nimmt die Eröffnungs- und Schlussformel der zwei Jahre später verfassten ersten Sinfonie vorweg!
Den zwei, sehr ausladend angelegten ersten Sätzen folgt ein unverhältnismäßig kurzer dritter. Ein Postscriptum im »Allegro molto«, zu kurz, um der Form oder inhaltlichen Aussage Genüge zu leisten!
Rachmaninow greift hier wieder das vier-notige Abstiegsmotiv des ersten Satzes in variierter Form auf, wohl eher um der zyklischen Form willen als der thematischen Notwendigkeit! Der Schluss verläuft im Sande, die Komposition versickert, alles Rhetorikpulver war schon in den ersten beiden Sätzen verschossen!
Rachmaninow spürte in späteren Jahren diese Mängel und beabsichtigte für eine Neuauflage 1907 eine Revison mit Kürzungen. 1917 straffte er das Trio abermals, und so erschien das Werk 1950 in der Muzgiz-Edition als bis heute gültige Form im Druck.
Interessant bei der Untersuchung des Wirkungsgrades dieser Musik

ist eine Tagebuchnotiz vom 28.1.1893, in der Tanejew seine ersten Eindrücke von dieser Komposition notierte:

... Ein talentiertes Werk, nur gefällt mir die Ziellosigkeit in modulatorischer Hinsicht nicht sowie das endlose Wiederholen ein und desselbigen ...[20]

Dieses Insistieren, dieses hypnotische Wiederholen von Modistrukturen sahen wir schon in der Klaviersuite No. 1 op. 5. Rufen wir uns den »Bekennerbrief« vom Februar des gleichen Jahres ins Gedächtnis zurück, so wird klar, Musik und besonders die Komposition derselbigen ist für Rachmaninow eine Psychotherapie zur Selbstfindung! Auch Karl Davidow, einst Direktor des Kindes Rachmaninow in St. Petersburger Studientagen, bemerkte diese Strukturen und lehnte das Werk, von A. W. Ossowski – seines Zeichens Musikkritiker – für die Gesellschaftsabende der »Petersburger Gesellschaft musikalischer Versammlungen« vorgeschlagen, nach Durchsicht der Noten ab:

... Kein Kammermusikstil, nicht interessant. Der erste Satz stellt nur kompakte Verläufe dar, es gibt keine Melodie, keine logischen Gedankenentwicklungen ...[21]

Kompositorisch wurde das Jahr 1893 erfolgreich mit einem weiteren Auftragswerk von Gutheil, den *Morceaux de Salon pour Piano* op. 10 abgeschlossen und das neue Jahr ebenfalls mit von Gutheil angekauften *Six Morceaux pour le Piano à quatre mains* op. 11 positiv eröffnet. Aber finanziell sah die Situation rabenschwarz aus. Von ein paar Klavierstunden – von ihm nicht geliebt und daher auch so erteilt – sowie seinem Chorleiteramt, zwar gerne ausgeübt und kompositorisch ertragreich, konnte er nicht leben: »Chor der Seelen« für vierstimmigen Chor a cappella sowie das »Lied der Nachtigall« für vierstimmigen Chor und Klavier auf einen Text von A. K. Tolstoj sind die Produkte dieser brotlosen Arbeit als Chorerzieher. Am 18.3.1994 unterzeichnete er daher einen Anstellungsvertrag als Lehrer für Musiktheorie an der Mariinskij-Mädchenschule. Einen Vorteil hatte dieser »Frondienst« für ihn: Fünf Jahre Dienst als Schullehrer wurden als Wehrpflichtersatz anerkannt, worüber niemand froher sein konnte als Rachmaninow. Vom Leben seines Vaters und dessen Erzählungen abgeschreckt, entwickelte er eine geradezu körperliche Abscheu vor allem Militärischen. Da war der Schuldienst noch besser! Und so verlängerte er die vorgeschriebenen fünf Jahre auf die sieben »mageren Jahre« der Bibel und blieb bis 1901 im Amt – sehr zum Leidwesen der Schülerinnen übrigens. Rachmaninow als Lehrer? Unmöglich! Er war wohl eher ein »Lernender als ein Lehrernder«, um mit Erich Kästner (1899–1975) zu schreiben, ein Mann, der mit geeigneten Schülern auf Entdeckungsreise in musikalische Gefilde gehen konnte, aber keineswegs ein Pädagoge für musikalische Grundbegriffe bei Schülerinnen, denen der Unterricht eher lästige Pflichtübung war. Eine Professur am Konservatorium wäre die bessere Lösung für alle Seiten gewesen, aber die alten Seilschaften und Streitigkeiten unter den Professoren und Safonows »Rache« für den Nichtbesuch seiner Klavierklasse in Studienzeiten wirkte immer noch. Dieser Bannstrahl blieb während der gesamten russischen Zeit Rachmaninows bis 1917 erhalten! Er wird nie eine Professur an einem der beiden Konservatorien erhalten und immer gezwungen sein, frei schaffend zu arbeiten! Die Mariinskij-Mädchenschule war ein Internat für »höhere Haustöchter«, das aber auch von externen Schülerinnen besucht werden konnte. Ein Lyzeum, in dem die jungen Damen ihre Zeit zwischen Kindheit und Heirat mehr oder weniger nützlich verbringen konnten, da eine Berufsausbildung damals für Mädchen undenkbar gewesen wäre. Zugleich sollte diese »Bildungsanstalt« den Mädchen die notwendigen Allgemeinkenntnisse in den »schönen Künsten« vermitteln, die sie befähigen würden, später den Salons der großbürgerlichen Oberschicht vorzustehen und diese zu beleben. Je höher ihr Repräsentationswert mit einem solchen Schulbesuch war, desto größer auch die Chancen der Mädchen auf dem Heiratsmarkt. Die Eltern mussten sie nicht »unter Wert« abgeben, sondern konnten auch Bedingungen an die soziale Position des zukünftigen Schwiegersohnes stellen. Daher fand eine solche Schule, die den Ansprüchen genügte, auch zahlreiche vermögende Geldgeber und Mäzene, beruhte doch das Schulsystem weitestgehend auf privater Basis. Die Schulleitungen, nicht nur in Russland, legten wiederum großen Wert auf berühmte Lehrpersönlichkeiten, die als Galionsfiguren Werbewert und damit steigende Schülerinnenzahlen bedeuteten. So finden wir in den Lehrerverzeichnissen der Mariinskij-Schule in jenen Tagen die »Crème de la crème« der russischen Musikszene: Dubuque, Nikolaj Rubinstein, Siloti, Kaschkin, Brandukow! Diese Namen lassen aber keineswegs auf ein hohes Bildungsniveau an diesen Schulen schließen, sondern die Künstler knüpften mit diesen Tätigkeiten die notwendigen Seilschaften für eigene Zwecke: Einladungen zu den Abendsoireen in die Häuser der Eltern eröffneten manche Konzertmöglichkeiten oder ließen sich in Spenden für eigene Musikeinrichtungen, vor allem die Konservatorien, umsetzen. In all diese Beziehungsgeflechte sollte sich nun der Solipzist Rachmaninow, beladen mit all seinen psychischen Problemen, einfügen und einordnen? Das konnte nicht gut gehen. Chorgesang, Klavier- oder Geigenstunden, Elementartheorie und Harmonielehre standen auf dem Stundenplan der Mädchen, sogar eine Abschlussprüfung erfolgte. Rachmaninow hatte nur Klassenunterricht zu erteilen, und diesen in den Theoriefächern! Wer einmal vor einer Klasse stand und einen solchen Unterricht versuchte, wird wissen, dass die Chancen für Erfolg oder Selbstbestätigung gleich Null sind. Kein Wunder also, dass die Schülerinnen wenig begeistert von diesem neuen Lehrer waren und umgekehrt:

Sein Gesicht allein, seine versteinert wirkenden Gesichtszüge und qualvoll hochgezogenen Augenbrauen hatten einen paralysierenden Effekt auf seine Schüler und Schülerinnen ...[22)]

... Jeden Monat habe ich einige Tage, an denen ich für meine früheren Sünden bezahle. Dieses ständige Geld-verdienen-Müssen ist zwar einerseits für mich positiv – ich arbeite sehr genau; aber andererseits zwingt mich diese Notlage dazu, nicht besonders wählerisch zu sein. Seit Oktober schrieb ich daher zwölf Romanzen, sechs Kinderchöre – die im übrigen kein einziges Kind singen wird –, und schließlich muss ich in diesem Monat bis zum 20. sechs Klavierwerke fertig abliefern. (7.12.1896)[23)]

Darüberhinaus war er zu allem Unglück auch noch ein ehrlicher Prüfer! Leistung wurde von ihm immer objektiv und gerecht beurteilt, d. h. nach ihrem tatsächlichen Wert, und eine »Gnade« war nie von ihm zu erwarten. Das zeigte sich auch Jahre später, als Glasunow ihn in die Prüfungskommission des St. Petersburger-Konservatoriums berufen hatte, Rachmaninow aber bei der Prüfungsbewertung den realen Wert derselben als Maßstab für die Note anlegte und kein Entgegenkommen zeigte, das der glatte Glasunow gerne gewährte.
Zudem war er im Privatunterricht keineswegs erfolgreich:

Das Lehren des Klavierspiels erfordert kolossale Geduld, und ich glaube, dass ich diese nicht im dafür ausreichenden Maße habe.[24)]

Natürlich wollten nach seinem Durchbruch zum gefeierten Pianisten und Dirigenten viele Nachwuchskünstler in den späteren Jahren als Trittbrettfahrer seine Schüler in den ersten Tagen seiner beruflichen Karriere gewesen sein. Aber Tatsache ist, dass sich nur wenige namentlich erfassen lassen und keiner von diesen jemals eine internationale Künstlerpersönlichkeit wurde. Meist waren diese namentlich bekannten Schüler persönliche Bekanntschaften, der Unterricht also eher ein freundschaftliches Mitteilen, eine Gegenleistung für Gefälligkeiten, z. B. bei A. I. Konowalow, dessen elterliches Landgut im Sommer 1892 Rachmaninow als Refugium gedient hatte, oder bei Jelena Kreutzer-Shukowskaja, deren Vater als Agraringenieur das Gut Krasnenkoje für den Fürsten Lwow verwaltete, auf dem Rachmaninow in jenen Jahren häufiger Sommergast war. Die Sopranistin, Pianistin und Moskauer Gesangslehrerin zeichnet uns in ihren Erinnerungen auch ein ganz anderes Bild vom »Lehrer« Rachmaninow – aber wir wissen ja: hier lagen starke persönliche Beziehungen vor, und die Dame verfügte auch über das notwendige Rüstzeug, sprich Vorwissen für einen Unterricht, der eher auf dem Austausch von Gedanken, denn auf reiner Vermittlung von Fertigkeiten beruhte. Unter diesen Umständen war Rachmaninow auch der »Lernende«, der zusammen mit der Schülerin neuen Werken auf die Spur kommen, sie hinterfragen wollte:

Wenn er mit mir ein neues Klavierwerk einstudieren wollte, fing Rachmaninow zuerst selbst an, sich einen passenden Fingersatz auszusuchen und schrieb diesen sofort auf, da er dem Fingersatz zentrale Bedeutung beimaß ... In vielen, von ihm persönlich benützen Noten finden wir noch heute solche Eintragungen ... Gab er mir also ein solches Werk, eine neue Etüde oder ein anderes Stück, spielte er zuerst die Passagen für sich durch, manchmal mehrmals, um die passenden Fingersätze aufzuschreiben.[25)]

Wie gesagt, hier wurde der »Lehrende« zum »Lernenden« – ein Gewinn für beide Seiten! »Normalschüler« sahen den »Lehrer« Rachmaninow ganz anders:

In seinen Stunden spielte er nie eine Note vor, sondern dirigierte bloß ihr Spiel, wobei seine plötzlichen Tempowechsel, die häufig forcierten Rubati, die Schüler völlig aus der Fassung brachten.

Damit endigten Rachmaninows pädagogische Versuche, Mädchen und Jungen privat zu unterrichten, deren Eltern ihn zwar gut bezahlten, Klavierstunden aber nur als mehr oder minder »erduldeten« Zeitvertreib betrachteten!
Eigentlich wollte Rachmaninow den Sommer 1894 über auf dem Familiengut Iwanowka ausspannen, aber seine finanzielle Situation zwang ihn auch diesmal, bei den Konowalows wenigstens die Hälfte der Vakanz auf deren Landgut Unterricht zu geben. Dort las er Jürgensohns Korrekturen und Druckabzüge der Orchesterfantasie »Fels« durch und griff alte Skizzen aus dem Sommer 1892 zu einem Capriccio für großes Orchester auf. Hierüber schrieb er am 14. August an Slonow:

Ich schreibe ein Capriccio für Orchester wie Tschaikowskij, aber nicht über italienische Themen oder wie Rimskij-Korsakow über spanische, sondern über Zigeunerweisen. Ich werde es in vier Tagen vollendet haben und überlege gerade, ob ich nicht bloß einen vierhändigen Klavierauszug fertigstelle und die Orchestrierung später ausarbeite.[26)]

Rachmaninow stellte trotz dieser Überlegungen die Orchesterpartitur des dreiteiligen Werkes fertig und brach dafür die Skizzen zu einem neuen sinfonischen Poem, diesmal auf der Textgrundlage des »Don Juan« von Lord Byron, ab. Er ist nie wieder auf dieses Werk zurückgekommen! Schade, möchte man als Biograf ausrufen! Ein Vergleich mit der gleichnamigen sinfonischen Dichtung des jungen Richard Strauss aus diesen Jahren wäre interessant geworden. Sie hatten doch später so manche Berührungspunkte.
Das »Capriccio« erreicht keineswegs die von Rachmaninow angesprochen Vorbilder! Es wirkt langatmig, unkonzentriert, mehr ein Suchen denn ein Finden. Er selbst hat die Komposition in späteren Jahren nie geschätzt, wenngleich die Ablehnung auch auf persönliche Gründe zurückgeführt werden kann: Der Grund hierfür liegt im Widmungsträger, dem Moskauer Kaufmann Pjotr Lodizhensky. Dieser wiederum war mit Anna, der Schwester einer berühmten Moskauer Zigeunersängerin, verheiratet, die ob ihrer Schönheit und der männliche

Phantasie erregenden Persönlichkeit rasch zum Mittelpunkt der Moskauer Salons geworden war. Rachmaninow, sein ganzes Leben immer der Weiblichkeit zugeneigt, verfiel ihr sofort. Seine Leidenschaft wurde offensichtlich erwidert, und es begann eine Liason, die nicht sein durfte. Die gesellschaftliche Konvention, die materielle Notlage des jungen Komponisten verhinderten irgendeine Aussicht auf Erfolg. Seine Muse, seine Inspiration – nicht nur für das »Capriccio« op. 12 und das Lied op. 4/1 mit dem diesbezüglich sehr prophetischen Titel »O nein, ich flehe dich an, verlass mich nicht« aus dem Jahre 1892, sondern auch für sein erstes großes Werk dieser Epoche, seine Sinfonie op. 13, deren Widmung ihre Initialen »A. L.« trägt –, verhielt sich allerdings wenig freundschaftlich und schon gar nicht liebend. Nach dem Misserfolg seiner Sinfonie verbot Anna Lodizhenskaja ihm das Haus und untersagte ihm jeden Kontakt mit ihr. Das »Renommierspielzeug« hatte offenbar ausgespielt, das Verhältnis begann gefährlich zu werden. Ein weiterer schwerer Schlag für Rachmaninows Psyche. Ahnte er dies schon früher und hat deshalb ein biblisches Epigramm über die Widmung gesetzt, das auch Leo Tolstoj für »Anna Karenina« – die literarischen Parallele des Rachmaninow-Verhältnisses (?) – gewählt hatte: »Mein ist die Rache. Ich will vergelten, spricht der Herr« (Römer 12, Kapitel 19)?
Auf alle Fälle zeigte er in späteren Jahren dem »Capriccio« op. 12 gegenüber eine Animosität, die sich nicht nur auf kompositorische Gründe bezogen haben dürfte!
Thematisch stark dem Zigeunerflair seiner Oper »Aleko« verpflichtet – teilweise sogar eine Parodie derselbigen mit wörtlichem Zitat im Andante cantabile-Abschnitt aus den Schlusstakten seiner Oper –, fehlt diesem Werk die »idée fixe«, der »zündende« Funke! Alle drei Abschnitte der Komposition »leben« von dem absteigenden Tonleiterausschnitt g-fis-e als Grundmotiv:

Im September 1894 wieder nach Moskau zurückgekehrt, zog Rachmaninow zu den Satins zurück und gab seine Junggesellenbude im Hotel »Amerika« auf, begeistert von Cousine Natalja begrüßt, die nun oft in seinem Zimmer im dritten Stock auftauchte und am Männerkreis Rachmaninows teilnahm. Die Abende gehörten vorläufig noch dem Salon der Lodizhenskys – beides Verhaltensweisen, die seiner Tante gar nicht gefielen.

Am 17.12.1894 kam auch mal wieder eine Erfolgsmeldung für den Komponisten Rachmaninow: die bereits erwähnte Aufführung des »Tanzes der Frauen« aus seiner Oper »Aleko« durch Rimskij-Korsakow in St. Petersburg. Leider ohne Resonanz – ist zu vermelden. Lediglich Nikolaij Tscherepnin äußerte sich sehr positiv über diese Komposition. Ansonsten Funkstille! Aber dies war auch im Moment nicht wichtig. Rachmaninow bereitete sich auf seine erste große Komposition vor. Ab Januar 1895 bis zum 11. September des gleichen Jahres beschäftigte er sich nun fast ausschließlich mit Entwürfen zu seiner ersten Sinfonie in d-Moll. Nachdem er am 11. September die Korrektur des Rohmanuskriptes abgeschlossen hatte, begab er sich, gleichsam zur Erholung, nach St. Petersburg, um dort am 29. Oktober 1895 Tanejews Premiere der Oper »Orest« beizuwohnen.

Aber ein klein wenig Berufsneugier war wohl auch dabei, hatte er doch erheblich Zeit und Mühe im Frühjahr 1893 darauf verwandt, den Gesangsteil der Oper zu redigieren!

Ende des Jahres versuchte er abermals sein Glück als Konzertpianist. Im November ging er auf Betreiben des polnischen Impresario Langewitz mit der italienischen Geigerin Teresina (di) Tua auf Konzertreise in die russische Provinz. 20 Konzerte waren geplant. Jedoch bereits nach der Hälfte der Tournee brach er seine Zelte ab und reiste, ohne ein Wort zu sagen, nach Moskau und zu seiner geliebten ersten Sinfonie zurück. Warum? Ein Brief, datiert vom 9. November 1895 und an Slonow adressiert, verschafft uns ein wenig Klarheit. Dieser Brief wurde nach dem ersten und unmittelbar vor dem zweiten Konzert in Belostok geschrieben:

... Ich habe gerade aufgehört zu spielen. Heute habe ich sechs Stunden üben müssen, weniger 15 Minuten Pause. Beide Hände schmerzen mich ob der ungewohnten Arbeit sehr, und ich kann sie kaum gebrauchen. Gestern konnte ich überhaupt nicht spielen. Aber das erste Konzert in Lodz war ein leidlicher Erfolg. Ich spielte besser als erwartet. Aber sie, d. h. Contessa Teresina Tua-Franchi-Vernée de la Valetti, hatte selbstverständlich einen größeren Erfolg. Ihr Spiel war nicht weltbewegend, ihre Technik mittelmäßig. Aber mit ihren Augen und ihrem Lächeln verzaubert sie das Publikum. Für eine Künstlerin ist sie nicht ernsthaft genug, besitzt aber zweifelsohne Talent ... Zugleich habe ich aber noch eine

andere Seite an ihr entdeckt. Sie ist charakterlich allgemein knauserig, zu mir aber sehr charmant, da sie fürchtet, dass ich abreisen werde ...[27)]

Seiner Tante Warwara Satina erklärte er die plötzliche Rückkehr mit der Begründung, dass der Impresario sein Honorar nicht bezahlt habe. Er wollte wohl aus Stolz und künstlerischer Empfindsamkeit nicht zugeben, dass eine extravagante Contessa ihn zur Abreise bewogen hatte.
All diese Enttäuschungen hoffte er nun mit seiner ersten Sinfonie wieder wettmachen zu können, und nach vielen Protektionen über Tanejew erklärte sich Beljajew bereit, die Uraufführung am 1. Februar 1896 zusammen mit dem »Fels« unter Leitung Glasunows bei einem russischen Sinfoniekonzert in St. Petersburg zu ermöglichen!

V. Kapitel

»Fausts Verdammnis und Wiedergeburt«

Das Jahr 1896 begann für Rachmaninow wiederum sehr verheißungsvoll! Voller Konzentration arbeitete er an seiner ersten Sinfonie in d-Moll, feilte an Takten, Passagen oder einzelnen Noten wie ein Uhrmacher an seinem Meisterwerk. Obwohl er der Meinung war, angesichts dieser großen Aufgabe sich nur schwer bzw. überhaupt nicht auf ein anderes Werk konzentrieren zu können, vollendete er doch während dieses Jahres mehrere Kompositionen: seine zwölf Lieder op. 14, seine sechs *Moments Musicaux* op. 16 und sechs Chorsätze mit Klavierbegleitung – in Anlehnung an die Psalmvertonungen von Johannes Brahms – op. 15 für Frauen- oder Knabenstimmen mit obligatem Klavier, die freilich Rachmaninow, wie wir gelesen haben, in seinem Brief vom 7.12.1896 Kinderstimmen aus unerfindlichen Gründen nicht zutraute. Trotzdem, für einen gleichstimmigen Chor sind diese Chorsätze äußerst dankbar gesetzt und harren dringend einer Aufführung in Deutschland. Gerade, wenn man die dünne Repertoiredecke für diese Chorgattung bedenkt! Wer die Frauenchorsätze op. 37 von Brahms im Repertoire hat, kann sich auch getrost an diese Aufgabe wagen.
Die ersten fünf Werke dieser Sammlung waren bereits in unregelmäßigen Abständen während des Jahres 1895 als Notenbeilage in dem Magazin *Dytskoye chteniye* (»Lesebeilage für Kinder«) erschienen, ehe Jürgensohn im Herbst 1896 eine Gesamtausgabe zusammen mit den Materialien zur sinfonischen Dichtung »Fels« veröffentlichte, da es offensichtlich in dieser Zeit Differenzen zwischen Rachmaninow und Gutheil gab.
Die Uraufführung der Chorwerke erfolgte aber erst 1973 (!) anlässlich der Feierlichkeiten zum 100. Geburtstag von Sergej Rachmaninow in den USA. Es sang der Yurlov State Chorus unter Leitung von Jewgenij Swetlanow.
Satztechnisch bieten diese Chorsätze keine Schwierigkeiten: Meist sind sie unisono oder dreistimmig gesetzt. Das erste Werk, mit dem Titel »Sei gepriesen«, wurde bereits anlässlich der Thronbesteigung von Zar Nikolaus II., Ende 1894, konzipiert. Den textlichen Hintergrund bildete eine »Hymne« des Dichters Nekrassow. Trotz seiner Einfachheit wirkt der Chorsatz klanglich beeindruckend.

Das nachfolgende Werk mit dem Titel »Die Nacht« offenbart Rachmaninows Vorliebe für chromatisches Melos und ist in der Klavierbegleitung bemerkenswert impressionistisch gefärbt:

Gleiches gilt auch für das dritte Werk mit dem Titel »Die Kiefer« (Text nach Heinrich Heine). Dem wiederum sehr einfach gesetzten Chorsatz steht ein abermals sehr differenziert ausgearbeiteter Klaviersatz gegenüber, während der Chor strophisch den Text deklamiert:

Pikanterweise hatte Balakirew den gleichen Text in der Übersetzung von Lermontow mehr als phantasielos vertont und Jürgensohn diese Version zufällig im gleichen Jahr veröffentlicht, in dem auch Rachmaninows Komposition auf dem Markt erschien.
Bemerkenswert auch der sechste Chorsatz der Sammlung, »der Engel« überschrieben. Auch hier wieder ein damals sehr bekanntes Gedicht aus der Feder Lermontows, kongenial vom Komponisten erfasst und wiedergegeben.
Auffällig die Echopassagen im Lobgesang des Engels auf Gottes Herrlichkeit im klaren Anklang an Medtners erstes veröffentlichtes Kla-

vierwerk sowie auf dessen gleichnamiges Lied, das ebenfalls auf Lermontows Text basiert und in der gleichen Tonart wie der Chorsatz Rachmaninows – in E-Dur – verfasst wurde!
Den Romanzen op. 14 dagegen merkt man die Arbeit an der Sinfonie an. Gefälligkeiten für ein Taschengeld von Gutheil, wenn man so will, der allerdings auch wieder 500 Rubel als Vorschuss für die neue Sinfonie in diesem Jahr gegeben hatte. Weder Text noch Vertonung laden unbedingt zur Realisierung im Konzertleben ein, obwohl einige dieser Lieder zu seinen populärsten Werken avancieren sollten! Trotzdem gibt es auch in diesen Kompositionen bemerkenswerte Details zu entdecken: In dem Lied mit dem Titel »Sommernächte«, Gutheil gewidmet, z. B. gelingt es Rachmaninow, in fast perfekter Weise die Stimmung des Gedichtes wiederzugeben: die ekstatischen und rastlosen Sehnsuchtswünsche eines Herzens, das durch die milden Sommernächte noch zusätzlich angestachelt wird. Hierzu trägt vor allem die schwebende, unbestimmte Tonalität des Klaviersatzes bei:

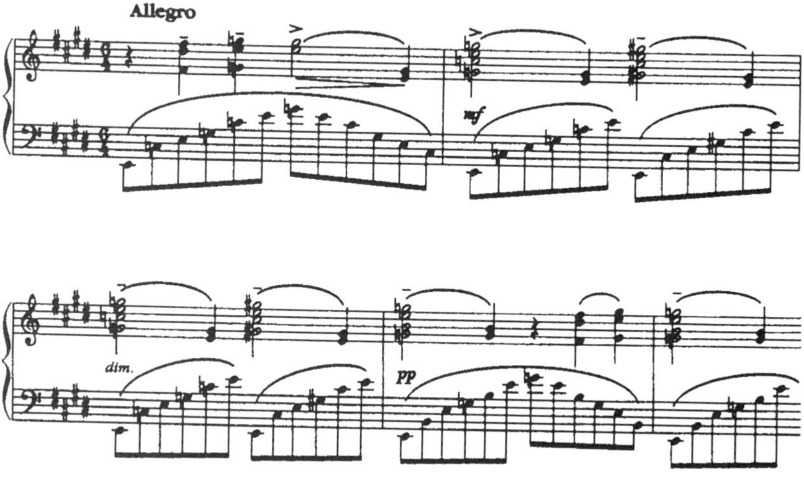

Die Satztechnik der *Six Moments Musicaux* op. 16 für Klavier aus dem gleichen Jahr wird, wohl unter der Arbeit an der Sinfonie, polyphoner, d. h. der Klaviersatz transparenter, die Mittelstimmen verlieren ihren akkordischen Füllklang und erhalten eigenständige Linien. Thematisch rückt die eigene Psyche immer mehr in den Focus kompositorischer Betrachtung. Apathie, Hypermotorik und melchancholische Reflexion beherrschen diese Klavierwerke. Fast könnte man glauben, der Komponist hätte damals Kierkegaard gelesen und sich dessen Maxime – das Leben wird im Rückblick begriffen – als Motto gesetzt.

So erinnert auch das erste Werk dieser Gruppe, das Andantino in b-Moll, an den Stil der vorangegangenen Kompositionen op. 3 und op. 10, während das Allegretto in es-Moll – vielleicht das am besten gelungene Werk dieser Sammlung – die erwähnte Hypermotorik zur Raserei steigert. Hier weist der kompositorische Weg schon klar in Richtung des jungen Prokofjew! Rachmaninow selbst scheint diesen Aufbruch »zu neuen Ufern« gespürt zu haben und nahm die Komposition in das Repertoire als Konzertpianist der Exiljahre auf – freilich nicht ohne Abänderungen! Die revidierte Fassung vom 5. Februar 1940 verändert das Allegretto des Originals in ein Allegro, streicht einige Takte und präsentiert eine schlankere, nicht so ausladende Schlusskadenz.

Das dritte Werk dieser Sammlung, Andante cantabile bezeichnet und in der Tonart h-Moll gehalten, präsentiert sich als Trauerelegie mit Recycling-Effekt, denn der Komponist verwendet das Material abermals in seiner Etude tableaux op. 39/7 aus dem Jahre 1916:

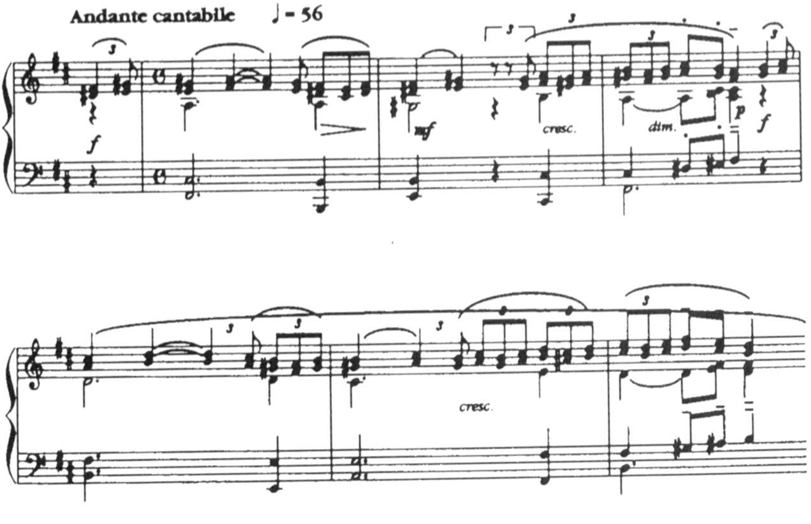

Die Nachbarschaft zu den in der gleichen Zeit angefertigten Chorvertonungen wird dabei offensichtlich.

Der Mittelteil, Oktavengeflirr der linken Hand im Staccato, weist auf die Entstehungsumstände dieser Komposition hin: eine Reaktion auf

die Todesnachricht bezüglich seines Vetters Alexander Satin, der ihm persönlich nahe gestanden hatte.
Nikolaj Medtner schätzte gerade diese Komposition Rachmaninows sehr und spielte sie viele Male in seinen eigenen Konzerten.
Das folgende stürmische Presto in e-Moll zeigt dagegen wieder einen kompositorischen »Rückblick«, nämlich auf Chopins Prélude in G-Dur op. 28/3. Für den Schluss schreibt Rachmaninow sogar noch eine Tempoverdoppelung vor!
Auch das sich anschließende *Moment musical,* Adagio sostenuto in der Tonart Des-Dur, bleibt Chopin rückblickend verhaftet, nämlich dessen Barcarole, ehe im sechsten Werk ein pianistischer Kraftakt in C-Dur anhebt, der an die physische Grenze des Machbaren geht:

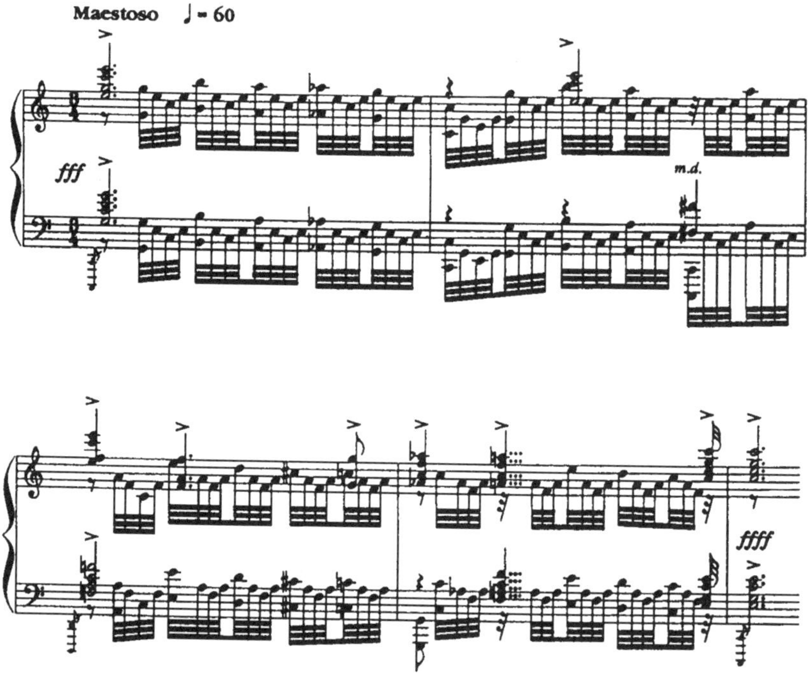

Zum ersten Mal in seinen Kompositionen erreicht Rachmaninow hier auch die instrumentalen Grenzen! Mehr ist am Klavier nicht mehr realisierbar!

Jedoch das große Ereignis, die angekündigte Sinfonie in Zusammenhang mit der Aufführung seiner sinfonischen Dichtung »Fels«, ließ auch 1896 auf sich warten.
Glasunow hatte die Premiere zum 1. Februar 1896 abgesagt, und das Jahr verstrich, ohne dass Rachmaninow etwas hörte. Im Januar 1897 schrieb er wieder an Glasunow und fragte nach, ob ein erneuter Termin in Angriff genommen werde. Glasunow antwortete ihm, dass die Uraufführung endgültig nun am 27. März – alte Zeitrechnung 15. März – 1897 in St. Petersburg stattfinden werde.
Aber welche Enttäuschung wurde dieses Konzert für Rachmaninow!! Später erinnerte er sich an diesen Abend als die »schrecklichste Stunde meines Lebens«. Er habe sich die Ohren zuhalten müssen, als er seine eigene Musik hörte. »Die Missakkorde in der Sinfonie entnervten mich«, schrieb er an den Komponisten Alexander Satajewitch am 6. Mai 1897. Nach der Aufführung rannte er aus dem Theater und lief ziellos die breiten Boulevards der Hauptstadt auf und ab. Noch immer gellten »die knarrenden Misstöne, die Grunzgeräusche und Verstimmungen des Orchesters« in seinen Ohren![1] Für die Presse, voran die eher konservativ eingestellte Kritikergilde in St. Petersburg, war die Uraufführung ein gefundenes Fressen. Sie »zerriss« Rachmaninow am nächsten Tag förmlich in der Luft. Vor allem César Cui (1835–1918), Weggefährte Modest Mussorgskijs und Mitbegründer des »Häufleins der mächtigen Fünf«, ließ alle Register seiner rhetorischen und agitatorischen Fähigkeiten spielen. Am 29. März 1897 veröffentlichte er in der Zeitung *Novosti i virzhevaya Gazeta* auf Seite 3 unter der Überschrift »*Tretiy russkiy simfonichesky konsert*« einen Artikel folgenden Wortlauts:

Angenommen, es gäbe in der Hölle ein Konservatorium, und einer der dortigen Studenten würde beauftragt, eine Programmmusik in Form einer Sinfonie zu schreiben, deren literarisches Vorbild die »sieben Plagen Ägyptens« sein sollten, und er würde dabei eine solche Sinfonie abliefern wie Herr Rachmaninow, dann hätte er seine Aufgabe in der Tat hervorragend gelöst und alle Bewohner der Hölle in geradezu köstlicher Weise erfreut.[2]

Einige andere Kritiker, die nicht mit so bigotten Apokalypsen arbeiteten, die es mehr mit Sachwissen denn Johanneischer Offenbarung hielten, lieferten brauchbare und vor allem konstruktive Kommentare. Interessant auch hier wieder die Hinweise auf Richard Strauss! Die Kritiker der Zeitschriften *Russland* und *Neue Zeit* rückten die Sinfonie in die Nähe zu Richard Strauss und seinen sinfonischen Dichtungen: Dies sei bedenklich, die Werke des Deutschen kaum erträglich, Kompositionen in dieser Richtung endeten wohl in einer Sackgasse!

Eine bemerkenswerte Kritik, da Rachmaninow wie Richard Strauss Meister der Orchesterpalette sind und der Russe den Deutschen immer sehr hoch schätzte, ja später manche seiner Werke auch dirigierte. Leider war diese Beziehung sehr einseitig. In seiner bekannt-berüchtigten Polemik äußerte sich Strauss meist über Zeitgenossen negativ. Rachmaninow konnte sich mit dem Attribut »gefühlvolle Jauche« schmücken, Rimskij-Korsakow mit »Zirkusmusik«.

Nicolas Findeisen (1868–1928), der bedeutende St. Petersburger Kritiker, meinte in seiner von ihm 1894 gegründeten *Russischen Musikzeitung*, das Werk an und für sich sei gar nicht schlecht, nur die Aufführung lasse zu wünschen übrig:

... war nicht sehr erfolgreich interpretiert worden ... Dieses Werk offenbart neue Ideen, neigt zu frischen Farben, neuen Themen, neuartigen Bildern, auch wenn die Sinfonie noch unausgegoren wirkt ... ist das Produkt eines Komponisten, der noch nicht genau weiß, was er eigentlich will ...[3)]

Rachmaninows Frau äußerte später wiederholt die Vermutung, Glasunow sei damals völlig betrunken gewesen und habe nicht mehr gewusst, was er dirigiere:

... Glasunow stand behäbig am Dirigentenpult und führte mehr als plump durch die Sinfonie. Er war schuld am Durchfall des Werkes ... Wir drei Schwestern aber und Natascha hüllten uns über Glasunow und das ganze Publikum schweigend in Zorn. Unser bemitleidenswerter Serjosha krampfte sich auf der Treppe zusammen und konnte sich wohl nicht verzeihen, dass er das Werk nicht selbst dirigiert, sondern Glasunow die Aufführung überlassen hatte.[4)]

Allerdings ist der Eindruck der Betrunkenheit objektiv nicht nachvollziehbar. Es war vielmehr die Art der Körpersprache von Glasunow, der zum Dirigenten nicht geboren war, die auf einen unbedarften Zuhörer und Zuschauer einen solchen Eindruck vermitteln konnte! So beschreibt dessen dirigentisches Wirken jedenfalls Rimskij-Korsakow in seinen Erinnerungen:

Seine ersten Versuche auf diesem Gebiet fielen keineswegs glänzend aus. Von Natur aus schwerfällig, ungeschickt und plump in seinen Bewegungen, langsam und undeutlich sprechend, schien Glasunow wenig geeignet dazu, in den Proben und im Konzert seinen Willen auf das Orchester zu übertragen. Das Bewusstsein seiner musikalischen Autorität veranlasste jedoch das Orchester, sich nicht ungefügig zu zeigen, sondern ihm eher zu helfen. Mit jedem Auftreten machte er Fortschritte und kam nach und nach aus sich heraus. Die Praxis und seine gewaltige, unvergleichliche Musikalität taten das ihre, und nach einigen Jahren hatte er sich zu einem ausgezeichneten Interpreten eigener und fremder Werke herangebildet.[5)]

Die Wahrheit liegt wohl darin, dass Glasunow das Werk und sicherlich die Person Rachmaninows nicht mochte. Alexander Chessin (1869-1955) kam mit seiner Analyse der verpatzten Aufführung sicherlich dem Sachverhalt am nächsten:

... Die Sinfonie war vollkommen unzureichend geprobt, das Orchester »schwankte«, es fehlte jedes Grundmetrum, viele Schreibfehler in den Orchesterstimmen schienen unverbessert (da hörte er wohl die »Verbesserungen« von Glasunow? – E. R.) *und das größte Übel: Es erfolgte eine vollkommen uninspirierte, oberflächliche, formale Wiedergabe ohne einen Funken von Engagement ...*[6)]

Rachmaninow nahm selbst zu diesem Problem in dem schon erwähnten Brief an Alexander Satajewitch am 6.5.1897 Stellung:

... Das heißt, dass es nur für zwei Spekulationen Raum gibt. Entweder bin ich, wie manche Komponisten, von meinem Werk zu sehr überzeugt, oder aber das Werk wurde schlecht realisiert. Und letzteres traf wohl auch zu. Ich bin vollkommen darüber überrascht, dass ein so begabter Mensch wie Glasunow so schlecht dirigieren kann. Ich spreche nicht von seiner Dirigiertechnik – die kann man bei seiner Physis nicht anders erwarten –, sondern von seiner Musikalität. Er verspürt nichts, wenn er dirigiert. Er wirkt ohne jedes Verständnis für die Musik ... So

vermute ich, dass die Aufführung der eigentliche Grund für diesen Misserfolg war. Ich schreibe nicht, ich bin sicher, sondern ich vermute es. Wenn das Publikum eine Sinfonie kennt, verteufelt es den Dirigenten. Ich bleibe weiter bei vermuten! Wenn eine Sinfonie sowohl unbekannt als auch noch schlecht aufgeführt wird, dann ist das Publikum geneigt, den Komponisten auszupfeifen … Dies bedeutet, dass ein Dirigent ein solches Werk nach den genauesten Angaben des Komponisten aufführen muss … das Werk wäre in diesem Fall für das Publikum verständlicher …[7]

Einunddreißig Jahre zuvor hatte sein Gönner Peter Tschaikowskij Ähnliches erlitten. Dessen erste Sinfonie »Winterträume« op. 13 (g-Moll) wurde ebenfalls böse von César Cui abkritisiert, der mit seiner harten Kritik an der Kantate, Tschaikowskijs Prüfungswerk am Petersburger Konservatorium, den Komponisten zuvor erstmals tief verletzt hatte:

Ich verbrachte damals den ganzen Tag damit, spazierenzugehen und hatte auf meinem Weg durch die Stadt nur einen Gedanken: ich bin unfähig, ich bin ein Nichts, kein Talent, ich werde nie mehr etwas schreiben.[9]

Nervenfieber und Magenleiden waren beim 25-jährigen Tschaikowskij die Folge. Nicht viel anders beim 24-jährigen Rachmaninow. Er litt nach dem Desaster der ersten Sinfonie unter Apathie, Unsicherheit, Missschlägen. Auch diesen übersensiblen jungen Mann beherrschte von nun an der Gedanke, mit 24 Jahren bereits am Ende seines Weges zu stehen, nichts mehr arbeiten zu können, für den Komponistenberuf untauglich zu sein. Im Jahre 1917 schrieb er noch in Erinnerung an den schrecklichen März 1897 an seinen Freund Asafjew:

… Ich wollte damals die Sinfonie niemanden zeigen und ich bin auch heute noch der Ansicht, dass niemand sie zu sehen braucht …[8]

1898 verfasste er trotzdem einen vierhändigen Klavierauszug, verbot aber die Publikation des gesamten Materials:

… Die Sinfonie ist sehr schlecht instrumentiert und wurde mehr als schlecht realisiert! (Dirigent Glasunow) … Die Sinfonie werde ich nicht publizieren und im Testament ein Publizierverbot festschreiben …[8]

Erst 1947 brachte der russische Staatsverlag in Moskau eine rekonstruierte Partitur nach dieser Klavierfassung heraus, die in St. Petersburg von Irina Jordan und Georgij Kirkow in den Archiven zusammen mit einzelnen Orchesterstimmen entdeckt worden war.
Die »zweite Uraufführung« erlebte das Werk, basierend auf diesem Quellenfund, am 17. Oktober 1945 in Moskau, zwei Jahre nach Rachmaninows Tod. 1977 erschien in Moskau eine Partitur der ›Urfassung‹ der Sinfonie, ohne die Eingriffe Glasunows, wie sie die Orchesterstimmen zeigten. Das Manuskript ist bis heute verschollen. Wahrscheinlich hatte Rachmaninows Schwägerin Klavierauszug und Orchesterstimmen nach der Flucht ihres Schwagers 1918 aus Russland aufbewahrt und das Material bei ihrer eigenen Emigration 1921 den Museen übergeben. Wen wundert es, dass sich Vermutungen und Spekulationen in wilden Ranken um diese Sinfonie wanden?
Eugene Ormandy – bevorzugter Dirigent Rachmaninows während seiner Exiljahre in Amerika – führte diese d-Moll-Sinfonie 1948 in Philadelphia am 20. März auf, wobei er gegenüber der rekonstruierten Fassung aus Leningrad – wie Seroff auf Seite 64 seines Buches berichtet – zwei Takte geändert haben soll. Während der Probenarbeit räumte Ormandy aber in Interviews wiederholt ein, wie schwach sein Eindruck von diesem Werk sei.
Es ist eben ein Jugendwerk, stürmisch, kantig, mit vielen bemerkenswerten Details, die nie zuvor in Russland im Konzertsaal gehört worden waren, aber eben nicht die große Idee oder der große Gesamtplan, dessen zwingende Logik alle Zuhörer in ihrer Bann zieht.
Seit den Tagen der Uraufführung der Sinfonie jedenfalls bestand eine persönliche Apathie zwischen Rachmaninow und Glasunow, der die Musik Sergejs abscheulich fand und hierüber fast stereotyp bemerkte:
»Es steckt eine Menge Suchen und Fühlen in dieser Musik, aber kein Gefühl.«
Als sich die beiden Musiker 1932 in Paris wieder trafen, Rachmaninow Glasunow eine Abschrift des eigenen vierten Klavierkonzertes überreichte, ließ dieser sie angeblich in einem Taxi liegen und erhielt sie natürlich nie zurück!
Umgekehrt hatte Rachmaninow in den Jahren vor der Uraufführung seiner Sinfonie Glasunow sehr geschätzt und sich eingehend mit dessen Werken beschäftigt. So fertigte er im Jahre 1896 eine Klavierfassung zu vier Händen von dessen Sinfonie No. 6 an und beteiligte sich

auch an einem »Pastizzio«, vier Improvisationen als Gemeinschaftsarbeit von Arenski, Glasunow, Tanejew und ihm.
Jeder Komponist hatte dabei einige Überleitungstakte zur Improvisation des Vorgängers hinzuzufügen, ehe er mit der eigenen beginnen konnte. Zur Eröffnungskomposition Arenskis fügte Rachmaninow nur zwei Modulationstakte hinzu, Glasunows »Polkaabschnitt« versah er mit einem eigenen Gegenthema. Sein kompositorischer Beitrag bestand aus einem viertaktigen Allegro scherzando in b-Moll:

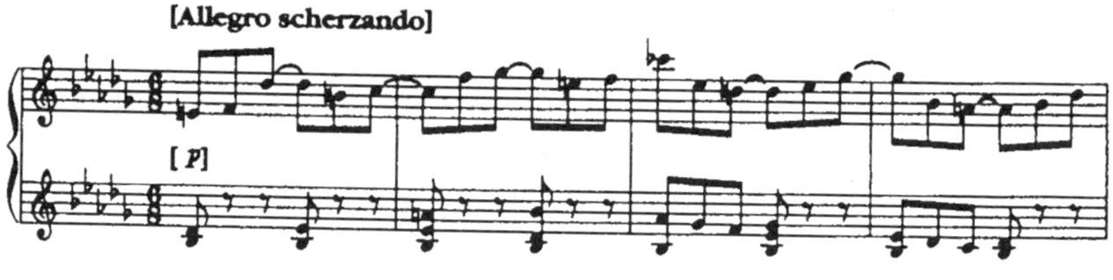

Dafür brach er sogar die Arbeit am 2. Streichquartett ab und nahm sie später nie wieder auf. Tanejew hatte ihn zu dieser strengen und für die russische Musikszene eher ungewöhnlichen Kompositionsform überredet. Als Torso sind von diesem Werk die ersten beiden Sätze erhalten:
1. Satz: Allegro moderato (g-Moll)
2. Satz: Andante molto sostenuto (c-Moll)

Bei all diesen kleinen Anekdoten, Sticheleien und Episödchen darf man die tragische Seite des Reinfalls im März 1897 nicht übersehen. Für Jahre war das kompositorische Schaffen Rachmaninows gebrochen, Jahre der Depression, Melancholie, des Alkohols und der Missgeschicke. Rachmaninow räumte in späteren Interviews gerne ein, dass damals etwas in seinem Gehirn »ausgerastet« wäre, dass er sich in immer tiefere Depressionen hineinsteigerte und schließlich zur Flasche griff.

Aber was war eigentlich geschehen? – Nichts Besonderes!

Ein alltäglicher Vorfall: Ein junger Komponist bezahlt Lehrgeld, und zwar sehr schmerzlich. Dies ist heute auch nicht anders. Es fehlte und fehlt an Zeit für Proben, Dirigenten wollen keine Experimente, Komponisten haben keine Erfahrung. Nach Uraufführungen ihrer eigenen Werke sagen heute noch Musikstudenten, dass sie ein Werk so nicht mehr komponieren würden, dass sie nicht abstrakt, sondern Personen-orientiert schreiben müssten, dass sie mehr oder weniger schmerzhaft »realistisch« geworden seien. Genau diesen Lernprozess schien Rachmaninows Umgebung geplant zu haben.

Insofern war Findeisens Vergleich der Sinfonie Rachmaninows mit Tschaikowskijs 5. Sinfonie, die erst unter dem Dirigat von A. Nikisch (1855-1922), dem berühmten Leiter des Leipziger Gewandhausorchesters und Uraufführungsdirigenten des »Parsifal« in Bayreuth, ihren Durchbruch erlangt habe, sicherlich mehr als wohlwollend gemeint. Lesen wir dagegen im Brief von Tanejew, den er am 26.10.1896 an Beljajew bezüglich der Sinfonie von Rachmaninow schrieb, so hört sich die Einschätzung des Werkes anders an:

Ich habe mit meiner Antwort auf Ihren jüngsten Brief gewartet, bis ich Rachmaninow wiedersah. Er hat einige Abänderungen an seiner Sinfonie getätigt, sie aber noch nicht in die Partitur übertragen. Daran arbeitet er jetzt, wird, sobald er zu einem Ende gekommen ist, die Partitur einem Cousin (wohl seinem Vetter Sergej Siloti, dem uns schon bekannten Marineoffizier, E. R.) *nach Petersburg mitgeben. Sie werden sie bis Mittwoch in Händen haben, so dass sie bei der Zusammenkunft der Kommission geprüft werden kann … Es entspräche meinem innigsten Wunsch, wenn das Komitee nicht zu strenge Maßstäbe an die harmonischen Überkünstelungen legen möge … Ein so talentierter Mann wie Rachmaninow wird den richtigen Weg sehr schnell finden, sobald er eine Aufführung seines Werkes gehört hat …*[10)]

Tanejew plante also eine Schocktherapie, nachdem er schon im Vorfeld mit diesem Werk offenbar unzufrieden war, wie Sabanejew berichtet:

Wie gewöhnlich brachte er seine Sinfonie Tanejew. In meiner Anwesenheit spielte sie Rachmaninow am Klavier vor und mir gefielen besonders die originellen harmonischen Wendungen, die eine gewisse Melancholie verrieten. Tanejew aber wirkte unzufrieden. »Diese Melodielinien wirken kraftlos, ohne Farbe – da ist keine Substanz drin«.[10]

Offensichtlich war Rachmaninow solchen Kritiken damals wenig zugänglich, und so griff Tanejew zur Radikalkur, getreu dem Motto: Wer nicht hören will, muss fühlen. Am 14. November 1896 äußerte er sich diesbezüglich in einem Brief an Beljajew, nachdem die Kommission der Aufführung der Sinfonie zugestimmt hatte:

Ich freue mich sehr, dass nun Rachmaninows Sinfonie aufgeführt werden soll. Mag Ihnen auch, wie Sie mir brieflich mitgeteilt haben, Rachmaninow arrogant erscheinen, so sollte man dies seiner Selbstüberzeugung bezüglich seiner in der Tat als herausragend zu bezeichnenden kompositorischen Begabung zugute halten. Dieselbe wird, wenn sie auch in seinen augenblicklichen Werken noch nicht vollkommen ersichtlich wird, sich in den folgenden ohne jeden Zweifel deutlich zeigen. Überhaupt erwarte ich sehr viel von Rachmaninow.[10]

Rachmaninow schien diese Therapie instinktiv sogar begriffen zu haben, denn in seinem, bereits erwähnten Brief an Satajewitsch schrieb er:

… Wahr ist nur, dass mich der Misserfolg überhaupt nicht aufregt, die Schimpfkanonade der Presse mich nicht demoralisiert, aber es mich unvergleichlich härter trifft, dass ich an meiner Sinfonie – mal außer Acht gelassen, dass ich sie immer noch sehr schätze – nach der ersten Wiederholung überhaupt keinen Gefallen mehr finde …[7]

In seiner völligen Verzweiflung traf er in dieser Zeit auf Sawa I. Mamontow, den Eisenbahnkönig und Kunstmäzen, der 1883 die »private russische Operngesellschaft« ins Leben gerufen hatte und nun Rachmaninow an seinem 1885 eröffneten Opernhaus die Stelle eines zweiten Kapellmeisters anbot. Erster Dirigent und damit Chef des Hauses war der Italiener Ewgenj Esposito (1863–1935).
Daneben beschäftigte Mamontow die zu seiner Zeit besten Gesangskräfte Russlands: Nadeschda Sabjela, Sopran, Anton Sekar-Roschan-

ski, Tenor, und den unvergessenen Bassisten Fjodor Schaljapin, mit dem Rachmaninow eine lebenslange Freundschaft verbinden sollte. Angesichts solcher Künstler, eines vortrefflichen Orchesters und des gängigsten Repertoirewerkes des kaiserlichen Russlands, Glinkas Oper »Ein Leben für den Zaren«, sollte Rachmaninows Debüt als Dirigent eigentlich erfolgreich verlaufen – aber genau das Gegenteil trat ein!

Ewgenj Esposito verspürte natürlich keinerlei Lust, dem jungen Rivalen irgendeine Hilfe zu geben, und so wartete gleich die zweite »Feuertaufe« auf Rachmaninow: Esposito setzte nur eine Generalprobe für den jungen »Nachwuchsdirigenten« an, die zum vollkommenen Chaos wurde. Rachmaninow konnte zwar das Orchester »gut zusammenhalten«, solange es alleine spielte, vergaß (!) aber die Solisten sowie den Chor völlig, gab ihnen weder Einsätze noch führte er sie mit klarer Zeichengebung durch die Partitur!

Da Esposito keine zweite Probe zugestand, zwang er Rachmaninow zu einer Demutsgeste: er musste den Dirigenten bitten, die Abendveranstaltung selbst zu leiten!

Vergessen wir nicht, Rachmaninow war zu diesem Zeitpunkt Autodidakt, denn es gab während seiner Studienzeit keine (!) Dirigierklasse am Moskauer Konservatorium, somit keine fachliche Ausbildung in diesem Bereich. Einzige Praxiserfahrung bis zu seinem Engagement bei Mamontow waren ein Dirigat seiner eigenen Chormotette »Deus meus« mit Studenten des Moskauer Konservatoriums als Sänger am 24.2.1891 sowie die beiden von ihm selbst geleiteten Aufführungen seiner Oper »Aleko« am 18. und 21.10.1893 in Kiew.

An beiden Tagen bemerkte die Presse eine deutliche Unstimmigkeit zwischen dem Protagonisten des jungen Zigeuners und der Zerfina im Schlüsselduett, dem Höhepunkt der Oper. Einerseits führte dies der Kritiker der ersten Aufführung, Victor Tschechott, in seiner Rezension für die Zeitung *Künstler*, No. 12, S. 179 (1893) auf die mangelhaften Textkenntnisse der beiden Sänger zurück, äußerte andererseits aber die Vermutung, dass ein solches Missgeschick auch an der mangelnden Koordinierungsfähigkeit des Dirigenten liegen könnte.

Neue Depressionen, neue Niederlagen! Das Bild des verhärmten Klavierlehrers, der mühsam mit Klavierstunden sein Brot verdient, stand ihm Tag und Nacht vor Augen. Er begann, sich bei Esposito das Dirigentenhandwerk von der Pike auf abzusehen, und der Erfolg stellte sich schon bald ein: Am 24. und 27. Oktober feierte er mit

Saint-Saëns' »Samson und Dalila« sein zweites und diesmal sehr ordentliches Dirigentendebüt – jetzt gab er jedem Solisten deutlich den Einsatz und dirigierte auch den Chor aus –, erwarb sich zum Erstaunen aller in der Spielzeit 1897/98 große Dirigierroutine und entwickelte auf diesem Gebiet solche Fähigkeiten, dass alle Welt glaubte, er habe endlich das für ihn richtige Betätigungsfeld gefunden. Allerdings blieb er als zweiter Kapellmeister den Schikanen Espositos weiter ausgesetzt. Alles, was dieser nicht mochte, musste Rachmaninow erledigen: Repertoiredirigat, Sonntagsmatineen für Kinder – keineswegs ruhige oder konzentrierte Konzerte – sowie gelegentliche Abendvertretungen.

Fast wie die Kinder in den Matineeveranstaltungen verhielten sich auch die Orchestermusiker und die Chorsänger. Als zweiter hatte er im Hierarchiedenken der Musiker keine Autorität. So schrieb er entnervt am 22.11.1897 an seine Cousine Ludmila Skalona:

Den Dirigentenrubikon habe ich überschritten. Jetzt brauche ich nur die vollste Konzentration sowie absolute Disziplin im Orchester. Beides kann ich als zweiter Dirigent niemals erwarten ... Insgesamt geht alles so schlecht, dass ich Angst habe, wieder in den Zustand dunkelster Melancholie zurückzufallen.[11)]

Als nächste Oper unter Rachmaninows Stabführung stand Dargomyschskijs »Rusalka« auf dem Programm, ihr folgten Bizets »Carmen«, Glucks »Orpheus«, Servos »Rogneda«, Westorskys »Askol'dora mogila« und im Frühjahr 1898 schließlich Rimskij-Korsakows »Mainacht«, die einen Rückschlag in Rachmaninows Opernkarriere darstellen sollte: die Probenzeit war zu kurz, der Chor mangelhaft vorbereitet, die Musik für das Orchester neu und ungewohnt. Als dann noch die Oper in ein neues Haus mit ungewohnter Akustik umzog, war das Chaos komplett; auch die Mitwirkung Schaljapins konnte am Reinfall der Oper nichts ändern.

Den Sommer 1898 verbrachte Sergej auf dem Landgut Putjatino in der Provinz Jaroslaw, das Tatjana Ljubatowitsch, einer Freundin Mamontows gehörte. Zugleich waren auch viele Freunde und Mitstreiter des privaten Opernhauses Mamontows eingeladen, u. a. Schaljapin und eine junge Italienerin namens Tornaghi, die am Theater als Ballerina tätig war und Schaljapin später heiraten wird. Beide Freunde, Rachmaninow und Schaljapin, stürzten sich mit Eifer in ihren gemeinsamen Auftrag, nämlich die Oper »Boris Godunow« Mussorgskijs und Rimskij-Korsakows im Sinne einer Korrepetition durchzuarbeiten. Und mit dieser Arbeit schien auch Rachmaninows eigene Inspiration wiederzukehren, denn er schrieb an Modest Tschaikowskij[12] mit der Bitte um ein Libretto. Damals schwebte ihm ein Drama Shakespeares – Richard II. – vor, aber Modest Tschaikowskij sandte ihm einige Gedanken zu »Francesca da Rimini«.[13]

Jedoch alle Hoffnung Rachmaninows auf die Rückkehr seiner Schöpferkraft erwies sich als vergebens. Es sollte noch Jahre dauern, bis er diese Oper fertigstellte. Die Inspiration erlosch wie Strohfeuer.

Für den September hatte Mamontow eine große Konzertreise in den Süden Russlands organisiert, an der auch Rachmaninow als Pianist und Korrepetitor teilnehmen musste. Nach Konzerten in Charkow, Kiew und Odessa fand die Reise ihren Abschluss auf der Halbinsel Krim, dem »Mallorca« der Russen der späten Zarenzeit. Den Boom

Fjodor Schaljapin (1873–1938)
Foto: Ullstein

auf der Insel hatte 1861 die Zarenfamilie selbst ausgelöst, als sie beschloss, von diesem Zeitpunkt an, ihre Sommermonate dort zu verbringen.

Am 18.9.1898 gaben Schaljapin und Rachmaninow im Hause Buschew einen Liederabend, an dem auch der Dichter Anton Tschechow als Besucher teilnahm. Der Dichter suchte in jenen Tagen – leider vergeblich – auf der Halbinsel Heilung von seiner Tbc. Zwischen dem jungen Komponisten und dem berühmten Dichter entwickelte sich ein reger Kontakt. Tschechow schien von Rachmaninow sehr angetan und umgekehrt. Auf alle Fälle sandte der Komponist bekanntlich im November des Jahres dem Dichter eine Abschrift der Partitur seiner sinfonischen Dichtung »Fels« aus dem Jahre 1893 und versah diese mit einer persönlichen Widmung.

Zugleich war diese Konzertreise auch Rachmaninows Abschlussveranstaltung im Hause Mamontow. Die Aussichten auf ein neuerliches Chaos in der Spielzeit 1898/99 ließen ihn seinen Dienst an diesem Opernhaus aufkündigen. Im Oktober erklärte er seinen Rücktritt und zog wieder auf dem Landgut Putjatino bei der Sängerin Tatjana Ljubatowitsch ein. Am 26. Oktober schrieb er diesbezüglich an Satajewitsch:

Ich weiß nicht, ob du weißt, dass ich auf dem Lande lebe, wo ich auch den Winter zuzubringen gedenke. Es ist völlig unmöglich für mich, nach Moskau zur Saison zu kommen. Abgesehen davon riet mir mein Arzt – oder soll ich sagen, befahl mir? – das Landleben beizubehalten. Vor nicht langer Zeit fühlte ich mich schwer krank und reiste sogar auf die Krim, um zu ›genesen‹! Jetzt halte ich mich in Putjatino auf. Ich begann mit der Arbeit an einer kleinen Komposition und meine Gesundheit bessert sich langsam. Ich lebe hier ganz allein, nur mit drei Bernhardinerhunden, mit denen ich mich unterhalte und Spaziergänge in die umliegenden Wälder unternehme. Einmal in der Woche fahre ich nach Moskau, um meine Verwandten und Freunde zu besuchen, mich sehen zu lassen und einige Klavierstunden zu geben. Ich habe bis jetzt noch keine Note zu Papier gebracht, aber so Gott will, werde ich vielleicht dazu imstande sein. Wenn ich etwas komponiert habe, werde ich es dich wissen lassen.[14]

In der Tat war der Komponist Rachmaninow zwei Jahre auf Tauchstation gegangen. Für das Jahr 1897 lässt sich zwar noch eine Skizze für ein neues sinfonisches Vorhaben finden. Sie mutet aber fast wie der Versuch eines Autofahrers an, sich nach einem schweren Unfall sofort wieder – im Sinne einer Schocktherapie – hinter das Steuer eines Wagens zu setzen. Für das nächste Jahr sind keine Kompositionen oder Studien zu solchen nachzuweisen. Im Frühjahr 1899 erblickten dann tatsächlich zwei kleine Kompositionen das Licht der Welt: ein *Morceau de fantaisie* in g-Moll und eine Fughetta in F-Dur, beide für Klavier geschrieben:

Morceau de fantaisie g-Moll

Zu den zwei Klavierminiaturen gesellten sich dann im Laufe des Jahres noch zwei Chorwerke, eigentlich auch nur kompositorische Satzübungen: Er übertrug zwei Volkslieder – »Am Tor« und »Die Schuhe« – in einen vierstimmigen Chorsatz, wohl für seine Arbeit als Chorleiter.

Vom Schuldienst in Moskau war er weitgehend befreit und konnte sich nun, dank der finanziellen Zuwendungen seines Cousins Siloti, ein müßiggängerisches Landleben leisten. Zugleich war der Vetter unermüdlicher Propagandist der Werke Rachmaninows. In sein Programm für die große Europa-USA-Tournee im September 1898 hatte Siloti mehrere Werke seines Cousins aufgenommen, darunter natürlich das begeistert aufgenommene Prélude cis-Moll op. 3/2. Diese Begeisterung nützte er dann aus, um das Interesse an der Person Rachmaninow in Europa und Übersee zu stärken. So erreichte er es, dass Rachmaninow zum ersten Mal in seiner Karriere zu Konzerten ins Ausland, nach England, eingeladen wurde. Er sollte sich dort als Pianist, Komponist und Dirigent dem Publikum vorstellen.

Alle seine Freunde waren sich darin einig: Nur Erfolge, Zusprüche von Kritik und Publikum konnten dem jungen Komponisten aus seiner Psychokrise heraushelfen. So wagte am 28.11.1898 sein Freund Goldenweiser nach fünf Jahren eine zweite »Uraufführung« des *Trio élégiaque* op. 9 anlässlich eines »Quartett-Abends« der Moskauer Sektion der Russischen Musikgesellschaft. Der junge Musikkritiker Julij D. Engel (1868–1927), im selben Jahr erst Musikredakteur der *Russi-*

schen Nachrichten geworden, lobte sowohl Komposition als auch Interpretation.

Am 19.4.1899 gab nun Rachmaninow sein erstes Auslandskonzert in der Royal-Albert-Hall in London im Rahmen der Philharmonischen Konzertreihe. Als Dirigenteneinstieg wählte er als Erstaufführung eine Arie aus der Oper »Fürst Igor« von A. Borodin[16], sodann seine eigene sinfonische Dichtung »Fels«, als Pianist seine Zugnummer: zwei Werke aus seiner Klaviersammlung op. 3, wobei er das Prélude an den Schluss setzte.

London – Blick auf St. Paul's Cathedral
(Archiv: E. Reder)

Alle Kritiker waren sich nach dem Konzert einig: den ›Dirigenten‹ und ›Pianisten‹ Rachmaninow kann man als bemerkenswert einstufen, den Komponisten nicht. Dessen Handwerkszeug sei zwar hervorragend, sprich die Instrumentierung bewundernswert, aber inhaltlich fehle es den Werken an Substanz. Viel Aufwand um nichts!

... die Themen sind klein und unterernährt. Nahezu alles kriecht in reumütigen Halbtonschritten umher.[16]

Der ›Dirigent‹ und ›Pianist‹ Rachmaninow wurde daher wieder für die kommende Spielzeit nach London eingeladen. Er versprach aber dem Sekretär der Philharmonischen Gesellschaft ein neu komponiertes repräsentatives Werk mitzubringen, sein Klavierkonzert erschien ihm jetzt als zu dürftig.

Aus England zurückgekehrt, ein weiteres Erfolgserlebnis: Am 8. Juni 1899 wurde anlässlich Puschkins hundertsten Geburtstages bei einem Festkonzert in St. Petersburg auch Rachmaninows Oper »Aleko« aufgeführt, in der Schaljapin die Titelpartie sang. Diese unverhoffte Ehrung für Rachmaninow entsprang der Vorschrift der Festspielleitung, dass nur Musikwerke aufgeführt werden durften, die auf eine literarische Vorlage Puschkins zurückgingen. Nach der Vorstellung bemerkte Rachmaninow über die Darstellungskunst Schaljapins, die ihn später zu weiteren zwei Opern und den meisten Liedern inspirieren sollte:

... Ich kann jetzt noch hören, wie er am Ende der Oper schluchzte. Nur ein großer Dramaturg oder ein Mann, der die gleiche Trauer wie Aleko fühlt, kann so schluchzen ...[15)]

Aber auch mit diesem Werk war er nicht mehr zufrieden, andererseits in seiner »Lord Chandors«-Krise nicht bereit, Änderungen oder Verbesserungen an seiner Oper vorzunehmen. Alles, was vor seinem »dies ater«, dem Aufführungstag seiner 1. Sinfonie, geschrieben worden war, erschien ihm jetzt hinfällig, morbid, unzureichend. Trotzdem wird er 1937, zum 100. Todestag von A. Puschkin, einen Vorschlag Schaljapins ablehnen, seiner Jugendoper »Aleko« einen Prolog voranzustellen, um die Zusammenhänge der Oper dem Publikum klarer vor Augen zu führen.[17)] Nein, mit dieser Schaffensperiode hatte er abgeschlossen!
Den Sommer 1899 verbrachte Rachmaninow wieder auf dem Gut Krasnenkoje, bei der Familie Kreutzer. Diesmal standen Chorkompositionen und Chorsingen im Mittelpunkt der Arbeit, wovon die beiden schon erwähnten Chorsätze als Volksliedbearbeitungen Zeugnis geben. Rachmaninow selbst soll dabei die Bassstimme in den »Freilichtaufführungen« gesungen und das Dirigat übernommen haben.[18)] Daneben beschäftigte sich Rachmaninow in diesen Sommermonaten intensiv mit Gedichten Alexej Apuchtins sowie mit psychologischen Schriften über die Stärkung der Willenskraft. Zusätzlich habe auch die 5. Sinfonie Ludwig van Beethovens im Blickwinkel seines Interesses gestanden. Beides, Gedichte und Sinfonie, hätten dann zur Komposition eines der berühmtesten Lieder Rachmaninows geführt, zum Lied »Schicksal« op. 21/1. Allerdings wurde die Komposition wohl erst im Moskauer Winter fertiggestellt, denn das Autograph trägt das Datum 18.2.1900.[18)]

Wie befreiend aber für Rachmaninows Psyche diese Sommermonate gewesen sein müssen, beweist das Lied: »Hattest du einen Schluckauf, Natascha?« (Text: Fürst P. A. Wjasemski). Hier zeigt sich die witzige Espritseite des melancholischen Grüblers. Im Sinne einer Humoreske für Singstimme und Klavier persifliert er den Originaltext um, parodiert Briefszene und Lenskiarie aus Tschaikowskijs Oper »Eugen Onegin« und widmet das Lied Natalja Satina:
»Nein! Meine Muse starb nicht, liebe Natascha. Ich widme mein neues Lied dir!«
Wahrlich, es sah traurig aus, wenn schon ein einziges Lied als Beweis für die wiedererstarkte Schaffenskraft eines Künstlers reichen musste! So mutet es fast wie Ironie an, dass Julij Engel zu diesem Zeitpunkt beschloss, einen kurzen biografischen Artikel über Rachmaninow in der für das Jahr 1901 geplanten russischen Ausgabe des Riemannschen Lexikons zu veröffentlichen. Sollten 16 Werke und ein weltberühmtes Prélude alles sein, was Rachmaninow der Welt zu sagen hatte? War er mit 25 Jahren erledigt, erschöpft, verbraucht, noch früher gealtert als Mozart, in dem Bewusstsein, nie dessen Ruhm erlangen zu können? Selbst die Presse beklagte damals – vielleicht auf Druck von Siloti? – die mangelhafte Präsenz des Komponisten Rachmaninow, der nur noch als Liedbegleiter von Schaljapin oder Duopartner von Goldenweiser zu hören wäre. Das durfte nicht sein! Die Freunde sannen auf Rat und fanden als Ausweg nur die eine Möglichkeit: ein Besuch bei dem damals größten lebenden Dichterfürsten Russlands: Leo N. Tolstoj (1828–1910). Und tatsächlich brachte Fürstin Alexandra Lieven, eine enge Freundin der Satins und Rachmaninows, es fertig, Tolstoj zu überreden, Sergej wie schon drei Jahre zuvor, 1897, noch einmal zu empfangen. Am 9. Januar 1900, abends 22 Uhr, traf Rachmaninow zum zweiten Mal mit dem großen Dichterfürsten zusammen.
Später erzählte er Swan[19)] über den ersten Besuch:

Er ermunterte mich, an seiner Seite Platz zu nehmen. Beruhigend legte er seine Hand auf mein Knie, da er sah, wie aufgeregt, wie nervös ich war. Beim Abendessen richtete Tolstoj dann das Wort direkt an mich und sprach: »Können Sie sich vorstellen, dass alles in meinem Leben glatt ging? Glauben Sie wirklich, dass ich in meinem Leben keine Schwierigkeiten, keine Bedenken, keinen Verlust meines Selbstvertrauens erfahren habe? ... Ein jeder von uns hat schwierige Augenblicke in seinem Leben zu überstehen; aber so ist das Leben nun einmal! Heben Sie den Kopf und gehen Sie Ihren selbst gewählten Weg weiter. Sie müssen arbeiten! Arbeiten Sie jeden Tag! Ich arbeite immer![19]

Die Unterhaltung zwischen den beiden erschöpfte sich beim ersten Besuch in solchen Ermunterungsphrasen.
Um diese Äußerungen zu verstehen, muss man sich kurz vor Augen führen, welche Rolle Tolstoj im Alter für die russische Gesellschaft einnahm: Tolstoj war Legende und Gegenwart zugleich. Selbst aus altem russischem Adel stammend, galt Graf Leo Tolstojs Kampf stets den Privilegien, die auf Geld oder Besitz begründet waren, der Ständeordnung, den Kunstgourmets, »die Kunst wie Weinbergschnecken zum angenehmen Leben rechneten«, den Städten mit ihren Zivilisationsauswüchsen. Freilich ging er dabei seinen Weg – wie Joachim Kaiser zu Recht feststellt [20] – nicht in Richtung kommunistisches Manifest, sondern zum Evangelium und dessen urchristlicher Verwirklichung. »Demut« hieß ein Leitwort von Tolstoj, aber auch der Kantsche Wahlspruch – »Die Maxime, jederzeit selbst zu denken, ist die Aufklärung« – ließe sich als Motto über sein Werk stellen. Friede und individuelle Selbstverwaltung waren daher die Grundpfeiler seiner Weltanschauung, die man wohl ruhig »Tolstojanismus«[20] nennen darf. Dass dieser in sich manchmal widersprüchliche und seltsam anmutende Glaubenser- oder -zusatz – z. B. die Ehe ohne geschlechtliche Vereinigung – bei seinen jüngeren Zeitgenossen auf Kritik zu stoßen begann, wurde um die Jahrhundertwende auch Rachmaninow klar. Vor dem ersten Gespräch 1897 war Tolstoj für Sergej der Mann, der auf das Recht des Individuums pochte, sich von bürokratischer Willkür des zaristischen Systems losmachen wollte und konnte. Im Januar 1900 ist der Dichterfürst durch seine ein Jahr zuvor erschienene Schrift *Was ist Kunst* ein umstrittener Kulturguru geworden, der »l'art pour l'art« für absurd erklärt, d. h. die richtungslose Kunst, die für ihn moderne, wie z. B. die Bühnenwerke des Norwegers Henrik Ibsen, aber auch Shakespeares und Wagners in agitatorisch-polternden Schriften angreift, der auf der anderen Seite aber tief in christlicher Ethik und Moral verwurzelt ist, darin – vor allem in der Bergpredigt und der Vision des Johannes – sein eigentliches Lebensziel erblickt.
Für den tiefreligiösen, aber freikirchlichen Rachmaninow zweifelsohne die Hauptbindung an Leo Tolstoj.

Jetzt aber hörte er Phrasen, die jeder Durchschnittsvater seinem Sprössling erteilt, Moralpredigten, wie sie jede Familie aufzuweisen hat. Dies sollte Leo Tolstojs Lebensweisheit, sein Rat für einen verzweifelten jungen Künstler sein, der sein Enkel hätte sein können? Aber es wurde beim zweiten Besuch noch schlimmer!
Rachmaninow kam in Begleitung von Schaljapin, und beide hatten das von Rachmaninow für den Liederzyklus op. 21 nach Beethovens fünfter Sinfonie komponierte Lied »Schicksal« erarbeitet. Das Lied schien den Gästen des Dichterfürsten an diesem Abend gefallen zu haben, nur Leo Tolstoj – er hatte inzwischen aufgehört, mit Goldenweiser Schach zu spielen – soll finsteren Angesichts in der Ecke gesessen haben. »Sagen Sie mir, braucht irgendjemand solche Musik?«, soll er Rachmaninow nach den Erinnerungen Schaljapins gefragt haben. »Ich muss Ihnen sagen, wie ich dies alles hasse«, und er lieferte gleich eine seiner Tiraden gegen Beethoven, Puschkin und Lermontow mit. Es war dies die Phase in Tolstojs Leben, in der er die Kunst überhaupt, und besonders die Musik mit abgrundtiefem Hass verfolgte:

... und dass Puschkin und Beethoven uns nicht deshalb gefallen, weil in ihren Werken die absolute Schönheit enthalten ist, sondern allein darum, weil wir so verdorben sind wie Beethoven und Puschkin ...[19]

Der Eklat war unvermeidlich. Nach Rachmaninows Erinnerungen soll sich Leo Tolstoj später wieder beruhigt haben: »Ich bin ein alter Mann. Ich wollte Sie nicht verletzen.« Die Antwort Rachmaninows darauf verdient ebenfalls erwähnt zu werden: »Wie könnte ich mich um meinetwillen verletzt fühlen, wenn ich nicht an Beethovens Stelle verletzt worden wäre?«[19] Er verließ L. Tolstoj und kam nie wieder, obwohl dessen Frau ihn alljährlich für die Sommermonate einlud. Zu tief war er verletzt worden: Das Idol vom Sockel gestürzt! Noch Jahre später konnte Rachmaninow dies nicht begreifen und äußerte sich zu Victor Seroff 1942 in New York über diese Episode: »Und denken Sie, das erste Mal, als ich zu ihm ging, ging ich zu ihm als einem Gott.«[21]
Das Idol zerbrochen, eine Gesundung Rachmaninows aber nicht eingetreten. Ein Chorwerk mit dem Titel »Pantelej der Heiler« für gemischten Chor a cappella, veröffentlicht von Gutheil 1901, auf ein Gedicht von Alexeij K. Tolstoj (1817–1875), Vetter des Dichterfürsten, blieb als ironische Erinnerung an dieses Erlebnis? Die Vorstudi-

en zu dieser Komposition reichen aber in den Sommer 1899 – also noch in den Zeitraum der Dichterverehrung – zurück.
Der vierstimmige Chorsatz entspricht, trotz oder wegen (?) seiner witzigen und skurrilen Textvorlage, Rachmaninows damaliger Psyche, ist also Autorintension im besten Sinne des Wortes: Pantelej, der lyrische Held, ist ein Naturheiler, ein Homöopath. Tolstoj schildert ihn, wie er täglich durch Flur und Hain schweift, freundlich von den Blumen gegrüßt, seinen Wurzelstock gegen die Giftkräuter schüttelnd und die heilsamen einsammelnd. Der Dichter ruft dem Heiler zu, den gebrochenen Herzen, den enttäuschten Seelen zu helfen und seinen heilenden Wurzelstock nicht für »Ungläubige« zu verwenden, die solche Hilfsmittel verschmähten.
Schon der Beginn der Vertonung zeigt die burleske Leichtigkeit, mit der der Melancholiker Rachmaninow die satirische Grundstimmung des Textes trifft:

Freilich kam der Tenor der Textvorlage Rachmaninow persönlich mehr als gelegen: In diesem Gedicht sah er, wie in einem Spiegel, offensichtlich seine eigene Psyche während seines Landaufenthaltes in Krasnenkoje, die Heilkräfte der Natur inmitten der dortigen Flora und Fauna erwartend!
Den Text hatte der Komponist auch in der dortigen Bibliothek gefunden.
Ein bleibender Erfolg blieb diesem Chorsatz aber bei Publikum und Presse versagt. Das Ideenmaterial, die Persiflage auf die liturgisch-feierlichen Kirchenklänge waren zwar der textlichen Satire angemessen, aber doch zu dürftig, um das Publikumsinteresse außerhalb des Landgutes für längere Zeit zu fesseln.
Was war der eigentliche Grund für Rachmaninows Depressionen? Zuerst einmal – und da hatte Tolstoj zweifelsohne Recht – war es eine Krise, wie sie jeder Künstler mehr oder weniger oft in seinem Leben erleidet. Dazu kam eine bei kreativ veranlagten Menschen häufig festzustellende Übersensibilität. Auch Tschaikowskij litt an ihr, wurde

ständig geplagt von den Wechselbädern des Erfolg-Misserfolg-Denkens und ging schließlich daran zugrunde. Mussorgskij oder Tanejew hatten diese schwierigen Zeiten ebenfalls durchmachen müssen und waren doch auf ihrem Weg weitergekommen. Insofern ist Rachmaninow kein Einzelfall! Was aber bewirkte gerade in diesem Falle die auffällig lang anhaltende und schwere Störung? Es war wahrscheinlich die Isolation in gesellschaftlicher wie beruflicher Hinsicht, der sich Rachmaninow Zeit seines Lebens ausgesetzt sah. Waren seine zurückgezogene Lebensführung, seine Scheu, Bekanntschaften zu schließen schuld an seiner gesellschaftlichen Isolation, so ist die Lage in beruflicher Hinsicht nicht ganz so leicht nur mit Rachmaninows Verschlossenheit und Kontaktarmut zu erklären.

Mussorgskij hatte seine Freunde – Balakirew, Cui, Borodin –, mit denen er sowohl bei seiner Arbeit als auch in seinem Privatleben engsten Kontakt hielt. Hier wurden Anregungen ausgetauscht, Kritik geübt, die Freizeit zusammen verbracht, ja, man lebte sogar teilweise in ein- und derselben Wohnung zusammen. Das Wechselbad von Kritik und Lob, das beständige Arbeiten mit Gleichgesinnten für ein gemeinsames Ziel schufen diesen Teamgeist, der Nährboden für alle Inspirationen Mussorgskijs war. Tanejew flüchtete sich, da er diesen homogenen Freundeskreis nicht besaß, in seine Welt der Töne, Klänge und Harmonien, die er selbst entwickelt und geformt hatte. Insofern war Tanejew ein »deus ex machina«, der sich beständig selbst regenerierte. Beides gab es bei Rachmaninow nicht. Ihm fehlte sowohl der Freundeskreis Mussorgskijs als auch die psychische Robustheit Tanejews. Rachmaninow hatte in seiner kurzen Zeit am Theater Mamontows, besonders durch die Freundschaft mit Schaljapin, neue Kontakte geschlossen, aber eben nicht diejenigen, die ihm als Komponist neue Ideen vermitteln konnten. Sie stärkten seine sozialen Bindungsfähigkeiten, erweiterten vielleicht seinen Bildungshorizont, gaben ihm ganz sicher im Musikbereich wesentliche Einblicke in stimmlich-instrumentale Fertigkeiten, die für seine Klangrealisationen wichtig waren, aber augenblickliche, sprich zeitgenössische Entwicklungen konnten sie ihm nicht vermitteln. Ja, fast scheint es, als ob er das auch gar nicht mochte.

Während die Welt im Sog des Tristanakkords über die Auflösung der Tonalität diskutierte, Russland sich heftig über die ›Neudeutschen‹, mit den Werken Richard Wagners und Richard Strauss' auseinandersetzte, studierte Rachmaninow Beethovens c-Moll-Sinfonie, weniger aus konservativen denn persönlichen Gründen. Diese Komposition entsprach seiner subjektiven Weltansicht, kam seiner psychischen Verfassung am nächsten, von objektiven Kunstkriterien oder allgemeingültigen Regeln einer neuen oder alten Ästhetik hielt er nicht sehr viel, für ihn war Musik »Spiegel« seiner Seele, keine Ideologie! Betrachtet man aber die Moskauer Künstlerszene um 1900, so ist dieses Verhalten nur zum Teil Rachmaninow selbst zuzuschreiben.

Das Treibhausklima der Jahrhundertwende, das sinngemäß Thomas Mann später als »Todeslust« bezeichnet, der »Kulturzauberberg« konnten einem suchenden Menschen keine Richtungsimpulse geben. Klubs und Klübchen stritten sich um des »Kaisers Bart«, Seilschaften in diversen Abendkreisen, die oft, wie wir schon gesehen haben, nur nach Wochentagen bezeichnet wurden, entschieden über Aufstieg und Fall einer Künstlerpersönlichkeit, und über all den Kleinlichkeiten thronte immer noch die Auseinandersetzung um die führende Position zwischen Moskau und St. Petersburg. Seit Rachmaninows Kinderzeit, 30 Jahre zuvor, hatte sich daran nichts geändert.

Von allen russischen Musikgrößen oder solchen, die es sein wollten, war nur Alexander Skrjabin, sein Studienfreund bei Swerjew in Moskau, jemand, von dem sich Rachmaninow Unterstützung erwarten konnte. Jedoch genau dieser war für Rachmaninow nicht der geeignete Gesprächspartner. Ohne hier auf die komplizierte und vielschichtige Persönlichkeit Skrjabins näher einzugehen, wollen wir uns doch kurz die wesentlichen Unterschiede dieser beiden Charaktere vor Augen führen. Mit 14 Jahren hatte Skrjabin sein künstlerisches Gesamtkonzept und sein Vollendungsideal vor Augen, zu einem Zeitpunkt also, da Rachmaninow lieber auf dem Newskij-Prospekt in St. Petersburg Rollschuhlaufen gegangen wäre! Skrjabins ganzes späteres Leben und Arbeiten ist ein beständiges und logisches Daraufhinarbeiten. Er hat sein kompositorisches Ziel zwar nicht erreicht, aber ein künstlerisches Werk hinterlassen, dessen »Bandbreite« nicht leicht wiederzufinden ist. Mit 15 Jahren hatte Skrjabin seine Geschmacksrichtung im Sinne seiner Leitbilder festgelegt. Seine frühen Kompositionen ahmen zwar noch stark die Werke Schumanns und Chopins nach, aber bald – spätestens ab seinem Klavierkonzert – wird er sich von diesen lösen und seine eigenen Wege einschlagen.

Zudem waren Skrjabin und Rachmaninow auch vom Charakter her grundsätzlich verschieden. Nicht nur, dass der eine bereits mit 14 Jahren ein festes Programm entwickelt hatte, Ideen, Ziele, Leitbilder

klar vor Augen, die der andere mit 24 Jahren sich erst mühsam suchen musste. Rachmaninow war verschlossen, bescheiden, Skrjabin dagegen ein Künstler, der »Publicity« und »Business«, einfach das, was heute die Vertreter der leichten Muse oder des Opernfaches meisterhaft beherrschen, brauchte. »Hans Dampf in allen Gassen«, redete er viel und laut zu jedermann über seine musikalischen Ziele und Absichten. Freunde und Leidensgenossen der Jahre bei Swerjew bekamen dies zu spüren. Affektiert und egozentrisch bis zur Übersättigung, war er ein geistvoll-charmanter Plauderer, der von Anfang an Musik nur als Teil einer kosmopolitischen Weltordnung – fast im Sinne der sieben »artes liberales« des Mittelalters – sah und diese philosophisch-musikalische Linie konsequent einhielt.
Rachmaninow dagegen interessierte sich sehr wenig für Philosophie oder andere Teilgebiete der Kunst oder Wissenschaften. Schon von dieser Seite her wäre eine Zusammenarbeit äußerst schwierig gewesen. Vor allem aber in einem Punkt war die Verständigung unmöglich: wenn es um die Person und das Werk Peter Tschaikowskijs ging. Skrjabin hasste ihn geradezu, Rachmaninow liebte ihn wie die Meister der Klassik und Frühromantik ihren »Papa Haydn«. Und die Wirkung Tschaikowkijs auf Rachmaninow war bekanntlich in etwa die Haydns auf Mozart und Beethoven. Schon im Knabenalter, kaum in den schwierigen und komplizierten Weg des Komponistendaseins eingewiesen, hatte Rachmaninow von Tschaikowskijs »Manfred«-Sinfonie eine Klavierfassung geschrieben und all seine Werke – zumindest bis 1917 – lassen die Handschrift Tschaikowskijs erkennen, stärker jedenfalls als die Anlehnung Skrjabins an Chopin in seinen Werken hervortritt. Während bei Skrjabin stets alles »vers la flamme« (op. 72) oder »Extase« (op. 42) war, so blieb bei Rachmaninow jede Kreativität in der Jenseitsapokalypse des »Dies irae« stecken. Diese Sequenz durchzieht wie ein roter Faden sein Gesamtwerk. Rachmaninows tief religiöses Christentum, ohne doktrinär gebunden zu sein, stand dem Spiritualismus Skrjabins diametral gegenüber. Beide waren sie Künstler der »Belle Epoque«, beide dem Denken und Fühlen der Dekadenz verhaftet. Die Tradition, die Gesellschaft, die Religion sind Komponenten, denen Rachmaninow und Skrjabin gleichermaßen ausgesetzt waren. Nur, und hier liegt der Unterschied zwischen den beiden großen Komponisten des spätbürgerlichen Zeitalters in Russland: Rachmaninow reflektierte die Situation nicht, suchte nicht neue Wege und ging vor allem keine eigenen! Die autarke Rolle der

Musik bejahend, blieben ihm von vornherein neue Wege eines romantischen Gesamtkunstwerkes verschlossen. Er erkannte Dekadenz, Salonvirtuosentum und gesellschaftliche Zerfallserscheinungen an. In seinen Briefen beklagte er sich über sein Schicksal in einer erstarrten und tradierten Rollengesellschaft, aber sah dies als Ursache nicht nur gesellschaftlicher, sondern auch musikalischer Kraftlosigkeit, ja, wenn man so will, war seine ganze psychische Labilität ein Produkt des Verfalls. Nietzsche schreibt sowohl in *Der Wille zur Macht* als auch in *Unzeitgemäßen Betrachtungen*:

... Die Krankheiten, vor allem die Nerven- und Kopfkrankheiten, sind Anzeichen, dass die Defensivkraft der starken Natur fehlt; eben dafür spricht die Irritabilität, so dass Lust und Unlust die Vordergrundprobleme werden ...[22)]

Skrjabin dagegen fand bei aller Potenzierung des Dekadenzbildes um 1900 seinen Weg, der klar zu Schönberg, Webern und Berg hinführte. Seine Quartenharmonik und schließlich sogar die Atonalität seiner späten Werke wiesen den Weg ins 20. Jahrhundert. Rachmaninow schreckte vor diesem Schritt zurück. Er verstand Nietzsche im Gegensatz zu Skrjabin nicht, wenn dieser in *Wille und Macht* formuliert:

... Was man bisher als deren (ergänze Dekadenz) Ursachen angesehen hat, sind deren Folgen ... Die Dekadenz selbst ist nichts, was zu bekämpfen wäre: sie ist absolut notwendig und jeder Zeit und jedem Volke eigen. Was mit aller Kraft zu bekämpfen ist, das ist die Einschleppung des Kontagiums in die gesunden Teile des Organismus.[23)]

Der Fatalist Rachmaninow brachte die Kraft, die Nietzsche fordert, sowohl in gesellschaftlicher als auch musikalischer Hinsicht nicht auf. Die Folge war eine Isolation in allen Wirkungsbereichen, die schließlich nach 1897 zu seiner manischen Depression führte und die auch später nie ganz überwunden werden sollte. Tolstoj hatte mit ihm »von Mann zu Mann« gesprochen, aber Rachmaninow brauchte, so paradox dies auch klingen mag, eine »Kinderschwester«! Solange er von Swerjew und Tschaikowskij autoritär behandelt wurde, Eingriffe und Korrekturen der beiden Männer in seinem Arbeiten zuließ, war Rachmaninow glücklich und erste Erfolge durch diese Protektion kamen nicht unerwartet.

Sobald aber die autoritäre Hand fehlte – z. B. in seiner Kindheit nach dem Verschwinden des Vaters – trat die manische Depression in Verbindung mit absoluter Passivität klar zutage. Somit war die Diagnose relativ einfach, viel schwieriger jedoch die Behandlung. Rachmaninow brauchte eine starke Führungs- bzw. Leitbildpersönlichkeit, zu der er Vertrauen haben konnte und von der er sich in gewissem Maße führen ließ.

Wieder war es sein Vetter Alexander Siloti – in seiner Persönlichkeit fast der völlige Gegensatz zu der Rachmaninows –, der Abhilfe wusste. Swerjew und Tschaikowskij waren tot, Moskaus Künstlerszene besaß herausragende Musiker, aber keine Führungspersönlichkeiten, wohl aber einen Psychiater aus Deutschland: Dr. Nikolaus Dahl.[24] Dieser Mann war eine Kapazität auf dem Gebiet der Psychoanalyse. Ganz Moskau sprach von ihm und seinen Behandlungsweisen, die vor allem auf autogenem Training und Hypnose beruhten. Damit war er nicht der einzige in Moskau. Im gleichen Jahr beschäftigte sich der Neuro- und Psychologe G. I. Rossolino, seines Zeichens Privatdozent an der Moskauer Universität, in einem Vortrag über die Psychologie insbesondere mit den Möglichkeiten, schöpferische Prozesse bei Künstlern wissenschaftlich zu erfassen. Fünf Jahre zuvor berichtete bereits Skrjabin begeistert von einem Heidelberger Neurologen namens Wilhelm Erb, und schließlich veröffentlichte im selben Jahr, als Rachmaninow Dr. Dahl aufsuchte, ein gewisser Sigmund Freud in Wien sein richtungsweisendes Buch »Traumdeutung«.

Viel wichtiger im Fall Rachmaninow aber war, dass Dr. Dahl, neben seiner beruflichen Kapazität auf dem Gebiet der Alkoholsucht, privat ein ausgesprochener Musikliebhaber war, selbst sehr gut Violine spielte und in seinem Haus regelmäßig Kammermusikabende veranstaltete. Hierbei traf sich eine Gesellschaft verschiedenster Couleurs, vor allem Mediziner natürlich, aber auch Studenten des Konservatoriums wurden hinzugezogen und für damalige Verhältnisse fürstlich mit drei Rubel pro Abend entlohnt. Siloti versprach Rachmaninow eine zweijährige finanzielle Unterstützung, damit dieser in Ruhe komponieren könne, und die Familie Satin übernahm die Behandlungskosten. So begab sich Rachmaninow von Januar bis April 1900 in die Behandlung bei Dr. Dahl. Täglich besuchte ihn der Künstler, sprach über seine Sorgen und Ängste und hörte, im Armstuhl sitzend, im Halbschlaf den suggestiven Anweisungen Dahls zu. Permanent sprach dieser die Worte:

... Sie werden Ihr Konzert beginnen zu schreiben ... Sie werden mit spielerischer Leichtigkeit arbeiten ... Das Konzert wird von hervorragender Qualität sein.

Befreiung von psychischen Zwängen durch Komposition! Endlich hatte Rachmaninow auch die objektive, wissenschaftliche Bestätigung seiner instinktiven Suche. Selbstverwirklichung kann nur im schöpferischen Akt liegen! Am Anfang steht nicht das Wort, sondern die Tat! Wie bei Goethes »Faust« bringt also, nach Ansicht von Dr. Dahl, bei Rachmaninow die Lösung die Tat, die Komposition eines neuen Klavierkonzertes, das dem Komponisten schon seit längerer Zeit im Kopf herumschwirrte.
Der wichtigste Faktor der Therapiesitzungen war die aber neu gewonnene rationale Beherrschbarkeit bei wieder auftretenden Depressionsanfällen. Rachmaninow reflektierte das »Warum« seiner Krankheit, die »conditio, sine qua non«, und die lag im Elternhaus. Was er 30 Jahre seines Lebens instinktiv gespürt hatte, was sein großer »Bekennerbrief« vom 7.2.1893 ihm selbst klar vor Augen führte, bekam nun wissenschaftliche, also objektive Bestätigung: der Zwiespalt zwischen dem mütterlichen Leistungsdenken und dem väterlichen Bohemienleben! Solange er diesen nicht aktiv, d. h. selbstständig beheben, einen für ihn ›gesunden‹ Lebensweg zwischen diesen unvereinbaren Antipoden finden konnte, war eine permanente Lebenskrise vorgezeichnet. Ob neben diesen Trainings- und Analysesitzungen auch noch andere Mittel verwendet wurden, ist nicht bekannt. Eines jedoch ist sicher: Neben aller medizinischer Kunst war es vor allem der bereits angesprochene musikalische Kreis um Dr. Dahl, zu dem Rachmaninow oft hinzugezogen wurde, der als eigentlicher Heilfaktor fungierte. Endlich hatte Rachmaninow den nötigen Ansprachekreis, konnte Anregungen empfangen und vermitteln, Ängste und Zweifel aussprechen und bei Dr. Dahl stets ein offenes Ohr für seine Probleme finden. Als Psychoanalytiker und Musiker in einer Person war Dr. Dahl damit an die Stelle Swerjews und Tschaikowskijs getreten.
Gleichzeitig vermittelte der Arzt ihm die notwendige psychische Festigkeit, weitere Schwächen in Zukunft selbst zu bekämpfen und eigenständig sein Schicksal zu meistern. Denn heilen konnte Dr. Dahl Rachmaninow nie, nur dessen Leiden lindern. Schaffenskrisen mit latenter Passivität und Melancholie durchziehen als roter Faden das

ganze Leben des Komponisten. Aber Dr. Dahl verhalf Rachmaninow dazu, mit sich selbst besser zurechtzukommen, erwachsen zu werden und gegen die eigenen Schwächen anzukämpfen. Wen erstaunt es, dass Rachmaninow das berühmte Klavierkonzert No. 2 in c-Moll op. 18 Dr. Dahl widmete, ohne den die Komposition wohl nie entstanden wäre? Am Rande sei noch bemerkt, dass von dieser »Kur« niemand außer Dr. Dahl, Rachmaninow und der Familie Satin in Moskau wusste. So war es nicht verwunderlich, dass die Gesellschaft über die Widmung entsprechende Gerüchte verbreitete.

Zur ›Genesung‹ des Komponisten trugen aber sicherlich noch zwei weitere Faktoren bei: Am 9. März 1900 konzertierte er als Kammermusiker zusammen mit den Freunden Goldenweiser und Schaljapin im Großen Adelssaal zu Moskau. Auf dem Programm standen Saint-Saëns »Dance macabre« in der Fassung für zwei Klaviere, einige Klavierwerke von Anton Rubinstein und Rachmaninows »Schicksalslied« op. 21/1. Presse und Publikum reagierten begeistert, und auch finanziell war das Konzert ein Erfolg: Gutheil zahlte für das Manuskript des Liedes 250 Rubel, mehr als doppelt so viel, wie sonst üblich. Bestärkt von diesem Erfolg fuhren die Freunde Schaljapin und Rachmaninow im April des gleichen Jahres noch einmal auf die Krim, um den seit dem ersten Kontakt sehr geschätzten Dichter Tschechow zu besuchen, der infolge seiner Krankheit nicht mehr reisen konnte.

Im Anschluss an die Behandlung verbrachte Rachmaninow die Sommermonate in Norditalien und folgte auch darin der Tradition westlich orientierter Russen, wie z. B. Glinka und Tschaikowskij, die gerne das südliche Klima Italiens als Quelle ihrer Inspiration benützten. Rachmaninows offizieller Grund war aber wesentlich profaner. Schaljapin hatte, laut eigener Erinnerungen,[27)] eine Einladung ans Mailänder ›Teatro la Scala‹ erhalten, um dort den »Mephisto« in Arrigo Boitos gleichnamiger Oper zu singen. Schaljapin plagten ob dieses Engagements große Selbstzweifel, zumal das Teatro in Mailand auch nicht irgendeine russische Provinzbühne, sondern eine der bedeutensten Opernbühnen der Welt ist.

Zudem konnte er weder Italienisch noch kannte er die Oper. Der ob Dr. Dahls Behandlung wieder Selbstvertrauen gefasste Rachmaninow sah da kein Problem. Er fuhr als Korrepetitor mit nach Italien und versprach sich in seiner Freizeit genügend Raum für eigene Kompositionen.

Beide Künstler bezogen in Varezze, einem Dorf zwischen Genua und Sanova, in dem Landhaus des Ingenieurs Vittorio Lunelli – eine Art »Villa Massimo«-Quartier und bereiteten sich auf Schaljapins Scala-debüt vor. Alles schien gut zu verlaufen, nur nicht die Kompositionen! In mehreren Briefen an seinen Freund Nikita Morosow berichtet Rachmaninow, dass ihn sowohl die südländische Lebensweise mit all ihrer »Unordnung«, sprich Improvisation, und »Lautheit« am Komponieren hindere, als auch Schaljapins Extratouren als Lebemann, der keinem erotischen Abenteuer, und sei es noch so weit entfernt, auswich. So sei er mitten in der Hauptprobenphase nach Paris gefahren, um dort »Don Juan« zu spielen.[28)]

Trotz dieser widrigen Umstände war aber der Italienaufenthalt kompositorisch fruchtbar und konnte in den Sommermonaten auf dem geschätzten Landgut Krasnenkoje zu vorzeigbaren Resultaten vollendet werden: Der Entwurf zum von Modest Tschaikowskij vorgeschlagenen Sujet »Francesca da Rimini« sowie der Verlauf des 2. Klavierkonzertes waren skizziert, 2. u. 3. Satz von letzterem konnten auf dem Landgut bereits instrumentiert werden, ja sogar eine 2. Suite für zwei Klaviere wurde vollendet, deren letzter Satz unmittelbar auf das Italienerlebnis Bezug nimmt: Tarantella, ein Tanz aus Süditalien mit immer schneller werdenden Drehbewegungen, der angeblich, wenn es nach dem Aberglauben der Süditaliener geht, bei giftigen Tarantelbissen helfen soll. Parallelen zur Genesung Rachmaninows durch Musik?

Analog Tschaikowskijs »Capriccio italien« sprüht die zweite Suite Rachmaniows von südlicher Lebensfreude. Vorbei die Zeit der düsteren literarischen Vorbilder oder der psychischen Versteinerungen der ersten, sieben Jahre zuvor auf Lebedin entstandenen. Schon die ›Introduktion‹, in der strahlenden »Juppitertonart« C-Dur verfasst, erweckt die Assoziation an die südländischen Volkszusammenkünfte auf den Marktplätzen, freilich noch Alla Marcia und nicht bunt ungeordnet. Der sich anschließende »Valse« ›grooved‹ im besten Sinne des Wortes. Rachmaninows rhythmischer Spielwitz, uns seit den frühen Tagen des Theorieunterrichtes bei Arenski vertraut, kommt hier voll zum Tragen: beide Klaviere arbeiten in den aus den Tagen des Spätmittelalters bekannten Isorhythmen zusammen: $\frac{3}{4}$ zu $\frac{3}{2}$, wobei letztere die weitgespannte Walzermelodie bilden. Durch unterschiedliche Akzentgebungen in beiden Metren kommt es scheinbar zu polymetrischen Verschiebungen über dem Grundmetrum:

Allerdings griff der Komponist bei aller neu erwachter Schaffenskraft wieder auf sein Lieblingsthema, die düstere Requiemsequenz »Dies irae« der katholischen Kirche zurück.

Nach so viel Swingen ist mit der »Romanze« ein weiteres Lieblingsthema Rachmaninowschen Schaffens angesagt: die Variationsform als Metamorphose einer möglichen Grundidee:

Ein Thema wird zerlegt in seine verschiedenen Bausteine – wir haben sie schon als Modi bezeichnet – und bearbeitet. Natürlich darf auch das Kreisen um den Terzton der Ausgangstonart nicht fehlen, aber diesmal nicht mühevoll und gewollt, sondern frei und ungezwungen. Sogar der Leitmotivgedanke, hörbar an der Ableitung des Romanzenthemas aus dem Marschthema der Introduktion, gelingt organisch und zwingend:

Piano I.

Piano II.

Hier ist kein Suchen mehr, um Glasunows Worte anlässlich der 1. Sinfonie zu benutzen, sondern ein Finden. Allerdings muss man anmerken, dass das Kreisen um den Terzton auch in diesem Satz ein

Kryptogramm für Rachmaninows Psyche ist: Die »Romanze« steht in As-Dur, Terzton ist das C! C wie c-Moll, die Ausgangstonart seines 2. Klavierkonzertes, C wie c-Moll im Schicksalslied, C wie der Grundton der c-Moll-Sinfonie op. 67 von Ludwig van Beethoven, alles Werke, die ihn in den Jahren 1899/1900 stark beschäftigt hatten. Daneben lassen sich Bezüge zu einem seiner populärsten Werke, dem Lied »Flieder« op. 21/5 in diesem Satz finden.
Die Uraufführung der Suite im Oktober 1900 wurde dann auch in Moskau mit Siloti als Partner ein voller Erfolg.
Die südliche Sonne weckte aber noch weiteren Spieltrieb in Rachmaninow: so verfasste er eine Transkription des Menuetts aus der »L'Arlésienne-Suite No. 1« (c-Moll) von Bizet sowie eine Liedvertonung »Die Nacht« auf einen Text von D. Rathaus.
Aber das Ende des Jahres 1900 focussierte sich ganz auf das zweite Klavierkonzert. Die in Krasnenkoje fertig instrumentierten Sätze zwei und drei des Konzertes wurden am 2.2.1900 unter Stabführung seines Vetters Siloti bei einem Wohltätigkeitskonzert in Moskau aufgeführt. Auch Rachmaninows Seilschaften funktionierten. Diesmal waren es wieder seine Tante, Warwara Satina, sowie die uns seit der Tolstojepisode bekannte Fürstin Lieven, die das Konzert ermöglichten. Der Kontakt zu letzterer sollte im späteren Leben für Rachmaninow noch sehr wichtig werden.
Auch die Presse reagierte positiv auf den »neuen« Rachmaninow. So schrieb der Kritiker Lipajew in der *Russischen Musikzeitung:*

… Es ist lange her, dass ich in einem solchen Konzert eine so große Zuhörerschaft gesehen habe – seit (A.) *Rubinsteins Historischen Konzerten … Rachmaninow trat sowohl als Komponist als auch als Pianist auf. Am interessantesten waren zwei Sätze aus einem noch nicht fertiggestellten 2. Klavierkonzert. Dieses Werk zeigt sich sehr poetisch, voller Schönheit, Wärme und weist eine reichhaltige Orchestrierung auf, mit gesunder und energievoller schöpferischer Macht. Rachmaninows Begabung ist in allen Bereichen bemerkenswert.*[29)]

Am 21.4.1901 wurde dann auch der noch fehlende 1. Satz vollendet sowie am 24. des gleichen Monats vom Komponisten im Goldenweiser-Kreis vorgestellt. Die Uraufführung erfolgte am 27.10.1901 im Rahmen der Moskauer Philharmonischen Konzerte unter dem Dirigat von Siloti. Der erste Eindruck war noch zwiespältig. Es lag wohl am Pianisten Rachmaninow selber, denn eine Zweitaufführung am 26.3.1902 mit vertauschten Rollen – diesmal war Cousin Siloti der Pianist, Rachmaninow dirigierte – brachte den Durchbruch. Silotis effektgeladenes Klavierspiel und Rachmaninows Dirigat – vom Kritiker der Zeitung *Kurier* als das nach Nikisch beste (!) bezeichnet – verhalfen dem Konzert zum Sieg! Bereits am 29.3.1902 konnte sich der Kritiker in St. Petersburg von seiner Meinung überzeugen: diesmal stand das gefeierte Idol, der Retter der 5. Sinfonie Peter Tschaikowskijs acht Jahre zuvor, Arthur Nikisch, höchstselbst am Dirigentenpult, Siloti spielte wieder den Solopart und am 3. Mai des gleichen Jahres führten beide Künstler das Werk noch einmal im Leipziger Gewandhaus auf. Der Bann war gebrochen! Rachmaninow hatte, so schien es wenigstens, die Krise überwunden, seine Krankheit im Griff.

Bei näherer Betrachtung dieses monumentalen und pianistisch sehr anspruchsvollen Werkes fällt auf, dass die kompositorische Leitlinie der Sonatensatzform formal nicht mehr eingehalten wird, Rachmaninow aber auch nicht den modernen Leitbildern: Ravel, Richard Strauss (Burleske!) und anderen folgt, sondern auf die alte Lisztsche Konzeption eines Bravourstückes zurückgreift (vgl. Konzert No. 1/ Es-Dur). Rachmaninow fügt zu bravourösen und virtuosen Elementen (Introduktion und Motiv des 3. Satzes!) noch sehr viel lyrische Melodik, so vor allem im zweiten, aber auch ersten Satz hinzu. Klavier und Orchester sind eng miteinander verwoben, ausgedehnte solistische Partien fehlen. Letztlich kommt er der Fantasieform und damit dem Schumannschen Formtyp in dessen a-Moll-Konzert op. 54 näher als dem traditionellen Schema[12)], zumal die Verbindung der drei Sätze kunstvoll und fast vollkommen gelungen ist. Rachmaninow selbst hat sich nicht sehr ausführlich über dieses Werk – zweifellos nach dem Prélude op. 3 No. 2 sein berühmtestes – geäußert, mit Ausnahme eines Briefes, datiert vom 22. Oktober 1901, an seinen Freund Morosow. Bis zum Tode Rachmaninows und darüber hinaus hielt sich in der musikalischen Welt das Gerücht, dem auch Sachnowskij[25)] Glauben schenkte, dass das Seitenthema des ersten Satzes dieses Klavierkonzertes nicht von Sergej selbst stamme, sondern von Morosow:

Rachmaninow habe diese Melodie bei Morosow gehört und soll gesagt haben: »Oh, das ist eine Melodie, die hätte ich komponieren müssen!«, worauf Morosow, der übrigens die Geschichte selbst gern verbreitete, geantwortet haben soll: »Gut, warum nimmst du sie nicht?« Vor dem Hintergrund wieder aufkeimender Panik und Selbstzweifel ist der Brief vom 22. Oktober zu verstehen:

Du hast doch Recht, lieber Nikita! Ich spielte mir gerade den ersten Satz meines Konzertes durch, und mir wurde völlig klar, dass der Übergang vom ersten Thema zum zweiten miserabel ist, da es sich jetzt so verhält, dass das erste Thema kein eigentlich erstes ist, sondern nur die Introduktion zum zweiten. Aber auf der anderen Seite wird kein Mensch es mir abnehmen, wenn ich mit dem zweiten Thema beginne. Ich habe es im Gefühl, der erste Satz ist insgesamt vermurkst. Ich bin ganz verzweifelt. Warum begannst du mit deiner Analyse erst fünf Tage vor der Vorstellung!!![26)]

In der Tat weist der Beginn des ersten Satzes improvisatorische Charakterzüge auf, vergleichbar in etwa mit Saint-Saëns' Beginn des zweiten Klavierkonzertes in c-Moll. Das Material selbst nimmt der Komponist aus den Schlusstakten seines eigenen cis-Moll Prèludes op. 3/2:

Prélude, op. 3, No. 2

Konzert c-Moll op. 18

Auch die Filmindustrie bemächtigte sich schnell dieses Werkes, analog dem cis-Moll-Prélude op. 3/2. War aber letzteres noch z. B. der Gegenstand einer Comic-Verfilmung, so war die Verwendung des Klavierkonzertes ungleich vielfältiger: 1932 wurde der 1. Satz im berühmten Film »Menschen im Hotel« mit Greta Garbo in der Hauptrolle verwendet, desgleichen 1946 als Melodiegerüst für den Schlager »Full Moon and Empty Arms«. Frank Sinatra, »The Voice«, bediente sich zusammen mit dem Orchester Tommy Dorsey ebenfalls an diesem Konzert.

David Leans Verfilmung »Brief Encounter« nach dem Einakter von Noel Coward mit Celia Johnson und Trevor Howard in den Hauptrollen wählte als Filmmusik dieses Konzert. Sogar zu »Preisehren« kommt das Konzert dadurch: beim 1. Filmfestival 1946 in Cannes erhielt der Film den »Grand Prix de la Critique«! Auch bei Ehekomödien ist das Konzert ein heilsamer Helfer: so verwendete Billy Wilder in seinem Erfolgsfilm »Das verflixte siebente Jahr«, mit Marilyn Monroe in der Hauptrolle, Musik aus diesem Konzert.

Im Musicalbetrieb allerdings ist Rachmaninows Musik nicht so leicht umzusetzen. Ein Versuch mit Teilen seines 1. und 2. Klavierkonzerts sowie weiterer verschiedener Klavierwerke, darunter auch der zweiten Klaviersuite, verliefen wenig Erfolg versprechend: das Musical »Anja« z. B. fiel bereits bei der Premiere durch und verschwand von der Bühne. Dagegen kam wieder eine weitere populäre Komposition aus diesen frühen Tagen eines jungen Jahrhunderts zu Filmehren: das in die spätere Sammlung op. 23 als No. 5 aufgenommene g-Moll Prélude bildete die Untermalung zu dem Stummfilm »Sein letzter Befehl« aus dem Jahre 1928. Emil Jannings spielte hier – unvergessen – unter der Regie von Josef von Sternberg die Hauptrolle.

Die anderen Werke dieses »Erfolgsjahres« 1901 erlitten gemischte Schicksale: Während seine bis zum Jahr 1899 zurückreichende Vertonung des Gedichtes »Pantelej der Heiler« nach dem bereits ange-

sprochenen Gedicht von Tolstoj für gemischten Chor unbemerkt blieb, wurde die Sonate für Cello und Klavier op. 19 von der Presse zerrissen. Sein alter Mitstreiter aus ersten Gehversuchen in Moskau, Brandukow, war auch wieder mit von der Partie, als Rachmaninow das Werk am 2.12.1901 bei einem Wohltätigkeitskonzert vorstellte. Dem folgenden St. Petersburger Debüt am 3. März 1902 folgte die kalte Dusche: Der Kritiker der *St. Petersburger Nachrichten* verteufelte das Werk als unmelodiös, als weitschweifige Rhetorik, der die Substanz der inhaltlichen Aussage fehle.
In der Tat scheint das Werk wohl mehr eine Auseinandersetzung mit den Parametern Rhythmus und Dynamik zu sein, denn mit der Melodie, die allerdings wieder von der »Dies irae«-Sequenz stark beeinflusst wird:

So steht der von Rachmaninow oft geschätzte Anapäst, ein Rhythmusmodus von der griechischen Verslehre abgeleitet, mehr im Mittelpunkt als weitschwingende Melodiebögen, wie sie für das Instrument Cello geeigneter wären:

Vor allem das dreiteilige Scherzo – Allegretto scherzando – lebt von diesen Varianten des Rhythmusmodus:

Die sich aus der frühmittelalterlichen Quintpolyphonie ableitende Melodielinie des dritten Satzes – Andante – ist dagegen wenig überzeugend, wenngleich vielleicht noch am besten im Parameter Melos gelungen:

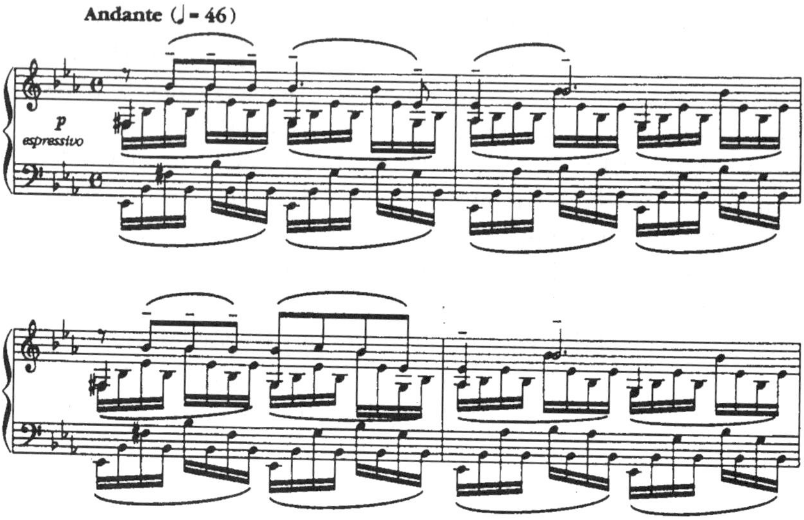

Das Finale ist schlicht zu lang, auch wenn die Zitierung russischer Volksweisen kurzfristig für Farbe sorgt. Die Kritik erscheint daher nicht unberechtigt, wenngleich der Schlusssatz des Rezensenten polemisch überzogen ist, wenn dieser anmerkt, dass »die Musik schädlich für die musikalische Erziehung der nachwachsenden Generation sei«.[30]

Auch der als op. 20 veröffentlichten Kantate »Frühling« für Bariton, Chor und Orchester auf ein Gedicht von N. A. Nekrassow erging es in diesen Tagen nicht besser. Die Uraufführung mit Rachmaninow am Dirigentenpult und dem Bassisten A. W. Smirnow vom Bolschoj-Theater am 11.3.1902 wurde von Publikum und Presse sehr kühl aufgenommen. Wie beim zweiten Klavierkonzert lag es wieder an der Interpretation. Erst als drei Jahre später Schaljapin die Solopartie in diesem Werk übernahm, wurde die Komposition ein voller Erfolg beim Publikum.

Nekrassows gleichnamiges Gedicht als Textgrundlage erzählt von Mordabsichten eines gehörnten Ehemannes an seiner treulosen Frau. Er lässt sich aber umstimmen, mit der Tat bis Frühlingsbeginn zu warten, da dieser nicht nur eine Wiedergeburt der Natur, sondern auch einen Neuanfang für die Menschen bringt. Das Gedicht endet mit einem allgemeinen Appell an Liebe, Toleranz und Vergebung, ohne die ein Zusammenleben der Menschen dem Dichter unmöglich erscheint.

An der Komposition selbst ist vor allem die Instrumentierungskunst des Komponisten bemerkenswert, obwohl er sich in späteren Jahren

immer wieder mit Änderungsabsichten trug sowie dem Vorwurf Rimskij-Korsakows zustimmte, dass vom Titel »Frühling« sehr wenig in der Komposition zu spüren sei.
Strukturell baut Rachmaninow das Grundmotiv aus einer Terz-Quart-Keimzelle auf, die wir schon in seinem Lied »Frühlingswasser« op. 14/11 finden:

op. 20

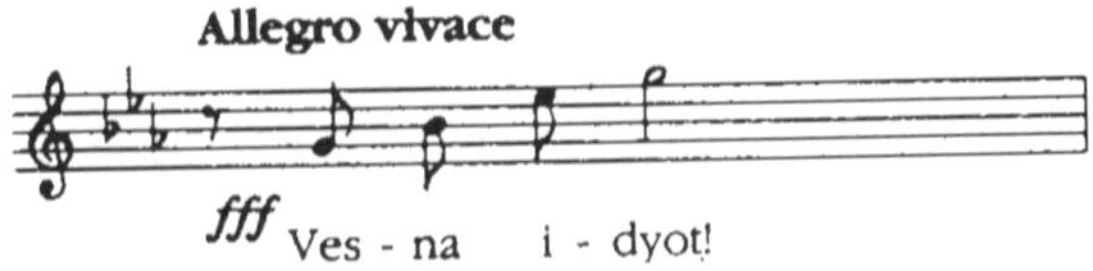

op. 14/11

Auch die Klavierbegleitung des Liedes mit ihrem -Rhythmus finden wir in tiefen Orchesterinstrumenten wieder:

op. 20

op. 14

Inmitten all dieser beruflichen Schwierigkeiten, Erfolge und Gefahren fand Rachmaninow trotzdem Zeit, sich auch auf privatem Gebiete grundlegend zu verändern.
Seit seinem 16. Lebensjahr war die Familie Satin sein Zuhause und seine Cousinen die eigentlichen Bezugspersonen. Nun vertieften sich die bereits schon früher angedeuteten Kontakte zu seiner Cousine ersten Grades, Natalja Satina, die ihm stets am meisten Liebe, Zunei-

gung und Verständnis entgegengebracht hatte. Aber bis zur Hochzeit am 12. Mai 1902 – die Verbindung hielt bis zum Tode Rachmaninows im Jahre 1943 – gab es noch viele Schwierigkeiten zu überwinden. Vor allem die russisch-orthodoxe Kirche hatte Ehen zwischen so nahen Verwandten strengstens verboten. Hier konnte nur eine Ausnahmegenehmigung des Zaren helfen – der Herrscher war oberster Kirchenherr –, und diese wusste Tante Warwara zu erwirken. Zudem brauchte Rachmaninow aber ein religiöses »Führungszeugnis«, das seine Haltung zum Glauben und den damit verbundenen Pflichten bestätigen sollte. Da Rachmaninow dies aber ablehnte, weil seine Religiosität, wie er meinte, sich nicht an Konfessionen binden sollte, schien die Hochzeit endgültig geplatzt. Jedoch auch hier wusste die Tante Rat. Sie überredete einen Priester der Archangelskij-Kathedrale, Frater Valentin Amfiteatrow[31)], zu einer Aussprache, und Rachmaninow überzeugte ihn – mit pekuniären Argumenten – von der Lauterkeit seiner Absicht. Zudem arrangierten Freunde der Familie die Hochzeit in einer Armeekapelle. An diesem Ort unterstand der Priester dem Armeerecht und nicht dem orthodoxen Kanon. Natalja Alexandrowna liefert uns einen anschaulichen Bericht über ihre Hochzeitsfeierlichkeiten, die am 12. Mai (nach orthodoxen Kalender am 29. April) in der Kaserne des Tawritscheskij-Regiments außerhalb Moskaus stattfanden:

Im Hochzeitskleid fuhr ich in einer Kutsche zur Kirche. Es goss in Strömen. Um zur Kapelle zu gelangen, mussten wir durch endlos lange Korridore gehen, vorbei an ebenso endlosen Reihen von Pritschen, auf denen Soldaten lagen, die uns verständnislos angafften. Die Trauzeugen waren Siloti und Brandukow. Als man uns das dritte Mal um den Ambo herumführte, mahnte mich Siloti im Scherz: Du kannst es dir noch einmal überlegen. Noch ist Zeit dafür. Sergej Wassilijewitsch wirkte in seinem Frack schrecklich ernst und ich natürlich ebenso aufgeregt … Von der Kirche fuhren wir direkt zur Wohnung Silotis, wo ein kleiner Imbiss mit Champagner gereicht wurde …[32)]

Der bizarren Ouvertüre folgte also das konventionelle Schauspiel. Das junge Paar bestieg nach dem anstrengenden Hochzeitstag den Zug, um endlich die ersehnte Hochzeitsreise anzutreten, die sie zu bedeutenden Kunstmetropolen Europas führen sollte.

VI. Kapitel

»Auf den Brettern, die die Welt bedeuten«
Die Jahre als Dirigent am Bolschoj-Theater zu Moskau

Das junge Paar reiste ohne finanzielle Sorgen in die Flitterwochen, die nach Wien, Venedig und Rom führten, wobei man auf dem Rückweg in Bayreuth zu den Festspielen Station machen wollte, denn Cousin Silotis Hochzeitsgeschenk waren Eintrittskarten zu den Opern »Fliegender Holländer«, »Parsifal« und der »Ringtetralogie«, für Rachmaninow sicher das wertvollste Hochzeitsgeschenk! Endlich sah und hörte er im »Gralstempel« selbst die Werke, die ihn im Goldenweiser-Kreis so beschäftigt hatten, als der Jugendfreund Sachnowski damals die Orchesterpartituren von Opern Richard Wagners zum Studium für die Freunde mitgebracht hatte. Auch später wird Rachmaninow immer betonen, wie außerordentlich tief ihn die Musik Wagners beeindruckt habe, und er bezeichnete »Die Meistersinger von Nürnberg« und die »Ringtetralogie« als Schlüsselerlebnisse für seine Musikerfahrung.[1]
3.000 Rubel Reisebörse, von Gutheil großzügig vorab für den Liederzyklus op. 21 gezahlt, waren in der Tat eine gute Finanzgrundlage für sorgenfreie Flitterwochen, aber die Arbeit noch nicht getan. So musste das Ehepaar Rachmaninow in Luzern einen Zwischenstopp einlegen. Dort mieteten sie sich in einer Pension mit »Klavierbenutzung« ein und der frischgebackene Ehemann machte sich sofort an die Komposition, schließlich fühlte er sich jetzt als »Familienernährer«:

Ende des Monats werde ich die Verrücktheit begehen und heiraten... Wenn ich nach Moskau zurückkehre, werde ich mich einige Tage mit den Priestern wegen der Hochzeitsformalitäten herumschlagen und dann sofort aufs Land weiterreisen. Schließlich muss ich noch vor der Hochzeit unbedingt die zwölf Lieder vertonen, damit ich genug Geld verdiene, um sowohl den Priester als auch die Hochzeitsreise ins Ausland bezahlen zu können. Aber selbst nach der Reise wird es für mich keine Ruhepause geben. Den ganzen Sommer hindurch werde ich komponieren müssen: komponieren, komponieren wie ein Besessener, damit ich nicht Bankrott mache.[2]

Offensichtlich war im Vortrubel zu den Hochzeitsfeierlichkeiten doch nicht alles geregelt worden, wie er in diesem Brief an die Skalon-Schwestern mitgeteilt hatte, denn er schrieb an seinen Freund Morosow aus Luzern:

So langsam habe ich wieder angefangen zu arbeiten und sitze über den Liedern (op. 21): Sie wurden mit »heißer Feder« geschrieben und sind daher ziemlich unvollkommen und unschön ... Aber ich werde sie in diesem Rohzustand belassen müssen – ich habe fast keine Zeit, mich mit ihnen herumzuschlagen! Das beste wäre es, das ganze Zeug bis zum 1. Juli loszuhaben (die Lieder und die Kantate), dann könnte ich mit etwas Neuem anfangen.[3)]

Hier tut nun allerdings der Komponist seinem Werk Unrecht. Kein anderer Liederzyklus erreichte zu Lebzeiten Rachmaninows eine solche Berühmtheit. Dies gilt nicht nur für das schon erwähnte »Schicksals-Lied« auf das Grundmotiv der 5. Sinfonie Beethovens, sondern für alle Lieder. Die Ursache? Autorintension und Vorlage trafen sich deckungsgleich. Mikrokosmische Darstellung psychischer Zustände – fast als »Schlaglichteffekt« zu bezeichnen – Sprachklang in der Wortwahl, sowie facettenhafte Momentaufnahmen im Bereich textlicher Darstellungen kamen den sezierenden Arbeitsweisen des Komponisten mehr als gelegen: Die Vokallinien entwickeln sich aus den Variationen einzelner Motivbausteine (vgl. »Siren«/»Flieder«) – in diesem Falle sogar einer pentatonischen Reihe.
Daneben stehen rhythmisierte Passagen, die die Textdeklamation noch unterstreichen (vgl. »Vor dem Bild«, No. 10),

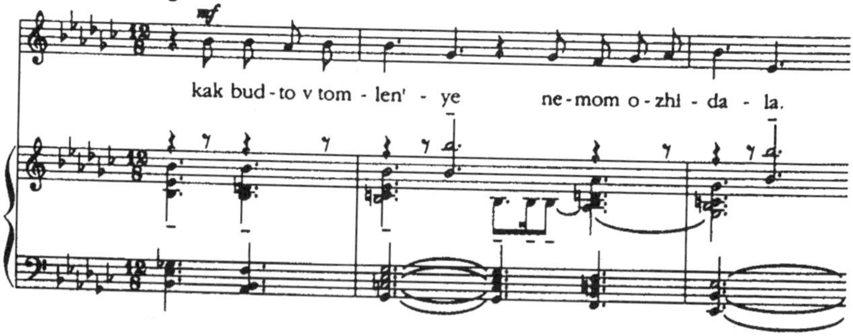

oder gar nur aus den Derivaten eines einzigen Hauptmotives. (»Wie erhaben ist dieser Ort«, No. 7)

Kontrapunktische und polymetrische Satztechniken verleihen diesen Miniaturen noch zusätzliche Reize, so z. B. »Auf den Tod eines Hänflings« (No. 8):

Mit vollem Recht werden diese Lieder »für Singstimme und Klavier« bezeichnet. Der Klavierpart ist durchwegs eigen gestaltet, er unterstreicht die Textintension oder steht im Dialog zur Singstimme (»Sie antworten«, No. 4):

Fast Schumannsche Qualität erreichen die Nachspiele, in denen es Rachmaninow gelingt, die jeweiligen Textintensionen noch einmal zusammenzufassen und in »Lieder ohne Worte« zu verwandeln.

Wie bei Franz Schuberts bedeutenden Liederzyklen verhält es sich auch mit den 12 Liedern op. 21 von Sergej Rachmaninow: Nicht die Qualität der dichterischen Vorlage ist entscheidend – in beiden Fällen kann man eher von minderer ausgehen –, sondern die reflektorische Intension des Komponisten, dessen eigene Gedanken sich in textlichen Gegebenheiten widerspiegeln. Rachmaninow war sich seiner, von solchen Assoziationen abhängigen Kompositionsweise auch später immer bewusst:

»Ich werde wohl niemals dazu fähig sein, etwas allein zu unternehmen, sondern brauche immer einen äußeren Anstoß zum Handeln«, schrieb er am 29. August 1906 an Morosow.[4)]

Zum »glücklichen« Umstand für den Erfolg dieses Liederzyklusses trug sicherlich noch die Hochzeit selbst bei. Die Zeit drängte und somit war kein Platz für die üblichen Selbstzweifel, für den verbissenen Kampf um Authenzität. Die bei ihm sonst so oft erfolgten Zweit- und Drittfassungen oder Umarbeitungen der Kompositionen mussten unterbleiben.
Ein Paradoxon war geboren! Der Komponist war, wie wir in dem bereits zitierten Brief an Morosow aus Luzern gelesen haben, vollkommen unzufrieden, das Publikum dagegen begeistert:

Was die Güte meiner Arbeit betrifft, so verhält es sich immer gleich bei mir. Innerhalb des Arbeitsprozesses bist du der Meinung, dass es gut wird, in einigen Punkten vielleicht sogar sehr gut, aber mit etwas Abstand findest du, dass kein Gedanke passt und es das Beste wäre, alles umzuarbeiten, wenngleich ich auch keine Ahnung habe, wie ich es besser machen sollte.[5)]

Der Liederzyklus brachte also einen bemerkenswerten Popularitätsschub für den Komponisten Rachmaninow, zumal das erste Lied »Schicksal« von 1902–1917 alljährlich die Wohltätigkeitskonzerte für Gefangene, veranstaltet von der uns schon seit den Besuchen Rachmaninows bei Leo Tolstoj bekannten und im Kulturbetrieb sehr aktiven Fürstin Alexandra Lieven sowie von seiner Schwiegermutter, Mme. Satina, eröffnete. Sowohl Schaljapin als auch Rachmaninow ließen es sich in jenen Jahren nicht nehmen, das Lied jeweils selbst bei diesen Veranstaltungen vorzutragen.
Im Juli 1902 traf sich das Paar mit Morosow in Bayreuth und gemeinsam traten sie von dort die Heimreise nach Moskau an. Sofort fuhren die Rachmaninows weiter auf das Landgut Iwanowka: Der Komponist wollte und »musste« für den »Familienunterhalt« sorgen und das hieß komponieren, wie wir in seinem Brief vom April gelesen haben. Nach wie vor war Rachmaninow überzeugt, als freischaffender Komponist seinen Lebensunterhalt verdienen zu können.
Wieder sollten Assoziationen zu einem fremden Werk Anlass für eigene Kompositionen sein: diesmal wählte er sich ein Prélude aus der

Landgut Iwanowka
In diesem Flügel des Gutshauses verbrachte Rachmaninow am liebsten die Sommermonate
(Foto: S. W. Rachamaninoff. Musikverlag, Moskau 1988)

Sammlung op. 28 von Frédéric Chopin aus, das Prélude No. 20 in c-Moll. Er focussiert das Original auf acht Takte und erstellt einen umfangreichen Variationszyklus für Klavier solo darüber.
Nach Moskau kehrte das Paar im Oktober zurück und bezog eine Etagenwohnung nahe des Strastnoje-Klosters am Strastnoje-Boulevard, die sie bis zur Emigration 1917 nicht mehr aufgeben werden. Auch beruflich ging es langsam bergauf. Trotzdem suchte Rachmaninow sicherheitshalber ein zweites Standbein neben dem des Komponierens. Andererseits hatte er im September 1901 seinen »Frondienst« am Mariinskij-Institut aufgekündigt. Guter Rat war teuer, zumal eine Professur am Konservatorium aus den bekannten Gründen nicht zu verwirklichen war. Fürstin Lieven wusste aber auch in diesem Falle wieder Abhilfe: Im Dezember 1902 übernahm er den Posten eines Musikinspektors am Jekaterinskij- und am Jelisawetinskij-Institut in Moskau. Hier war er nun vom Klassenunterricht befreit, gab hin und wieder Einzelunterricht und war ansonsten hauptsächlich mit den Abschlussprüfungen und Feierlichkeiten der Schule beschäftigt, und dies bei deutlich höheren Bezügen! Eine Aufgabe, mit der auch der Künstler Rachmaninow leben konnte.

Beide Institute waren ansonsten dem Mariinskij-Institut ähnlich aufgebaut und gegliedert. Auch die alten Freunde traf er dort wieder: Lew Konjus und Alexander Goldenweiser. Wie befreit Rachmaninow gewirkt haben musste, geht schon aus den »Schwärmereien« der jungen Schülerinnen für den »Musikinspektor« hervor, während Jahre zuvor Schülerinnen am Mariinskij-Institut ihn als wahren »Frankenstein junior« geschildert hatten. Seinem nun vierjährigen Engagement blieb allerdings die gleiche pädagogische Erfolglosigkeit beschieden wie dem vorherigen. Zum Pädagogen eignete sich Rachmaninow, gleich in welchem Aufgabenbereich, nicht!

Cousin Siloti rührte derweilen eifrig die Werbetrommel für den Komponisten: Im Dezember 1902 spielte er dessen 2. Klavierkonzert unter Leitung Safonows (!) in Wien, desgleichen noch im Frühjahr 1903 in England, Berlin, Antwerpen, Brüssel und Paris. Der Komponist selbst wurde für das Frühjahr des nächsten Jahres nach Wien eingeladen, um dort unter Leitung Safonows das Konzert zu spielen. Dieses Vorhaben stieß aber sofort auf den Widerstand Rachmaninows, der nun einerseits in den alten Streit Safonow – Siloti[6)] hineingezogen wurde, andererseits aber glaubte, sich seinem Vetter und Sponsor Siloti gegenüber nicht unloyal zeigen zu dürfen. So war guter Rat teuer. Tanejew überzeugte ihn schließlich, das Konzert ruhigen Gewissens anzunehmen, ohne Safonow deswegen verpflichtet zu sein. Voller Dank für diesen Rat schrieb ihm Rachmaninow eine überaus respektable Widmung über das Manuskript seiner Cellosonate op. 19: *»Dem lieben Sergej Ivanovich Tanejew, der mir bis heute immer beistand. Ein tief respekt- und dankvoller S. Rachmaninow, 28. November 1902.«*[7)]

Kurz nach dieser Auslandsreise gab es auch familiär Erfreuliches: Am 14. Mai 1903 wurde Rachmaninow stolzer Vater einer Tochter namens Irina. Trotz der damit verbundenen Unruhen nutzte er die Sommermonate wieder zu intensiven Kompositionsarbeiten: Zehn Préludes wurden zu einer Sammlung op. 23 zusammengefasst, wobei einzelne Werke schon in den vorherigen Jahren fertiggestellt worden waren. Drei dieser Préludes hatte er selbst bereits vor Erscheinen der Sammlung am 10. Februar 1903 in einem öffentlichen Konzert uraufgeführt. Zusätzlich konnte Rachmaninow sich endlich seinem Vorhaben widmen, eine neue, zweite Oper zu schreiben!

Als Textgrundlage wählte er Puschkins Kurzdrama »Der geizige Ritter« (»Skupoj Ritsav«), das einzige Drama Puschkins übrigens, das

bis dahin noch nicht vertont worden war: Dargomyschskij hatte den »Steinernen Gast«, Mussorgskij »Boris Godunow«, Rimskij-Korsakow »Mozart und Salieri« gewählt, Dargomyschskij sogar noch »Rusalka« als zweites Puschkin-Libretto.
Aber auch mit dieser Oper war Rachmaninow kein dauerhafter Erfolg beschieden. Puschkins Drama beschreibt und analysiert die sklavische Abhängigkeit eines Mannes – des Ritters – von seinem Geiz, entbehrt aber fast jeder Handlung, jeder Dramaturgie.
Zudem verlegt Rachmaninow die klangliche Empfindungspalette ins Orchester, nicht in Arien oder Chöre, so dass diese »Literaturoper« mehr einem »sinfonischen Farbenspiel« denn einer szenischen Darstellung mit Musik ähnelt.
Bei Puschkins Textvorlage handelt es sich um ein dramatisches Gedicht im Sinne »Nathan des Weisen« von Gotthold Ephraim Lessing. Wie Dargomyschki bei »Don Juan« oder Rimskij-Korsakow bei »Mozart und Salieri« wollte auch Rachmaninow das Original vertonen, d. h. kein Libretto verwenden, sondern die Verse unmittelbar in Musik umsetzen! Die poetische Sprache lud mit ihren Sprachklängen ebenso zur Vertonung ein wie die Gedichte zum Zyklus op. 21 – dachte er wenigstens. Emotion statt Aktion, für ein Opernsujet wohl eine wenig erfolgversprechende Tatsache! Da halfen auch nicht Anleihen bei Wagners »Ringtetralogie«! Die Macht des Goldes, diesmal nicht über Götter, Zwerge, Riesen, sondern gleich auf der Menschenebene angesiedelt, sollte die Klammer für die Gedichtzeilen bilden: eine halbe Tonstufe tiefer gesetzt als im Ring, diesmal in D-Dur statt in Es-Dur, durchzieht das »Goldmotiv« als ständig variirter Ariadnefaden das Geschehen, beginnt allerdings zuerst in e-Moll seinen düsteren Glanz zu entfalten – Geld allein macht eben nicht glücklich:

Folgerichtig erzielt Rachmaninow beim Auftreten des Goldmotivs als »spiritus rector« seine größte Wirkung: Wie Alberich in den Rhein springt, um sich das Gold zu rauben, steigt der alte Ritter in den Keller, um sich am Glanz seines Goldes zu erfreuen, das schließlich auch im hellsten Licht erstrahlt. Der Monolog des Ritters beim Hinabstieg

sowie das Erstrahlen des Goldes sind die beeindruckendsten Elemente dieser Kurzoper. Wenig überzeugend dann die weitere Entwicklung à la »Ring«:
Wie im letzteren lassen auch hier das Gold und die Gier nach seinem Besitz alle zwischenmenschlichen Beziehungen ersticken: Albert, der Sohn des Ritters, erwartet vom Vater Unterstützung für die Teilnahme an einem Ritterturnier, denn Pferd und Rüstung kosten viel Geld. Da der Vater dies strikt ablehnt, wendet sich der Sohn an einen Wucherer. Das sich ob dieser Tat ergebende Spannungsverhältnis zwischen Vater und Sohn will der Herzog als oberster politischer Repräsentant schlichten. Der Vater wiederum verleumdet böswillig den Sohn beim Herzog. Bei dem anschließenden sprachlichen »Show down« zwischen Vater, Sohn und Herzog stirbt der Vater schließlich an Wut oder Aufregung.
Jede Figur der Textvorlage bekommt ein Leitmotiv in der Vertonung zugeordnet, drei Themen bilden musikalisch das Fundament der Aussage: das bereits erwähnte »Gold«-Motiv in Ultrachromatik, gleichsam den flimmernden Glanz ausstrahlend, das Motiv der »dunklen Besessenheit« und das Motiv der »Trauer und Tränen«:

Leitmotiv »Besessenheit«

Leitmotiv »Tränen«

Vielfach wird der Zuhörer dabei an frühere Werke Rachmaninows erinnert, der Komponist parodiert: so lässt die chromatische Orchestermotivik der Textstelle »Ich herrsche« an die Struktur des Klaviersatzes im Lied op. 21/2 »Am Grab« denken. »Trauer und Tränen« sind eng verwandt mit dem »Tränen«-Thema aus dem 3. Satz seiner Suite für zwei Klaviere op. 5.

Gleichzeitig erfährt aber gerade dieses Thema auch noch innerhalb der Oper eine Metamorphose: Aus den Motivbausteinen der »Tränen« wird das Leitmotiv »Geiz« geboren:

Da ein geiziger Mensch seinen Reichtum meist versteckt, weil er Angst hat, dass ihm dieser gestohlen wird, deriviert Rachmaninow aus dem Tonmaterial der »Tränen« auch noch das Leitmotiv »Kellergewölbe«:

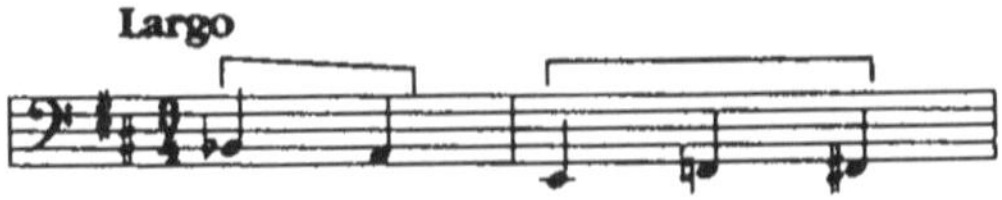

Kunstvoll verwoben taucht in diesem Leitmotiv zudem das Tonmaterial für das Charaktermotiv des Ritters wieder auf:

Als wolle der Komponist die Konzentrations- und Merkfähigkeit des Publikums auf die Probe stellen, bildet er aus den absteigenden Halbtonschritten des »Tränen«-Motives sowie des Charaktermotives des Ritters das Leitmotiv für dessen Sohn Albert:

Im zweiten Teil allerdings gewinnt dieses Motiv dann an Höhe, um die Situation des »siegreichen« Sohnes am Ende der Oper anzuzeigen.

Gleiche subtile Psychologie in der Symbolik des 2. Aktes, wenn der Ritter sein Gold im Keller betrachtet und hysterisch, vom Glanz des Goldes bis zur Besinnungslosigkeit geblendet, ausruft: »Ich hab‘ die Macht!«:

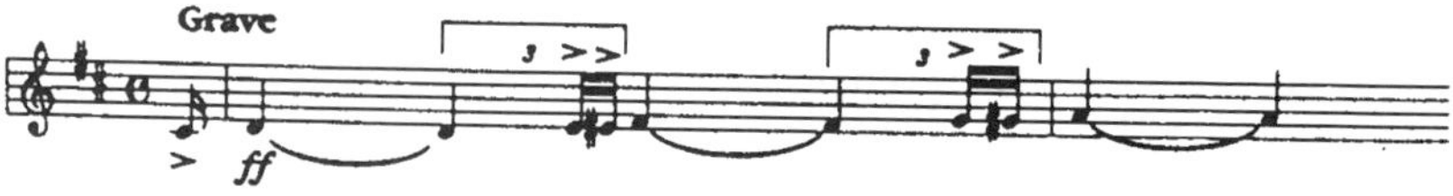

Dem Es-Dur-Akkord in Wagners »Rheingold« stellt Rachmaninow in dieser Schlüsselszene seiner Oper das noch strahlendere D-Dur gegenüber, um den betörenden Glanz des Goldes zu versinnbildlichen! Bemerkenswert auch das Leitmotiv des Wucherers:

Für den Komponisten sind all diese Leitmotive aber nur Mittel zum Zweck, um die feinen und feinsten Nuancierungen der Puschkinschen Textvorlage musikalisch auszuleuchten. Aus einer »Literaturoper« wird ein »Psychodrama«, Musik dient der akustischen Psychoanalyse!
Typisierend ist der Wucherer natürlich in der Textvorlage ein Jude, der mit schrill keifender Stimme (Falcettlage des Sängers!) gegen die Holzbläser einen weinerlich-lamoryanten Ton anschlägt, wenn er sich mit dem jungen Albert bezüglich eines Darlehens unterhält.
Das Motiv selbst ist aus um eine Zentralnote kreisenden Halbtonschritten konstruiert, analog zu den Motiven der »Habsucht« sowie des »Kellergewölbes«. Der Wucherer ist nur das »alter ego« des Ritters, sein Denken kreist genauso verengt und geardezu focussiert um das Edelmetall!
Dass er neben eigenen Kompositionen auch fremde bei dieser Arbeit in Ohr und Gedächtnis hatte, leugnete Rachmaninow nicht, vor allem neben den Werken von Richard Wagner die Oper »Sadko« von Rimskij-Korsakow:

Während ich diese spezielle Passage komponierte, muss ich instinktiv die Szene in Rimskij-Korsakows Oper »Sadko« im Kopf gehabt haben, in der das Volk auf Sadkos Kommando die große Beute des Goldfisches aus dem Ilmensee zog und in den Jubelschrei »Gold, Gold!« ausbrach. Dieser Schrei ist in D-Dur geschrieben ...[8)]

Julij Engel, der Moskauer Kritiker und mittlerweile freundschaftliche Wegbegleiter Rachmaninows, hat uns eine ausführliche Kritik über die Uraufführung der Oper am 11.1.1906 am Bolschoj-Theater hinterlassen und zeigt hierbei klar die Schwächen dieser Komposition auf:
Schon die Textvorlage verweise auf das Grundproblem: ein Übermaß an Reflexionen, aber keine Entwicklung der Handlung. Rachmaninow verstärke diesen Aspekt noch, indem er den Text rezitativsch-deklamatorisch, genau dem Sprachduktus folgend, vertone. Zwar habe er in hervorragender Weise die Kraft des Ausdrucks in das Orchester verlegt, aber die Sänger agieren zu wenig als Kommentatoren oder Impulsgeber für das Orchester. Wagners Leitmotivtechnik werde zu wenig konsequent umgesetzt. Alles in allem wohl ein kompositorisches Kabinettsstückchen für Gourmets, aber keine Oper für großes Publikum. Die Filigranarbeit des Komponisten könnten allenfalls Liebhaber schätzen!
Ein sich bis heute als richtig erweisendes Urteil.

Auch seine letzte vollendete Oper mit dem Titel »Francesca da Rimini«, schaffte es nicht, sich einen bleibenden Repertoireplatz im Opernbetrieb zu erobern. Für dieses Werk diente die gleichnamige Episode aus Dantes »Inferno« als Librettovorlage. Kein geringerer als Modest Tschaikowskij schrieb für Rachmaninow das Textbuch, nachdem dieser Abschnitt aus Dantes »Göttlicher Komödie« schon Liszt zu seiner »Dante-Sinfonie« und zu seiner Sonate »Après une lecture du Dante« inspiriert hatte. Modest Tschaikowskij legte den Stoff auf einen Akt mit Pro- und Epilog fest. Obwohl sich die Geschichte, das Sujet der beiden Opern »Der geizige Ritter« und »Francesca da Rimini« nicht vergleichen lassen, ist ein Umstand beiden – vom Libretto her – gemeinsam: Die Idee einer dominierenden Leidenschaft über ein unglückliches Individuum. Aber gerade diese Grundkonzeption führt zum musikalischen Desaster, denn bei beiden Opern liegt die Schwäche eindeutig im handlungsarmen Textbuch, wobei Rachmaninow noch zusätzlich sämtliche Aktionen aus der ohnehin schon undramatischen Textvorlage Modest Tschaikowskijs herausgestrichen hatte. Aus einem »Drama per musica« wurde ein musikalisches »Charakter-

Francesca da Rimini im Kreis der Lüsternen (Inferno V) von William Blake
(Foto: Jörg P. Anders; Staatliche Museen zu Berlin)

bild«. Trotzdem hielt Engel sie in seiner Premierenkritik – die Operneinakter wurden zusammen uraufgeführt – in ihrer Wirkung für stärker, mehr publikumsbezogen. Szene und Chorauftritte seien, nach Meinung Engels, die starken Punkte dieses Opereinakters, die Orchesterbehandlung diesmal schwächer, farbloser. Es mangle vor allem die sonst bei Rachmaninow so auffallende rhythmische Straffung! Tschaikowskijs Vorbild sei überall spürbar, aber Rachmaninow hätte sich aus dessen Schatten gelöst. Dies wäre vor allem im Höllensujet deutlich zu hören:

Die Eröffnungstakte der Oper in dem für Rachmaninow typischen Fugato-Stil weisen in der Tat gezielt auf das Tonmaterial aus Tschaikowskijs sinfonischer Dichtung »Francesca da Rimini« hin, verwenden allerdings auch wieder das charakteristische Drei-Ton-Motiv in Halbtonfolge, das wir aus der Oper »Der geizige Ritter« kennen. Dieses phobisch-insistierende Drehen um minimalste Tonschritte zeigt sich bereits im Antwortgesang der beiden Liebenden auf die Bitte Dantes, ihre Geschichte doch zu erzählen:

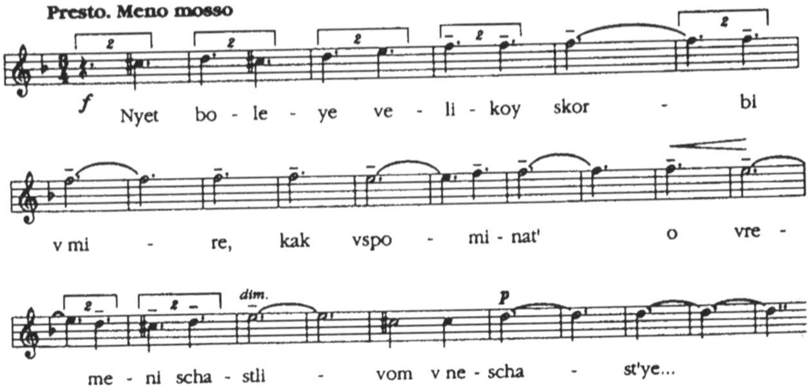

Auffällig hier wieder die kreisenden Bewegungen des Unisono-Gesanges der beiden Akteure um einen Zentralton – d''– mit dem Ambitus einer kleinen Terz.

Die »Hölle« ist in Wirklichkeit ein Seelengefängnis, kein Hironymos-

Bosch-Szenarium, sondern eine Mikrometerwelt, aus der es kein Entkommen gibt! Folgerichtig verengen sich, focussieren sich gedankliche Strukturen nur noch auf die Egopsyche. Logische Konsequenz dieser Einsicht für den Komponisten:
Aus sehr mikrokosmischem Tonmaterial wird das Leitmotiv der beiden Sujet-Helden gebildet:

Aber auch Lanciotto, der unglückliche Ehemann Francescas, ist wiederum in seinem »Halbton-Gefängnis« eingeschlossen:

Verzweiflung und Agonie bestimmen sein Denken und Handeln, kleinste Auf- und Abschwünge melodisch seine psychischen Regungen. Letztere werden am sichtbarsten in den grotesken, der Barockmusik entlehnten Doppelpunktierungen im Leitmotiv Lanciottos:

Wie sehr solche phobisch-insistierenden Motivbausteinchen den Komponisten immer beschäftigen, sehen wir zudem daran, dass beide Opern wiederum Material seiner Jugendoper »Aleko« aufgreifen und bearbeiten!
Lanciottos Seelenmikrokosmos weist daher starke Bezüge zu dem Alekos auf:

Ähnliche Metamorphose erfährt das Tonmaterial der Introduktion der Oper »Aleko« im Leitmotiv des Herzogs in der Oper »Der geizige Ritter«:

»Aleko«

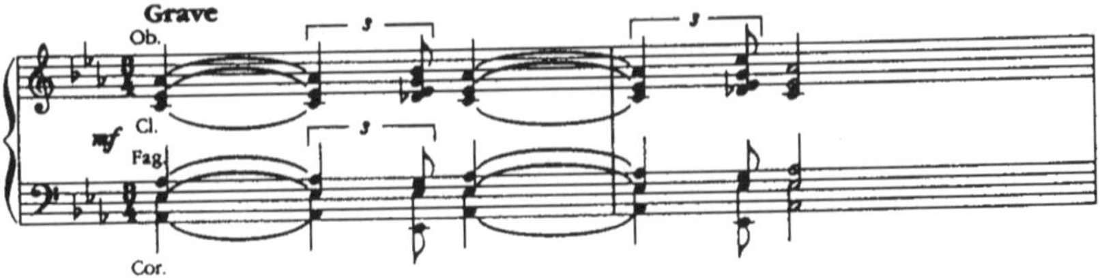

»Herzog«

So viele Beziehungsverflechtungen aber überfordern ein Opernpublikum, zumal Psychoanalyse nicht Aktion ersetzt.
Jeder Wunsch, eine neue Opernform oder ein neues Musikdrama zu schaffen, muss scheitern, wenn die Geschichte, die Handlungsebene fehlt! Und so war es auch bei Rachmaninows Opern. Vielleicht sah er ein, dass er den Schritt von der »Literaturoper« zur »Psychooper« nicht plausibel gehen konnte, und zog sich deshalb ganz von dieser Werkgattung zurück?[9)]
Zudem hatte Rachmaninow gerade jetzt – im Sommer 1904 – sehr wenig Zeit für ausgereifte Opernarbeit. Am 4. August 1904 schrieb er an seinen Freund Morosow:

Jetzt will ich mich endlich in ›Ein Leben für den Zaren‹ stürzen.[13)]

Gemeint ist nichts anderes als der Beginn seiner Kapellmeistertätigkeit an Russlands berühmtestem Theater, am Bolschoj-Theater in

Das Bolschoj-Theater in Moskau
(Archiv: P. Kotsch)

Moskau! Dieser Entschluss muss für Rachmaninow ziemlich plötzlich gekommen sein, denn noch am 21. Juli 1904 schrieb er in seinem Brief an Morosow:[8)]

Vor einer Woche schickte ich dir den Prolog der »Francesca« zur Übersetzung ins Deutsche. Eine Szene und der Epilog müssen dann noch übersetzt werden.[11)] *Für meine neue Tätigkeit am Bolschoj-Theater bin ich noch nicht gerüstet, da ich mir zuerst vorgenommen habe, die »Francesca« möglichst bald fertigzustellen … Wenn ich erst mal anfange die Opern einzustudieren, dann werde ich »Francesca« niemals vollenden.*[12)]

Die Zeit drängte mal wieder. Noch im August des Jahres 1904 begannen die Arbeiten am Klavierauszug der »Francesca«, und er hatte zugleich nur noch vier Wochen, mit einem ihm völlig unbekannten Opernensemble und Orchester Dargomyschskijs »Rusalka« einzustudieren, mit der er am 13. September 1904 sein Debüt am Bolschoj-Theater geben wollte. Dass ihm diese Oper noch von seiner »Lehrzeit« am Mamontowschen Privattheater in bester Erinnerung war, kam ihm dabei sehr zugute. So wurde denn auch sein Dirigat von Presse und Publikum sehr warmherzig angenommen. Kaschkin, seit der Premiere des cis-Moll Préludes bei der Elektroausstellung 1892 aufmerksamer Beobachter des Werdeganges Rachmaninows, schrieb in den *Moskauer Nachrichten* vom 5.9.1904:

Die erste Vorstellung des jungen Kapellmeisters in dieser Saison erfüllte alle auf ihn gerichteten Hoffnungen ... Schon in den ersten Takten der Ouvertüre spürten die Zuhörer die Frische und Lebendigkeit, die das reiche und pulsierende Temperament des Dirigenten ausstrahlt. ... Wir werden natürlich mit größtem Interesse alle neuen Schritte des Herrn Rachmaninow als Opernkapellmeister verfolgen, denn seine Tätigkeit verheißt unserer Bühne viel Gutes.[14)]

Und gerade diese Frische und Lebendigkeit brauchte das Bolschoj-Theater in Moskau notwendiger denn je. Denn als Rachmaninow die Stelle des ersten Kapellmeisters antrat, sah er sich mehr einer verstaubten Requisitenkammer des 18. Jahrhunderts gegenüber, denn einem modernen Theaterapparat. Besonders das letzte Jahrzehnt, 1894 bis 1904, ging in ziemlich langweiligem Trott am Bolschoj-Theater vorüber, das mehr von seiner alten Größe zehrte, als neue Wege ging, wie man es eigentlich vom führenden Theater Russlands hätte erwarten dürfen.
Sicher, der Ausbildungsstand von Chor und Ballett war dem des Kaiserlichen Mariinskij-Theaters in St. Petersburg ebenbürtig und hielt die damalige Weltspitze. Aber alles zur Routine erstarrt, es fehlte das »Leben«, »frisches Blut«. Blättert man in den Kritiken dieses letzten Jahrzehnts, so wird man, wenn es sich um das Bolschoj-Theater handelte, immer wieder von einem »sauberen« Haus lesen, wobei »sauber« durchaus mit klinisch »steril« gleichzusetzen ist.
Zudem bestand das Repertoire hauptsächlich aus österreichisch-deutschen Werken und berücksichtigte die zeitgenössischen russischen Musikentwicklungen nur unzureichend.
Ein junges Talent wurde mit Nachdruck von allen Seiten gefordert, aber die Direktoren beeilten sich nicht gerade sehr damit. Zudem war die Moskauer Beamtenaristokratie ohnehin der seltsamen Ansicht, dass Kunst ein jeder verstehe und ausüben könne, was dazu führte, dass meist altgediente Beamte aus den Zivilressorts Theaterdirektoren wurden, wobei als Qualifizierungskriterium nicht künstlerische Fähigkeiten zählten, sondern Bestechungsgelder. Insofern konnte also nur der Zufall helfen, einen neuen Theaterdirektor zu bescheren,

der zwar aus irgendeiner Behörde kam, aber doch genug Kunstverstand mitbrachte, um seiner neuen Aufgabe gerecht zu werden. Dies war im Jahre 1904 der Fall. Als der Kavallerie-Oberst a. D. Vladimir A. Teljakowski die Oberleitung des Kaiserlichen Theaters übertragen bekam, stellte er fest, dass sich seit seiner Jugend in den Theatern nichts verändert hatte, und dies war mindestens 40 Jahre her!! Am Bolschoj-Theater war der fast 70-jährige Italiener Ipoljt K. Altani als Dirigent tätig, der das Orchester nun bald drei Jahrzehnte leitete und es zu einer Präzisionsmaschine erzogen hatte, wie es niemandem vorher gelungen war. Aber damit waren seine Grenzen erreicht. Abend für Abend saß er auf seinem Dirigierstuhl auf der kleinen erhöhten Plattform, von drei Seiten durch eine Art Vorhang abgeschirmt, weil er an Platzangst litt. Altani war ohne jeden Zweifel ein guter Musiker, ein hervorragender Handwerksmeister, der den Musikern und dem Publikum aber keinen Schwung, Inspiration oder Geist vermitteln konnte. Er war ein Ehrenmann, nahm nie Bestechungsgelder – und blieb zeit seines Lebens ein armer Mann.
Das Pendant zu ihm – ein wahrhaft würdiges Gegenstück in diesem »Methusalemkabinett« – war der zweite Direktor A. P. Barschal, der es liebte, mit seinen Schauspielern die Arbeitsbesprechungen in dem theaternahen exklusiven Restaurant abzuhalten, das den Namen »Alpenrose« trug. Dort borgte er sich zuweilen von den Schauspielern 25 Rubel für Speis und Trank – und zahlte sie unter Umständen sogar zurück!
Zu diesen zwei Künstlern gesellte sich noch der Konzertmeister, Herr Klamrot, ein Deutscher, der sein 50-jähriges Bühnenjubiläum feiern konnte und damit im Theater einen ungebrochenen Rekord hielt. Er war der einzige Pflichtbesessene in dieser damaligen Kuriositätensammlung. Stets kam er als Erster und ging als Letzter, das halbe Jahrhundert seines Wirkens lang, und als er zum letzten Male die Solovioline in der »Traviata« übernahm, brachte ihm das Publikum stehend Ovationen dar. Nach dieser Vorstellung kehrte er nach Deutschland zurück, wo er die letzten Jahre seines Lebens im Ruhestand genoss. Im Orchester wirkten noch seit 1892 Sergej Kussewitzkij am Kontrabass und Eugene Plotnikow am Cello als bekanntere Musiker mit. Die beschauliche Ruhe und Gemütlichkeit im Theaterleben wurde im Jahre 1904 empfindlich gestört, als Schaljapin als Solobassist dem Ensemble beitrat. Wie Rachmaninow gehörte Schaljapin ursprünglich dem Privattheater Mamontows an.

Mamontow selbst war kurz nach dem Weggang Rachmaninows vom Theater wegen »illegalen Kapitaltransfers von einem Theaterunternehmen ins andere« verhaftet worden, die Anklage blieb jedoch in dieser nebulösen Formulierung stecken. Sein Opernbetrieb lief trotzdem zuerst ungehindert weiter. Das »Privattheater« wurde in die Gesellschaft »Vereinigte Russische Privatoper« umgewandelt und erlebte unter dem Dirigat des Rachmaniow-Freundes und Mitstreiter M. Ippolitow-Iwanow (1859–1935) noch einige beachtliche Aufführungen, wenngleich der Erfolg der Schaljapinzeit nicht zu wiederholen war. Schaljapin nahm auf Vermittlung Rachmaninows die Offerte des Bolschoj-Theaters an. Hier bekam er nun für seine damals einzigartigen Leistungen 10.000 Rubel pro Jahr. Das Ministerium in St. Petersburg rügte in einem Schreiben an Teljakowksi diese Ausgabe und meinte, für einen Bass würde es nicht so viel zahlen, worauf Teljakowski nur erwiderte: »Wir zahlen keinen Bass, sondern Schaljapin!« – und Schaljapin blieb. Die Parallelen zu dem heutigen »Kompetenzgerangel« zwischen Intendanz und Kultusministerien in subventionierten Theatern sind nicht wegzuleugnen!
Schaljapin ging nicht und mit ihm kam die Unruhe ins Haus. In all seinen Allüren war er ein würdiger Vorgänger und Zeitgenosse von Caruso, der Callas oder von Franco Corelli. Er war berühmt für seine Streitigkeiten mit den Dirigenten – Ausnahmen waren nur Nápraw-ník sowie Rachmaninow – und seine Launen, für die die Begriffe Hysterie und Disziplinlosigkeit nur Kosenamen darstellen. Er trat auf oder nicht, wie und wann es ihm passte, verweigerte oft aus nichtigen Gründen die weitere Mitwirkung. Wer denkt da nicht an die Callas und ihre berühmte Absage anlässlich einer Norma-Vorstellung, als sie nach dem ersten Akt »nur« sieben Vorhänge bekam und in der Pause erklärte: »Die Norma ist für mich gestorben!« Sie verließ trotz Staatspräsident Leone und erlauchtem Premierenpublikum das Theater. 60 Jahre zuvor verfuhr Schaljapin anlässlich einer Vorstellung von Dargomyschskijs »Rusalka« ähnlich, weil er sich mit dem damaligen Dirigenten Ulrich Harránek nicht vertrug. Nur mit Mühe konnte er zu einen weiteren Auftritt bewegt werden. Hinzu kam noch, dass er empfindlicher als ein Elefant war, Streitigkeiten nie vergaß und die alten Geschichten mit Vorliebe bei irgendwelchen Parties oder Diners aufwärmte, möglichst dann, wenn die Stimmung ihren Höhepunkt erreichte!
Die Gerüchteküche um die Berufung des jungen und unerfahrenen

Rachmaninow erhielt zudem durch die erstaunliche Kürze des Vertrages über nur eine Spielzeit, d. h. für rund fünf Monate, zusätzliche Nahrung. Die einen sahen darin ein weiteres Produkt der »Seilschaften« für Rachmaninow, hierbei vor allem seiner Mentorin, Fürstin Lieven, diesmal sogar mit Unterstützung des Bruders des Zaren, Großfürsten Michail, die Teljakowski zu einem Alibivertrag zwangen, um die finanzielle Situation des Komponisten zu heben, die anderen wiederum meinten, die politische Situation sei Rachmaninow zu »heiß«, um sich längerfristig zu binden.

Wie wir aus dem Brief vom 21. Juli 1904 ersehen können, kam die neue Position selbst Rachmaninow eigentlich ungelegen. Bis zuletzt wollte er noch im Sommer immer wieder vom Vertrag zurücktreten, denn neben seinen Kompositionsaufgaben standen auch die stetig wachsenden Erfolge des »freien« Künstlers Rachmaninow einer festen Verpflichtung im Wege:

Seit Herbst 1903 verkehrte er regelmäßig im »Kersin-Kreis«, den der Rechtsanwalt A. M. Kersin zusammen mit seiner Frau, der Pianistin M. S. Kersina, in Moskau gegründet hatte. Dieser Kreis veranstaltete regelmäßig »Konzerte Russischer Musik« in seinen Salons. Im Januar 1904 debütierte auch Rachmaninow in dieser Konzertreihe, indem er zusammen mit Brandukow seine Sonate für Violoncello und Klavier op. 19 zu Gehör brachte. Auf seine Anregung hin planten die Kersins für die nächsten Jahre auch Orchesterveranstaltungen, deren Leitung Rachmaninow übernehmen sollte. Schon das erste Konzert im März 1904 wurde ein voller Erfolg, und Rachmaninow plante für die weitere Saison 1904/05: Tschaikowskijs 5. Sinfonie, Rimskij-Korsakows »Sadko«, Tschaikowskijs »Fantasie für Klavier und Orchester« und Glinkas »Kamarinskaja«. Diese ruhige, sorgfältig planbare Arbeit mit einem Sinfonieorchester zugunsten eines hektischen Opernbetriebes aufzugeben, war wenig nach Rachmaninows Geschmack. Hinzu kam auch eine Ehrung als Komponist, die nach weiteren Taten heischte: Endlich erhielt er für eines seiner Werke, diesmal für das 2. Klavierkonzert, einen der renomierten Glinka-Preise, die die Beljajew-Stiftung in St. Petersburg alljährlich an die besten zeitgenössischen russischen Kompositionen verlieh. Jeder Preis war mit 500 Rubel dotiert. Zusammen mit Rachmaninow erhielten Arenski, Skrjabin und Tanejew in diesem Jahr die Auszeichnung, Weggefährten, Lehrer, Studienfreunde Rachmaninows. Dreimal wird Rachmaninow insgesamt in den Genuss dieses »Musikoskars« des zaristischen Russlands kommen: 1904 für das 2. Klavierkonzert, 1906 für die Kantate »Frühling«, 1908 für die 2. Sinfonie. Alexander Ossowski, stellvertretender Vorsitzender des Glinka-Preis-Komitees in jenen Jahren, erinnerte sich später, warum Rachmaninow den Preis so spät erhielt:

Der Beljajew-Kreis ignorierte die große schöpferische Individualität Rachmaninows und sah ihn eher als Epigonen der Musik Tschaikowskijs. Beljajew hatte kein Interesse daran, die Werke Rachmaninows zu verlegen, ganz im Gegensatz zu denen Skrjabins. Erst nach Beljajews Tod am 10. Januar 1904 und dem Zerfall seines Kreises wurde das Kuratorium, das die musikalischen Geschäfte weiterführte, Rachmaninow gegenüber objektiv ...[15)]

Das Jahr 1904 brachte neben der Verpflichtung Rachmaninows noch weiteren Zündstoff in die Theaterwelt des Bolschoj-Ensembles. Die Direktoren der kaiserlichen Theater planten nämlich, anlässlich des 100. Geburtstages von Michail Glinka, seine Nationaloper »Ein Leben für den Zaren« in einer Jubiläumsfeier zur Aufführung zu bringen. Es dauerte nicht lange, und in allen Zeitungen entbrannte die heftigste Polemik darüber, wer nun die nötige »Gralsweihe« besaß, dieses Ereignis leiten zu dürfen. In St. Petersburg bestand eine einflussreiche Lobby darauf, dass nur Mili Balakirew, ein Experte auf dem Gebiet der Erforschung der Werke Glinkas, diese Aufführung leiten könne, während die Moskauer der Meinung waren, dass dem alten Italiener Altani durchaus die Ehre gebühre, die Vorstellung – als Anerkennung seiner Dienste und Verdienste – zu dirigieren. Die Oper selbst sollte möglichst in einer »Urfassung«, d. h. von allen Veränderungen, Bearbeitungen, Willkürlichkeiten der Interpreten bereinigt, und vor allem vollständig, ohne Kürzungen, wort- und notengetreu, aufgeführt werden. Darüber hatte sogar eine eigene Fachkommission zu wachen, die besonders die »historische Aufführungspraxis« der Oper untersuchen und sicherstellen sollte! Man kann sich vorstellen, welchen »Torso« das Moskauer Publikum jahrelang gehört haben musste, wenn man ein derartiges Forschungsvorhaben für die Jubiläumsveranstaltung ins Leben rief! Immerhin war diese die 478. (!) Aufführung der Oper in Moskau.
Verständlich, dass man bei einem solchen Aufwand lieber einen Routinier an der Spitze des Orchesters haben wollte, als einen Neuling:

»Herr Rachmaninow ist ohne Zweifel talentiert, aber er ist ein Dirigent ohne ausreichende Erfahrung ...«,[16] bemängelt S. Kruglikow daher in der Zeitung *Neues vom Tage* am 5.9.1904.
Aber aller Unkenrufe zum Trotz: die Aufführung am 21.9.1904 wurde ein voller Erfolg für alle Beteiligten und ein Sieg für den jungen Dirigenten:

Wenn es auch keine ideale Aufführung war, so doch eine, wie sie in Moskau lange nicht üblich gewesen. Neue Dekorationen, neue Kostüme, und vor allem ein neuer talentierter Dirigent mit Esprit und Temperament (Herr Rachmaninow), und vielleicht erwuchsen auch daher bei allen Künstlern, von Solisten angefangen bis zum Chor und dem Orchester, neue Kräfte ...[17],

konnte Engel befriedigt in seiner Kritik vom 22.9.1904 feststellen.
Dabei hatte Rachmaninow sein neues Amt durchaus mit gemischten Gefühlen angetreten. Das Jahr als Kapellmeister bei Mamontows Privattheater sowie einige wenige Konzerte in London, Kiew und Orel waren seine einzigen Erfahrungen im Dirigieren von Opern. Zudem mussten neue Richtlinien für das Orchester erarbeitet, das Ensemble umgebaut und umerzogen werden. Keine leichte Aufgabe für den 31-jährigen Mann. Aber wie in der Pianistik, so bewies Rachmaninow auch in der Tätigkeit des Kapellmeisters echten »Pioniergeist«, der um so erstaunlicher war, wenn man bedenkt, dass er kompositorisch völlig konservativ eingestellt und eher ein Epigone denn ein Schöpfer neuer Gedanken und Formen war: Er sammelte und verarbeitete die verschiedensten Strömungen seiner Zeit und versuchte, ihnen seinen eigenen Stempel mit auf den Weg zu geben.
Ganz anders der Dirigent und Pianist! Am Bolschoj-Theater führte er, getreu Richard Wagners Forderung, die heute übliche Orchesterordnung ein: den herabgesetzten Orchestergraben. Zuvor war die Sitzordnung des Orchesters in etwa die des 18. Jahrhunderts:

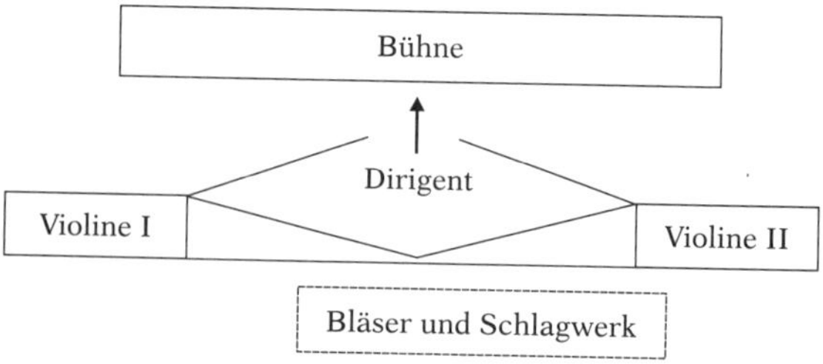

Der Dirigent saß also mit dem Rücken zu Bläsern und Schlagzeug, hatte die Streicher zu beiden Seiten neben sich und befand sich unmittelbar vor der Bühne. Rachmaninow führte nun den heute gebräuchlichen Halbkreis ein und verlegte seinen Dirigierplatz vor das ganze Orchester, also an die Barriere des Orchestergrabens, um nun beides – Orchester und Bühne – gleichzeitig überblicken zu können. Er stand meistens bei den Aufführungen, und die Leute sahen den stets beherrschten und kühlen Meister nur von seiner Rückseite:

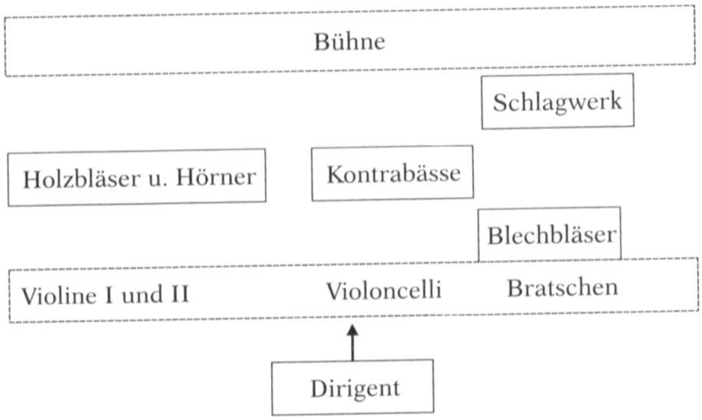

Als zweites Novum führte er bei Proben die persönliche Korrepetition mit den einzelnen Sängern ein, begleitete sie am Klavier sehr gefühlvoll und inspirierte damit die Sänger so stark, dass Schaljapin ausrief:

… Mit Rachmaninow am Klavier muss ich statt ›ich singe‹, ›wir singen‹ sagen! …[18)]

Als Mann mit der gründlicheren Musikausbildung hatte Rachmaninow selbst bei Schaljapin immer das letzte Wort, und so ganz nebenbei duldete er bei den Solisten auch alle heute noch üblichen »Eigenheiten«, aber nie die billige Effekthascherei durch Rubato oder die endlose Dauer der Spitzentöne und gab als Sinfoniker dem Orchester mehr Bedeutung als nur formale Unterstützung perfekter Stimmakrobatik. Zugleich strahlte er in keiner Weise die Theatralik aus, die wir von den heutigen »Taktstockmagiern« gewohnt sind. Seine Bewegungen entbehrten jeglichen Affekts, alle Zeichen für Chor und Orchester waren so minimal, dass manche schon dachten, seine Hände seien nicht elastisch genug oder die Arme hätten zu wenig Kraft, um größere Bewegungen produzieren zu können. Und täuschte diese kühle, fast kalte Maske die Zuhörer auch manchmal im Hinblick auf Rachmaninows

Spontaneität und Temperament, so sind sich die Musikwissenschaftler doch einig, dass seine Interpretationen russischer Opern epochemachend in den Annalen der (russischen) Musikgeschichte stehen.

Alle Sänger, die mit Rachmaninow gearbeitet hatten, erklärten in ihren Erinnerungen eindeutig und übereinstimmend, keine Vorstellung sei ihnen so leicht gefallen wie die unter Rachmaninows Stabführung, denn seine sorgfältigen Analysen am Klavier in lakonischer »Wortfülle« hätten alle Unklarheiten beseitigt.[18)]

»Er brachte mir musikalische Grundbegriffe und sogar etwas Harmonielehre bei und war insgesamt um meine musikalische Bildung bemüht«[19)], so erinnerte sich Schaljapin noch viel später an die gemeinsame Probenarbeit mit Rachmaninow. Diese Arbeit zahlte sich dann bei den Gesamtproben aus, da der Dirigent sich voll auf das Orchester und ggf. den Chor konzentrieren konnte. Debakel, wie er sie in seiner Zeit am Mamontowschen Theater erlebt hatte, gab es nun nicht mehr.

Aber auch das Orchester studierte er sorgfältig ein, setzte Register- und Gruppenproben an, die er selbst leitete und am Klavier korrepitierte. Dies war am Theater vollkommen neu. Solche Proben regelte früher der Konzertmeister meist »kollegial«, d. h. kameradschaftlich, ohne Zwang und Disziplin. Der »Erfolg« dieser Arbeit ließ sich dann am Abend bei den Aufführungen ablesen. Eine Unart allerdings konnte er dem Orchester, vor allem den Blechbläsern, nie vollständig austreiben, sie ist bis heute überall auf der Welt zu finden: Orchestermusiker, die in einem Werk längere Pausen haben, verschwinden plötzlich aus dem Orchestergraben, mitten im Werk, hinter die Bühne. Heute sorgt dann ein »Abendspielleiter« mit dezenter Mikrofondurchsage in der Opernkantine dafür, dass die ›abgetauchten‹ Musiker rechtzeitig wieder auftauchen! Da bleibt einem nur, dem Dirigenten starke Nerven und dem Abendspielleiter ein waches Ohr zu wünschen!

Überhaupt, das Ohr! Schon in den ersten Opern und Konzerten des jungen Dirigenten fiel der Kritik die klare Durchsichtigkeit, die Transparenz des Orchesterklanges auf, sowie die Ausgewogenheit der einzelnen Register:

Rachmaninow verfügte nicht über eine virtuose Stabführung oder kapellmeisterliche Rhetorik. Aber er besaß etwas viel Ausschlaggebenderes – in seinem Dirigat war alles logisch: tiefgründige Musikalität, Kultur sowie künstlerisches »Ethos«, d. h. seine Gedanken waren ethisch begründet. Dies wiederum machte seine technischen Mängel mehr als wett. Seine Körperhaltung war ruhig, leicht nach vorne gebeugt, die Zeichensprache wenig und klug strukturiert, niemals verlor er die Kontrolle über den ganzen Orchesterklang.[20)]

Diese Arbeit kann man auch heute noch beim Hören der Schallplattenaufnahmen seiner Sinfonien, die er selbst dirigierte, nachvollziehen – etwa bei dem reziproken Dialog Orchester – Solostimme, wenn entweder die folgende Grundstimmung im Orchester antizipiert werden sollte oder Motive der Solostimme rezipiert (vgl. Aufnahme der 3. Sinfonie vom 5.7.1939).
Fast hat man das Bild von Richard Strauss als Kapellmeister vor Augen, wenn man diese Aussage des Dirigenten N. A. Malko bezüglich des »Kollegen« Rachmaninow liest und selbst in Amerika wird er sich seine Arbeitsweise als Dirigent mit einem Orchester noch bewahren:

Beim Durchspielen der Partitur greift er zur Freude der Orchestermusiker eher wie einer der ihren herzhaft in die Tasten. Er donnert, pfeift, trommelt, singt und gestikuliert wie ein Kapellmeister, der seinen Zuhörern das Wesentliche der Partitur zu verdeutlichen sucht.[21)]

So heißt es bezüglich der Einstudierung seines letzten Orchesterwerkes, den »sinfonischen Tänzen« op. 45, mit den New Yorker Philharmonikern im Jahre 1941.
Leider hatte Rachmaninow nur sieben Mal in den 25 Jahren seiner künstlerischen Tätigkeit in den USA zum Dirigentenstab gegriffen: neben den Schallplattenaufnahmen aus den Jahren 1929 und 1939 waren dies fünf Konzerte mit seiner Chorsinfonie »Glocken« sowie seiner dritten Sinfonie. Daneben gab es immer wieder Bestrebungen, ihn in verstärktem Maße an das Dirigentenpult zurückzuholen, sogar die Wiener Staatsoper wollte ihn 1938 im Haus sehen! Am interessantesten aber wäre sicherlich die Realisierung der Idee geworden, unter seiner Leitung Tschaikowskijs Oper »Pique dame« an der Metropolitan-Oper in New York aufzuführen.
Anlässlich seines Dirigates im Jahre 1939 mit dem Philadelphia Orchestra bemerkte der Kritiker Olim Downes in der *New York Times* am 11. Dezember 1939:

Mr. Rachmaninoff zeigte sich bei den seltenen Gelegenheiten, bei denen der Schreiber dieser Zeilen ihn dirigieren hörte, die gleiche Meister-

schaft der Selbstbeherrschung, der musikalischen Führungskunst sowie der vorwärtstreibenden Kraft, die ihn als Pianisten schon zuvor ausgezeichnet hatten! Pianist und Dirigent sind in ihrer Haltung aus einem Guss: Jede Theatralik fehlt, die gleiche zwingende und begeisternde Logik in der Interpretation.
Als sich der Taktstock gestern Abend zum ersten Mal nach unten senkte, wurde Rachmaninoffs Meisterschaft sofort offensichtlich! Die Reaktionen der Sänger sowie der Instrumentalisten bestätigten diesen Eindruck. Das Philadelphia Orchestra ist berühmt für seine rasche Reaktionsfähigkeit bezüglich der Wünsche eines Dirigenten, gleich welcher Art oder Person er ist.
Aber was Mr. Rachmaninoff gestern erreichte, ist nur erzielbar, wenn die Mitwirkenden die Wünsche des Dirigenten bereits im Voraus erahnen und ihnen somit instinktiv gehorchen. Die persönliche Autorität des Dirigenten muss dabei über jeden Zweifel erhaben sein. Und in der Tat gab es im gestrigen Konzert Augenblicke, in denen Mr. Rachmaninoff, der Dirigent, den Komponisten gleichen Namens überstrahlte …

Wie Richard Strauss, wie der Komponist Rachmaninow, so widmete sich auch der Dirigent gleichen Namens vorrangig der »Gretchenfrage« des Tempos und ebenso gilt auch Rachmaninow als Verfechter eines unverrückbaren Metrums, d. h. einem Grundmaß, dem eine Komposition bei aller Freiheit immer gehorchen muss.
Sein langjähriger Freund Goldenweiser bemerkte in seinen Erinnerungen, dass Rachmaninow in diesem Punkt sich als Dirigent viel konsequenter verhielt denn als Pianist:

Rachmaninow war als Dirigent kein geringeres Genie, wenn er eigene oder Werke fremder Komponisten interpretierte, unterschied sich aber in diesem Punkt stark vom Pianisten. Rachmaninows Klavierdarbietungen waren berühmt für ihre rhythmischen Freiheiten. Oft verfiel er dabei in ein Rubato, welches paradox und keinesfalls nachahmenswert erschien. Mit seiner Interpretation von diesem oder jenem Werk, vor allem wenn er keine eigenen interpretierte, war man als Zuhörer nicht einverstanden, zumal seine eigene Persönlichkeit über das Werk triumphierte, besonders was die rhythmischen Freiheiten betraf. Gleichzeitig beeindruckte diese Persönlichkeit den Zuhörer wiederum so tief, dass dieser sich nicht zu einer kritischen Distanz zur Darbietung aufraffen konnte.

Als Dirigent verhielt sich Rachmaninow sehr viel disziplinierter und vor allem rhythmischer. Sein Dirigat beherrschte den Zuhörer in gleicher Weise wie sein Klavierspiel, aber es war strenger und klarer. – Nikisch zeigte eine ästhetischere und vor allem theatralischere Zeichengebung, während Rachmaninow sich in diesem Punkt geradezu geizig zeigte – ich glaube, ich habe diese Bewegungsarmut mal als »primitiv« bezeichnet, weil er eigentlich nur den Takt schlug –, aber seine Gewalt über das Orchester und die Zuhörer kann man nur als zwingend ansehen. Seine Interpretationen von Mozarts g-Moll-Sinfonie, seiner eigenen zweiten, Tschaikowskijs »Francesca da Rimini«, Skrjabins erster Sinfonie und vieler anderer Werke schufen unvergessliche Eindrücke für alle, die dabei gewesen waren.[22)]

Das Problem der Freiheit – der »Möglichkeit etwas zu tun – es aber nicht zu tun« (L. v. Ranke), das Rubato, das schon bei Frédéric Chopin zur Maxime führte, dass die linke Hand das Metrum zu halten, demgegenüber die rechte Hand die freieren Figurationen auszuführen habe, beschäftigte auch den Dirigenten Rachmaninow:

Ich werde niemals vergessen, wie Rachmaninow Tschaikowskijs 5. Sinfonie dirigierte. Zuvor hatten wir sie nur in der Interpretation von Nikisch und seiner Nachahmer gehört. Sicher, Nikisch hatte diese Sinfonie vor dem vollkommenen Fiasko bewahrt, in das sie von ihrem Komponisten dirigiert worden war, aber seine überzogenen Rubati wurden dann zum Gesetz für alle weiteren Interpretationen anderer Dirigenten. Rachmaninow warf diese »Traditionen« über Bord, und wir hörten gleichsam eine »neue« Sinfonie; besonders beeindruckte die Stoßkraft des Finales, ein vollkommener Gegensatz zum Nikischen Pathos, das diesem Satz immer geschadet hatte.
Noch überraschender geriet in einer späteren Saison der Eindruck von Mozarts g-Moll-Sinfonie, die lange Zeit als uninteressant galt, als ein Werk des Rokoko eben. Niemals werde ich vergessen, wie sie unter dem Dirigat von Rachmaninow erklang: voller Leben, voller Eindringlichkeit kam sie auf uns zu.[23)]

So erinnerte sich Nicolaj Medtner später im Exil an den Dirigenten Rachmaninow und Kaschkin schrieb in seiner Kritik über die Wiedergabe der 5. Sinfonie Tschaikowskijs durch Rachmaninow:

... Den Finalsatz ging er ungewöhnlich schnell und sehr impulsiv an, und dieser, der sonst gegenüber den anderen immer deutlich abfiel, beeindruckte die Zuhörer nun am meisten ...[24)]

Der Bruch mit Traditionen, mit überkommenen und liebgewordenen Höreindrücken, eine neue Sichtweise auf ein altbekanntes Werk, all dies, was ihm als Komponist so richtig nicht gelingen wollte, glückte ihm als Dirigent und wird ihn später auch als Pianist erfolgreich sein lassen: Größtmögliche Subjektivität bei größter Werkauthentizität:

Viele glauben, dass die extremen Tempogegensätze Adagio und Presto ebenso typisch für die russische Musik seien wie das Andante als gemäßigtes Tempo für die deutsche. Von diesem widersprüchlichen Standpunkt aus gesehen, waren die früheren Darbietungen der Oper »Ein Leben für den Zaren« im Bolschoj-Theater besser als die jetzigen: die langsamen Tempi wurden noch mehr gedehnt, die schnelleren noch mehr forciert. Dadurch glaubte man, »typisch russisch« zu musizieren. Aber jeder echte Musiker und überhaupt jeder Mensch, der sich von liebgewordenen Gewohnheiten lösen kann, muss zugeben, dass die Neueinstudierung der Oper »Ein Leben für den Zaren« stärker, kantiger, ausdrucksvoller andererseits in vielem einleuchtender und autorintensionierter wirkt als die bisherigen.[25)]

Bei der Analyse Engels bezüglich der Premiere vom 21.9.1904 kommt dem Leser das Bild der wassergefüllten Badewanne in den Sinn: Mit der Hand kann ich das Wasser in der Wanne bewegen, mal heftiger, mal sanfter, aber es darf kein Wasser über den Rand der Wanne spritzen! Dies gilt auch für das Tempo eines Musikwerkes: alles hat sich dem Metrum, dem Gefäß »Badewanne« also, unterzuordnen. Ein Fluss fließt schneller oder langsamer, aber die grundsätzliche Fließgeschwindigkeit bleibt gleich. Die Rhythmuswerte in ihrer Unterschiedlichkeit bewirken die Lebendigkeit eines Musikwerkes, aber in ihrem Verhältnis 2:1, d. h. zwei Kürzen auf eine Länge, bleiben sie gleich und unterliegen dem Metrum:

... Am Abend besuchte ich auch einen Dirigierkurs von Nikisch, den er im Konservatorium abhielt. Obwohl ich sehr motiviert hinging, erwies sich dieser Kurs als vollkommen langweilig! Ich beobachtete drei Dirigierstudenten. Armer Nikisch! Wenn es nach mir gänge, würden alle

drei zu Stolypin geschickt werden, damit dieser sie wegen ihrer geradezu verbrecherischen Vorstellungen bezüglich eines möglichen Dirigats nach dem Kriegsrecht einfach aufhängt. Ein Student, arrogant und dumm, erdreistete sich auf eine Bemerkung von Nikisch hin, dass man diese Stelle auf sechs ausdirigieren müsse (5. Sinfonie Tschaikowskijs), zu protestieren und wollte unbedingt beweisen, dass dies auch auf zwei möglich wäre. Und tatsächlich fing er an auf zwei zu dirigieren! Natürlich erlitt der Esel Schiffbruch auf ganzer Linie! Nicht viel besser der andere. Nur einer von ihnen machte wenigstens noch persönlich einen netten Eindruck …

… Der Höhepunkt war am Abend ein Konzert des Gewandhausorchesters mit Nikisch am Pult. Nikisch war überwältigend in Interpretation und Schlagtechnik …[26)]

So wird Rachmaninow aus Dresden an Morosow schreiben und beweisen, wie genau er rhythmische, metrische Intensionen eines Werkes auffasst, wie genau er bereit ist, den Notentext als verbindliche Grundlage seiner Arbeit zu sehen!

In einem Interview für die Fachzeitschrift *The Monthly Musical Record*, erschienen im November 1934, lesen wir auf Seite 201:

… Von allen musikalischen Talenten ist das Dirigieren ein ganz besonderes – ein persönliches Talent, das man eigentlich nicht erlernen kann. Um ein guter Dirigent zu sein, muss der Kapellmeister über eine grenzenlose Selbstbeherrschung verfügen. Er sollte in jeder Situation Ruhe ausstrahlen. Damit meine ich nicht, sich sanft oder unmotivierend zu verhalten. Die volle Kraft der Person richte sich vielmehr auf die musikalische Emotion, deren Wirkung aber wiederum vom Zentrum derselben, der persönliche Ruhe des Dirigenten, abhängt. Letztere entsteht aber nur aus dem mentalen Gleichgewicht sowie der jederzeit kontrollierten Kraft.

Dirigieren ist für mich dem Autofahren gleichzusetzen: eine innere Ruhe, die mir die vollkommene Herrschaft sowohl über meine Person als auch über die Kräfte verleiht, musikalische oder mechanische, die unter meinem Befehl stehen.

Es schien fast, als hätte Rachmaninow seine Wirkungsstätte gefunden und wäre in seiner Berufswahl vom vielversprechenden Pianisten und Komponisten endgültig zum gefeierten Operndirigenten gelangt.

All diese privaten und künstlerischen Erfolge Rachmaninows konnten aber einen aufmerksamen Beobachter nicht darüber hinwegtäuschen, dass die Zeichen öffentlich auf Sturm standen. Der politische Bogen war überspannt, die Sehne drohte zu reißen. Die soziale Klammer zwischen Arm und Reich war zerbrochen, die Diskrepanz zwischen den wenigen Superreichen und dem unermesslichen Heer der Besitzlosen wurde von Tag zu Tag größer. Allein in St. Petersburg waren um 1900 in 631 Fabriken 131.000 Arbeiter[27)] beschäftigt. In ganz Russland dürften drei Millionen Menschen als Proletarier mit niedrigstem Lebensniveau in Industrie und Handwerk beschäftigt gewesen sein. Angesichts dieses Elends – die Regierung setzte 1897 die gesetzliche Höchstarbeitszeit auf elfeinhalb Stunden/Tag (!) fest, was wiederum die frühere Arbeitspraxis nur ahnen lässt – begann es überall im Lande zu gären. Am 5. Januar 1905 forderten die bildenden Künstler in St. Petersburg in einer Protestnote mehr bürgerliche Freiheiten. Zum ersten Mal äußerten sich in Russland die Künstler öffentlich politisch. Der blutige Zwischenfall am 9. Januar 1905 anlässlich einer Bittdemonstration vor dem Zarenpalast in St. Petersburg brachte das Fass schließlich zum Überlaufen. Am 3. Februar veröffentlichte dann Engel in der St. Petersburger Zeitung *Unsere Tage* eine Protestnote der Moskauer Komponisten, die auch Rachmaninows Unterschrift trägt. Aber hier scheint weniger politisches Engagement als vielmehr Kollegialität zu den Komponisten eine Rolle gespielt haben:

Er hasste nichts mehr als den plebejischen Missbrauch des höchsten der menschlichen Ideale, der persönlichen Freiheit. Weil er selbst sich in absoluter Selbstdisziplin übte und vor jedem Ergebnis, das mit harter Arbeit erreicht worden war, größten Respekt empfand, konnte er keine Toleranz für das aufbringen, was er als »Mangel an Disziplin« ansah.[28)]

Streiks, Attentate, Demonstrationen und die harte Hand der Regierung bestimmten das Tagesgeschehen und griffen auf alle Lebensbereiche über, auch auf die Kunst und damit auf das Bolschoj-Theater. Sogar das Attribut »kaiserlich« vor dem Namen Bolschoj hielt in dieser Zeit die Leute vom Theaterbesuch ab, so groß war der Hass – gerechtfertigt oder nicht – auf das bestehende System! Vollends geriet das Staatsschiff nach dem verlorenen Krieg mit Japan ins Trudeln und Graf Wittes Oktobermanifest schürte noch die Flamme eines drohenden Generalstreiks.

Rachmaninow selbst hielt sich – getreu seiner unpolitischen Linie – völlig abseits und wurde, wie von Riesemann richtig anmerkte, nur ärgerlich, wenn die Auswirkungen dieser »ersten russischen Revolution« ihn und das Theater direkt betrafen. Schon im Sommer, den er wie immer auf Iwanowka verbrachte und mit Kompositionsarbeiten ausfüllte – diesmal hauptsächlich mit der Instrumentierung seiner Oper »Francesca da Rimini« – schilderte er in Briefen an Morosow neben den üblichen Klagen über den eigenen Arbeitsprozess auch seine Sorgen, dass die allgemeinen Unruhen mittlerweile schon den internen Theaterbetrieb bedrohten. Er sah eine kontinuierliche Probenarbeit nicht mehr gewährleistet.

Der »Heiße Herbst« 1905 sollte aber alles noch schlimmer machen, als er es sich vorher ausgemalt hatte. Zeitungen, Plakate und Programme wurden nicht mehr gedruckt, Wasserwerke, Stromversorgung und Telephonämter stellten den Betrieb ein, sogar die Lebensmittelversorgung brach in Moskau zusammen. Kein Beobachter wäre verwundert gewesen, wenn auch die Theaterbelegschaft in Streik für bessere Kontrakte getreten wäre – bis eben auf Rachmaninow, der von diesem Schritt vollkommen überrascht wurde: Der ganze Theaterstab, also nicht nur Sänger, Tänzer, Musiker, sondern auch Beleuchter, Bühnenbildner, Kostümschneider usw. bis hin zu den Platzanweisern, richteten ein Petitionsschreiben an die Theaterleitung, um bessere soziale und künstlerische Bedingungen zu erhalten und drohten bei Nichterfüllung natürlich mit Streik. Dass es bei diesem Vorgehen nicht nur um ein Ziel ging, das geschlossen erreicht werden sollte, sondern die soziale Lage mit politischen Glaubensbekenntnissen und handfesten persönlichen Absichten Hand in Hand ging, versteht sich von selbst. Als Fazit solch »politischen Bewusstseins« blieb nur eine grandiose Intrigenwirtschaft, die schließlich die Basis jeglichen Arbeitens zerstörte. Angesichts der katastrophalen Lage blieben die Theater drei Wochen hintereinander geschlossen. Darüber war niemand anderer als der Militär-Gouverneur von Moskau, Admiral Feodor Dubasow, wiederum schwer erzürnt, der ein ausgezeichneter Kenner und Liebhaber des Balletts war, ja, fast möchte man sagen, ein Ballettomane, vor allem, was die Balletteusen betraf! So war glücklich der Umstand erreicht, dass das Bolschoj-Theater und mithin auch Sergej Rachmaninow völlig in der Zwickmühle saßen. Die Theaterdirektoren sagten alle Jubiläumsveranstaltungen für die Oper »Ein Leben für den Zaren« ab, denn fast regelmäßig wurde die »Stanza« des Helden, in der er sein Leben für den Zaren – musikalisch wenigstens – hingibt, von der Galerie ausgebuht. Rufe, wie: »Nieder mit der Monarchie!«, störten die Veranstaltungen empfindlich, Hüte, Stöcke, Schirme, Taschen flogen, ja sogar die Polsterung der Sitze wurde herausgerissen und auf die Bühne geworfen. Moskau kochte und Schaljapin – der Unruhestifter vom Dienst – brachte das Fass vollends zum Überlaufen. Offiziell wegen seiner Gesundheit in Südrussland im Urlaub, kehrte er anlässlich eines Wohltätigkeitskonzertes für alte Künstler zurück und verblüffte Freund und Feind, indem er ein revolutionäres Lied mit dem Titel »Dubinuschka« sang, worauf man ihn prompt mehrmals mit dem Ruf »Dubinuschka« an die Rampe zurückrief. Schaljapin wiederum konterte mit dem Hinweis, dieses Lied sei für einen Chor geschrieben und nicht für einen Solisten, und ehe sich das Haus versah, dirigierte Schaljapin die Zuhörer, die es aus voller Kehle anstimmten. Ein alter Künstler, namens Nicolaj N. Figer[29], soll ihm daraufhin die Hand geküsst und ihn am nächsten Tag bei den Direktoren verraten haben. Der Zar, dem dieser Vorfall hinterbracht worden war, wunderte sich nur darüber, dass ein solcher Künstler noch am Theater beschäftigt sei, war aber mit einer Verbesserung der sozialen Bedingungen der Streikenden einverstanden. Die Anordnung hierfür brauchte wiederum die persönliche Gegenzeichnung des Baron Frederick, der sich jedoch mit dem Zaren auf der Jagd befand, obwohl sofortiges Handeln unerlässlich war. Inzwischen löste sich das Orchester des Bolschoj-Theaters langsam, aber sicher auf. Rachmaninow konnte eine geregelte Aufführung nicht mehr garantieren oder Streiks und Protestaktionen – zumindest beim Orchester – verhindern. Kussewitzkij machte den Anfang vom Ende und verließ, nachdem er steinreich geheiratet hatte, als Kontrabassist das Theater, nicht ohne zuvor in der Moskauer Tageszeitung *Russkoje slowo* einen Artikel geschrieben zu haben, in dem er das Theater als Hölle[30] und Sklavenhalterei bezeichnete. Er wurde jedoch nur belächelt, da jeder wusste, dass er es sich nur aufgrund seiner Heirat leisten konnte, so großspurig aufzutreten.[31] Objektiv gesehen, waren die Bedingungen am Bolschoj-Theater nicht schlechter als anderswo auch und entsprachen in etwa der »Mittelklasse« damaliger Theaterarbeit in Europa![32] Es zeigte aber die soziale Ader Rachmaninows, dass er ebenfalls, trotz künstlerischen Ärgers, für eine finanzielle Verbesserung der Musiker eintrat, nur eben nicht provokativ und öffentlich. Dieses Engagement aber genügte schon Teljakowski, ihn in die Nähe der politischen Veränderer zu rücken:

Der Kapellmeister des Bolschoj-Theaters, S. W. Rachmaninow, ... würde sofort auf der Seite der Unzufriedenen stehen – so hat er mehrfach die Meinung vertreten, dass man den Musikern zu wenig bezahle.[33)]

Das Verhältnis zwischen Intendant und Dirigent war so oder so kaputt: Im November 1905 druckte die Moskauer Tageszeitung *Russkoje slowo* nicht nur den erwähnten Protest Kussewitzkijs ab, sondern auch einen abermaligen Aufruf vieler Künstler, der ebenfalls wieder Rachmaninows Unterschrift trägt, und in dem ein »Allrussischer Verband der Vertreter der schönen Künste« gefordert wird, eine weitere politische Äußerung der Künstler zu den Tagesereignissen. Inwieweit Rachmaninow mit diesen Zielen in seiner eher inaktiven Haltung übereinstimmte, ist nur zu vermuten. Aber selbst persönliche Äußerungen oder Gesten wurden nun in diesen Tagen des Hexenkessels als politisch eingestuft: Am 27.9.1905 leitete Rachmaninow die Aufführung der Oper »Pan Wojewoda« von Rimskij-Korsakow. Der Komponist selbst war am 25. März des Jahres, nachdem er sich mit den protestierenden Studenten solidarisch erklärt hatte, vom Großfürsten Konstantin fristlos aus dem Konservatoriumsdienst entlassen worden. Glasunow, Ljádow, Jessipowa[34)] und Siloti traten daraufhin ebenfalls von ihren Ämtern zurück, eine Aufführung der Oper »Der unsterbliche Kastschej« geriet am 27. März zu einer Sympathiekundgebung für den Komponisten Rimskij-Korsakow. Die Gründung eines »Gegenkonservatoriums« im Sommer 1905 konnte die Russische Musikgesellschaft nur mit Mühe verhindern, indem sie den Gründervätern der »nationalen Musikakademie« erneut eine Einladung zur Weiterarbeit am Konservatorium aussprach und vorsichtige Reformen in Aussicht stellte.
Im September, genauer am 17. des Monats, dem immer noch umstrittenen Rimskij-Korsakow eine offizielle Einladung nach Moskau unter dem Druck von 20.000 Bajonetten, die Admiral Dubasow zur Niederschlagung des Aufstandes bereithielt, zu senden, dazu gehörte ein gewisser persönlicher Mut, eine Zivilcourage, die Rachmaninow aufbrachte:

Hochverehrter Nicolaj Andrejewitsch,
die Premiere Ihrer Oper »Pan Wojewoda« ist für den 27. September angesetzt, die Generalprobe für Sonnabend, den 24. des Monats. Ich bin nicht dahingehend informiert, ob die Direktion Sie von diesen Terminen in Kenntnis gesetzt hat.
Ich für meine Person habe sie wiederholt auf diese Termine hingewiesen, aber keine Antwort erhalten. Daher erlaube ich mir Sie persönlich zu fragen, ob Sie kommen werden? Unnötig, Ihnen zu schreiben, dass niemand glücklicher wäre als ich, wenn Sie kämen, und mich auf Fehler in meiner Arbeit aufmerksam machten. Könnten Sie am Morgen des 23. eintreffen, so wäre dies wunderbar, denn an diesem Tag ist eine Klavierprobe angesetzt.
Die Generalprobe soll tags darauf stattfinden. Der 26. sollte als möglicher Zusatztermin offen gehalten werden, um so viel wie möglich von dem zu verbessern, was Ihnen nicht gefällt. Diese Zusatzprobe kann auch mit dem ganzen Orchester stattfinden. Mit aufrichtigem und tiefem Respekt für Ihre Person,
S. Rachmaninow.[35)]

Immer wieder hatte Rachmaninow sein Bedauern darüber geäußert, dass er dem Wunsch der Mutter 1890 nicht nachgegeben hatte und nicht zu Rimskij-Korsakow zum Studium nach St. Petersburg gewechselt war. Auch darüber, dass er freundschaftlichen Kritiken, wie im Herbst 1893 anlässlich seiner 1. Klaviersuite op. 5, von seiten des St. Petersburgers so wenig zugänglich war. Jetzt, im Herbst 1905, kamen sich die beiden auch menschlich näher und Rachmaninow schilderte den nachhaltigen Eindruck, den Rimskij-Korsakow auf ihn machte:

Als »Pan Wojewoda« zur Aufführung gebracht werden sollte, lernten Rimskij-Korsakow und ich uns näher kennen. Wie vom Blitz getroffen, legte ich alle Vorurteile ab, die ich aus meiner Moskauer Studienzeit dem großen Komponisten gegenüber bewahrt hatte. Ich erkannte nun die künstlerische Ernsthaftigkeit und persönliche Integrität, welche beide Rimskij-Korsakow inspirierten und ihn turmhoch über alle Nichtigkeiten des Alltags erhoben. Sein kompositorisches Handwerkszeug, besonders seine Instrumentationsfertigkeit, sind über alle Maßen bewundernswert und seine instinktive Kontrolle der orchestralen Tonfarben konnte ich nur neidlos anerkennen. Meine Begeisterung für ihn wuchs täglich ... Aus der Zusammenarbeit mit Rimskij-Korsakow zog ich großen Nutzen. Mehr als einmal konnte ich sein unglaublich feines Gehör für Orchesterdetails wahrnehmen ...[36)]

Auch Rimskij-Korsakow schien die Zusammenarbeit erfreulich zu finden und erinnerte sich später:

... Der talentierte Rachmaninow dirigierte. Es erwies sich, dass die Oper gut einstudiert war. Chöre und Orchester klangen ausgezeichnet. Ich war zufrieden mit der Wirkung der Singstimmen und der Instrumentierung ... Die Studentenstreiks, die politische Gärung und endlich der Moskauer Dezemberaufstand führten dazu, dass »Pan Wojewoda« nach einigen Aufführungen vom Spielplan verschwand.«[37)]

Genauso wie der Dirigent der Aufführungen, Sergej Rachmaninow! Die politische Situation wurde von Tag zu Tag explosiver. Im Januar 1906 reichte Rachmaninow schließlich seine Kündigung ein. Er gab mehrere Gründe für seinen Entschluss an: Zuerst eine schon länger geplante Familienreise nach Italien, dann die Unmöglichkeit, mit einem mittlerweile so desolaten Orchester weiterarbeiten zu können, dem es an Disziplin mangelte und dessen Probenarbeit stets von Unruhestiftern und Intriganten kaputtgemacht werde!
Selbst fünf Jahre später waren diese Unerfreulichkeiten für Rachmaninow nicht vergessen! In einem Interview mit dem Moskauer Boulevardblatt *Der Morgen Russlands* äußerte sich Rachmaninow anlässlich einer Konzertreise in Wien im Oktober 1910 noch immer verbittert über die Arbeitsweisen am Bolschoj-Theater, und die jüngsten Skandalgeschichten an dieser Kulturstätte gaben ihm damals auch Recht. Aber als das Interview am 3.11.1910 in der Zeitung abgedruckt war, las es sich um ein Vielfaches schärfer, als Rachmaninow es formuliert hatte! Hellste Empörung am Theater war die Folge, Teljakowski wurde von der Belegschaft aufgefordert, Rachmaninow im Ausland persönlich zur Rechenschaft zu ziehen. Teljakowski weigerte sich und der Streit zog immer weitere Kreise, bis Rachmaninow selbst in einem Offenen Brief eine Art Gegendarstellung verfasste und darlegte, dass seine Bemerkungen wohl überzogen dargestellt worden seien. Außerdem lägen ihm Beleidigungen, vor allem seinem Freund Schaljapin gegenüber, fern. Allerdings bliebe er dabei:

Ich sagte, dass wir hinter der Bühne des Bolschoj-Theaters während der Aufführung oft eine ärgerliche Unruhe hatten. Während der Vorstellung herrschte weder Ruhe noch das Betriebsklima, das im Ausland so beeindruckt: Dort trägt jeder zum Nutzen der gemeinsamen Sache sein Bestmöglichstes bei, und wenn einer unbedingt während der Vorstellung sprechen muss, dann flüstert er, und wenn jemand laufen muss, dann auf Zehenspitzen! In der Tat herrschte hinter der Bühne des Bolschoj-Theaters während der Aufführung ein Chaos, das mir während meines dortigen Dirigates beträchtliche Probleme bereitete.
Ich sprach auch davon, dass ich Gerüchte gehört hätte, dass seit Ernennung Schaljapins zum Spielleiter … dort mehr Ruhe hinter der Bühne herrsche. Das ist alles, was ich gesagt habe.
Sergej Rachmaninow am 8.11.1910.[38)]

Interessant ist nun, einen Auszug aus dem besagten Interview gegenüberzustellen, um zu sehen, wie geschickt schon damals Sprache manipuliert wurde:

Sie alle sagen, Fjodor Schaljapin sei ein notorischer Unruhestifter. Dies ist wahr. Schaljapin stiftet überall Unruhe. Sie sind über seine unkomplizierte Denkweise erschrocken, und Fjodor hat starke Fäuste und weiß sehr wohl, für sich selbst einzustehen.
Sie halten regelmäßig Wirtshausgelage ab, saufen und schreien herum. Wo ist da ein Platz zum Arbeiten, wo eine Gelegenheit, künstlerisch tätig zu sein? Sie brauchen Schaljapin als Unruhestifter, um alles auf ihn schieben zu können.[39)]

Mit Sicherheit war aber das den Unruhen folgende politische ›Eisklima‹ in Russland Schuld an Rachmaninows Rücktritt vom Posten des Chefdirigenten. Die Premiere seiner beiden Operneinakter »Der geizige Ritter« und »Francesca da Rimini« am 11. Januar 1906 fand relativ echolos statt, das Publikum war neben den bereits angesprochenen kompositorischen Schwächen einfach zu wenig für solche Sujets sensibilisiert, angesichts des politischen und wirtschaftlichen Chaos im Zarenreich. Als auch noch Schaljapin herbe Kritik an den beiden Einaktern äußerte, sogar seine Mitwirkung an der Premiere absagte und in Gegenwart von Rimskij-Korsakow sowie der Familie Strawinsky[40)] bei einer Privatsoiree die Meinung vertrat, Puschkin habe tausendmal besser textiert als Rachmaninow komponiert, war das Maß voll. Unter diesen Bedingungen konnte auch Rachmaninow nicht mehr künstlerisch tätig sein und zog sich nach Italien zurück, in der Hoffnung, dort ungestört und vor allem frei arbeiten zu können. Am 25. Februar 1906 war es endlich soweit! Die Familie quartierte sich in Florenz für längere Zeit in der Pension »Villa Marina di Pisa« ein.

VII. Kapitel

»Die Toteninsel« – ein Phönix steigt aus der Asche

Florenz – Mekka fast aller russischen Intellektuellen, das steinerne Abbild menschlicher Phantasie, die Wiege eines neuen Humanismus im 15. Jh., aber ebenso die Geburtsstätte von Macchiavellis »Il Principe« – zog auch Rachmaninow in seinen Bann, während die Welt erregte Debatten über den »Blutsonntag« von St. Petersburg führte, leidenschaftliche Appelle an Regierung und herrschende Schichten in Russland richtete, Verhaftungs- und Bombenwellen Russland überzogen. Künstler und Intellektuelle aller Schattierungen konnten und wollten nicht abseits stehen. Ursprüngliche Ideen von der Freiheit zur künstlerischen Selbstverwirklichung mündeten nun rasch in politische Manifestationen zur bürgerlichen. Reformstau, Unbeweglichkeit und Sturheit des überkommenen absolutistischen Regimes, das glaubte, allein mit Härte und Unnachgiebigkeit auf artikulierte Oppositionsforderungen reagieren zu müssen, verstärkten noch deren Haltung gegenüber dem Regime. Druck erzeugt Gegendruck, und es ist nicht verwunderlich, dass Künstler und Intellektuelle mit emontionalem Hass auf restriktive Maßnahmen der Herrschenden reagierten. Sei es durch persönliche Involvierung, wie bei Rimskij-Korsakow oder Glasunow anlässlich der Februarunruhen in St. Petersburg, als beide inmitten von 600 demonstrierender Studenten eine prügelnde Kosakensoldateska erlebten, oder durch Engagement in Verbänden und Vereinigungen, die sich jetzt des Massenmediums Presse bedienten und sich aktiv zu Wort meldeten. Zu letzteren gehörte der Kritiker Julij Engel.

Westliche Ideen oder zumindest eine Aufgeschlossenheit gegenüber moderneren kulturellen oder politischen Ansichten waren eher in der Regierungsmetropole St. Petersburg zu finden als in Moskau, das mehr panslawistisch und konservativ bis ultrakonservativ eingestellt war. Landadel und bürgerliche Oberschicht ergänzten sich dabei nicht nur in kultureller, sondern auch in politischer Zielsetzung.

Rachmaninows Einstellung zu diesen Vorgängen war – milde umschrieben – zwiespältig. Vielleicht wäre dies bei einem Mann erklärbar, der, Hegel folgend, aus These und Antithese seine eigene, individuelle Synthese zieht, aber nichts dergleichen bei Rachmaninow. Er verkehrte im bereits angesprochenen »Kersin-Kreis«, dessen Gründer, der Rechtsanwalt A. M. Kersin, der konservativ-liberalen Seite zuzuordnen war, gleichzeitig aber auch in der Gruppe um den Schriftsteller Nikolaj Teleschow, ein Freund Schaljapins, bei dessen Mittwochsoireen Maxim Gorkij ein gerngesehener Gast war. Rachmaninow bewunderte Werk und Persönlichkeit Anton Tschechows (1860–1904), aber den Diskussionen des Dichters mit Gleichgesinnten über den politischen Standort der Bildungsbürger widmete er keine öffentliche oder private Zeile. Konkrete Situationen, die sein ausgeprägtes Sozialverhalten berührten, wie die Inhaftierung des Neffen Tanejews sowie eines eigenen Cousins, des Bruders von Natalja Satina, lösten Betroffenheit und Unterstützungsversuche von seiner Seite aus, aber eine politische Äußerung Rachmaninows finden wir vergebens. Unterschriften unter Manifeste waren, wie wir gelesen haben und noch lesen werden, eher kollegiale Gefälligkeiten, die ihn zwar in Schwierigkeiten bringen konnten, aber sie sind keine Offenbarung einer politischen Geisteshaltung! Auch Teljakowski sah nur das soziale Engagement – den Protest gegen die ungenügende Bezahlung der Musiker am Bolschoj-Theater – als gefährlichsten (!) Protest Rachmaninows an. Andererseits kommentierte der Komponist aus dem Ausland Presseberichte über Dumasitzungen oder nahm zu Äußerungen von anderen Persönlichkeiten Stellung, setzte sich aber nicht aktiv in den Gremien ein, wie z. B. Glasunow, der als erster Musiker 1907 für einen Dumasitz bei der KaDettenpartei kandidierte. Gerade zu dieser aber hätte auch für Rachmaninow eine geistige Verwandtschaft bestanden: die Partei, im Oktober 1905 als »Konstitutionell Demokratische Partei« zur Antwort auf das »Oktobermanifest« des Zaren gegründet, sprach vor allem das russische Bildungsbürgertum und damit auch Rachmaninows Grundhaltung an. Aber nichts dergleichen! Aus dem fernen Italien grollte er nur in einem Brief an Morosow über die Inaktivität des Parlaments, das zu einem Akklamationsclub verkäme und in dem Reden gehalten würden, denen jeder Informationsgehalt fehlte. Der bedauerliche Selbstmord des 23-jährigen Fabrikanten N. P. Schmidt 1907 in einem zaristischen Gefängnis infolge überharter Isolationshaft wegen Teilnahme an einem bewaffneten Aufstand aus dem Jahre 1905 berührte Rachmaninow, wie er in einem Brief an die Kersins vom 3. März 1907 anmerkte. Zugleich äußerte er auch Kritik an der konservativen Haltung des Hausherrn, aber zu mehr als dieser »Note verbale« kam es nicht:

Wie hervorragend äußerte sich Skerbski in den »Russischen Nachrichten« über den Fall Schmidt – auch wenn Arkadi Michailowitsch mir ob dieser Äußerung sehr ungehalten sein wird. [1]

Der Psychologieprofessor W. P. Skerbski hatte in einem Leserbrief – wohl im Sinne einer Protestnote – gegen die Justizwillkür im Fall Schmidt Einspruch erhoben. Ein russischer Emile Zola, aber keine Dreyfußaffäre!

Trotzdem wurden durch solche Vorfälle auch eher unpolitische Menschen in eine politisch aktive Rolle gedrängt – mit Ausnahme Rachmaninows. Nein, ein politisch-gesellschaftlich denkender Mensch war Rachmaninow nicht! Er lebte in seiner kleinen, eigenständigen Welt: der seiner Musik und seiner Familie! So erfreute er sich seit seiner Ankunft im März in Florenz an den Kathedralen, Palästen und Gärten, mied aber jede Galerie und verabscheute angesichts der Schönheit der Natur jegliche Meisterleistung des Pinsels. Ein Blick vom Platz des Michelangelo ersetze ihm jedes Gemälde, schrieb er, und außerdem habe er zu komponieren! In der »Villa Marina di Pisa«, die Mme. Lucchesa als Pension führte, bewohnten die Rachmaninows zwei geräumige Zimmer, die preisgünstig waren, dazu noch einen Kellerraum, in dem ein Klavier des Bruders der Vermieterin stand. Hier konnte Rachmaninow von 9–13 Uhr und von 15–18 Uhr täglich üben, wollte allerdings keine pianistischen Klangexzesse entfesseln, sondern nur die Partituren zu den Opern »Der Geizige Ritter« sowie »Francesca da Rimini« ins Reine schreiben. Außerdem hatte er vor, spätestens zum 1. Mai an die Küste zu fahren, ein längerer Aufenthalt in der Stadt war also nicht geplant. Zugleich bewegten ihn neue Gedanken zur Ersteigung seines persönlichen »Sisyphusberges«, der Schaffung einer großen Oper! Diesmal sollte es Flauberts berühmter Roman »Salammbô« sein, eine blutige Geschichte aus der Zeit des ersten punisch-römischen Krieges, ein Stoff, mit dem übrigens auch Mussorgskij schon einmal geliebäugelt hatte. Wie letzterer schrieb Rachmaninow seine eigenen Szenerievorstellungen nieder, brauchte aber einen Librettisten und schickte seine Entwürfe daher an Morosow mit der Bitte, diese zusammen mit dem Dichter Swobodin in ein Libretto umzusetzen. Als der Dichter seine Mitarbeit an dem Vorhaben vorzeitig beendete, bat Rachmaninow seinen alten Freund Slonow um eine Textierung. Aber auch hier kam die Arbeit aus dem Skizzenstadium nicht heraus. Diesmal fehlten dem Textbuch nicht Aktion und Handlung, sondern dem Komponisten die

Ruhe, um das Werk zu vollenden, abgesehen von den ganz offensichtlichen Sprachschwächen! Ärgerlich schrieb Rachmaninow an Slonow am 8. Mai 1906:

... etwas an deinen Versen behagt mir nicht. Es liegt an deinen Reimen, die sich sperren. Lieber Freund, ich verzichte auf sie! Ich lehne sie nachdrücklich ab, weil ich keine Möglichkeit finde, sie dem Melosverlauf anzupassen ... Reime sind abscheulich, wenn die Musik Deklamation verlangt ...[2)]

»Vater, Komponist und Dirigent gleichzeitig zu sein, ist sehr schwierig, um nicht zu sagen, äußerst schmerzhaft«, schrieb er außerdem in dieser Zeit an Morosow. Zwar war die kleine Fünfzimmervilla bei Pisa zauberhaft gelegen und das Meer nur 50 Schritte entfernt, aber Irina, sein Töchterchen, erkrankte schwer. Ständige Fieberschübe, verbunden mit völliger Appetitlosigkeit schwächten den kindlichen Körper in gefährlichem Maße und kein Arzt konnte helfen:
»Du kannst Dir nicht vorstellen, wie schmal sie ist«, schrieb Rachmaninow an Morosow im Mai 1906, »sie ist nur noch ein Schatten ihrer selbst, wir leiden unsagbar darunter!«
Auch ein Umzug nach Florenz brachte keine Besserung, die Ärzte empfahlen eine Rückreise nach Russland. Russland! Dies war Medizin für den heimwehkranken Rachmaninow, der täglich in Pisa mehrmals zum Briefkasten lief und sehnsüchtig auf Nachricht hoffte! Aber wie heimkehren, wo doch das Geld außer der Tochter die größten Probleme aufwarf? Bereits am 27. April 1906 schrieb er Morosow, dass er ein Angebot von Brandukow für ein Theaterdirigat vom 1.9.1906 bis 1.2.1907 mit einem Salär von 8.000 Rubel habe sowie für zehn Konzerte als Dirigent bei der Russischen Musikgesellschaft für das Salär von 4.500 Rubel. Zudem bot ihm Kersin drei Konzerte für 900 Rubel an mit zusätzlichen Wohltätigkeitsveranstaltungen:

... Ich muss hinzufügen, schrieb er weiter, *dass ich aber bis zum ersten September keine Kopeke mehr besitzen werde. Dies bemerke ich zusätzlich, um meine schwierige Lage gänzlich zu erklären ...*[3)]

Gleichzeitig äußerte er sich in diesem Schreiben zu einem unterschriftsreifen Vertrag für eine Amerikatournee:

... und außerdem hoffe ich, etwas Brauchbares in naher Zukunft komponieren zu können, ansonsten erhoffe ich mir wenig! Und nun stelle ich folgende Frage: Wäge alles ab, was ich habe und was ich haben könnte, und schreibe mir dann offen, ob ich alles, was ich habe, zum Teufel schicken und mit dem zufrieden sein soll, was ich haben könnte? Denke gut darüber nach, lieber Nikita Semenowitsch, und lasse es mich wissen! Du bist ein Mann der Entscheidung und kannst dir nicht vorstellen, was ich durchmache, dies alles allein zu entscheiden und dabei zu wissen, dass nur ich allein es bestimmen kann. Meine Hände zittern! Die Schwierigkeit liegt ganz einfach darin, dass ich unfähig bin, irgendetwas selbstständig zu beschließen. Die Entscheidung muss – wie ich sehe – jetzt, noch in diesem Jahr fallen! ...[3)]

Klarer kann die persönliche Verfassung Rachmaninows in dieser Zeit nicht beschrieben werden. Entschlussfreudigkeit war nie seine Stärke! Selbstbewusstsein noch weniger! Und als er auch noch von Störungen und Schwierigkeiten auf der Eisenbahnstrecke Warschau–Wien hörte, gerade als er entschlossen war, sich auf die Orchesterkonzerte im September zu konzentrieren, in denen er Glasunows 8. Sinfonie in e-Moll uraufführen und Teile aus Rimskij-Korsakows Oper »Die unsichtbare Stadt Kitesch« und dessen Orchesterstück »Dubinuschka« zum Erklingen bringen wollte, schrieb er pathetisch-verzweifelt an Morosow:

Was für eine Tragödie! Wir können nicht hierbleiben und es sieht so aus, als ob wir nicht abreisen könnten! Aber man kann offensichtlich nichts dagegen unternehmen! Werden wir uns in Moskau jemals wiedersehen?[4)]

Aber am 1. August 1906 kehrte er wohlbehalten nach Iwanowka, dem geliebten Gut zurück. In der heimatlichen Atmosphäre wurden nicht nur Töchterchen Irina völlig gesund, sondern auch Rachmaninows labiler Nervenzustand stabilisiert. Langsam gewöhnte er sich nach der Unruhe der letzten Monate wieder an regelmäßiges musikalisches Arbeiten. Einzig greifbare Werkausbeute des Italienaufenthaltes war – neben den bereits erwähnten abgebrochenen Skizzen zur Oper »Salambô« – die »Polka italienne« für zwei Klaviere in es-moll/Es-Dur, eine Homage an die Wandermusiker in Pisa, die allabendlich vor Rachmaninows Quartier ein Abendständchen gaben. Aber auch

hier eine Pointe mit Beigeschmack: 1910 wurde dieses, mittlerweile zum Gassenhauer avancierte Klavierwerkchen für die Kaiserliche Marinekapelle in St. Petersburg arrangiert. Rachmaninow fügte der Instrumentierung des Kapellmeisters noch Fanfaren zur Wirkungssteigerung hinzu. Hatte er vergessen oder nicht gewusst, dass die Märzunruhen in St. Petersburg auch dadurch am dortigen Konservatorium ausgelöst wurden, weil Studenten des Fachbereiches Militärmusik sich damit gebrüstet hatten, eigenhändig demonstrierende Arbeiter vor dem Winterpalais erschossen zu haben?
Jetzt erreichte ihn auf Iwanowka die Bitte der Kersins, anknüpfend an den großen Erfolg des Liederzyklusses op. 21, doch einen weiteren nach von ihnen vorgeschlagenen Texten zu verfassen. Rachmaninow konnte sich der Bitte schwerlich entziehen, dazu verdankte er dem Kreis zu viel, obwohl ihm die Textvorlagen gar nicht schmeckten:

Alle Texte dieser Lyriksammlung bedürfen der Moll-Tonarten. Kann man denn nicht wenigstens ein paar Verse finden, die Dur-Tonarten vertragen? Ich werde sonst noch vollkommen melancholisch.[5)]

In der Tat zeigen die ersten drei Vertonungen des Liederzyklus op. 26 mehr eine melancholische Altersphilosophie, denn den Optimismus eines erfolgreichen Komponisten von 33 Jahren, dem die Welt offen stand. Trotzdem gelingen dem Komponisten wieder bemerkenswerte Details in der Vertonung! Betrachten wir das längste und zu den bekanntesten zählende Lied »Zwei Abschiede« (No. 4):
Ein Mann fragt eine junge Frau, warum sie von ihren zwei Liebhabern verlassen worden sei. Der erste, antwortet sie, war über dieses Arrangement verwirrt, dem anderen lag nichts an ihr. Gefragt, wem nun von beiden ihr Herz gehöre, gibt sie zur Antwort, dem ersten, aber den zweiten liebe sie.
Rachmaninow bietet seine ganze Kunst der Miniaturmalerei mit klanglichen Mitteln auf! Er entwirft für die Liebhaber zwei Vignetten, wobei er die erste mit einem metrisch-ruhig, deklamierenden Rezitativ ausmalt, dem eine Akkordbegleitung unterlegt ist. Lebhafter gestaltet er die zweite, als die Frau über die Gefühlskälte des Mannes entsetzt ist. Anklänge an Mussorgskij werden laut, wenn der zweite Liebhaber der Frau mitteilt, dass er sie verlassen werde:

Kompositorisch noch interessanter das Lied »Christ ist erstanden« (No. 6)! Hier verknüpft der Komponist kirchliche Motive aus dem *Obikhod* (vgl. Kapitel I) mit Anklängen und Zitaten aus dem Schlusssatz seiner gedankenschweren ersten Suite für zwei Klaviere op. 5. Um den Kreis der gedanklichen Insistierung, der Bewältigung des Psychotraumas zu schließen, zitieren die Einleitungstakte des Klavierpartes das Eröffnungsmotiv seiner ersten Sinfonie. Ihr religiöses Motto lautet bekanntlich: »Mein ist die Rache, spricht der Herr, ich will vergelten!«:

Motiv der 1. Sinfonie

Die textliche Vision von einem auf Erden zurückgekehrten Christus, der über das gesehene Weltübel nur unsägliche Qualen empfindet, verstärkt der Komponist durch sein melodisches Selbstbekenntnis. Unaufhaltsam treibt die Komposition auf einen Punkt tiefster Verzweiflung und abgrundtiefer Geistesleere zu. Der Ostergesang, die kirchliche Jubelsequenz, kann im Hintergrund, sprich Klavierpart, nur noch als meckernde Spötterei wahrgenommen werden.
Das folgende Lied »Den Kindern« ist ebenfalls von tief-religiöser Empfindung, sowohl textlich als auch musikalisch geprägt. Auch hier finden wir wieder Autointension in der Komposition: Der Text berichtet von den wehmütigen Erinnerungen der Eltern, wenn sie die Entwicklung ihrer Kinder betrachten und dabei ihren eigenen Alte-

rungsprozess reflektieren – Rachmaninows Tochter Irina war zum Zeitpunkt der Vertonung drei Jahre alt, Tatjana noch nicht geboren. Die besonders gelungene vokale Melodielinie sowie die einfachen Stützakkorde des Klavierparts, verleihen dem Lied in ihrer Schlichtheit zusätzlich einen Reiz:

Es verwundert nicht, dass dieses Lied sich schon zu Lebzeiten des Komponisten allergrößter Beliebtheit bei Interpreten und Publikum erfreute.
Werfen wir noch einen Blick auf das Lied »Gestern trafen wir uns« (No. 13) auf einen Text von J. Polonskij. Nicht nur, dass es leider die einzige Vertonung Rachmaninows ist, die Schaljapin in seinem Leben auf Schallplatte gesungen hatte, macht uns auf die Komposition neugierig, sondern wiederum die Meisterschaft des Komponisten, Mikrodetails subjektivst und nahezu perfekt auszuleuchten!
Das Gedicht erzählt vom zufälligen Wiedersehen eines Dichters mit einer einst geliebten Frau. Er ist überrascht darüber, wie sehr sie sich verändert hatte. Zudem erzählt ihr schamvoller Blick seine eigene Geschichte: Obwohl sie längst verheiratet ist, liebt sie den Dichter noch immer.
Der Vokalpart wird frei gestaltet, viele Pausenwerte symbolisieren das stockende Textgeschehen, während die fast nadelstichartigen Akkordschläge in sehr ungewöhnlichem Tonmaterial die psychologischen Stimmungsschwankungen der Frau widerspiegeln, nachdem sie sich endgültig von ihrer Jugendliebe verabschiedet hatte. Das Lied endet mit einem großen Crescendo, wenn der Mann, von der Erinnerung an die frühere Liebesbeziehung überwältigt, sein Schweigen brechen will:

Der ›Erfolg‹ dieser Liedersammlung op. 26 – von einem Zyklus kann man wieder nicht sprechen, da kein inhaltlicher Zusammenhang der Texte zueinander vorliegt – bestätigte Rachmaninows Vorüberlegungen!

Über die Uraufführung am 12.2.1907 im Großen Saal der Adelsversammlung in Moskau urteilte der Kritiker der *Russischen Nachrichten:*

Diese neuen 15 Romanzen können nicht gerade als Fortschritt gegenüber früherer Romanzen des Komponisten bezeichnet werden und bleiben sogar hinter den Ansätzen seines nun schon einige Jahre alten Trios op. 9 zurück, das den Abend beschloss. Teilweise mag dieser Eindruck darauf begründet sein, dass der Große Saal der Adelsversammlung für die geforderte Intimität der Lieder nicht geeignet schien.[6)]

Sicherlich, diesmal war es ein Auftragswerk, die spontane Identifizierung des Komponisten mit dem Sujet wie bei op. 21 fehlte, damit auch die schon so oft erwähnten Assoziationen, die externen Impulse. Rachmaninow wusste dies und wollte retten, was zu retten war. In einem Brief an die Auftraggeber und Widmungsträger, die Kersins, schrieb er:

Kein Lied sei sehr überzeugend, nur eine erstklassige Interpretation könne noch über die kompositorischen Mängel hinweghelfen, weshalb er um den Tenor Leonid Sobinow vom Bolschoj-Theater bäte sowie seinen Freund Goldenweiser als Pianisten, da in diesem Liederkreis der Part des Pianisten anspruchsvoller als der des Sängers sei. Goldenweiser spielte dann tatsächlich – aber Sobinow sang leider nicht!
Vielleicht stand der Komponist auch noch zu sehr im Banne seiner Opernarbeit, denn fast allen Liedern fehlt ein arioser Melodiebogen, der aber auch textlich nicht vertretbar gewesen wäre. Prosatexte, wie der Schlussmonlog Sonjas aus Tschechows Theaterwerk »Onkel Wanja« vertragen keine kantablen Bögen. Textdeklamation, Rezitative sind bei den meisten Texten aus dem Sprachduktus zwingend vorgeschrieben. Monologe oder Duette wie im Lied »Zweifacher Abschied« (No. 4) geraten zu Opernszenen ›en miniature‹. Man spürt, wie hilflos der Komponist den Vorgaben gegenübersteht. Der Rahmen sprengt den Inhalt und umgekehrt, aber beide sind dem Komponisten vorgegeben: eine Quadratur des Kreises die Folge.
Und schon drohte neues Unglück. In Moskau und allen anderen Großstädten gärte es immer noch, die Russische Musikgesellschaft glich einem Chaos. Es bestand keine Möglichkeit mehr, Konzerte durchzuführen. Rachmaninow war verzweifelt. Da er zudem seine Tätigkeit als Inspizient am Jekaterinskij- und Jelisawetinskij-Institut aufgegeben hatte, verfügte er über keinerlei gesichertes Einkommen. Der einzige Ausweg schien ihm eine verstärkte Kompositionstätigkeit, allerdings nicht in der unruhigen, politisch überheizten Atmosphäre in Moskau. Er besprach die Situation mit all seinen Verwandten und Angehörigen, und der Familienrat kam zu dem Entschluss, dass Rachmaninow diesmal nach Deutschland – Hort und Inbegriff politisch-wirtschaftlicher Stabilität – und dort nach Leipzig oder Dresden übersiedeln sollte, Städte mit hoher musikalischer Tradition, in denen er hoffte, mit dem geringen Entgelt für seine letzte Komposition leben zu können:

»*Was kann ich tun*«, schrieb er an Morosow am 29.8.1906, »*wenn alle meine Vorhaben die Unterstützung derer bedürfen, die ich liebe und denen ich vertraue? Ein Mann, der, wie ich, nichts von sich aus tut und es liebt, ständig getreten zu werden! Und hier bin ich dir wieder für deinen Tritt dankbar! Nun kann ich dir mitteilen, dass ich jede Bindung an Moskau abgestreift habe und Moskau den ganzen Winter über verlassen werde. Ich bin sehr glücklich, dass du dem Plan zustimmst. Ich arbeite hart, mache aber nur kleine Fortschritte. Die Einfälle kommen mir nicht leicht …*[7)]

Dresden, das »Elbflorenz«, präsentierte sich im November 1906 noch im märchenhaften Glanz August des Starken. Die Brühlsche Terrasse, die Hofkirche, der Zwinger, das Grüne Gewölbe sowie die Semper-Oper, all dies hatte Rachmaninow schon bei einer früheren Visite in seinen Bann gezogen. Zudem beeindruckte ihn damals eine mustergültige Aufführung der »Meistersinger« Richard Wagners, eine Oper, die sein erklärter Liebling war, und Leipzig mit seinem weltberühmten Gewandhausorchester unter Leitung von Arthur Nikisch nur zwei Stunden entfernt! Nikisch, der große Magier des Taktstocks, stellte für Rachmaninow bekanntlich als Dirigent das gleiche väterliche Leitbild wie Peter Tschaikowskij im Bereich der Komposition dar. Zudem hatte Dresden in der Person von Schuch einen hervorragenden Opernleiter, so dass es an Anregungen und Kontakten nicht fehlen konnte. 51 Uraufführungen und über 120 Erstaufführungen gehen auf das Konto des Generalmusikdirektors Ernst von Schuch,

Dresden – »Elbpanorama« – Blick über die Elbe auf die Hof- sowie Frauenkirche (1927)
(Archiv: E. Reder)

Dresden – Die »Semper-Oper« vor der Zerstörung (1927)
(Archiv: E. Reder)

vor allem aber der Siegeszug der Opern Richard Strauss': Alle wesentlichen Opern des Münchners erlebten in Dresden ihre Uraufführung: »Feuersnot«, die Abrechnung mit dem Münchner Kulturleben 1901, »Salome« 1905 und schließlich »Elektra« 1909, ehe der »Rosenkavalier« endgültig 1911 den Weltkomponisten Strauss begründete. Außerdem ermöglichte die reizvolle Umgebung der Dresdner Elblandschaft, die ein Jahrhundert zuvor schon E. T. A. Hoffmannns Anselmus im »Goldenen Topf« in romantische Wunschträume versetzt hatte, genügend Raum für Erholung und Zerstreuung. Besonders die Sanatorien im vornehmen Villenvorort »Weißer Hirsch«, elbaufwärts gelegen, wird Rachmaninow auch in späteren Jahren gerne zu Erholungsaufenthalten nutzen. Ein Haus war schnell gefunden, nahe dem »Großen Garten«, der »grünen Lunge« Dresdens, in der Sidonienstraße 6. Dreihundertjährige Bäume, Botanischer und Zoologischer Garten auf der einen Seite, der Hauptbahnhof verkehrstechnisch günstig gelegen auf der anderen. Zufrieden äußerte er sich in einem Brief an Morosow:

Lieber Freund Nikita Semjonowitsch,
heute haben wir endlich unser neues Quartier bezogen. Ich kann mich nur dahingehend äußern, dass dieses Domizil, oder wie sie hier dazu sagen, »Gartenvilla«, bezaubernd ist. Kein anderes Objekt gefiel mir so wie dieses! Das Haus steht mitten im Garten und hat insgesamt sechs

Zimmer: drei im Parterre und drei im ersten Stock, die alle nach Westen weisen. So habe ich auch genügend Licht zum Arbeiten. Die Schlaf- und Familienräume befinden sich oben, Arbeits- und Esszimmer unten. Deshalb halte ich mich unten meistens allein auf, kann dort ungestört schalten und walten …[8)]

Den Mietzins, 2.200 M, hielt er für angemessen und erschwinglich. Alles schien in bester Ordnung zu sein! Allerdings, mit den Lebensrealitäten stand Rachmaninow nach wie vor auf Kriegsfuß. Im bereits zitierten Brief an Morosow vom 9.1.1906 als auch im Brief an die Kersins schilderte er anschaulich zwei Episoden bezüglich der »sächsischen Krämerseele«:
1. Rachmaninow wollte die Möbel für seinen neuen Hausstand lediglich mieten. Aber diesbezüglich gab es in Dresden nur zwei Möbelhäuser, wobei die geschäftstüchtigen Sachsen den Mietpreis so hoch ansetzten, dass der Kauf billiger kam. Schweren Herzens entschloss sich Rachmaninow zum Erwerb. Besonders ein roter Armsessel erweckte sein Interesse. Am nächsten Morgen überlegte er es sich anders und wollte das Geschäft rückgängig machen, aber der Händler weigerte sich und sagte nur, der Handel sei geschlossen und gültig. Sprach's und schickte den Sessel zu Rachmaninows Haus. Dieser verweigerte die Annahme und der ganze Streit endete beinahe vor Gericht! Erst als auch ein Rechtsanwalt die Gültigkeit des Geschäftes bestätigte und darauf hinwies, dass Rachmaninow seine Kaufabsicht klar formuliert hatte, musste der Komponist klein beigeben und sowohl Sessel als auch gegnerischen Rechtsanwalt bezahlen! Zum Glück erwies sich der Sessel als sehr bequemes Möbelstück, so dass die Familie ihn bald schätzte und den Kauf nicht bereute.

2. Rachmaninow hatte in Russland viel von der billigen Lebenshaltung im deutschen Kaiserreich gehört. Bezogen auf den Wechselkurs von einem Rubel zu vier Goldmark war dies vielleicht richtig. Aber Sachsen war nicht das deutsche Kaiserreich und billig schon gar nicht! Die Lebensmittelpreise fand er daher bald als zu hoch. Aber dass man für einen schlechten Opernplatz so viel zahlen musste wie für zwei (!) Gänse, das überstieg sein Fassungsvermögen erheblich: »Sind die alle Diebe oder habe ich einfach Pech?«, schrieb er nach Russland an die Kersins.
Trotzdem gefiel ihm die kleine, verträumte Stadt, die 70 Jahre zuvor

Richard Wagner zu muffig, zu spießbürgerlich gefunden hatte. Fleißig besuchte er mit seiner Frau die Oper, sah Franz Léhars »lustige Witwe«, wobei er sich königlich amüsierte, und erlebte den Siegeszug von Richard Strauss' »Salome« mit:

Strauss ist ein äußerst talentierter Mann, der absolut sicher sein Handwerk beherrscht, notiert er hierüber, *und seine Instrumentierung ist nahezu perfekt. Für mich wäre es eher unangenehm, und ich verspüre auch eine gewisse Scheu davor, wenn sie in meiner Anwesenheit hier im Theater unvermittelt mit einer meiner Opern beginnen würden; ich käme mir dann richtiggehend nackt vor. Nicht so dagegen Strauss, er tritt wesentlich selbstbewusster auf ...*[8)]

Diese Selbstsicherheit gefiel dem Zweifler um so mehr, da die Wiedergabe der Strausschen Musik alles andere als perfekt war:

... geriet in völlige Aufregung. Am meisten beeindruckte mich natürlich das Orchester, aber auch in der Musik sagte mir vieles zu, vorausgesetzt, sie erklang nicht mehr so falsch ...[8)]

Schade, dass der Weltbürger Strauss so wenig kollegial dem Zweifler gegenüber war. Beide hatten viel gemeinsam, nicht nur die uns schon bekannten boshaften Kritiker. Beide waren Meister der Instrumentierung, Magier der Orchesterbeherrschung. Beide gingen von einer »poetischen Idee« aus, einem gedanklich-ideellen Impuls, der zu dieser Zeit auch bei Richard Strauss meist in einer literarischen Vorlage bestand: z. B. »Don Juan« oder »Macbeth« – Sujets, mit denen sich Rachmaninow ebenfalls beschäftigt hatte. Dem Postulat von Charakterbildern, vom Ausdruck von Empfindungen und der Darstellung von seelischen Abläufen sowie dramaturgischen Situationen, das der junge Strauss zur Jahrhundertwende aufgestellt hatte, entsprachen die Grundideen des musikalischen Schaffens bei Rachmaninow!

Vollste Zustimmung Rachmaninows dürfte auch die Maxime von Richard Strauss ausgelöst haben, dass die Melodiebildung bei einer Komposition der wichtigste Teil der schöpferischen Arbeit sein müsste. Nur das Motiv, die »Keimzelle« jeder Komposition, sei Sache der Intuiton, des halbunbewussten Einfalls: »Nicht auf den Anfang einer Melodie kommt es an, sondern auf die Fortsetzung.«[9)] (vgl. Kapitel I)

Viele Musikwerke klangen in den Ohren von Strauss schlecht, weil ihre Melodie »nicht zu Ende durchgearbeitet« sei, »nach kühnem Fluge lassen sie müde die Flügel hängen« ...[9)]

Spiegelt diese Aussage nicht das ständige kompositorische Bemühen Rachmaninows wider? Wie eine Offenbarung klangen solche und ähnliche Aussagen von Richard Strauss in den Ohren von Rachmaninow, wenn der Deutsche forderte, dass sinfonisches Denken »Empfindungen malen« heiße, »in Tönen dichten«.[10)] Auf einer solchen Plattform grundprinzipieller Übereinstimmungen müsste sich doch ein Gedankenaustausch, eine nicht nur werkimanente Beziehung aufbauen lassen! Aber nichts dergleichen geschah!

Rachmaninow beschäftigte sich intensiv mit den Werken von Richard Strauss, nahm dessen Orchesterbravourstück »Till Eulenspiegel« in sein Dirigierrepertoire auf – Strauss' Wahrnehmung des Komponistenkollegen erschöpfte sich in der Bemerkung: »Gefühlvolle Jauche«. Sicherlich, damit stand Rachmaninow in der »Gunst« des Deutschen nicht allein: den von Rachmaninow ob seines Witzes geschätzten Franz Léhar bezeichnete Strauss als »Puccini der armen Leute«, als notorischen Kitsch schlechter Sorte. Dem Dirigent Hans Knappertsbusch drohte er für dessen Einsatz bezüglich der Werke von Hans Pfitzner an, ihn »in den tiefsten Contrapunkt der Pfitzner-Hölle verflucht« zu haben und er werde »zu lebenslänglicher Palästrina-Hölle verdammt« (1926)[11)], wenn er weiter für die »hohlen Masken« der Palästrinaoper schwärme. Von dem ›Qualitätsurteil‹ – »Zirkusmusik« – bezüglich der Werke Rimskij-Korsakows haben wir schon erfahren. Sicherlich, in vielem hatte Strauss nicht Unrecht! Wenn er zum Beispiel von der Gefahr »nur rhythmisch kontrastierender Themen« spricht, die zu »thematischen Spielereien« führe, wie dies ihm selbst von Johannes Brahms anlässlich seiner Jugendsinfonie f-Moll gesagt worden sei, oder wenn er forderte, dass der Kontrapunkt nur dann berechtigt eingesetzt werden dürfe, wenn dies poetisch notwendig sei. Der Schritt wäre dann zwingend, wenn zwei oder mehrere rhythmisch, besonders aber harmonisch aufs stärkste (!) konstratierende Themen zur vorübergehenden Vereinigung zwängen.[10)] Gerade die Themenantipoden sind aber oft die Schwachstellen in der Rachmaninowschen Konzeption. Die mikrokosmisch-analytische Denkweise, das Kreisen um Zentraltöne oder Intervallstrukturen, dieser Minimalismus Rachmaninows stand dem großen Wurf, der alles vereinnahmenden »Idee«, wie Strauss sie fordert, im Wege, ja manchmal direkt in Opposition, wenn wir uns die sinfonischen Werke ansehen. Was Strauss bezüglich der Sinfonien Beethovens forderte, die Grundidee im Sinne von Hegel oder Schopenhauer, fehlt den Rachmaninowschen ganz. Der Idee der Freiheit bei Beethoven steht höchstens der psychologische Selbstfindungsprozess bei Rachmaninow gegenüber, aber dies war in den Augen von Strauss zu wenig.

Andererseits war Richard Strauss für Rachmaninow offensichtlich eine ähnliche Autorität wie Leo Tolstoj. Er tat sich immer schwer mit selbstsicher auftretenden Menschen und hatte ihnen wenig psychische Gegenwehr entgegenzusetzen. Er protestierte ebenso wenig gegen Tolstojs Urteil: »Sagen Sie mir, braucht irgendjemand eine solche Musik?« wie gegen das Apodiktum von Strauss: »Und in dem *Wie*, da liegt der Unterschied.«[9)]

Selbstbewusstere Komponisten, wie z. B. Igor Strawinsky nehmen den Fehdehandschuh auf und kontern, nicht so Rachmaninow. Frotzelte Strauss über den »Sacre du printemps« als »Sakrileg du printemps« oder über den Erfolg des Russen:

Wenn er für seine Bemühungen Publikum findet – nur zu! Es ist sehr wahr, dass Mathematik ein Grundelement der Musik ist, aber nicht das einzige![10)]

So konterte Strawinsky mit dem Vorschlag:

Strauss-Opern doch einem Purgatorium zu überlassen, das triumphierend diese Banalitäten strafe …[11)]

Erst am Ende seines Lebens wird sich Rachmaninow in einem Interview 1941 persönlich zur Denkweise von Richard Strauss äußern und sie für seine Person ablehnen:

Komponieren ist genauso ein essenzieller Teil meines Lebens wie Atmen oder Essen, damit eine notwendige Lebensfunktion.
Wenn ich ständig das Bedürfnis in mir verspüre, Musik niederzuschreiben, so ist das nur der Wunsch, meine Gedanken total auszudrücken … Ich hege keine Sympathie für Komponisten, die Werke mit vorabgefassten Formeln oder außermusikalischen Theorien verfassen … Musik muss, im Gesamtbild, Ausdruck der komplexen Persönlichkeit des Komponisten

sein ... Die Werke eines Komponisten sollten sein Geburtsland, seine Liebesaffären, seine Religion, die Bücher, welche ihn beeinflusst haben, widerspiegeln, auch die Bilder, die er liebgewonnen hat. Sie sollten das Produkt der gesamten Lebenserfahrung eines Komponisten sein. Studieren sie die Meisterwerke aller großen Komponisten, und sie werden jeden Aspekt der Persönlichkeit des Komponisten wiederfinden ...
Ich schreibe die Musik nieder, die ich in mir höre, so getreu wie möglich. Ich bin ein russischer Komponist, und das Land, in dem ich geboren wurde, hat meinen Charakter geprägt sowie meine Geisteshaltung. Meine Musik wiederum ist das Produkt meines Charakters, und so ist sie eben russische Musik. Niemals hatte ich den Vorsatz gefasst, russische Musik schreiben zu wollen oder Musik einer anderen Coleurs.[12)]

Aber selbst in dieser Distanzierung von einer Verphilosophierung der Musik zeigt sich auch wieder die Gemeinsamkeit der beiden Komponisten: Bei beiden wird nur hörbar, was aus ihnen selbst entsteht, aus ihrem eigenen Realitätsbewusstsein. Die äußere Wirklichkeit berührt sie nicht oder nur kaum, sie stört sie manchmal, so z. B. die politische Situation. Rachmaninow zieht sich zum Komponieren von den realpolitischen Verhältnissen in Russland nach Dresden zurück, Strauss geht nach einem kurzen Gastspiel als Präsident der Reichsmusikkammer in die innere Opposition zum NS-Regime nach Garmisch-Partenkirchen. Beide sind sie auf der Suche nach den eigenen Wurzeln, beide befinden sich in einem Elfenbeinturm der Musik im Streben nach Wahrheit und Identität. Beide wollten im Endeffekt nur sie selbst sein.
Weitere Inspirationen zum eigenen Schaffen erlebte Rachmaninow in Dresden mit Beethovens »Missa Solemnis«, Händels »Samson«, Bachs »Hohe Messe« und Mendelssohns Oratorium »Der heilige Paulus« sowie in zahlreichen Konzerten des Gewandhausorchesters. Selbstverständlich standen die »Meistersinger« auch wieder auf seinem Programmzettel.
Obwohl die Rachmaninows sehr zurückgezogen in Dresden lebten, knüpften sie dennoch zu einem Mann Kontakt, mit dem sie eine fast 15-jährige Freundschaft verbinden sollte: Nicolas von Struve. Dieser enge Kontakt endete erst mit dem gewaltsamen Tode Struves in Paris.
Struve, einer baltendeutschen, aber schon lange russifizierten Moskauer Familie entstammend und wie Kussewitzkij wohlhabend ver-

heiratet, war ein Weltmann mit Bildung. In Dresden hatte er bei Felix Draeseke Komposition studiert und selbst schon einige Werke in Deutschland veröffentlicht. Später wird er sich als wahres Organisationstalent erweisen und den »Russischen Musikverlag« finanziell leiten, in dem Rachmaninow ebenfalls eine gewichtige Rolle spielen wird.

Nicolas von Struve ist auch der Widmungsträger der sinfonischen Dichtung »Die Toteninsel«, der bedeutendsten Komposition Rachmaninows in seiner Dresdner Zeit.

Bei all diesen neuen Eindrücken und Impulsen kam der Aufschwung zu neuer Schaffenskraft nicht zu kurz. Noch im Herbst 1906 stürzte er sich mit Feuereifer in eine neue Oper nach dem Schauspiel »Monna Vanna« von Maeterlinck. Bereits am 15. April 1907 hatte er den ersten Akt in der Klavierfassung fertig und wollte bis Juli Slonows 1.000 (!)-Zeilen-Libretto für den zweiten Akt in der gleichen Weise fertig skizziert haben, aber er kam nicht mehr dazu. Als er das Werk 1908 erneut in Angriff nehmen wollte, scheiterte die Arbeit an urheberrechtlichen Bedingungen. Maeterlinck hatte nämlich mit Heugel, einem deutschen Musikverleger, vereinbart, dass nur Henri Février, ein heute weithin unbekannter Musiker, seine Werke vertonen dürfe. Rachmaninow konnte daher nur die Werklizenz für Russland erhalten und keine internationale, so dass für ihn die Sache uninteressant wurde. Enttäuscht legte er den Manuskripttorso in die Schreibtischschublade und hielt ihn dort bis zu seinen letzten Tage verschlossen.[13)]

Das Werk aber, das die Arbeit im Frühjahr 1907 an »Monna Vanna« unterbrach, war die Orchestrierung einer neuen, der Sinfonie No. 2 in e-Moll! Zu tief saß noch das Desaster der d-Moll-Vorgängerin in ihm, so dass er das Werk still und heimlich in Dresden fertigstellte und erst, als die Freunde in Russland durch eine Zeitungsnotiz davon Kenntnis erhalten hatten, schrieb er am 11. Februar 1907 als Postscriptum unter einen Brief an Morosow:

... Gerade habe ich von Slonow die Nachricht erhalten, er habe in der Zeitung einen Hinweis dahingehend gefunden, dass ich eine Sinfonie beendet hätte. Falls du ähnliches schon gehört haben solltest, möchte ich diesbezüglich noch ein paar Worte schreiben. Vor einem Monat, vielleicht auch schon länger, vollendete ich tatsächlich eine Sinfonie, aber ich muss hinzufügen »im Entwurf«. Dies habe ich der »Welt« nicht

mitgeteilt, weil ich das Werk erst endgültig niederschreiben möchte. Während ich nämlich vorhatte, sie ins ›Reine‹ zu schreiben, wurde sie schrecklich langatmig und abstoßend für mich. So legte ich sie beiseite und widmete mich etwas anderem. Die ›Welt‹ hätte es niemals erfahren, wenn mir nicht Siloti bei seinem hiesigen Besuch das Geheimnis entlockt hätte. Darum habe ich jetzt schon Einladungen erhalten, diese Sinfonie in der nächsten Saison zu dirigieren! – Die Neuigkeit hat sich flugs überall verbreitet. Aber im Vertrauen, ich bin darüber alles andere als erfreut. Nur so viel: sie ›wird sein‹, aber nicht vor dem Herbst, da ich die Orchestrierung nicht vor dem Sommer beginnen werde ...[14)]

Anders als ihre Vorgängerin, die erst 1945 ihre volle Rehabilitierung erfuhr, erweckte die zweite Sinfonie schon früh das Interesse und die wohlwollende Kritik der Zeitgenossen, obwohl sie bis heute in keiner Weise die Beliebtheit und die fachliche Anerkennung der Klavierwerke erfahren hat. Woran liegt dies?
Zuerst fällt auf, wie oft und wie stark Rachmaninow sowohl in der zweiten Sinfonie als auch in den anderen orchestralen Werken auf die Themen und die Struktur der ersten zurückgreift. Zudem sind die vier Sätze der ersten wie der zweiten und dritten Sinfonie hauptsächlich von Tschaikowskij, Borodin oder Mussorgskij beeinflusst, in deren Tradition Rachmaninow immer stand. Trotzdem zeigen diese ersten beiden Sinfonien wiederum die wichtigsten Eigenheiten Rachmaninowscher Kompositionstechniken, abgesehen davon, dass ihnen noch immer ein experimenteller Charakter anhaftet! Schon der Beginn des ersten Satzes, eine Introduktion in beiden Werken von getragenem Grundmetrum, zeigt deutliche Parallelen auf:

Das Hauptthema der ersten Sinfonie

ist dem Hauptthema der zweiten Sinfonie auffallend ähnlich, wenngleich der -Anfang bei letzterer fehlt:

Die vier Sätze der ersten Sinfonie leben eigentlich nur von der Metamorphose zweier gegensätzliche Themenbereiche, der uns schon bekannten Antipoden: Religion und Zigeunermusik, Ekstase und Askese. Dies fällt auch beim Seitenthema der Exposition des ersten Satzes auf:

Dieselbe Rhythmustrope ♪♩ finden wir in dem Oktoecho der orthodoxen Kirchenmusik wieder (vgl. Kapitel 1). Gleichzeitig bildet dieses Themenmaterial die Eröffnung des zweiten Satzes sowie den Abschluss des dritten Satzes:

Melodisch erinnert das Motivmaterial stark an ein Zigeunerlied, zu jener Zeit ein »Gassenhauer« auf Moskaus Straßen. Ein Querverweis zu seinem Liebesobjekt Mme. Lodizhenskaja? Vielleicht kam das Liedmaterial aber auch von ihr selbst?

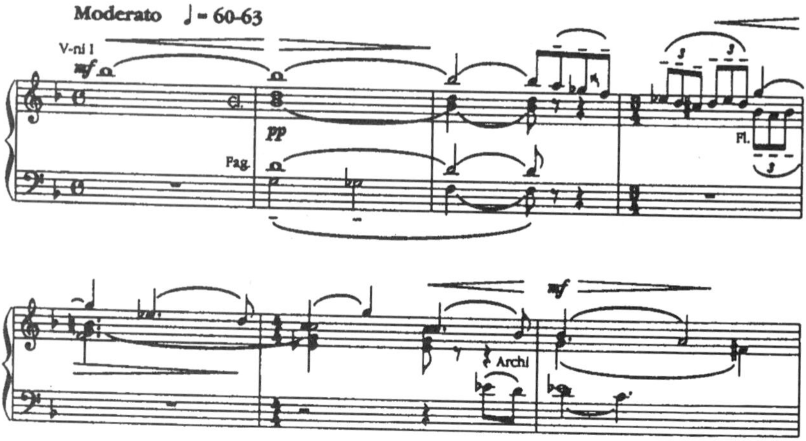

An zweiter Stelle steht in beiden Sinfonien ein »Allegro quasi Scherzo«, in der d-Moll-Sinfonie als »Allegro animato« in F-Dur, in der e-Moll-Sinfonie in fast genau der gleichen Bauweise als »Allegro molto« bezeichnet. Fällt bei Durchsicht des Scherzos in der ersten Sinfonie das überaus lyrische Streicherthema:

mit der antwortenden Phrase in sanfter, chromatischer Modulation von E nach C auf, so steht im Scherzo der zweiten Sinfonie der pseudorustikale russische Tanz im Vordergrund, der wiederum eine Verbindung zu den Ideen des russischen Volksliedes im 3. Satz der ersten Sinfonie darstellt:

Die Dreiklangsfiguren in den Holzbläsern erinnern in ihrer Skurrilität an das Hauptthema in Richard Strauss' »Till Eulenspiegel« – eine Reminiszenz an die Beschäftigung mit den Werken des Deutschen?

Überhaupt sticht bei beiden Sinfonien die kontrapunktische Meisterschaft des Komponisten ins Auge: In den zweiten Sätzen der beiden Werke werden breite Fugetten angelegt, und auch im ersten Satz der e-Moll-Sinfonie ist die Wiederholung des Seitenthemas ein satztechnisches Meisterstück, wenn die Verarbeitung des Themas, in den Streichern und das Originalmotiv in den Holzbläsern übereinandergeschichtet, klar hörbar werden, eine Polythematik also!
In beiden Sinfonien steckt der Dreh- und Angelpunkt musikalischer Aussage in den langsamen dritten Sätzen – und beide sind für diese Themen einfach zu lang, ein Grundübel, das schon Horowitz zu Kürzungen im 2. Satz des dritten Klavierkonzerts zwang, in dem ähnliche Schwachstellen auftreten.
In der ersten Sinfonie verwendet Rachmaninow eine russische Volksliedmelodie, charakteristisch in ihrer Dur-Moll-Brechung und auffallend in ihrem Quart-Quint-Spiel:

In der Nachfolgerin dagegen entwickelt sich das Einleitungsmotto zum 3. Satz aus dem Seitenthema des ersten Satzes, während ihm ein anderes Motiv diametral in der Klarinette gegenübergestellt wird:

Beiden Sätzen ist somit eine Polyphonie zu eigen, die viel über die kompositorische Meisterschaft Rachmaninows ausdrückt, während die vierten Sätze, jeweils mit »Allegro vivace« – e-Moll-Sinfonie – und »Allegro con fuoco« – d-Moll-Sinfonie – überschrieben, mehr orchestralen Kraftakten denn kompositorischer Meisterschaft gleichen. Auch hier fällt wieder die an den Beginn erinnernde absteigende Sopranlinie als Fundament der Satzgestaltung auf,

die sehr viel von Rachmaninows Geist und Witz zeigt, aber bei der »Riesenstruktur« beider Sinfonien zugrunde geht. Beide Male versucht er eine Synthese der Themen und eine Variation derselben zugleich. Der Finalsatz soll zum Resümee, zur Quintessenz der Aussage werden und *alle* Themen *aller* vorherigen Sätze noch einmal zusammenfassen:

»Dies irae«-Anklänge und Bearbeitungen im mächtigen Bläsersatz zu Beginn des Finalsatzes der 1. Sinfonie. In der Mitte desselben läuft der Komponist dann zur Hochform auf: Ein Derivat des Seitenthemas des ersten Satzes bildet den ekstatischen Höhepunkt der Askese! Gleiches Material zitiert er dann in der zwölf Jahre jüngeren Nachfolgerin:

1. Sinfonie

Analoge Strukturen in der zweiten Sinfonie:

Wollte Rachmaninow Glasunow beweisen, dass er nicht nur ›suchen‹, sondern auch ›finden‹ kann? Wie dem auch sei, die Finalsätze suchen die Nähe zu den Sinfonien Glasunows und deren Satztechnik! Daher dürfen wir Sabanejew zustimmen, der 1927 angesichts einer Aufführung der zweiten Sinfonie schrieb:

Rachmaninow ist reifer geworden ... Das Vorbild Tschaikowskij verblasst mehr und mehr zugunsten des eigenständigen Rachmaninowbildes ... Rachmaninow ist ein epischerer Erzähler als Tschaikowskij. Aber auf psychologischer Basis ist letzterer größer. Diese »Größe« eines Komponisten ist nicht der Verdienst seiner kreativen Arbeit, eher zeigt sich seine Größe in der Wahl seiner Kompositionsformen. Einer kann der Komponist riesiger Sinfonien sein und sagt doch sehr wenig aus, und ein anderer wiederum verfasst Préludes und ist ein bedeutender Komponist ... Rachmaninow ist ein Mann von großer Intellektualität. Hierin übertrifft er sogar sein Vorbild, das Genie Tschaikowskij ... Er lebt mit riesiger Kraft durch seine begrenzte Erfahrung mit der Unendlichkeit. In Rachmaninows Düsterkeit liegt noch mehr Undurchdringlichkeit, Größe und Erhabenheit.[15)]

Wie Schuberts »große« C-Dur-Sinfonie musste sich Rachmaninows zweite bei ihren Aufführungen viele Kürzungen gefallen lassen. So fiel grundsätzlich seit der Uraufführung die Wiederholung des Exposition im ersten Satz weg, und während der 30er und 40er Jahre des 20. Jh. wiesen alle Aufführungen in der westlichen Welt zwischen vier und 76 Kürzungen mit insgesamt 300 Takten auf! Eugene Ormandy berief sich dabei auf Rachmaninows ausdrückliche Erlaubnis aus den Jahren 1933 und 1935, aber Rachmaninow widersprach der Äußerung entschieden. Nur die Angst, dass dieses Werk sonst gar nicht in den Konzertsälen gespielt werde, habe ihn zu Stillschweigen bezüglich dieser Aussagen veranlasst.

Für Rachmaninow selbst war diese zweite Sinfonie ohne Zweifel das wichtigste Werk seiner Zeit in Dresden. Mit Fertigstellung der Orchestrierung hatte er seinen psychischen Sperrmechanismus überwunden, der zehn Jahre zuvor durch das Debakel der Premiere seiner 1. Sinfonie ausgelöst worden war.

Erst jetzt zeigte sich die ganze Wirksamkeit von Dr. Dahls hypnotisch-autogenen Behandlungsmethoden, die sieben Jahre zuvor in Moskau angewendet worden waren.

Die immer wieder feststellbare Verarbeitung des Themenmaterials, die Zitierung und Parodierung der inhaltlichen Substanzen dieser Sinfonie zeigen die »Trauerarbeit«, die reflektorisch-kognitive Bewältigungsmechanik in der Bewusstseinsebene, zu der Rachmaninow nach der Therapie fähig war.

Zugleich bedeutete aber diese 2. Sinfonie keineswegs den Endpunkt der überaus fruchtbaren Schaffensjahre in Dresden!

Noch im Jahre 1906 hatte das Glinka-Komitee, welches ihm bekanntlich 1904 einen Preis für das 2. Klavierkonzert verliehen hatte, ihm in Moskau abermals für seine Kantate »Frühling« einen 2. Preis von 500 Rubel zugesprochen. 1907 veranstalteten die Kersins in Moskau das schon angesprochene Konzert, das ganz den Werken Rachmaninows gewidmet war. Den ersten Programmteil bestritten die neuen Lieder op. 26 und im zweiten Teil spielten Goldenweiser, Brandukow und Karl Grigorowitsch Rachmaninows Trio élégiaque op. 9.

Zudem konzertierte der Komponist selbst am 26.5.1907 in Paris. Auf Einladung von Diaghilew dirigierte er seine Kantate »Frühling« – Schaljapin sang den Solopart – und spielte als Solist in seinem zweiten Klavierkonzert. Neben der begeisterten Kritik von Robert Brussel im *Figaro* bezüglich Rachmaninows Wirken als Pianist, Komponist und Dirigent vom 27.5.1907 war aber der Umstand, dass es sich bei dieser Konzertreihe vom 16. bis 30.5.1907 um das erste russische Musikfestival im Westen handelte, der wichtigste Aspekt. Unter unsäglichen Mühen hatte Diaghilew diese »Saison Russe« in Paris durchgesetzt und in der Seine-Metropole alles, was in der russischen Musik Rang und Namen hatte, versammelt. Mit diesem Festival in einer Stadt, die noch die Werke Tschaikowskijs heftigst abgelehnt hatte, öffnete Djaghilew mit seinem Erfolg den russischen Musikern den Westen Europas, machte er Paris zur Heimat für viele Russen zehn Jahre später!

Dann aber hieß es für Rachmaninow per Express nach Russland zu eilen, auf sein Gut Iwanowka, wo ihn erneut Vaterfreuden erwarteten. Am 21.6.1907, morgens, wurde er Vater einer zweiten Tochter, die den Namen Tatjana erhielt.

Den Sommer verbrachte er wiederum mit der Familie auf dem Landgut sowie mit der Orchestrierung seiner 2. Sinfonie. Am 7.11.1907 spielte er dann in Warschau mit mäßigem Erfolg sein 2. Klavierkonzert. Schuld an der kühlen Aufnahme des Werkes durch das Publikum hatte nicht unerheblich der österreichische Dirigent Emil N. v. Reznicek[16)], der sich mehr als mäßig auf das Konzert vorbereitet hatte und das Orchester sehr schlecht leitete.

Zur Weihnachtszeit war die ganze Familie abermals in Dresden versammelt, und am 10.1.1908 spielte er in Berlin unter Leitung des, nunmehrig als Dirigent zu bezeichnenden, früheren Kontrabassisten des Bolschoj-Theaters, Sergej Kussewitzkij, sein zweites Klavierkonzert. Eine Kollegenhilfe, denn das Konzert galt als Praktikum und Debüt des Dirigenten, dessen reiche Heirat ihn nun dazu befähigte, sich die Berliner Philharmoniker für dieses Konzert zu mieten! Mit von der Partie war der Komponistenkollege Reinhard Glier (1875–1956), dessen 2. Sinfonie Kussewitzkij ebenfalls an diesem Abend aufführte. Glier erinnerte sich später:

Rachmaninow übernahm selbst den Solopart, war aber in Deutschland noch fast unbekannt. Kussewitzkij leitete das Orchester völlig unsicher, und nur der hohe professionelle Standard der Orchestermusiker rettete überhaupt den Abend. Rachmaninow half am Klavier dem Dirigenten mit Kopfzeichen und führte das Orchester hinter sich mit seinem bemerkenswert energischen und rhythmisch genauen Spiel.[17)]

Am 26.1.1908 dirigierte Rachmaninow selbst die Uraufführung seiner zweiten Sinfonie in St. Petersburg, desgleichen noch eine Aufführung am 2. Februar in Moskau. Der Erfolg war diesmal sicher! Phoenix war wiedererstanden – für eine Zeit zumindest! Die Kritik, voran der rührige Julij Engel in den *Russischen Nachrichten*, lobte sowohl Aufführung als auch Gehalt der neuen Sinfonie und stellte wieder einmal die »Gretchenfrage« nach einer Professur für Rachmaninow, die das Glinka-Komitee diesmal mit einem ersten Preis in Höhe von 1.000 Rubel für die Sinfonie beantwortete. Skrjabin erhielt einen 2. Preis für sein »Poème de l' extase«, das er bei der »Saison Russe« in Paris Rachmaninow, Rimskij-Korsakow und Diaghilew zum ersten Mal vorgetragen hatte, zum einhelligen Entsetzen aller – wird berichtet!

Das zweite große Werk Rachmaninows in der Dresdner Zeit war die erste Klaviersonate op. 28 in d-Moll, deren erste Skizzen noch in das Jahr 1906 zurückreichen. Diese Komposition ist selbst Kennern ziemlich unbekannt und auf dem europäischen Kontinent ebenso selten wie in England oder Amerika zu hören.[18)] Und das liegt nicht nur an ihren technischen Schwierigkeiten, sondern an ihrer »phänomenalen Größe«. Sie ist, schlicht gesagt, zu lang! Rachmaninow selbst spürte dies wohl:

»*Du weißt*«, schrieb er in dieser Zeit an Morosow, »*ich fange an zu denken, dass alles, was ich in letzter Zeit schreibe, später niemandem gefällt, und ich selbst frage mich, ob all meine Kompositionen nicht Nonsens sind. Meine Sonate ist sicherlich sperrig und endlos. Die Länge dieses Werkes, 45 Minuten, ist dadurch begründet, dass ihr ein Programm, eine Leitidee zugrunde liegt, die mich führte – die drei gegensätzlichen Charaktere eines literarischen Werkes …*[18)]

Kein Zweifel, Rachmaninow sprach in diesem Schreiben von Goethes Drama »Faust«. Sicher, die Nähe Liszts oder Chopins – mit letzterem teilt er die Erfolgslosigkeit eines Erstlingswerkes im Bereich der Sonatenform – sind in Technik und Klangfärbung hörbar und spürbar. Aber erst Liszts »Faustsinfonie« zeigt die Anregung, den Leitbildcharakter, der Rachmaninow beflügelt haben mochte, und so überrascht es keineswegs, dass Rachmaninow später seine Klaviersonate in eine Sinfonie umwandeln wollte.[19)]

Wie Liszt faszinierten Rachmaninow an Goethes Dichtung die drei unterschiedlichen Charaktere: Fausts Verzweiflung an der Begrenztheit menschlichen Strebens, die Begegnung mit der reinen (= unwissenden) Margarete und Mephistos Dämonie als Verkörperung des absoluten Geistes:

Zweifel und Resignation bestimmen das Denken des alternden Faust zu Beginn der Sonate. Seine Nachdenklichkeit, seine Selbstgrübelei werden durch das zweite Thema im ersten Satz der Sonate noch musikalisch verstärkt:

Osterspaziergang und Engelchor illustriert der Komponist im dritten Faustthema, in dem er als Tonmaterial für dieses ein Kirchenlied aufgreift:

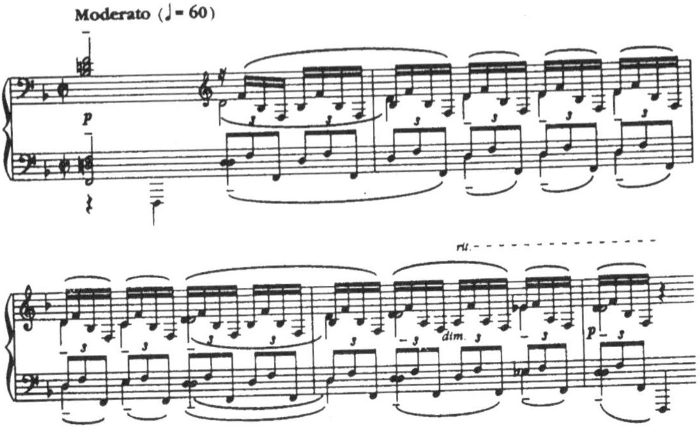

Auerbachs Keller und »Hexenküche« geraten bei Rachmaninow ebenfalls zur pianistischen »Hexerei«:

Hier erreicht er zum zweiten Mal (vgl. Kapitel V) bei seinen Kompositionen die Grenzen des modernen Instruments und der briefliche Gedanke an eine Sinfonie wird angesichts dieser Klangmassen nur zu verständlich! Bewundernswert aber das Derivat des Margarete-Themas aus diesen Klangkaskaden:

Musikalische Logik entspricht der textlichen: Faust sieht in der »Hexenküche« im Spiegel Helenas Bild und adaptiert dieses auf Gestalt und Person von Margarete. Rachmaninow begreift diese doppelte Täuschung Fausts und exzerptiert das Tonmaterial für Gretchen aus dem Faust-Thema: Margarete als Kopfgeburt von Faust. Folgerichtig wird der Kirchengesang des Osterspaziergangs in ein strahlendes D-Dur transformiert (vgl. das »Gold-Motiv« in der Oper »Der geizige Ritter«). Der Satz endet mit dem Eröffnungsmotiv, nun aber in ruhevoller Weise! Der unruhige Geist Fausts hat einen vorläufigen Fixpunkt gefunden.

Von seltsamer Unruhe, von rastloser Spannung ist der zweite Satz geprägt. Margaretes Thema huscht nur noch am Ohr des Zuhörers vorbei:

Die Schlussakkorde folgen trocken und hinterlassen einen resignativen Eindruck. Alles Streben nach dem »Warum« erscheint vergebens. Ein kompositorisches Alter Ego? Oskar von Riesemann gibt Rachmaninows Äußerung bezüglich des Schlusses des ersten Satzes dieser Sonate in seinem Buch wieder:

... aus aller männlicher Unrast und dunkler Todesfurcht führt der Weg der Befreiung zu Vertrauen und Gott.[20)]

Aber am Ende des zweiten scheint dieses Gefühl sowohl für Literatursubjekt als auch für Komponistenego wenig tragbar. Düstere Selbstzweifel beherrschen das Bild.
Der dritte Satz wiederum ist ein pianistischer Tour-de-force-Ritt: Hexenflug, Walpurgisnacht und Mephistopheles bestimmen das Geschehen, die »Nachtseite« der menschlichen Psyche feiert Hochkonjunktur! Eine Schlüsseltrope, ein Pattern für Rachmaninows kompositorisches Denken gleich zu Beginn:

Diese ständige Auf- und Abbewegung, die euphorische Aufbruchstimmung mit sinkendem Spannungsbogen finden wir sowohl im dritten und vierten Klavierkonzert, der zweiten Klaviersonate sowie der dritten Sinfonie wieder, und zwar immer in den letzten Abschnitten der Werke! Vergeblicher Kampf des Geistes gegen die dunklen Kräfte des Triebes? Rachmaninow erkennt sich in Fausts gespaltener Psyche wieder! Symptomatisch hierfür auch das Leitthema für die Figur Mephistopheles – »Dies irae«-Sequenz und erste Sinfonie lassen grüßen:

Diabolisch und insistierend übernimmt Mephistopheles die weitere Regie im Ablauf, auch im Margarete-Thema:

Ihr letztes Lied im Gefängnis wird zweimal sehr nachdrücklich von Mephistopheles unterbrochen, um sie endgültig Fausts Gedankenwelt zu entfremden. Beim zweiten Mal hat er endlich auch musikalisch Erfolg:

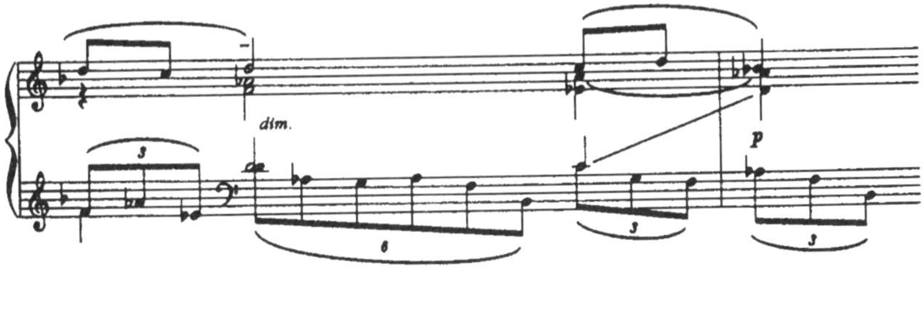

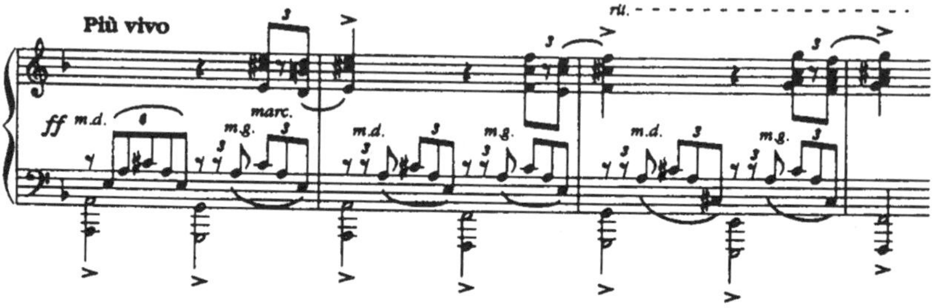

Margaretes Thema geht in seinem bohrend-rockigen Grundmotiv unter, die Musik steigert sich in der rechten Hand zur rasenden Diabolik, während die linke das »Dies irae«-Motiv als Wegweiser zum Jüngsten Gericht anspielt!

Die Anlage des Werkes, der musikalische Gedanke sind gut, aber vor allem der dritte Satz ist zu langatmig und nimmt dem großen D-Dur-Finale, das symbiotisch ein Thema des ersten Satzes aufgreift, viel von seiner Spannkraft. Die d-Moll-Sonate zeigt ein Versprechen, das aber auch die spätere b-Moll-Sonate nicht einlösen wird! Die Sonatenform konnte Rachmaninow im postbeethovenschen Zeitalter nicht mehr souverän bewältigen oder mit neuen Impulsen versehen:

Lieber, guter Freund Nikita Semjonowitsch, schrieb er an Morosow, *willst du bitte folgendes Problem für mich lösen oder mir zumindest bei der Lösung helfen? Es geht um Folgendes: zuerst kommt das erste Thema – ich will es mal als Zentralthema bezeichnen. Dann das zweite, nicht sehr lang, das wieder zum ersten zurückkehrt, ebenfalls in der Originaltonart stehend, aber in konzentrierterer Form. Hierin endet auch das Zentralthema. Nun kommt das Thema No. III, welches im einzelnen entwickelt und wiederum in sich vollkommen geschlossen ist. Dann folgt eine Art Variation, eine Variation des ersten Themas, die wieder zum Zentralthema zurückführt. Weiter soll eine Art Reprise folgen: zuerst Thema I, dann II, vielleicht beide Themen diesmal in anderen Tonarten, und zuletzt kehren wir zum Leitmotiv, also der Ausgangstonart zurück.*

Nun, gerade hier habe ich eine Frage an dich zu richten. Was soll ich jetzt tun? In welcher Form dies alles niederschreiben? Gibt es überhaupt eine solche? Ist es möglich, dass ich, nachdem ich dies alles verarbeitet habe, zur Coda greifen muss? Dieser Schritt befriedigt mich keineswegs! Oder brauche ich neue Themen? Sicher muss es eine dieser verdammten Rondoformen sein! Aber ich kenne keine einzige! Beantworte bitte meine Fragen sofort! Und teile mir bitte auch fünf Rondoformen aus den Beethoven-Sonaten mit. Ich will sie mir durcharbeiten und vergleichen. Mach schnell![21)]

Dieser Brief, am 1.12.1906 geschrieben, zeigt nicht nur, wie wenig zutreffend doch das allgemeine Vorurteil ist, Komponisten haben ihr Handwerkszeug in den Fingerspitzen stecken, sondern auch wie schwierig die formale Frage seit Beethoven für die Musik geworden ist – nicht nur für Schubert, Beethovens Zeitgenossen – und wie unlösbar die Aufgabe schien, Goethes philosophischen Kosmos in Musik zu formen. Franz Liszt konnte ebenso wenig die Charakterstudien in seiner Faust-Sinfonie befriedigend lösen, und eine Dramatisierung des Stoffes in Form einer Oper scheidet von vornherein aus, wenn psychologische Charakteristika eine Rolle spielen sollen. Der Klaviersatz wiederum steht einer Orchestrierung im Wege, das pianistische Element ist zu dominierend. Auch hier bewahrheitet sich die Erkenntnis des jungen Richard Strauss, dass die Sonatenform nach Beethoven nicht mehr für die »poetische Idee« tauglich sei.[10)]
Am 21.12.1906 schrieb Rachmaninow an Morosow:

Ich habe deinen Brief betreffs der Rondoform genau studiert. Er wird mir in Zukunft sehr nützlich sein, wenn ich wieder auf einen solch schwierigen Sachverhalt stoße. Zudem will ich deinen Brief als Andenken für eine Lektion aufbewahren, die ich in meinem »hohen Alter« zum ersten Male erhalten habe. Anhand der Beethoven-Sonaten löste er ein Problem, das mich quälte.[22)]

Die Uraufführung der Sonate erfolgte am 17.10.1908 in Moskau, gespielt vom Freund und Kollegen Konstantin Igumnow, der auch die Erstaufführungen am 10.11. in Leipzig und am 16.11. in Berlin übernahm. 49 (!) Jahre war der Pianist Professor am Konservatorium in Moskau und dem gleichaltrigen Komponisten noch durch einen weiteren Umstand verbunden: Rachmaninows Frau hatte bei Igumnow Klavier studiert.
Im Frühjahr 1907 hatte der Komponist selbst in Moskau bei einer Soiree in der Wohnung des Pianisten Wladimir Wilshau den Freunden, darunter auch Igumnow, die Sonate vorgestellt. Aber, wie immer, war Rachmaninow mit dem Werk nicht zufrieden. Vor allem die

schon angesprochene Überlänge machte ihm zu schaffen, und die Fassung, die Igumnow im Herbst für die geplanten Konzerte von Rachmaninow erhielt, erweckt einen wesentlich gestraffteren Eindruck: Die meisten Wiederholungen im ersten und vierten Satz sind gestrichen, der Umfang des Werkes um 120 (!) Takte verschlankt, davon mehr als 50 im ersten und 60 Takte im vierten Satz! Trotzdem blieb der Eindruck zwiespältig. Selbst der unermüdliche Parteigänger Julij Engel schrieb am 19.10.1908 in den *Russischen Nachrichten:*

Bereits wenn man sich dieses Werk nur für sich selbst am Klavier durchspielen wollte, ist es keine einfache Angelegenheit, sich in diesem Gewirr von Passagen, Rhythmen, Harmonien und polyphonen Verflechtungen zurechtzufinden, selbst für einen ausgebildeten Pianisten. Um so größer die Hochachtung vor Herrn Igumnow für seine engagierte und durchdachte Wiedergabe ... Aber sogar bei dieser Interpretation konnte sich der Hörer nur schwer vom Eindruck der Trockenheit befreien. Die neue Sonate besticht durch ihre formale Meisterschaft, ihre überreichen und interessanten Details in der gleichen Weise wie das Klavierkonzert und die Cellosonate, sie hat aber nicht deren Phantasie und auch keine vergleichbare Inspiration in der Thematik.[23)]

Literatur war also die eine Thematik, mit der sich Rachmaninow in Dresden musikalisch auseinandersetzte. Eine andere Kunstrichtung jedoch sollte ihm zu einer kompositorischen Meisterleistung verhelfen: die Malerei! Bei einem Besuch in Leipzig entdeckte er in einer Gemäldegalerie Arnold Böcklins »Die Toteninsel«, ein Lieblingsthema des Malers bis zu dessen Tode 1901. Es existieren sechs Varianten dieses Bildmotivs, von denen eine heute in Leipzig aufbewahrt wird. Die eigentliche Vorlage für diese Bilderserie bildete die Ponzagruppe bei Neapel, eine rein vulkanische Inselgruppe nahe Capri. In düsteren, an die Romantik erinnernden Farben wird inmitten einer ruhigen See ein kleines Boot dargestellt, in dem eine weißgekleidete, schlanke Gestalt langsam einem Inselberg zurudert, der mit antiken Bauwerken und hohen grünen Zypressen geschmückt ist: ein Bild der Ruhe, des Friedens. Kein Wind, kein Vogelruf erfüllen die Stille – Motive, die in der »Mondscheinlandschaft mit Ruine« (1849) oder in der »Villa am Meer« (1864) bereits von Böcklin vorweggenommen waren. Mit solchen Sujets war Böcklin zu Lebzeiten als Maler sehr

»Die Toteninsel« (1883)
Diese Fassung hängt heute in Leipzig, gilt aber nicht als Vorlage für die sinfonische Dichtung

erfolgreich, während wir heute in der Beurteilung seiner Werke ähnliche Schwierigkeiten haben wie mit den Kompositionen Rachmaninows. Laslo Glozer[24] bezeichnet ihn als »Letzten Zentaur« und stellt fest: »Kein Streit mehr um Arnold Böcklin!«
Betrachten wir uns kurz Leben und persönliche Ansichten des Malers, so können wir getrost die These aufstellen: Nicht das Bild allein beeindruckte Rachmaninow, sondern die instinktiv erfühlte psychische Verwandtschaft beider Künstler. Als Böcklin im Frühjahr 1880 die für die Komposition entscheidende Vorlage III schuf, war er 53 Jahre alt und gesellschaftlich angesehen. Im gleichen Jahr traf er Richard Wagner – die Beziehung zu einem von Rachmaninow sehr geschätzten Komponisten –, und Cosima Wagner notierte am 24. Juli 1880 in ihr Tagebuch:

Abends Besuch des Malers Böcklin, eigentümliche, markige Natur, durch Erfahrung bitter geworden.[24]

Rachmaninow selbst gibt in seinen »Erinnerungen« an, dass ihm der Kompositionsgedanke zum ersten Mal anlässlich eines Schwarzweißfotos gekommen sei, das er im Mai 1907 zufällig in Paris gesehen habe.[25] Erste Kontakte zum Leben und Werk des Malers hatte der Komponist als Gast einer Soiree wiederum bereits im November 1901 in Moskau geknüpft, als Iwan Bunin einen von Sergej Glagol verfassten Aufsatz über den im selben Jahr verstorbenen Schweizer Maler im literarisch-künstlerischen »Kreis« im Haus Jelisejews auf der Twerskaja rezitiert hatte.

In Böcklins Biografie gibt es, analog zu Rachmaninow, ständig Rückschläge. Seine künstlerischen Ambitionen wurden ebenfalls in fast gleicher Weise ständig beschnitten: Der Maler wollte mit Wandmalereien ins Monumentale gehen, der Komponist mit Sinfonien und Sonaten. Beide scheiterten!

»Böcklin reist viel, doch lebt und arbeitet er immer in Reservaten«, schreibt Glozer in seinem Aufsatz. Dasselbe ließe sich von der Lebensweise Rachmaninows sagen!

... Durch die Erfahrung mit dem Widerstand der verschiedenen Kunstkommissionen hatte sich der stolze Künstler unschwer als Außenseiter einschätzen können ...[24)]

Klingt dies nicht wie die Kurzanalyse der Psyche des Musikers?

Einer Werkanalyse des Komponisten Rachmaninow aber kommen folgende Kernaussagen Glozers zum Werk Böcklins gleich:

Böcklins Bravourstück ist die malerische Verwirklichung einer Idee, ist isolierte Poesie, es entsteht daraus keine Systematik ... Doch Böcklin, der in Italien neben Figuren zunächst Portraits macht, ist an der offenbar figural-poetischen, literarischen Belebung der Landschaft interessiert ... Ins Antinaturalistische gelenkt, bleibt das Instrumentarium des Malers nicht minder eindringlich ...[24)]

Eine solche Seelenverwandtschaft muss eine Meisterleistung hervorbringen – und sie gelang auf musikalischem Gebiet. Max Reger versuchte später ebenfalls, dieses Gemälde (No. 3) musikalisch nachzuempfinden, in seinen späten Böcklinvertonungen op. 128, aber der Erfolg war lange nicht mit dem des Werkes von Rachmaninow zu vergleichen, wohl, da für letzteren in diesem Bild die Quintessenz seiner musikalischen Vorstellungen verwirklicht war. Er konnte sich mit dem Gemälde als Vorlage musikalisch klarer ausdrücken als in irgendeinem seiner anderen Werke zuvor:

Beim Komponieren finde ich es eine große Hilfe, ein Buch, ein schönes Bild oder ein Poem vor Augen zu haben ... Und sie kommen: alle Stim-

men zugleich, nicht einzelne Teile, alles zugleich. Es entsteht sofort ein Ganzes. So auch bei der »Toteninsel«. In den Monaten April und Mai war die Arbeit beendet. Wann die Idee kam, wie es begann – ich kann es nicht sagen. Das Werk entstand in mir, wurde gehütet und niedergeschrieben.[26)]

Hier nun schwindelt der Komponist bei seinen Erinnerungen in den amerikanischen Jahren ein bisschen. Die Briefe aus jenen Jahren 1906-1909 an Morosow sprechen eine andere Sprache! Zwar bestätigt Rachmaninow selbst den Zwang der äußeren Inspiration, d. h. die Quelle zu einer Komposition entspringt bei ihm meist durch Anlässe, die außerhalb seiner Person liegen. Auch der sich daran anschließende Schöpfungsprozess, der sich auf der gedanklichen Ebene lange Zeit abspielt, bevor er auf dem Papier Wirklichkeit wird, ist von Zeugen verbürgt. So berichtet uns seine Schülerin Jelena Kreutzer-Shukowskaja, deren Vater das Gut Krasnenkoje für den Fürsten Lwow verwaltete, auf dem bekanntlich Rachmaninow einige Sommer während seiner depressiven Hochphase in den neunziger Jahren verbracht und manches Werk dort komponiert hatte:

Die Zeit von 11 Uhr bis zum Mittagessen war dann ausschließlich dem Komponieren gewidmet, wobei sich der größte Teil dieser Kompositionsarbeit in der inneren Tonvorstellung vollzog, denn Rachmaninow griff während dieser Stunden nur selten zum Klavier. Rachmaninow äußerte sich einmal dahingehend, dass die von ihm geschaffene Musik nur dann aufhöre, im Kopf zu klingen, wenn sie aufs Papier gebracht worden sei. Möglicherweise strömte ein Werk deswegen nach einem langen schöpferischen Geistesprozess scheinbar eruptiv in die Feder …[27)]

Andererseits beklagte er sich in den Briefen an Freund Morosow in den Dresdner Tagen immer wieder über die uns bekannten Minderwertigkeitskomplexe und Depressionsanfälle bei der Arbeit:

Wenn ich intensiv schreibe oder lese, vernebelt sich der Blick und starke Kopfschmerzen treten auf. Ich weiß nicht, ob ich dir schon geschrieben habe, dass ich auf Empfehlung des Arztes eine Brille bei der Arbeit trage … Überhaupt fange ich an, irgendwie zu kränkeln. Mal schmerzt es hier, mal dort. Meistens schlafe ich dazu noch schlecht … denn vor zwei Wochen verfiel ich wieder in einen bestimmten Gemütszustand, der mir bei meiner Arbeit oft passiert: Ein Gefühl der Ängstlichkeit, der Apathie und des Widerwillens gegenüber dem, was ich in meiner Arbeit vollbracht habe, und dies bedeutet ebenso Widerwillen gegenüber allem anderen. Morgen gehe ich zurück an die Arbeit, aber dieser Gedanke schmeckt mir gar nicht …[14]

Noch einen Monat vor Fertigstellung der sinfonischen Dichtung – sie wurde am 17. April 1909 beendet – schrieb er am 8. März an Morosow:

Von meinen neuen Werken habe ich immer die gleiche Meinung, d. h. sie gelingen mir schwer, und ständig bin ich mit ihnen unzufrieden. Es ist eine einzige Quälerei.[28]

Dreh- und Angelpunkt jeglicher kompositorischen Überlegung war: wie können die Zentralaussagen des Gemäldes – Stille und Schweigen – mit musikalischen Mitteln wiedergegeben werden? In der Tat auf den ersten Blick ein unmögliches Vorhaben, da Musik in sich schon das genaue Gegenteil von Stille und Schweigen darstellt!
Rachmaninow teilt zuerst den formalen Aufbau des Bildes in drei Ebenen und bildet als musikalische Antwort auf den bildlichen Inhalt drei eigenständige Sätze nach dem Klimaxprinzip:

Das Meer – die Insel – der Tod

Ähnlich wie Debussy in »La mer« oder Rimskij-Korsakow in »Sadko« versucht er nun diese Titel programmatisch durch Musik auszudrücken, wählt als Form eine sinfonische, wie dies Richard Strauss schon Jahre zuvor in »Ein Heldenleben« oder in »Tod und Verklärung« gelungen war.
»Die Toteninsel«, am 18. April 1909 in Moskau uraufgeführt und bekanntlich Nicolas von Struve gewidmet, beginnt »Lento« in a-Moll im $\frac{5}{8}$-Takt:

Gedämpfte Streicher, Harfe, Horn, Bassklarinette und Englischhorn erwecken im Zuhörer sofort die Assoziation von ruhigem Wellenschlag des Meeres an den Felsen. Dieses Thema bildet den Ariadnefaden durch die ganze Komposition und das Fundament für zahlreiche Seitenthemen bzw. Episoden. »Der Tod« betritt im letzten Satz mit der »Dies irae«-Sequenz die Bühne des musikalischen Geschehens:

(Originalsequenz aus dem Liber usualis, 1876)

Zugleich führt der Komponist den Zuhörer als musikalischen Bildbetrachter gleichsam um das Bild herum, zeigt ihm die Stille des Ortes und die Freude auf ewige Ruhe. Fast körperlich spürbar gleitet das Boot in den schützenden Hafen, und als der Tod verschwindet, ertönt wieder das Anfangsmotiv der Wellen und der Stille, Anfang und Ende sind somit auch in der Musik eins.

Man hat Rachmaninow immer wieder vorgehalten, er sei ein Pianist, und solche Leute würden eben »pianistisch« schreiben und handeln, wenn sie »sinfonisch« dächten. Gerade »Die Toteninsel« widerlegt aber die Behauptung, es handle sich bei den Orchesterwerken Rachmaninows nur um bessere Klaviertranskriptionen.[29)]

Diese sinfonische Dichtung beinhaltet mehr als eine glückliche Intuition. Sie ist so vollkommen orchestral gefühlt, gedacht und gelebt, dass sie gleichwertig neben den schon erwähnten Werken Debussys und Richard Strauss' steht. Sogar der junge Sergej Prokofjew räumte den »Vorbildcharakter« des Klanggemäldes für seine »Herbstskizzen« op. 8 aus dem Jahre 1910 ein:

Auch die »Herbstliche Skizze« ist ihrer Haltung nach grüblerisch, viel düsterer als die »Träume«. In der Stimmung erinnert sie manchmal an Rachmaninow, insbesondere an seine »Toteninsel« und an die 2. Sinfonie, die auch in der gleichen Tonart stehen.[30)]

Herrn Nicolas von Struve freundschaftlich gewidmet.

Die Toteninsel.

Symphonische Dichtung.

Enge Beziehungen im Tonmaterial bestehen zudem zur ersten Sinfonie von Edward Elgar (1857–1934), genauer zur Motivstruktur im zweiten Satz:

»Die Toteninsel«

1. Sinfonie von E. Elgar

Die zweijährige Entstehungsgeschichte dieses orchestralen Meisterwerkes zeigt jedoch auch die Schwierigkeiten und die Anstrengungen, mit denen sich Rachmaninow diese sinfonische Dichtung abrang. Fast möchte man angesichts der Briefe an Morosow unter die Partitur der »Toteninsel« das Motto Beethovens (über dem letzten Satz seines letzten Streichquartetts op. 135) schreiben: »Muss es sein? – Ja, es muss sein!«
Welche Arbeitsleistung Rachmaninow in diesen Dresdner Jahren wirklich vollbracht hatte, wird erst deutlich, wenn wir uns vergegenwärtigen, dass Komponieren nur ein Teilbereich seines Wirkens war. Der Dirigent und Pianist wurden in gleicher Weise gefordert, schon allein um Geld für die nun vergrößerte Familie zu verdienen. Neben den schon erwähnten Konzerten des Jahres 1907 spielte Rachmaninow am 26. Mai 1908 in Londons Queen's Hall sein zweites Klavierkonzert und die angesehene *Times* schrieb darüber am 28. Mai 1908 auf Seite 12:

Die direkte Interpretation des Werkes, die außergewöhnliche Präzision und Exaktheit seines Spiels, die genaue Ausgewogenheit seiner Finger-

und Armtechnik, dies alles verstärkt den Eindruck der Vollkommenheit dieser Veranstaltung. Der langsame Satz wurde vom Solisten und dem Orchester mit tiefem Gefühl vorgetragen und der brillante Effekt des Finales konnte kaum übertrefflicher gespielt werden und dieses hinterließ, da es frei von Extravaganzen vorgetragen wurde, den bemerkenswertesten Eindruck. Wir wünschen, dass alle Amateure und Berufspianisten, die gerne mit seinem »cis-Moll-Prélude« sensationelle Effekte erzielen möchten, den Komponisten selbst mit seinem zweiten Konzert hören sollten. Sein Temperament, jedoch immer diszipliniert, würde für viele eine Offenbarung sein.[31]

Rachmaninow hatte nicht einmal Zeit, sich Igumnows Interpretation der 1. Klaviersonate im Oktober in Moskau anzuhören. Zur gleichen Zeit nämlich dirigierte er in Antwerpen seine zweite Sinfonie und spielte in Berlin mit Mitgliedern des Czech-Quartetts sein »Trio élégiaque«. Dann musste er wieder nach Holland zurück, wo er mehrmals als Solist in Amsterdam und Den Haag sein zweites Klavierkonzert mit dem Concertgebouworchester unter Willem Mengelberg aufführte. Diese Zusammenarbeit erfreute Rachmaninow so, dass er später Orchester und Dirigent mit der Widmung der Chorsinfonie »Glocken« bedachte. Es folgten Konzerte in Deutschland, so u. a. in Frankfurt und Berlin. Rachmaninow konnte mit dieser Tournee vor allem finanziell zufrieden sein.

Bereits im Frühjahr 1908 befand er sich unter den prominenten Künstlern Russlands, die eingeladen waren, das 10-jährige Jubiläum des »Moskauer Kunsttheaters« zu feiern. Er bedankte sich beim Stanislawaskij-Theater mit einer Komposition: »Brief an Konstantin Stanislawskij v. S. R.«, einem witzigen Geburtstagsständchen in Liedform, das Schaljapin bei der offiziellen Feier am 10. Oktober unter großem Beifall des Publikums vortrug. Trotzdem, die Situation war für Rachmaninow nicht befriedigend. Zwar gab es Angebote über Angebote, aber diese waren unbedeutend gegenüber folgendem Problem:

Ich konnte nie entscheiden, was meine wahre Berufung ist: Komponist, Pianist oder Dirigent. Manchmal glaube ich, dass ich nur Komponist sein sollte, manchmal nur Pianist. Jetzt, da der größte Teil meines Lebens vorüber ist, habe ich Angst, weil ich mich in so viele Richtungen verzettelt habe und keine klare Linie vor Augen.[32]

Die Briefe jener Zeit sind daher allgemein voll von Selbstanklagen und bissigen Kommentaren:

Mein lieber Freund Nikita Semjonowitsch,
vor acht Tagen schrieb ich dir aus Berlin und weiß nicht, ob du meinen Brief erhalten hast … Ich habe drei Konzerte hier zu erledigen. Gestern Abend spielte ich in Amsterdam, morgen in Den Haag und übermorgen wieder in Amsterdam. Ich spiele mein zweites Konzert mit ein und demselben Orchester, das überallhin mitreist. Das Orchester ist großartig und Mengelberg dirigiert alle Konzerte selbst, so auch nächste Woche in Frankfurt. Er begleitet einfach wundervoll. Es macht ausgesprochen Freude, mit ihm zu spielen. Aber ansonsten bin ich schrecklich müde. Heute sitze ich allein im Hotel. Es ist 19 Uhr 30, und ich will ein paar Briefe schreiben, Tee trinken und dann zu Bett gehen. Du weißt, ich fühle mich auf dieser Tournee nach allem nicht sehr wohl und frage mich, ob ich nicht meine Reise in die USA aufgeben sollte, da ich sie wahrscheinlich nicht durchstehen werde. Vor zehn Tagen sandte ich meine neuen Vertragsbedingungen nach Amerika. Ich will 25 Konzerte geben, aber mit dem Privileg auf weitere und dem Honorar von 1.000 Rubel für jedes Konzert. Ich glaube, sie werden zustimmen. Warum auch nicht? Lässt man den großen Verdienst außer Acht, der mich ein wenig tröstet, ist es eine riesige Arbeit für mich, ganz abgesehen von der Anstrengung, weil mich die Kurztournee in Europa so ermüdet hat. Jetzt hoffe ich, am 14. daheim zu sein. Am Dienstag, den 17., muss ich wieder nach Frankfurt, wo ich am 18. morgens Generalprobe und am Abend Konzert habe. Ich will nach dem Konzert nach Hause fahren und habe dann drei Wochen frei; somit werde ich nach Russland zurückkehren und bis zum Sommer konzertlos sein. Dies ist eine wahre Wohltat für mich.
Und wie geht es dir? Hörtest du »Carmen« mit Nikisch? Wahrscheinlich nicht. Dies ist schlecht. Und weißt du, dass Nikisch meine Sinfonie vom Programm gestrichen hat, obwohl es schon gedruckt war? Die Erklärung hierfür? Wahrscheinlich, weil er sah, dass die Sinfonie nicht ihm, sondern Tanejew gewidmet war. Letzten Mai fragte Nikisch mich nämlich in London, als ich ihn traf, »Was macht Ihre Sinfonie?«, und ich sagte ihm, dass sie jetzt veröffentlicht würde. Er besorgte sich diese, und über ihr stand »An Tanejew«! Ich glaube, dies ist der Grund, warum er jetzt in Berlin mich nicht einmal sehen wollte. Ich werde es dir erzählen, wenn ich dich sehe. Gut, so hörst du eben nicht Nikisch.

Sahst du Kitesch? Versuchtest du Karten für Stockmann zu bekommen? Du wirst wahrscheinlich all meine Fragen gar nicht beantworten können. Wie geht es Veruschka? Meine kleinen Mädchen leiden an Haarausfall. Die Ältere »leidet« zudem unter Schlaflosigkeit. Sie kann nicht vor 10 Uhr nachts einschlafen, wacht oft in der Nacht auf und steht früh am Morgen auf. Sie schaut jetzt wie eine Zitrone aus. Die Jüngere bekommt gerade die ersten Zähne. Und diese wachsen enorm! Untertags hört man das Kind nicht, aber in der Nacht schläft es ebenfalls schlecht und schreit oft sehr laut. Diese jungen Mädchen besitzen eine mächtige Stimme. Ihre arme Mutter quälen sie beide. Und die Kinderschwestern streiten dauernd untereinander: »Es ist die deine, die die meine aufweckt und nicht die meine, die deine aus dem Schlaf schreit …«
Am 25., gemäß dem europäischen Kalender, feiern wir Weihnachten. Wir haben schon eine ganze Reihe von Überraschungen geplant. Es wäre nett, wenn du uns über Neujahr besuchen könntest. Sie haben mir den Tee gebracht … Auf Wiedersehn!
Alles Gute! Pass auf dich auf! Schreib mir! Herzlichst
S. Rachmaninow[33)]

Ein Brief, der den Alltag, die Schwierigkeiten einer Künstlerexistenz schildert, frei von Pathos, frei auch von jeglicher Sentimentalität. Besser können die Alltagssorgen eines Künstlers nicht beschrieben werden, eines Alltags, der sich nicht hinter Glamour und Flitter versteckt, der kein »Sonnyboy«-Dasein darstellt. Hinzu kommen noch finanzielle Sorgen.
So beschrieb er in einem Brief an seinen Freund Slonow vom 1.01.1909 unverblümt seine wirtschaftliche Lage:

Mein lieber Freund Michail Akimowitsch,
vor zwei Stunden erhielt ich deinen Brief mit der Bitte, dir 600 Rubel zu leihen. Weil du sicherlich auf das Geld sowohl hoffst als auch wartetst, will ich dir gleich antworten, dass ich dir diese Summe nicht geben kann. Nicht einmal einen Teil davon, weil ich, entgegen deiner Vorstellung keine »überflüssigen« Gelder habe. Wenn ich über solche verfügte, gäbe ich sie dir unverzüglich, gemäß meiner früheren Zusage …
Zum einen – erneut im Gegensatz zu deiner Meinung –, dass ich selbst in den vergangenen Jahren über Geld verfügt hätte oder gegenwärtig verfüge, habe ich selbst erst im Mai 3.500 Rubel bei Kussewitzkij aufgenommen, in der Hoffnung, sie nach einem Gewinn aus der Angelegen-

heit, mit welcher du gerechnet hattest, zurückerstatten zu können. Zweitens – aber dies nur im Vertrauen, weil ich ihn bei meiner Ankunft in Moskau »überführen« will, – hat mich mein Rechtsanwalt um 1.100 Rubel betrogen und zog diese Summe, mit der ich fest gerechnet hatte, vom Gesamtbetrag ab, schickte stattdessen eine Rechnung über »Rekonvaleszenz«, wie er schrieb. Wie du siehst, kam aus dieser Angelegenheit bisher nichts Glänzendes heraus. In Wahrheit hatte ich in meinem ganzen bisherigen Leben mit Ausnahme der zwei Dienstjahre am Theater kein überflüssiges Geld, und ich mache mir darüber große Sorgen. Desgleichen auch über die Zukunft meiner Kinder, wenn ich einmal nicht mehr bin. Ich bin erschreckend gealtert, sehr müde geworden und habe furchtbare Angst davor, schnell zum Teufel zu gehen. Ehrenwort! Auf Wiedersehen! Sei mir wegen meiner Absage nicht böse und streiche mich aus der Liste deiner »wohlhabenden« Freunde, weil ein Platz darauf meine finanziellen Kräfte übersteigt.
Dein S. R.[34)]

Wir sehen, von Konzerten allein konnte die Familie nicht überleben. Rachmaninow suchte eine Tätigkeit mit festem Grundgehalt bzw. mit einer Festzahl an Konzerten, die eine sichere Haushaltsplanung erlaubte. Die Konzerte der Russischen Musikgesellschaft, der St. Petersburger Siloti-Reihe sowie des Kersin-Kreises waren da zu wenig. In diesem Jahr nun taten sich für ihn auf mehreren Gebieten endlich Verbesserungen auf: Zum einen bot ihm auf massiven Druck der Presse und wohl auch des Familienclans die neue Präsidentin der Russischen Musikgesellschaft, Prinzessin Helene von Sachsen-Altenburg, den Posten eines Vizepräsidenten an, den Rachmaninow für die nächsten vier Jahre annahm. An diesem Schritt ist mehreres erstaunlich: Die Russische Musikgesellschaft war die größte der drei konservativ-staatstragenden Kronstiftungen, neben den Kaiserlichen Theatern in Moskau und St. Petersburg und der Kaiserlichen Singkapelle, die aber religiöse Aufgaben hatte. Die Gesellschaft wiederum war in 21 Sektionen über das Riesenreich verteilt und organisierte nicht nur Konzerte, sondern kontrollierte die beiden Konservatorien in Moskau und St. Petersburg sowie die zwölf Musikschulen des Landes. Neben den Kronzuweisungen erhielt die Gesellschaft noch Zuwendungen von privater Seite, oft aus der Privatschatulle des Hochadels. Meist stellten Mitglieder der Zarenfamilie den Präsidenten. Rachmaninows Haltung zu dieser mächtigen Organisation war seit

seiner Jugendzeit zwiespältig. Als Safonow in Moskau die Konzerte der dortigen Sektion leitete, blieb Rachmaninow weitestgehend als Solist ausgeschlossen, des alten Streites Safonow–Siloti wegen. 1905, als er vom Nachfolger Safonows, Ippolitow-Iwanow, bei der Neubesetzung der Professur für Instrumentation am Konservatorium trotz Votum vieler Professoren wieder nicht berücksichtigt wurde, sagte er eine Mitwirkung als Dirigent und Pianist bei den Konzerten der Gesellschaft enttäuscht ab und ging ins Ausland mit der Begründung: er müsse komponieren. Nun, im Jahre 1909, wechselte nicht nur die Präsidentschaft – Großfürst Konstantin wurde durch die eher liberale deutsche Prinzessin ersetzt –, sondern die Gesellschaft leistete sich zum 50. Geburtstag ein eigenes Orchester. Das war für Rachmaninow sicherlich ein entscheidender Grund für die Annahme der Position als Vizepräsident, denn dies bedeutete für ihn eine weitestgehende Unabhängigkeit von Hochschul- oder Konservatorienorchestern. Anton Rubinsteins Traum, der einst die Gesellschaft gegründet hatte, war erfüllt! Rachmaninow übernahm auch sofort nach seinem Dienstantritt am 15. und 18. April das Dirigat der Gesellschaftskonzerte für Nikisch, der wegen Choleragerüchten abgesagt hatte. Interessant dabei das Programm: Neben der eigenen 2. Sinfonie und der sinfonischen Dichtung »Die Toteninsel« dirigierte er Werke von Richard Strauss (!), Franz Liszt sowie Richard Wagner.
Zusätzlich war er in seiner neuen Position auch für die fachliche Beaufsichtigung der einzelnen Ausbildungsorganisationen, sprich für die Konservatorien und Musikschulen, verantwortlich. Eine Aufgabe, die er gewissenhaft und, wie wir noch sehen werden, nicht konfliktfrei erfüllen wird.
Zum anderen gründeten im gleichen Jahr Alexander Siloti und Nicolas Findeisen, Herausgeber und Begründer der *Russischen Musikzeitung*, der schon den »Durchfall« der ersten Sinfonie 1897 wohlwollend und objektiv krititisiert hatte, die »Gesellschaft der Musikfreunde«, die Rachmaninow zusätzlich Auftrittsmöglichkeiten und damit Finanzquellen erschloss. Zum Dritten wurde Kussewitzkij nun als Organisator und Impressario aktiv, indem er im selben Jahr eine neue Konzertreihe, »Sinfonische Konzerte«, gründete, in denen Rachmaninow als Pianist ebenfalls oft zu hören sein wird. Außerdem lockt ihn der rührige ehemalige Kontrabassist aus gemeinsamen Bolschoj-Tagen und jetzige Dirigent noch mit einem weiteren Angebot: einem Direktionsposten im neu gegründeten »Russischen Musikverlag«. Ursprünglich als

»Verlag der Autoren« gedacht, dessen demokratische Selbstverwaltung durch die Komponisten als Gesellschafter diese von den Diktaten der renomierten Verlage befreien und auch weniger publikumswirksamen, aber künstlerisch wertvollen Werken eine Publikationsnische eröffnen sollte, war der Verlag nun als Privatverlag von Sergej Kussewitzkij und seiner Frau Natalja am 25.3.1909 in Berlin gegründet und registriert worden. Die reine Demokratie hatte sich doch als Utopie erwiesen, der auch juristische Probleme gegenüberstanden: Kooperation der Mitglieder, Werkauswahl, Kapitaleigner usw., all dies bedurfte doch einer gewissen Hierarchisierung. Zudem war die Frage des Copyright zu klären: Da Russland dem Welturheberrecht der »Berner Konvention«[35] noch nicht beigetreten war, Deutschland aber schon, schien sich Berlin als Gründungsort unmittelbar anzubieten, zumal auch der Vorgänger dieser Verlagsidee, Beljajews Musikverlag, in Leipzig aus denselben Gründen registriert war. Mit dessen Tod 1904 war aber diese Publikaltionsmöglichkeit erloschen. In Leipzig wiederum befand sich die Notendruckerei C. G. Röder, deren vorbildliche Drucke sich auch der neue Verlag für seine Werke sichern wollte. Nach längeren Verhandlungen kam eine Organisationsform zustande, die trotz ihrer Hierarchisierung bemerkenswert demokratisch war:

1. Das Ehepaar Kussewitzkij war der alleinige administrative und organisatorische Leiter des Verlages.
2. Alle künstlerischen oder werkimanenten Fragen wurden von einem Verlagsrat geklärt, der unabhängig vom Verlagsleiter die Einschätzung und Auswahl der eingereichten Kompositionen vornahm.
3. Jedes Manuskript wurde von allen Ratsmitgliedern geprüft. Zu diesem Zweck gab es Fragebögen (!) zu künstlerischen, musikalisch-technischen und intellektuellen Anforderungen, denen ein Werk genügen musste. Jede Entscheidung eines Prüfers wurde mit den deutschen (!) Buchstaben F (Für) und G (Gegen) gezeichnet, die Mehrheit der Entscheidungen gab den Ausschlag. Diese Beurteilungen, von den Geschäftsführern zusammengerechnet (!), bildeten die Grundlage für die Plenarsitzungen, der auch große Werke (Sinfonien, Opern) oder komplizierte Kompositionen vorgelegt werden mussten. Tonschöpfungen der Mitglieder des Verlagsrates – Skrjabin, Medtner, Tanejew oder Alexander Goedicke – hatten das Privileg der uneingeschränkten Drucklegung.

4. Nach dem Urteil des Rates wurden die Werke an die Druckerei weitergeleitet und für jeden Autor ein persönliches Konto angelegt. Darin fanden sich: Höhe des Honorars gemäß Tarif nach Genre und Werkumfang in den Qualitätsabstufungen 1, 2, 3, Kosten für Edition, Umfang und Auflagenhöhe sowie die Anzahl der verkauften Exemplare innerhalb eines Geschäftsjahres und die Erlössumme. Der Autor wurde nach Abzug der Druckkosten am Verkaufsgewinn beteiligt und erhielt einen festgelegten Prozentsatz von jedem weiteren verkauften Exemplar.

Liest sich erstaunlich modern, muss man zugeben, und das Wichtigste: Das System funktionierte, zumindest bis 1914!
Mit Nicolas von Struve bekam der Verlag allerdings auch einen Geschäftsführer, der die Seele des Ganzen wurde und dessen kaufmännisches Geschick viele Klippen umschiffte. Dazu war mit dem Musikwissenschaftler Alexander W. Ossowski (1871–1957) auch die entsprechende Fachautorität im Verwaltungsrat vertreten. Und Rachmaninow? Er war eher die »graue Eminenz«, gehörte juristisch nicht dem Verwaltungsrat an und veröffentlichte auch keine Werke darin, weil er sich seinem Verleger Gutheil verpflichtet fühlte, der ihn seit frühester Jugendzeit großzügig unterstützt hatte. Dies hinderte Rachmaninow aber nicht an einer aktiven und oft selbstlosen Mitarbeit. Ossowski erinnerte sich später, dass Rachmaninow die gewichtigste Position im Verlagsrat einnahm. Er genoss bei Kussewitzkij das höchste Ansehen, der selbst die Plenumssitzungen sachlich und äußerst korrekt führte, seine Meinungen nicht indoktrinierte und volle Redefreiheit gewährte. Weniger angenehm war, in den Erinnerungen Ossowskis, Kussewitzkijs Ehefrau Natalja, die arrogant wirkte und, wiewohl ohne Stimmrecht, vielfach Einfluss auf die Meinung ihres Mannes nahm. Rachmaninow wiederum war unabhängig, seine Werke erschienen nicht im Verlag. Als ausgezeichneter Prima-vista-Spieler hatte er natürlich die neu eingesandten Kompositionen rasch und gründlich durchgearbeitet und sein Urteil knapp, klar und sachlich formuliert. Allerdings wandte er sich gegen Dekadenz oder die modernistischen Bestrebungen, wozu er sicherlich die Werke des jungen Strawinsky oder Prokofjew gezählt haben mag. Aber Rachmaninows Arbeit und Kritik seien stets konstruktiv gewesen, im Gegensatz zu der von Skrjabin – zumindest nach Aussage Ossowskis. Skrjabin sei ein schlechter Prima-vista-Spieler gewesen und habe sich

meist mit oberflächlichen Einschätzungen der Manuskripte zufrieden gegeben. Zudem war er nur an der Publikation eigener Arbeiten interessiert und empfand die Prüfung fremder Manuskripte eher als lästig. Folgerichtig führte auch eine Auseinandersetzung zwischen den beiden Künstlern 1911 zum Austritt Skrjabins aus dem Musikverlag. Laut Ossowski sah Rachmaninow die Partitur von Skrjabins »Prometheus« auf Kussewitzkijs Schreibtisch liegen, als er sich im Verlag aufhielt. Kussewitzkij wollte sie für die Uraufführung einrichten. Rachmaninow setzte sich sofort an das Klavier, um die Partitur prima-vista zu spielen. Der berühmte erste Akkord überraschte ihn, schien ihm sogar zu gefallen, aber der Rest weit weniger. Beißender Spott wechselte mit Achselzucken und mitleidigem Lächeln. Von welcher Farbe denn hier die Musik sei, spöttelte Rachmaninow zu dem anwesenden Skrjabin bei der Partiturangabe »tastiera per luce«. Nicht die Musik, Sergej Wassilijewitsch, die Atmosphäre hülle den Hörer ein, und diese sei violett, antwortete Skrjabin. Wie dem auch sei, konterte Rachmaninow, dieser Akkord würde nicht klingen, die Stimmen seien unlogisch verteilt, worauf Skrjabin wiederum konterte, er habe ihn gerade so setzen müssen, damit er so klänge. Rachmaninow spöttelte weiter, Skrjabin geriet in Zorn, schlug die Partitur zu und bot allen Interessenten an, abends zu ihm nach Hause zu kommen, um das »Poem des Feuers« zu hören, das er selbst mit einer, eigens in seinem Zimmer installierten Farbklaviatur spielen würde. Unnötig zu erwähnen, dass Rachmaninow nicht kam.[36)]
Am 8. August 1909 eröffnete der »Russische Musikverlag« in Moskau sein Notengeschäft mit F. I. Grischin als Geschäftsführer, vormals Hauptverkäufer bei Jürgensohn, den als weitere Fachkraft für den Verkauf Rachmaninow geschickt abgeworben hatte.
Erholung fand Rachmaninow in diesen hektischen Jahren nur auf dem Landgut Iwanowka. Zwar vermisste er die schroffe Schönheit des Elterngutes Oneg, die Rauheit von Borisowo, dem Landgut seiner Großmutter. Aber er hatte sich inzwischen auf Iwanowka eingelebt, es liebgewonnen. Er schätzte die russische Erde sowie das Landleben, sprach vom Unkraut wie von einem persönlichen Feind, ging hinter dem Pflug wie ein richtiger Bauer, interessierte sich für alle Gebiete der Landwirtschaft und kaufte neue Geräte, um die Erträge zu verbessern. Wie sein Vater war auch er ein Pferdenarr. Selbst ein hervorragender Reiter, ritt er gerne junge Pferde ein und beschäftigte sich mit Viehzucht allgemein. War er im Winter Pianist, Komponist und Diri-

gent, so gehörte der Sommer eindeutig dem Landwirt Rachmaninow, zumal die Satins im Sommer 1910 das Landgut auf Leibrentenbasis ihren drei Kindern überschrieben hatten. Auch de jure war nun Rachmaninow Gutsbesitzer. Allerdings sollte es ein Danaergeschenk werden. Das Landgut blieb ein defizitäres Unternehmen, Rachmaninow musste einen Großteil seiner Honorare in das Familienunternehmen stecken, um wenigstens die Anbaumethoden zu technisieren und die Wirtschaftsführung zu modernisieren.

Jedoch all dies war letztlich nur Abhärtung, nur körperliche und geistige Erholung für die große Tournee nach Amerika, die immer näher rückte!

Zuerst schien sich alles zerschlagen zu haben. Er schrieb an Morosow:

... Es sieht so aus, als ob ich jetzt nicht nach Amerika gelangen könnte. Im letzten Telegramm wurde ich davon unterrichtet, dass meine Vertragsrechte von jetzt an auf die Witwe meines verstorbenen Managers übergegangen seien. Ich beschloss, das Schicksal herauszufordern und sandte ihnen noch einmal meinen Vertrag und bat alle, einschließlich die »Chefin«, diesen als Garantie für mich zu unterzeichnen. Nun, ich vermute, dass sie dies nicht tun wird. Sie wird meinen Vertrag einbehalten, glücklich darüber sein, dass der Künstler selbst den Vorwand für eine Vertragsauflösung geliefert hat, und wird den Vertrag vernichten. Zur Hölle mit ihm! Ich werde froh sein, ihn nicht erfüllen zu müssen ...[33]

Sechs Wochen später kam der Vertrag zurück und Rachmaninow musste reisen, zumal sie auch die 2.500 Dollar Garantiesumme bei einer New Yorker Bank für die letzten fünf Konzerte hinterlegt hatten! Insgesamt sah der Kontrakt 20 Konzerte sowohl als Pianist als auch als Dirigent vor, darunter Solistenkonzerte mit den damals namhaftesten Dirigenten: Max Fiedler bei den Bostoner Sinfonikern, Walter Damrosch und Gustav Mahler bei den New Yorker Philharmonikern. An Stationen umfasste diese Amerikatournee fast die gesamte Ostküste der Vereinten Staaten: Philadelphia, Baltimore, New York (mehrfach!), Boston, Toronto, Chicago, Pittsburgh, Cincinnati, Buffalo sowie Northampton.

Die Vorgeschichte zu diesem Vertragswerk war wesentlich länger und komplizierter als sie sich jetzt liest: In Fachkreisen Amerikas war Rachmaninow schon längere Zeit kein Unbekannter mehr, nicht nur wegen »seines« cis-Moll-Préludes. Bereits am 28.1.1904 hatte der gleichalterige Modest Altschuler (1873–1963), Dirigent und Cellist sowie Leiter der »Russischen Gesellschaft für Musik« in New York, in einem der »Russischen Sinfonischen Konzerte« Rachmaninows sinfonische Dichtung »Fels« aufgeführt. Diese Aufführung ist aus zweierlei Gründen bemerkenswert: Zum einen war die Konzertreihe erst am 7. Januar 1904 eröffnet worden. Bereits im zweiten Konzert ein Werk eines unbekannten und noch dazu zeitgenössischen Komponisten zu bringen, bedurfte bei der konservativen Einstellung des amerikanischen Publikums Mut. Zum anderen erschien eine überaus positive Kritik über das Werk in der Zeitschrift *Hespers Weekly:*

Derjenige, der an der Bedeutung der neuen russischen Musik als gewichtiger Faktor im Rahmen der zeitgenössischen Musik innerhalb Europas zweifeln möchte, sollte schleunigst die Partitur der Orchesterfantasie »Fels« Rachmaninows kennen lernen ... Von einem Dichter inspiriert, gab uns Rachmaninow ein Werk, welches ohne Übertreibung das ausdrucksvollste szenische Bild nach Wagner genannt werden darf ...[37)]

1906 wiederum musste Safonow wegen seine erzreaktionären Haltung während der »Winterunruhen«, die sogar den Machthabern zu viel war, Moskau verlassen und übernahm für drei Jahre die Leitung der New Yorker Philharmoniker. Mit bemerkenswertem Erfolg übrigens, wie Gustav Mahler, sein Nachfolger befand. Zwar bestand die alte Feindschaft zwischen Safonow und Rachmaninow weiter, aber es war reiner Zufall, dass Safonow im Juli 1909 nach Russland zurückkehrte, während der junge Komponist nach Amerika reiste. Safonow nämlich schätzte Rachmaninow als Tonschöpfer, wenn auch nicht als Interpreten, und führte mehrmals während seiner Dirigententätigkeit mit den New Yorker Philharmonikern dessen sinfonische Werke in den USA auf.
Rachmaninows eigene Pläne für eine Amerikatournee lassen sich bis zum Jahreswechsel 1905/06 zurückverfolgen, als er enttäuscht das Bolschoj-Theater verlassen hatte. Im Herbst 1908 schließlich lesen wir von ersten konkreten Verhandlungen. Die Veranstalter boten ihm damals 25 Konzerte mit Option auf mehr sowie einem Festhonorar von 1.000 Rubel/Konzert. Rachmaninow war unsicher, frei nach Goethes Motto: »Halb zog sie ihn, halb sank er hin«. Selbst im Som-

Sergej Rachmaninow (1909)
Foto: Ullstein

mer 1909 wollte er noch nicht und hoffte, dass der Vertrag nicht zustande käme, wie wir im Brief an Morosow gelesen haben.
Vieles wurde später über diese Tournee gemunkelt, vor allem über das dritte Klavierkonzert, die neue Komposition, die, im Sommer 1909 auf Iwanowka vollendet, das große Zugpferd für die Amerikatournee sein sollte. Und in der Tat, es wurde ein »Elefantenkonzert«, wie Rachmaninow selbst sagte, ein Konzert höchster Schwierigkeiten!
Spötter behaupteten später immer, der Begriff »Elefant« sei in Relation zu dem Auto zu setzen, das Rachmaninow sich von den Druck- und Aufführungsrechten dieses Konzertes kaufen wollte. Überhaupt sei dieses Konzert nur des Autokaufs wegen geschrieben worden![38]
Hierzu führen sie eine Briefstelle Rachmaninows an Morosow kurz vor der Abreise an:

... Es wäre nicht schlecht für mich, mir im Bezug auf meine Geschäftspost einen Sekretär anzuschaffen. Aber bevor ich mir einen solchen zulege, will ich mir ein Auto anschaffen. Ich wünsche mir so sehr eines, dass ich es dir gar nicht schildern kann! Alles, was ich brauche, ist ein Auto und einen Sekretär. Ansonsten habe ich alles, was ich benötige.

Nun, im Oktober 1909, begann das große Abenteuer Amerika. Ausgerüstet mit einer »stummen Klaviatur« und einer Unmenge von Gepäck bestieg er das Schiff in Richtung Amerika, die Partitur des »Elefantenkonzerts« unterm Arm. Später nahm er weder in seinen »Erinnerungen« noch in seinen Briefen zur Entstehung dieses Werkes Stellung. Jedenfalls war dieses Konzert selbst für seine technischen Möglichkeiten eine Herausforderung, und so musste er es auf der »stummen Klaviatur« regelrecht »erüben«. In seinen letzten Jahren wollte er diese Komposition daher nicht mehr spielen und meinte, Josef Hofmann, dem es auch gewidmet ist, oder der junge Horowitz könnten es besser spielen als er selbst.
Am Samstag, den 28.11.1909, nachmittags, fand die Uraufführung in New York mit dem dortigen Sinfonieorchester unter Leitung von Walter Damrosch statt, nachdem Rachmaninow bereits in Northampton, am 4.11.1909, sein amerikanisches Debüt als Pianist im

Die Brooklyn-Bridge in New York – Symbol für die Verbindung zweier Kulturwelten
(Archiv: P. Kotsch)

Smith College gegeben hatte. Am 16. Januar 1910 erfolgte eine Wiederholung des Klavierkonzertes in der Carnegie Hall, diesmal mit Gustav Mahler am Pult. Letzterer gab sich die größte Mühe, beschäftigte sich intensiv mit Detailfragen, ging mit dem Orchester alle schwierigen Passagen durch, änderte, wo es Not tat, nahm Anregungen der Orchestermusiker auf, kurz, er leistete seine gewohnte Präzisionsarbeit.
Längst war die Probenzeit überschritten, und Rachmaninow wollte sich erheben und gehen, als Mahler ihm zuraunte, er beabsichtige den ersten Satz nun noch einmal spielen zu lassen. Rachmaninow war erstaunt und erwartete einen Protest des Orchesters! Aber nichts geschah. Freudig und voll konzentriert arbeiteten die Musiker:

Für Mahler war jedes Detail der Partitur wichtig – eine Einstellung, die leider bei Dirigenten sehr selten ist.[39]

Rachmaninow war begeistert. Endlich hatte er einen kongenialen Partner am Dirigentenpult gefunden, dessen Wille zur Perfektion und dessen Detailverliebtheit seinem Arbeiten entsprechend war.
Am nächsten Tag schrieb der *New York Herald* auf Seite 12:

Das Werk gewinnt bei öfterem Zuhören, und wird ohne Zweifel seinen Platz unter den interessantesten Klavierkonzerten der letzten Jahre einnehmen, obwohl seine Überlänge und extreme technische Schwierigkeit es nur Ausnahmepianisten erlauben werden, es zu spielen.[39]

Kritischer und ausführlicher die *Daily Tribune* am 17.1.1910 auf Seite 7:

Der Eindruck, der bei den früheren Veranstaltungen im Bezug auf die herausragende Wucht und Schönheit dieser Musik entstanden war, die Bewunderung für das Spiel des Komponisten, wurde noch vertieft, und die Zuhörer feierten in gleichem Maße enthusiastisch Künstler und Komposition wie bei den Vorstellungen im New Theatre und in der Carnegie Hall am 28. und 30.11. Dabei ist es bemerkenswert, dass sich der Eindruck aus der Uraufführung noch bestärkte: das Werk leidet unter seiner Länge. Es gibt Stellen im ersten und dritten Satz, die zum Vorteil des Werkes gestrichen werden könnten. Strengste Wertmaßstäbe könnten dem Konzert zu einem langen Leben verhelfen.[40]

Am ausführlichsten von allen beschäftigte sich die Zeitung *Sun* am 1.12.1909 mit dem Konzert anlässlich der zweiten Aufführung des Konzertes vom 30.11.1909 unter dem Dirigat von Walter Damrosch:

Das Konzert ist zu lang, und es krankt am rhythmisch-harmonischen Gegensatz zwischen erstem und den folgenden Sätzen. Das Eröffnungsthema in d-Moll ist von der Melancholie erfüllt, die als typisch für einen Großteil der russischen Musik gelten kann. Es ist dies die Melancholie der Untätigkeit, die Resignation, Unterwerfung oder Misstrauen in die eigenen Fähigkeiten bedeutet, und die sich nicht, wie bei Tschaikowskij zu einer brennenden Passion oder hohen Tragödie erhebt. Die gegenwärtigen russischen Komponisten leiden unter Stress, hervorgerufen durch immer wiederkehrende Perioden sozialer und politischer Unruhen. Rachmaninow ist unter den jüngeren Komponisten wie keiner nach Glasunow dazu ausersehen, nationale Ideen und Ausdruck im Ausland zu vermitteln. Er hat dies aber im Konzert so getan, als ob sich die Außenwelt nicht darüber im Klaren wäre, was das wirkliche Russland ist ... Das neue Konzert kann man daher getrost als rein persönliche Botschaft des Komponisten nehmen, und es hat manchmal die Form eines Impromptus, so natürlich, so ungeordnet wirkt seine Sprache, allerdings sich daher auch oft wiederholend.
Derselbe Eindruck von Ehrlichkeit, Direktheit und der zwingenden Überzeugungskraft einzelner musikalischer Gedanken dominiert auch, ohne zu übertreiben oder in Erstaunen zu versetzen, das Spiel von Herrn Rachmaninow bei seinem Konzert ...[40)]

Bildet das dritte Klavierkonzert ohne jeden Zweifel einen Höhepunkt im kompositorischen Schaffen Rachmaninows, so müssen wir doch, wollen wir uns kurz ein Bild vom kompositorischen Werdegang dieser Gattung bei Rachmaninow machen, noch einmal zu den Wurzeln zurückkehren, und diese liegen in den ersten beiden Konzerten. So gesehen ist das dritte seiner Gattung nicht mehr und nicht weniger als eine Ausweitung und Vertiefung der Techniken, die in No. 1 und No. 2 klar ersichtlich sind. Bereits das Jugendwerk op. 1, das Konzert fis-Moll (1890/91), nimmt vieles vorweg, was in dem späteren Konzert zur wahren Meisterschaft erwachen sollte, wenngleich es mit 20 Minuten Dauer das kürzeste von allen vier Klavierkonzerten ist. In den Eröffnungstakten mit Fanfarenstößen noch Tribut an Tschaikowskijs b-Moll-Konzert op. 23 entrichtend, lässt Rachmaninow bereits wenige Takte später von den Streichern das Hauptthema anstimmen:

Dieses achttaktige Kopfthema – seit der Wiener Klassik für Instrumentalkonzerte verbindlich – fällt in seiner Melodieführung mit den aufsteigenden Quarten cis'-fis' und vermindert his'-e" besonders einprägsam auf und nimmt als »Zentralmotiv« die »logische Entwicklungsidee« als Keimzelle bereits vorweg. Eine Ähnlichkeit zum Eröffnungsmotiv des 1889 begonnenen, aber unvollendet gebliebenen Klavierkonzertes in c-Moll ist nicht zu leugnen:

Der Solist übernimmt dieses Thema. Nun entwickelt sich eine Motivreihe nach der anderen, immer aus der vorhergehenden abgeleitet, die sich zu einem zweiten Thema in cis-Moll zusammenfassen lässt:

Dieses »Thema« beherrscht auch die Durchführung, ehe der Pianist in seiner Kadenz noch einmal, einschließlich der Fanfaren, die Themen zusammenfasst, bevor die kurze Coda mit dem zweiten Thema schließt. Konventionell? Vielleicht, aber wir dürfen nicht vergessen, dass wir es hier mit op. 1 zu tun haben, formal dem a-Moll-Konzert Edvard Griegs verpflichtet, inhaltlich der klassischen Vor- und Nachsatztechnik (vgl. Kapitel III).

Manuskript des Klavierkonzertes fis-Moll, revidierte Fassung von 1917
Beginn des 1. Satzes
(Glinka-Museum, Moskau)

Manuskript des Klavierkonzertes in d-Moll
3. Satz (Schluß)
(Glinka-Museum, Moskau)

Auch der Dominantauftakt mit Tonikaschwerpunkt zu Beginn des Hauptthemas ist im Klavierkonzert e-Moll op. 11 von Frédérique Chopin schon charakteristisch und verrät die intensive Literaturkenntnis des jungen Komponisten:

Der zweite Satz des 1. Klavierkonzertes eröffnet mit einem Hornruf,

1890-91

1917

das Klavier übernimmt die Hauptmelodie und spielt mit ihr, ehe der Hornruf wieder Ordnung ins Geschehen bringt und eine Variation des Hauptthemas im Orchester mit einer gekonnten Klavierbegleitung diese kurze Episode beendet. Sicherlich nur ein Hinweis auf den späteren Kompositionsstil Rachmaninows, aber doch ein gewichtiger. Der dritte und letzte Satz greift das Thema des ersten wieder in der Zyklusidee auf, um jetzt in einem Wechselrhythmus von $\frac{9}{8}$- und $\frac{12}{8}$-Takt weiterzufahren, dem barocken ›Siciliano‹ verpflichtet. Hier nun ›swingt‹ das Konzert fast, es ›grooved‹, während das Kopfthema des ersten Satzes noch eine gewisse Unsicherheit, ein Vorwärtsdrängen und Innehalten zugleich verrät. Immer wieder verharrt die sich entwickelnde Melodie, wird durch die »gedehnte Synkope«, d. h. Innehalten auf dem zweiten Metrum, in ihrem Vorwärtsdrängen gestoppt. Die dadurch entstehende rhythmische Kleingliederung finden wir in vielen Werken Rachmaninows.

Der Komponist scheint dem Melos nicht zu vertrauen. Unterstrichen wird dieser Eindruck auch durch die Orchestrierung des Werkes, in dem die Streicher und Holzbläser eine eher dunkle Timbrierung hervorrufen. Es gibt eine allmähliche Entwicklung, eine Art Themenausarbeitung, aber gerade, wenn wir vermuten, dass vielleicht eine Rondoform entstehen könnte, bricht das Konzert mit einer kurzen Coda ab, wodurch eine Art verkürzte A-B-A-Coda-Form entsteht. In seiner Überarbeitung aus dem Jahre 1917, abgeschlossen am 10.11., griff Rachmaninow in die Struktur dieses Satzes am stärksten ein: fast schon manieristisch führt er acht, neun (!) Stimmen gegeneinander, Klavier und Orchester bilden zwei separate Stimmblöcke, die gegeneinander kontrapunktisch geführt werden! Dazu Polyrhythmen und Metrenwechsel am laufenden Band. Eine Detailversessenheit, ein Beweis für Kompositionstechnik und deren Beherrschung, aber keine »Gesamtidee«, keine »poetische«, vor allem im Sinne von Richard Strauss![41)]

1890-91

1917

Dieses Gegenthema im dritten Satz ist das einzige neue Tonmaterial, das bei dieser manieristischen Überarbeitung eingebracht wurde:

Im zweiten Konzert leiten acht (!) feierliche Akkorde des Klaviers das Konzert ein – eine Modulation nach c-Moll – ehe die Streicher das Hauptthema in der gleichnamigen Tonart einführen (vgl. Kap. V). Rachmaninow lässt hier, wie später im dritten Konzert, das Thema um eine Zentralnote kreisen, beim zweiten Konzert um c':

Dieses »Thema«, eigentlich die Metamorphose einer einzigen Grundidee, analog der »Les Préludes« von Franz Liszt, erstreckt sich über 45 Takte, bevor der Pianist ins Seitenthema nach Es-Dur überleitet. Nun erfolgt eine Steigerung bis an die Grenzen des pianistisch Machbaren mit immer stärker werdenden rhythmischen Strukturierungen. Das Tempo nähert sich dem »Maestoso alla marcia« und in der Reprise werden erstes Thema und rhythmische Keimzelle verarbeitet, ehe eine Art freie Rhapsodie, die den Platz einer Kadenz einnimmt, den ersten Satz beschließt. Mit drei Akkorden, die die originale Exposition einschließen, wird dieser Satz fast lakonisch abgebrochen.
Genau die gleiche Kompositionstechnik finden wir im dritten Konzert. Auch hier bringen drei Akkorde das synkopierte und wieder aufgegriffene Hauptthema abrupt zum Stehen:

Der zweite Satz behält im c-Moll-Konzert das Tonmaterial aus der Introduktion bei. Vier Akkorde als Modulation von c-Moll nach E-Dur, der Haupttonart des Adagios, wobei der Komponist auf die fünf Eingangstakte der Romanze aus den »Zwei Stücken für Klavier zu sechs Händen« von 1891 zurückgreift, jetzt als Begleitfiguren für den einsetzenden Solopart:

Das erwartete As-Dur- tP von c-Moll – im dritten Takt auf Schlag 3 – erscheint enharmonisch als Gis-Dur, weil das Thema nach cis-Moll wandert und der Leitton his ist. Auch hier greift das Klavier das Thema auf, führt es aber nicht dialektisch zu Ende, sondern spielt im $\frac{3}{2}$- Takt mit ihm, bevor das Urthema wieder auftaucht. Der dritte Satz »Alle-

gro scherzando« lebt, ebenso wie im dritten Konzert, von der rhythmisch-tänzerischen Gestik, nicht von der Melodik.
Hier steht am Anfang wieder eine Modulation von E-Dur nach c-Moll. Inmitten all dieser Virtuosität und rhythmischen Straffheit erhebt sich nun plötzlich am Klavier ein wirklicher zweiter Kontrapunkt, eine »meno-mosso«-Melodie, die dieses Konzert zu Recht weltweit berühmt machte. Dieser Melodiebogen in B-Dur ist die Quintessenz für das gesamte Schaffen Rachmaninows, ehe ein Fugato wieder zum Tanz zurückführt:

Eine kurze Kadenz in strahlendem C-Dur, basierend auf dem zweiten Thema, beendet das Konzert. Vor allem der lyrische Stil, die kurzen einprägsamen Motive sind es, die dem Konzert seine Beliebtheit geben. Die Sonatenform wird sehr frei gehandhabt. Es ist ein sinfonisches Konzert ohne ausgedehnte Solopassagen des Klaviers.
Auch das dritte Konzert beginnt lyrisch zart. Fast philosophisch abgeklärt erscheint das Anfangsmotiv in Rachmaninows Lieblingstonart d-Moll. Wie im zweiten, so ist auch im dritten keine Zäsur zwischen dem zweiten und dritten Satz. Das Thema wird einfach gestaltet und scheint seine Wurzeln in der russischen Kirchenmusik zu haben:[42)]

Yasser meinte hier aber nicht den Vesperbeginn (vgl. Kapitel I), sondern fand klarere Bezüge zu einem Kirchengesang aus dem Kiewer Gebiet: »Dein Grab, o Heiland, bewachen die Soldaten«:

Das die Zentralnote d'' umkreisende Thema wird wiederum umkreist von den begleitenden Orchesterstimmen, mal tutti, mal einzeln, mal in Concerto-grosso-Form. Immer wieder tauchen die Zentralstruktur oder zumindest Bruchstücke von ihr in lyrischen oder rhythmischen Seitenmotiven auf. Der erste Satz lebt somit tatsächlich von einem Gedanken:[43)]

Einem Spinngewebe gleich überziehen nun einzelne Motiventwicklungen den ersten Satz des Konzertes, eine »Einheit« in der »Vielfalt«, ein Thema mit endlosen Variationsmöglichkeiten entsteht, das in freier Form alle möglichen Gedankenspiele zulässt.
Ein Wort noch zur berühmten Kadenz im ersten Satz. Rachmaninow hat hierfür zwei Versionen geschrieben, von denen die zweite die kürzere und vom ihm bevorzugte war. Darin folgten ihm Horowitz und Weissenberg in ihren Interpretationen. Die erste Version dagegen gehört zum Besten, was seit Liszt und Brahms in dieser Hinsicht geschrieben wurde, und steht durchaus gleichberechtigt neben den Kadenzen in den Klavierkonzerten von Robert Schumann oder Frédéric Chopin! Technisch und physisch verlangt sie allerdings so viel vom Pianisten, dass schon bei der Uraufführung die Kritik fragte:

»Who is afraid of Rachmaninow?« – »Wer hat Angst vor Rachmaninow?«

1939 schien Walter Gieseking einer der ersten gewesen zu sein, der sich an diese »Gigantenversion« gewagt hatte. Vollends zum Durchbruch verhalf ihr 1958 Van Cliburn beim Tschaikowskij-Wettbewerb in Moskau, als er zum ersten Mal die ungekürzte Fassung des Konzertes spielte!
Das Intermezzo, der 2. Satz, gehört dagegen wiederum zum Melancholischsten, was dieser Komponist je geschrieben hat.
Den Höhepunkt tragischer Ausdruckskraft erreicht Rachmaninow beim Eintritt des Klaviers nach längerem Orchestermonolog. Das rhythmisch-metrische Grundkonzept – Adagio, $\frac{3}{4}$-Takt – bietet sich

Manuskript des 3. Klavierkonzertes in d-Moll
~~*3. Satz (Beginn)*~~ 1. Satz (Mittelteil)
(Glinka-Museum, Moskau)

an für ein Thema mit Variationen, und ein ständiger Dialog zwischen Klavier und Orchester setzt ein:

Die Länge dieses Dialogs jedoch ist zugleich auch seine Schwachstelle. Hier tut Kürze not, um die Spannung nicht absinken zu lassen! Während das Orchester das Thema wieder aufnimmt, beginnt plötzlich das Klavier mit einem wilden Ausbruch des jagenden Tanzmotivs des dritten Satzes. Nicht sehr inspiriert, aber von hervorragendem Effekt. Für das Klavier bestens geeignet, nicht aber für das Orchester, das zu schwerfällig für solche Kapriolen reagiert. Auch hier ergibt sich wieder in den wuchtigen Akkorden des Seitenthemas eine Verbindung zum ersten Hauptthema des Konzerts, da diese sich aus der Melodie der Exposition, aus dem Seitenthema sowie dem des 3. Satzes ableiten lassen.

Harmonisch ereignet sich insgesamt allerdings wenig Neues. Der Komponist bleibt der postwagnerschen Ultrachromatik im Melosbereich verhaftet sowie den schon seit den ersten Kompositionen im Jahre 1887 – den vier Klavierwerken – festgestellten Sept-Nonakkorden sowie des übermäßigen Dreiklanges. Dass das Werk pathetisch-hym-

nenhaft im strahlenden D-Dur endet, mag wenig überraschen. Spätestens seit der Oper »Der Geizige Ritter« wissen wir, dass für den Komponisten diese Tonart schließlich die »Gold-Tonart« ist, die Tonart des »Jubels« und der »Befreiung«, wobei wir uns der Patenschaft Rimskij-Korsakows in dessen Oper »Sadko« erinnern sollten, wie Rachmaninow selbst einräumte (vgl. Kapitel VI).
Als Rachmaninow am 27. Januar 1910 seine erste Amerikatournee mit einem Konzert in New York bei den »Russischen Sinfonischen Konzerten« als Solist seines 2. Klavierkonzertes unter Leitung seines Mentors Modest Altschuler sowie als Dirigent seiner sinfonischen Dichtung »Die Toteninsel« beschließt, war der Gesamteindruck zwiespältig. Richard Aldrich, der Kritiker der *New York Times*, zog Resümee:

Mr. Rachmaninoff mag einer der bekanntesten Pianisten und Komponisten aus der jüngsten modernen russischen Schule sein, obwohl er jetzt in Dresden lebt. Sein 2. Klavierkonzert wurde innerhalb der letzten Jahre so oft aufgeführt, dass diese Anzahl in keinem Verhältnis zu seinem inhaltlichen Wert steht. Als Pianist verfügt er über eine hochentwickelte Technik ... und weitreichende Ausdrucksmöglichkeiten auf dem Instrument, obwohl eine schöne und facettenreiche Tongebung nicht erkennbar ist ... Durch seine gesamte Musik zieht sich eine klagende russische Note. Tatsächlich verspürten viele Hörer gegen Ende des Programmes das Gefühl, sie befänden sich auf einem Gefangenentransport nach Sibirien ...
Überhaupt ist russische Musik, und ganz besonders die von Rachmaninow, mit einer Melancholie belastet, die dem ganzen Volk eigen zu sein scheint. Daher ist es nur zu verständlich, dass sich der Komponist einem so kongenialen Sujet wie der »Toteninsel« als Inspirationsquelle zuwandte.
Eine Melosbildung ist in diesem Werk allerdings ebenso wenig erkennbar wie seltene harmonische Kombinationen oder interessante Instrumentierungen. Es lag vermutlich in der Intension des Komponisten, den Tod ebenso inhaltslos zu zeigen wie das Leben. Unter der Inspiration des Dirigentenstabes des Komponisten allerdings entwickelte das Orchester eine Klangqualität und Präzision, welche man bisher bei diesem nicht bemerkt hatte.[44)]

Nur der Dirigent Rachmaninow wird also bei seiner ersten Amerikatournee anerkannt, der Komponist und der Pianist fielen bei der Kritik durch! Bis zum »König der Pianisten« (J. Hofmann) zwanzig Jahre später war es für den »Dirigenten von Gottes Gnaden« (J. Engel) noch ein weiter Weg. Für Rachmaninow stand aber diese Reise vor allem unter einem Lerneffekt:

Die Amerikatournee war eine einzige Strapaze! Stellen Sie sich vor, drei Monate lang fast jeden Tag ein Konzert. Ich habe ausschließlich eigene Werke interpretiert. Darin war ich sehr erfolgreich und wurde bis zu sieben Mal für Zugaben auf die Bühne gerufen, was bei der Haltung des Publikums erstaunlich war. Die Zuhörer sind hier bemerkenswert kühl, verwöhnt durch Vorstellungen von Künstlern allererster Güte. Daher wollen sie immer nur Novitäten hören, immer perfektere Leistungen. Die Lokalzeitungen haben immer zu vermerken, wie oft ein Künstler am Ende seines Programmes auf die Bühne gerufen wird, und für die Öffentlichkeit ist die Anzahl der »Vorhänge« die Messlatte ihres Talents.[44)]

Rachmaninow ist völlig erschöpft und konsterniert. Dieses amerikanische »business« hat so gar nichts mit der Atmosphäre der russischen Salons zu tun! Technische Höchstleistung bei konservativem Geschmack des Publikums bestimmt den »Wert« eines Künstlers, keine Diskussion über Programme und Inhalt, keine Nachsicht gegenüber aufführungstechnischen Mängeln. Damit wurde Rachmaninow noch nicht fertig! Wen wundert's, dass er sowohl eine neuerliche Konzerttournee für das Jahr 1910 als auch den Chefdirigentenposten der Bostoner Sinfoniker als Nachfolger Fiedlers ablehnte? Nein, von Amerika hatte er vorläufig genug! Er gedachte für immer in Moskau zu bleiben, wo sich sein Ruhm inzwischen sehr vergrößert hatte.
Aus Amerika nach Moskau zurückgekehrt, übernahm er zu seinen anderen Pflichten noch den Posten des ständigen Dirigenten der »Moskauer Philharmonischen Gesellschaft«. Für jedes Dirigat erhielt er ein Festhonorar von 3.000 Rubel, damit war eine reelle finanzielle Planung im Familienbereich möglich. Auch zu diesem Posten verhalfen ihm wieder alte Freunde: sein Verleger aus Jugendtagen, Gutheil, sowie Semjon Kruglikow, der ihm einst in seiner tiefsten Depressionsphase die Stellung eines zweiten Kapellmeisters an Mamontows Privattheater vermittelt hatte. Rachmaninow dirigierte verstärkt das »klassische Repertoire«: Mozart, Beethoven, Wagner, Liszt und wiederum Richard Strauss (!). Weniger zufriedenstellend lief es aber für den Komponisten Rachmaninow. Ähnlich negativ wie Richard Ald-

rich äußerte sich auch der Kritiker der Zeitung *Der Morgen Russlands*, G. A. Krejn, über das 3. Klavierkonzert, das am 4.4.1910 in Moskau seine russische Erstaufführung erfuhr. Auch die Kritiker der *Moskauer Nachrichten*, des *Russischen Wortes* – Kaschkin – sowie der *Russischen Nachrichten* verfuhren zwar im Ton sanfter als Krejn, bescheinigten aber der Komposition einen Blick zurück, einen Traditionalismus im Sinne eines »letzten Romantikers«, der keine neuen Wege beschreite.

VIII. Kapitel

»Das ewig Weibliche zieht uns hinan«
– Marietta Schaginian –

In allen Bereichen der Musik, der ganzen Kulturgeschichte, spielt bei der männlichen Dominanz auf der Schöpferebene das weibliche Element aufseiten der Inspiration eine große Rolle. Die Psychoanalyse, die Ästhetik, die Musikwissenschaft sprechen von Konsonanz-Dissonanz-Prinzip[1], von Hermaphroditis[2] oder Heterosexualität. Man rätselt über Beethovens »ferne Geliebte« ebenso wie über das Verhältnis George Sands zu Frédéric Chopin. In den gleichen Rahmen passen die turbulenten Szenen der Gräfin d'Agoult mit Franz Liszt, Richard Wagners Possenkomödie mit Cosima in München oder in Triebschen. Überall war es die große Liebesaffäre, platonisch oder sexuell erfüllt, die diese Musiker gewollt oder ungewollt in starkem Maße beeinflusst hat. Fast in jeder Künstlerbiografie lässt sich somit ein solches Ereignis als Motivationsschub zu weiteren Kunstwerken feststellen, falls es nicht die »Liebe zu Gott« war, z. B. bei Johann Sebastian Bach, die den Künstler zu seinen Höchstleistungen inspirierte.

Beides, Weiblichkeit und Theosophie, treffen als Inspirationsquelle bei Sergej Rachmaninow zu. Während seiner Bekanntschaft mit Marietta Schaginian entstanden z. B. die Préludes op. 32, die Etudes tableaux op. 33 und op. 39, die zweite Klaviersonate in b-Moll. Parallel hierzu, als Ausdruck der Religiosität, die »Liturgie des hl. Johannes Chrysostomos« op. 31 und die Vesper op. 37 »Das große Abend- und Morgenlob«, überragt von seiner sinfonischen Dichtung »Glocken«.

Die Beziehung zu der jungen Dame ergab sich zu einem Zeitpunkt, in dem Rachmaninow auf vier verschiedenen Hochzeiten zugleich tanzen musste: als Familienvater, Komponist, Pianist und Dirigent. Dank seiner zusätzlichen Passion, dem Briefeschreiben, ist uns die Korrespondenz mit Marietta Schaginian zum größten Teil zugänglich, allerdings nur die Briefe von ihm an sie, nicht umgekehrt!

Freilich, Verehrerinnen gab es zu Rachmaninows Lebzeiten viele. So berichtet Geoffrey Norris[3] von einer gewissen Vekla Jakowlewna Rousseau, die ab dem Jahre 1908 – anonym – Rachmaninow stets zu allen Konzerten weißen Flieder in die Künstlerzimmer geschickt ha-

ben soll – in Erinnerung an sein gleichnamiges Lied aus der Liedersammlung op. 21/5.
Erst bei der Uraufführung der sinfonischen Dichtung »Glocken« im Jahre 1914, bei der sie ein bezaubernd-kunstvolles Fliedergebinde in Form einzelner Glocken überreichen ließ, erfuhr Rachmaninow ihren Namen. Als Dank schickte er ihr die von ihm für dieses Werk benutzte und bearbeitete Textvorlage, eine russische Übersetzung des Gedichtes von E. A. Poe, und versah sie mit der handschriftlichen Widmung: »B. S., S. Rachmaninow, 1. Januar 1914«, wobei »B. S.« die Abkürzung für »Belaja sireni« – »weißer Flieder« bedeutete. Übrigens hat Rachmaninow diese Dame nie persönlich kennen gelernt. Eine zweite »Frau von Meck«? Nein, nur Phantastereien einer Schwärmerin.
Zurück zum Jahre 1910. Rachmaninow war berühmt, die Amerikatournee trotz allem ein Triumph gewesen, und in Russland schien er endlich eine halbwegs anerkannte Position einzunehmen. Während der folgenden drei Jahre verließ er das Land für keinen längeren Zeitraum, ausgenommen zu einzelnen Konzerten in benachbarten Ländern.
Gleich nach seiner Rückkehr aus Amerika erwarteten ihn Hausherrnpflichten. Sein Schwiegervater, Alexander Satin, hatte ihm in der Zwischenzeit das Landgut Iwanowka zu gemeinsamen Teilen mit seinem Schwager Wladimir Satin überschrieben, und so stürzte sich Rachmaninow in die Pflichten eines Gutsherrn. In der Zeit der Erholung, des Landlebens, der Ruhe entstanden im Sommer 1910 Werke, die zu den besten Rachmaninows zählen sollten, u. a. sein Chorwerk »Liturgie des heiligen Johannes Chrysostomos« op. 31, die er am 7. April 1911 selbst mit dem Mariinskij-Theaterchor in St. Petersburg aufführte. Die Uraufführung der Liturgie hatte am 15.11.1910 in Moskau mit dem Chor der Synodalschule unter Leitung von N. M. Danilin stattgefunden, der auch die Vespergesänge fünf Jahre später aus der Taufe heben sollte. Das Knabensolo »Wir singen dein Lob, o Herr« sang damals Serge Jarow, der spätere Leiter der »Donkosaken«. Da aber gleichzeitig Kussewitzkij Skrjabins »Prometeus« aus der Taufe hob, ging Rachmaninows Werk angesichts des Riesenaufwandes der Skrjabinschen Tonschlacht glatt im Bewusstsein der Moskauer unter. Zeitgleich mit der A-cappella-Komposition wurde der zweite Teil der Préludesammlung, die dreizehn Préludes op. 32 für Klavier, vollendet. Zusammen mit den zehn Préludes op. 23 (1903) und dem berühmten cis-Moll-Prélude op. 3/2 (1892) ist somit auch hier der Zyklus der »magischen«

24 Tonarten vollendet, der spätestens seit Frédéric Chopins 24 Préludes op. 28 das Kompositionsdenken auf dem Klaviersektor beherrscht. Auch Rachmaninow lässt seine Préludes durch alle Dur- und Molltonarten »gehen«, wie sein großer Vorgänger, der seinerseits die Anregung bei den 48 Präludien und Fugen Johann Sebastian Bachs in dessen »Wohltemperiertem Klavier« fand. In Fach- und Liebhaberkreisen hält sich seit Herausgabe dieser Préludesammlung hartnäckig die Meinung, Rachmaninow habe seinen Höhepunkt in puncto Komposition nur in dieser »kleineren« Form des kompositorischen Schaffens erreichen können. Und in der Tat hatte Rachmaninow – wie wir bisher gesehen haben – Mühe, großangelegte Konzeptionen in puncto Gedankenführung und Spannungsbögen durchzuhalten, sieht man von den Vespergesängen und den sinfonischen Dichtungen »Glocken« und »Die Toteninsel« einmal ab.

Die knappe Form der musikalischen Miniaturen, wie sie die Formgattung der Préludes darstellt, zwingt ihn zu einer inhaltlich knapperen Aussage, deren Höreindruck dann überraschend oft sinfonischer ausfällt als seine Sinfonien selber. Die Préludes zeigen uns einen mitreißenderen Kompositionsstil Rachmaninows sowie erstaunliche Variationspielräume in Bezug auf Motivik und Kontraste, die in den größeren Werken oft ermüdend und langweilig wirken. Der Maxime von Johannes Brahms, dass das schöpferische Weiterdenken in der Musik das Hauptmerkmal für die Variationsform sei, wird in den Préludes Rachmaninows besonders deutlich:

Im Prélude op. 23/No. 1 fällt uns die »kreisende« Melodienbewegung um einen Zentralton wieder auf, die wir bereits in den Konzerten No. 1 und 2 kennen gelernt haben:

Fast erscheinen die Préludes op. 23 insgesamt eine »Aufarbeitung«, eine »Nachlese« des kompositorischen Materials der beiden Klavierkonzerte No. zwei und drei zu sein, sowie ein »Überblick« über alle pianistischen Möglichkeiten, die Rachmaninow damals zur Verfügung standen.

Wilde Rhythmik dominiert das berühmte »Revolutionsprélude« B-Dur op. 23/2. Chopins Etüde c-Moll op. 10/12 lässt grüßen,

ehe wir wieder der typischen Variationstechnik in der Motiventwicklung im d-Moll-Prélude op. 23/3 begegnen, die uns sowohl an J. S. Bach als auch Frédéric Chopin gemahnen:

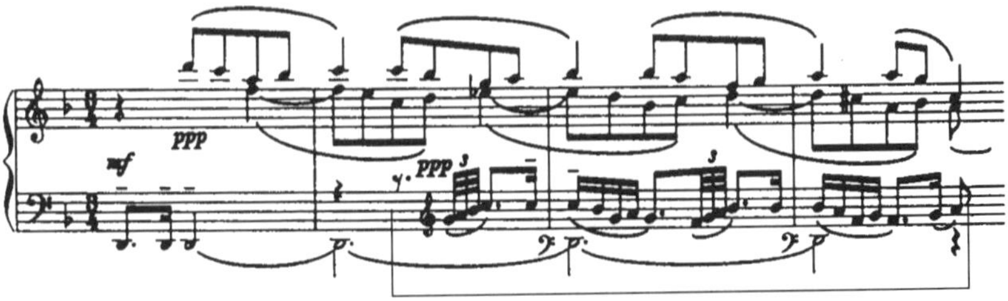

Eröffnungsmotiv der 1. Sinfonie!

Wenn irgendwo von kompositorischen »Fingerabdrücken«, von Spezifika des Kompositionsstils Rachmaninows gesprochen werden kann, dann wohl zu Recht bei solchen Motivbausteinen und deren Verarbeitung.

Das beim Publikum sehr beliebte Prélude g-Moll »Alla marcia« op. 23/5, dessen Entstehung sich bis in das Jahr 1901 zurückverfolgen lässt und das den Beinamen »Die Kosakenkavallerie-Patrouille« erhielt, lebt im Expositions- und Reprisenteil von der rhythmischen Keimzelle, deren Ursprung wiederum im großen Marschteil der fis-Moll-Polonaise op. 44 von Frédéric Chopin zu finden ist. In scharf rhythmisierender Form werden in diesen Abschnitten die Klänge

»aufeinandergetürmt«, fast »polytonal« geschichtet, ohne hierbei Cluster im modernen Sinn zu erzeugen, denn die Struktur bleibt trotz aller Massivität noch klar durchschaubar, wie folgendes Beispiel zeigt:[4)]

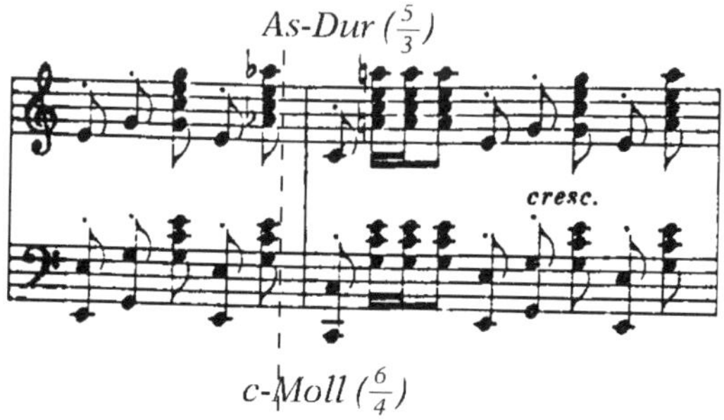

In diesem Takt treten die Tonarten As-Dur und c-Moll, sich in den einzelnen Stimmgruppen gleichzeitig überlagernd, auf, wiewohl sie im harmonischen Sinn durchaus Beziehungen aufweisen:
Die Oberstimmen bilden in ihrer vertikalen Erfassung einen reinen As-Dur-Klang, beginnend vom Grundton über Terz, Quinte, während die Bassstimmen in ihrer vertikalen Erfassung einen c-Moll-Quartsextakkord, beginnend mit g-c‘-es‘ ergeben, eine bitonale Struktur!
Auch im nächstfolgenden Prélude – Es-Dur op. 23/6 – finden wir den ähnlichen harmonischen Aufbau:

Zwei Dominanten werden hier »aufeinandergetürmt«, noch dazu mit dem Querstand Es-e“ oder e‘:

Die Bassstimme mit langgehaltenem Es und die Tenorstimme mit Wechselnote b und Ruhepunkt as lassen den Schluss zu, dass wir uns insgesamt in der Tonart As-Dur befinden, wobei die Auflösung in der Mitte des Taktes eintritt. Gehen wir davon aus, dann können wir den ersten Akkord in diesem aus der Bassstimme Es und dem Tenor g als einen Dominantakkord von As-Dur aus den Tönen es, g, b konstruieren. Diesem wiederum ist der Dominantakkord von f-Moll bzw. F-Dur überlagert (c – e – g). Laut Definition ein Fall von Polytonalität! Neben diesen Akkordschichtungen sind die Préludes Es op. 23/6 und c op. 23/7 auch in motivischer Hinsicht äußerst interessant. Die Melodie in No. 6 erinnert stark an die Es-Dur-Seitenmelodie des Konzerts No. 2 und ist in Takt 28 und 29 auch fast identisch von letzterem übernommen.

Im folgenden c-Moll-Prélude hat ohne Zweifel die Schlussphrase der Exposition des ersten Themas aus dem zweiten Klavierkonzert Pate gestanden. Beide Motive zeigen die unerhörte Meisterschaft Rachmaninows auf kleinstem Raum, mit winzigsten Motivsteinen prägnanteste Aussagen zu treffen. Kein Ton ist hier zu viel, keiner zu wenig! Neben dem Prélude B-Dur verweist dieses Prélude am stärksten auf das Vorbild: Frédéric Chopins Etüde op. 10/12 c-Moll. Ein schwerpunktmäßiger Etüdencharakter ist aber beiden Préludes nicht abzusprechen. Ebenso chopinesque die Schlusstakte in No. 8:

Das es-Moll-Prélude op. 23/9 offenbart wohl eher die Beschäftigung mit dem Klavierwerk von Franz Liszt, besonders mit der No. 5 seiner »Études de exécution de trancendent«, den »Feux follets« (»Irrlichter«):

Während den ersten Band der Préludes die pianistischen Probleme beherrschen, rücken im zweiten Band op. 32 die kompositorischen in den Vordergrund. Das von Johannes Brahms geforderte ›schöpferische Weiterdenken‹ erfolgt hier im Rahmen der mittelalterlichen Kompositionstechniken der »Liturgie« op. 31. Durch die damit verbundene Beschäftigung mit den Quart-Quint-Organi, den Modistrukturen und dem strengen Kontrapunkt sowie der Imitationstechnik wirken diese Préludes insgesamt distanzierter, expressiver als ihre Vorläufer in op. 23. Gerade deshalb sind sie in ihrer Detailausleuchtung bemerkenswert.

Ein Musterbeispiel kontrapunktischer Meisterschaft bildet das Prélude in F-Dur op. 32/7. Zwei Melodiestimmen, imitatorisch frei versetzt, gepaart mit zwei selbstständigen Rhythmusstimmen, die somit das autonome Gegengewicht liefern:

Die letzten vier Préludes von op. 32 schaffen aber zweifelsohne den Höhepunkt der umfangreichen Sammlung. Enorme technische Kompliziertheit, gepaart mit ungeheurer musikalischer Dichte, wechseln ab mit scheinbar »kindlicher« Einfachheit! Das Prélude op. 32/10 h-Moll ist vielleicht das beeindruckendste von allen. Moisjewitsch, ein langjähriger Freund Rachmaninows, schrieb nach dem Tode des Komponisten, im Mai 1943, in einem Artikel für die Zeitschrift *The Gramophone* in New York, dass er vor vielen Jahren beim Spielen dieses Préludes ein bestimmtes, nicht klar zu definierendes Gefühl gehabt habe, das er einer Vision gleichsetzte. Als er Rachmaninow auf diese angesprochen hätte, habe er die Ursache hierfür entdeckt: die Tatsache, dass auch dieses Musikwerk – wie schon »Die Toteninsel« – von Bildern Böcklins beeinflusst war, diesmal von einem Bild mit dem Titel »Die Rückkehr«![5]

Und in der Tat lässt sich bei diesem, zu Beginn durchaus an Sehnsucht, Elegie und Resignation erinnernden Prélude eine außertextliche Programmatik vorstellen. Die kleinen Motivfiguren mit ihrer feierlichen Bassbegleitung münden in eine überreiche Akkordpassage, ehe wieder sanft das Anfangsmotiv zu Ende geführt wird, d. h. nicht ganz! Denn im folgenden H-Dur-Teil, der lyrischer, persönlicher gestaltet ist als der Beginn, wird das Motiv in Abklängen noch einmal aufgegriffen:

Herrlich, oft gespielt, oft »traktiert« erklingen die blühenden Figuren des gis-Moll-Préludes op. 32/12, bestimmt von den sanft absteigenden Glockenklängen, die am Schluss dieses Préludes alle Extremlagen des Klaviers noch einmal zu Gehör bringen (»Perdendo«):

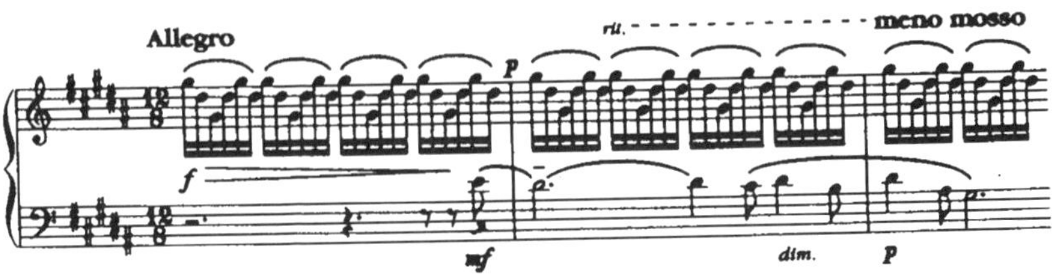

Zugleich erinnert der Beginn dieses »Glocken«-Préludes an das Eröffnungsthema seiner unvollendeten Jugendoper »Esmeralda« nach dem Roman von Victor Hugo:

Esmeralda

Wuchtig, von ungeheueren technischen Anforderungen geprägt, selten gespielt, beschließt das Des-Dur-Prélude den Reigen der 24. Oskar von Riesemann[6)] vertritt die Ansicht, dass hier noch einmal das deszendierende Hauptmotiv des cis-Moll-Préludes op. 3/2 verwendet worden sei, was der zyklischen Reigenform eine Geschlossenheit gäbe. In der Tat lassen sich in Takt 31 und 32 eventuell solche Höreindrücke erstellen, aber das ist keineswegs eine durch das Notenbild gesicherte Behauptung! Fest steht dagegen, dass diese 24 Préludes nicht nur ein Meisterwerk darstellen, das durchaus neben denen Frédéric Chopins bestehen kann, sondern dass die Sammlung von »Miniaturen« zugleich einen Meilenstein in der Klaviermusik des 19. und 20. Jahrhunderts repräsentiert, eine geistvolle Sammlung musikalischer Blitzgedanken.

Eine Gesamtaufführung erlebte der Zyklus nie, aber die Presse reagierte bei der ersten Vorstellung der neuen Préludes op. 32 im Rahmen eines Klavierabends mit eigenen Werken, den Rachmaninow am 5.12.1911 in St. Petersburg und am 13.12. in Moskau gab, sehr ungehalten. Selbst sein Protagonist seit den Tagen der 1. Sinfonie, Julij Engel, äußerte sich sehr ablehnend. Die Werke seien zu lang und nur Rhetorik, wo knappe Form mit inhaltlicher Focussierung verlangt sei. Fand das g-Moll-Prélude aus op. 23 noch Gnade vor seinen Augen, da hier Form und Inhalt zur Deckung gebracht worden seien, so verlagere sich dieses Gleichgewicht beim h-Moll-Prélude op. 32/10 gänzlich in eine Schieflage:

Aber wenn sich der thematische Embryo bis zu einer nicht angemessenen Wichtigkeit aufbläht – ein Embryo, der nur als knapper Entwurf von Interesse sein könnte, wie z. B. im langen h-Moll-Prélude, dann wird dieser »Größenwahn« sowohl für das Stück selbst bedauerlich als auch für den Komponisten ...[7)]

Im Herbst 1910 gab Rachmaninow eine Reihe von Konzerten in Moskau, St. Petersburg, Kiew, Odessa und Warschau, gefolgt von einer kurzen Auslandsreise nach Holland. Im Mittelpunkt standen der Dirigent sowie der Pianist im eigenen 3. Klavierkonzert. Besonderer Schwerpunkt seiner Dirigententätigkeit waren wieder die Werke zeitgenössischer russischer Komponisten: Tanejew, geschätzter Lehrer und Berater, Glasunow (!), Skrjabin und Tschaikowskij. Als westeuropäische Komponente waren in den Programmen die Werke von Johannes Brahms vertreten. Zwei Höhepunkte verzeichnet diese Saison: das Jubiläumskonzert zum 50. Geburtstag der Russischen Musikgesellschaft am 29.11.1910 in Moskau sowie das 100. (!) Konzert der »Kersin-Konzertreihe«.

Allein in Russland wird er seine Entwicklung abschließen können und nur hier wird er den wahren Nährboden für seine künstlerische Erfüllung finden können, schrieb Nicolaj Kaschkin 1909 in der Zeitung *Russkoje Slowo.*
Und die Jahre 1910–1913 schienen dieser Prophezeiung bezüglich des beruflichen Werdeganges Rachmaninows Recht zu geben:
Im Sommer 1911 entstanden wieder auf dem Landgut Iwanowka – gleichsam neben den »bäuerlichen« Pflichten und als Fortsetzung des »fruchtbaren« Sommers 1910 – die neun Études tableaux op. 33, ehe der Herbst wieder Rachmaninow als Dirigent und Pianist voll forderte. Im Oktober spielte er im wenig geliebten London sein 3. Klavierkonzert. Als Dirigent wieder der Holländer Willem Mengelberg. Die *Times* lobte vor allem den Pianisten und sah in Rachmaninow nun einen legitimen Repräsentanten der Liszt-Schule. Danach folgte eine Tournee als Dirigent durch neun Städte sowohl in Südrussland als auch in den baltisch-polnischen Provinzen. Noch heute wird in Tiflis am Konservatorium auf ein Klavier der Marke »Bechstein« verwiesen, das Rachmaninow dort nach seinem Konzert vom 18.11.1911 auf Bitten und gegen Entgeld eines reichen Privatmannes zurückgelassen habe! Die Resonanz auf den Pianisten und Dirigenten war aber in allen Städten sehr groß. Auch Glasunow, der dem Komponisten doch bescheinigt hatte, in seiner Musik sei viel Gefühl aber wenig Sinn, bewunderte den Pianisten Rachmaninow rückhaltslos. Als Di-

rektor des St. Petersburger Konservatoriums gab er daher im Dezember 1911 anlässlich einer Klaviermatinee Rachmaninows Dozenten und Studenten unterrichtsfrei, damit sie das Spiel des Kollegen genießen konnten. Am 23.12.1911 kommt es dann zur großen Überraschung: ein gemeinsames Konzert der beiden »Antipoden« Skrjabin und Rachmaninow, wobei letzterer ersteren als Dirigent bei dessen Klavierkonzert fis-Moll op. 20 begleitete. Alle Kunstwelt staunte, hielt sie die beiden doch für erbitterte Feinde. Ihre unterschiedliche Weltanschauung musste den Rationalisten Rachmaninow und den Mystiker Skrjabin doch in Konfliktsituationen bringen, zumindest in Gedanken der Regenbogenpresse!
Außerdem war Skrjabin als Solist in seinem Konzert berüchtigt, neigte zu spontanen Metrenschwankungen bzw. zu Beschleunigungen, zu seinen ekstatischen Ausbrüchen! Aber Rachmaninow bewies in diesem Konzert seine »Extraklasse« als Dirigent und fing alle Schwankungen seines »Kontrahenten« geschickt auf. Das Konzert wurde ein großer Erfolg, und er machte seinem Namen ›rachmanin‹ (großzügig) alle Ehre! Noblesse oblige!
Eine Woche zuvor, am 18.12.1911, lieferte der dirigierende Komponist auch als Pianist eine Sternstunde der Interpretation ab, als er zum ersten Mal (!) mit Tschaikowskijs b-Moll-Konzert op. 23 unter Leitung seines Cousins Alexander Siloti konzertierte. Das Moskauer Publikum war gespannt, denn zum einen trat Rachmaninow in jenen Jahren meistens nur als Pianist eigener Werke auf, zum anderen galt und gilt dieses Konzert immer noch beim russischen Publikum als Prüfstein für jede Pianistenkarriere! Der Erfolg beim verwöhnten Publikum war überwältigend und die Presse lobte damals schon die späteren Markenzeichen Rachmaninowscher Interpretation: sorgfältige Beachtung der Details, objektive Darstellung des Notentextes ohne subjektive Verfremdungen, aber trotzdem sehr gehaltvoll und differenziert im Anschlag! Der Kritiker G. Prokofjew bezeichnete in der *Russischen Musikzeitung* Rachmaninow gar nach einem weiteren, erfolgreichen Konzert als Dirigent im Januar 1912 als »Halbgott« des Publikums.
Im Februar 1912 endlich konnte der neue »Taktstockmagier« sich in St. Petersburg auch als Operndirigent in einem nicht minder problematischen Werk beweisen: »Pique Dame« von Peter Tschaikowskij am Mariinskij-Theater.
Auch hier bewunderten die Kritiker die gleichen Eigenschaften: Detailgenauigkeit, exakte Beachtung des Notentextes und objektive In-

terpretation. Erstmals habe das Publikum die wahre musikalische Tragödie der Oper erlebt. Wie wenig sich der Musikbetrieb in Russland in jenen Tagen verändert hatte, wird aber an der Bemerkung der Kritiker deutlich, Rachmaninow habe das Konzert stehend (!) dirigiert. Sieben Jahre, nachdem er damaligen europäischen Standard in Moskau am Bolschoj-Theater eingeführt hatte, zumindest bezüglich Sitz- und Positionsordnung des Orchesters sowie des Dirigenten, galten seine Ideen immer noch als »bemerkenswert«!

Immer stärker fühlte sich Rachmaninow zum Dirigieren berufen und nahm für die Saison 1911/12 und 1912/13 den Posten eines »Chefdirigenten« bei der »Philharmonischen Gesellschaft« in Moskau an. Zuerst widmete er sich auch dort hauptsächlich den Werken russischer Komponisten, später nahm er die Kompositionen Mozarts, Beethovens, Wagners und Richard Strauss' in immer stärkerem Maße in sein Repertoire auf. Das Publikum reagierte mit einem Crescendo des Beifalls, die Presse feierte ihn als »Dirigenten von Gottes Gnaden« (Julij Engel). Erfolgreicher Dirigent und Pianist vor ausverkauften Häusern, glücklicher Familienvater: Rachmaninow schien es endlich gelungen zu sein, seinen Status zu stabilisieren – da drohte neues Unglück!

In Rostow am Don war Rachmaninows alter Freund, Hausgenosse bei Swerjew, Mitstreiter und Weggefährte bei vielen pianistischen Unternehmungen, Matwej Presman, seit 1896 als Direktor einer dortigen Musikschule tätig, die sogar bei Moskauer Kritikern für ihre Arbeit Beifall fand. Der Erfolg seiner langjährigen Bemühungen wurde – das sei am Rande vermerkt – von der Russischen Musikgesellschaft 1906 zur 10-Jahres-Feier auch ausdrücklich bestätigt! Nun, im Jahre 1911, hatte Presman einem Lehrer der Zweigstelle Nachitschewan wegen mangelnder Tätigkeit einen Disziplinarverweis erteilt. Dieser legte umgehend Beschwerde bei der Rostower Sektion der Gesellschaft ein, wobei er sich des »Mobbing« nicht scheute: Antisemitismus – Presman war Jude – fehlte dabei ebensowenig wie üble Nachrede. In seiner Not wandte sich Presman an Rachmaninow, den Vizepräsidenten und Inspizienten für die Musikschulen. Rachmaninow erwirkte auch sofort von der Präsidentin, Prinzessin von Sachsen-Altenburg, eine Genehmigung zur offiziellen Prüfung des Sachverhaltes, nahm diese auch in seiner gewohnt gründlich-korrekten Art vor, wobei er ebenso selbstverständlich nichts fand, was gegen seinen Freund sprach – und erreichte nichts! Am 11.1.1912 wurde Presman trotz aller Intervention vonseiten Rachmaninows von der

Sektionsdirektion in Rostow entlassen. Zu ihrem »Bedauern« musste sich die Prinzessin dem Urteil der Direktion »beugen«, da es einstimmig (!) gefasst worden sei, teilte sie Rachmaninow mit, der daraufhin seinen Rücktritt einreichte. Später war Presman mit großem Erfolg Professor an den Konservatorien in Saratow und Baku, die Affäre hatte ihm nicht geschadet, aber für Rachmaninow war die Entscheidung nur der letzte Tropfen, der das Fass zum Überlaufen brachte!

Bereits zu Beginn seiner Amtszeit, im Mai 1909, war er mit dem verbreiteten Antisemitismus, den er selbst in keinster Weise teilte, unangenehm in Berührung gekommen! Auch hier betraf es einen alten Freund aus den Studientagen: Solomon M. Starikow, ebenfalls Jude wie Presman und Leiter einer Musikschule, diesmal in Tambow, der Hauptstadt des Bezirkes, in dem Rachmaninows Landgut Iwanowka lag. Gleichfalls Schüler von Rachmaninows Cousin Alexander Siloti hatte der Pianist Starikow an dieser Schule bemerkenswerte Erfolge, aber ebensolche Neider, darunter den Gouverneur des Distriktes. Dieser beschwerte sich nun über seinen Musikschulleiter bei der Präsidentin der Russischen Musikgesellschaft persönlich und erbat um eine Visitierung der Schule, da er Versäumnisse des Schulleiters sähe, die wohl auch mit seiner jüdischen Abstammung (!) erklärbar seien. Rachmaninow fand bei seiner Besichtigung weder finanziell noch unterrichtsmäßig irgendetwas auszusetzen, mit Ausnahme der Qualität der Orchesterinstrumente, die aber wiederum auf den geringen Etat der Schule zurückzuführen sei, also vom Gouverneur bzw. der Sektion der Gesellschaft in diesem Gebiet als Sachträger zu verantworten. Weisungsgemäß (!) nahm er auch zum »Judenproblem« Stellung und stellte fest, dass von 12 Lehrern fünf Juden seien und sich knapp 10 % der Schüler zum mosaischen Glauben bekannten, nämlich 20 von 212. Eine »Verjudung« könne wohl nicht festgestellt werden! Und da Rachmaninow die Wirkung der Presse am eigenen Leibe schon genügend erfahren hatte, drehte er damals den Spieß ebenso um, wie er es bei der Affäre Presman am Ende seiner Tätigkeit tat:

Er benützte die Presse als Waffe gegen die Unruhestifter! In einem Interview mit dem *Tambower Boten* bescheinigte er der Schulleitung am 9.5.1909 eine einwandfreie Führung. Wütende Proteste des Gouverneurs waren die Folge, zumal Rachmaninow sich ohne Genehmigung der Prinzessin öffentlich geäußert hatte, aber diese Proteste waren für Starikow folgenlos. Damal hatte sich Rachmaniow durchgesetzt, bei Presman schaffte er es nicht mehr!

Auch im Falle der Musikschule Kiew blieb er im Jahre 1909 Sieger und erreichte, dass diese in den Rang eines Konservatoriums erhoben wurde. Dieser Einsatz wurde ihm später besonders gedankt: Im Jahre 1922 wird er in seinem Exil in Amerika einen Brief seines Freundes Felix Blumenfeld (1863–1931) erhalten, in dem dieser ihm mitteilen wird, dass er während der letzten drei Jahre, von 1918 bis 1921 einen außergewöhnlich begabten jungen Mann am Klavier unterrichtet habe, der am Kiewer Konservatorium mit Rachmaninows drittem Klavierkonzert sein Examen abgelegt hätte. Sein Name: Wladimir Horowitz! Blumenfeld selbst war Komponist, Dirigent und Pianist sowie Professor an allen drei bedeutenden Konservatorien Russlands, St. Petersburg, Moskau und Kiew, und darüber hinaus der Onkel des Mannes, der nach Swerjew zum Markenzeichen für die russische »Pianistenschmiede« wurde: Heinrich Neuhaus!
Dass es für Rachmaninow weder einfach noch erfreulich war, bei seinen Inspektionsreisen meistens auf Freunde oder ehemalige Studienkollegen zu treffen, veranschaulicht uns eine dritte Episode!
Im Januar 1911 musste er die Musikschule in Rostow, diesmal nördlich von Moskau, visitieren. Hier war sein alter Freund Nikolaj Avierino Schulleiter. Glücklicherweise konnte auch dort Rachmaninow bei aller Gewissenhaftigkeit, die ihm in seinen Tätigkeiten eigen war, nichts finden. Avierino erinnerte sich später:

... weißt du, ich verspürte ein Unbehagen davor, deine Schule zu visitieren, denn es ist unangenehm, einen alten Freund zu überprüfen, und ich konnte mir deiner nicht ganz sicher sein. Ständig fragte ich mich, welche Art von Direktor Avierino sein könnte? Der Himmel weiß, was in Rostow sich ereignet! Ernsthaft dachte ich daran, dass es vielleicht am besten wäre, gar nicht erst nach Rostow zu fahren ...[8)]

Bei aller Freundschaft hatte Rachmaninow sein unbestechliches Auge nicht im Stich gelassen, das ihn fast zu jeder Zeit zu einem objektiven Urteil befähigte. Ob es sich um Instrumentierungs- und Akkordfragen während seiner Tätigkeit als Verlagsbeirat bei Kussewitzkij, um musikalische Präzision bei Klavier- und Orchesterkonzerten oder bei administrativer Verwaltungsarbeit in der Musikgesellschaft handelte, stets bemühte er sich um Trennung von Gefühl und Bewertung. Ein Umstand, den auch Glasunow befremdend festgestellt hatte, als er Rachmaninow als Beiprüfer zu den Examina an das St. Petersburger

Konservatorium geholt hatte. Die konziliante Art Glasunows vertrug sich nicht mit der unbestechlichen Objektivität Rachmaninowscher Maßstäbe! Für letztere finden wir die Musikschule in Saratow als Beispiel, die Rachmaninow 1910 visitierte. Der Bericht vom 26.12.1910 an die Prinzessin Sachsen-Altenburg spricht eine klare Sprache:

Euere Hoheit! ... Von der Musikschule in Saratow hatte ich keinen guten Eindruck, und ich kann den Antrag auf Erhebung der Schule in ein Konservatorium – ich hörte, dass ein entsprechender Antrag und eine Anweisung schon die Duma passiert hätten – weder gutheißen noch ihn unterstützen. Das einzig gewichtige Argument für diesen Antrag – und dies ist auch im Gesuch vermerkt – ist ihr Gebäude, das tatsächlich hervorragend ist! Aber dieses Argument ist – mit Verlaub – wenig überzeugend. Hinzu kommt als Positivum vielleicht noch die Person des Direktors im Sinne seiner Eigenschaft als Verwaltungsbeamter. Seine Persönlichkeit als Lehrer nämlich, wie der des gesamten Kollegiums wirkt umgekehrt stark, nämlich negativ ...[9)]

Im Falle Presman aber nützten weder persönliche noch fachliche Autorität und so blieb Rachmaninow nur noch die letzte Konsequenz: der Rücktritt! Mag sein erster Brief im März noch als Druckmittel für eine positive Entscheidung im Fall des Freundes angesehen werden, so war das Schreiben vom 28.5.1912 definitiv: Rachmaninow schied aus der Russischen Musikgesellschaft aus, allerdings nicht ohne einen erneuten Presseangriff wie in seinem ersten Fall in Tambow gestartet zu haben. Diesmal benützte er hierfür die Zeitschrift *Rede* der KaDettenpartei, jener liberal-konservativen Bourgeoise-Partei, für die schon Glasunow in der Duma saß! Die gewünscht scharfe Presseattacke hatte auch einen weiteren Effekt: Die Gesellschaft fand keinen Nachfolger mehr für Rachmaninow und musste das Amt ersatzlos streichen! Weder Glasunow, noch Tanejew, Náprawník oder der baltendeutsche Reinhard Glier, der von 1914–1920 Direktor an der von Rachmaninow zum Konservatorium erhobenen Musikschule zu Kiew war, wollten dieses Amt nach dem Eklat übernehmen. Rachmaninow jedenfalls hatte das Interesse an einer weiteren Mitarbeit in der Gesellschaft verloren. Wie immer dachte er, dass fachliche Autorität und Dienst an der Sache die Haupttriebfedern für eine solche Idee – die Musikerziehung im Lande zu verbessern – sein müssten, und er daher kraft beider Attribute Veränderungen bewirken könnte. Aber wieder einmal hatte er die Zeichen der Zeit nicht erkannt! Längst war die 1859 gegründete Gesellschaft ein Politikum geworden! Genügte 1909 noch die fachliche Autorität, die selbst die sehr politisierten und antisemitischen Äußerungen des Gouverneurs von Tambow noch in Schranken halten konnte, war die politische Lage im Jahre 1912 so hochbrisant geworden, dass jede Neuerung oder Absicht zu einer solchen schon als Angriff auf die zaristische Herrschaft ausgelegt wurde. Jeder Teil der Administration, erst recht die fast allmächtigen »Gaufürsten« der Russischen Musikgesellschaft, reagierten nur noch mit immer schwereren Restriktionen. Die Folge: die Schulleiter der Musikschulen wechselten fast jährlich, eine konstruktive pädagogische oder künstlerische Arbeit war an diesen Bildungseinrichtungen nicht mehr möglich. Wurde sein Einsatz für die Musikschule in Kiew von den erzkonservativen Kräften in der Russischen Musikgesellschaft argwöhnisch beäugt und selbst die Erhebung der Schule in den Rang eines Konservatoriums schon als Unterstützung der separatistischen Neigungen der Ukraine (!) gewertet, so wollte man, auch unter dem Eindruck des Attentats auf den Ministerpräsidenten Stolypin vom Herbst 1911, offensichtlich im Falle Presman ein Exempel statuieren! Diesem Politikum hatte Rachmaninow nichts entgegenzusetzen, zumal er auch persönlich in die politischen Auseinandersetzungen involviert war: Im September 1911 hatte Alexander Konowalow – einst Schüler und Gastgeber Rachmaninows auf dem Landgut der Eltern 1892 in Kostroma, als der junge Absolvent des Konservatoriums nach bestandener Graduiertenprüfung seine unbeschwerten Sommermonate als »freier Künstler« genoss – nun als Sprecher des Wirtschaftsliberalismus und Jungunternehmer sowie Kandidat für die Dumawahlen 1912 eine scharfe »Philippika« gegen die gegenwärtige Wirtschaft- und Sozialpolitik der Zarenherrschaft gerichtet und sich dafür keinen ›günstigeren‹ Platz als das Fest zum 100-jährigen Gründungsjubiläum seiner Firma ausgesucht. Kein Wunder, dass der allmächtige zaristische Geheimdienst *Ochrana* dort zugegen war und über diese Rede berichtete. Auch Rachmaninow, der den Jungunternehmer immer noch zu seinem Freundeskreis zählte, dürfte bei solchen Bespitzelungen ins Visier der Geheimpolizei geraten sein! Der Komponist zog sich zurück, besuchte bis zu seinem offiziellen Ausscheiden keine Tagung der Gesellschaft mehr, auch die Jahreshauptversammlung vom 29.3.–1.4.1912 in St. Petersburg nicht, auf der angebliche Verbesserungen in der rechtlichen Stellung der Musikschulen beschlossen werden sollten. Wozu auch? Von Potemkinschen Dörfern hatte er genug!

Ein Blick in den Konzertkalender Rachmaninows belehrt uns aber, dass auch ohne diese Streitigkeiten eine Weiterarbeit in der Russischen Musikgesellschaft für ihn unmöglich gewesen wäre:

Die Saison 1912/13 eröffnete er mit einem sinfonischen Konzert der Moskauer Philharmonischen Gesellschaft am 6.10., wobei die »Sinfonie fantastique« von Hector Berlioz (!) im Mittelpunkt stand. Überhaupt war der Schwerpunkt des Dirigentenrepertoires in dieser Saison bemerkenswert: Neben seinem Standardrepertoire – Tschaikowskijs 5. Sinfonie – kamen wieder zahlreiche Werke von zeitgenössischen russischen Komponisten auf das Programm, von Kollegen also (!), so z. B. Borodins 2. Sinfonie, auch Glasunows Name ist wieder vertreten – ein weiterer Beweis für Rachmaninows Objektivität, was künstlerische Leistungen betraf – sowie etliche romantische Kompositionen West- oder Nordeuropas! Deutschland war mit Richard Strauss' »Till Eulenspiegel« sowie Mendelssohns Sinfonie No. 3 a-Moll, die »Schottische«, und Carl Maria von Webers Ouvertüre zur Oper »Oberon« vertreten. Daneben widmete er sich der sinfonischen Tondichtung »Mazeppa« von Franz Liszt sowie dessen beiden Klavierkonzerten. Zum ersten Mal erklang auch die schon angesprochene bewunderte Interpretation von Mozarts später g-Moll-Sinfonie, und einen ganzen Abend widmete er dem Schaffen von Edvard Grieg: Klavierkonzert a-Moll op. 16, »Peer Gynt«-Suiten 1 u. 2 sowie die »lyrische Suite«. Dazu sollte im November noch eine Gedächtnisveranstaltung für den Theaterkomponisten Ilja Satz hinzukommen, der am 24. Oktober desselben Jahres verstorben war. Anlässlich des Konzertes am 20.10., in dem Rachmaninow die beiden ersten Klavierkonzerte von Tschaikowskij und Liszt dirigierte (!) – Solist war der polinische Pianistenstar Josef Hofmann (1876–1957), der auch später ein enger Freund und Bewunderer Rachmaninows in Amerika werden sollte – sowie dem Dirigat der Orchesterwerke von Edvard Grieg jubelte Julij Engel seinen bekannten Vergleich des »Dirigenten von Gottes Gnaden«:

Rachmaninow ist wirklich ein gottbegnadeter Dirigent, der es versteht, Publikum und Orchester in gleicher Weise zu verzaubern. Er ist der einzige russische Dirigent, der mit den Persönlichkeiten des Westens wie Nikisch, Colonne, Mahler auf eine gemeinsame Stufe gestellt werden kann.[10)]

Woher Rachmaninow in dieser Zeit die Kraft nahm, ein solches Repertoire für sich zu erarbeiten, mit dem Orchester zu proben und selbst noch als Pianist zu üben, bleibt ein Rätsel. Auf alle Fälle waren im November die Kräfte – auch durch die unliebsame Auseinandersetzung im Fall Presman – erschöpft. Das letzte Konzert der Saison musste er bereits absagen. Offizieller Grund war eine drohende »Handversteifung«, wohl eine Nervenentzündung von der Halswirbelsäule ausgehend, die zu Lähmungserscheinungen im Handbereich führten. Wir ahnen es schon! Rachmaninow verließ wieder einmal Russland und suchte Erholung sowie kreative Erneuerung in Westeuropa. Denn zum Komponieren blieb überhaupt keine Zeit mehr, und wenn doch, fanden die Werke in der Öffentlichkeit wenig Anklang.
Für alle Personen, die Rachmaninow entfernter oder näher standen, war es offensichtlich, dass er neben seiner künstlerischen Tätigkeit in jener Zeit ein Familienvater fern jeglichen Skandals war. Umso überraschender traf alle, die ihn kannten, eine Veröffentlichung im November 1943, sechs Monate nach seinem Tode, die in der Zeitung *Novj Mit No. 4* erschien. Darin wurde zum ersten Male ein Briefwechsel Rachmaninows mit Marietta Schaginian (1888–1982) veröffentlicht, der eine enge Beziehung zwischen beiden Personen offenbarte, von der scheinbar bis dahin niemand etwas wusste. Hatte auch er seine George Sand? Eine Liaison, ein Verhältnis?
Bis 1946 gab Marietta Schaginian 15 von Sergej Rachmaninow an sie gerichtete Briefe heraus.
Wir müssen uns darüber im Klaren sein, dass Marietta Schaginian 1946, bei Veröffentlichung der Briefe von Rachmaninow an sie, 61 Jahre alt und überdies Trägerin des »roten Bannerordens« der Kommunistischen Partei Russlands war! Umgekehrt hat die Familie Rachmaninows bis heute strengstes Stillschweigen über die Beziehung des Komponisten zur jungen Studentin bewahrt und auch keine Briefe von ihr an ihn herausgegeben. Offiziell sind sie nicht erhalten! Mehr als eine »Seelenverwandtschaft«, eine »Freundschaft im Geiste«, eine »Inspirationsquelle«?
Schlägt man ein enzyklopädisches Lexikon der Sowjetunion auf und liest unter ihrem Namen nach, so findet sich folgender Eintrag:

Marietta Schaginian war eine der ersten Autoren, die sich von ihren gleichermaßen religiösen wie exotisch-erotisch-bourgeoisen Interessen abwandte und ihre Kunst in die Interessen des Proletariats stellte und somit die Revolution aktiv unterstützte.[11)]

Diese Saulus-Paulus-Wandlung muss man sich vor Augen halten, wenn man die Veröffentlichung der Briefe von 1943–1946 kritisch betrachten will!

Zudem war Marietta Schaginian seit 1919 als Sozialarbeiterin im Dongebiet tätig, gründete dort die erste Schule für Spinnerei- und Webarbeit und nahm viele Erlebnisse aus dieser Zeit in ihre Erzählungen auf. Nichts zeigt ihre Charakterwandlung mehr als der Übergang von der Kunstliebhaberin zur Expertin für wasser- und strombetriebene Plantagenarbeit! Aber 1912 war sie noch die gutbehütete, armenische Bürgerstochter, die in Moskau Literatur und Philosophie studierte, und schien bis über beide Ohren in Rachmaninow verliebt gewesen zu sein. Zudem gehörte ihr Vater Sergej Schaginian zum Professorenkollegium in Moskau; sie hatte somit Zugang zu »höheren Kreisen«. Hegel und Kant bestimmten ihr Weltbild, Goethe war ihr Messias, dem zu Ehren sie sogar eine »Pilgerreise« nach Weimar unternahm! Zur Zeit ihrer Bekanntschaft mit Rachmaninow war sie in Literaturkreisen schon durch einige Kurzgeschichten sowie Zeitungsartikel zu Themen aus den Bereichen Kunst und Musik aufgefallen. Dabei war sie damals erst 17 Jahre alt! 1946 sah sie diese Zeit durch die Brille einer »verdienstvollen Sowjetbürgerin« und dementsprechend »gereinigt« und »verklärt«.

Dies müssen wir bedenken, wenn wir ihren Kommentar zur Briefveröffentlichung lesen. Sie war im Jahre 1912 jung, verliebt, fast mütterlich besorgt um ihren »Helden« und hatte nur nicht den Mut, ihm ihre Liebe offen zu gestehen. Dies wird aus den 15 Briefen klar ersichtlich. 1946 erschien die ganze Affäre im abgeklärten Licht philosophischer Auseinandersetzungen verschiedener Weltsysteme. Trotzdem gibt der Vorspann zu den eigentlichen Briefen ein so anschaulich-plastisches Bild vom bürgerlichen Leben in Moskau des Jahres 1912, dass der Autor dieses Buches ihn ebenfalls, wenigstens in Auszügen, kurz vorstellen möchte:

Die Jugend unserer Generation betrachtete die ersten 15 Jahre unseres Jahrhunderts als zeitlos. Die Zeit schien stillzustehen oder sich außerhalb unseres Gesichtsfeldes zu bewegen. Erwartung lag in der Luft, sehnsüchtiges Warten … auf etwas, das den Rhythmus der Geschichte wieder mit einem Pulsschlag in Bewegung setzte ... Künstler und Studenten wurden Neurastheniker, geplagt von tiefen inneren Krisen, und suchten Hilfe bei denen, die noch mehr mit Zweifel und Hilflosigkeit geplagt waren als sie selbst. Deshalb wurde der persönliche Kontakt auch so wichtig für sie, ersetzte er doch die Vereinigung mit dem Kollektiv. Völlig Fremde schrieben einander Briefe und ein großer Teil wertvoller Geisteskraft wurde dadurch vergeudet ... Moskau war so klein, wie man es sich heute kaum vorstellen kann. Das Gebäude der Adelsversammlung, heute »Haus der Gewerkschaften«, schien sich wie ein Riese gegen den Engpass der Tverskaja-Str. zu erheben, die wiederum zur Tverskaja-Kapelle mündete, wo die kleinen und schmalbrüstigen, einstöckigen Geschäfte der berühmten Okhotnj-Rjad in die kleinen Seitengässchen führten. Moskau war auch klein im Bezug auf die Bevölkerungsgruppe, die die Konzerte, Ausstellungen und Theater besuchte. Jeder kannte jeden und ein jeder des anderen Geschmack, Meinung, gesellschaftliche Position. Man erwartete nichts Neues und schon gar keine Impulse von dieser Gruppe.«[12)]

Bei aller kommunistischen »Einsicht«, Schaginian gehörte 1912 zu dieser »trägen Bourgeoisie«! Professorentochter und Lyzeumsschülerin, die sie war, hatte sie auch eine musikalische Grundausbildung genossen. Chorgesang, Klavier- und Geigenstunden, elementare Musik- und Harmonielehre gehörten zu ihrem Ausbildungsprogramm. Nach der Schule stürzte sie sich wie alle die kleinen Lyzeumsschülerinnen in die Konzertsäle dieser »engen« Provinzwelt Moskaus vor dem sozialistischen »Erweckungskuss«! Die Hörerplätze für 15 Kopeken waren heiß begehrt und jede hatte ihr Idol, ihren Star. Sie bekamen, ebenso wie die Generationen der Popkultur, Herzklopfen und Ohnmachtsanfälle oder zerrissen ihre Kleider und holten sich erfrorene Füße, wenn sie nur ihr Vorbild sehen oder hören konnten. Auch Sergej Rachmaninow gehörte zu diesen Stars. Sie brachten ihm Ovationen über Ovationen dar, warteten stundenlang am Hintereingang zur Bühne und hingen wie Trauben an seinem Wagen. Mehr als einmal musste die Polizei eingreifen, weil sonst an ein Weiterfahren nicht zu denken gewesen wäre. Die jungen Mädchen gingen berauscht heim, aber auch ›ängstlich‹ oder ›böse‹ auf das Wunschbild. Sein zugeknöpftes, reserviertes Äußeres, sein »Pokerface« verliehen Rachmaninow rätselhafte Züge. Sein aristokratisch-stolzes Wesen, verstärkt durch seine Körpergröße, vermittelte Unnahbarkeit und

hielt die Bewunderinnen auf Distanz, während sie doch in jugendlichem Überschwang einen »Star zum Anfassen« wollten und kein »Museumsstück«. Zudem hörten sie, er fühle sich nicht gesund, das Spielen bereite ihm Mühe, er sei unglücklich und Dr. Dahl, der bekannte Psychologe gebe ihm Hypnosestunden, weswegen er ihm auch das zweite Konzert gewidmet habe!
Marietta Schaginian erinnert sich:[11]

Zu dieser Zeit räumten sie den schweren Schnee überhaupt nicht von den Straßen Moskaus, so dass der Winter den Straßenlärm dämpfte; im Inneren der Häuser fühlte man nichts von der Stadtaußenwelt. Völlige Ruhe hüllte gleich einem Wattebausch die Moskauer Nächte ein. Schwerer Schnee lag auf den Gehsteigen, Dächern und in den Dachrinnen der Häuser. Die Gärten schienen wie mit Silber überzogen und die breiten Avenuen entlang glitten die Kufen der Schlitten weich durch den Schnee. Im Februar 1912 ging ein solcher Schneesturm über Moskau los, dass man sich sogar im Zentrum der Stadt verlassen fühlte. Man glaubte sich in der Steppe, direkt in Puschkins »Schneesturm« getrieben. Während dieser Februarnächte schrieb ich Sergej Rachmaninow, den ich damals persönlich gar nicht kannte. Ich schrieb ihm nach St. Petersburg, wohin er wegen eines Konzertes gereist war und unterschrieb mit »Re«, dem italienischen Tonnamen für D, um meinen wahren Namen zu verbergen. Später, bis in die letzten Tage unserer Freundschaft (die von Februar 1912 bis Juli 1917 dauerte) blieb ich »Re« für ihn. Er nannte mich nie anders ...
Die frühe literarische Textauswahl Rachmaninows war mehr oder weniger zufällig, und erst als er bewusst Gedichte für seine Lieder suchte, wurde unsere Korrespondenz vertrauter, bekam direkt den Anschein einer Beziehung zwischen Musiker und Textdichter. Er bat mich, ihm zu helfen, und ich kopierte, bearbeitete, arrangierte Verse, Gedichte und Texte russischer Dichter für ihn, sowohl klassischer als auch moderner. Letztere liebte er überhaupt nicht. Nichtsdestoweniger gelang es mir, ihm einige Werke von Alexander Block (»In meinem Garten«), Andrej Belji (»Die Gräser wogten so tränenreich«) oder Valleri Brjousow (»Der Rattenfänger«) schmackhaft zu machen, und Rachmaninow vertonte diese Texte nach meinen Arrangements. Gewöhnlich versuchte ich, sie ihm »laut vorzulesen«. Bevor ich ihn dann persönlich traf, probierte ich das brieflich. Ich versuchte dies auf alle nur denkbare Art und Weise, so z. B. durch graphische Darstellung des Versmaßes... Ich benützte auch

die Methode des Vergleichs und bei jeder Art von Analogie konnte ich den inneren Klang des Verses somit leichter aufschlüsseln …
… In einem meiner Briefe analysierte ich Puschkins »Muse« für ihn. Rachmaninow widmete dieses Lied mir.[12] *Später war Nicolaj Medtner, als er die »Muse« hörte, so begeistert, dass er auch ein Lied über diesen Text komponierte, das er mir widmete.*
Manchmal war ich stolz genug und vermessen, um Rachmaninow auch in seine eigenen musikalischen Belange hineinzureden, getreu dem Motto: »Was würde ich an seiner Stelle getan haben?« Rachmaninow folgte stets meinen Ratschlägen!

Der Leser mag sich im Vergleich zu Rachmaninows eigenen Worten anschließend ein Urteil bilden und die Maske der Sowjetbürgerin, sozialistischen Dichterfürstin etc. getrost etwas abkratzen und feststellen, wie viel von ihren eigenen »Erinnerungen« gehalten werden kann. Tatsache ist, Marietta Schaginian beeinflusste Rachmaninow in den Jahren ihrer Bekanntschaft in ungewöhnlichem Maße und die Lieder op. 34, das Produkt ihrer Zusammenarbeit, wurden ebenso ungewöhnlich erfolgreich. Die eigentliche Berühmtheit dieses Zyklusses verdankt Rachmaninow aber nur dem letzten Lied, »Vocalise« (No. 14) und pikanterweise wurde dieses Lied ohne Text und erst nachträglich eingefügt. Bereits in seiner Oper »Francesca da Rimini« op. 25 gibt es eine textlose Vokalpassage des Chores. Drei Jahre später, 1908, folgte Igor Strawinsky ebenfalls mit einer textlosen Lautmalerei, »Pastorale«, ehe auch Nikolaj Medtner im Exil in Deutschland zwei Vokalkompositionen vorlegte: »Sonata Vocalise« op. 41/1 und »Suite Vocalise« op. 41/2. Es war die Zeit der Sprachexperimente, der Suche nach der Urzelle lautlicher »Äußerungen«, des »Dadaismus«, aber auch des Witzes und des Verlangens nach der »vollkommenen« Melodie, die oft durch den Text »gestört« werde. Außerdem wollte man dem Uraltstreit seit Beginn der Opernkompositionen aus dem Wege gehen, was denn nun wichtiger sei: das Wort oder die Musik?
Mit diesem Lied beantwortet Rachmaninow die Frage eindeutig zugunsten der Musik. Wir summen doch nur, wenn wir dazu in psychischer Verfassung sind, und dies meist ohne Text! Noch im Jahre 1919 nimmt er diesbezüglich Stellung und übernimmt auch hier das von Richard Strauss aufgestellte Postulat: »Auf das *Wie* kommt es an!«

»Vocalise«-Autograph (21.9.1915)
(Glinka-Museum, Moskau)

Ferruccio Busoni äußerte drei Jahre später in der Zeitschrift *Melos* in Berlin ähnliche Gedanken. Das Streitthema war zu diesem Zeitpunkt also kompositorisches Allgemeingut:

Große Komponisten betrachten immer die Melodie als den führenden Parameter der Musik. Melodie – das ist der Kern der Musik, das Fundament, da einer vollkommenen Melodie bereits die ihr eigene harmonische Formgebung innewohnt ... Wenn der Komponist keine wirklichen Melodien entwickeln kann, die auch für längere Zeit gültig bleiben, hat er wenig Chancen, jemals das kompositorische Handwerkszeug wirklich meisterhaft zu beherrschen ...[13)]

Ansonsten entspricht der Liederzyklus den Romanzen der vorangegangenen, d. h. die meisten Lieder sind mehr oder weniger geschickte Ausleuchtungen der textlichen Vorgaben, die wiederum der Romantik verhaftet und wenig zeitgenössisch sind. Ebenfalls wie in den vorangegangenen Zyklen ist das Klavier Partner, kein Begleiter, kommentiert und analysiert, teils mit orchestralem Klang, die Inhalte der gesungenen Texte. Manchmal allerdings gibt der Komponist dem Klavier auch nur kurze Stützakkorde im Sinne der »secco«-Rezitative des 17./18. Jh., die zugleich seine Beschäftigung mit den Kompositionstechniken des Mittelalters und der Renaissancezeit zeigen:

Diese kurios-entfernte, aber scheinbar sehr fruchtbare Freundschaft für das kompositorische Schaffen Rachmaninows begann mit einer Reihe vergeblicher Werbungsversuche unseres weiblichen »Rasputin«, auf die Rachmaninow dann am 14.2.1912 zum ersten Male antwortete:[14)]

Meine liebe Re,
herzlichen Dank für Ihren liebenswerten Brief, den ich gestern erhielt. Ich würde mich sehr gerne intensiver mit Ihnen unterhalten, aber ich bin so beschäftigt, habe so viel zu tun, reise so viel und bin so müde, dass ich mich sehr selten »unterhalten« kann. Diesmal bemühe ich mich, sehr genau zu sein, schon im Hinblick auf Ihr Ultimatum, das Sie mir am Ende Ihres Briefes setzten. Schreiben Sie mir bitte an diese Adresse. (Ich werde bis Ende nächster Woche hierbleiben.) Wie geht es Ihnen? Sind Sie krank? Warum drücken Ihre Briefe eine solche Niedergeschlagenheit aus?
S. Rachmaninow

15.3.1912
Meine liebe Re,
sind Sie ärgerlich auf mich, wenn ich Sie um eine Gefälligkeit bitte? Und wenn es Ihnen nicht zu schwer fällt, könnten Sie mir diese dann auch erfüllen? Nun, ich werde Ihnen erzählen, wie Sie mir helfen können. Ich brauche Texte für meine Lieder. Hätten Sie da vielleicht einen Vorschlag? Ich glaube, »Re« kennt sich sehr gut auf diesem Gebiet aus, sie weiß immer alles …
… Dabei ist es völlig gleich, ob es sich um einen zeitgenössischen oder verstorbenen Dichter handelt, soweit die Gedichte original sind; keine Übersetzungen, und nicht länger als acht oder zwölf, höchstens aber 16 Zeilen. Noch etwas! Die Grundstimmung sollte eher traurig, denn fröhlich sein. Das Licht, die Farben der Freude kommen nicht so leicht zu mir. Ich erwarte Ihre Antwort. Dies bis zum nächsten Brief. Ich hoffe, Sie fühlen sich jetzt besser und sind gesund.
S. Rachmaninow

P. S.: Ich schreibe Ihnen nichts über mich, weil ich nicht weiß, was ich schreiben soll. Außerdem liebe ich so etwas nicht. Und zudem entspricht es der Wahrheit, keiner Lüge, wenn Ihnen jemand erzählt, dass ich ein ganz gewöhnlicher und uninteressanter Mann bin.

29. März 1912

Meine liebe Re,

ich erhielt Ihren Brief und Ihr Buch, aber nicht Ihren früheren Brief in Charlottenburg. Vielen herzlichen Dank für alles! Ich lese, was Sie mir sandten. Nur Baratjnskjs »Frühling« kann für mich nützlich sein. Die »Orientalischen Melodien« sind gut, können aber nicht als Textvorlage dienen, wie Sie selbst zutreffend anmerkten. Ich habe jetzt nur keine Zeit, alles durchzusehen, was Sie mit Kreuzchen versehen geschickt haben, die wie Erhöhungszeichen aussehen. (Re #?)

Ich bin dabei, alles, was Sie mir geschickt haben, zu kopieren, so dass ich es bis zum Sommer fertig haben werde, wenn ich dann die Vertonung anfangen möchte. Nun, in Bezug auf den Kontext Ihres Briefes will ich alle Ihre Fragen in geschäftsmäßiger Form beantworten. In Ihrem Brief waren Sie nicht immer gerecht mir gegenüber, meine liebe »Re«. Hier ein Beispiel: Nachdem Sie unbarmherzig die »kleinen Verse von Galina« kritisiert hatten, bemerkten Sie mit giftigem Tonfall, dass ich natürlich »diese kleinen Verse« gebrauchen würde. In Wirklichkeit habe ich sie zwei, drei Mal gegenüber 51 anderen Versen gebraucht … Und hier warnen Sie mich ebenfalls, nur ja keinen billigen Schnulzenerfolg für meine Lieder zu suchen! Das ist sogar völlig absurd! Glauben Sie wirklich, es war notwendig, mir solches zu sagen, meine liebe »Re«? Dann in Bezug auf Sachnowskij – ich erhebe keinen Einspruch gegen Ihre persönliche Kritik ihm gegenüber oder gegenüber seinen Publikationen. Aber warum vermuten Sie, dass mich alle diese Artikel ernsthaft beschäftigen oder dass ich gar von diesen beeinflusst werde? Zugegeben, es scheint so, als hätte ich meine Meinung sofort geändert, als ich Ihnen schrieb, »Farben des Lichts erreichen mich nicht so leicht«, nachdem Sachnowskij schrieb: »ich sei ein Troubadour des Schreckens und der Tragik.« Und jetzt legen Sie mir nahe, Sachnowskij nicht zu glauben! … Um die Wahrheit zu sagen, ich lese keine Artikel von Sachnowskij, obwohl sie – wie ich weiß – berühmt sind. Ich lese sie nicht, weil sie mich in keiner Weise berühren. Tief in mir, um ehrlich zu sein, bin ich überzeugt, eher auf meine innere Stimme hören zu müssen, weil es nirgends auf der Welt eine Kritik gibt, die mehr an mir auszusetzen hat, als ich selbst … Ich schreibe so wenig über mich oder tue es besser gesagt überhaupt nicht, weil ich Sie noch zu wenig kenne, meine liebe »Re«. Lassen Sie mich Sie erst einmal genauer betrachten, oder mehr von Ihnen hören. Sie fragten mich nach meinen Kindern! Sie schrieben, es würde Ihnen großes Vergnügen bereiten, wenn ich Ihnen ein wenig

über diese schreiben würde. Nun gut! Ich habe zwei Töchter, acht und vier Jahre alt, mit Namen Irina und Tatjana oder mit Spitznamen »Bob« und »Tassinka«. Sie sind zwei ungezogene, aufsässige Rangen, aber lieb und allem sehr aufgeschlossen. Ich liebe sie schrecklich! Sie sind mein ein und alles! ... Und die Kinder lieben mich ebenfalls sehr. Einmal, vor nicht allzu langer Zeit, war ich mit der Jüngsten sehr ärgerlich und drohte ihr, dass ich aufhören würde, sie zu lieben. Sie begann zu weinen, verließ das Zimmer und erzählte mir, dass sie, wenn ich aufhören würde, sie zu lieben, in den Wald laufen würde! Dabei liebe ich sie beide gleichermaßen. Die ganze letzte Woche waren wir, die beiden Kinder und ich, krank. Wir hatten alle die Grippe mit mehr oder minder schweren Komplikationen. Nun sind wir wieder auf dem Damm.
Am 24. März wurden am Abend Ihre Rosen gebracht, gerade als wir vom Arztbesuch nach Hause zurückgekehrt waren ...

28. April 1912
wo hörtest du, meine liebe »Re«, dass ich in die jungen Mädchen verliebt sei, die am Konservatorium studieren oder in die Philharmonischen Konzerte gingen? Man trifft selten Leute, die nach außen hin so großkotzig und nach innen so erbärmlich klein auftreten. Was ist ein fälschlicheres Verhalten als dieses? Du fragst mich, was ich außer meinen Kindern, meiner Musik und den Blumen sonst noch liebe? Alles, was du willst, meine liebe »Re«! Sogar Krebssuppe, wenn du willst, nur nicht unsere ›musikalischen‹ jungen Mädchen!
Meine liebe »Re«, ich hatte in Moskau keine Zeit, dir zu schreiben, und will dies jetzt in Tambow nachholen, wo ich einige Zeit auf den Zug warten muss, der mich auf unser Landgut bringt. Ich will dir, auch wenn es nur wenige Zeilen sind, mit ein paar Worten für deinen lieben, lustigen Brief und für das Buch mit den Gedichten, das du mit solcher Ausdauer und Geduld kopiert hast, danken. Ich fahre nun aufs Land. Meine Familie wird sich freuen, mich in ungefähr einer Woche begrüßen zu können. Ich werde auf deine neue Adresse warten und dir dann wieder schreiben. Bis zum nächsten Brief! Alles Gute!
S. Rachmaninow

Zugleich mit dem Beginn dieses Briefwechsels lernte Marietta Schaginian im Frühjahr 1912 den Philosophen Emil Medtner kennen. Die Familie Medtner bestand aus vier Brüdern, von denen der älteste Geschäftsmann, Emil als zweitältester Philosoph, Nicolaj Komponist

und Alexander Bratschist geworden waren. Von Nicolaj werden wir bald noch mehr lesen.
Fest steht, dass jeder aus dieser Familie von seinen Brüdern als den »Genies« sprach und nichts verdeutlicht ihre Mentalität mehr, als die Tatsache, dass Emil einer in der Wohnung aufgestellten Beethovenbüste bigotte Verehrung entgegenbrachte und allen Ernstes die Ansicht vertrat:

Man muss nicht germanophil sein, um die deutsche Musikhegemonie anzuerkennen. Was würde die Musik sein ohne die Reihe der Deutschen von Bach bis Wagner ... Die Abhängigkeit der ganzen Musik von der deutschen ist genau so groß wie die Abhängigkeit aller neuen Philosophie von Kant ... die 5. Sinfonie Beethovens ist das aristokratischste Werk aller musikalischen Literatur ...[15)]

Marietta Schaginian selbst war vor allem von Emil hell begeistert:

Eine kultivierte deutsche Familie, ein geordnetes Familienleben, Konversation in zwei Fremdsprachen und eine philosophische Bibliothek, wie ich sie sonst nirgends in Moskau fand. Die häuslichen Konzerte und Diskussionsabende machten schließlich meinen Aufenthalt zu meinem »Athenischen Lebensabschnitt«, wie ich immer zu sagen pflegte ...[16)]

Vor allem verschaffte ihr Emil Medtner die Gelegenheit, regelmäßig in der Wochenzeitschrift *Trudi i Dni* Artikel zu veröffentlichen. Medtner selbst schrieb dort unter dem Pseudonym »Wolfling« und brachte 1912 ein Buch im selben Verlag heraus, das, mit dem Titel »Modernismus und Musik« überschrieben, seine gesammelten Aufsätze von 1907–1911 auf 446 (!) Seiten wiedergab. An und für sich nichts Erwähnenswertes, wenn diese dilettantischen Nietzsche-Apoll-Dionysisch-Bayreuthisch getränkten Blätter nicht Bruchstücke der NS-Ideologie vorwegnähmen, den »Gralsfunken« der »Bayreuther Blätter« sorgsam wachhielten und eben auch die Person Rachmaninow behandelten – nur als Pianist, nicht als Komponist, versteht sich! Darüber freilich war wiederum Rachmaninow äußerst verstimmt und weigerte sich anfangs, zu Emil Medtner in näheren Kontakt zu treten, so sehr ihn auch Marietta darum ersuchte:

… Gestern dachte ich bei mir, dass du das, was du in mir suchst, genau in dem Maße bei jemand anders finden kannst – bei Medtner. Während du ihn mir nämlich haarklein beschreibst, schiebst du mir alles unter, was zu seinem Charakter gehört. Es ist sehr bezeichnend, dass die Hälfte eines jeden Briefes ihm gewidmet ist. Weiterhin ist es auffällig, dass du mich ständig in seiner, »in ihrer Gesellschaft« sehen willst, an diesem »heiligen Platz, wo sie argumentieren, verteidigen, anklagen, bekennen und zurückweisen« (ich zitiere aus Briefen von »Re«). Sollte ich daher nicht auch »diese Jugend unserer Zeit« treffen und betrachten, »die Verse schmiedet, mit einer solchen Leichtigkeit und, bei Gott, sehr weit von wirklicher Poesie entfernt«? (Ich zitiere weiter!) Ich bin sicher, sie sind a-bürgerlich … In der Tat, Medtner selbst ist nicht a-bürgerlich, zumindest nicht in der Art, wie du mich sehen willst. Und ich habe keine Vorurteile gegen ihn. Im Gegenteil! Ich liebe und bewundere ihn sehr … und ich bin überzeugt, er ist einer der talentiertesten zeitgenössischen Komponisten. Er gehört dem so seltenen Menschenschlag an – als Musiker und als menschliches Wesen –, der an Größe gewinnt, je besser man ihn kennt. Dies – leider – widerfährt nur wenigen, und ich wünsche ihm alles Gute! Ja, dies ist Medtner – jung, gesund, stark und energisch, bewaffnet mit einer Leier zur Verkündigung in seinen Händen! Und ich? Ich bin gemütskrank, meine liebe »Re«, unbewaffnet und reichlich alt! Wenn ich überhaupt etwas Gutes besitze, so liegt es kaum in der Zukunft … Und was die Gesellschaft Medtner betrifft, lass es sein. »Ich hasse sie alle – geradezu kriminelle Furcht und Feigheit«, ich zitiere aus einigen Briefen von »Re«, deinen Briefen – und würde dies der »Basis der wahren Kunst« vorziehen, und warum schreibe ich dir dies alles, meine liebe »Re«? »Allein mit meiner Seele« – ich bin nicht zufrieden mit diesem Brief … Zum Schluss noch etwas anderes. Immer deinen Worten und Wünschen ein willfähriger Diener, schreibe ich dir diesen Brief an einem »verträumten Frühlingsabend«. Wahrscheinlich ist dieser »verträumte Frühlingsabend« für diesen unverzeihlichen Brief verantwortlich, den ich bitte, sehr schnell zu vergessen …

Die gleiche Abneigung offenbarte Rachmaninow auch im Brief vom 12.11.1912:

… Ich tat recht daran, E. Medtner eine kurze Danksagung zu schreiben, weil er mir das Buch geschickt hatte. Damals hatte ich nur das Buch erhalten, aber keine Zeit, es zu lesen. Jetzt habe ich es gelesen und

nichts mehr hinzuzufügen. Ich mag dieses Buch nicht. Bei jeder Zeile taucht vor mir sein glattrasiertes Gesicht auf, als wolle er sagen: »Es ist alles ganz großer Mist, was über Musik gesagt wird, und überhaupt vollkommen unwichtig.«
Das Wichtigste für ihn im Leben ist: »Schaut mich an und begreift, wie intelligent ich bin.« Und es ist wahr! E. Medtner ist ein intelligenter Mann. Aber dies sollte ich wohl eher aus seiner Biografie erfahren – die wahrscheinlich schon bald veröffentlicht werden wird –, als aus einem Buch über »Musik«, die doch mit ihm nichts gemeinsam hat. Ich warte ungeduldig auf dein versprochenes Buch. Könntest du irgendetwas Neues und Russisches auftreiben, das interessant ist? Aber nichts von der Art der »Anthologie« …

Es sollte sich schon bald zeigen, wie Recht er mit dieser Handlungsweise hatte. Marietta selbst hatte noch 1912 in *Trudi i Dni* einen Artikel über Rachmaninow geschrieben mit der Überschrift: »Sergej Rachmaninow – eine musikalisch-psychologische Studie«. Außer einer, wohl durch die Brille der Verliebtheit gesehenen Überhöhung der Person Rachmaninows in olympische Gefilde fallen in diesem Aufsatz nur die Kompetenzlosigkeit und die wirre, sachlich völlig ungeordnete Diktion auf. Sie stellt Rachmaninow neben Tschaikowskij und gibt ihm einen Stellenwert in der Musikwelt – einem russischen Mozart gleich –, den Rachmaninow selbst niemals für sich beanspruchte, wie er im gleichen Brief betonte:

Meine liebe »Re«,
unglücklicherweise kann ich dir nur wenige Zeilen schreiben, gerade genug, um deine Fragen zu beantworten. Herzlichen Dank für deinen Artikel. Darin steckt viel Interessantes und deine Randnotizen treffen genau den Kern der Sache. Du hast teilweise vollkommen Recht, wenn du dich dabei auf deine eigenen Briefe an mich beziehst …
… Aber in deinem Schlussartikel liegst du falsch. Mein »Gewicht« ist viel zu viel. In Wahrheit wiege ich weit weniger – und täglich immer weniger.
Und jetzt will ich auf deine Ratschläge zurückkommen – du hast immer welche für mich. Gut, erzähle mir z. B., meine liebe »Re«, wie kannst du mich für die Geschichten tadeln, die die Reporter über mich in den Zeitungen schreiben? Und wie kannst du, die »mich als Musiker versteht und begreift«, mich nicht als Mann akzeptieren, der weit vom Zeitungs-

gewäsch entfernt ist und der alle Artikel hasst, so gut sie in ihrer Grundhaltung auch gemeint sein mögen? Deine Angriffe gegen Berlioz und Liszt beweisen mir, dass du ihre Kompositionen nicht liebst. Da bleibt mir nur übrig zu bemerken, dass ich gegen sie nicht die gleichen Gefühle hege, oder besser ausgedrückt, du fühlst im Bezug auf sie nicht das Gleiche wie ich.
Deine spitze Bemerkung, ich hätte dich vergessen, trifft mich nicht. Ich erinnere mich deiner sehr genau und liebe dich sehr. Heute ist dies wirklich eine schon sehr abgedroschene Wahrheit. Wenn ich deine Briefe nicht immer umgehend beantworte, so geschieht dies nur wegen meiner großen Korrespondenz und aller übrigen Geschäfte … Ich habe keine Tuberkulose. Ich bin gerade müde, sehr müde und lebe nur noch mit letzter Kraft. Gestern, beim Konzert, passierte es mir zum ersten Mal in meinem Leben, dass ich an einer Fermate vergaß, wie es im Notentext weitergeht, und zum hellen Entsetzen des ganzen Orchesters brauchte ich lange Zeit, um mich an den folgenden Text zu erinnern. Ich bete zu Gott, dass ich bald sterbe. Meine Lieder werden in Kürze erscheinen, wahrscheinlich im nächsten Monat. »Die Muse« ist »Re« gewidmet …

Im Frühjahr 1912 hatte Schaginian Rachmaninow eine Anthologie ihrer eigenen Gedichte übersandt, überschrieben »Orientalia«, ließ ihn aber stets im Unklaren darüber, ob die Briefschreiberin »Re« und die Artikelschreiberin Schaginian ein und dieselbe Person seien. Rachmaninow war Gentleman genug, sie erst später wissen zu lassen, dass er das Spiel durchschaut hatte:

19. Juni 1912
Meine liebe »Re«,
vor ein paar Tagen beendete ich meine neuen Lieder. Die Hälfte von ihnen ist nach Gedichten aus deiner »Liebhaberausgabe« komponiert worden. Hier ist die Reihenfolge, falls es dich interessiert: Alexander Puschkin: »Sturm«, »Arion« und »Die Muse« – letzteres ist dir gewidmet; Tjutschew: »Du kennst ihn« und »Ich erinnere mich an diesen Tag«; A. Fet: »Welches Glück«; Polonskj: »Die Musik der Zerrissenheit«; Chomjakow: »Die Erweckung des Lazarus«; Majkow: »Es, kann nicht sein« – er schrieb diese Verse auf den Tod seiner Tochter; Korinfskj: »Im Herzen eines jeden von uns«; Balmont: »Der Wind«. ›Glücklicherweise‹ konnte ich die Verse von Galina nicht verwenden, weil sie mir nicht zur Verfügung standen … Insgesamt bin ich mit diesen Liedern sehr zufrie-

den, noch glücklicher bin ich über den Umstand, dass ich sie ohne Mühe niederschrieb. Ich bete zu Gott, dass ich in Zukunft genauso arbeiten kann … Ich erhielt die Anthologie, die du mir geschickt hast. Aber ich kann sehr wenig damit anfangen. In der Tat erschreckten mich die meisten Gedichte eher. Sehr oft las ich Randbemerkungen von »Re«: »Dies ist gut« oder »Alles ist gut« und ich bemühte mich lange Zeit dahinterzukommen, was »Re« – wie sie scheinbar dachte – gut fand. Oft bemerkte ich auch Randnotizen von Marietta Schaginian. In einem kleinen Buch las ich: »Es ist manchmal sehr schwer, den tieferen Sinn eines Gedichtes zu erklären.«
Auf Wiedersehen, meine liebe »Re«! Pass auf dich auf! Wo hältst du dich gegenwärtig auf?
S. Rachmaninow

12. Nov. 1912
… Du hast deinen Namen vor mir enthüllt. Ich muss dir aber gestehen, dass ich ihn schon lange kenne. Ich entdeckte ihn rein zufällig … Auf Wiedersehn! Ich wünsche dir das Beste und dies von ganzem Herzen.
S. Rachmaninow

Wie eng die Verbindung zwischen den beiden war, lässt sich daraus ersehen, dass Rachmaninow ihr in seinen Briefen viele persönliche und privat-familiäre Details mitteilte:

8. Mai 1912
… Neben meinen Kindern, der Musik und den Blumen liebe ich dich, meine liebe »Re«, und deine Briefe. Ich liebe dich, weil du klug, interessiert und keinesfalls exzentrisch bist, Haupteigenschaften für jedermann, um in meinen Augen »akkreditiert« zu sein. Deine Briefe liebe ich, weil ich sie einerseits lieb finde, andererseits sie als Balsam für meine Wunden empfinde. Du analysierst mich bemerkenswert korrekt, trotz gewisser Anzeichen von Furcht und Unsicherheit. Woher kennst du mich so genau? Ich kann nicht aufhören, mich darüber zu wundern. Von nun an, wann immer ich von mir sprechen sollte, kann ich immer auf dich zurückgreifen und aus deinen Briefen zitieren … Ich meine dies ganz ernsthaft. Allerdings eines ist nicht so gut: Seit du zweifelst, ob das Bild, das du dir in deiner Vorstellung von mir gemacht hast, dem Original auch wirklich so ähnelt wie zwei Wassertropfen, suchst du in mir etwas, das es gar nicht gibt, und du willst mich als etwas se-

hen, das ich – wie ich glaube – niemals sein werde. »Mein kriminell niedriges geistiges Niveau« (aus den Briefen von »Re«) ist unglücklicherweise sehr offensichtlich und »mein Ruin basiert auf der dürftigen Mittelmäßigkeit und dem ›Philistertum‹, das mich umgibt« (wieder aus Briefen von »Re«). All dies ist leider wahr, und wahr ist es, weil ich kein Selbstvertrauen besitze. Lehre mich es zu erwerben, meine liebe »Re«! Vielleicht gerade nur halb so viel von dem Vertrauen, das du in mich setzt! Falls ich jemals Selbstvertrauen hatte, so war es vor einer langen, langen Zeit – in meiner Jugend. ... Es geschah nicht ohne Grund, dass für die letzten 20 Jahre meine einzigen Ärzte der Hypnotiseur Dr. Dahl und meine zwei Cousinen waren, von denen ich eine vor 10 Jahren geheiratet habe, und die ich beide sehr liebe, und ich bitte dich, ihre Namen auf die Liste der liebsten Personen von mir zu setzen. Alle diese Leute, oder besser gesagt, Doktoren, lehrten mich nur zwei Dinge: hart zu sein und Selbstvertrauen zu besitzen. Manchmal gelingt es mir. Aber meine Krankheit sitzt so tief in mir und hat sich im Laufe der Jahre immer tiefer eingegraben. Es wäre daher vielleicht eher verständlich, wenn ich das Komponieren aufgeben würde und entweder Pianist, Dirigent oder Gutsbesitzer, vielleicht sogar Rennfahrer würde ...

Der Vollständigkeit halber sei angefügt, dass Rachmaninow Zeit seines Lebens ein Autonarr war. Spötter behaupteten bekanntlich, Rachmaninow habe das dritte Klavierkonzert nur geschrieben, um sich sein Traumauto leisten zu können.[17)] Tatsache ist, dass Rachmaninow eines der wenigen Autos in den Landbezirken Russlands besaß. Erheiternd ist in den Briefen an Marietta Schaginian der Streit zwischen Rachmaninow und seinem Lieferanten Krjlow nachzulesen, der das Auto ohne Kühlerhaube, Werkzeugkasten und Ersatzreifen geliefert hatte! Fast schon ein Stück Sozialismus mit planwirtschaftlichem Segen, möchte man meinen! Zudem stellte Rachmaninow fest, dass die Beschleunigung des Autos gering wäre, und er schrieb Krjlow empört, dass der Ford 20 viel mehr Motorleistung erbringe und im Preis fast um die Hälfte billiger sei als sein eigenes Auto. Erst der Einbau eines neuen Vergasers löste teilweise das Problem und Rachmaninow schrieb wiederholt mit kindlicher Freude an Marietta Schaginian, dass er jede Gelegenheit nutze, mit seinem Auto über »Land zu brausen«.

26. Januar 1917
Meine liebe »Re«,
erst heute, und noch dazu ziemlich spät, erreichte ich Rostow. Morgen werde ich es verlassen und nicht zurückkehren. Ich möchte dich sehen, aber ich kann nicht zu dir kommen. Vielleicht schaffst du es, heute zu mir zu kommen, vor dem Konzert in der Musikschule? Wir werden allein sein, ich verspreche es dir. Um halb sieben am Abend? Wir könnten dann eineinhalb Stunden zusammen verbringen. Ich werde spielen und du, du wirst dich mit mir unterhalten! Recht so?
Ich schicke dir meine Lieder. Sei herzlichst gegrüßt!
Dein
S. Rachmaninow
P. S.: Gib mir Antwort!

Dies ist der letzte editierte Brief. Sie sind – wie erwähnt – erst nach dem Kriege und nach dem Tode Rachmaninows herausgegeben und bereits bei ihrer Ausgabe sorgfältig »redigiert« worden, zumindest »redigiert« im Sinne des Marxismus-Leninismus. Dabei ist zu bedenken, dass Rachmaninows Werke von 1931–1934 in Russland verboten waren, 1946, auf dem Höhepunkt Stalinscher Macht, dieser Briefwechsel ›unerwartet‹ von einer »verdienten« Autorin und »Rotbannerträgerin« veröffentlicht wurde, und keine Briefe bis heute erschienen sind, die uns ermöglichen, eventuelle Äußerungen von Marietta Schaginian an Rachmaninow zu überprüfen, da die Originale nicht »auffindbar« sind. Zudem spricht das offizielle Schweigen Rachmaninows zu seinen Lebzeiten für ihn, und der Autor findet jede Überlegung oder Untersuchung, wie weit dieses Verhältnis ging oder nicht ging, überflüssig. Wer die Briefe zu lesen versteht, kennt es. Dieser vorliegende Briefwechsel berührt keineswegs große politische, soziologische und künstlerische Probleme, aber er gibt uns Einblick in die Psyche eines hochgradig sensiblen Menschen, der schwer und nur unter großen Mühen seine Werke vollenden konnte und dabei immer ein mitfühlender, großzügiger und verständnisvoller Charakter geblieben war!
Bevor dieses Kapitel schließt, das uns zuletzt um der Einheit willen um Jahre vorauseilt, möchte ich Marietta Schaginian noch einmal zu Wort kommen lassen, zumal sie in ihrem Schlusswort uns einige bemerkenswerte Punkte zum pianistischen Selbstverständnis Rachmaninows überliefert:

Wir trafen uns gewöhnlich in unserem Haus oder bei Medtners, wo ich mich oft für einige Wochen aufhielt, in Rachmaninows Wohnung am Strastnoje-Boulevard oder im Nordkaukasus in Mineralnje Wodi, während er eine Kur in Essentukj machte und ich in Kislowodsk wohnte.
Als meine Schwester und ich nach Nachichewan am Don zogen, um dort bei unserer Mutter zu leben, kam Rachmaninow, wann immer er in Rostow am Don auf seinen Konzerttourneen Station machte, um uns zu besuchen, oder er rief mich an, wenn er nicht genug Zeit hatte und bat mich, ihn in Rostow zu besuchen ... Rachmaninow war ein bedeutender Komponist, aber noch mehr einer der größten Pianisten. Unsere Epoche kannte keinen anderen Virtuosen, der brillanter oder textgetreuer in der Kunst der Interpretation war. Sein Spiel war dämonisch. Wenn er am Klavier saß, konnte er dich zu allem überreden. Er konnte dir einreden, dass eine seiner Kleinigkeiten, wie z. B. das »Moment Musical« in es-Moll kein gleichwertiges Pendant in der Musikliteratur besitzt – so stark, so kategorisch war seine Macht über die Zuhörer. Einmal, während einer Konzertpause, beherrschte solch wilder Enthusiasmus den Saal, dass es unmöglich war, sich durch die Menge zu wühlen. Als wir das Künstlerzimmer betraten, fanden wir Rachmaninow in einem schrecklichen Zustand. Bevor wir die Gelegenheit zur Gratulation hatten, begann Rachmaninow, indem er sich ärgerlich auf die Lippen biss, zu klagen, er würde alt, verlöre sein Gedächtnis, gehöre zum alten Eisen, jedermann könne einen Nachruf auf ihn verfassen mit dem Tenor, es habe mal einen Musiker gleichen Namens gegeben, aber jetzt wäre nichts mehr davon übrig, er könne sich selbst nicht vergeben etc. etc. ... »Hast du bemerkt, dass ich den Punkt verlor? Der Punkt verschwand, verstehst du?«, rief er aus. Später erzählte er mir, dass jedes Werk, das er interpretiere, den logischen Gesetzen der Steigerung zum integrierten Höhepunkt folge. Er glaubte, man müsse als Interpret die vorhandenen Klangmaterialien so abwägen und einteilen, so der Komposition Tiefe und Gestaltungskraft verleihen, dass dieser Höhepunkt aufleuchte, vergleichbar dem Aufblitzen eines letzten Sonnenstrahles am Ende eines Tages oder beim Brechen eines Glases in tausend Stücke durch den plötzlichen Windstoß.
Es war für Rachmaninow völlig unbedeutend, aus welchen sozialen Schichten sich sein Publikum zusammensetzte oder in welcher Anzahl es anwesend war, er gab immer sein Bestes, er war immer Rachmaninow, sogar wenn er vor völlig leerem Saal spielte. Saß er erst einmal am Klavier, arbeitete er an und mit dem Werk. Stets war dabei seine Inter-

pretation für einen Zuhörer zwingend und logisch. Dabei wollte sich Rachmaninow aus einer innerlich gehörten Vollendung heraus, gleichsam selbst gebären, um dann mit weißer Gesichtsfarbe, einer ausgemergelten Zitrone ähnlich, erschöpft von diesem Zeugungsakt, halbtot während der Pause im Künstlerzimmer zu liegen. Zusätzlich zu dieser inneren Kreativität, die er in jedem Konzert neu aufbauen musste, arbeitete er täglich acht Stunden an seiner manuellen Technik, ganz gleich, wo er sich gerade aufhielt.

Dabei nahm er sich in der Regel Phrase für Phrase, Takt für Takt eines Werkes vor, immer und immer wieder. Ich saß sehr oft bei ihm, während er so arbeitete, weil er wünschte, dass ich ihn während dieses Übungsprozesses mit Geschichten unterhalten sollte. Und ich war direkt nach ein paar Stunden hungrig darauf, die Komposition im Zusammenhang zu hören. Dabei musste ich stets an einen Portraitmaler denken, der zuerst nur die Nasenpartie, dann als nächstes die des Kinns und die der Augenbraunen skizziert, aber erst alles zusammen dem Betrachter eine logische Ordnung offenbart.

Er antwortete mir lachend: »Du siehst, alles verhält sich so wie die Pflege eines Uhrwerks. Am Anfang hast du jedes Teilchen erst sorgfältig zu säubern, dann alle Schräubchen und Partikel zu ordnen und am Schluss das Ganze wieder sinnvoll zusammenzusetzen.«

Ich sah Rachmaninow zum letzten Mal im Juli 1917 in Kislowodsk. Ich hatte gerade geheiratet und saß mit meinem Mann in einem Konzert – einer Wohltätigkeitsveranstaltung. Jede Teilnahme … an einer solchen Veranstaltung war ein gesellschaftliches Muss, eine Selbstdarstellung der Oberschicht und dementsprechend hoch waren die Preise … Zuerst betrat Mereschkowskij[18] die Bühne. Er lispelte, war von Gestalt klein, ganz in Schwarz gekleidet. Mit schriller Stimme und blitzenden Augen sprach er über den Bolschewismus, als hätte dieser seine Wurzeln im Antichristentum und in der Regierung Peter des Großen zugleich … Dann führte der Veranstalter die schon reichlich betagt wirkende Hippius[19] vor. Sie las mit ruhiger Stimme eine Art von Gedicht vom Papier ab, das sie in der Hand hielt. Später verlor sie dann ihr Pincenez in dem Brustausschnitt ihres Kleides und suchte es, während sie halbblind auf der Bühne herumtapste. Es war mehr als peinlich zu sehen, wie hilflos sie den Ausgang suchte, wie sie immer wieder hinfiel, wenn sie eine Stufe des Bühnenausganges verfehlte … Als nächster kam Rachmaninow, gekleidet im Frack mit einem weißen Cape über den Schultern, nervös und sehr verärgert. Rachmaninow wollte die Ko-

schitz nicht begleiten, und diese weigerte sich, ohne ihn als Begleiter aufzutreten. Rachmaninow gab schließlich nach.
Wir sahen Rachmaninow während der Pause. Diese Nacht in Kislowodsk war erfüllt von Gerüchen – von Rosendüften gemischt mit südlichem Erdgeruch und Parfum, durchsetzt mit dem Duft von Brasilzigarren. Schwärme von Mücken kämpften im Licht ... Die Orchestermitglieder saßen auf der Bühne und warteten auf den Beginn des zweiten Teils des Konzertes. Rachmaninow hatte die Marseillaise als Beginn des zweiten Teils geplant, aber wahrscheinlich hatte er die Pause ausgedehnt, während er mit uns auf einer Bank im Garten saß. Irgendwie konnte er nicht den Entschluss aufbringen, sich von mir zu verabschieden. Ich sah ihn niemals wieder.[11)]

IX. Kapitel

»Den Gibichungen Guelfe, den Guelfen Gibichungen«

Der musikalische »Kulturkampf« in Moskau und seine Folgen in den Jahren 1912–1917

Wer denkt bei einer solch martialischen Aussage nicht gleich an die für heutige Betrachter köstliche Auseinandersetzung der »Wagnerianer« mit den »Verdianern« zu Ende des 19. Jahrhunderts? Und in der Tat, Parallelen lassen sich finden, sehr leicht sogar. Die Hauptfigur in dieser illustren »Champagnerkomödie« war ohne Zweifel Sergej Kussewitzkij. Schlagen wir ein Lexikon[1)] auf, so lesen wir bezüglich seiner Person Erstaunliches: geb. am 13.6.1874, also knapp eineinviertel Jahre jünger als Sergej Rachmaninow, studierte er am Moskauer Philharmonischen Institut sowie an der Schule für Musikdramatik der Moskauer Philharmonischen Gesellschaft Kontrabass, weil es nur noch freie Plätze in den Fagott-, Posaunen- und Kontrabassklassen für Studierwillige gab. Ausschlaggebend für die Wahl des Instrumentes war aber wohl das Stipendium, das infolge der geringen Nachfrage an einen Kontrabassschüler vergeben werden sollte. Neigung und zweckmäßiges Denken fanden sich hier zur Symbiose, spielte Kussewitzkij doch seit dem 6. Lebensjahr Viola und Violoncello und ab dem 13. Lebensjahr Kontrabass. Diesem Instrument blieb er übrigens sein ganzes Leben lang treu und schrieb dafür zahlreiche Kompositionen.
Kussewitzkij verwendete kleinere Instrumente in der gebräuchlichen Quartenstimmung, allerdings einen Ton höher scordatiert als im heutigen Orchester üblich. Unter den vier Instrumenten, die er besaß, war der »Amati«-Kontrabass, von Girolamo Amati 1611 gefertigt, der berühmteste und schon von Domenico Dragonetti (1763–1846) gespielt worden. Auch ein Instrument von Andrea Guaneri befand sich in seinem Besitz.
1902 veröffentlichte Sergej Kussewitzkij seine ersten Kompositionen: Andante und Valse Miniature op. 1, Chanson triste sowie Humoresque. Später folgte noch eine Passacaglia über ein russisches Thema für Orchester. Die bedeutendste musikwissenschaftliche Leistung gelang ihm mit der Wiederentdeckung der Arie für Bass mit obligatorischem Kontrabass – »Per questa bella mano« – KV 612 von Wolfgang Amadeus Mozart.

Sergej Kussewitzkij (1874–1951)
Dirigent und Kontrabassist
Foto: Ullstein

Die Beherrschung der instrumentalen Spieltechniken selbst studierte er beim Begründer der Prager Kontrabassschule, Josef Hrabé, Kontrapunkt bei Pavel Blaramberg und Harmonielehre bei Semjon Kruglikow, Dirigieren ab 1905 bei Karl Muck und Arthur Nikisch in Berlin. 1894 wurde er zweiter Kontrabassist am Bolschoj-Theater in Moskau ohne Probespiel und lernte hier 1904 Schaljapin und Rachmaninow kennen (vgl. Kap. VI). Seit 1901 Lehrer am Moskauer Philharmonischen Institut, konzertierte er am 27.3.1903 erstmals auf Einladung des Agenten Henri Wolf in Berlin. Engagements in Dresden, Prag und London folgten. Am 25.2.1905 führte er in Moskau sein berühmtes Konzert für Kontrabass und Klavier fis-Moll op. 3 auf und im gleichen Jahr – das ist eigentlich das Ausschlaggebende in seiner Karriere – heiratete er Natalja Uschkowa, die Tochter des größten Teefabrikanten von Russland. Selbst mit Richard Strauss ist ein Konzert in Düsseldorf in jenem Jahr verzeichnet sowie mit Arthur Nikisch im Gewandhaus zu Leipzig, der erste (!) Soloauftritt eines Kontrabassisten seit Gründung des Orchesters. 1909 gründete Kussewitzkij mit einem Stammkapital von 500.000 Rubeln den uns bereits bekannten »Russischen Musikverlag« mit dem Ziel, sich der russischen Avantgarde zu widmen.

1910 unternahm er eine Aufsehen erregende Konzerttournee mit eigenem Orchester quer durch das Wolgagebiet mit 19 Konzerten, 1912 die zweite und 1914 die dritte Reise mit Alexander Skrjabin als Solist in dessen eigenem Klavierkonzert. Zusätzlich rief er die ersten »Monokonzertreihen« ins Leben, d. h. Konzerte, die ausschließlich den Werken *eines* Komponisten gewidmet waren: 1912 den Kompositionen Peter Ilijtsch Tschaikowskijs, 1913 denen Johann Sebastian Bachs (!), 1915 denen Alexander Skrjabins. Hinzu kamen noch die publikumswirksamen Sonntagnachmittagskonzerte.
Auch die Revolution von 1917/18 überstand Kussewitzkij als »Großbourgeois« gut. Hierbei zog er wieder aus den politischen Veränderungen in Russland Kapital: Infolge der Niederlagen an der russischen Westfront nach Tannenberg häuften sich die Ausschreitungen aufgepeitschter Massen gegen ausländischen Besitz oder Niederlassungen, besonders natürlich im »verwestlichten« St. Petersburg, dessen Name schon bei Kriegsbeginn 1914 in Petrograd »eingerussischt« wurde! Die deutschen Industriellen oder Geschäftsleute in Russland sahen sich gezwungen, ihren Besitz an Russen zu »verkaufen«, so auch der deutschstämmige Karl Gutheil. Für 200.000 Rubel konnte Kussewitzkij diesen Verlag nun seinem Musikimperium einverleiben und besaß jetzt ein Musikmonopol für Russland – und damit auch den Großteil der Kompositionen Rachmaninows! Zudem erlaubte ihm der Besitz dieses Musikverlages – übrigens mit ausdrücklicher Zustimmung des Komponistenrates und damit auch Rachmaninows – eine Art Schaukelpolitik in der russischen Musikszene: Lehnte das Kuratorium im »Russischen Musikverlag« ein Werk eines Gewinn versprechenden Jungkomponisten ab, so konnte Kussewitzkij dieses Werk nun im Verlag Gutheil erscheinen lassen, in dem er an kein Votum gebunden war. Wir werden noch lesen, dass dieser Umstand auch für Rachmaninow nicht ohne Folgen sein wird!
Im Herbst 1917 wurde Kussewitzkij Direktor des ehemaligen Hoforchesters, das er bis 1920 leitete, und war zugleich Professor für Kontrabass am Petrograder Konservatorium. Im Mai 1920 verließ er Russland und ging nach Paris, wo er im November 1921 die »Concerts Symphoniques Kussewitzkij« ins Leben rief. Programmschwerpunkte dieser Konzertreihe waren die zeitgenössischen französischen und russischen Komponisten. Auf seine Veranlassung schrieb Ravel eine Orchesterfassung von Mussorgskijs »Bilder einer Ausstellung«. Honeggers »Union Pacific 231« dirigierte Kussewitzkij selbst, ebenso

Werke von Sergej Prokofjew und Igor Strawinsky. 1924 wurde er als Nachfolger von Pierre Monteux Leiter des Bostoner Sinfonieorchesters und behielt als Chefdirigent seine Vorliebe für die Avantgarde seines Heimatlandes bei.
Aber auch die amerikanischen Komponisten – u. a. Samuel Barber, Leonard Bernstein, sein wohl berühmtester Schüler, oder Alan Copland – wurden von Jahr zu Jahr stärker in die Programme einbezogen. 1931 schrieb Kussewitzkij zum 50-jährigen Jubiläum seines Orchesters Kompositionsaufträge an Hindemith, Honegger, Prokofjew u. a. aus. Zugleich war Kussewitzkij Gründer und Initiator der Sommerkonzerte von Tanglewood in Massachusetts und gründete dort auch 1940 das »Berkshire Music Center« als Sommerakademie für fortgeschrittene Musikstudenten. Lehrer waren u. a. Paul Hindemith, Bohuslav Martinu, Arthur Honegger und Olivier Messiaen.
Kussewitzkij selbst leitete die Dirigentenklasse, wobei in dieer Position Leonard Bernstein sein Nachfolger wurde, nachdem Kussewitzkij am 4. Juni 1951 in Boston gestorben war. Übrigens hochgeehrt und ausgezeichnet: Dr. h. c. zahlreicher amerikanischer Universitäten und Träger des Ordens der französischen Ehrenlegion und des finnischen Ordens der Weißen Rose. Es wird für den Leser von großer Wichtigkeit sein, dies alles vor Augen zu haben, um das Verhalten zu verstehen, das Rachmaninow später – in Frankreich und in Amerika – Kussewitzkij entgegenbringen wird.
Dieser interessierte sich 1911/12 für Skrjabins Wunschopus »Das Mysterium«, ein orgiastisches Konglomerat von Gesang, Gestik und psychischem Klangerlebnis, und fühlte sich ganz in die widersprüchliche Seele dieses großartigen Komponisten ein. Übrigens nicht ohne Grund!
Kussewitzkij brauchte dringend ein Aushängeschild für seine Privatambitionen. Nach seiner eigenen Rückkehr nach Russland im Jahre 1911 nämlich dirigierte er das Orchester der Russischen Musikgesellschaft, das zumeist aus den Mitgliedern des Bolschoj-Theaters bestand – seinen früheren Kollegen also. Damit hatte die Moskauer Philharmonische Gesellschaft – und ihr Dirigent Sergej Rachmaninow – plötzlich einen Gegenspieler, der noch dazu reich, mächtig, ehrgeizig und voller Pläne war. Schon munkelte man – was 1915 Gewissheit wurde –, er wolle beide Organisationen sowie alle Verbände, die Musik veröffentlichten, von der Bühne des Geschehens zu seinen Gunsten »fegen«. Hatte er nicht erst kürzlich in Berlin einen Verlag

eröffnet? Außerdem flog bald das Gerücht durch Moskau, Kussewitzkij strebe eine eigene Konzerthalle sowie ein eigenes Orchester an. Letzteres sollte nur zu bald der Wahrheit entsprechen. Noch im Jahre 1912 gründete er dieses Sinfonieorchester mit 85 Musikern. Kein Wunder, dass Kussewitzkijs erstes Konzert in Moskau vor völlig leerem Haus stattfand! Aber er wusste sich zu helfen und holte Skrjabin nach Moskau zurück. Der Streit begann sofort, als Skrjabin seinen Fuß auf russischen Boden setzte. Zentralfigur dieses Kampfes war der uns schon bekannte Musikwissenschaftler Leonid Sabanejew (1881–1968), dessen »Erinnerungen an Alexander Skrjabin« uns heute noch helfen, viele Punkte dieser lächerlichen Streitigkeiten zu erhellen. Sabanejew war der engste Vertraute, sowohl von Skrjabin als auch von Kussewitzkij, und wurde auch von Rachmaninow akzeptiert, obwohl ersterer ein überzeugter »Skrjabinist« war und sich kritisch über Rachmaninow äußerte.[2)] Das hinderte aber Rachmaninow nicht, sich später in Frankreich um die Veröffentlichung von dessen Buch über Tanejew zu kümmern, und er hätte, wäre nicht der zweite Weltkrieg ausgebrochen, auch das Buch über Nicolaj Medtner vom gleichen Autor herausgebracht.[3)]
Sabanejews »Erinnerungen« wurden in den eingeweihten Kreisen übrigens immer als authentisch und weitgehend richtig angesehen.[2)]
Analog zu Richard Wagner und Guiseppe Verdi entbrannte also auch hier der Streit zuerst nicht zwischen den Komponisten – Rachmaninow, Medtner und Skrjabin – selbst, sondern wurde künstlich von außen entfacht und geschürt.
In Vorwegnahme amerikanischer »businessmen«, deren Geschäftsgebaren Kussewitzkij bis zu seinem Tode perfekt beherrschte, und die mit Sicherheit den Grundstein für seine Amerikakarriere bildeten, erklärte dieser Skrjabin zum Genie Russlands, zu einem zweiten Beethoven, zahlte ihm das »Schaljapinhonorar« von 1.000 Rubel pro Konzert sowie 5.000 Rubel Jahresgage dafür, dass Skrjabin in Russland blieb und schuf somit – bewusst oder unbewusst – den werbewirksamen Eklat. Sofort war die Moskauer Musikgesellschaft in zwei Lager gespalten. Die »konservativen« Kreise unter Tanejew lehnten diesen Vergleich mit Person und Werk Beethovens ab und waren überhaupt gegen die Modernen, d. h. gegen die Musik von Richard Wagner und Johannes Brahms etwa, hatten aber auch im eigenen Land ihre erklärten Feinde im »westlich verseuchten« St. Petersburg und den dortigen westeuropäischen Kulturströmungen. In der Presse waren

ihre mächtigen Verbündeten die »Kritikerzaren« Nicolaj Kaschkin, Semjon Kruglikow und Rachmaninows Jugendfreund Juri Sachnowskij.

Andere Musiker um Kussewitzkij nannten sich werbewirksam die »Modernisten« oder später die »Skrjabinisten«. Deren Pressepaladine waren Wladimir Dershanowski (1881–1942), Alexander Krejn, Konstantin Saradshew (1877–1954) und eben Leonid Sabanejew. Sie orientierten sich gerade an dem »westlich verseuchten« St. Petersburg. Wie immer spielte sich diese Auseinandersetzung bei den Abendgesellschaften in den Salons der gehobenen Mittelschicht sowie des politisch einflusslosen Klein- und Landadels ab. Oft hatte Rachmaninow gerade in den schwierigen Jahren der Selbstfindung 1890–1903 von »Soireen« in solchen Salons und den sich daraus entwickelten Kontakten profitiert.

In St. Petersburg war es in diesen Jahren besonders der Arzt Iwan I. Kryshanowski (1867–1924) – nebenbei ein »Freizeitkomponist« im Sinne der alten Kunstauffassung, die wir bei Rachmaninows Großvater kennen gelernt haben –, der als Schüler Rimskij-Korsakows zusammen mit dem Chemiker und ebenfalls »Hobbykomponist« Wjat-

Alexander Skrjabin (1872–1915)
Weggefährte Rachmaninows seit den Jugendjahren bei Swerjew
Foto: Ullstein

scheslaw Karatygin (1875–1925) Soireen ins Leben rief, die sich hauptsächlich der zeitgenössischen europäischen (!) Musik widmeten. Hier nun kamen die Werke der Komponisten zur Aufführung, die noch zu Rachmaninows Jugendzeit und etwa zur Zeit seiner 1. Sinfonie (1897) als Vorbilder für schlechten Geschmack dienten: Reger, Schönberg, Strauss (!), Wolf, Debussy, Dukas, Fauré und d'Indy. Als aufführungswerte russische Neuerer standen die Werke von Skrjabin, Strawinsky, Tscherepnin, Mjaskowskij und des jungen Sergej Prokofjew auf dem Programm. Karatygin wurde 1916 Professor für Musikgeschichte und Ästhetik am Petrograder Konservatorium und blieb es bis zu seinem Tod im Jahre 1925, Kryshanowski wirkte später als Musikpädagoge und Musikkritiker.

In Moskau dagegen war es der Journalist Dershanowski, der ähnliche »Soireen« mit ins Leben rief, zugleich aber als flankierende Maßnahme auch für die entsprechende Presse sorgte: er gründete eine eigene Zeitung *Musyka*, für deren Herausgabe er den Komponisten und Musikkritiker Mjaskowskij (1881–1950) sowie den Musikwissenschaftler Boris Asafjew (1884–1949) als Redakteure gewann.[4)] Letzterer wurde später als Igor Glebow Professor am, nunmehrig Leningrader genannten St. Petersburger Konservatorium und veröffentlichte für das sozialistische Kulturverständnis zwei wichtige Werke: »Die musikalische Form als Prozess« (1930, Moskau) sowie »Die sprachliche Intonation« (1965, Leningrad).

Neben der Presse wurde auch die bildende Kunst in diesen »Kulturkampf« mit einbezogen in Form von »Musikalische Ausstellungen«, eine »Performance« von zeitgenössischen Bildern und Skulpturen mit Darbietungen zeitgenössischer Musik. Initiatoren dieser Veranstaltungen waren Maria A. Deschja-Sionitskaja – ehemals Sopranistin am Bolschoj-Theater und Hauptsängerin bei Rachmaninows »Prüfungswerk«, seiner Oper »Aleko«, sowohl bei der Premiere 1893 als auch bei der Jubiläumsaufführung zum 100. Geburtstag Alexander Puschkins 1899 in St. Petersburg – sowie der Musiktheoretiker Boreslaw Jaworski (1877–1942). Seine Lehre vom »Modalrhythmus« und der »Gravitationstheorie« sind sehr dem esoterisch-kosmischen Weltbild Skrjabins verhaftet, obwohl er Schüler Tanejews war. In beiden Schriften könnte man ihn durchaus als musikalischen Mystiker bezeichnen.

Beide Parteien kämpften hart und erbittert. Nicht immer gingen die hitzigen Auseinandersetzungen über die ästhetische »Gretchen-Frage« des Tonmaterials ohne Tiefschläge ab. Rachmaninow aber geriet

mehr oder minder ungewollt in diese Streitigkeiten hinein. Erinnern wir uns noch einmal:
Schon in der Dresdner Zeit hatte Rachmaninow mit Kussewitzkij einen engen, fast freundschaftlichen Kontakt, der seine Wurzeln wiederum in der gemeinsamen Arbeit am Bolschoj-Theater hatte (vgl. Kapitel VII). Ohne Gutheil, seinen alten Verleger zu verletzen, hatte er Kussewitzkijs noble Art unterstützt, die russische Avantgarde zu verlegen, als Ratgeber und in Zusammenarbeit mit seinem alten Freund Nicolas von Struve im »Russischen Musikverlag«. Zudem war Rachmaninow der Solist in Kussewitzkijs Dirigentendebüt 1909 in Berlin gewesen und hatte ein zweites Mal mit ihm in London konzertiert. Jetzt aber, in der Saison 1911/12, war Rachmaninow der Chefdirigent der Philharmonischen Gesellschaft in Moskau und damit zuerst einmal ein Konkurrent für Kussewitzkijs eigene Konzertpläne.
Hier liegt, zumindest oberflächlich, der erste Grund für das Spannungsverhältnis. Kussewitzkij »erfand« in Russland den »Star« und vor allem den »Starrummel«, wie er uns heute schon längst zur Gewohnheit geworden ist. Dass dabei – und das ist vielleicht der interessanteste Aspekt in diesem ganzen Kulturstreit – zum ersten Mal die Presse in Russland eine entscheidende und nachhaltige Publikumsbeeinflussung versuchte und einen an und für sich lächerlichen Streit breitwalzte, zeigt uns den Beginn der Macht dieses Massenmediums auch auf kulturellem Gebiet. Kussewitzkij »baute« Skrjabin mit Hilfe der Pressepropaganda zum alles beherrschenden »Star« auf, stilisierte ihn zum »zweiten Beethoven« sowie zum Musikpropheten für Russland.
Plötzlich flog auch das Gerücht durch Moskaus Straßen, Rachmaninow und Skrjabin, die beiden alten Freunde und Studienkameraden aus gemeinsamer Schulzeit, seien jetzt persönlich zerstritten. Rachmaninow würde Skrjabin bewusst boykottieren und mit Skrjabin natürlich auch Kussewitzkij, den »selbstlosen« Förderer skrjabinscher Kunst.
Sofort ergriff Rachmaninow bekanntlich die erstbeste Gelegenheit, lud Skrjabin zu einem Konzert ein, in dem dieser den Solopart seines eigenen Klavierkonzertes spielen konnte (vgl. Kapitel VIII). Die Sensation war perfekt, die beiden »Todfeinde« saßen bzw. standen einträchtig beim Konzert auf *einem* Podium!
Jedermann lachte in Moskau! Der Presse war der Wind aus den Segeln genommen. Sie rächte sich jetzt, indem sie – »streng fachbezogen«, versteht sich – Rachmaninow besonders auf die Finger sah:

Soll man sich ärgern oder freuen darüber, dass man sich ein überflüssiges Mal von den glühenden Sympathien des breiten Publikums für Rachmaninows Schaffen überzeugen musste? ... Man kann sich ärgern, wenn das Publikum vom Zigeunertum begeistert ist ... Die Musik Rachmaninows entspricht sozusagen dem arithmetisch-durchschnittlichen Geschmack des breiten Publikums. Es vergöttert ihn, weil Rachmaninow mit seiner Musik irgendwie den Punkt des durchschnittlichen musikalischen Spießergeschmacks traf ...[5)]

So viel Stress, so viel Aufregung waren zu viel für Rachmaninow. Er fühlte, dass er Ruhe brauchte, Erholung und Muße, um wieder kreativ tätig werden zu können. Seit 1910 waren von ihm keine neuen Werke mehr erschienen. Nach der großartigen »Liturgie des hl. Johannes Chrysostomos«, op. 31, dem unvergleichlichen Hymnus auf die Orthodoxie (vgl. Kapitel I), waren nur noch der zweite Band der Préludes und der erste Band der Etudes tableaux op. 33 veröffentlicht worden.
Er gab daher am Ende der Saison 1912/13 seinen Posten als ständiger Dirigent der Philharmonischen Gesellschaft auf und ging mit seiner Familie abermals ins Ausland. Er fühlte, dass er sich von dem Profit- und Gesellschaftsleben in Moskau zurückziehen musste, um wieder die Ruhe und Konzentration seiner Dresdner Zeit zu finden. Wie tief aber der Stachel der Auseinandersetzung mit Kussewitzkij noch saß und bis zu Rachmaninows Tode sitzen sollte, zeigen zwei Ereignisse aus den gemeinsamen Jahren in Amerika:
1929 äußerte sich Rachmaninow, er würde sich glücklich schätzen, wenn Kussewitzkij seine Werke nicht aufführen würde, und noch 1941 antwortete Rachmaninow auf Seroffs Frage, was er vom Ausspruch Kussewitzkijs halte, Dimitrij Schostakowitsch sei ein neuer Beethoven:

Nun ja! Es ist nicht das erste Mal, dass er einen zweiten Beethoven entdeckt! Er tat es schon einmal. Sie wissen was ich meine? ... Skrjabin. Und Sie erinnern sich, was dann geschah? Lesen Sie nur Leonid Sabanejews Buch![6)]

Dabei sei angemerkt, dass Rachmaninow gegenüber der Avantgarde seines Landes sehr aufgeschlossen war. Er hörte und sah Strawinsky und Prokofjew, von dem Nicolaj Medtner noch am 5. Februar 1917 bei einem Konzert bemerkte: »Wenn dies Musik ist, bin ich kein Musiker.«

Gerade zum Werk des jungen Sergej Prokofjew entwickelte Rachmaninow in den Jahren 1910–1917 eine regelrechte Passion und entdeckte besonders im rhythmisch-perkussiven Bereich manche Denkansätze für eigene Kompositionen, wie wir an den Etudes tableaux oder anderen Publikationen in dieser Epoche sehen. Umgekehrt bewunderte Prokofjew wiederum die Melodiebögen in den Werken Rachmaninows und sprach vom deutlichen Einfluss der sinfonischen Dichtung »Die Toteninsel« auf seine eigene »Herbstliche Skizze«.[7)]
Wie weit der Respekt Rachmaninows vor der Komposition des jüngeren Zeitgenossen ging, beweisen zwei Episoden: Als Rachmaninow im November 1914 erfuhr, dass Sergej Prokofjew ebenfalls sich mit einer »Skythischen Suite« als Ballettmusik beschäftigte und darüber mit dem Dichter Gorodetski verhandelte, zog er seine eigenen, bereits fertig konzipierten Teile zum gleichen Sujet zurück! Später wird er sie für sein »Abschiedswerk«, die »sinfonischen Tänze« wieder verwenden. Die von Prokofjew aber als op. 25 fertiggestellte Suite begegnete Rachmaninow in diesen Kriegsjahren immer wieder. Der junge Komponist hatte die Ballettmusik, übrigens ohne Hilfe des Dichters und basierend auf dem Sagenepos »Ala und Lolli« fertiggestellt und sie dem »Russischen Musikverlag« zur Begutachtung für die Drucklegung vorgelegt! Der Gutachter war – Sergej Rachmaninow, der das Werk als mit den Leitlinien des Verlages unvereinbar ablehnte. Kussewitzkij als Eigentümer zog nun die bereits erwähnte Gutheil-Karte und übernahm das Werk in diesen Verlag, in dem er uneingeschränkter Herrscher war. Er versprach sich von dem »Enfant terrible« der russischen Musikszene gute Verkaufszahlen! Wieder lag Kussewitzkij richtig! Am 16.1.1916 erlebte die »Skythische Suite« mit dem jungen Komponisten am Dirigentenpult im Petrograder Mariinskij-Theater ihre Skandaluraufführung! Unter den Zuhörern – Sergej Rachmaninow! Prokofjew erinnerte sich später:

Glasunow, den ich persönlich eingeladen hatte, verlor die Fassung und verließ, da er das Sonnenaufgangsfinale nicht aushalten konnte, den Saal acht Takte vor Schluss.[7)]

Sicherlich dachte Rachmaninow bei diesem Skandal an seinen eigenen vom März 1897 zurück und verspürte eventuell Mitleid mit dem jungen »Heißsporn«. Andererseits zeigen seine Äußerungen bezüglich dieser Komposition auch den fairen, objektiven Geist, der Rachmaninow fast immer bei den Werken von Kollegen oder vergangener Meister beeinflusste:

Dieses Werk verrät zugestandener Maßen Talent, bei allen Ungereimtheiten und aller Kakophonie. Nur wenige Komponisten verfügen über einen solch stählernen Rhythmus, einen solchen elementaren Willensdrang und zeigen dies so skrupellos. Der letzte Satz – der Sonnenaufgang – ist eine grenzwertige Kakophonie, aber er verblüfft durch seine klangliche Kraft und seinen instrumentalen Glanz.[8)]

Rachmaninow ging noch weiter! Am 29.10.1916 trat er als Solist seines 2. Klavierkonzertes in einem Konzert in Petrograd auf, in dem die »Skythische Suite« wiederum auf dem Programm stand. Diesmal war der Skandal zwar weitaus geringer als im Januar, aber immer noch spürbar. Die Pressemacht der »Skrjabinisten« jedenfalls jubelte das Konzert zum Erfolg für den jungen Komponisten hoch und konnte sich auch eine kleine Spitze gegen Rachmaninow nicht verkneifen:

Die Schlacht endete zugunsten Prokofjews, weil immerhin die Mehrheit den kühnen Komponisten ungeachtet des vorangegangenen Spiels des Herrn Rachmaninow unterstützte«, schrieb Asafjew im *Musikalischen Zeitgenossen!*[9)]

Veranstalter dieses Konzertes war niemand anderes als Rachmaninows Cousin Alexander Siloti. Getreu der Maxime: pecunia non olet – Geld stinkt nicht – hoffte er aus dem Konzertskandal des Januars 1916 Kapital schlagen zu können – und der Erfolg gab ihm Recht! Das Zitat hat übrigens auch ein inhaltliches Bonmot: Vor dem Debütkonzert hatte Siloti noch öffentlich gespottet, dass vom Werk Prokofjews ein penetranter Gestank ausgehe! Jetzt aber sahen die Karten anders aus. Bereits vier Wochen später veranstaltete Siloti im kleinen Saal des Petrogrades Konservatoriums einen Kammermusikabend, ausschließlich mit Kompositionen von Sergej Prokofjew! Wiederum saß Rachmaninow unter den Zuhörern:

Er saß den ganzen Abend lang regungslos wie ein Ölgötze und die Moskauer Musikfreunde, die mir mehr oder weniger günstig gesinnt waren, warfen ängstliche Blicke auf ihr Idol.[10)]

Auch von persönlichen Kontakten zwischen den beiden Antipoden muss die Rede sein. Rachmaninow äußerte sich im Familienkreis gegenüber seiner früheren Jugendfreundin, Briefpartnerin aus den ersten Tagen auf dem Landgut Iwanowka und Cousine Ludmila Skalona, dass Prokofjew ein sehr talentierter Komponist sei, der allerdings noch ein wenig ›gezähmt‹ werden müsse, nachdem er zu einem kurzen Gespräch mit dem Komponisten zusammengetroffen war. Andererseits erinnert sich Nicolas Nabokov an einen Konzertskandal in Petrograd:

Das erste Mal hatte ich ihn gesehen, als ich ein Junge von dreizehn Jahren war. 1915 oder 1916, nach Alexander Skrjabins Tod, war Sergej Rachmaninow nach St. Petersburg gekommen, um zugunsten der Witwe des Verstorbenen ein Wohltätigkeitskonzert zu geben … Während des Konzertes fiel mir eine kuriose Gruppe unter den Zuhörern auf, die sich ununterbrochen im Flüsterton unterhielt. Unter ihnen befand sich auch der junge Sergej Prokofjew, der Rachmaninows Skrjabin-Programm in St. Petersburg als eine Art Provokation empfand. Rachmaninow spielte die Stücke mit Präzision, Sorgfalt und betont sachlich. Dies aber reizte die »Skrjabinisten« um so mehr, in böse Missfallenskundgebungen auszubrechen. Nur Prokofjew reagierte zurückhaltend. Er akzeptierte die ungewohnte, aber durchaus originelle Interpretation Skrjabins durch Rachmaninow. Daher machte er sich nach Konzertschluss auf den Weg ins Künstlerzimmer und verkündete dem Moskauer Idol auf seine üblich direkte und raue Art: »Der Abend war nicht schlecht, gar nicht schlecht!« »Was meinen Sie mit schlecht?« fragte Rachmaninow und wandte sich ab.[11)]

Am 20.11.1918, nun im Exil in Amerika, war Rachmaninow wiederum Zuhörer bei Prokofjews Amerikadebüt in der Aeolian Hall in New York und erlebte dessen Niederlage als Pianist. Letzterer bemerkte später:

Auf Drängen meines Impressarios fügte ich meinem Programm einige Stücke von Skrjabin und Rachmaninow bei, denn ein ganzes Programm neuer Musik wäre zu anstrengend für das Publikum. Aber ich hatte offenbar zu wenig getan. Rachmaninow, der zu dieser Zeit in New York ankam, war klüger: er fügte zwei oder drei seiner eigenen Préludes in ein ganz und gar klassisches Programm ein.[12)]

Am Ende der verpatzten Konzertsaison 1920/21 äußerte sich Prokofjew dann noch einmal bezüglich der Person und den Erfolgen Sergej Rachmaninows:

Das Publikum ist es hier nicht gewohnt, einen ganzen Abend lang den Kompositionen eines Komponisten zuzuhören. Sie verlangen ein vielfarbiges Programm, aus dem populäre Stücke herausragen. Rachmaninow akzeptierte diesen Kompromiss. Ich konnte von seinen Konzerterfolgen nicht einmal träumen. In meiner Enttäuschung habe ich eine neue 5-Akte-Oper begonnen.[12)]

Nicolaj Medtner (1880–1951) war aber nun der dritte Komponist und Pianist, der in dieser Auseinandersetzung eine Rolle spielen sollte. Die relativ distanzierte Freundschaft Rachmaninow – Medtner war während der Zusammenarbeit im »Russischen Musikverlag« entstanden. Fassen wir noch einmal zusammen (vgl. Kap. VIII): Medtner war ein konservativer Komponist, für den Beethovens 5. Sinfonie alles, Wagner und Brahms der Schlusspunkt jeglicher Musikentwicklung waren. Für seine Kompositionsweise und besonders für seine Denkweise gilt die Bezeichnung »Konservativer« noch als fortschrittlich. Selbst sein Bruder, der von Rachmaninow stets abgelehnte Philosoph Emil Medtner, bescheinigte ihm »völlige Ferne von jeder Entwicklung, ein Außenseitertum, bei dem jede Note ihren wahren Ursprung zeigt, den deutscher Klassik!«[5)] Nicolaj Medtner war völlig desinteressiert an allem, was neue Musikrichtungen betraf. In seiner Persönlichkeit wiederum war er Rachmaninow fast wesensverwandt: bescheiden, ruhig, von sehr gewinnendem Charme und bei öffentlichen Auftritten geradezu schüchtern. Beide schätzten sich als Komponisten gegenseitig, widmeten sich jeweils ein Klavierkonzert – Rachmaninow sein 4. in g-Moll op. 40, Medtner sein 2. in c-Moll op. 50 –, aber in den Konzertprogrammen Rachmaninows tauchen die Werke Medtners selten auf. Zusammen mit seinem Bruder Emil Medtner vertrat Nikolaj wiederum eine Mittlerfunktion zwischen den konträren Persönlichkeiten Rachmaninow – Skrjabin. Ausdrücklich nahm Emil Medtner in seiner Polemikschrift das Werk Skrjabins aus und sah in diesem eine neue Verbindung im Sinne der Forderung der Klassik: ein Ebenmaß zwischen Inhalt und Form herzustellen!
»Dem großen Künstler Alexander N. Skrjabin, mit Gefühlen der Liebe und Begeisterung und um des Höheren Willens, der uns Anders-

denkenden verbindet. Emil Medtner 1912«[13] schrieb der Philosoph in seinem Widmungsexemplar »Modernismus und Musik«. Ansonsten war Nicolaj nicht nur im Künstlerischen ein Außenseiter, sondern auch im realen Leben, was wiederum Rachmaninow vor allem in der Exilzeit zur Weißglut reizen wird: Jede Handlung, besonders aber die Beurteilungen im »Russischen Musikverlag« wurden von Nicolaj Medtner philosophisch-pedantisch hinterfragt und bewältigt. Diese »Lebensuntüchtigkeit« zeigte sich dann endgültig im Oktober 1921, als der deutschstämmige Nicolaj sich zum Exil entschloss und seinem Freund Rachmaninow in die USA folgen wollte. In mehreren Briefen erbat er zuvor von Rachmaninow für jeden kleinsten Schritt Anweisungen und sah in jedem Detail ein mögliches Risiko.
Medtners Werke jedenfalls erfreuten sich großer Beliebtheit beim Publikum, besonders im anglo-amerikanischen Raum, wie das umfangreiche Schallplattenverzeichnis seiner Kompositionen verrät. 1935 ließ er sich endgültig in England nieder und wurde dort Ehrenmitglied der Royal Philharmonic Society. 1946 gelang ihm mit Hilfe des Maharadscha von Mysore (!) sein Lebenswerk in eine Gesellschaft umzuwandeln. In Deutschland sind seine Kompositionen eher in Vergessenheit geraten.
Aber für Skrjabin wiederum und dessen Musikästhetik waren beide Komponisten auf gleicher Stufe – und dies bedeutete in seinen Augen Rückständigkeit.
Skrjabin, dessen Musik nicht absolut wirken, sondern einen Baustein seiner eigenen Weltanschauung darstellen sollte (vgl. Kapitel V), hielt Medtners Musik für überfüllt mit Tönen, die nichts aussagten, damit langweilig und uninteressant wirkten.
Von Rachmaninow erwartete sich Alexander Skrjabin auch keine Erneuerung auf kompositorischem Sektor, schätzte ihn aber immerhin als klugen und gebildeten Pianisten:

Obwohl er mit einem sehr schönen Ton spielt, spielt er alles in derselben lyrischen Qualität, vergleichbar seiner eigenen Musik. In seinem »Klangspektrum« steckt soviel Materie … wie in einem gekochten Schinken![14]

Nun, alle drei Komponisten waren ausgezeichnete Pianisten und beurteilten daher selbstverständlich die Kompositionen vom Klavierklang her und hierin wiederum war Skrjabin ein Meister der Anschlagsskultur! Alle Kritiker rühmten seine Farbpalette an feinsten Klangnuancen oder den spärlichen, dann aber stets für Überraschung sorgenden Pedaleffekt! Seltene Vorzüge bei den heutigen »Donnerorgeln« am Klavier! Allerdings hasste Skrjabin Pianisten geradezu, die ihr Instrument »lauwarm waschen« oder nur »zärtlich streicheln wollten«[14], und besonders dann, wenn sie in ihren Interpretationen zwischen den Kompositionen von Tschaikowskij, Rachmaninow und seinen eigenen keinen Unterschied machten!

Persönlich blieben die Komponisten trotz aller Querelen dem Anschein nach Freunde, ihre Kritik freundlich und sachlich. Kein Wunder, denn es gab keinen »Clan« oder keinen »Familienzwang«. Unsere Individualisten lebten eigenständig: Nicolaj Medtner mit seiner Familie und seinen Freunden, Sergej Rachmaninow nur mit seiner Familie. Skrjabin verweigerte Einladungen und künstlerische Diskussionen mit Rachmaninow oder Medtner, den »Konservativen«, und pflegte sein Außenseitertum. Anders verhielt es sich da schon mit der Presse. Sie hielt den Zwist über Tonästhetik, unzweifelhaft geschürt von Kussewitzkij, ständig am Brodeln. Immer öfter konnte Rachmaninow in den Zeitungen lesen, er hätte keine Ästhetik, an ihm ginge die musikalische Entwicklung vorbei, er sei eine »lebende Mumie« musikalischen Geschmacks, tendiere zu billiger Salonatmosphäre und »Zigeunermusik« und sei ein »Massenidol!«[5]

Daraus ist das heutige Vorurteil bezüglich des salonbeglückenden Massenunterhalters, der »seichten« Konversationsmusik für Rachmaninows Werke erklärbar. Unterstützt wurden solche Ansichten in jenen Jahren noch durch das Erscheinen der bereits erwähnten »kleinen« Formen der Klavierkompositionen: Préludes Bd. II op. 32 und Etudes tableaux op. 33 sowie die 13 Lieder op. 34. Damit war 1912 eigentlich eines der erfolgreichen Schaffensjahre des Komponisten.

Innerhalb des Liederzyklus op. 34 schien das bereits angesprochene und »Vocalise« betitelte, A. Neschdanowa gewidmete Werk am ehesten die Gefühlslage des Autors wiederzugeben: »ein Lied ohne Worte«, eine abgrundtiefe, melancholische Grundstimmung und somit nicht nur in seiner Popularität durchaus mit dem Klavierkonzert c-Moll op. 18 zu vergleichen! In seiner Einprägsamkeit aber wirklich auch eine Art »Schlager« für ein Massenpublikum!

In einem Brief an Morosow hatte der Komponist bereits 1910 geschrieben:

Ich habe nur die Liturgie vollendet – zu deiner großen Überraschung. Ich habe lange über die Liturgie nachgedacht und ebenso lange mit mir darüber gerungen und gekämpft. Mehr oder minder zufällig begonnen, bekam sie plötzlich einen für mich ungewollten Reiz. Daraufhin vollendete ich die Komposition sehr schnell. Seit langer Zeit – seit meiner Arbeit am »Monna Vanna« – habe ich nichts mehr mit solchem Vergnügen verfasst. Dies wäre schon alles. Zwar habe ich gute Einfälle und gute Vorsätze, aber das Geschäft mit meinen kleinen Klavierwerken geht schlecht. Ich empfinde dies als große Belastung und überwinde mich nur ungern. Nichts Schönes, nichts Glückliches.[15)]

Rachmaninow kapitulierte stillschweigend. Wie immer, wenn er persönliche Schwierigkeiten hatte, ging er ins Ausland. Nach seinem Rücktritt vom Chefdirigentenposten suchte er Ruhe und Abgeschiedenheit mit seiner Familie, wobei es ihn zuerst in die Schweiz zog, dann nach Italien, genauer gesagt, nach Rom – seit Peter Tschaikowskij das Rekreationszentrum für russische Musiker. Sogar im Appartement der Tschaikowskijfamilie an der Piazza di Spagna konnte er mit der Familie Quartier beziehen. Dieser Ort schien die rechte Inspirationsquelle für neue Kompositionen gewesen zu sein, obwohl er von einer wahren Mammutkonzertreihe in der Saison 1912/13 psychisch »ausgelaugt« in der ewigen Stadt angekommen war.
Sofort ging er an die kompositorische Arbeit und beendete sein umfangreichstes Chorwerk: »Kolokola« (»Glocken«). Als Vorlage diente ein Gedicht von Edgar Allen Poe und die Legende will, dass ihn ein anonymer Brief zu dieser Arbeit angeregt hätte:
Der Cellist und Weggefährte Rachmaninows, Michail Bukinik, erzählte, die Idee zu dieser Chorsinfonie sei von seiner Schülerin Maria Danilowa gekommen, die die russische Übersetzung des englischen Originals ohne Absender an Rachmaninow geschickt habe![16)]
Edgar Allan Poes Gedicht ist zu bekannt, um es hier ausführlich zu analysieren. Vergleicht man die Übersetzung von Balmont mit dem Original, so fällt auf: der Dichter verkürzt die Vorlage um neun (!) Verse und nimmt ihr den schwingenden Rhythmus, die eigentliche Keimzelle:

»To the rolling of the bells
of the bells, bells, bells, …«

Dieser Verlust schmälert in der russischen Version auch die packende Bildhaftigkeit der Geburts- und Todessymbolik in Poes lebendiger Sprache. Balmont paraphrasiert den Text nur, beschränkt sich mehr auf die Wiedergabe des Inhalts. Wenn Poe eine distanzierte Erzählhaltung im Text einnimmt, verfällt Balmont in Melodramatik und Larmoyanz. Aber stellt man das Gedicht mit Böcklins Bild »Die Toteninsel« in die Reihe der repräsentativen Werke des »Fin de siècle«, so ist auch hier nur zu verständlich, dass es Balmonts melodramatische Textverarbeitung war, die Rachmaninow am ehesten zu einer neuen »Großkomposition« ermuntern konnte, denn dieser Komponist ist auch nur ein Kind seiner Zeit:

Ich las die beigefügten Verse und war sofort entschlossen, sie für eine Chorsinfonie zu verwenden, da der Aufbau der Dichtung nach einer viersätzigen Sinfonie verlangte. Seit dem Beispiel Tschaikowskijs beinhaltete die Idee eines eher melancholischen und langsamen Finales nichts Überraschendes mehr. Diese Komposition, an der ich fieberhaft arbeitete, ist noch die einzige, die ich am meisten von all meinen Werken schätze; danach folgt die Vespermesse. Zwischen ihr und dem Rest meiner Werke folgt ein großer Abstand … Die Glocken widmete ich Willem Mengelberg und seinem wunderbaren Concertgebouw-Orchester in Amsterdam, weil ich in allen ihren Konzerten immer mit besonderem Vergnügen mitgewirkt habe …[16)]

Unter diesem Aspekt der persönlichen Wertschätzung wollen wir vor der Chorsinfonie die Etudes tableaux op. 33/39 aus den Erscheinungsjahren 1911/17 betrachten. Diese sind seine letzten großen Klavierminiaturen: Skizzenbilder, die aber in ihrer Lebendigkeit heute bei Pianisten und Publikum beliebter sind als die Großwerke, deren Vorplanung oder Nachbearbeitung sie eigentlich darstellen. Die Etudes tableaux stellen Programmmusik dar, sicherlich auch und vielleicht sogar nur von literarischer oder bildnerischer Assoziation geprägt. Aber es rankt[17)] sich ein Wust von Legenden, Ungenauigkeiten und Fabeln um diese Skizzen, so dass es schwer wird, hier Sachverhalte von Gerüchten zu trennen.

Beschränken wir uns zur Information auf einige Hinweise. In manchem den Préludes ähnlich – z. B. ist Etüde No. 2 mit dem bereits erwähnten Prélude in gis-Moll op. 32/12 vergleichbar – zeichnen sich die Etudes tableaux op. 33 durch eine klare, kurze Diktion aus, abgesehen von enormen technischen Schwierigkeiten. Breite Melodiebögen, vorwiegend in der Mittellage des Klaviers angesetzt[18], wechseln mit chromatischen Verdichtungen (z. B. No. 6 in es-Moll), raffinierte Akkordberechnung mit einfachsten Melodieschritten (z. B. No. 8 in g-Moll).

Insgesamt eine sehr frei ausgedrückte Musikform, die meisterhafte Instrumentbeherrschung zeigt. Das Gleiche gilt auch für die zweite Gruppe, op. 39 betitelt. Sie zeichnet sich nur durch größere Länge und »blumigeren«, rhetorischeren Stil gegenüber ihren Vorgängern aus. In den Augen des Komponisten waren sie »Tongemälde«, »Bildetüden« im wörtlichen Sinne. Beide Werksammlungen sind aber auch Rachmaninows Antwort auf die bewegenden künstlerischen Fragen jener Zeit, aber leider sehr unvollkommen. Op. 33, der 1. Band der Etüdensammlung, steht im Banne Skrjabins und seines 12-Ton-Akkords »Acte preable« sowie der Harmonieauflösungen bei Arthur Lourie oder Nikolaj Obuchow, die unabhängig von Arnold Schönberg mit der Gleichberechtigung aller 12 Töne experimentierte. Deren Tonreihen werden aus ihren Funktionsfundamenten gelöst, sind bindungsfrei, aber damit auch bindungslos. Rachmaninow will nun in den neun Etüden op. 33 offensichtlich ebenfalls den tonalen Rahmen verlassen, die Dissonanz emanzipieren. Dies gilt besonders für die Etüden 3–5, die er zu Lebzeiten nicht veröffentlichen ließ.[17] Aber es bleibt beim Wollen! Seine Psyche, die Dominanz der Selbstzweifel und Minderwertigkeitskomplexe können die Metamorphose, die Befreiung aus konventioneller Hülle nicht einleiten. Jede Etüde schließt in der notierten Grundtonart: das Experiment wird zum Ausflug. Zu Recht bezeichnet Sabanejew diese Etüden als »diatonisierter Skrjabin« – ein Urteil, dass man über die ganze Sammlung setzen könnte, auch wenn Sabanejew nur die Etüde No. 3 cis-Moll mit diesem Ausspruch meinte.[2]

Bleiben die Etüden op. 33 trotz mancher Ansätze noch ganz den Konzertetüden des 19. Jh. verhaftet, so weitet sich das Spektrum des Komponisten in ihren Schwestern op. 39. Hier wandelt sich der Gattungsbegriff »Etüde« als »Fingerübung« der manuellen pianistischen Geläufigkeit endgültig zur »Fingerübung« kompositorischer Arbeit, zum Skizzenbuch als Vorstudie zu größeren Ausdrucksformen oder zum Rückgriff! Aus einem Briefwechsel Rachmaninows mit Ottorino Respighi, einst Schüler von Rimskij-Korsakow, im Jahre 1930 können wir das Programm für die Etudes tableaux op. 39 ersehen, das der Komponist selbst dieser Sammlung zugrunde legt: Die Etüden in c-Moll und a-Moll op. 39/1 und 2 sind danach eine bewusste Wiederaufnahme der Arbeit an der sinfonischen Dichtung »Die Toteninsel«: Die Wellen in Böcklins gleichnamigem Bild symbolisiert danach die No. 1 in c-Moll, das Meer und eventuelle Möwenflüge die Schwester in a-Moll, op. 39/2:

op. 39/1

Die in der gleichnamigen Tonart stehende Etüde op. 39/6 soll eine Reminiszenz an das deutsche Märchen »Rotkäppchen« darstellen, während die letzte Etüde aus diesem Zyklus, D-Dur op. 39/9, einen orientalischen Marsch als Grundidee habe. Ein komplexeres Programm will der Komponist für die Etüde in c-Moll op. 39/7. Hier sieht er eine Dreiteilung: Marsch – Chorgesang – Marsch, wobei die Sechzehntel-Bewegungen in c-Moll/es-Moll zugleich impressionistisch aufzufassen seien: als Regen, wohl als Nieselregen.

Natürlich dürfe auch ein Glockenspiel als Reminiszenz an sakrale Effekte nicht fehlen. Letzteres versinnbildlicht die Dreiergruppe am Ende der Sammlung insgesamt: neben No. 7 in c-Moll auch No. 8 in d-Moll und No. 9 in D-Dur! Interessant sollte auch die Etüde in es-Moll op. 39/5 für den Zuhörer sein: hier zeigt sich die Beschäftigung des Komponisten mit dem Werk seines Studienfreundes Alexander Skrjabin am stärksten, nämlich mit dessen Etüde op. 8/12 in dis-Moll (!) »Pathetico«! Die vierte Etüde wiederum ist eine Auseinandersetzung mit dem jungen Sergej Prokofjew oder auch mit der »Toccata« op. 7 von Robert Schumann: rhythmische Spielereien stehen im Vordergrund dieser kompositorischen Skizze, fast jazzige Metrenverschiebungen sowie eine starke Auflösung der Harmonik.

Gleiches könnte aber auch für die Etüde op. 33/4 in Es-Dur gelten, deren Semantik Rachmaninow im Brief vom 2. Januar 1930 an Ottorino Respighi als Jahrmarktszene verstanden wissen wollte. Wir ahnen es schon! Mit diesen Skizzen, mit diesen Vorstudien hat der Komponist den Boden der Pianistik endgültig verlassen. Folgerichtig beabsichtigte Kussewitzkij, einige dieser Etüden später sinfonisch setzen zu lassen und wählte hierzu den begabten Italiener aus, nachdem ihm Ravel 1928 schon eine geniale Fassung der »Bilder einer Ausstellung« von Modest Mussorgskij geliefert hatte, eine Komposition, die ebenfalls den klavieristischen Rahmen in ihrer Tonvorstellung sprengt! Allerdings blieb den »Fünf Etudes tableaux Rachmaninows« in der Orchesterfassung von Ottorino Respighi 1931 derselbe Erfolg bis heute versagt. Warum? Erinnern wir uns an das Urteil Glasunows: »viel Gefühl, aber wenig Sinn« oder an das Postulat von Richard Strauss von der »poetischen Idee«, so fällt die Antwort leicht: diese Musik sucht nach ihrer Existenzberechtigung, die sie aus logischen Entwicklungen nicht finden kann! So kritisiert im Winter 1916 Sabanejew die Uraufführung des zweiten Zyklus, op. 39, im *Musikalischen Zeitgenossen* auch folgerichtig:

Dieses zweifellose Talent ist momentan auf der Suche. Die Originalität der früheren Werke stellt den Komponisten offenbar nicht mehr zufrieden. Obwohl ich persönlich Rachmaninow nicht als musikalische Offenbarung ersten Ranges bezeichnen kann, spürt man in seinen Tonschöpfungen eine ungeheure Kraft, ein Potenzial, das aber von einer nicht feststellbaren Barriere zurückgehalten wird. Seine kompositorische Persönlichkeit verspricht Größeres, als er uns bisher in seinen Kompositionen mitgeteilt hat.[19)]

Wir wissen nicht, ob und in welcher Weise Rachmaninow Kritiken dieser Art geistig verarbeitet hat, aber es wäre interessant zu verfolgen, inwiefern sich der Komponist der Etudes tableaux weiterentwickelt hätte. Diese Etüdensammlungen stellen einen End- und Scheidepunkt gleichermaßen dar: Der von Tschaikowskij vorgeprägte tonale Weg der klassisch-romantischen Melodieentwicklung ist zu Ende, der neue zur aufgelösten Tonalität von Rachmaninow zwar beschritten, aber nicht bejaht. Wäre er ihn analog vieler Zeitgenossen weitergegangen oder zurückgewichen? Die Zeit und die Folgen des Krieges in Europa enthoben Rachmaninow der Antwort! Der Pianist, der Interpret haben sich zu diesen Fragen nicht mehr geäußert, und die letzten Kompositionen lassen eher eine Rückschau denn ein Vor-

wärtsblicken erkennen, getreu der Maxime Kirkegaards: Das Leben wird nach vorne gelebt und nach rückwärts begriffen!
Die vier Abschnitte der Chorsinfonie bilden diesen Miniaturen gegenüber Giganten. Sie sind, sehen wir von der zweiten Klaviersonate in b-Moll op. 36 ab, auf die der Autor erst später eingehen möchte, da sie 1931 noch einmal sehr gewissenhaft überarbeitet wurde, das erste längere Tongemälde in diesem Lebensabschnitt Rachmaninows. Freilich, in seiner kurzen »Schlaglichtmotivik« – Hysterie des Schreckens, zynischer Fatalismus am Ende – bietet das Gedicht dem Komponisten der Etudes tableaux auch von der Seite der Kurzaussage gute Einstiegsmöglichkeiten, und zwar über die Verwendung des Chores, der über weite Strecken des Werkes zur wichtigsten Figur im musikalischen Geschehen wird.
Vergleichbar mit seiner bereits angesprochenen Aufgabe in der Oper »Francesca da Rimini«, erreicht der Chor in der Sinfonie seine größte Plastizität, wenn er entweder mit Lautmalerei – als »Vorstufe« wäre hier wiederum an das Lied »Vocalise« zu denken – arbeitet oder

Sergej Rachmaninow (1873–1943)
Komponist und Pianist
Foto: Ullstein

die Worte der Solisten mit ruhiger Beharrlichkeit monoton wiederholt, als Kommentator des Geschehens und Darsteller psychischer Erregungsstufen in einem.
In der Satzfolge wechseln »Allegro ma non tanto« mit »Lento«, »Presto« mit »Lento lugubre«, analog der Satzfolge der 6. Sinfonie Tschaikowskijs. In der Besetzung allerdings ist diese Chorsinfonie weitaus aufwendiger, als wir es bisher von Rachmaninow, in der Tradition zu Tschaikowskij stehend, gewohnt sind: Sopran – Tenor – Baritonsolo, gemischter Chor und großes, verstärktes Orchester. Zu Beginn eröffnen die Flöten, Klarinetten und Oboen in reinem As-Dur ein Themenfragment, das die Silberglocken des Gedichtes ankündigt – die Glockentöne als Symbol des Lebensanfangs, vergleichbar wieder mit dem großen Es-Dur-Akkord in Richard Wagners »Rheingold« als Urzustand der friedlichen Weltharmonie! Innerhalb des ersten Abschnittes der Sinfonie verschwindet dieser As-Dur-Akkord, übertrumpft und besiegt von der reinen Quinte, die ab Takt 7 von den Holzbläsern eingeführt wird:

Mit dem ff-Einsatz der Wortwiederholung des Tenorsolos durch den Chor bei »Hört!« wird letzterer zum beherrschenden Faktor des Werkes, die treibende Kraft, die reagiert, argumentiert, kommentiert, den Reisenden in Sachen Leben unerbittlich zum Verhängnis treibt – ganz im Sinne der großen griechischen Tragödiendichtung eines Sophokles oder Aischylos, aber auch der dramatischen Konzeption eines Johann Sebastian Bach in seinen Passionen. Wer denkt bei diesen Deklamationen des Chores in der Sinfonie nicht unmittelbar an das »Kreuzige ihn« aus der Johannespassion oder »Blitz und Donner« aus der Matthäuspassion?

Dem Autor dieses Buches jedenfalls ging es so, als er die Ekstaserufe des Chores zum ersten Mal hörte, die erschallen, wenn die Glocken den süßen, ewigen Schlag des Gerechten in der Chorsinfonie verkünden! Daneben weist dieser erste Abschnitt der Sinfonie einige bemerkenswerte lyrische Stellen auf, etwa z. B. die kunstvolle Stimmführung im »morendo« über dem langanhaltenden As-Dur-Akkord, gehalten vom ganzen Orchester incl. Klavier, Celesta und Harfe am Ende des ersten Gedankens, oder nur wenige Takte zuvor, wo selbst eine konventionelle D_7-Auflösung in ihrer unerwarteten Reinheit für überraschenden Hörreiz sorgt:

Im folgenden D-Dur-Lento, in dem die »goldenen Hochzeitsglocken« (vgl. wieder den »Goldakkord« in der Oper »Der geizige Ritter«!) erklingen und nur spärliche Hinweise auf das spätere Inferno feststellbar sind, beherrschen Solosopran und Soloviola – der Stimmung des Textes entsprechend – den Grundtenor des Satzes (47–49 in der Partitur):

Die Anlage der Sopranmelodie im folgenden Chorsatz erinnert in ihrem rhapsodischen Charakter wiederum an den Liedkomponisten Rachmaninow:

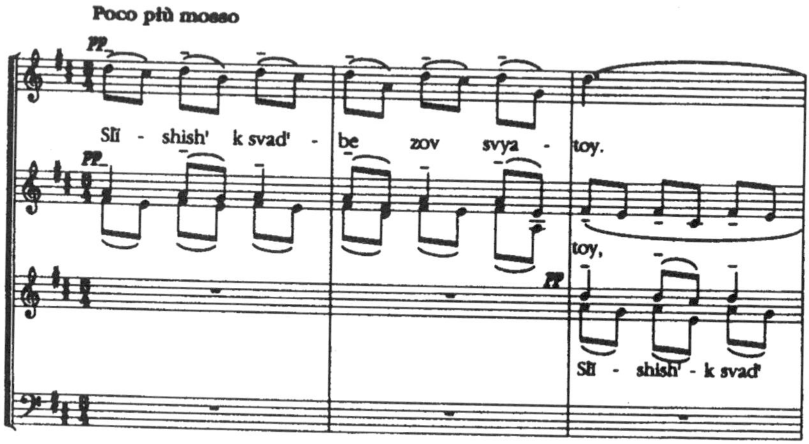

Der dritte und größte Abschnitt der Komposition – das Presto in f-Moll – gibt nun die Schrecken der folgenden Textstellen – »Gesang des Feuers« – wieder. Über den Tremolo- und Stakkatophrasen der Streicher erheben die Holzbläser wieder die reine Quinte als Leitmotiv der Glocken:

Bläser:

Streicher:

Bei den Chorstimmen – ohne Solisten – fallen in diesem Prestoabschnitt die chromatisch absteigenden Tonskalen – oft nur auf einzelne Silben von Wörtern bezogen – auf, collaparte die chromatischen Skalenrichtungen im Orchester, dessen Akkordmassen nun schon, vom funktionalen Tondenken weitestgehend losgelöst, zur Emanzipation der Dissonanz hinführen. Hier zeigt sich die Beschäftigung Rachmaninows mit dem zweiten »jungen Wilden« seiner Zeit: mit Igor Strawinsky und dessen Ballettmusik »Le Sacre du printemps«. Bei Rachmaninow übernimmt der Chor die ekstatischen Beschwörungsformeln eines heidnischen Naturfestes – allerdings immer noch diatonisch und nicht entharmonisiert:

Eine – zumindest quantitative – Steigerung klanglicher Aussage ist eigentlich nicht mehr möglich. Nicht nur in Fragen der Besetzung, sondern auch im Rahmen der Harmonik, der Stimmführung, des Tonmaterials ermöglicht die Bindung an den Text Rachmaninow die letzten spätharmonischen Möglichkeiten innerhalb eines relativ traditionellen Klanggefüges. Skrajabins fast gleichzeitig entwickelter Quartenakkord bedeutet die Emanzipation des Einzeltones oder zumindest des Intervalls. Skrjabin erreicht die Stufe der singulären Parametertechnik in den Werken seiner Spätzeit (vgl. »Prometheus«). Rachmaninow geht in den Jahren des Exils seinen Kompositionsweg zurück, begrenzt in den Spätwerken seinen Tonvorrat, bleibt »konventionell«, denkt die Klangexzession der Chorsinfonie nicht rational-logisch zu Ende, im Gegensatz zu Arnold Schönberg, der während der Entstehung und Verarbeitungsphase seines Riesenwerkes »Gurrelieder« in den Jahren 1907–1911 den Durchbruch zur Dodekaphonik vollzog.
Der vierte »Satz« der Chorsinfonie, betitelt als »Lento lugubre«, pendelt alterierend zwischen cis-Moll und Des-Dur, der enharmonischen Durparallele. Hier fällt nicht so sehr die melodische Komponente ins Gewicht als vielmehr die rhythmische Flexibilität:

Überhaupt verleitet diese Komposition zu zahlreichen Assoziationen: von Peter Tschaikowskijs 6. Sinfonie über Richard Wagners »Parsifal« (Leit- und Tempomotivik, Gralsbezug!) bis hin zu »Till Eulenspiegel« von Richard Strauss. Besonders das Holzbläsermotiv des fanatischen Aufschreis mit Verlöschungscharakter mag hier als Beweis für letzteren stehen:

Ein gutes und treffendes Charakteristikum für die Imagination der Glocken, das die melodische Monotonie des Cis-Gis-Intervalls in den Bassstimmen deutlich mildert. Noch einmal erhebt sich das Tempo zum »Allegro, alla breve«, als – in Abwandlung zum Original von E. A. Poe – der textliche Tod des Mannes musikalisch ausführlich nachvollzogen wird. Die Melodramatik ist perfekt: ein ruhiges Baritonsolo als Erzählebene (»Man hört die Trauerglocken«),

ehe zum Schluss, Andante, noch einmal der Klang der Silberglocken hörbar wird. Der Kreis hat sich geschlossen, der Urzustand ist wieder erreicht, »das Gold zu den Rheintöchtern zurückgekehrt«:

»Glocken« op. 35
vierter Satz (Auszug aus der Partitur)

Kehren auch wir von unserer Kompositionsbetrachtung zurück und richten den Blick wieder auf die realen Ereignisse in diesen Jahren. Die im schaffenden Bereich so erfolgreiche »Vitaminkur Italien« erwies sich privat leider als Fehlschlag. Die gepriesene Stille und Einsamkeit wurde bald durch eine Typhusinfektion seiner beiden Töchter gestört und zwang ihn zur Abreise nach Berlin – der besseren ärztlichen Versorgung wegen.[20)]

Nach sechs Wochen konnte er von dort nach Russland zurückkehren, wo er am 8. Februar 1914 mit großem Erfolg seine Chorsinfonie »Glocken« in einem Philharmonischen Konzert in Moskau aufführte, nachdem die Uraufführung am 30.11.1913 in St. Petersburg mit dem Chor des Mariinskij-Theaters erfolgt war.

Den künstlerischen Streitigkeiten innerhalb der Stadt war er vorübergehend entzogen, entkommen war er ihnen nicht! Mittlerweile hatte Skrjabin sich mit Kussewitzkij überworfen, der mal wieder einen »neuen Star« entdeckt hatte: den jungen Igor Strawinsky! Während Rachmaninows Abwesenheit hatte sich auch in Moskau die Musiklandschaft verändert. Neben der von Kussewitzkij ausgelösten Bach-Renaissance – er führte u. a. dessen Gesamtwerk für Klavier an drei Abenden auf, was Skrjabin als persönliche Kompromittierung auffasste, da er Bach für antiquiert und unnütz hielt – war es gleichzeitig Ivan Wynschnegradski mit seiner Idee der radikalen Emanzipation der Dissonanz, der »Verräumlichung des Tones«, gelungen, Skrjabins 25-tönigen Akkord am Schluss der 7. Sonate logisch zur Einbeziehung des Vierteltones in seinen »4 Fragmenten« für Klavier (1918) weiterzuführen. So schuf er fast gleichzeitig mit Henry Cowell in den USA den CLUSTER als Ausdruck des »kosmischen Bewusstseins«. Seine Idee des »Klangkontinuums« begeisterte später im Pariser Exil den jungen Pierre Boulez und lange vor Stockhausens »Vertikaler Dichte« schuf Wynschnegradski deren Regeln. Neben dieser für damalige Verhältnisse noch exotischen Randerscheinung erregten die futuristischen und symbolistischen Tendenzen die Gemüter der russischen Künstlerkreise, so z. B. Kandiusskis Oper »Der gelbe Klang« (1912). Die Oper »Der Sieg über die Sonne« von Michail Matjuschin, Text von Welimir Schlebnikow und Alexej Krutschonnych, war wohl als Antithese gegen das Poem »Seien wir wie die Sonne« von dem Symbolisten Konstantin Balmont, dem Übersetzer von Edgar Allan Poes Gedicht »Die Glokken«, zu verstehen. 1913 in St. Petersburg uraufgeführt, entzweite diese Komposition das Publikum auf das Heftigste. Auch hier werden die Emanzipation der Sekunde – als Gegenstück zu Skrjabins Quarte – sowie die strikte Antithetik von Dissonanz-Konsonanz, aber auch die Verwendung spätromantischer Klänge deutlich. Skrjabin hatte sich zu diesem Zeitpunkt bereits während der großen Konzerttournee auf der Wolga mit seinem Mentor überworfen.

Beide, Alexander Skrjabin und Sergej Kussewitzkij, waren wohl seit Beginn ihrer Beziehung, die mehr geschäftlicher denn freundschaftlicher Natur war, zu große Egozentriker für eine dauerhafte Beziehung. Siegfried Schibli[13] beschreibt in seiner Biografie über Alexander Skrjabin dieses Verhältnis als einen einzigen Kampf um Geld und Verlagsrechte, soweit es Skrjabin betrifft. Als Jürgensohn für die letzten drei Sonaten 1.000 (!) Rubel mehr bot als Kussewitzkij, wechselte Skrjabin sofort zu ersterem über. Sicherlich hatte sich Kussewitzkij sehr für Skrjabins Werke eingesetzt, aber doch nur, soweit dies seinem Geschäftssinn entsprach, den Schibli mit »unternehmerischem Übermut« beschreibt. Vergessen wir nicht, Kussewitzkij traf Skrjabin, als dieser in einer schweren moralischen und finanziellen Krise steckte[13], sogar als Eigenverleger auftrat (Sonate op. 53, 3 Morceaux op. 52) und pekuniär sowie persönlich ziemlich am Ende war.
Vergessen wir ebenso wenig: ein Autodidakt und durch Heirat in die Großbourgeoisie aufgestiegener ehemaliger Kontrabassist, dem sein größter Wunsch, nämlich Dirigieren zu studieren, »versagt« blieb, wird zum »Korsaren« des russischen Musikbetriebs! Da hieß es als genialer Kaufmann – oder war es doch seine Frau Natalja (?): Public Relation um jeden Preis. Die ließ sich nur mit »Newcomern« erreichen und nur, solange sie eben »Newcomer« waren!
Wenn Schibli[21] daher von »unakademischem Habitus« und »Experimentiergeist« spricht, so meint er wohl kapitalistischen Instinkt. Sicherlich, Kussewitzkij trat für Igor Strawinsky oder Sergej Prokofjew ein, kaufte deren Werke, auch wenn Sergej Rachmaninow oder Alexander Skrjabin sie als Berater ablehnten und diese Musik als »Unmusik«[21] bezeichneten. Ob er allerdings mit seinem eigenen Orchester und dem ebenfalls eigenen Chor wirklich nur »das Orchester- und Konzertleben in Russland reformieren« wollte, ist zu bezweifeln: Konzertabonnements, Studentenermäßigung, Sonntagskonzerte, Provinzreisen, Musikfestivals, Konzertzyklen und Kammermusikzyklen – dies ist eher die moderne Konzertagentur mit kalkuliertem Risiko eines Geschäftsmannes. Leonid Sabanejew überlieferte einen Ausspruch Kussewitzkijs, den nur leichtgläubige Menschen für Kussewitzkijs Idee von einem »Pluralismus«[21] halten können:

Nur Alexander Nikolajewitsch glaubte, dass irgendetwas Außergewöhnliches passieren würde. Er allein erwartete, dass nach der Aufführung des »Poème de l'extase« irgendjemand hier und jetzt in Extase ersticken würde. Aber in Wirklichkeit gingen wir alle, Skrjabin eingeschlossen, in ein Restaurant, wo wir gut und mit Vergnügen aßen. Das gleiche wäre mit dem »Mysterium« geschehen – wir hätten es gehört und wären dann essen gegangen.[2)]

Kussewitzkij, der kühle Geschäftsmann, in dessen erster flächendeckenden Konzertagentur – »business as usual« – die bereits schon angedeuteten Wolgakreuzfahrten der besondere Clou waren. Und hier kam es zum erwähnten Bruch zwischen dem exzentrischen Kind Skrjabin und dem wohl eher taktlosen Geschäftsmann Kussewitzkij. Offenbar[22)] war mal wieder das liebe Geld Ursache für Zwist und Hader. Kussewitzkij zahlte für jeden der elf Auftritte innerhalb einer Wolgatour 1.000 Rubel – für Skrjabin zu wenig. Kussewitzkij redete von Unkosten und warf den Musikern schließlich pauschal vor, auch noch Frauen als deren Begleiter ernähren zu müssen, und außerdem sei »Skrjabin eben nicht mehr als 1.000 Rubel wert!« Wer könnte da vom »sozialen Gedanken in seinem Werken und Wirken als Orchesterdirigent sprechen«, wohl aber von einem präsentierten Wechsel[23)] der »konventionallosen Innovationsfreudigkeit«[23)] des Herrn Kussewitzkij über 15.000 Rubel an Skrjabin, die ersterer letzterem in Lausanne für die Komposition »Mysterium« vorgestreckt hatte. Der kindlich-stolze Skrjabin war tödlich getroffen und begann fieberhaft zu komponieren, um die Schuld abzutragen, die, dies muss auch zugestanden werden, Kussewitzkij niemals zurückverlangte. Aber, ob er wollte oder nicht, die Treffer in Skrjabins Seele waren die hervorstechende Absicht dieser Handlung »Zuckerbrot und Peitsche«, denn Kussewitzkij zahlte auch weiterhin für jede Komposition, die Skrjabin seinem Verlagsimperium anbot, obwohl Alexander Siloti Skrjabin bei Jürgensohn bessere Verlagsbedingungen ausgehandelt hatte. Skrjabin war psychisch am Ende!

Nur noch als Phantasieausbrüche sind die wirren Gedanken des Komponisten zu interpretieren, dass er, Alexander Skrjabin, Sergej Kussewitzkij entdeckt habe und nicht umgekehrt. Aber Kussewitzkij fuhr auch weiterhin fort, als wohlwollender Patron von Skrjabin aufzutreten, seine Werke zu dirigieren, wohl wissend, dass eine solche »selbstlose Handlung« Skrjabin dem Wahnsinn nahebringen musste.

Dieser Streit war bis jetzt so ausführlich zu schildern, um die bereits angedeutete Haltung Sergej Rachmaninows im späteren Exil und auch zuvor noch in Russland in den nun folgenden Jahren bis 1917

zu klären, zugleich aber zu zeigen, wie wenig Rachmaninow an allgemeinen, alltäglichen Geschehnissen in Russland oder in der Welt am Vorabend des Ersten Weltkrieges interessiert war, wie wenig er sich um soziale und real-politische Missstände kümmerte, sondern sich mit der musikalischen Kleinkriegsszenerie beschäftigte. Alle anderen Probleme, die in jener Zeit wirklich in Hülle und Fülle in Russland und weltweit auftraten, hat er geistig nicht reflektiert.
Rachmaninow hielt sich in diesem Streit bedeckt, nahm eine neutrale Stellung ein, lehnte aber auch Kussewitzkijs Angebot für eine Konzerttournee auf der Wolga ab.
Freilich, Punkte zur notwendigen Zusammenarbeit gab es genug. Spätestens seit dem 27.4.1915, als Alexander Skrjabin infolge einer Blutvergiftung plötzlich verstarb. Kussewitzkij als Dirigent und Rachmaninow als Pianist veranstalteten sofort eine Konzertreihe von vier Abenden mit Kompositionen des toten Freundes, in der Rachmaninow unter Kussewitzkijs Stabführung Skrjabins fis-Moll-Konzert op. 20 spielte. Zudem unternahm Rachmaninow ausgedehnte Konzerttourneen in Russland mit Werken Skrjabins. Der Reinerlös floss der Unterstützung der Familie Skrjabins zu. Ein Novum für den Komponisten Rachmaninow, denn seit seiner Konservatoriumszeit spielte er zum ersten Mal die Tonschöpfungen eines anderen zeitgenössischen Komponisten öffentlich! Aber – wo Erfolg, da auch Neid. Quittierte das Publikum dieses Vorhaben schon allein durch seinen großen Besuch, so bemängelte die Kritik Rachmaninows Spiel- und Auffassungswiedergabe Skrjabinscher Werke.
1916, als die Gründungskommission Rachmaninow bat, den Führungsposten in einer sog. Skrjabingesellschaft entweder in seiner Eigenschaft als Pianist oder Dirigent anzunehmen, lehnte er dankend mit dem Hinweis auf seine genügend bewiesene Loyalität Skrjabin gegenüber ab. Aber, dem aufmerksamen Leser wird nicht entgangen sein, so schlecht – wie die Kritiker meinten – kann er Skrjabins Werke doch nicht gespielt oder dirigiert haben, wenn man ihm ein solches Angebot machte! Auch die schon erwähnte Äußerung Prokofjews anlässlich eines Klavierabends Rachmaninows spricht für die Qualität Rachmaninowscher Interpretation.
Mittlerweile hatte Sergej Rachmaninow der Erste Weltkrieg persönlich getroffen und verlangte seinen Einsatz. Seit dem 1. August 1914 war er zwar vom Militärdienst befreit[24)] – nicht aber von den üblichen Loyalitätsverpflichtungen, die das »heroische Vaterland« meist von

seinen Künstlern verlangt: die »Front- und Heimatkonzerte«. Trotz aller Unbill und Arbeit fand er noch Zeit zum Komponieren eines weiteren Erfolgswerkes, das innerhalb von zwei Wochen im Winter 1915 fertiggestellt wurde: »Das große Abend- und Morgenlob«, Vespergesänge der orthodoxen Kirche für Knaben- und Männerstimmen op. 37. Auf die musikalische Entwicklung dieser Musikformen wurde schon in Kapitel I hingewiesen. Einige zusätzliche Worte seien noch erlaubt, da es sich hier um ein populäres und persönliches Werk handelt, dessen Geschichte uns im nächsten Kapitel noch beschäftigen wird, denn nach von Riesemann[25] hat Rachmaninow selbst den 5. Hymnus »Herr, nun lässt Du Deinen Diener in Frieden scheiden ...« (Lukas 11, 29) für sein Begräbnis ausgewählt.

Im formalen Ablauf zerfällt dieses Chorwerk a cappella in 15 verschiedene Hymnen, von denen zehn auf den alten Choralmelodien der Liturgie beruhen, die aber so nahtlos in das klangliche Geschehen eingeführt werden, dass sie sich nicht vom kompositorischen »Beiwerk« des Komponisten abheben. Der Gedankengang objektiver Theologie und subjektiver Persönlichkeit bildet für den Hörer eine Einheit. Zwar wird die Vesper als »großes Abend- und Morgenlob« in allen christlichen Konfessionen immer an Samstagen in der Zeit von 18–21 Uhr zelebriert, darüberhinaus auch vor Feiertagen, aber es gibt verschiedene Formen dieses Luzenars. Der Zeit und seinen persönlichen Stimmungen entsprechend, wählte Rachmaninow für seine Vertonung die Ostersequenz, den feierlichen Jubelgesang über die Auferstehung Christi mit der großen »Doxologie« im 12. Gesang.

Nach 1917 verschwand dieses Werk von den Konzertpodien in Russland durch das kommunistische Aufführungsverbot für alle liturgischen Kompositionen, hatte und hat aber einen hohen Verbreitungsgrad in anglo-amerikanischen Ländern, wie die Notendrucke und CD-Produktionen beweisen.

Auch heute erfreut sich diese Komposition wieder im deutschsprachigen Raum wachsender Beliebtheit – ein Neudruck ist bereits erschienen!

Die Uraufführung am 10.3.1915 fand bekanntlich anlässlich eines Benefizkonzertes für die Kriegsopfer durch den Moskauer Synodalchor unter Leitung von N. M. Danilin in Moskau unter großem Beifall und großer Anteilnahme des Publikums statt, nicht zuletzt durch die hervorragende Besetzung der Basspartien, die dieser Chor, der seine musikalische Heimat in der Uspenski-Kathedrale im Kreml hatte, in hervorragender Weise einsetzen konnte. Auch die weiteren Aufführungen am 12. und 27.3. sowie am 3. und 9.4.1915 wurden in Moskau ein großer Erfolg. Selbst der noch von der Liturgie verärgerte Kastalski schrieb nun von der Uraufführung positiv:

Rachmaninows neue Komposition »Das nächtliche Vigil« ist unzweifelhaft ein Beitrag von großer Bedeutung für die musikalische Literatur der Kirche ... Man muss für sich selbst hören, wie einfache kunstlose Kirchengesänge in diesen vier Stunden zur Bekenntnismusik eines großen Künstlers transformiert werden können.[26)]

Man beachte: Vier Stunden! Kastalski hatte das Werk also innerhalb einer Liturgie erlebt, nicht als Konzertmusik, denn die reine musikalische Abfolge der Gesänge dauert etwa 80 Minuten! Ebenso wohlwollend äußerte sich auch der sonst stets beckmesserhafte Dershanowski, während es für Stepan Smolenski eine posthume Genugtuung gewesen sein dürfte. Diesem, seinem alten Lehrer und Vermittler orthodoxer Kirchenmusik hat Rachmaninow die Komposition auch gewidmet.
Dem kompositorischen Hoch folgte alsbald das zweite persönliche Tief: der Tod hielt nicht nur an der Front reiche Ernte, sondern auch in der Heimat. Tanejew, der Förderer, der Bewunderte und das Oberhaupt des eher konservativen Flügels der Moskauer Komponisten, zog sich beim Begräbnis Skrjabins im April 1915 eine schwere Erkältung zu, der er am 2. Juni desselben Jahres erlag. Ein schwerer Schlag für Rachmaninow. Solche Vorkommnisse verweist man gerne in den Bereich der Metaphysik, der Spekulation: wer denkt bei solchen Gesetzmäßigkeiten eines »Familiensterbens« nicht an die Beethoven-Schubert-Folge 1827/28 oder an Clara Schumann – Johannes Brahms 1896, als letzterer sich ebenfalls eine Erkältung beim Begräbnis von Clara zugezogen haben soll und daran starb?
Ljádow – Skrjabin – Tanejew, drei markante Persönlichkeiten des russischen Musiklebens starben kurz hintereinander.
Rachmaninow verfasste am 26.6.1915 in der Zeitung *Russkaja Wedomsti* einen bewegten und sehr persönlichen Artikel, in dem er an die Verdienste und Fähigkeiten Tanejews erinnerte.

Tanejew war eine bemerkenswert autarke und charaktervolle Persönlichkeit ... Für alle, die ihn um Rat baten, war er ein unangefochtener Richter, weise, rechtschaffen, zugänglich und geradlinig. All sein Tun

war beispielhaft. Durch sein persönliches Vorbild lehrte er uns zu leben, zu arbeiten, zu sprechen. In seinen Äußerungen war er oft von lakonischer Kürze, aber immer richtig. Tanejew lebte selbst einfach und bescheiden, ja fast als arm zu bezeichnen, aber er war zufrieden. In seinem jedermann bekannten Moskauer Haus versammelten sich Menschen unterschiedlichster Coleur – eine seltsame Mischung von Anfängern, Schülern und fortgeschrittenen Meistern des russischen Reiches. Aber alle fühlten sich wohl, waren glücklich und nahmen einen Vorrat an Lebensfreude und neuer Hoffnung mit auf den Heimweg.
Mir schien es nach einem Besuch bei Tanejew immer so, als ob wir dann erfolgreicher und beseelter fortfuhren zu arbeiten ...[26)]

Weiterhin spielte Rachmaninow die Werke Skrjabins in jedem Konzert: eine oder zwei seiner letzten Etüden oder der Poèmes und Préludes als persönliches Gedenken an seinen langjährigen Jugendfreund und Studiengenossen. Inzwischen waren solche Konzerte und Veranstaltungen für die Kriegsopfer wohl der Anfang seiner dritten und letzten Karriere: der des Konzertpianisten. Schuld an dieser Entwicklung war aber auch der Krieg! Die Philharmonische Gesellschaft in Moskau musste ihren Betrieb und damit ihr Orchester fast vollständig einstellen bzw. auflösen, ebenso die Russische Musikgesellschaft. Nur Kussewitzkij konnte mit seinem Privatorchester weiterarbeiten, hatte aber verständlicherweise keine Lust, den Dirigentenposten mit Rachmaninow zu teilen. Andererseits konnte Rachmaninow in den Konzerten Kussewitzkijs als Solist seiner Klavierkonzerte mitwirken, und der »Musikmonopolist« setzte für die Saison 1915/16 sogar ein eigenes Rachmaninowprogramm für Moskau fest: 2. Sinfonie, 2. Klavierkonzert und die sinfonische Dichtung »Die Toteninsel«!
Wie leistungsfähig Rachmaninow war, wie hervorragend er bei dieser Überbeanspruchung interpretieren konnte, bewies er in einem Konzert im Winter 1915/16, als er unter Stabführung seines Vetters Alexander Siloti die drei weltbekannten Klavierkonzerte: Es-Dur von Franz Liszt, b-Moll von Peter Tschaikowskij und c-Moll von ihm selbst an einem (!) Abend in Petrograd spielte.
Immer stärker wandte das Publikum daher sein Interesse dem Pianisten Rachmaninow zu. Dies erforderte neue Klavierwerke, schon allein, um die Tourneen zu bestreiten. Aber – fast als trotzige Gegenreaktion des Komponisten auf den Pianisten – erschienen 1916 zu den bereits erwähnten Etudes tableaux op. 39, wenig beachtet und ge-

schätzt, die bei Publikum und Kritik sehr geschätzten sechs Lieder op. 38, die einen neuen, herausfordernden und tatkräftigen Komponisten Rachmaninow zeigten!
Gewidmet sind diese Lieder der großen Sängerin Nina Koschitz (1894–1965), die er anlässlich der Aufführung einer Messe für Tanejew kennen gelernt hatte und mit der er mehrere Konzerte als deren Begleiter am Klavier veranstaltete – übrigens zum letzten Mal in seinem Leben, wie wir schon in den Briefen an Marietta Schaginian gelesen haben (vgl. Kapitel VIII). Hatte sie mit ihren Vermutungen doch Recht? Später begleitete er – mit einer Ausnahme – nie mehr einen Sänger am Klavier! Die junge Sopranistin war am Privattheater S. I. Simins engagiert und schon vor der ersten Begegnung mit Rachmaninow eine begeisterte Sängerin seiner Romanzen. Nach dem ersten gemeinsamen Konzert am 10.3.1916 in Moskau – die Künstlerin gab einen Liederabend mit Werken von Tschaikowskij und Rachmaninow, der Komponist begleitete selbst am Flügel – entspann sich rasch eine künstlerische und persönliche Zusammenarbeit, die die Sängerin zur idealen Interpretin der Werke Rachmaninows machen sollte. Ihre temperamentvolle Persönlichkeit riss Rachmaninow aus seinen neuerlichen Depressions- und psychosomatischen Krankheitsanfällen, die schließlich eine Sommerkur auf Anraten der Ärzte im Kaukasus notwendig machten. Aber auch dort folgte ihm Frau Koschitz flugs nach, und so verbrachte er einen letzten unbeschwerten »Flirtsommer«, zumal sich nach und nach noch weitere Künstler dort einstellten: Stanislawskijs geschätzte Theatergruppe, Schaljapin, Sofja Fjodorowa und schließlich sogar Kussewitzkij.
Als Textvorlage für diese Liedersammlung op. 38 dienten Gedichte von Brjusow, Belij, Sewerjanin sowie von Balmont, Soloyub und Isaakjan. Dekadenz als egozentrisches Leiden, Kulturpessimismus Spenglerscher Prägung, die kranke Psyche – Themen der Symbolisten ebenso wie der Musik Rachmaninows – eine Seelenverwandtschaft also? Lesen wir im Programm der Symbolisten nach:

Symbolisten nennen sich diejenigen, die mit dem Verfall der Kultur auch den eigenen Verfallsprozess zur Kenntnis nehmen, diesen jedoch in sich aufhalten und sich zu erneuern suchen. (Andrej Belij).[27)]

Dieses Motto könnte ohne weiteres über den Liedern op. 38 stehen, nicht aber über den im Mai 1918 im Aufsatz *Was ist heute zu tun? – Antwort auf eine Umfrage!* formulierten Thesen des Symbolismus:

1. Der Künstler muss wissen, dass jenes Russland, das war, nicht mehr ist und niemals mehr sein wird. Die Welt ist in eine neue Ära eingetreten. Jene Zivilisation, jenes Staatswesen, jene Religion sind tot. Sie können noch zurückkehren und bestehen, doch sie haben ihr Sein eingebüßt ... und wir, die wir ihren ungeheuerlichen Todeskämpfen beigewohnt haben, sind nun wohl verurteilt, ihrem Verfaulen und Verwesen beizuwohnen; so lange beizuwohnen, wie die Kräfte eines jeden von uns reichen. Vergessen wir nicht, dass das Römische Reich nach Christi Geburt noch fünfhundert Jahre bestand. Doch es existierte nur noch, trieb auf, faulte, verweste – war aber bereits tot.

2. Der Künstler muss flammen vor Zorn gegen alles, was den Leichnam wiederzuerwecken versucht. Damit dieser Zorn nicht in Wut ausartet, muss er das Feuer des Wissens um die Größe der Epoche, der jegliche niedrige Wut unwürdig ist, bewahren.

3. Der Künstler muss sich bereithalten, noch größeren Ereignissen, die eintreten werden, entgegenzugehen und bei der Begegnung sich vor ihnen verbeugen können.[27)]

Wer denkt da nicht an Oswald Spenglers Kulturpessimismus, wer aber auch nicht gleich an Stalinsche oder Hitlersche Kunstauffassung von der Größe eines neuen, möglichst heroischen, möglichst großen, möglichst gewaltigen Zeitalters? Und wenn Alexander Block fanatisch meinte, dass nur das russische Leben einen Sinn habe, weil es sich »ungleich dem tödlich erstarrten Europa, im Chaos des heilsamen Aufruhrs erneuern kann«, der hat die Musik Rachmaninows bestimmt nicht im Ohr, sondern eher das Trompetengeschmetter einer Marschmusik der Roten Armee!
Einen solchen, noch dazu einseitigen politischen Anspruch wollte und konnte Rachmaninow musikalisch nicht vertreten. Privat eher dem politisch neutral-desinteressierten Großbürgertum zugeordnet, ging sein Interesse am Weltgeschehen über allgemeine vaterländische Gefühle nicht hinaus. Nun, der Symbolismus ist, im Gegensatz zu Blocks Meinung, nicht ein russisches Novum, sondern eigentlich eine französische Schöpfung, aber Frankreich unterhielt immer ausgezeichnete kulturelle Beziehungen zu Russland.
Charles Baudelaire[28)] (1821–1867) gilt als »Urvater« dieser Kunstrichtung sowie als Vorbild ebenso die deutschen Dichter Stefan George, Hugo von Hofmansthal, Rainer Maria Rilke. Das Anliegen der Lyri-

ker, den Stoff ihrer Gedichte zu einem rein geistig-seelischen Erlebnis zu machen, sowie die Betonung der musikalischen Elemente in der Sprache faszinierten Rachmaninow. Die schon seit den Böcklinschen Visionen im Bild »Die Toteninsel« beim Komponisten spürbare Vorliebe für das Mystisch-Rätselhafte, die Ablehnung der Tagesbrutalität und die Gründung eines ästhetischen Glaubenszirkels kamen der Komposition dieser Lieder sehr zugute.
Die Sprache gehorcht bei den Symbolisten keiner rationalen Logik mehr, sondern der suggestiven Kraft des Irrationalen. Der Dichter wird zum »Seher« wie Stefan George oder zum »Prophet« wie Alexander Block in Russland. »L'art pour l'art« – dieses Schlagwort gilt auch für die Werke Rachmaninows in jener Zeit. Bilder und Überlagerung verschiedener Erlebnisstufen weisen logisch den Weg von der Chorsinfonie »Glocken« zu den Liedern op. 38 (vgl. Lieder 1, 3, 5 op. 38). Reale Vorkommnisse, die der Symbolismus gerne verschleiert wiedergibt, gehen so auf Distanz zum Publikum, zum Volk, auch wenn dies Block später nicht wahrhaben wollte. Die Leitsentenz der Gedichtsammlung »Les Fleurs du mal« (1857) von Baudelaire könnte über den Liedern op. 38 als Motto stehen. Das Ideal des Reinen und einer mystischen Schönheit errichten, zu dem sich der in der Triebwelt des Bösen befangene Mensch hindurchringen soll – ein wahrer Nachfolger von Wagners »Parsifal-Idee« und dessen Erlösungsgedanken? Vielleicht. Wagner hatte Rachmaninow immer schon stark bewegt, wie wir wissen. Eine Seelenverwandtschaft wäre also auch hierin denkbar.
Aber die Wirklichkeit hatte 1916 Rachmaninow schneller eingeholt als geahnt. Noch im Kaukasus erhielt er die Nachricht vom Tode seines Vaters Wassilij auf Iwanowka. Trotz aller charakterlichen Negativa hing Rachmaninow immer an seinem Vater und verteidigte ihn auch später gegen alle Vorwürfe.
Im Herbst des gleichen Jahres waren die Kriegsfolgen im Land unübersehbar: Hunger, verwundete Soldaten, verwaiste Kinder, ein fast zusammengebrochenes Verkehrssystem und eine nun für Künstler hoffnungslose finanzielle Lage. Viele Konzerte wurden zu »Wohltätigkeitskonzerten«, d. h. Veranstaltungen, deren Erlös zum größten Teil den Soldatenhilfen, Flüchtlingskomitees oder den Verwundetenorganisationen zuflossen. Zwar war Rachmaninow anfänglich durchaus für solche Konzertreihen zu mobilisieren, aber langsam ließ der patriotische Überschwang angesichts leerer Familienkasse stark nach! Trotzdem raffte er sich im September noch einmal zur Hilfsak-

tion auf, diesmal für die Kollegen, die jetzt immer mehr ohne Engagement und damit Brot waren. Sein Cousin Siloti hatte am 25.9.1916 zusammen mit Maxim Gorkij eine »Gesellschaft zur Unterstützung bedürftiger Musiker und ihrer Familien« gegründet, und Rachmaninow nahm die ihm angebotene Ehrenmitgliedschaft an. Dies bedeutete allerdings, dass erhebliche Teile seiner Konzerthonorare nun in diesen Fonds flossen!

Im Februar 1917 brach in Russland die langerwartete Revolution aus. Die katastrophale Kriegslage, verbunden mit ebenso katastrophalen sozialen Zuständen, hatte zur Kriegsmüdigkeit des Volkes geführt.

Rachmaninow erlebte die ersten Anzeichen der »neuen Zeit« in Kislowodsk anlässlich einer Tournee, wie wir schon in der Erinnerung Marietta Schaginians gelesen haben (vgl. Kap. VIII).

Den stürmischen Februar selbst erlebte Rachmaninow in Petrograd und Moskau, wie immer in Konzerten! Dem Auftritt am 21.2.1917 in Petrograd folgte am Tag des Generalstreiks, dem 26.2.1917, ein weiterer in Moskau, dessen Einnahmen er zu 50 % der »Allrussischen Städteunion« für ihre Sozialbetreuung stiftete. Sorgfältig listete er nun für die restlichen Konzerte auf russischem Boden alle Einnahmen und Abgaben auf und ließ sie in den *Russischen Nachrichten* sofort mit Verwendungszweck veröffentlichen. Ahnte er, was ihm als Großbourgeoise und Angehöriger der Adelsklasse im Sowjetrealismus erwarten würde? 1.000 Rubel, sein Gesamthonorar vom Konzert am 13.3.1917 unter Stabführung Kussewitzkijs, gingen an die freigelassenen politischen Gefangenen. Bei der Veranstaltung am 20.3.1917 spielte er ohne Gage: Liszts Es-Dur-Konzert und dessen 12. Ungarische Rhapsodie, wieder unter dem Dirigat von Kussewitzkij! 5.785 Rubel, die Einnahmen vom Konzert am 25.3.1917 in Moskau mit dem Bolschoj-Orchester unter Cooper, bekam der neue Kriegsminister Gutschkow, und das, obwohl Rachmaninow wieder gleich zwei große Klavierkonzerte an einem Abend aufführte: Liszts Es-Dur-Konzert und Tschaikowskijs b-Moll-Konzert!

Den letzten Klavierabend im Zarenreich gab er am 21.4.1917 in Petrograd, diesmal mit seinen neuen Etudes tableaux. Hier stellte er die Hälfte der Reineinnahmen wieder dem Musikfond seines Cousins Siloti zu Verfügung.

Den Marsch in das politische Chaos konnte Rachmaninow selbst mit diesen Finanzhilfen nicht aufhalten, der Untergang des Staatswesens

nahte mit Riesenschritten! Der Zar war zwar am 15.3.1917 zurückgetreten, die Macht war auf seinen Bruder Michail übergegangen, aber die neue Regierung Kerenskij, von deren elf Ministern fünf der KaDettenpartei angehörten, schaffte es nicht, die Lage zu stabilisieren. Für kurze Zeit geriet Rachmaninow sogar indirekt in das politische Scheinwerferlicht! Neuer Kriegsminister wurde der schon erwähnte Alexander Gutschkow, der wiederum Schwager Alexander Silotis war, der wiederum war der Cousin Rachmaninows. Als noch dazu Siloti zum neuen Theaterdirektor und damit zum Nachfolger Teljakowskis für alle kaiserlichen Theater ernannt wurde, war die »Seilschaft« Rachmaninow für einen Augenblick wieder im politischen Zentrum. Der Kreis hätte sich beinahe geschlossen: Vom Hochzeitsgefolge Iwan III. über die loyalen Militärdienste den frühen Romanows gegenüber bis jetzt zur konstitutionellen Regierung des Großfürsten Michail! Hätte – denn die politische Wirklichkeit zerstörte alle Hoffnungen des Familienclans! Rachmaninow erkannte dies früh!
Er zog sich zuerst auf sein Landgut Iwanowka zurück. Er wollte die Sturm- und Drangzeit der politischen Umwälzungen, wie er glaubte, als Bauer außerhalb der politischen Brennpunkte überdauern. Aber die Hoffnung trog. Schon bei der Ankunft auf dem Gut warnten ihn die letzten loyal ergebenen Dorfbewohner vor Provokateuren und desertierten Soldaten, die überall das Volk aufhetzten. Das ganze Gouvernement Tambow wäre in Aufruhr, überall lieferten sich Bauern mit Kosakentruppen und Offizierseinheiten Gefechte. Die in Petrograd geführten Diskussionen zwischen den Sozialrevolutionären und der KaDettenpartei um das Privatrecht an Grund und Boden wurden nun auf dem Land praktisch ausgetragen! Allerdings ohne die Bolschewiken. Sie waren noch ohne größere Bedeutung.
Nach zwei Monaten war die Lage für die Familie Rachmaninow unhaltbar geworden: Die Pogrome in Koslow erlebten sie schon nicht mehr mit. Im Juni 1917 zog die Familie auf die Krim, nach Jessentuki. Von dort teilte Rachmaninow Siloti mit, dass er nicht mehr auf das Gut zurückkehren werde. Wie immer erschien ihm ein Auslandsaufenthalt das probateste Mittel, um allen Schwierigkeiten aus dem Wege zu gehen. Da ihm seine früheren Fluchtziele – Schweiz, Italien, Deutschland – infolge der Kriegswirren verschlossen waren, schwebten ihm als vorübergehende Domizile die neutralen Länder Norwegen oder Dänemark vor, und er bat seinen Cousin um Hilfe. Schließlich brauchte er jetzt ein Ausreisevisum des neuen Außenministers

Tereschtschenkow. Zum ersten Mal musste er jemanden um Erlaubnis fragen! Zugleich hatte er noch finanzielle Probleme, nachdem die meisten Honorare als »Spenden« für die verschiedenen Organisationen versickert waren! Im gleichen Brief an Siloti schrieb er daher, dass sein Landgut wohl 120.000 Rubel wert wäre, er selbst nur über 30.000 Rubel an Bargeld verfüge. Die Zeit drängte! Aber Siloti war bereits machtlos, er konnte nicht mehr helfen. Die Regierung Kerenskij versank im Chaos! Rachmaninow resignierte! Am 30.8.1917 gab er in Jalta sein letztes Konzert auf russischem Boden, Weiß- und Rotarmisten rüsteten zum Bürgerkrieg, General Kaledin sperrte den Kaukasus vom westlichen Teil Russlands ab!
Der Oktober 1917 sah Rachmaninow wieder in Moskau, unter dem Gebrüll der Anarchisten und unter dem Gerattere der Maschinengewehrsalven der Bolschewiken an der Überarbeitung seines Klavierkonzertes op. 1 sowie an der Konzeption eines neuen, des 4. Klavierkonzertes arbeitend. Aber selbst ein so zurückgezogen lebender Mann wie Rachmaninow sah langsam ein, dass ein Bleiben in diesem Land für einen »Bourgeois« tödlich werden konnte:
Alexander Konowalow, sein alter Schüler, späterer Textilfabrikant sowie Minister der Kerenskij-Regierung, auf dessen Landgut in Kostroma der junge Sergej damals unbeschwerte Sommertage verbracht hatte, war verhaftet und im Gewahrsam der Bolschewiki! Sein Ende war vorhersehbar! Jede Unterstützung für Kerenskij, der geflohen war, wurde als Staatsverbrechen gewertet, und Rachmaninow stand dieser Regierung nicht nur freundschaftlich, sondern auch verwandtschaftlich über seinen Cousin Alexander Siloti sehr nahe!
Der Machtübernahme der Bolschewiki in Moskau in der Nacht vom 25. zum 26.10.1917 folgte sofort das drastische Wohnraumbeschaffungsprogramm mit maximal neun Quadratmetern Wohnfläche/Person. Dies bedeutete für die Rachmaninows eine drastische Einschränkung in ihrer Wohnung am Strastnoje-Boulevard. Hinzu kamen die neuen »Bürgerpflichten« der Bolschewiki: Hauskomitees wurden ins Leben gerufen; Rachmaninow musste mit den anderen Bewohnern über Alltagsprobleme diskutieren und Nachtwache halten, um das Haus vor Brandanschlägen, Plündereien oder Raubüberfällen zu schützen.
Kein Wunder, dass angesichts dieser Realzustände an Komponieren nicht mehr zu denken war. Folgerichtig waren die letzten beiden in Russland geschaffenen Werke, ein Prélude in d-Moll und »Fragmen-

te«, zusammengefasst unter den Titel »Orientalische Skizze«, nur mehr Beschäftigungstherapie ohne künstlerischen Aussagewert. Ersteres wurde dann auch erst posthum veröffentlicht, die »Fragmente« erschienen als Abdruck 1919 in der amerikanischen Fachzeitschrift *The Etude*.

Völlig realitätsfremd – seine Gedanken waren bei den musikalischen Anekdoten und Klatschgeschichten früherer Zeiten – wurde er in diesen Wochen doch noch von der allgemeinen Hysterie und dem – allerdings viel zu spät – erfolgten Wehklagen des Bürgertums angesteckt! Wie aus heiterem Himmel kam in diesem Zustand der Melancholie Ende November die Möglichkeit, für zehn Konzerte nach Skandinavien zu reisen. Schleunigst verließ der »Bürger« Sergej Rachmaninow nur mit einem kleinen Koffer Russland, obwohl das Honorar für diese Konzerte so klein bemessen war, dass er es in seiner Glanzzeit sicher höflichst abgelehnt hätte. Aber jetzt bot es ihm die einzige Möglichkeit, von den Bolschewiken den begehrten Pass zur Ausreise zu bekommen. Mit seiner Frau, seinen beiden Töchtern, je einem Handgepäck und den vorgeschriebenen 500 Rubel pro Person, die er sich von Freunden borgen musste, da die Banken geschlossen waren, verließ er im November 1917 legal dieses Land, das 50 Jahre seine Heimat gewesen war. Er würde es nie mehr wiedersehen!

Für Rachmaninow begann nun der zweite Lebensabschnitt: Aus dem russischen Komponisten wurde der internationale Klaviervirtuose, der »König der Pianisten«!

X. Kapitel

»König der Pianisten«

Am 24. Dezember 1917 trifft die Familie Rachmaninow in Stockholm ein: das erste Weihnachtsfest außerhalb Russlands ohne Hoffnung auf baldige Rückkehr. Zwar war das Visum des provisorischen Außenkommissariats der bolschewistischen Regierung zeitlich begrenzt, aber Rachmaninow gab sich keiner Illusion hin: Als Angehöriger der aristokratischen Kaste stand er ohnehin auf der »Abschussliste« der Kommunisten. Daran änderte auch seine Erklärung vom 15. März 1917 nichts, mit der er sein Konzert überschrieben hatte:

Der freischaffende Künstler S. Rachmaninow schenkt das Honorar seines ersten Konzerts in seinem freien Land den Bedürfnissen einer freien Armee.

Bereits im Juni war Rachmaninow aus dem anfänglichen Taumel politischer Begeisterung für die »demokratische« Kerenskij-Regierung erwacht. Der Brief vom 14. des Monats an seinen Mentor Siloti enthielt schon konkrete Gedanken an eine Auswanderung, und es war mehr als symbolisch, dass er im Dezember vom gleichen Bahnsteig in Petrograd Russland verließ, auf dem im Oktober Lenin seine dramatische Ankunft inszeniert hatte.
Wieder steht eine Reise am Scheideweg seiner beruflichen Laufbahn, nur jetzt ungleich schwerer und endgültiger als die vorangegangenen! Als der 12-Jährige im Sommer des Jahres 1885 von St. Petersburg nach Moskau fuhr, ließ er seine Kindheit zurück, seine Familie, seinen Lebensraum, aber nicht die Möglichkeit zur Rückkehr. Zudem blieb er im Lande, vertauschte Ort und Umgebung, aber nicht die Mentalität. Jetzt, im Dezember 1917, fährt er mit seiner Familie in ein anderes Land, verlässt Sprache und Mentalität der Heimat und muss für vier Personen sorgen ohne Aussicht auf Rückkehr. Fast schon symptomatisch Schaljapins Abschiedsgeschenk am Nikolajewski-Bahnhof in Petrograd: Kaviar und selbstgebackenes Weißbrot!
Ebenso auch das Gepäck des Musikers Rachmaninow: der 1. Akt seiner unvollendeten Oper »Monna Vanna« aus den »guten« Dresdner Tagen, Skizzen zu neuen Klavierwerken und als Studienobjekt für

eventuelle größere Kompositionsformen die Partitur zur Oper »Der goldene Hahn« von Rimskij-Korsakow. Alle anderen Werke, Autographe zu diesen, Skizzen und weitere Materialien blieben in Russland zurück. Aber auch dieses »musikalische« Handgepäck wird er in seinem zukünftigen Leben nicht mehr brauchen!
Die Situation war für Rachmaninow daher alles andere als rosig, als die Familie an diesem 24.12.1917 nach einigen Schwierigkeiten und Ängsten in Stockholm, der Hauptstadt des neutralen Schweden, eintraf. Zwar waren die bolschewistischen Grenzkontrollen höflich und zuvorkommend, prüften lediglich die Schulbücher (!) der Töchter und wünschten ansonsten eine erfolgreiche Konzerttournee, aber Finnland selbst musste mangels Zugverbindung im offenen Schlitten durchquert werden, ehe an der schwedischen Grenze der Zug nach Stockholm bestiegen werden konnte. In Europa tobte der Erste Weltkrieg in den letzten, aber um so heftigeren Zügen, in Russland stand jeder gegen jeden. Für Kunst hatte keiner in Europa Zeit und Lust, schon gar nicht für zeitgenössische. Was war zu tun? Die Einnahmen von zehn Konzerten reichten nicht ewig, schon gar nicht für eine vierköpfige Familie, die an einen komfortablen Lebensstandard gewöhnt war. Finanzielle Rücklagen, außer den 2.000 Rubel Barvermögen, waren nicht vorhanden, denn das gesamte Vermögen hatte die

Stockholm – das »Venedig des Nordens« – 1918 ein Hort des Friedens im kriegstaumelnden Europa
(Die Aufnahme entstand 1950 – Archiv: E. Reder)

»Volksrevolution« aus »nationalem Interesse« einbehalten. Mit Kompositionen den weiteren Lebensunterhalt zu bestreiten, war eine Illusion, gefragt war allein der Pianist, der eigentlich keiner sein wollte! Und so begann Rachmaninow mit 40 Jahren eine dritte Karriere.
Im Alter der »midlife crisis« wurde das zweite Leben des »Mr. Rachmaninow« das erfolgreichere! Es sah die ausverkauften Säle, begründete den Ruhm des »Königs der Pianisten«, und der Hörer staunt heute noch über die auf Schallplatten festgehaltene technische Perfektion[1)] dieses Mannes. Sein Repertoire ist – verglichen mit dem heutiger Pianisten – relativ begrenzt, in Klein- wie in Großform mustergültig interpretiert, romantisch und lyrisch – aber ausgewogen und distanziert. Kein Virtuosentum mit willkürlichen Freiheiten, zumindest in den zwanziger Jahren, vielmehr nobel, straff im Tempo, zurückhaltend im Rubato, der »Berufskrankheit« so vieler damaliger Pianisten. Jede Werkdarbietung wirkt heute noch intellektuell beherrscht, durchdacht, gerafft, mit einer fabelhaften manuellen Technik ausgestattet, ohne dass diese in den Vordergrund tritt: Rachmaninow strahlt hier eine künstlerische Autorität aus, die er bei manchen seiner Kompositionen vermissen lässt!
Sicherlich, er hatte als junger Mann eine ausgezeichnete Schulung erhalten, seine Staatsprüfung mit Ehrendiplom abgelegt, aber dies war 1917 schon über 20 Jahre her! Dazwischen lagen die Zeiten des Komponierens und Dirigierens. Ans Klavier hatte er sich meistens nur gesetzt, um eigene Werke aufzuführen oder Begleiterfunktionen bei Lieder- oder Kammermusikabenden zu übernehmen. Jetzt, im Winter 1917/18, mussten ein Repertoire einstudiert, Klavierabende vorbereitet werden.
Daher verschiebt er erst einmal die geplanten Konzerte in Schweden und reist mit der Familie am 29.12.1917 weiter nach Dänemark, wo er mit Hilfe der Verwandten Nicolas von Struves – der treue Freund hatte mit ihm das Land und seinen Posten beim Russischen Musikverlag verlassen – in Kopenhagen eine Parterrewohnung fand, in der er nun mit gewohnter Perfektion an den Aufbau einer neuen Karriere gehen konnte!
Bereits in den frühen Jahren hatte sich das mütterliche Erbe – Disziplin und Genauigkeit – trotz aller Depressions- und Melancholiestörungen immer wieder bei Rachmaninow bemerkbar gemacht. Gerade in den Sommermonaten hatte er sich bei seinen Aufenthalten auf den verschiedenen Landgütern um einen geregelten Tagesablauf be-

müht, um auch dem Pianisten in ihm Genugtuung zu leisten. Jelena Kreutzer-Shukowskaja, eine seiner uns schon bekannten Schülerinnen, berichtete in ihren Erinnerungen[2)] nicht nur über den Tagesrhythmus des Komponisten, sondern auch des Pianisten Rachmaninow während dieser Monate:

Am Morgen übt er regelmäßig von 9 bis 11 Uhr Klavier. Er beginnt dabei stets mit technischen Grundübungen: Tonleitern in allen Varianten – Doppelterzen, Sexten, Oktaven sowie verschiedenen Akkordübungen in Arpeggien und anderen Kombinationen. Stets beginnt er diese Übungen in einem sehr langsamen Grundtempo und steigert dieses bis zur höchsten Schnelligkeit. Danach folgen verschieden Übungsetüden, die dann mit den Chopin-Etüden enden. Zu seinen täglichen Übungen gehören dabei die Etüden in Doppelterzen, Sexten und Oktaven. (op. 25, No. 6, 8, 10 – E. R.) *Am Ende des technischen Programms steht immer die c-Moll-Etüde* (op. 25, 12 – E. R.). *Auch die Etüden Chopins spielt er immer zuerst in einem extrem langsamen Tempo, um dann im Presto zu enden …*[2)]

Aber im Exil musste nicht nur die pianistische Arbeit organisiert werden, auch der Familienhaushalt und die Versorgung der Töchter incl. Schulbesuch waren mit dem Übungsplan zu koordinieren und erforderten Rachmaninows Tatkraft, wenn auch noch die Mutter und Ehefrau mal kurzfristig ausfiel! Die Zeiten der Dienstboten und »hilfreichen Geister« der »russischen Tage« waren vorbei.
Aber alles gelingt wider Erwarten gut, und so kann er am 15. Februar 1918 in Kopenhagen sein erstes Konzert als »Emigrant« geben. Zusammen mit den Kopenhagener Sinfonikern spielte er unter der Stabführung von Høberg sein 2. Klavierkonzert. Am 22. des Monats gab er einen Klavierabend mit eigenen Werken. Ab dem 12. März konnte er auch den verschobenen Konzertverpflichtungen in Schweden nachkommen. Auf dem Programm standen: Franz Liszts 1. Klavierkonzert in Es-Dur, Peter Tschaikowskijs Konzert No. 1 in b-Moll op. 23 sowie sein eigenes 2. Klavierkonzert in c-Moll op. 18, die den Grundstock seines Repertoires in den letzten vier, fünf Jahren in Russland gebildet hatten. Hinzu kam noch der Soloabend mit ausschließlich eigenen Werken.
Die Einnahmen der inzwischen auf 12 Konzerte angewachsenen Verpflichtungen versetzten die Rachmaninows zuerst einmal in die Lage, ihren Lebensunterhalt selbst zu gestalten, ja sogar Verpflichtungen

aus den beiden vorangegangenen ›Übungsmonaten‹ zu tilgen. Presse und Publikum reagierten freundlich auf den Pianisten, aber nicht enthusiastisch wie in Russland vor Kriegsbeginn.

Rachmaninow hätte zufrieden sein können, wenn nicht die Gesamtlage für die Familie schlecht gestanden wäre! Folgendes war zu überlegen:

1. Fast ganz Europa befand sich im Kriegszustand und schied damit als Konzertort aus!
2. In Russland tobte die Revolution, verbunden mit Bürgerkrieg! Weder für Leib noch Leben, auch seiner Familie, schien eine Rückkehr geraten, zumal die berufliche Situation als freischaffender Komponist unhaltbar war.
3. Der neutrale skandinavische Raum, also die Staaten Dänemark, Schweden und Norwegen, waren zwar ›sichere‹ Länder für die Rachmaninows, aber flächenmäßig zu klein, um dort eine geregelte und vor allem häufige Konzerttätigkeit zu entfalten.

Was also tun? Rachmaninow sah nur einen Ausweg: Amerika! Die Erinnerungen an dieses Land waren nicht die besten. Rufen wir uns noch einmal seine Amerikatournee 1909/10 sowie die negativen Feedbacks sowohl bei Rachmaninow selbst als auch bei der dortigen Presse ins Gedächtnis zurück! Nach seiner Rückkehr wollte er diesen Kontinent nicht noch einmal besuchen! Damals war er noch ein Erbadeliger, Komponist und Dirigent in Moskau mit genügenden Konzertangeboten, der sich ab und zu mal den Luxus einer Auslandstournee zur »Rufverbesserung« erlaubte, aber jedes Mal zurückkehren konnte. Da waren eventuelle Enttäuschungen rasch zu verkraften! Jetzt aber hieß es, sich auf Gedeih und Verderben dem amerikanischen Konzertbetrieb auszuliefern. Andererseits lockten den kühlen Rationalisten und intellektuellen Geschäftsmann in ihm der ungeheure Wirtschaftsraum, die intakte Ökonomie sowie die künstlerischen Herausforderungen, die die nord- und südamerikanischen Kontinente ihm bieten konnten, zumal Gesamteuropa auch nach Beendigung des Krieges auf längere Sicht nicht den ökonomisch-kulturellen Rahmen für Konzerte würde abgeben können! Wieder musste der alte Mentor und Freund Modest Altschuler helfen. In einem Brief vom 12. Januar 1918 teilte Rachmaninow ihm mit, dass er seit dem Herbst 1917 bereits die Absicht habe nach Amerika zu reisen, aber der Warnung des amerikanischen Konsuls in Kopenhagen eingedenk, dass Amerika mit seinem Kriegseintritt nun andere Sorgen habe, lasse ihn von diesem Schritt noch zurückweichen.

Wie schon 1909 kümmerte sich der Propagandist Rachmaninowscher Musik sofort um den Freund, und bereits am 26. März 1918 lagen die ersten Angebote für den Pianisten Rachmaninow aus Amerika für die Saison 1918/19 vor! Beginn der Konzertreihe: Dezember 1918!

Damit war es für die Rachmaninows nach einem Jahr Aufenthalt in Schweden und Dänemark so weit! Wie viele Russen vor ihnen ergriffen auch sie die Gelegenheit und folgten dem Ruf in »das Land der unbegrenzten Möglichkeiten«. Freilich, Rachmaninow lagen auch Dirigatangebote für Amerika vor – die Chefposten bei den Orchestern von Cincinnati und Boston standen zur Debatte –, aber schon frühere Engagements im Ausland hatten bewiesen, dass dies auf Dauer nicht gutgehen konnte. Damit ließe sich nicht seriös planen, denn sein Dirigentenrepertoire war für solche Aufgaben zu dünn: meist russische Avantgardemusik, Werke von Tschaikowskij und der russischen Romantik, Richard Strauss sowie von Mozart, Mendelssohn, Hector Berlioz, aber keine sinfonische ›Giganten‹, z. B. die Sinfonien von Ludwig van Beethoven oder Johannes Brahms. Für die geplante Mammuttournee, 110 (!) Konzerte in 30 Wochen, mit den Bostoner Sinfonikern – dem Orchester, mit dem ihn seit seiner ersten Amerikatournee eine enge Freundschaft verband – eine zu geringe Repertoiredecke. Und so entschloss er sich, *nur* als Pianist nach Amerika zu gehen.

Das Angebot des New Yorker Metropolitan-Konzertbüros für 25 Klavierabende war zwar ebenfalls ein schwer zu realisierendes Angebot, zumal Rachmaninow auch wusste, was noch heute gilt: Ohne »Klassiker«, ohne Werke der klassischen und romantischen Komponisten, lässt sich kein Klavierabend gestalten, ein Abend ausschließlich mit Eigenkompositionen schon gar nicht! Aber bei Soloauftritten gab es keine Sprachprobleme, hier konnte der Pianist allein und für sich arbeiten, war die Organisation der Veranstaltungen überschaubar!

Unverzüglich teilte er daher Altschuler seine Bedingungen für mögliche Soloabende mit:

1. Er möchte nur auf einem Instrument der Firma Steinway spielen.
2. Für Klavierkonzerte seien die Bostoner und Chikagoer Sinfoniker seine Lieblingsorchester, denen er selbstverständlich auch für Konzerttourneen zur Verfügung stünde.
3. Wenn er an einem Abend zwei Klavierkonzerte spielen sollte, dann

eins von seinen eigenen Kompositionen in Verbindung mit einem großen Klavierkonzert der Romantik.

4. Hierfür verlange er 600 Dollar Abendgage, das seien nur 100 Dollar mehr als 1909.
5. Soloabende schlügen mit 900 Dollar zu Buche, ein Rabatt bei einer Serie von Veranstaltungen möglich!
6. Für die Konzertreisen müssten zudem die Zugfahrt 1. Klasse, ein eigener Klavierstimmer sowie ein Assistent für organisatorische Aufgaben zusätzlich zum Honorar gestellt werden!

Wir staunen! Aus dem Idealisten und Bohemien der Jugendjahre, dem großzügigen Erbadeligen der Vorkriegszeit wurde ein kühl kalkulierender und sorgfältig planender Geschäftsmann! Und so verwundert es auch nicht, dass er Altschuler im gleichen Brief auch noch nach den Lebenshaltungskosten in Amerika fragte. Not macht eben erfinderisch, und jetzt war in diesen Dingen kühle Buchhaltung angesagt, bei denen in früheren Tagen eine gewisse Lässigkeit herrschte. Das Unternehmen ›Amerika‹ wurde, basierend auf den Erfahrungen der früheren Tournee, generalstabsmäßig vorbereitet:
Am 1. November 1918 bestieg er mit den notwendigen Einreisepapieren sowie seiner Familie den Dampfer »Bergensfjord« in Oslo zur Überfahrt – nicht ohne Bedenken übrigens, denn noch herrschte der »uneingeschränkte« U-Boot-Krieg der deutschen Marine, welcher eine Fahrt über den Atlantik 10 Tage vor dem Waffenstillstand nicht ungefährlich machte, auch nicht für neutrale Schiffe! Aber die Rachmaninows hatten Glück, doppeltes, muss man hinzufügen, da auch beim Abschied von Europa die alten ›Seilschaften‹ noch einmal funktionierten. Der Schatzmeister des »Silotifonds«, in dem Rachmaninow in den ersten Kriegsjahren »Ehrenmitglied« gewesen war und große Summen seiner Konzerthonorare für die notleidenden Künstler eingezahlt hatte, der Bankier Alexander Kamenka, hatte sich ebenfalls ins neutrale Skandinavien retten können und dabei noch größere Geldsummen aus dem zusammengebrochenen Russland transferiert. Vor Auslaufen des Schiffes steckte dieser nun Rachmaninow soviel Bargeld zu, dass letzterer in Amerika nichts überstürzen musste und seine Engagements sorgfältig planen konnte!
Am 10. November 1918 traf er an Bord des norwegischen Schiffes in New York ein. Die folgenden vier Jahre bezog er mit seiner Familie Quartier in New York City – und das Erstaunliche gelang. Die zweite

New York – die Skyline von Manhattan begrüßte die Emigranten aus Europa 1918
(Archiv: P. Kotsch)

Karriere klappte auf Anhieb und eröffnete ihm eine gesicherte und unabhängige Lebensführung. Allerdings blieb er in diesem Lande bis zu seinem Tode ein Fremder. Wie alle Emigranten war er trotz aller Realistik tief in seinem Herzen der Meinung, die Bolschewisten würden in Russland nicht lange am Ruder bleiben, die Emigration nur von kurzer Dauer sein. Selten lagen »Propheten« so falsch in ihren Voraussagungen! Rachmaninow erlernte bis zu seinem Tode die englische Sprache nur unvollkommen, las die englische Literatur nur in russischer Übersetzung, mied aus Mangel an Sprachkenntnissen die amerikanischen Theater, und der »Broadway« mit seinem für Amerika typischen »showbusiness« lockte ihn ebensowenig. Sogar in der persönlichen Musikvorliebe blieb er an den heimatlichen Leitbildern ausgerichtet.[3)]
Liest man in den von Oskar von Riesemann herausgegebenen »Erinnerungen« Rachmaninows nach, so spricht er, der mit den großen Pianistenkollegen Josef Hofmann und Josef Lhévinne regen Kontakt hatte, nur von Anton Rubinstein als Pianisten, der ihn immer am tiefsten beeindruckt habe. Besonders die berühmten »Historischen Konzerte« an sieben Abenden im Januar/Februar 1886 in Moskau, in denen Rubinstein sein Repertoire von Bach bis Liszt vorgestellt hatte, wurden zum Leitfaden Rachmaninowscher Klavierkunst:

Daran habe ich die wundervollsten Erinnerungen, die mit keiner meiner anderen Erfahrungen verglichen werden können. Es war nicht so sehr seine Technik, die einen gefangen nahm, als vielmehr die profunde, ungeheuer geistreiche Musikalität, die aus jeder Note und jedem Takt sprach, die er spielte, und ihn als einzigartigen und unvergleichlichen Pianisten auf der ganzen Welt auswies. Natürlich vermisste ich keine Note und erinnere mich, wie tief ich von seiner Interpretation der »Appassionata« oder Chopins »b-Moll-Sonate« beeindruckt war. Einmal wiederholte er das ganze Finale der b-Moll-Sonate, vielleicht, weil ihm das kurze Crescendo am Ende nicht so geglückt war, wie er es wollte. Man hörte ihm wie in Trance zu, konnte Ton für Ton immer wieder hören, so unvergleichlich war die Tonschönheit, die sein gefühlvoller Anschlag den Tasten entlockte. Niemals habe ich das Virtuosenwerk, Balakirews »Islamei«, so gehört wie von Rubinstein; und seine Interpretation von Schumanns »Der Vogel als Prophet« war unnachahmlich in ihrer poetischen Raffinesse: Es wäre ein hoffnungsloses Unterfangen, das Diminuendo des Pianissimo am Ende beim »Wegflattern des kleinen Vogels« zu beschreiben. Unnachahmlich ebenfalls das »Seelengeflirr« in den »Kreisleriana«! Die letzte Passage (g-Moll) habe ich niemals von jemand anderem in solcher Art interpretiert gehört. Eines von Rubinsteins größten Geheimnissen war der Einsatz des Pedals. »Das Pedal ist die Seele des Klaviers«, sagte Rubinstein, »kein Pianist sollte dies jemals vergessen.«[4)]

Wir sehen, wie tief einerseits Rachmaninow der Tradition verhaftet war und blieb, andererseits wie interessiert, wie analytisch scharf der Komponist Rachmaninow sich mit interpretatorischen Fragen klassischer Werke schon in frühen Jahren befasst hatte und wie gut er sich später noch daran erinnerte.
Unter den ersten Gästen und Freunden, die sich bei den Rachmaninows im »Sherry Netherland Hotel«, Ecke 29th und 5th Avenue, in New York einfanden, waren gleich zu Beginn die für Rachmaninow und seine Karriere wichtigen Leute. Als erste wäre da Miss Dagmar Rybner zu nennen, Tochter eines Professors der Musikwissenschaft an der Columbia University und selbst Musikerin. Sie übernahm für einige Jahre die Aufgabe einer Privatsekretärin. Den Ausschlag gab aber sicherlich Josef Hofmann, der Rachmaninow sofort mit den führenden Konzertmanagern der USA in Verbindung brachte. Rachmaninow entschied sich für Charles Ellis, den er schon aus den Offerten für den Dirigentenposten bei den Bostoner Sinfonikern kannte. Während seiner ganzen Amerikazeit wird er von dessen Büro betreut werden. Sicher-

lich kam Rachmaninow dabei seine »Charakterschwäche« zugute, sich immer älteren, und vor allem sehr bestimmt auftretenden Personen unterzuordnen. So übernahm Charles Ellis in der Pianistenkarriere die Rolle, die Tschaikowskij im kompositorischen oder Swerjew im allgemeinen Ausbildungsbereich gespielt hatten. Wir können nicht ermitteln, wie im einzelnen die Gespräche zwischen dem Manager – der bis zu dessen Ausscheiden in die politische Laufbahn immerhin Ignaz Paderewski (1860–1941) betreut hatte – und Rachmaninow verlaufen sind, aber wir haben ein Gespräch vielleicht ähnlicher Art überliefert, das der junge Arthur Rubinstein anlässlich seiner ersten Amerikatournee 1906 mit Ellis geführt hatte:

Musikalisches Interesse hat hierzulande eigentlich nur die Bevölkerung von New York, und die wiederum interessiert sich fast ausschließlich für die Metropolitan Opera mit ihren hochbezahlten Sängern und Dirigenten. Mit Ausnahme von Boston schließen sich in Dingen der Kunst alle übrigen Städte New York an. Das Konzertleben wird bei uns durch Werbung bestimmt mit dem traurigen Ergebnis, dass weniger das Musikverständnis als die reine Sensationslust gefördert wird. Pianisten, das sehen Sie an Ihrem eigenen Fall, werden von Klavierfabrikanten hergeholt, um für ihre Produkte zu werben.[5)]

Nun, letzteres lag ganz im Sinne Rachmaninows, wie wir aus seinen Vorschlägen an Altschuler schon wissen.
Wie aber sah sein Repertoire für den Amerikastart aus? Blättern wir noch einmal in den Programmen der Konzerte in Schweden und Dänemark: Am 15. Februar 1918 spielte er in Kopenhagen sein zweites Klavierkonzert, am 22. des gleichen Monats gab er einen Klavierabend mit eigenen Werken. Am 12. März 1918 führte er wiederum sein zweites Konzert und Liszts erstes, am 14. März Tschaikowskijs erstes auf. Diese Werke bildeten den Grundstock des Repertoires für die restlichen Konzerte in Malmö, Oslo und Kopenhagen. Im September 1918 finden wir dann die ersten »Klassiker« in seinen Solorecitals.
Anlässlich der Klavierabende in Lund und Malmö stoßen wir auf ein Programm mit Werken Mozarts, Schuberts, Beethovens und Chopins. Zwischen dem 18. September und 18. Oktober 1918 bestritt Rachmaninow 14 Soloabende mit diesem Programm; bei allen reagierten die Kritiker positiv!

Für die Konzerte in Amerika kamen aber noch zwei Faktoren hinzu, die er als Künstler berücksichtigen musste:

1. Die Interpretation ist wesentlich wichtiger als der Wert der Komposition, d. h. es gibt keine Debatten über das »Wie« und »Warum« innerhalb einer Komposition, sondern nur über das »Wie« der Realisierung! Man geht ins Konzert, um bekannte Werke anerkannter, meist klassisch-romantischer Komponisten in einer »mustergültigen« Wiedergabe zu hören, nicht um sich auf inhaltliche Expeditionen einzulassen! Das Scheitern Prokofjews, der diese Regeln nicht beachtete, kennen wir schon.

2. Jeder Künstler in Amerika ist gut beraten, dem Publikum durch Bearbeitung einer populären Melodie seine Referenz zu erweisen. Auch darin folgte Rachmaninow dem Vorschlag von Ellis: Für die 36 Konzerte – incl. dreier Wohltätigkeitskonzerte – hatte er drei verschiedene Programme vorbereitet, von denen nur eins rein russische Musikwerke enthielt:

Variationen über ein Thema von Frédéric Chopin op. 22 6 Etudes tableaux aus op. 33 und op. 39	Sergej Rachmaninow
2. Klaviersonate op. 19 Etüden aus op. 42	Alexander Skrjabin
Klavierwerke op. 7 Klavierwerke op. 20 Klavierwerke op. 26	Nikolaj Medtner

Hinzu kamen noch die eigenen Klavierkonzerte No. 1 u. 2, die Rachmaninow selbst mit den Dirigenten Stokowski, Damrosch und Altschuler im Januar 1919 spielte.
Das zweite Programm war ein »Salonprogramm«, d. h. lockere ›Gefälligkeitskompositionen‹ von Scarlatti oder Godowsky, sowie die Bearbeitung der Walzer von Johann Strauß durch den Virtuosen Tausig und die 2. und 12. Ungarischen Rhapsodie von Franz Liszt.
Für sein »Debüt« in Providence, Rhodes-Island, am 8.12.1918, mit dem er die Saison, die bis zum 27.4.1919 dauern sollte, eröffnete,

wählte er ein klassisch-anspruchsvolles Programm, das auch die gefürchtete Kritikergilde befriedigen konnte:

»Star Spangled Banner«-Transkription	Sergej Rachmaninow
Klaviersonate A-Dur KV 331	Wolfgang Amadeus Mozart
Klaviersonate D-Dur op. 10/3 32 Variationen c-Moll	Ludwig van Beethoven
Nocturnes Walzer Polonaisen	Frédéric Chopin

Rachmaninows Rechnung ging auf. Sowohl Kritik als auch Publikum reagierten positiv. So schrieb der *Boston Evening Transcript* am 16.12.1918:

Keine eindrucksvollere Persönlichkeit als Mr. Rachmaninoff hat in den zurückliegenden Jahren die Bühne der Symphony Hall betreten … Offensichtlich ruht Mr. Rachmaninoff in sich selbst, trägt keine oberflächlichen Stimmungen oder Emotionen zur Schau, zieht keine Show fürs Publikum ab, schließt sich selbst von der Außenwelt ab … Mit den Händen, mit dem Körper produziert er keinen Trick physischer und psychischer Zurschaustellung. Er sitzt da, gänzlich in seine Aufgabe vertieft, völlig konzentriert. Das Werk endet, mit ernster Höflichkeit begegnet Mr. Rachmaninoff dem Beifall, mit welchem ihn das Publikum überhäuft. Diesen versucht er weder zu bestärken, noch zu verlängern … Ehrlich und gutwillig erfüllt er jede Verpflichtung seinen Zuhörern gegenüber – und verschwindet.[6)]

Gerade dieses Verhalten lag dem amerikanischen Publikum sehr am Herzen! War für den alten russischen Landadel, so auch für Sergejs Großvater Arkadij, Musik ein angenehmer, aber aktiver Zeitvertreib des politisch bedeutungslosen Mittelstandes, so ist Kunst in Amerika ein Dienstleistungsbetrieb, in dem das zahlende Publikum der König, der Künstler aber derjenige ist, der ihnen Entspannung und Vergnügen bereiten soll!

Boston – Park-Street-Church, 1809 nach europäischen Vorbildern erbaut
(Archiv: P. Kotsch)

Ganz anders sah die Situation in New York aus, wo Rachmaninow am 21.12.1918 sein »Debüt« gab. Hier musste er nun die intellektuelle Feuertaufe bestehen, saß doch niemand anders als J. Gibbons Huneker, der ›amerikanische Hanslick‹ und Freund George Bernard Shaws, mit dem er auch eine gefürchtete Feder gemeinsam hatte, im Konzert. Seine Kritiken entschieden über Aufstieg und Fall einer Künstlerexistenz, und so wartete das kunstinteressierte Publikum gespannt auf eine neue Philippika! Keine Werke von Liszt, Chopin, MacDowell im Programm, die erklärten Favoriten des Kritikerzaren, keine Werke von Richard Strauss, Johannes Brahms, Richard Wagner oder Claude Debussy, für die doch Huneker so intensiv eintrat, das konnte nicht gut gehen! – Aber es ging gut!!

Ältere Konzertbesucher wurden an die Konzerte von Bülows erinnert. Dasselbe kalte, weiße Licht der Analyse, der präzise Anschlag, die klar strukturierten Rhythmen, das intellektuelle Begreifen des Themenmaterials sowie das sichere Gespür für die Bedeutung einzelner Motivbau-

steine verkünden, dass Rachmaninoff ein rationaler, kein emotionaler Künstler ist. Nicht einmal Woodrow Wilson höchstpersönlich hätte die akademische Balance so leidenschaftslos halten können. Selbst der staccato Princeton-Touch fehlte nicht.[7)]

Der Durchbruch war geschafft – Huneker bestätigte Rachmaninow den Status eines seriösen Interpreten. Wie wichtig dies war, zeigte sich bereits vier Monate später, am 14. April 1919!
Neben guter Werbung und Kritiken war nämlich noch ein drittes Standbein für eine Künstlerkarriere in Amerika bedeutend: die Mitwirkung an ›Wohltätigkeitskonzerten‹ für karitative Zwecke. Für Rachmaninow eigentlich nichts Neues. Mit der Teilnahme an solchen Konzerten hatte er nach seiner Konservatoriumszeit ab 1892 in Russland schon versucht, seine Popularität zu steigern und in den Kriegsjahren 1914–1917 die Not der Künstler und Soldaten zu lindern! Neu allerdings war der amerikanische Modus! Hier wurden Interpreten meistbietend an das Publikum »versteigert«, d. h. jeder Konzertbesucher bot für einen Künstler Geld und der meistbietende durfte sich dann ein Werk, gesungen oder gespielt, von diesem wünschen. Der Effekt war dabei zweierlei: einerseits deckte der Staat dringend notwendige Ausgaben, 1919 z. B. die Kriegsanleihen, andererseits aber sah der Musiker auch seinen Marktwert und konnte dann bei den Neuverhandlungen mit Konzertveranstaltern entsprechend reagieren.
Beim Konzert am 14.4.1919 war es zwar noch nicht soweit, aber für Rachmaninow verlief der Auftritt zumindest künstlerisch hochbefriedigend: Zusammen mit dem schon damals weltberühmten Cellisten Pablo Casals führte er seine Cellosonate op. 19 auf. Die Nagelprobe kam beim Wohltätigkeitskonzert am 27. des gleichen Monats, offiziell als Konzert zugunsten der Siegesanleihe deklariert. Im Hauptprogramm traten als »Zugnummern« Jascha Heifetz, seines Zeichens damals der »König der Geiger« sowie in seiner kühl-rationalen Darbietung Rachmaninow wesensverwandt – George Bernard Shaw soll ihn gebeten haben, doch wenigstens vor dem Schlafengehen einen (!) falschen Ton zu spielen – und Rachmaninow als neues »Pianistentalent« auf. Letzterer wählte geschickt gedanklich leicht verdauliche Virtuosenkost: seine Transkription des »Star Spangeled Banner« sowie die 2. Ungarische Rhapsodie mit eigener Kadenz von Franz Liszt. Die von beiden Interpreten erklatschten Zugaben sollten am Ende des Konzertes versteigert werden! Heifetz' »Ave Maria«-Version brachte

schon mehrere hunderttausend Dollar, Rachmaninow wagte kaum, als »Nobody« mit seinem cis-Moll-Prélude an eine ähnliche Summe zu denken! Aber es wurde viel mehr! Die Firma »Ampico« – spezialisiert auf Pianolas, mechanische Klaviere auf Walzenbasis – ersteigerte die Zugabe für 1.000.000 Dollar! Die Sensation war perfekt, Rachmaninows Name in aller Munde! Dabei war die »Versteigerung« nichts weiter als ein genialer »Public-Relation-Trick« der Firma Charles Fuller Stoddard's Ampico Company. Einige Tage vor diesem Konzert hatte nämlich Rachmaninow mit dieser Firma einen Vertrag für einige kleinere Kompositionen von ihm abgeschlossen, die auf Wachs- und Papierwalzen für die Pianolas eingespielt werden sollten. Wen wundert's, dass nach diesem Konzert die Walzen mit der »Polka de W. R.« (1911) sowie dem Prélude g-Moll op. 23/5 und dem Prélude cis-Moll op. 3/2 wahre Kassenschlager wurden und die Investitionssumme rasch wieder einspielten? Bis 1929, zehn Jahre lang, wird der Vertrag mit dieser Firma Rachmaninow regelmäßige, fest kalkulierbare Einnahmen bescheren, die in seiner Finanzkalkulation eine gewichtige Rolle spielten.

Der Erfolg trug aber noch weitere Früchte: vom 18. bis 23. April spielte er seine ersten Schallplatten bei der Thomas Edison Company ein: in Schellack gepresst, erklingen der »Grande Valse« in As-Dur op. 42 von Frédéric Chopin, der Variationssatz – 1. Satz der Sonate in A-Dur KV 331 – von Wolfgang Amadeus Mozart, seine eigene Kadenz zur 2. Ungarischen Rhapsodie von Franz Liszt sowie eine Auswahl kleinerer Eigenkompositionen: die »Polka de W. R.«, das Prélude in cis-Moll op. 3/2 und die Barcarole in g-Moll aus *Morceaux de Salon pour Piano* op. 10. Abgeschlossen wurde die erste Plattenreihe noch durch die Aufnahme einer Scarlatti-Sonate in der Bearbeitung des Virtuosen Tausig! Der aufmerksame Leser wird sofort anmerken: Halt, das sind doch alles Werke aus den laufenden Konzertprogrammen! Richtig! Somit bewies Rachmaninow wieder einmal seinen neuerworbenen Geschäftssinn. Fast bei allen Plattenaufnahmen – die »Großwerke« einmal abgesehen – wird er von nun an darauf achten, dass die Schallplattenproduktionen als flankierende Werbemaßnahmen rechtzeitig vor und während der einzelnen Tourneen auf den Markt kommen.

Ein Anfang war gemacht, die Basis für weitere Erfolge gesichert, als die Saison mit diesem Wohltätigkeitskonzert zu Ende war. Aber, so fragt man sich unwillkürlich, was war eigentlich geschehen? Hatte man ihn in Russland in all den Jahren verkannt oder er auf das »falsche Pferd« – Komponist und Dirigent – gesetzt? War er doch der Pianist, als den ihn Swerjew und Safonow immer während seiner Studienzeit gesehen hatten? Oder kreierte er jetzt in Amerika, wie Kirena Siloti, die Tochter seines Cousins Alexander Siloti meinte, einen neuen Interpretationsstil: »die Komposition als monumentale, feingemeißelte Skulptur«?[8)]

Blättern wir zur Beantwortung dieser Fragen noch einmal in den Unterlagen zurück! Bereits in den ersten Tagen nach seiner Konservatoriumszeit und während der Proben zum gerade vollendeten *Trio élégiaque* erinnert sich Bukinik, uns als Cellopartner Rachmaninows und scharfsinniger Kritiker schon bestens vertraut, an den »akademischen« Pianisten Rachmaninow:

... Den Schmerz und die Melancholie, die seine Musik ausdrückte, versteckte er in seiner Interpretation vollkommen, als ob er den Menschen nicht sein wahres Gesicht zeigen wollte. Er interpretierte seine Kompositionen ohne Übertreibung, ich würde sogar soweit gehen zu behaupten, er vermied jede emotionale Äußerung, und die romantisch-leidenschaftlichen Momente, an denen seine Musik so reich, unterstrich er als Interpret nicht. Er präsentierte sie als Fremder. Nichts dergleichen stellte ich bei anderen großen Komponisten-Interpreten fest, z. B. bei A. Rubinstein oder A. Skrjabin«[9)]

Drei Jahre später, während der Tournee als Begleiter der Geigerin Teresina Tua, finden wir wieder eine interessante Notiz betreffend Rachmaninows Klavierspiel, diesmal von dem Kritiker und Klavierlehrer A. Jakobs aus Riga, wo Rachmaninow im Winter 1895 zweimal mit der Geigerin konzertierte. Jakobs ist natürlich von den ungeheuren technischen Möglichkeiten des Pianisten beeindruckt, ebenso von seiner Musikalität! Aber die sinfonische Interpretation, d. h. das Klavier als Orchesterersatz zu »missbrauchen«, missfällt dem Letten ebenso wie die starken dynamischen Kontraste:

Der Pianist verschmäht aus irgendeinem Grunde die allmählichen Übergänge und sucht Effekte im scharfen »fortissimo«, welches unmittelbar auf ein höchst zartes »pianissimo« folgt.[10)]

Zugleich wirkte für Jakobs das »staccato-legato«-Spiel – wohl eher als vorklassisches »portamento«-Spiel zu bezeichnen, d. h. die aufeinander folgenden Noten nicht streng aneinander zu binden, sondern leicht, fast unhörbar voneinander abzusetzen – störend. Gerade bei Melodieführungstönen, besonders in der Mittellage aber, wirkt dieser Anschlag sehr eminent und klar strukturiert.[11)]
Als Arthur Rubinstein Rachmaninow als Pianisten hörte, kam er zehn Jahre später zu einem ganz anderen Ergebnis:

Spielte Rachmaninow seine eigenen Kompositionen, war er unübertrefflich. Hörte man ihn seine Konzerte spielen, war man überzeugt, niemals sei Großartigeres komponiert worden; wurden sie von anderen Pianisten gespielt, erwiesen sie sich als das, was sie in Wahrheit sind: brillante Stücke von orientalischer Schwüle, beim Publikum ungeheuer beliebt.[12)]

Auch Nicolas Nabokov empfand noch in den letzten Jahren in Russland Rachmaninows Spiel als intellektuell-rational:

Rachmaninoff spielt die Stücke mit Präzision, Sorgfalt und betont sachlich.[13)]

Ganz anders schildert der Kammermusiker und Liedbegleiter Hubert Giesen Rachmaninows Klavierspiel, als er ihn 16 Jahre nach Nabokov bei einem Konzert in der Juilliard School in New York/USA hörte:

... Dann aber hörten wir von ihm die b-Moll-Sonate von Chopin, wie ich sie nie gehört habe und nie wieder hören werde, nicht einmal von Horowitz, dessen Interpretation ich kannte und bewunderte. Den Trauermarsch dieser Sonate kann ich nicht vergessen. Hier zeigte sich, dass Rachmaninow ein schöpferischer Interpret war. Er begann den Marsch im zartesten Pianissimo, als höre man Soldaten aus weiter Ferne langsam näherkommen und steigerte ihn dann bis zum brüllenden Fortissimo. Plötzlich brach er ab und ließ im zarten Silberklang das versöhnende Trio ertönen, nahm dann wieder, jetzt dröhnend, das erste Thema auf, den Marsch, um ihn diesmal zarter und zarter in der Ferne verklingen zu lassen. So habe ich dieses Stück nie wieder gehört. Es war eigenartig und, wenn man will, eigenwillig, nicht so von Chopin vorgeschrieben, doch von überwältigender Wirkung. Der letzte Satz zog in ei-

nem beängstigenden Tempo, wie ein Hauch, wie ein verblassender Wind vorüber und war aus, ehe man zu atmen wagte ...[14)]

Dies mag genügen! Gerade, wenn wir den Bogen zu Rachmaninows eigenen Erinnerungen an die Konzerte von Anton Rubinstein und dessen Darbietung der b-Moll-Sonate von Frédéric Chopin zurückschlagen, so wird uns rasch klar, dass Kirena Siloti mit ihrer Behauptung eines *neuen* Rachmaninow-Stils Unrecht hatte, nur die Hörgewohnheiten und Interpretationsvorstellungen bei Publikum und Kritiker hatten sich geändert. Rachmaninow sah sich als »Mittler«, als »Sachverwalter« eines Textes, den er – ob es ein fremder oder eigener war – einem Publikum vermitteln, erklären, darlegen musste, ganz im Sinne der Bedeutungsebene des lateinischen Wortes interpretari! Dabei sind die vier Parameter der Musik: Rhythmus, Melodie, Tempo und Dynamik als absolut und unveränderlich einzustufen! Zumindest galt dies für Rachmaninow bis weit in die 30iger Jahre. Schon in seiner Zeit als Dirigent am Bolschoj-Theater hatte er sich, wie wir gesehen haben, über die landläufigen Tempoansichten seiner Musikerkollegen mokiert:

Irgendjemand behauptete, dass ebenso wie das Andante als maßvolles Tempo charakteristisch für die deutsche Musik sei, die extremen Tempi Presto und Adagio typisch für die russische seien ... Dort wurden aber für gewöhnlich die langen Tempi noch länger ausgezogen und lebhafte wurden beschleunigt ...[15)]

Rachmaninow hat, zumindest auf den vorliegenden Tonträgeraufnahmen, Tempi nie überzogen oder aus dem Gleichgewicht zueinander gebracht. Vielmehr ist in allen Interpretationen ein Pulsschlag, ein Grundmetrum mit unterschiedlichen Relationen der einzelnen Abfolgen erkennbar, ganz im Sinne der Quantz'schen Theorien aus vorklassischer Zeit. Musik ist eine Möglichkeit sprachlicher Äußerung und wie ein Schauspieler verfährt auch der Pianist. Er kann ein Grundmetrum wählen, ein Sprechtempo, aber immer so, dass der Zusammenhang der Wörter, die Syntax, der Satzbau also, für den Zuhörer erkennbar und nachvollziehbar bleibt. Spricht der Schauspieler zu schnell, vernuschelt er den Satz, der Zuhörer versteht kein Wort mehr! Spricht er den Satz zu langsam, verlieren die Wörter ihren Zusammenhang. Der Sinn, die Semantik des Satzes, gehen verloren. Was aber für einen Satz, für eine sinnvolle Beziehung einzelner Wörter zueinander gilt, trifft logischerweise auch für ein ganzes Theaterstück und ebenso für ein Musikwerk zu.

Tempo und Grundmetrum sind zudem von den technischen Möglichkeiten des Sprechers versus Musikers abhängig. Verfügt er über die notwendigen Voraussetzungen, dann erscheinen selbst extrem gewählte Tempi oder Grundmetren logisch, nicht verhaspelt oder verhudelt. Beides traf bei Rachmaninow seit seiner frühesten Jugend zu: enorme manuelle Fähigkeiten und Fertigkeiten sowie ein anerzogenes strenges Rhythmusgefühl! Nicht ohne Grund begeisterte er sich in Amerika für den Jazz!

Dem spätromantischen Zeitalter mit seinen lyrisch-emotionsbeladenen Interpretationsstilen und subjektiven »Verbesserungen« und »Selbstdarstellungen« – denken wir nur an die »Glättungsversuche« vonseiten Rimskij-Korsakows bei der Instrumentierung der Oper »Boris Godunow« von Modest Mussorgskij oder Paderewskis eigenwillige »Nachschöpfungen« Chopinscher Musik – waren solche absoluten Umsetzungen vorgegebener Notentexte natürlich unverständlich, ja befremdend.

Wenn Bukinik sich wunderte, dass Rachmaninow entweder schneller oder langsamer spielte, als er selbst in seinen Kompositionen angegeben hatte, so konnten die Musiker nur nicht die absoluten Vorgaben der italienischen Tempobezeichnungen zueinander in richtige Relation setzen. Jeder Mensch geht eben anders, schneller oder langsamer = Andante. Entscheidend ist aber doch, in welchem Kontext dieses Andante steht, d. h. wie ist die Relation zu vorausgehenden – oder nachfolgenden Tempo- oder Dynamikbezeichnungen! Presto als »sehr schnelles Laufen«, um bei unserem Vergleich zu bleiben, hat bei einem schnell gehenden Menschen ein anderes Tempo als bei einem, der zuvor langsam geht! Wir sehen, die Diskussion über Dynamik- und Temporelationen hat sich spätestens seit Beethovens Metronom- und Dynamikangaben nicht verändert! So werden wir auch diese Frage beim »Pianisten« Rachmaninow nicht abschließend beantworten können. Anders sieht es dagegen mit der Ausdeutung, mit der semantischen Analyse eines Musikwerkes aus![11]

In diesem Bereich hat der Interpret die Aufgabe, Zusammenhänge, Strukturen und Entwicklungstendenzen innerhalb einer Komposition sichtbar werden zu lassen, getreu dem Faustischen Leitsatz: »Was die Welt im Innersten zusammenhält!«

Seine, sich bereits beim Komponieren eigener Musik gezeigte analytische Fähigkeit, sein »Minimalismus«, d. h. seine Fähigkeit, Motive als kleinste Bausteine musikalischer Gedankengänge zu durch- und beleuchten, erwies sich nun bei der Ausführung fremder Musik als wesentliche Hilfe! Nicht nur Huneker, alle Kritiker lobten in jenen Tagen Rachmaninows Klarheit, seine strukturelle Durchsichtigkeit, seine »akademische Balance«. Dabei gelang es dem Pianisten offensichtlich bis weit in die 30er Jahre, seine eigene Person als Vermittler zurückzunehmen, sich hinter das Werk zu stellen, sogar bei eigenen Kompositionen! Bei letzteren brachte er das Kunststück der »gewollten Schizophrenie«, wie der Autor es bezeichnen möchte, fertig, indem er die »zwei Seelen« in seiner Brust sauber trennte: die des Pianisten und die des Komponisten! Bukinik hatte mit seiner Kritik der unterkühlten Interpretation daher Recht, freilich zum Wohle der Werke des Komponisten, muss man hinzufügen. Wenn Rachmaninow seine eigenen Kompositionen bewusst zurückhaltend aufführte und jede emotionale Verstärkung in seiner Musik vermied, so handelte er richtig! Andernfalls wären diese multipliziert, zumindest verdoppelt worden, was wiederum bei vielen Kompositionen nur noch larmoyant geklungen hätte, eben wirklich »musikalische Jauche« im Sinne des Ausspruches von Richard Strauss! Somit hatte der junge Arthur Rubinstein Recht, wenn er feststellte, dass die Tonschöpfungen Rachmaninows ganz anders und vor allem viel besser klangen, wenn der Komponist sie selbst spielte, als sie von ihrem inhaltlichen Aussagewert waren. Bereits bei seiner 1. Klaviersonate, der »Faustsinfonie ohne Orchester« aus den Dresdner Tagen, hatten wir gelesen, dass das Werk in der Interpretation des Komponisten gegenüber dem Pianisten der Uraufführung, Igumnow, wesentlich gewonnen hatte, was vor allem auf die durchsichtige Stimmführung, das rasche Tempo, den exakt eingehaltenen Rhythmus sowie die freie, rhapsodische Formbehandlung zurückzuführen sei, wie damals Engel in den Moskauer Tagen richtig bemerkte. Bei welchem Komponisten lässt sich so etwas behaupten?
Den Einwand der »Eigenwilligkeit« will der Autor dieses Buches bezüglich der Erinnerungen des Pianisten Hubert Giesen im Hinblick auf die Sonate b-Moll op. 35 von Frédéric Chopin so nicht gelten lassen:

1. In dieser Zeit gab es noch wenige »Urtext«-Ausgaben, d. h. die am Markt befindlichen Noten waren versehen mit »Verbesserungen«,

Hinweisen, wohlmeinenden Erklärungen irgendwelcher Herausgeber. Man vergleiche nur die Paderewskiausgabe der Werke Chopins, die heute keiner kritischen Urtextausgabe mehr standhalten könnte.

2. Viele Darbietungen gingen von gehörten Konventionen aus, d. h. man spielte, sang, dirigierte die Werke so, wie man sie im Ohr hatte, also von anderen mehr oder weniger oft gehört hatte! Dabei vergaß man oft, einen Blick in Manuskript oder Erstdruck einer Komposition zu werfen!
   So auch Rachmaninow zuweilen selbst. Im 3. Scherzo cis-Moll op. 39 von Frédéric Chopin verkürzt er die Viertel im 7. Takt zu einer Achtel mit Achtel-Pause, analog der Orchesterversion Balakirews im Schlusssatz von dessen »Chopin-Suite« von 1910.
3. Rachmaninows Interpretationen fremder Musik glichen somit, bei konsequenter Einhaltung der vier Parameter sowie einer klaren Analyse der grammatikalischen und inhaltlichen Strukturen in den 20er Jahren der Reinigung der Fresken Michelangelos in der »Sixtina« während der 90er Jahre: Die Farben wurden greller, die Konturen schärfer, die Aussage schockierender, nachdem sich die mildernde Patina, der Staub und Dreck der Jahrhunderte verflüchtigt hatten. Die Komposition wird dann wirklich zur »monumentalen, feingemeißelten Skulptur.«[16)]

Auffällig am gewählten Repertoire ist zudem noch die Vorliebe für Werke, die der eigenen kompositorischen Richtung nahe standen und für den Pianisten Rachmaninow am ehesten nachvollziehbar waren, eine »Seelenverwandtschaft« zwischen Interpret und Komponist also realisierbar:

1. Im Repertoire dominieren Werke der freien Musikform, also Balladen, Rhapsodien, Rondo- oder Variationsformen: »Rondo capriccioso« op. 14 von Mendelssohn Bartholdy, »Rondo brillante« von Carl Maria von Weber, die Balladen As-Dur und f-Moll op. 47 und op. 52 von Frédéric Chopin sowie dessen Sonate b-Moll op. 35 und das Scherzo in cis-Moll op. 39.
   Daneben die 2. Ungarische Rhapsodie und die »Spanische Rhapsodie« von Franz Liszt, ebenso dessen »Mephistowalzer«, aber auch die Transkription der berühmten Chaconne aus der 2. Partita für Violine solo (Bach) von Busoni oder Schumanns »Papillons«. Folgerichtig wählte er aus den 32 Klaviersonaten Beethovens die

Werke aus, die sich mit der freieren Behandlung der Form beschäftigten: op. 57/f-Moll (»Appassionata«), op. 27/1 Es-Dur und 2/ cis-Moll (»Mondschein«) oder op. 90/e-Moll. Die großen architektonischen Auseinandersetzungen der vorletzten Sonaten oder die strenge Form der frühen meidet Rachmaninow. Die Klaviersonaten E-Dur op. 109 und c-Moll op. 111 tauchen erst 1938 im Repertoire auf, die Sonaten As-Dur op. 110 und die »Hammerklaviersonate« B-Dur op. 106 fehlen. Ebenso Fugenkompositionen! Aus dem »Wohltemperierten Klavier« von Bach erscheinen zwar die Präludien oft in seinen Programmen, aber nie die Fugen hierzu.

2. Rachmaninow war kein »Buchhalter«, kein Interpret zyklischer Großformen, sondern legte Wert auf ein abwechslungsreiches Programm kleiner und kleinster Musikformen: Préludes, Walzer, »Lieder ohne Worte«, also Ausdrucksmusik, die ihm auf kleinstem Raum eine sorgfältige Auslegung und Ausleuchtung des musikalischen Materials gestattete, ohne dass es das Publikum ermüdete oder der Interpret den gedanklichen Faden verlieren konnte. Wie er als Komponist nie gegen das Publikum komponieren konnte, konnte er als Pianist nie gegen dasselbige spielen!
3. Neben der Variationsstruktur – seit den Moskauer Konservatoriumstagen seine Lieblingsform der musikalischen Aussage – waren dies auch Klavierwerke, die seine bevorzugten Klangmaterialien ebenso verwendeten wie er als Komponist. Zum Beispiel hat die »Dante-Sonate« aus den »Années de Pèlerinage« von Franz Liszt als Kernzelle musikalischen Materials den »Tritonus«, die verminderte Quarte, die Klaviersonate f-Moll op. 57 von Ludwig van Beethoven baut auf dem Moll-Dreiklang in Abwärtsbewegung auf, Bachs Chaconne variiert ein Dreiklangsmotiv über 100 Mal innerhalb der Komposition!

   Damit fiel es dem Interpreten Rachmaninow natürlich leichter, in die Semantik einer Komposition einzudringen und die Botschaft dem Publikum als »ehrlicher Makler« zu vermitteln.

Dieses relativ enggefasste Repertoire, das Beschränken auf wesentliche Aussagen, die mit dem eigenen Gedankengut deckungsgleich waren, hatte jedoch Nachteile: Aus Angst vor Routine, vor mechanischer Wiederholung intellektuell längst abgeschlossener und durchdachter Prozesse suchte er bei jeder Aufführung das Werk neu auszuleuchten, neue Gedanken zu finden, neue Zusammenhänge zu ermitteln, verliert aber unter dem ungeheuren Druck der jährlichen Konzertmarathone langsam den Boden unter den Füßen. Rachmaninow war in seinen letzten Jahren nicht mehr der Vermittler zwischen Komponist und Publikum, wurde zum Nachschöpfer im negativen Sinn, veränderte den Notentext manchmal bis zur Unkenntlichkeit, so dass Nathan Milstein zu Recht von *Transkriptionen* und nicht *Interpretationen* sprach, die Rachmaninow in seinen letzten Lebensjahren dem Publikum bot, was letzteres ihm freilich oft verzieh, war er doch zur lebenden Legende auf der Bühne geworden! Aber vielleicht auch eine Trotzreaktion vonseiten des Künstlers auf einen ungeliebten Zustand? Swerjew, Safonow hatten im jungen Absolventen des Konservatoriums den zukünftigen Pianisten gesehen, er sich selbst als Komponist. Nun, in Amerika schienen erstere Recht zu behalten! Rachmaninow war gezwungen, die schöpferische Kreativität in den Werken anderer Komponisten zu suchen, die er selbst so gerne in seinen Kompositionen gezeigt hätte! Daher die ständige Suche nach Originalität, nach Unverwechselbarkeit, nach Identität in der Aufführung fremder Werke, die dazu führte, dass er immer willkürlicher in Notentexte eingriff, immer »souveräner« Vorschriften missachtete, was wiederum bei seinen Kollegen zu Widerspruch führen musste. Er befand sich in einem Teufelskreis: kompositorisch war er in seinen Etudes tableaux op. 39 bereits in Russland an seine Grenzen gestoßen, neue Konzeptionen konnte er nicht mehr entwickeln! Nun stand er als Interpret am gleichen Scheideweg: er konnte nicht immer aus einem begrenzten Material unentwegt neue Aussagen, neue Bedeutungsebenen kreieren, ohne, um es mit sprachlichen Mitteln zu sagen, neue Wörter zu »erfinden«. Ein neues Repertoire aufzubauen, ging für ihn aber auch nicht, weil er die »neue« Musiksprache erst hätte lernen müssen, wozu ihm die Zeit und auch die Bereitschaft fehlten! Die Depressionen und Unzufriedenheiten der letzten Jahre waren auf diese innere Zwangssituation zurückzuführen!

Hinzu kamen noch die zunehmenden Verfallserscheinungen des Körpers. Diese Tourneen mit 40 bis 70 (!) Konzerten im Jahr forderten auch von Rachmaninows Physis ihren Tribut, wobei letztere nie sehr stabil war. Neuralgische Schmerzen in der Wirbelsäule, Nervenentzündungen und Nervenlähmungen im zweiten bis vierten Halswirbelbereich, die sich in Ausfallerscheinungen der Fingerbeweglichkeit, mit rasenden Kopfschmerzen zeigten, mangelndes Gehvermögen – mitunter musste er in seinen letzten Tagen auf das Podium geführt und gehoben werden – machten für ihn das Konzertieren zur Qual. Hinzu kamen die üblichen Berufskrankheiten: »Überbein« (Gewebewucherungen am Handgelenk), Sehnenscheideentzündungen sowie Druckempfindlichkeit an den Fingerkuppen und Nagelummantelungen, die zu schmerzhaft-blutenden Rissen in der Hautoberfläche führten. Wenn daher der Kritiker der *New York Times*, Olim Downes, 1935 bei einem Konzert von Sergej Rachmaninow von der »Demonstration der Macht des Geistes über die Materie« schrieb, so kann man dies getrost über die meisten Konzerte als Motto setzen! Oft waren sie reine Willenskraft über die physischen Unzulänglichkeiten. Dazu kamen die mangelhaften äußerlichen Rahmenbedingungen der Konzerttourneen, die auch im »Land der unbegrenzten Möglichkeiten« alles andere als ideal waren: Die Konzertbühnen befanden sich oft in Schulen, die weit außerhalb der Innenstädte lagen. Die Akustik war dort erwartungsgemäß schlecht, diese Mehrzweckräume oft unaufgeräumt und schmutzig, häufig mit Ratten und Mäusen als Untermieter in den Hinterzimmern! Manchmal ließ sich nicht einmal ein Stuhl im »Künstlerzimmer« auftreiben, wobei letzteres oft eine Rumpel- oder Abstellkammer hinter der Bühne war! Falls im Winter die Räume gar noch geheizt werden mussten, wurde es für Rachmaninow ganz schlimm: Dann spielte er mit den Heulgeräuschen der Lüftung um die Wette! Aber auch die Veranstalter vor Ort ließen es oft an der nötigen Umsicht mangeln: Selbst eine Tasse Kaffee oder Tee für den Pianisten konnte da zum großen Problem werden! Dazu die Reisestrapazen mit immer dem gleichen Ritual: Sofort nach dem Konzert Abreise mit dem Nachtzug, am Morgen Ankunft in der neuen Stadt, Frühstück im Hotel, drei Stunden Üben – wie einst auf den Landgütern in Russland – Spaziergang und Mittagessen, dann wieder drei Stunden Üben, Behandlung der angegriffenen Hände, abends Konzert und die Wiederholung: Abfahrt …

Der Sommer 1919 gehörte der Familie und dem Repertoirestudium, schließlich hatte Ellis für die neue Saison 69 (!) Konzerte geplant, 42 Klavierabende und 27 Klavierkonzerte, da musste die dünne Repertoiredecke ziemlich ausgepolstert werden.

War die erste Saison für den Pianisten Rachmaninow also erfolgreich, ja fast triumphal verlaufen, so galt dies nicht für den Komponisten. Das negative Urteil der Kritik aus den Tagen der ersten Tournee – 1909 – hielt sich auch noch 10 Jahre später und darüberhinaus bis zu seinem Tode. Als Komponist konnte er in Amerika nur schwer einen »Blumentopf gewinnen«.

Zwar widmete ihm im Oktober 1919 die Fachzeitschrift *The Etude* eine Sonderausgabe: *Amerikas neuer Künstler*, druckte Beiträge und Würdigungen von Kollegen sowie das bereits erwähnte Manuskript der letzten Moskauer Komposition – *Fragmente* – ab, ließ auch Rachmaninow selbst sich zur Komposition und ihre Wurzeln in der Volksmusik äußern, aber seine Werke erhielten bei den Konzertbesprechungen wieder die bekannten negativen Bemerkungen.
So urteilte der Kritiker Paul Rosenfeld in der Zeitung *The New Republic* am 15.3.1919:

Dieser Musik fehlt etwas ganz Entscheidendes: eine eindeutige und bedeutende Individualität ... Man kann in dieser Musik weder einen neuen Sinn für Rhythmus noch für Harmonie oder Klangfarbe entdecken ...[17]

Als Rachmaninow am 31.10.1919 mit den Bostoner Sinfonikern unter Stabführung von Pierre Monteux und am 6.2.1920 mit dem Philadelphia Orchestra unter Leitung von Leopold Stokowski sein drittes Klavierkonzert spielte und außerdem noch seine Chorsinfonie »Glocken« auf dem Programm stand, bemerkte der Kritiker Pitt Sanborn bei der Wiederholung des Konzertes in New York am 11.2.1920 in der Zeitung *Telegram*:

Dieser Musik mangelt es offensichtlich an rhythmischen als auch melodischen Einfällen. Die angewandten Mittel sind gigantisch, aber die Resultate banal. Ein großer Lärm um ausgesprochen wenig, und man kommt skeptischerweise zu dem Schluss, dass ein zweites Anhören unbeschreiblich langweilig wäre. Daher ist es um so bedauerlicher, wieviel Zeit und Mühe an diese Sinfonie vergeudet wurde, welche so weit unter den Fähigkeiten des Komponisten liegt.[18]

Solche negativen Urteile machten Rachmaninow vorsichtig! Für die nächsten Programme nahm er nur wenige Werke von sich ins Programm aufauf, vorzugsweise Kleinformen wie Préludes oder Etudes tableaux sowie Werke von A. Rubinstein, Tschaikowskij, Mussorgskij, Skrjabin und Nicolaij Medtner. An dieser Haltung konnte auch ein Zuspruch aus Kollegenkreisen wenig ändern. So übernahm das 1920 gegründete Cleveland-Orchester unter seinem Chefdirigenten Nikolaj Sokoloff noch im Gründungsjahr Rachmaninows 2. Sinfonie ins Repertoire und spielte sogar dieses Werk erstmals auf Schallplatte ein.

Im April 1920 organisierte Walter Damrosch, Dirigent der Uraufführung des 3. Klavierkonzertes 10 Jahre zuvor, ein Rachmaninow-Festival in New York: 2. Klavierkonzert und die Chorsinfonie »Glocken« – Pianist, Dirigent und Komponist: Sergej Rachmaninow. Aber diese Dreieinigkeit war für Rachmaninow nicht erfüllbar! Noch nie in seinem Leben konnte er zwei Dinge gleichzeitig tun, geschweige denn drei! Entweder konzertiere er am Klavier, dirigiere oder komponiere, äußerte sich der Künstler 1933 anlässlich seines 60igsten Geburtstages in einem Interview mit *The Daily Telegraph*![19])
So musste Walter Damrosch selbst das Dirigat übernehmen, und man teilte der Presse und dem Publikum nur mit, dass eine Nervenentzündung in den Oberarmen (!) Rachmaninow an seiner Doppelfunktion hindere. Festzuhalten bleibt aber, dass er niemals beides – Pianist und Dirigent – hintereinander ausüben konnte, fast als hinderte ihn eine psychologische Sperre an dieser Tätigkeit!
Damrosch änderte nun als Dirigent das Programm und erweiterte es: Anstelle der »Glocken« wählte er die Kantate »Frühling«, eine Orchesterbearbeitung des Liedes »Vocalise« op. 34, einen Chorsatz aus dem »großen Abend- und Morgenlob« op. 37 und das 2. Klavierkonzert mit Rachmaninow als Solist.
Wie erfolgreich der »Pianist« Rachmaninow aber am Ende seiner zweiten Amerikatournee war, beweist nicht nur die Tatsache eines eigenen Mitarbeiterbüros mit Charles Foley als Tourneeassistenten und persönlichen Manager sowie eines eigenen Klavierstimmers nebst dreier Konzertflügel der Firma Steinway & Sons für die Tourneen und zweier Übungsinstrumente in der Privatwohnung und im Sommersitz auf Kosten der Firma, sondern auch ein erster lukrativer Schallplattenvertrag auf Exklusivbasis bei Victor Talking Machine ab September 1921! Die Edison Company wollte den Vertrag aus dem Jahre 1919 nicht verlängern, und VTM bot dem Künstler sofort einen für fünf Jahre mit mindestens 25 Titeln sowie einem jährlich garantierten Vorschuss von 15.000 Dollar auf die Produktion! Damit ließ sich schon mal ein bisschen solider kalkulieren! Wichtig für den neuen »Geschäftsmann« Rachmaninow war dabei auch die Tatsache, dass seine lukrative Abmachung mit »Ampico«, für die er die Klavierrollen für Pianola bespielte, von diesem Vertrag nicht berührt wurde.
Die erste Schallplattenaufnahme im Juni 1920 zeigt uns wiederum den vorsichtigen Kaufmann. Er hatte aus dem Missgeschick Prokofjews sowie dessen schlechten Kritiken gelernt: keine Experimente

mit eigenen Kompositionen, der Publikumsgeschmack zählt! So spielte er zwei seiner kleinen Werke – die Préludes in G-Dur und g-Moll op. 23 – mit der *Troika* aus Tschaikowskijs »Jahreszeiten« auf Schallplatte ein, keine Großwerke! Und der Erfolg gab ihm Recht! Die Verkaufszahlen waren so gut, dass er bereits im Herbst mit einer zweiten Schallplatte auf den Markt kam: Diesmal bestimmen Tonschöpfungen von Chopin und Mendelssohn den Platteninhalt, gemäß der laufenden Konzertprogramme. Im Januar 1921 wurde dann der dritte Tonträger als flankierende Werbung zur neuen Konzertsaison eingespielt, diesmal mit »Golliwogg's cake-walk« aus Claude Debussys »Children Corner«, ebenfalls ein Programmschwerpunkt der neuen Konzertserie.

Bei so viel Erfolg ließen auch erste Ehrungen nicht auf sich warten: die königliche Academia di Santa Cecilia in Rom verlieh ihm im Herbst 1920 zusammen mit Paul Dukas und Henri Rabaud die Ehrenmitgliedschaft.

Der Sommer 1920 diente wieder – von dieser Gewohnheit aus russischen Tagen wollte er bis Lebensende nicht lassen – der Rekreation und der Repertoireausweitung, diesmal in Goshen, nahe New York. Die Rachmaninows versuchten in diesen Monaten ein wenig die Atmosphäre vergangener Tage auf Iwanowka wiederzubeleben und Rachmaninow frönte seiner Leidenschaft, dem Autofahren. Sogar eine »Gelegenheitskomposition« ist für diese »Musenmonate« zu verzeichnen: ein Volksliedarrangement für den Sänger John McCormack.

Langsam normalisierte sich das Leben, und Rachmaninow hatte Zeit oder nahm sie sich, seinen Blick über den eigenen Tellerrand hinwegzuheben! Vor allem die Bekanntschaft und spätere Freundschaft mit dem Musikwissenschaftler Alfred J. Swan brachte ihn wieder in Kontakt mit Heimat und alten Freunden. Swan war während des Krieges selbst in Sibirien bei einer Hilfsorganisation für Flüchtlingskinder tätig gewesen, 1919 in die USA zurückgekehrt und arbeitete nun als Musikwissenschaftler hauptsächlich über russische Musik sowie orthodoxe Liturgie. Er bat Rachmaninow in jenem Sommer um die zweite Gefälligkeitskomposition für einen geplanten Volksliedband, »Songs From Many Lands«, der 1924 mit einer Harmonisierung Rachmaninows bezüglich des Liedes »Apfelbaum« erschien. Darüberhinaus organisierte Swan auch Hilfsmaßnahmen an der Universität von Virginia für Not leidende russische Musiker. Rachmani-

now war, wie in den Tagen des Krieges in Russland, sofort wieder uneigennütziger Helfer und Berater. Zeitgleich konnte er über eine Londoner Bank, die noch Geschäftskontakte nach Russland unterhielt, Verbindung mit seinen Angehörigen aufnehmen und ihnen nun regelmäßig finanzielle Unterstützung zukommen lassen: den Satins in Moskau, der Mutter in Nowgorod sowie einer Reihe von bedürftigen Musikern und Studienkollegen.
Auch vielen Freunden – unter ihnen sein Briefpartner Nikita Morosow – half er auf diese Weise, sowie unzähligen bedürftigen Musikstudenten in Moskau und Petrograd, nun bald als Leningrad zu bezeichnen. Zu diesen gehörte auch sein alter Studienfreund und »geprüfter« Musikschulleiter aus den Tagen der Russischen Musikgesellschaft Nikolaj Avierino, den er allerdings in realistischer Einschätzung der Lage vor einer Übersiedelung in die USA warnte: Emigrantenschwemme und ein Überangebot an erstklassigen Musikern ließen Avierino wenig Chancen in den USA. Er sollte sich besser in Europa um eine neue Berufstätigkeit umsehen.
Unbestechlich und objektiv, wie in den Tagen seiner Prüfungstätigkeit, auch Freunden gegenüber. Zugleich realistisch, was die Situation in Amerika betraf!
Schwieriger war die Lage für Rachmaninow schon im Falle seines alten Freundes Nikolaj Medtner. Auch dieser meldete sich plötzlich Anfang Oktober aus Reval mit der Absicht, Russland und Europa Richtung Amerika zu verlassen, natürlich auf die Hilfe Rachmaninows vertrauend, aber ohne die geringste Vorstellung von der »Neuen Welt«! Bei der uns schon aus Verlagszeiten bekannten Art Medtners, aus jeder Mücke einen Elefanten zu machen, sowie bei seiner Empfindlichkeit und dem Wahn, in seiner beabsichtigten Emigration auch noch Bedingungen stellen zu können, ist es nicht schwer, sich vorzustellen, welche Probleme nun Rachmaninow zu seinen beruflichen durch die Freundschaften bekam, und es ist bewundernswert, wie er diese neben dem Konzertstress meisterte. Ein längerer Briefwechsel entspann sich zwischen beiden und viele Schwierigkeiten waren zu klären, ehe Medtner 1921 schließlich in Amerika eintraf.
Ein Jahr zuvor traf Rachmaninow eine weitere, diesmal schmerzliche Nachricht: am 3.11.1920 war Nicolas von Struve in einem Fahrstuhl in Paris tödlich verunglückt. Rachmaninow bot tieferschüttert sofort dessen Sohn brieflich seine Hilfe an, da er persönlich wegen der neuen Konzertsaison unabkömmlich wäre.

Immer stärker richtete sich, bedingt durch die wiederbelebten Kontakte, sein Blick auf Russland. Im Frühjahr 1921 liefen sogar konkrete Verhandlungen mit den Sowjets über eine Rückkehr, und alle bürokratischen Hürden waren schon überwunden. Dem Besuch Rachmaninows in Russland schien nichts mehr im Wege zu stehen, da befiel ihn – Wink des Schicksals (?) – eine schmerzhafte Erkrankung der rechten Schläfen sowie Gesichtspartie. Schon in Russland waren diese Schmerzen zeitweise aufgetreten, damals aber wohl auf eine Überanstrengung der Augen durch Kompositionsarbeiten zurückzuführen. In den letzten drei Jahren hatte er nichts mehr komponiert, aber die Schmerzen blieben. Im Krankenhaus wurde organisch kein Befund festgestellt, der auf eine ernsthafte Erkrankung hindeutete, Gesichtsneuralgie vermuteten die einen, Infektion, Wurzeleiterung der Zähne die anderen. Eine Operation im Krankenhaus brachte außer der Absage des Russlandbesuches und dem Gerücht, er sei tot, weiter nichts ein. Erst der Neurologe Kastritzky wird in den späten 20er Jahren das neurologische Übel in Paris gänzlich beheben können.
Die Satins jedenfalls nützten in Russland sofort die »Gunst der Stunde«, stellten einen Ausreiseantrag »wegen Todesfall« und verließen nach Erlaubnis das Land in Richtung Dresden, wo sich die Schwiegereltern dauerhaft niederließen, während Schwägerin Sofija weiter zu den Rachmaninows nach Amerika reiste. Als Biologin und Dozentin für Botanik hatte sie von 1907 bis 1921 an der Moskauer Hochschule gelehrt, in Amerika wird sie eine geschätzte Mitarbeiterin am Carnegie Institut New York (1922–42) sowie am Smith College Northampton, Massachusetts (1942–55). Sie veröffentlichte zahlreiche wissenschaftliche Publikationen und starb 96jährig (!) 1975 in Amerika!
Nach Sergejs Klinikaufenthalt bezogen die Rachmaninows in New York an der 33th Riverside Drive am Hudson River ein fünfstöckiges Haus, in dem der Herbst verbracht werden sollte. Als Ersatz für Iwanowka wählte die Familie für die Sommermonate ein Haus am Locust Point, New Jersey. Nichts sollte sich hier vom geliebten russischen Sommer unterscheiden. Viele russische Emigranten kamen, man sprach nur Russisch, russische Speisen, russische Getränke wurden serviert. Alles sollte so sein wie im Vorkriegsrussland der Bourgeoisie – Emigrantenschicksal!
Sogar ein russischer Sekretär, Jewgenij Somow, wurde engagiert sowie – Parodie des Schicksals – ein russischer Chauffeur, ein ehemaliger Offizier, weil der Autofan und leidenschaftliche Fahrer Rach-

Blick auf die Häuserschluchten in New York – das fünfstöckige Waldorf-Astoria-Hotel duckt sich unter die Hochhäuser
(Archiv: P. Kotsch)

maninow 1921 die Fahrprüfung in New Jersey nicht bestanden hatte! Selbstredend wurde die französische Köchin nach ihrer Kündigung durch eine russische ersetzt!

Am 10. November 1921 eröffnete Rachmaninow die neue Konzerttournee mit »Children's Corner« von Claude Debussy. Werke von Chopin, Liszt, Grieg und Beethoven bildeten die Hauptstützen der Serie, die mit zwei Wohltätigkeitskonzerten am 2. und 21. April 1922 für russische Studenten in Amerika verbunden war.

Am 2. April erfüllte er dabei eine persönliche Mammutleistung: Unter dem Dirigat von Walter Damrosch spielte er an diesem Abend sowohl sein 2. als auch 3. Klavierkonzert (!). Den Reinerlös von 7.500 Dollar spendete er den Not leidenden Künstlern in Russland, wie die *New York Tribune* berichtete. Zugleich verstärkte er noch seine persönlichen Hilfeleistungen für Russland. Die Berichte über die dortigen Hungerwinter sowie das politische und wirtschaftliche Chaos waren in Amerika so grauenvoll, dass eine fieberhafte Tätigkeit einsetzte! Waggonladungen mit Nahrungsmitteln und anderen Hilfsgütern

schickte er nach Russland an Verwandte, Kollegen, Freunde, Künstler und Wissenschaftler in Moskau, Petrograd, Kiew, Charkow. Das Ergebnis war überwältigend: Kiloweise erhielt er Post mit seitenlangen Dankesschreiben, u. a. von seinem Bruder und seiner Mutter sowie Stanislawskj, dem Leiter des Moskauer Kunsttheaters, dem Rachmaninow in seiner russischen Zeit engst verbunden war und sogar eine Komposition, das Geburtstagsständchen im Jahre 1908, gewidmet hatte. Daneben bedankte sich der Chor des Mariinskij-Theaters, Uraufführungsort der Chorsinfonie »Glocken«, mit 70 (!) Unterschriften bei Rachmaninow für eine Lebensmittellieferung. Für die Zukunft bedeutender aber wird ein Brief aus Kiew, Zentrum der damaligen Hungersnot, vom alten Weggefährten Felix Blumenfeld werden, der sich darin für einen jungen Pianisten verwendet, um den sich Rachmaninow in Amerika kümmern sollte: Wladimir Horowitz. Wir erinnern uns: In seiner Zeit als Vizepräsident der Russischen Musikgesellschaft hatte er sich einst dafür eingesetzt, dass die Kiewer Musikschule gegen den Widerstand aus Adelskreisen, denen die separatistischen Tendenzen der Ukraine immer ein Dorn im Auge waren, in den Rang eines Konservatoriums erhoben wurde. Diesen Einsatz dankte ihm nun das Konservatorium, indem es herausragende Talente zu künstlerischen Persönlichkeiten formte!
Am 6. und 20. Mai 1922 gab Rachmaninow zum ersten Mal nach seiner Emigration wieder zwei Konzerte in England. Für die Amerikaner spielte inzwischen Rachmaninow Beethoven wie Rachmaninow, Chopin wie Rachmaninow. Man ging in das Konzert, um Rachmaninow zu hören und vor allem sein Prélude cis-Moll, op. 3/2, *das* Prélude. Wie ein Fluch sollte sich dieses kleine Musikwerk auswirken. Das Prélude verfolgte ihn nach dem Motto: einmal Erfolg – immer Erfolg! Bearbeitungen für bis zu acht Klaviere, wie bereits erwähnt, choreographiert – in allen Variationen trat dem Musikkonsumenten dieses Prélude damals in der Musikszene entgegen. Er, der Kussewitzkijs »Starrummel« im Vorkriegs-Moskau abgelehnt hatte, war nun selbst ein »Kassenmagnet«, ein »Zugpferd« geworden! Ironischerweise hatte dies der kühle russische Aristokrat auch noch selbst hervorgerufen! Die Klaviertranskription des »Sternenbannermarsches«, ursprünglich als Pflichtaufgabe einer Reverenz vor dem Gastland aufgefasst, eroberte die Publikumsherzen im Sturm und ließ die Hysterie spürbar ansteigen.
In England dagegen war der Interpret und Komponist aus früheren

Tagen noch gut bekannt und sehr geschätzt, dementsprechend anspruchsvoll war auch das Programm, das uns Lyle Watson[20] für die Englandkonzerte übermittelt:

Sonate A-Dur (KV 311) von Wolfgang Amadeus Mozart
Sonate e-Moll op. 90 von Ludwig van Beethoven
Andante und Rondo Capriccioso op. 14 von Felix Mendelssohn Bartholdy
Barcarole Fis-Dur op. 60 von Frédéric Chopin
Valse Es-Dur op. 18 von Frédéric Chopin
Scherzo cis-Moll op. 39 von Frédéric Chopin
Transkription seines eigenen Liedes »Spanischer Flieder«
»Polka de W. R.«, Prélude g-Moll op. 23/5, Prélude B-Dur op. 23/2, Transkription von Kreislers »Liebesleid« (Sergej Rachmaninow)
und die Konzertetüde f-Moll von Dohnányi

Nicht kleiner im Programm und in den Ansprüchen das zweite Konzert, ebenfalls in der Queen's Hall in London:

b-Moll-Ballade von Franz Liszt
g-Moll-Ballade op. 24 von Edvard Grieg
c-Moll-Polonaise op. 40/ 2 von Frédéric Chopin
Nocturne Des-Dur op. 27/ 2 von Frédéric Chopin
Ballade As-Dur op. 47 von Frédéric Chopin
»Children's Corner« von Claude Debussy

Etudes tableaux op. 33	No. 9 g-Moll	Sergej Rachmaninow
	No. 6 es-Moll	
Etudes tableaux op. 39	No. 5 es-Moll	Sergej Rachmaninow
	No. 6 a-Moll	

Den Abschluss bildet die Ungarische Rhapsodie No. 2 von Franz Liszt mit der von Rachmaninow verfassten Kadenz, »der einzigen Komposition der letzten Jahre«, wie er scherzhaft immer bemerkte, denn zum Komponieren blieb in diesen Jahren keine Zeit, höchstens zum Arrangieren.
Beide Konzerte blieben allerdings ohne großen Nachhall, die Presse reagierte kühl und zurückhaltend und vermerkte nur, dass es wohl am »Prélude« liegen müsse (!), dass beide Konzerte Rachmaninows ausverkauft gewesen wären, was bei den Klavierabenden von Josef Hofmann und Ferruccio Busoni zuvor nicht der Fall gewesen war.

Aber auch Rachmaninow fühlte sich unwohl! Mangelnde Sprachkenntnisse sowie die Sehnsucht nach der in Amerika zurückgebliebenen Familie verleideten ihm den Aufenthalt, zumal die kühle Mentalität der Engländer ihr Übriges tat.

XI. Kapitel

»Bin ich der Flüchtling nicht? Der Unbekannte?«

Ein anspruchsvolles Programm und keine Pause für Körper und Geist! Der Ehrendoktorwürde der Universität Nebraska vom 24.1.1922 sowie den Sommermonaten der Muße und Organisation des Repertoires folgte der Konzertstress! Vom 10. November 1922 bis zum 31. März 1923 gab er 71 (!) Konzerte in den USA, auf Cuba und in Kanada. Zeitweise wurde das Reisetempo so hektisch, dass sich Rachmaninow einen eigenen Eisenbahnwagen mietete, seine Wohnungseinrichtung samt Flügel und Personal darin unterbrachte und so die wechselnden Hotels und Unterkünfte ein bisschen umgehen konnte. Dieses Unternehmen war aber durchaus auch eine Möglichkeit, eventuellen Hoteleklats auszuweichen, denn wenn Rachmaninow täglich sechs Stunden im Hotelzimmer am Klavier übte, führte dies naturgemäß zu Beschwerden anderer Hotelgäste. Noch heute erzählt man sich im Nobelhotel *Amstel Inter-Continental* in Amsterdam/Holland eine Episode, die sich Ende der 20er Jahre dort zugetragen hatte: Rachmaninow war in diesem Hotel abgestiegen und bewohnte ein Apartment Wand an Wand mit Anthony Fokker, dem berühmten

Havanna auf Cuba – Plaza de la Catedral (Altstadt)
(Archiv: P. Kotsch)

Havanna auf Cuba – Festung La Fuerza mit Turm Giraldilla (Altstadt)
(Archiv: P. Kotsch)

Flugzeugbauer aus Amerika. Es kam, wie es kommen musste: Fokker beschwerte sich über das tägliche Übungspensum des Pianisten, Rachmaninow wiederum über die zu lauten Telefongespräche des Ingenieurs in der Nacht, die dieser mit Amerika führte, woran letztendlich die Zeitverschiebung zwischen Europa und den USA schuld war. Die beiden Herren beklagten sich nun wechselseitig bei der Hotelleitung. Dem berühmten Hotel drohte ein ernsthafter Skandal. Schließlich aber gelang es dem Hotelpersonal, beide Herren zu einer Aussprache in der Hotelbar zu bewegen. Bei dieser, nach Aussage des Personals sehr »feuchten« Unterredung – auf Kosten des Hauses – seien sich die beiden Streithähne so nahe gekommen, dass sie schließlich als Freunde schieden, worauf das Hotel noch heute stolz ist!
Innerhalb dieser Konzertflut fand Rachmaninow noch Zeit, die Satins in Dresden zu besuchen und jährlich einen Europaaufenthalt in seinen Terminkalender einzuplanen.
Einzige Abwechslung von diesem Reisestress bot in den Sommermonaten 1923 der Besuch der Künstler des Moskauer Kunsttheaters unter dessen Leiter Konstantin Stanislawskj in Amerika. Rachmaninow

brachte seine Familie zu allen Vorstellungen mit, waren doch sein Lieblingsdichter Anton Tschechow sowie er selbst eng mit dem Theater verbunden gewesen! Russische Feste, russische Lieder, endlose Gespräche mit Stanislawskj und der Witwe des Autors, der Schauspielerin Olga Knipper-Tschechowa, Nostalgie überall.
Die Freude des Wiedersehens war groß. Rachmaninow blühte bei solchen Festen regelrecht auf, sah um Jahre jünger aus, wenn man den Berichten von Jelena Somowa[1)] Glauben schenken darf. Ein weiterer Grund für diese ausgelassene Stimmung in der neuen Villa der Rachmaninows am Riverside Drive in New York und im Sommer – nach Abschluss der Theatertournee noch einmal auf dem Rachmaninowschen Sommersitz Locust Point – waren neben den Schauspielern und der Person des Theaterleiters die Anwesenheit Schaljapins sowie des Choreographen Michail Fokin. Mit diesem sollte er in den kommenden Jahren das Ballett zu seinen Paganinivariationen erarbeiten.
Zu den Gästen zählten auch sein Vetter Alexander Siloti sowie der Theatersekretär und spätere Rachmaninow-Biograf Sergej Bertensson. Letzterer war der Sohn des Militärarztes, der Mussorgskij die letzten Tage im Militärhospital erleichtert hatte.
Sein Vetter Siloti, Mentor und Helfer in den russischen Tagen, hatte ein Jahr zuvor ebenfalls die Sowjetunion verlassen müssen und versuchte nun, sich in Amerika mit über 60 (!) Jahren eine neue Existenz aufzubauen. Auch mit Hilfe Rachmaninows kein leichtes Unterfangen, trotz seines Mythos, einer der letzten noch lebenden Liszt-Schüler zu sein! 1923 übernahm er in Amerika also die musikalische Leitung des Moskauer Kunsttheaters während dessen Tournee und 1924 einen Lehrauftrag an der New Yorker Juilliard School, den er bis 1942 erfüllte. Als er 1945 verstarb, hatte er sich im Exil zwar einen angesehenen Namen und auch ein festes Monatseinkommen mit Rentenanspruch erworben, aber er war keineswegs mehr der gefragte Spitzenkünstler seiner russischen Tage!
Dass Amerika nicht für alle russischen Künstler das gelobte Land sein könne, wie Rachmaninow in Briefen an die Freunde immer wieder warnte, erkannte auch der Leiter der Theatergruppe, Konstantin Stanislawskj, während seines Gastspieles sehr wohl:

Aber wer das Amerika der Manager, der Theatertrusts und die Gerichte gesehen hat, die alle auf das Wohl der Theaterbesitzer und der Unter-

nehmer ausgerichtet sind, der weiß, wie schrecklich, was für eine Katastrophe es ist, wenn man hier keinen Erfolg hat.[2)]

Dies sah man in der Heimat logischerweise nicht so! Hier zählte der schon fast sagenhafte Erfolg, zumindest materiell, den manche Exilrussen in Amerika – unter ihnen Rachmaninow – erreicht hatten, und dieser weckte die Begehrlichkeit der Daheimgebliebenen. Manche Freundschaft litt dann darunter oder ging in die Brüche, wenn Rachmaninow ehrlichen Gewissens von einer Emigration abriet, wie wir schon bei Nikolaj Avierino gesehen haben. Selbst sein engster Jugendfreund und Hausgenosse aus den Tagen des Swerjewschen Internats, Matwej Presman, nahm ihm in jenen Tagen ein Abraten von Amerika übel und argwöhnte, dass Rachmaninow nur nicht wollte, dass er nach Amerika käme! Dabei war Rachmaninow nur ehrlich und teilte Presman sowohl die ablehnende Haltung der Amerikaner gegenüber den vielen Einwanderern als auch die Schwierigkeiten einer Künstlerexistenz in einem überwiegend materialistischen Land mit! Zudem hatte Presman im fernen Baku nun wirklich sowohl eine gesicherte Existenz als auch genügend politische Freiheiten! Wie dem auch sei, wir stehen heute vor ähnlichen Problemen! Die Vorstellungen, die sich viele Länder in unseren Tagen von Deutschland oder Amerika als wirtschaftliche »Wundertüten« machen, als »Paradiese«, in denen man mühelos mit ein bisschen »Hilfe« zu Wohlstand und Ansehen gelangen könnte, sind trotz gegenteiliger Beteuerungen unausrottbar, und spricht man dagegen, wird man rasch als »ausländerfeindlich« eingestuft oder wie Rachmaninow als »habgierig«, weil er den »Kuchen« nicht mit anderen teilen mochte. Dabei half Rachmaninow, wo er konnte! So setzte er sich in jenem Jahr nachhaltig dafür ein, dass die Tantiemen für die Werke Rimskij-Korsakows in die Hände der Familie nach Russland gelangten. 1908 war der Komponist gestorben, und Russland auch nach 1917 der ›Berner Konvention‹ (vgl. Kapitel VII) nicht beigetreten. Als daher dessen Sohn Michail bei Rachmaninow anfragte, ob überhaupt die Kompositionen seines Vaters in Amerika aufgeführt würden, konnte dieser ihm bald mitteilen, es fänden sowohl regelmäßige Aufführungen mit großem Erfolg statt als auch die Tantiemen abgerechnet würden, die Bankverbindungen aber nach Russland wären so unsicher, dass kein Geld an die Familie überwiesen worden wäre!
Zudem seien bisherige Geldtransfers von der Familie auch nicht bestätigt worden. Rachmaninow bat dringend, sich mit dem Hauptver-

Das Grabmal von Rimskij-Korsakow auf dem Tichwiner Friedhof des Alexander-Newskij-Klosters zu St. Petersburg
(Archiv: P. Kotsch)

walter der Aufführungsrechte, Edward Ziegler, in persona gleichzeitig Regisseur an der Metropolitan Oper, in Verbindung zu setzen, der inzwischen schon wieder 2.940 Dollar Tantiemen gesammelt habe:

Zum Schluss will ich Ihnen von meiner Seite aus versichern, wie hoch in diesem Land das Werk Nikolaj Andrejewitschs geschätzt wird, wie man ihn hier verehrt. Solche Kompositionen wie »Der goldene Hahn«, »Scheherazade«, »Osterfest«, »Spanisches Capriccio« werden hier von allen Gesellschaften jährlich gespielt und rufen unveränderte Begeisterung hervor. Mich persönlich jedoch berühren besonders die ersten Werke schmerzlich. Von der Sentimentalität, die mir wahrscheinlich zu eigen ist, sowie von meinem fortgeschrittenen Alter oder dem Verlust der Heimat herrührend, mit welcher die Musik Nikolaj Andrejewitschs so verknüpft ist (nur Russland kann einen solchen Künstler erschaffen), ruft das Spiel dieser Stücke bei mir ständig Tränen hervor.[3)]

Dachte er bei diesen Zeilen an den Wunsch der Mutter zurück, seine Zelte in Moskau damals, 1889, abzubrechen und bei Rimskij-Korsa-

kow in St. Petersburg weiter zu studieren, an die Kritiken anlässlich seiner ersten Klaviersuite im »Freitag«-Kreis bei Beljajew 1893 oder an die Zusammenarbeit 1905 bei der Oper »Pan Wojewoda« am Bolschoj-Theater? Immerhin befand sich in Rachmaninows Exilgepäck 1917 Rimskij-Korsakows Opernpartitur »Der Goldene Hahn« und als Komponist hatte er immer in Russland betont, wie viel er von Rimskij-Korsakow hätte lernen können. Jetzt hatte er wenigstens die Genugtuung, ein wenig von diesen Schuldgefühlen abtragen zu können, indem er sich um die Tantiemen aus den Urheberrechten in Amerika für die Familie Rimskij-Korsakow kümmerte.
Wir sehen schon: Seine Freunde waren dieselben wie zu seiner Moskauer Zeit, neue gesellten sich wenige hinzu. Noch immer verhielt er sich Fremden gegenüber ablehnend und misstrauisch, so dass der Kontakt schwierig war, verschärft durch seine schon angesprochenen Sprachprobleme. Umgekehrt hatte er für alle russischen Emigranten immer ein offenes und gastfreundliches Haus, wie jetzt bei der Theatergruppe Stanislawskjs. In diesem Kreis wurde er wieder zum Jungen, der auch einmal befreit lachen konnte. Analog den Sommertagen auf dem Landgut Putjatino der Sängerin Tatjana Ljubatowitsch 1898, so feuerten sich jetzt auf dem Landsitz Locust Point nach feudalem Diner zu spätnächtlicher Stunde Schaljapin und Rachmaninow mit einem Potpourri an Liedern, Arien und Zigeunermusiken gegenseitig an. Aller Ärger, aller Stress waren für Stunden vergessen!
Aber solche Ruhepausen waren für Rachmaninow selten. Zwar wurde die Zahl der Auftritte in der Saison 1923/24 halbiert, aber es waren trotzdem noch 35 Konzerte zwischen dem 13. November 1923 und 10. März 1924 zu geben! Zudem verlor er seinen persönlichen Reiseassistenten, denn Charles Foley übernahm die Gesamtleitung der Konzertdirektion von Charles Ellis, der sich aus Altersgründen zurückgezogen hatte!
Neben dieser ›reduzierten‹ Saison standen die Schallplattenaufnahmen weiter auf dem Programm: Außer der Transkription von Mussorgskijs »Hopak« für eine neue Pianolarolle bei »Ampico« ergaben sich bei Victor Company zum ersten Mal größere Aufgaben! Mit dem Philadelphia Orchestra unter Leopold Stokowski spielte er den 2. und 3. Satz seines 2. Klavierkonzertes ein, der erste folgte 1925.
Höhepunkt der Konzertsaison war sicherlich die Einladung ins »Weiße Haus«! Am 10. März 1924 konzertierte er zum ersten Mal vor dem

damaligen Präsidenten der Vereinigten Staaten, Calvin Coolidge, der diese Einladung 1925 und 1927 wiederholen wird. Daneben betätigte er sich noch als Mäzen, indem er die Schirmherrschaft für die Premiere der »Rhapsody in Blue« von George Gershwin am 12. Februar 1924 in der Aeolian Hall in New York übernommen hatte! Das Arrangement für Klavier und Orchester stammte, da Gershwin niemals selbst orchestrierte, von Ferde Grofe, der schon Rachmaninows Prélude cis-Moll »verjazzt« hatte – zum großen Vergnügen des Komponisten übrigens! Wir wissen schon: insgeheim war Rachmaninow in jenen Tagen zum begeisterten Jazzer geworden, wollte sogar eine Komposition mit Foxtrottelementen schreiben, nahm aber aus Imagegründen beim Publikum davon Abstand. Jazz galt in jenen Tagen noch als ehrenrührig, als wenig seriös für das klassisch orientierte Publikum, und ein solcher Eindruck schadete dem Geschäft!

Im April reiste die Familie abermals nach Europa, nach Italien, blieb einige Wochen in Florenz, wo sie erstmals in der Emigration das orthodoxe Osterfest feiern konnte, ehe sie nach Dresden weiterfuhr – alles Orte, mit denen Rachmaninow viele Erinnerungen verbanden. Im ›Elbflorenz‹ heiratete auch seine älteste Tochter Irina den russischen Aristokraten Prinz Pjotr Wolkonskij. Aber leider – der Hochzeit am 24. September 1924 folgte innerhalb eines Jahres der Tod des Schwiegersohnes. Die 22-jährige Irina war Witwe – und Rachmaninow Großvater mit Vaterstelle bei der kleinen Enkeltochter Sofija. Er nahm sie sofort in die Familie auf und zeigte sich später gerne und stolz mit der Enkeltochter in der Öffentlichkeit. In der Tat hatte diese Enkelin, Sofija Wolkonskij, gute Ansätze, um das musikalische Erbe Rachmaninows fortzusetzen, aber sie starb 1968, ein Jahr vor ihrer Mutter, unverheiratet und ohne nachweisbare künstlerische Erfolge!

Vom 2. bis 18. Oktober 1924 konzertierte Rachmaninow in England mit acht Konzerten. Dabei erhielt er bezüglich der eigenen Werke eine besonders perfide Kritik: Noch vor seinem Tourneebeginn schrieb der Kritiker Edward Sackville-West in *The Spectator* am 20.9. bezüglich der 2. Sinfonie:

Wenige Künstler haben sich schließlich in einem solchen Maße als nebensächlich erwiesen wie Rachmaninoff … Ich warte auf den Tag, da die Menschen sich schämen, wenn sie die Musik von Skrjabin, Tschaikowskij, Rachmaninoff, »Tod und Verklärung« sowie die Sinfonien von Gustav Mahler hören.[4)]

Aber Rachmaninow hatte wenig Zeit, sich darüber zu grämen, denn die neue Saison wartete wieder mit 61 Konzerten zwischen dem 12. November 1924 und 18. April 1925 in Amerika auf ihn.
Wie sehr Rachmaninow, erfolgreicher Pianist und fürsorglicher Familienvater, im psychischen Bereich ein kranker, heimwehkranker Mann war, beweist nicht nur das Fehlen jeglicher Kompositionstätigkeit – mit den bereits erwähnten Ausnahmen – sondern vielmehr noch ein Auszug aus seinem Briefwechsel zwischen 1922 und 1926 mit Wladimir R. Wilshau (1868–1957), ebenfalls Pianist und Freund aus gemeinsamen Konservatoriumstagen, fünf Jahre älter als Sergej:

New York, 9. September 1922[5)]
Mein lieber Wladimir Robertowitsch,
ich war sehr glücklich darüber, deinen Brief unmittelbar vor meiner Abreise von Deutschland nach Amerika erhalten zu haben. Ich will daher nur ein paar Worte über mich und meine Familie schreiben. Ich leide teilweise unter meiner Zwangslage! In all dieser Zeit habe ich keine einzige Zeile komponiert. Ich spiele nur Klavier und gebe zahllose Konzerte. Die letzten vier Jahre habe ich sehr hart an mir gearbeitet, ich mache auch Fortschritte, aber, um es kurz zu machen, je mehr ich spiele, desto weniger erreiche ich. Wahrscheinlich werde ich es nie lernen oder falls doch, dann wahrscheinlich nur am Vorabend meines Todes. Finanziell geht es mir glänzend! Ich bin ein Plutokrat! Aber um meine Gesundheit steht es schlecht! Wie kann man auch das Gegenteil dessen erwarten, fand ich doch nie die Ruhe, war ich doch ständig mit mir unzufrieden! Vor Jahren, als ich komponierte, quälte ich mich selbst, weil ich schlecht komponierte, jetzt quäle ich mich, weil ich schlecht spiele. Tief in mir habe ich allerdings die starke Gewissheit, dass ich beides eigentlich besser kann! Ich lebe mit dieser Gewissheit. Meine Frau hat sich wenig verändert! Sie ist dieselbe geblieben, wenn man von ein paar grauen Haaren absieht. Den Kindern geht es gut! Die Ältere wird in zwei Jahren ihre Examina an der Universität ablegen. Sie strotzt vor Übermut sowie Esprit und liebt Amerika. Die Jüngere wird in drei Jahren die Highschool beenden. Sie neigt zu Melancholie und hasst Amerika. Aber damit enden die Unterschiede zwischen den beiden nicht. Es ist so, als ob beide von verschiedenen Eltern geboren worden wären. Auf Wiedersehen, Wladimir Robertowitsch! Ich werde dir nun lange Zeit nicht schreiben können. Sei bitte nicht ärgerlich mit mir, aber während der Konzertsaison habe ich für Briefeschreiben keine Zeit. Nach der

Wintersaison habe ich einige Konzerte in Australien angenommen. Aber, falls du mir schreiben willst, werde ich dir sehr dankbar sein. Von ganzem Herzen das Beste. Übermittle allen, die ich liebe, meine herzlichsten Grüße.
S. Rachmaninow

New York, 1. Mai 1923
Mein lieber Wladimir Robertowitsch,
ich habe deinen Brief mit den zahlreichen Unterschriften sowie die Kantate erhalten.[6] *Ich war von den Worten und von dem Klang der Musik in gleicher Weise ergriffen. Dank euch allen …*
Ich kann nicht mehr schreiben. Ich habe meine Konzertsaison beendet und meine Hände sind taub.
Meine besten Wünsche und herzlichste Grüße an alle.
Dein S. R.

21. August 1924
Mein lieber Wladimir Robertowitsch,
ich diktiere gerade diesen Brief! Ich spiele Klavier, während Tatjana den Brief schreibt. Zuerst möchte ich dir für die lieben, warmen und interessanten Briefe danken, die du mir so regelmäßig schreibst, und mit denen du mich regelrecht verwöhnst. Zugleich bin ich von deiner Freundlichkeit und deinem Taktgefühl zutiefst beeindruckt, mich nie an meine schuldiggebliebenen Antworten zu erinnern.
Ich möchte dir einige wenige Zeilen über mich selbst und die Familie schreiben. Wir halten uns gegenwärtig noch in Deutschland auf. Dies geschah ganz plötzlich, denn meine älteste Tochter Irina beschloss zu heiraten – Pjotr Wolkonskij. Wir müssen unsere Pläne ändern und bis zum Hochzeitstag hierbleiben, der am 24. September sein wird. Am 25. September muss ich nach England reisen, wo ich ab 2. Oktober drei Wochen lang Konzerte zu geben habe. Meine Frau und die Briefschreiberin werden mich in London wiedertreffen. Wir drei »Übriggebliebenen« – Irina will mit ihrem Mann den Winter über in München bleiben – werden am 22. Oktober nach Amerika zurückkehren.
Am 12. November beginne ich dort meine Konzertsaison und werde sie am 18. April nächsten Jahres beenden.
Ich wünsche dir und deiner Familie von ganzem Herzen das Beste.
Herzlichst
dein S. R.

Dresden, 2. Juli 1925

Mein lieber Freund Wladimir Robertowitsch,

ich erhielt deinen Brief, datiert vom 1. Juni und nach New York adressiert, gestern Abend, da er mir nachgeschickt wurde. Wir alle – die ganze Familie inclusive die Wolkonskijs – verließen am 23. Mai New York. Eine Woche zuvor schickten wir dir einen Brief mit meiner Dresdner Adresse und baten dich, dorthin zu schreiben. Offensichtlich ging dieser Brief verloren. Ich finde es schrecklich, wenn die meiner Ansicht nach schon so seltenen Briefe dich nicht erreichen! In Europa reisten wir diesmal getrennt. Natascha ging mit den Wolkonskijs nach Paris, und ich reiste mit Tatjana nach Dresden, wo wir am 3. Juni ankamen, ohne Freunde oder Verwandte zu sehen. Wir fuhren direkt zum Sanatorium, aus dem ich dir jetzt schreibe. Ich unterziehe mich dort einer Kur und Tatjana spielt Anstandsdame für mich. Morgen sind wir nun schon einen ganzen Monat hier! Ich habe eine furchtbare Handschrift, meine Hände zittern! Altern macht keinen Spaß! Ich fühle mich ein bisschen besser, aber nur ein bisschen! Morgen ziehe ich in ein Hotel um, wo ich für einige Tage in Freiheit leben will, und dann reisen wir nach Paris, wo Natascha ein Sommerdomizil für mich gefunden hat. Dort wollen wir bis zum 15. Oktober bleiben.

Hier ist meine Adresse:

Monsieur S. Rachmaninow,
Le Château de Sorbeville â Orsai,
Seine et Oise
FRANCE

Meine Ferien werden wohl mit meiner Abreise hier zu Ende gehen. In Frankreich werde ich wieder am Klavier sitzen und meine vierten und fünften Finger üben. Einmal, vor fünf Jahren, bemerkte Hofmann zu mir: »unsere zweiten Finger sind schwach.« Ich begann diesen Vorgang zu beobachten und trieb das Übel aus. Dann bemerkte ich aber, dass die dritten Finger die gleichen Schwächen hatten, und je länger ich lebe, wächst in mir nun die Gewissheit, dass die beiden vierten und fünften Finger nicht gewissenhaft arbeiten.

Demnach ist nur noch der erste Finger, der Daumen, übrig, und es ist nur noch eine Frage der Zeit, bis auch er mir seinen Dienst verweigert. Schon jetzt beobachte ich ihn misstrauisch, ob auch er meinen Anforderungen genügt. Für die Erarbeitung des neuen Programms habe ich nur noch drei Monate Zeit, danach will ich mit Natascha am 15. Oktober nach Amerika fahren. Diesmal habe ich zwischen dem 29. Oktober

und 11. Dezember 25 Konzerte angenommen, danach habe ich zwei Wochen Zeit für Schallplattenaufnahmen und mechanische Klavierwalzen (!). Zu Weihnachten bin ich frei. Was ich da genau tun werde, weiß ich noch nicht. Die Wolkonskijs und Tatjana wollen in Paris den Winter über bleiben. Hier hast du nun unsere Pläne für die nahe Zukunft. Ich hoffe, ich erhalte von dir in Paris einen Brief. Ich bin froh, dass deine Familie sich auf dem Lande befindet, und hoffe, dass dein Sohn seinen Guckkasten verdient hat.
Grüße an alle. Ich umarme dich herzlichst,
dein S. R.

New York, 19. April 1926
Mein lieber Wladimir Robertowitsch,
der Erhalt deiner Briefe war eine große Freude für mich und ich versichere dir, gäbe es nicht dieses verfluchte Leben hier, das mich den ganzen Tag mit Arbeit bedrängt, mit der andauernden Hetze, alles Notwendige für meine Arbeit zu unternehmen, und zu guter Letzt die ganzen Besuche, Vorstellungen, Gespräche mit Leuten, Vorschläge, Pläne, Überlegungen etc. – wenn es dies alles nicht gäbe, ich würde dir viel öfter schreiben. Ich habe mich hier gut eingelebt und liebe dieses Land. Aber etwas vermisse ich hier – und dies ist der innere Frieden. Andererseits war dieser auch nicht in Europa zu finden. Vielleicht weiß ich aber auch selbst nicht, wie ich ihn für mich finden soll. Die endgültige Antwort bleibt noch aus. Ich bin ständig in Eile. Immer habe ich Angst davor, zu spät zu kommen. Gerade jetzt, unmittelbar vor unserer Abfahrt nach Europa, geht alles, wie immer, drunter und drüber. Wir beabsichtigten abzureisen und hatten sogar schon die Tickets für übermorgen, aber wir können nicht – wir sind nicht reisefertig! Nun haben wir unsere Abfahrt auf den 30. April verschoben und hoffen, es mit Gottes Hilfe zu schaffen. Wir werden in Paris unsere Kinder sehen, die ich ganz furchtbar vermisse. Sie sind nun mal das »Licht im Fenster«!
In der Tat ist es wirklich rührend, wie sie sich mir gegenüber verhalten, der ich nun mal unwiderruflich alt werde. Deshalb muss ich – so meine Überlegung – Gott für dieses Glück aus tiefster Seele dankbar sein. Ich hatte auch einen Schwiegersohn! Er war mir genauso wie meine Kinder zugetan. Aber er ist schon nicht mehr am Leben, und nebenbei bemerkt, ich muss gestehen: »er war nicht von dieser Welt!«
Du weißt wahrscheinlich, dass ich eine Enkeltochter habe! Dieses klei-

ne Etwas sahen wir zuletzt, als es einen Monat alt war. Nun ist sie acht Monate alt, schon ein heranwachsendes menschliches Wesen! Ihr Bild, das sie im Alter von sechs Monaten zeigt, hängt über meinem Bett. Sie liegt nackt auf einem Fell und lächelt. Und ich, wenn ich sie ansehe, lächle auch! Nun, sie ist eigentlich der Grund dafür, dass wir reisen! Wir hoffen, bis zum 1. Juni in Paris bleiben zu können, auf keinen Fall länger als bis zum 15. Juni. Dann fahren wir nach Deutschland, wo wir im »Weißen Hirschen« (dem bekannten Villenvorort in Dresden, Anm. d. A.) *Quartier belegt haben. Alles wollen wir dort zusammen erleben. Nur Irina wird für vier Wochen die Wolkonskijs besuchen. Wir werden drei Monate in Deutschland bleiben. Und dann zurück nach Paris ... Die Rückreise nach Amerika ist für den 3. November gebucht. Hier ist unsere Adresse, ich hoffe, du wirst uns schreiben:*
Irina Wolkonskij
22, Rue Cardinet
Paris XVII
oder
Waldemar v. Satin
Arnstadtstr. 22
Dresden
Ich sende dir gesondert einige meiner Klavierarrangements. Ich hoffe, sie werden dich erreichen.
Grüße an deine Frau und die Kinder. Ich umarme dich herzlichst,
dein S. R.

Nach Beendigung der Tournee 1924/25 war eine Neuorientierung in der Lebensplanung für die Rachmaninows notwendig geworden. Die politische und wirtschaftliche Lage hatte sich in Europa weitestgehend normalisiert – wir sprechen von den »goldenen Zwanzigern« –, in Europa lebten die meisten Familienangehörigen und Freunde, Paris war zum neuen kulturellen Mittelpunkt des alten Kontinents geworden. Was lag näher für Rachmaninow, seine Sommermonate zukünftig in Frankreich zu verbringen, zumal die »Alte Welt« nun wieder, mit Ausnahme Russlands, für Konzerttourneen interessant zu werden versprach?
Hinzu kam das private Unglück: Irina war durch den Tod Wolkonskijs eine mittellose Witwe geworden – der russische Hochadel hatte weder materielle Güter retten noch eine neue Berufsexistenz in Europa aufbauen können –, wollte aber mit dem Baby ebenfalls in Paris

Paris – Blick auf den Eiffelturm
(Archiv: P. Kotsch)

bleiben. Die finanzielle Absicherung der Tochter sowie der weitere Familienzusammenhalt erforderten den nun folgenden 14-jährigen Pendelverkehr der Rachmaninows zwischen Amerika und Europa, denn von Einkünften in letzterem allein glaubte Rachmaninow wiederum nicht leben und seine Familie ernähren zu können. Jetzt war er endgültig zum »Wanderer zwischen den Welten« geworden. Konsequent gab er als erstes im Frühjahr 1925 seine komfortable Villa am Riverside Drive in New York auf, deren Unterhalt, vor allem aber deren hohe Hypotheken zusammen mit dem neuen Reisestil für die Haushaltskasse unbezahlbar wurden. Rachmaninow bezog ein kleineres Domizil in der 505 West End Avenue, das er bis zum Tode behalten wird.

Im Sommer reiste er zuerst zu den Schwiegereltern und zur Kur nach Dresden – wie wir aus den Briefen schon gelesen haben – und weiter nach Corbeville in Frankreich. Gleich nach der Nachricht vom Tode seines Schwiegersohnes im August machte er dort Nägel mit Köpfen, um die finanzielle Situation der Tochter zu klären: Er gründete den Musikverlag *TAIR*, nach den Vornamen der beiden Töchter, in den er als Grundkapital die Rechte an allen neu erscheinenden Werken sowie Transkriptionen von ihm für den europäischen Raum einbringen wollte. Warum gerade ein Verlag, fragt man sich unwillkürlich? Nun, Rachmaninow war in Amerika zum kühl kalkulierenden Geschäftsmann mutiert, und die Rechnung sah folgendermaßen aus:

1. Die Urheberrechte für viele seiner Werke lagen bei Kussewitzkij, der den Verlag Gutheil in Russland während des Krieges aufgekauft hatte. Kussewitzkij wiederum hatte gerade jetzt die Leitung der Bostoner Sinfoniker übernommen und am Verlagsgeschehen wenig Interesse. Dies galt auch für den Russischen Musikverlag mit Stammsitz in Berlin, den sie einst alle mit Kussewitzkijs erheiratetem Kapital gegründet hatten. Schon Nicolaj Medtner hatte sich in seinen Briefen über das mangelnde Interesse der Kussewitzkijs an einer weiteren Zusammenarbeit beklagt. Die Zeit schien günstig, diese Lücke mit einem eigenen Verlag zu schließen, der auch die Europarechte für alle bisherigen Kompositionen wahrnehmen sollte.

Boston – State House (1795-99) nach Plänen von Charles Bulfinch erbaut
(Archiv: P. Kotsch)

2. Rachmaninow hatte trotz aller Konzertverpflichtungen den Musikmarkt genau studiert. In einem Brief an Medtner vom 14. Januar 1926 analysierte er ihn wie folgt:

Es gibt drei Kategorien von Komponisten:
1. Verfasser populärer Musik, so genannter Markt-Musik,
2. aktueller Musik, »moderne Musik« genannt und letztlich
3. ernster, eben »seriöse« Musik genannt.
Die Verleger drucken sehr bereitwillig Werke der beiden ersten Kategorien, weil sich diese leicht verkaufen! Und sehr ungern die der dritten Kategorie, weil diese Ware nur schwer über die Ladentheke geht.

Daher sind die Werke der beiden ersten Kategorien gut für die Brieftasche, die der letzten eher für die Seele! Manchmal allerdings hat der Verleger ernster Musik einen winzigen Hoffnungsschimmer, d. h. dass der Komponist dieser Musik entweder hundert Jahre wird oder, was noch besser wäre, stürbe, damit dann seine Werke in die erste Kategorie gelangten, was wiederum bedeutet, dass sie populär würden. Aber ernsthaft kann kein Verleger dies hoffen. Viele Verleger auf der Welt nehmen überhaupt nur Werke der ersten und zweiten Kategorie an, d. h. entweder nur »populäre« oder nur »aktuelle« Musik, aber es gibt keinen einzigen, der nur »ernste« Musik druckt. Eine Ausnahme stellte Beljajew dar, aber dieser Schritt kostete ihn sein ganzes Vermögen. Was die Unternehmungen Kussewitzkijs angeht, brauchen wir darüber kein Wort zu verlieren …
Wenn also überhaupt »ernste« Musik veröffentlicht wird, dann nur dank des von den Verlegern praktizierten Melanges, d. h. zwischen 75 % Popularmusik und/oder aktueller Musik riskieren sie 25 % für die Veröffentlichungen der dritten Kategorie oder, besser gesagt, »unserer« Musik. Der verstorbene Gutheil, der einen großen Teil meiner Musik bei sich aufnahm, starb nur deswegen eines natürlichen Todes, weil er tausende populärer Werke zusammen mit meinen verlegte. Ansonsten hätte er bankrott gemacht oder sich aufgehängt.[7)]

Wir sehen, Rachmaninow hatte seine Lektionen aus den Jahren der Verlagsarbeit beim Russischen Musikverlag Kussewitzkijs gelernt, zudem die Unerfreulichkeiten aus den Tagen des »musikalischen Bürgerkrieges« nicht vergessen. Interessant ist auch der Hinweis auf den Tod eines Komponisten und die damit verbundene Wertsteigerung seiner Werke! Dachte er dabei an das Frühjahr 1900 zurück, als er zusammen mit Schaljapin auf der Krim den mittellosen und tuberkulosekranken Komponisten Wassilij S. Kalinnikow kennen gelernt hatte? Damals war Rachmaninow beim Verleger Jürgensohn für dessen Werke eingetreten, aber ohne Erfolg. Um dem todkranken Freund aber eine kleine Freude zu machen, schickte Rachmaninow ihm im Namen von Jürgensohn 170 Rubel für die Manuskripte der 2. Sinfonie sowie dreier Lieder. In Wirklichkeit hatten Rachmaninow, Kruglikow und Julij Engel diese Summe aus eigener Tasche bezahlt, um dem Kollegen eine letzte Freude zu bereiten, denn Jürgensohn nahm zwar die Kompositionen an, weigerte sich aber, ein Honorar zu zahlen. Ganz anders sah die Situation nach dem Tode des Komponisten aus. Als Rachmaninow auf Bitte der Witwe einige weitere Kompositionen ihres verstorbenen Mannes dem Verleger vorlegte, bot dieser sofort eine Summe, die alle Vorstellungen der Witwe bei weitem übertraf und diese in die Lage versetzte, wenigstens einen Grabstein für ihren Mann zu bestellen. Dem darüber verdutzten Rachmaninow antwortet Jürgensohn:

Glauben Sie nicht, dass ich diese hohe Summe grundlos zahle; ich zahle sie, weil der Tod des Komponisten den Wert seiner Werke verzehnfacht hat.[8)]

Nach dieser schonungslosen Analyse handelte Rachmaninow schnell. Im Hinblick auf die finanzielle Situation der Töchter, die beide in Paris bleiben wollten, entschied er sich für Kompositionen der ersten Kategorie, also populäre Musik! Auch hier kam ihm der Zufall zu Hilfe!
Seit seiner Emigration hatte er nicht mehr komponiert, wohl aber transkripiert. Diese Bearbeitungen kamen beim Publikum in den Konzerten bestens an, und Rachmaninow gedachte aus dieser Vorliebe zusätzlich Kapital zu schlagen. Für den *TAIR*-Verlag entstehen in den nächsten Jahren einige, finanziell erfolgreiche Transkriptionen bzw. werden in diese Reihe schon geschriebene eingeordnet: »The Star Spangled Banner« (1918), Mussorgskijs »Hopak« (1924), die Bearbeitung von Schuberts Lied »Forelle« (1925), Fritz Kreislers »Liebesfreud« (1925), Rimskij-Korsakows »Hummelflug« (1929), Mendelssohns Scherzo aus »Ein Sommernachtstraum«, Bachs E-Dur-Partita (beide 1933) sowie Tschaikowskijs »Wiegenlied« (1941). Auch bei der Kritik stießen diese »Gelegenheitsarbeiten« auf große Zustimmung, und man bescheinigte ihm durchaus Fähigkeit zur Parodie!
Wo aber blieben die angekündigten neuen Kompositionen für den *TAIR*-Verlag?
Zehn Jahre waren seit Erscheinen der Etudes tableaux op. 39 vergangen und keine weiteren Werke veröffentlicht worden! Die Skizzen zu Ballettmusiken oder zu einem neuen Klavierkonzert, ›Verbesserungen‹ am 1. Klavierkonzert oder die »Fragmente« von 1917 kann man nicht als ernsthafte Arbeiten bezeichnen, sie sind nur Reflexionen auf die bestehenden sozialen und politischen Zustände im zusammengebrochenen Zarenreich. Die neue Karriere als Konzertpianist ließ keine Zeit für ernsthafte Kompositionsstudien. So schrieb er am 15.4.1923 an seinen Freund Morosow:

… Jetzt bin ich zurückgekehrt und bleibe den ganzen Sommer hier, weil ich mich erholen muss, denn ich bin sehr erschöpft. Außerdem schmerzen meine Hände, spielte ich doch in den letzten vier Monaten ungefähr 75 Konzerte. Aus diesem Grund diktiere ich auch diesen Brief an dich, da mir jede überflüssige Bewegung zusätzlich Schmerzen bereitet. Dieser Zustand ist auch der Grund für die Annullierung meiner geplanten Australientournee, zu der ich am 20. April hätte aufbrechen müssen … Ich habe mich nun schon fünf Jahre nicht mehr mit Komponieren beschäftigt, und – ehrlich gesagt – ich verspüre auch selten Lust dazu. Ich bin diese Arbeit auch nicht mehr gewohnt, und die physische Übermüdung tut ein Übriges, mich nicht zu dieser Tätigkeit hinzuziehen. Einen Schaffensdrang bemerke ich manchmal nur, wenn ich mich an meine zwei großen Werke erinnere, die ich kurz vor meiner Ausreise aus Russland begonnen hatte. Denke ich an sie, dann regt sich in mir der Wunsch, sie fertigzustellen. Wahrscheinlich ist dies die einzige Möglichkeit für mich, den toten Punkt in mir zu überwinden. Etwas Neues dagegen zu beginnen, erscheint mir gegenwärtig unmöglich. Diesen Sommer will ich mich nun an die Arbeit machen, sobald ich mich ein wenig erholt und ausgeruht habe. Deine Ratschläge und die neuen Sujets müssen aus diesem Grund für längere Zeit zu den Akten gelegt werden und ruhen dort bis zu meinem »Erwachen oder kompositorischen Wiedergeburt«.[9)]

Welche beiden großen Werke spricht der Komponist hier an? In seinem Exilantengepäck war der Klavierauszug zum 1. Akt der Oper »Monna Vanna«, aber dieses Projekt stammte noch aus seiner Dresdner Zeit und eine Realisierung war aus erwähnten verlagsjuristischen Gründen unmöglich. Daher bleiben nur zwei »Großprojekte« aus den letzten Jahren in Russland, an die Rachmaninow gedacht haben könnte: das Ballett »Skifi« – »die Skythen« aus dem Jahre 1915 – und die Skizzen zu einem neuen, 4. Klavierkonzert, über die bereits die Zeitung *Muzika* am 25. April 1914 (!) berichtet hatte!
An das Ballett wurde er sicherlich durch Michail Fokin erinnert, mit dem er das Vorhaben realisieren wollte, aber Prokofjew war ihm in jenen Tagen zuvorgekommen und hatte seine »Skythische Suite« op. 25 im Herbst 1915 beim Russischen Musikverlag veröffentlicht! Rachmaninow wird das Material seiner damaligen Komposition in seinem letzten Werk wieder aufgreifen, aber für einen Erfolg und damit für seinen Verlag *TAIR* sprach die Fertigstellung des 4. Klavier-

konzertes, das er immerhin selbst oft genug im Erfolgsfalle aufführen und damit Tantiemen für den Verlag kassieren konnte! Mit dieser Komposition wollte er zudem an den Beginn seiner Karriere anknüpfen, ein Gang ad fontes! Wir erinnern uns: Sein Klavierkonzert – fis-Moll op. 1 – sollte ihm zur Jahrhundertwende den Weg in die Konzertsäle ebnen, jetzt ein weiteres ihm wieder den Zugang zum Komponieren öffnen! Das 2. Klavierkonzert hatte ihm damals den Ausweg aus seiner schweren Depressionskrise erschlossen. Vom neuen erhoffte er sich durch ein Werk derselben Kompositionsgattung eine »Wiedergeburt«, wie er im Brief an Morosow schrieb, und da er nie zwei Dinge gleichzeitig tun konnte, zog er sich im Frühjahr 1926 für ein Jahr von der Konzertbühne zurück und vollendete zwei »neue« Kompositionen: das 4. Klavierkonzert in g-Moll op. 40 sowie »Drei Russische Volkslieder« für Chor und Orchester op. 41.
Zuerst ein Wort zu den Liedern op. 41. Alle drei Lieder sind witzige, humorvolle Chormusik in bester Volksliedtradition, übrigens allein für Alt- und Bassstimmen und meist unisono verfasst. Das Orchester hat dabei wirklich nur begleitenden Charakter, verhindert in seiner

Die Zusammenarbeit mit Sergej Jarov, Leiter des Donkosakenchores (1927), beeinflusste sicherlich die Chorarbeit zu den Liedern op. 41.
Foto: Ullstein

umfangreichen Besetzung aber eine häufigere Aufführung. Kritiker behaupten auch heute noch, dieses Werk sei deshalb Rachmaninow so gut gelungen, weil er nur arrangiert, nicht komponiert habe! Melodie und Text ließe er nämlich von der Volksliedvorlage unverändert. Wie dem auch sei, mit den Liedern op. 41 haben wir eine seltene Komposition des Genres »Humor«, die Rachmaninow von einer ganz anderen Seite zeigt. Dies wird schon im ersten Lied deutlich! Trefflich das Thema in der Bassstruktur. Hier werden die vergeblichen »Liebesgefühle« eines Drachen zu einer Wildgans geschildert, als diese gemeinsam eine Holzbrücke über einen Fluss überqueren wollen. Die Bewegungen des »schmachtenden« Drachen sind schon optisch in diesem Beispiel nachzuempfinden. Ebenso die »Verzweiflung« des Drachens am Ende des Liedes in dem zauberhaften e-Moll-Akkord der Holzbläser, nachdem die Gans angsterfüllt davongeflogen war. Traditioneller das zweite Lied in der Grundtonart d-Moll: »O Wanka, du kühner Bursche«. Ein junges Mädchen beweint die körperliche und räumliche Abwesenheit ihres Geliebten mit Namen »Wanka«. Die Altstimmen-Chorpartie ist sehr melodiös gehalten und empfindet die textlichen »Seelenqualen« des jungen Mädchens musikalisch nach. Dies wird besonders am Schluss des Liedes deutlich, wenn die absteigende chromatische Linie des Chores vom ganzen Orchester nachvollzogen wird.

Im dritten Lied präsentiert sich der Chor zum ersten Mal dreistimmig und enthält ein kurzes Altsolo. Text- und Melodiegrundlage bildet auch hier wieder ein russisches Volkslied, das die Ängste einer verheirateten Frau thematisiert, die ihren Ehemann in seiner Abwesenheit mit dem Dorflehrer betrogen hatte: »Puder und Schminke«. Vollends wird sie von ihrem schlechten Gewissen überwältigt, als ihr der nichtsahnende Ehemann eine Seidenschnur (!) als Geschenk überreichte, nachdem er unerwartet von einer Reise zurückgekehrt war.

Die Idee zu den ersten beiden Liedern vermittelte Schaljapin, wohl beim Besuch des Ensembles des Moskauer Kunsttheaters in Amerika 1923, aber das dritte, »Puder und Schminke«, lernte Rachmaninow durch jemand anderen kennen, der ihn fast in ernste Schwierigkeiten gebracht hätte: Nadeshda Plewitzkaja (1884–1941?)! Die überaus attraktive Zigeunerin, verheiratet mit dem weißrussischen Skobolin, erinnerte Rachmaninow wieder an seine Jugendzeit, seine Vorliebe für Zigeuner und Zigeunermusik, wohl auch an die Affäre mit der Widmungsträgerin seiner 1. Sinfonie: Anna Lodizhenskaja!

Dass auch diese Frau verheiratet war, empfand Rachmaninow wieder nicht als Hindernis, aber diesmal war die Situation gefährlicher: Die gute Dame war nämlich zusammen mit ihrem Mann als Spionin auf die russischen Emigranten in Amerika und Europa vonseiten der Kommunisten angesetzt, und sie unterstand dem Begründer der russischen Geheimpolzei NKWD, Felix Dzierzynski, persönlich! Rachmaninow lernte die Sängerin im Februar 1926 anlässlich einiger Schallplattenaufnahmen – Ballade As-Dur op. 47 v. Frédéric Chopin, eine Auswahl aus den c-Moll-Variationen von Ludwig van Beethoven sowie eben des Liedes »Puder und Schminke« mit Nadesha Plewitzkaja – kennen und die angebliche Emigrantin verkehrte in diesen Tagen auch privat im Hause Rachmaninow. Dzierzynski verfolgte mit dem Spionageeinsatz zwei Dinge:

1. Er war durch das Ehepaar stets über Gedanken, Absichten und Unternehmungen der Emigranten gegen das Sowjetsystem unterrichtet und konnte rechtzeitig Gegenmaßnahmen im Inland ergreifen.
2. Verbindungen der Emigranten zu ihren Familienangehörigen in Russland – in diesem Falle also auch die Rachmaninows – waren durch diesen Spionageeinsatz jederzeit kontrollierbar. Gegebenenfalls ließen sich die in Russland verbliebenen Personen auch als Geiseln für politisches Wohlverhalten der Flüchtlinge einsetzen. Aus diesen Gründen verbot der NKWD-Chef auch eine Rückkehr des Ehepaares, forderte immer neue und intensivere Kontakte, selbst als das Paar in Frankreich enttarnt und die Gefahr der Gefangennahme bestand! Folgerichtig verliert sich die Spur der Sängerin ab 1941 in den französischen Gefängnissen. Von den Franzosen entlarvt, wird sie in den dreißiger Jahren verhaftet, aber ob sie von den Deutschen oder Franzosen hingerichtet oder im Gefängnis eines natürlichen Todes starb, ist nicht mehr zu ermitteln!

Rachmaninow enthielt sich zwar öffentlich aller Stellungnahmen zur politischen Situation in Russland, wohl auch mit Rücksicht auf seine Familienangehörigen – die Mutter lebte ja noch in Nowgorod! –, aber privat und im Kreis der Freunde wird sicher manches Wort über Russland und die dortigen Verhältnisse gesprochen worden sein. Auch Besuche aus der Heimat, z. B. die Stanislawskij-Truppe 1923, werden sich im Kreise der Freunde auf Locust Point offen über ihre

Ansicht der Dinge geäußert haben. Kamen solche Meinungen Dzierzynski zu Ohren, konnte es bei der Rückkehr für die betreffenden Personen übel ausgehen!
Doch wenden wir uns nun der zweiten, größeren Komposition aus jenen Tagen, dem 4. Klavierkonzert zu! Eine »Privataufführung« des Konzertes ist für den 29.8.1926 belegt, aber es zeigte sich schon damals, dass es bei weitem nicht die zwingende Logik seiner beiden Vorgänger hat. Eine Ausnahme bildet lediglich der zweite Satz, der durch seine melodische Eindringlichkeit besticht. Das Hauptthema desselben erinnert an das Hauptthema in Robert Schumanns Klavierkonzert a-Moll op. 54:

Die akustische Querverbindung zum amerikanischen Schlager »Three blind Mice« aber hat der Komponist immer energisch bestritten. Für den Autor dieses Buches fanden sich auch bis jetzt keine schlüssigen Beweise für eine aktive Auseinandersetzung Rachmaninows mit der amerikanischen U-Musik.[10] Formal versucht Rachmaninow im ersten Satz dieses Konzertes wieder an den rhapsodischen Beginn des 2. Klavierkonzertes anzuknüpfen. Leider bleibt der Gedankengang in den neuen Kompositionen zu konturenlos, zu faserig. Die logische Entwicklung findet nicht statt. Die Überleitung vom zweiten zum dritten Satz erinnert wiederum an die eruptiven Ausbrüche der Scherzo-Introduktionen der beiden Klavierkonzerte c-Moll und d-Moll:

Vergleichbar mit dem Tanzthema aus dem letzten Satz von Franz Schuberts letzter Klaviersonate B-Dur op. posth. wird aber auch der Gedankengang im 3. Satz des Klavierkonzertes jäh von Quintolen, hier durch die Violen gespielt, sowie von synkopierten Nonen (!) abgebremst. Eine Metapher für den Komponisten und sein Innenleben während der Jahre im Exil? Das Konzert zeigt deutlich die Nahtstelle im Schaffen Rachmaninows: der rhapsodische Stil der Spätwerke wird bereits offensichtlich, aber das Werk selbst ist noch ganz den Strukturen seiner Vorgänger verhaftet. Ungeduld zeigt sich über diesen Widerspruch deutlich, der Komponist bleibt mehr und mehr in rein technischen Problemen stecken, der rhapsodische Klavierpart verspricht mehr, als er halten kann. Gezwungenermaßen kehrt der Komponist zur herkömmlichen Konzertform zurück, die Gedanken verlieren sich, der lange Atem fehlt, das abrupte Ende des ersten Satzes ist Verzweiflung. Zugegeben, Schwachstellen gibt es auch in den Werken ›viel gewichtigerer‹ Komponisten, aber vergleicht man nur die Exposition des zweiten Klavierkonzerts mit der des vierten, so fällt es einem schon schwer zu glauben, dass beide aus der Feder des gleichen Komponisten stammen. Die Fragmente der Themen im ersten und zweiten Satz eignen sich durchaus für Préludes, nicht aber für die große sinfonische Form. Hier wirken sie hilflos, trotz bemerkenswerter rhythmischer Veränderungen, die – vom pianistischen Standpunkt betrachtet – äußerst interessant sind. Viele Anklänge – vor allem an Frédéric Chopin und Jean Sibelius bei den langsamen Seitenthemen –, aber keine Kraft, kein Impuls. Selbst das neue Thema, nach der Klimax im ersten Satz sehr chromatisch eingeführt, ergibt keine Verbesserung.

Der Uraufführung am 18. März 1927 in Philadelphia, mit dem Komponisten als Solisten sowie Leopold Stokowski am Pult, folgte auch sofort eine hektische Arbeitsphase. Vor allem, das Konzert war einfach zu lang, besser gesagt, zu langatmig. In einem Brief vom 9. September 1926 an Nicolaj Medtner – dem das Konzert gewidmet ist und der gleichzeitig an seinem 2. Klavierkonzert c-Moll op. 50 arbeitete, das er im Gegenzug Rachmaninow widmet – schrieb Rachmaninow scherzhaft:

... das Konzert müsste wohl ähnlich »dem Ring« an mehreren aufeinanderfolgenden Abenden aufgeführt werden. Dabei erinnerte ich mich wieder unserer Gespräche bezüglich der Länge einer Aussage sowie der Notwendigkeit, sich kurz zu fassen und nicht redselig zu werden. Angesichts meines Konzertes muss ich mich nun schämen! Offensichtlich liegt das Grundübel im 3. Satz. Was habe ich dort alles an Material angehäuft! In Gedanken begann ich schon nach Schnitten zu suchen. Einen habe ich schon entdeckt, aber nur für acht Takte, und diese wiederum befinden sich im 1. Satz, der mich, jedenfalls bezüglich seiner Länge, nicht erschreckt. Zusätzlich aber stellten meine »Augen« beim Überfliegen der Partitur fest, dass das Orchester fast überhaupt nicht schweigt, was ich für eine große Schwachstelle halte. Die Komposition ist kein Konzert für Klavier, sondern eines für Klavier und Orchester zu gleichen Teilen. Außerdem bemerkte ich, dass das Thema des 2. Satzes dem Thema des 1. Satzes des Schumannkonzertes entspricht. Warum haben Sie mir dies nicht mitgeteilt? Ich stelle noch so vieles fest, mehr, als ich aufschreiben kann. Darüber werde ich Ihnen Ende Oktober beichten ...[11)]

Gerechterweise muss aber dem Konzert zugute gehalten werden, dass es in keiner Weise dem düsteren Stil Rachmaninowscher ›Spätromantik‹ verhaftet ist, sondern auffallend helle, kräftige Farben zeigt, aber eben nicht den Impetus des zweiten und dritten Konzerts besitzt, sondern facettenhaftes Zitat beider bleibt! Rachmaninow sah die Schwächen, hatte aber keine Zeit und keine Ruhe, selbst die Fehler auszubessern: Pianist und Geschäftsmann forderten ihren Tribut. Im Juli 1927 bat er daher seinen Freund Julij Konjus, Komponist und Geiger, in Paris um Hilfe. Dieser sollte alle Korrekturen in die Orchesterstimmen eintragen, wofür dem Komponisten die Zeit fehlte.[12)] Am 28.7.1927 schrieb Rachmaninow diesbezüglich aus Dresden an Konjus:

Nachdem ich nun eineinhalb Monate hart gearbeitet habe, sind die Korrekturen an meinem Konzert beendet. Ich schicke das ganze Material nach Paris und hoffe, dass du, wie versprochen, alle diese in die ein-

4. Klavierkonzert – 1. Satz
Auszug aus der Partitur

4. Klavierkonzert – 1. Satz
Auszug aus der Partitur

zelnen Stimmen überträgst … die ersten Takte sind gestrichen und ebenso die Coda.[11]

Aber auch nach dem Erscheinen der Komposition im eigenen *TAIR*-Verlag und einigen Aufführungen im Jahre 1929 ergab sich immer noch kein befriedigendes Resultat. Rachmaninow zog deshalb das Werk zurück, bis er Zeit hatte, eine nochmalige Überarbeitung vorzunehmen.[13]
Die Kritiken der Uraufführung waren ebenfalls dementsprechend vernichtend! *New York Herald Tribune, World, Telegram* lassen sich in dem Satz Glasunows aus den Tagen der 1. Sinfonie zusammenfassen: »viel Gefühl, aber wenig Sinn!«
Pitt Sanborn, der schon 1920 die Chorsinfonie »Glocken« verrissen hatte, warf Rachmaninow jetzt sogar Betrug vor! Am 23.3.1927 stellte er in seiner Kritik fest, dass das Werk kompositorisch ein Konglomerat der Musiken von Liszt, Puccini, Chopin, Tschaikowskij sei, gewürzt mit einem Schuss Mendelssohn, pianistisch aber ein Griff in die Trickkiste![14] Solche Kritik traf Rachmaninow abermals, wie damals bei seiner 1. Sinfonie, schwer und nagte am Selbstverständnis des Musikers.
Seit diesem Klavierkonzert sollte Rachmaninow bis zum Tode bei Kompositionen keine eigenen Motivstrukturen mehr verwenden, sondern nur noch der Variationsform mit vorgegebenen Themen huldigen. Die Kraft der ureigenen Schöpfung war gebrochen: ein Tribut an das Exil und den Pianistenberuf!
Vom Januar bis April 1927 musste Rachmaninow wieder 34 Konzerte für die Haushaltskasse geben, zudem noch weitere Schallplatten bei Victor Company einspielen. In der Zusammenarbeit mit der Firma kam es aber zu einer richtungweisenden Änderung: Eldrige Johnson, der Chef des Schallplattenkonzerns, verkaufte im selben Jahr seine Firma an ein Bankkonsortium, das wiederum das Unternehmen an die Rundfunkgesellschaft RCA – Radio Corporation of America – weiterveräußerte. Da Victor Company mit »His Masters Voice« in Europa kooperierte, konnte Rachmaninow seine Werke in Europa und Amerika gleichzeitig platzieren. Jetzt kam noch die Möglichkeit der Vermarktung und Werbung durch den Rundfunk hinzu! Diese Variante nützte Charles Foley auch gleich zu neuen Produktionen seines Schützlings aus: Da er neben Rachmaninow auch Fritz Kreisler unter Vertrag hatte, arrangierte er eine Reihe von Schallplattenaufnahmen mit beiden Künstlern im Bereich der Kammermusik!

So entstehen im Frühjahr des Jahres 1927 die Aufnahmen der Violinsonate G-Dur op. 30/3 von Beethoven, Griegs Violinsonate No. 3 C-Dur op. 45 sowie das Grand Duo A-Dur von Franz Schubert. Dann allerdings hatte der Geiger von der Zusammenarbeit genug! Der Grund? Nun, Rachmaninow war für Kreislers sehr bohemienhafte Interpretationsauffassung zu kritisch, zu genau! Kreisler musste in seinen Augen zu viel Zeit, Mühe und Geduld aufwenden, da Rachmaninow ständig Verbesserungen und Neuaufnahmen forderte! Leider wurden die meisten der Probeaufnahmen anschließend vernichtet!

Die Saison 1927/28 wird in zweierlei Hinsicht für Rachmaninow bemerkenswert:

1. Am 22.4.1928 gab er wieder ein Wohltätigkeitskonzert für die Kriegsopfer in Russland: Der Reinerlös, 4.635 Dollar, wurde in der *New York Times* am 29. des Monats mit genauer Abrechnung veröffentlicht! Genauso hatte er bei seinen »Kriegskonzerten« in Russland gehandelt! Nicht der Hauch des Schattens eines Verdachtes sollte auf solche Hilfsaktionen fallen und zudem seine persönliche Beziehung zu Russland immer bestätigen.
2. Am 23.2.1928 sollte der junge Horowitz Rachmaninows 3. Klavierkonzert zum ersten Mal mit den New Yorker Philharmonikern unter Walter Damrosch spielen. Felix Blumenfeld hatte den Mann bereits Rachmaninow brieflich ans Herz gelegt, seit 1921 konzertierte dieser in Russland und mit dem Konzert No. 1 in b-Moll op. 23 von Peter Tschaikowskij hatte er mittlerweile auch in Amerika für Aufsehen gesorgt. Nun ist Rachmaninow zu einem persönlichen Treffen in New York bereit. Noch vor dem Konzert verabredeten sich beide Künstler in den Verkaufsräumen von Steinway & Sons und produzierten sofort einen Massenauflauf: Alle Klavierenthusiasten wollten die beiden Künstler sehen und ihrer Arbeit lauschen. Hinterher gab sich Horowitz einsilbig und bemerkte nur, Rachmaninow habe zu seinem Spiel nicht viel zu sagen gehabt, Rachmaninow dagegen äußerte sich nur im engeren Kreis bewundernd über das technische und musikalische Potenzial des jungen Pianisten. Wie dem auch sei, beide werden bis zu den letzten Tagen Rachmaninows eine enge Freundschaft pflegen. Horowitz wird Hausgast bei Rachmaninow, später auch Nachbar, und von ihrem regelmäßigen Kammermusizieren, dem Spiel zu vier Händen, schwärmte am 15. Juni 1942 Sergej Bertensson:

Es ist unmöglich, meinen Eindruck von diesem Ereignis in Worte zu fassen. Sowohl Ausdruckskraft als auch unerhörte Freude spürten die Zuhörer im Spiel der beiden großen Klaviervirtuosen, und jeder der Anwesenden war sich bewusst, dass er Zeitzeuge einer wahrhaft überwältigenden Kunstdarbietung geworden war.[15)]

Das Programm dieses Abends bestand übrigens aus Werken Mozarts – Sonate F-Dur für zwei Klaviere und Konzert D-Dur – sowie Rachmaninows zweiter Suite!

Den Sommer 1928 verbrachte die Familie, wie auch in den folgenden Jahren 1929–1931, in Frankreich, zuerst in Villers-sur-Mer, vier Stunden von Paris entfernt, nicht weit von den Freunden, u. a. auch von Nicolaj Medtner, aber dann endgültig in Clairefontaine, 35 Meilen von Paris entfernt, unweit des Sommersitzes des französischen Staatspräsidenten Rambouillet. Hier gelang den Exilanten noch einmal, einen Hauch jener Atmosphäre wieder aufleben zu lassen, die Iwanowka in Rachmaninows Erinnerungen unsterblich gemacht hatte: Man traf sich unter Freunden und Kollegen gleicher Nationalität, besuchte sich, diskutierte, komponierte und übte. Diese »wahrlich« russische Atmosphäre beschrieben die Swans wohl am besten, als sie 1930 Rachmaninow besuchten:

Das schlossartige Gebäude, »le Pavillon«, von der Straße geschützt durch einen handgeschmiedeten Eisenzaun, eignete sich hervorragend für die ganze Breite russischer Lebensgewohnheiten, die sich in den freundlichen Zimmern abspielten, die wiederum genau die richtige Größe hatten, um behaglich zu wirken. Die breiten Stufen führten von der offenen Veranda in den Park. Die Aussicht war wundervoll! Ein unverfälschtes Grün an der Vorderseite des Hauses, hinter Sträuchern ein Tennisplatz verborgen. Breite Sandwege, gesäumt von riesigen alten Bäumen, führten in das Herz des Parkes zu einem großen Weiher. Die ganze Anlage glich sehr der eines russischen Landhauses. Der Park des Pavillons grenzte an die Sommerresidenz des französischen Staatspräsidenten. Ein kleines Gatter führte in unermessliche Jagdgründe: Pinienhaine, bewohnt von Kaninchen! Rachmaninow liebte es, unter den Pinien zu sitzen und dem Spiel der kleinen Nagetierchen zuzusehen. Am Morgen war der große Tisch im Esszimmer für das Frühstücksbüffet vorbereitet. Wie auf dem Lande in Russland üblich, gab es Tee mit Sah-

ne, Schinken, Käse und hartgekochte Eier. Jeder nahm, so viel er wollte. Es gab keine festen Zeiten für das Frühstück. Pasha, das russische Hausmädchen, war immer anwesend. Sie betrachtete sich als Teil der Familie, wünschte mit breitem Lachen jedem einen guten Morgen und sagte: »Bitte, bedienen Sie sich selbst!« …[16)]

Nach dem gleichen Bericht beendete anlässlich des Frühstückes Rachmaninow stets seine ersten Morgenübungen am Klavier, da er Frühaufsteher war. Beim Tennisspiel allerdings blieb er meist nur Zuschauer, beobachtete das Match und freute sich über Streitigkeiten oder Diskussionen über Spiel sowie Spielausgang. Auf diesem Landsitz konnte er sich erholen, fühlte sich geborgen, »schaltete ab«, war Familienvater und großzügiger Gastgeber, charmanter Plauderer und Geschichtenerzähler. Zum engsten Freundeskreis gehörten hierbei Michail Tschechow, der Neffe des großen Dichters,[17)] Fjdor Schaljapin mit Söhnen, sowie mit einiger persönlicher Distanz die Brüder Medtner (vgl. Kap. VIII).

Wie wichtig für Rachmaninow diese Rekreationsmonate selbst waren, hat er immer wieder in Briefen betont:

… Ich führe ein mustergültiges Leben: mache Gymnastik, spaziere viel und gehe frühzeitig zu Bett. Zudem trinke ich Milch und rauche nur noch »stündlich«, d. h. weniger, beachtlich weniger als in früheren Tagen. Ob meine Ratio dafür ausreicht, diese Lebensführung beizubehalten, kann ich nicht behaupten, aber ich werde mich bemühen! Zumindest gibt es hier erste Resultate. Ich esse und schlafe mehr und der Kopf schmerzt seltener …[18)]

Allerdings hinderte ihn dieser Vorsatz nicht, bei seinem Privatsekretär, an den die Zeilen gerichtet waren, gleich noch 1.000 (!) Zigaretten zu ordern! Sicherlich war Rachmaninow immer ein starker Raucher, auch in Russland, aber seit Beginn der Pianistenkarriere hat sich der Konsum gewaltig gesteigert, der auch zur eigentlichen Todesursache führen wird. Immer wieder lesen wir in Aufträgen an seinen Privatsekretär Somow von neuen Zigarettenspitzen oder Mundstücken, da Rachmaninow diese in Hektik und Nervosität zerbiss! Der Pianist bevorzugte nämlich meist filterlose Zigaretten!

Im September 1928 begann er, nach Zwischenaufenthalt in Dresden bei seinen Schwiegereltern, zum ersten Mal nach dem Krieg wieder

eine große Europatournee mit 26 Konzerten in fast allen größeren Städten des Kontinents, davon drei allein in Berlin. Das *8-Uhr-Abendblatt* konstatierte ihm bei seinem Klavierabend am 9.11.1928 ein atemberaubend langsames (!) Tempo bei einem Nocturne, und dass er dabei noch die Spannung innerhalb des Werkes habe halten können, weise ihn als wahren Dichter am Klavier aus. Wie war das noch mit der Tempofrage? Es kommt auf die Relation und das Grundmetrum an, die Vorwürfe zu rascher Tempi treffen nicht immer zu. Interessant auch die beiden Konzerte am 11./12. November mit den Berliner Philharmonikern. Diesmal standen sein drittes Klavierkonzert auf dem Programm und Wilhelm Furtwängler am Pult! Eine Aufzeichnung wäre hiervon mehr als interessant. Beide müssten bezüglich ihrer unterschiedlichen Tempoauffassungen und -relationen eine bemerkenswerte Interpretation zu Wege gebracht haben. Die deutsche Kritik reagierte ähnlich der anglo-amerikanischen, aber etwas dezenter: Adolf Weißmann bezeichnete in der Zeitschrift *Die Musik* Rachmaninow als Vollender einer vergangenen (!) Pianistik!
Als Rachmaninow die Tournee am 2.12. in Paris beendete, drohte jedoch neuer Ärger, und der war hausgemacht!
Briefe sind eine Möglichkeit, Gefühle, Gedanken, Impulse von Menschen zu entschlüsseln, die Werke bei Komponisten eine zweite. Beide wurden im Verlauf unseres Skizzenversuches bezüglich der Person »Sergej Rachmaninow« ausführlich benützt. Eine dritte bietet sich uns im Bereich eines Interviews für eine Zeitung.
Dieses nun folgende Interview, in fast voller Länge wiedergegeben, wurde am 20. Mai 1928 in London von Lyle Watson[19)] mit dem Komponisten geführt. Der erste Kontakt zwischen beiden war bereits 1922, nach Aussage von Watson, geknüpft sowie 1924/26 vertieft worden:

Als ich das Hotel betrat, nahm der Page wie üblich meine Visitenkarte in Empfang und kehrte bald darauf zurück, um mich sofort zur Suite des Komponisten zu führen. Wie gewöhnlich lag diese ziemlich abgeschirmt im Rückgebäude des Hotels.
Zuerst entwickelte sich die Unterhaltung belanglos. Wir sprachen über das schreckliche Wetter: in jenen Maitagen herrschte ein zäher, feuchtkalter Nebel über London. Ich sah mit Weltuntergangsmiene auf die graue, feuchte Nebelbank vor dem Fenster.
»Mein Gott«, begann er das Gespräch, »war das letzte Nacht ein Regen«,

und spreizte in hoffnungsloser Ergebenheit die Hände, ein dünnes Lächeln umspielte seine Mundwinkel.
»Es war heute Morgen so freundlich, als ich das Haus verließ«, antwortete ich ehrlich und verzweifelt, »herrlichster Sonnenschein, und die Vögel sangen«. Seine Augen blitzten bei diesen Worten vor Vergnügen auf. »Dies liebe ich an eurem England – das satte Grün. Nichts ist damit vergleichbar, und erst die angenehme Frische des englischen Frühlings! Letztes Jahr, als ich für eine Behandlung hierher kam, zu einem Arzt in der Harley Street meiner Arme wegen, fuhren wir in meinem Wagen (Autofahren war ja für viele Jahre eine bevorzugte Erholung für mich) von Plymouth aus. Es war ein wunderbarer Tag, das frische Grün, die liebenswerte Blumenpracht des Frühlings.« Bis zu diesem Zeitpunkt hatte ich die Verklärung seiner Gesichtszüge nie bemerkt, obwohl ich wusste – und seine Musik beweist es – wie tief er Natur, Blumen, Vögel liebte, alle visuellen und akustischen Wahrnehmungen des Landlebens, offensichtlich auch des englischen.
Der Gesprächsfaden zog sich nun zu einer längeren Diskussion hin, die sich um Apfelblüten und deren gärtnerische Pflege rankte. Sodann folgte ein Diskurs über Nachtigallen, die nur in besonders »verzauberten« Nächten sängen. Für einen längeren Augenblick vergaß ich den Zweck meines Besuches und erinnere mich nur an das helle Leuchten in seinen Augen, das zu Gesprächsbeginn seine Ausführungen begleitete. Sicherlich dachte er bei seinen Anmerkungen zum Thema Natur an mein ruhig gelegenes Haus weit draußen auf dem Lande. Und als ich ihm erklärte, dass mein Arbeitszimmer im abgelegenen, alten Teil des Hauses läge, und dabei noch, abgeteilt, einen ländlichen Schlafraum im Tudorstil aufweise, sagte er: »Ah, Sie können dort arbeiten, in diesem Frieden, und bei solch einer Ruhe!« – Ein Schatten flog scheinbar über sein Gesicht angesichts seines verlorenen Arbeitsasyls, seines verlorenen Gutes Iwanowka, wo er »Friede und Ruhe« gehabt hatte, aber diese Bedingungen in New York für seine aussagekräftigen Werke nicht mehr fand. »Wie auch immer«, fuhr er fort, »ich kann mir nicht vorstellen, was das eigentlich ist, das England so erfrischend grün werden lässt.«
»Vielleicht unsere Symbiose zwischen Nebel und Feuchtigkeit«, antwortete ich lachend, wobei mich ein leichtes Amusement erfasste, wie sehr mich doch das Wetter in der Stadt veranlasste, mich mit einer Angelegenheit nationalen Stolzes zu befassen.
Er schüttelte sein Haupt. »Es könnte sein«, sagte er. »Aber in Amerika und Russland? In Russland gibt es Vergleichbares – den gelben Blüten-

staub.« »Haben Sie noch eine Mietwohnung in New York?« »Ja! Sie sehen, ich bin so mit Reisen beschäftigt! Es ist absurd!« »Ich dachte, Sie hätten vielleicht einen ständigen Wohnsitz gefunden, außerhalb, auf dem Lande?« »Nein!« »Aber Sie sind jetzt auch selbst von Ihrem Wechsel nach Amerika überzeugt?« Ich erinnerte mich meines persönlichen Eindruckes im Jahre 1922, als er ein völlig Fremder in einem fremden Land schien. Er blickte mich mit seinem unbeschreiblichen Sphinxlächeln an, als er antwortete: »O ja, es ist dort sehr angenehm, und wie Sie wissen, ist auch meine Familie bei mir.« »Halten Sie die Amerikaner für musikalisch?« »Natürlich, sie sind gute Kenner der Musik. Sie haben aber auch die besten Künstler in ihrem Land. Und sie haben das nötige Geld, um diese Künstler auch im Lande halten zu können.« »Es ist dort nicht leicht, sein Brot zu verdienen, besonders für Künstler?« »Richtig! Nur die größten und besten von ihnen können Erfolg haben. Und dieser Konkurrenzkampf wird schärfer und schärfer! Die Dinge – Konzerte und Klavierabende – müssen in einem großen Rahmen stattfinden, denn Impresarios sind nicht an kleinen Dingen interessiert. Ich will Ihnen ein Beispiel geben. Ein Agent bat mich, ihm einen guten Sänger zu empfehlen. Ich erfüllte den Wunsch und verlangte ein Honorar von 300 Dollar für diesen. Der Agent lehnte ab und sagte: »Bringen Sie mir jemanden, der 3.000 Dollar haben will, und es wird sich für mich auszahlen.« Die Tatsache war einfach, der Agent wollte oder konnte keine gute Vorarbeit leisten und nur bei einer todsicheren Sache mit einem großen Künstler und großem Aufwand seinen Profit einstreichen.«

Ich bemerkte hierzu: »Sie (die Amerikaner, Anm. E. R.) *verwechseln offensichtlich Künstler mit Geschäftspartnern?« Hierauf gab Rachmaninow keine klare Antwort. Ich fragte ihn bezüglich der Orchester: »Das Philadelphia Orchestra unter Stokowski ist vielleicht das beste. Sie spielen wie aus einem Guss!« Er bejahte begeistert. Dann, bei diesem Punkt, ohne ersichtlichen Grund, kamen wir auf einige wohlbekannte Einzelerscheinungen in unserem Konzertleben zu sprechen, die »Proms«, eine Serie von Konzerten, für die er ebenso wie für deren Organisator das lebhafteste Interesse zeigte, obwohl er nie innerhalb dieser Reihe auftrat oder auch nur den Wunsch verspürte, dieses zu tun. Aber er betrachtete sie als Barometer, als wichtigen Faktor im Musikleben unseres Landes. An anderer Stelle sagte er: »Es ist schwierig für einen Künstler in Amerika, viel schwerer als hier.« »Sie meinen die geographischen Entfernungen?« »Ja.«*

»Ist Ihr Publikum in Amerika auch so dankbar wie das gestrige in der

Queen's Hall?« – »Vier Zugaben waren erbeten und gegeben worden, und wenn es möglich gewesen wäre, würden sie jetzt noch das Podium umlagern.« »O ja, sie sind für gute Musik sehr dankbar.« »Welche Gesellschaftsschichten sind dort am dankbarsten?« Rachmaninow dachte eine Weile nach, ehe er antwortete: »Ich will Ihnen ein Beispiel von mir selbst erzählen und von einem … anderen großen Künstler, keinem Pianisten mit weltbekanntem Namen, der aber ein sehr enger Freund von mir ist. Bei meinen Klavierabenden sind die billigsten Plätze sofort vergriffen, und dann schrittweise die nächst teueren, die teuersten zuletzt. Bei … ist es genau umgekehrt; die teuersten sind zuerst vergriffen. Am Ende sind beide ausverkauft. Aber für mich ist dies sehr angenehm. Ich will mich nicht selbst rühmen, aber es ist sehr schön zu wissen, dass die wirklichen Musikliebhaber, für die es oft schon schwer genug ist, den billigsten Platz zu bezahlen, so schnell Karten für mein Konzert kaufen.«
»Sie meinen«, sagte ich, »dass hier wie dort Musik oft nichts anderes ist, als ein Amusement der Wohlhabenderen, der leistungsbewussten Klasse?« Er gab mir darauf keine Antwort, lächelte aber geheimnisvoll. Ich gab eine Bemerkung von Mme. de Greef zum Besten, die mir einst antwortete, als ich sie fragte, wo ich sie wohl bei den Promenaden (»Proms«) finden würde: »Unten auf der Promenade natürlich; zwischen den wirklichen Musikliebhabern!« Rachmaninow war sehr erheitert darüber und stimmte voll mit der Ansicht überein. Musikgenuss war für ihn klassenlos, ebenso echtes Musikverständnis!
Dann kam er auf ästhetische Gesichtspunkte zu sprechen: »Sagen Sie mir, Herr Lyle, lesen Sie sich die Notentexte meiner Werkauswahlen der Klavierabende vor dem Besuch durch?«[20] *»Sicherlich«. »Und spielen Sie sich die Werke auch zuvor durch?« »Mehr oder weniger«. »Nun, als Sie sich das Chopin-Rondo (op. 16) durchlasen, war dies für Sie Neuland oder nicht?« »Natürlich. Ich gebe zu, ich habe es mir niemals zuvor durchgelesen oder im Konzert gehört.«*
Rachmaninow lächelte amüsiert: »Das ist es! So viel gute Musik der Meister ist unbekannt! Dieses Rondo ist nicht der beste Chopin, sicher! Aber ich schätze dieses Werk wegen seines Seitenthemas. Sie lagen damit Ihrer Vermutung in der Kritik sehr richtig.« »Was ich auch nachdrücklich angemerkt habe«, bemerkte ich, zustimmend. »Sie besitzen eine besondere Gabe dafür, Kompositionen zu entdecken, die es wert sind, gespielt zu werden, aber niemals zuvor gehört wurden«, fuhr ich fort. Er lächelte und antwortete auf meine Bemerkung bezüglich der »Fantasia quasi Sonata«[21] *von Franz Liszt: »Natürlich, dies ist nicht*

der bekannte Liszt. Aber sie ist ein guter Einfall und durchaus wert, gespielt zu werden. Einmal gab ich ein Programm mit vier Beispielen der ›Fantasia quasi Sonata‹. Zuerst Beethoven …« »Die Mondschein?«, fragte ich dazwischen. »Ja, dann Chopin, diesen Liszt und Skrjabin. Es war für mich als Interpret sehr interessant, die verschiedenen Stile zu vergleichen.« Rachmaninow glaubte ferner nicht daran, dass das Radio für einen ausübenden Musiker eine Möglichkeit musikalischer Ausdrucksfähigkeit darstelle. Er hatte Angebote von Rundfunkanstalten abgelehnt, hier und in Amerika, da er das Ergebnis für unkünstlerisch hielt, da diese Aufnahmen nicht den wahren Klangausdruck wiedergäben.[22)] *»Die Radiobesitzer hören Musik, obwohl sie nicht bei einem Konzert dabei sind, und hören unter Umständen solche Nebengeräusche und Klangverfälschungen, dass sie zu dem Schluss kommen: ›Warum sollen wir zu einem Konzert dieses Pianisten gehen, wenn er so spielt?‹ Nein, dies ist keine wahre Kunstübermittlung. Nun, mit der Schallplatte verhält es sich anders. Die neuen elektronischen Aufnahmen sind einfach wundervoll, ich meine die H. M. V.-Aufnahmen in großen Konzerthallen. Der Eindruck der Klangqualität ist einfach überwältigend.« »Mit diesen Aufzeichnungsmöglichkeiten – sicherlich«, musste ich eingestehen und fragte ihn, ob er die Aufnahme der Neunten Sinfonie von Beethoven bei der Columbia kenne, in der die sonst in Produktionen sehr heiklen Pauken besonders klangvoll herauskämen. Er kannte sie nicht, zeigte sich aber sehr interessiert.*

Im Laufe des Gesprächs kam ich wiederum auf die Möglichkeiten des Radios zu sprechen, sogar als Propaganda für gute Musik, wie ich meinte, als ein Weg, das Niveau und das Verständnis für ernste Musik beim Publikum zu heben. Er stimmte damit durchaus überein, blieb aber bei seiner oben erwähnten Ansicht, die allein auf dem ästhetischen Standpunkt, die technischen Mängel betreffend, fußte …

Dieses Interview zeigt uns manchen Charakterzug Rachmaninows. Zuerst, er war in Amerika musikalisch und beruflich kein Traumtänzer, versponnen in seiner eigenen Welt, sondern beobachtete scharf seine Umwelt und deren Reaktionen.

Zudem versuchte er sich in die neue Gesellschaft einzupassen, die so gänzlich dem »big business« verschrieben war, keine spätbürgerlichen oder aristokratischen Züge zeigte, ihm das Verhalten eines kalkulierenden Geschäftsmannes aufzwang, ihn zum »Plutokraten« machte, wie er selbst schrieb.

Zwar umgab er sich in allen Lebensbereichen bis ins Detail mit Landsleuten, aber er wusste wohl auch, eine Rückkehr nach Russland war unmöglich. Trauer darüber half nicht. Auch wäre das Russland des Jahres 1928 nicht mehr das Russland der Jahre vor 1914, sein damaliges Arbeits- und Lebensfluidum.
So tritt uns in diesem Interview ein Mann mit gespaltener Persönlichkeit entgegen. Zum einen der Komponist, dessen ganzes Weltbild sich im 19. Jahrhundert befand, ein Romantiker, der sensibel auf die Umwelt reagierte, der Aristokrat und Großbürger, der sich möglichst im Einklang mit seinen Zeitgenossen als Kulturträger verstand. Zum anderen der richtungweisende, kühle, sachliche Interpret der »Moderne«, der, fast ohne Romantizismen, allein dem Notentext mit höchster technischer Perfektion zur Geltung verhalf, der Sachwalter der alle Zeitepochen umspannenden Repertoires, der technische Tüftler, der realistische Geschäftsmann, der die Gefahren der Massenmedien erkannte, der nicht publicityscheu, wohl aber distanziert seiner Umwelt gegenüberstand und mit »understatement« sich in seine Kunst einbrachte.
Rachmaninow vertrat damit ganz die neue »business class« unter den Musikern, die ihren »Job« verrichteten, privat unauffällig, keine »Extravaganzen« romantischer Selbstbefreiung, keine Selbstdarstellung wagnerischer Produktion. Er hätte in der mittleren Chefetage eines Industriekonzerns seine Aufgaben ebenfalls erfüllen können.
Dieses Interview war während der Tournee sowohl in Amerika als auch in Europa erschienen und sorgte für entsprechenden Wirbel! Zum einen brachte es seine neuen Geschäftspartner, die RCA, gewaltig in Rage, wenn er ihr ureigenstes Medium schlecht machte, ein »Nestbeschmutzer« sozusagen! Zum anderen standen auch Kollegen und Freunde gegen ihn, lebten doch die Musiker in jenen Tagen nicht schlecht vom Medium Rundfunk, vom pädagogischen Wert desselbigen zur besseren Hörerziehung sowie zur sozialen Komponente der Verfügbarkeit »guter« Musik für jedermann, besonders für die Finanzschwachen, von der auch Rachmaninow selbst ausging, gar nicht zu reden. Selbst Walter Damrosch, Dirigent so vieler Konzerte mit Rachmaninow seit dessen erster Amerikatournee, verstand den Komponisten und Pianisten nicht mehr. Am 23.12.1928 warf er Rachmaninow in der *New York Times* Ignoranz, ja sogar Geschäftsschädigung vor. Aber war es wirklich Ignoranz? Der Autor dieser Biografie möchte es verneinen, zumal, wenn wir das ganze Interview gelesen haben. Viel-

mehr hatte Rachmaninow mal wieder mit seinem Angstsyndrom zu kämpfen. Oft hatten wir bisher von Krämpfen, Schmerzen, Verkrampfungen der Hände und Arme gelesen, wenn er über Konzerte berichtete oder Entschuldigungen für die Absage von Konzerten suchte. Selbst bei Dirigaten lesen wir von Muskelkontraktionen und die später so oft beschriebenen Rückenschmerzen während der Konzerte sind auch nur verstärkte Verspannungssymptome.

Die konsumhafte Haltung, die Passivität des Zuhörers durch das Medium Rundfunk sind kein Argument, zumal Rachmaninow andererseits das Medium Schallplatte intensiv pflegte und als Zusatzeinnahme sowie Werbemaßnahme für die eigenen Konzerte sehr schätzte. Nein, hier geht es um ein altes Phänomen der mangelnden Souveränität, des Beharrens auf einem einmal gefassten Standpunkt, um die Unwiderrufbarkeit eines einmal gespielten Tones. Schon als Kind hatte er sich immer wieder der Autorität anderer, zumeist älterer Vorbilder gebeugt, Kritiken meist widerspruchslos akzeptiert – zumindest offiziell –, oft geradezu ängstlich vermieden, zu irgendeinem Sachverhalt, sei er politisch oder musikalisch, einen festen Standpunkt zu vertreten! Was man im alltäglich Leben als Diplomatie auslegen konnte, erwies sich bei Rundfunkübertragungen als Horror. Schon bei Schallplattenaufnahmen berichtete er von Verkrampfungen der Hände, sobald das Signal zur Aufnahme ertönte, und die Schallplattenfirmen installierten ihm zuliebe ein optisches Signal, eine Lampe, um den Zustand der Hypernervosität zu mildern. Dabei gab er in dem Interview selbst zu, dass die neuen Aufnahmetechniken mit beliebigen Wiederholungsmöglichkeiten für ihn eigentlich positiv gegenüber Konzerten seien. Umgekehrt muss man einräumen, ein Konzert entschwindet rasch aus dem Bewusstsein des Publikums, wobei selbst die Besucher des größten Konzertsaals immer nur einen kleinen Ausschnitt der ansässigen Bevölkerung darstellen. Das Medium Rundfunk erreicht hundertmal mehr Menschen und bietet mehr Möglichkeiten konzentriert zuzuhören, zumal subjektive Empfindungen, wie z. B. der visuelle Anblick des Künstlers, Atmosphäre des Konzertsaales und wechselnde Akustik auf verschiedenen Sitzplätzen, die einen Höreindruck verfremden könnten, fehlen. Ein »Warmspielen« des Künstlers, ein langsames Hinführen des Publikums an Form und Inhalt der Programme sind aber bei Rundfunkübertragungen nicht möglich, der Künstler muss sofort, aus »dem Stand« sozusagen, präsent sein! Diese Abneigung vor diesen »Livesendungen«

hielt sich bei Rachmaninow bis zu seinem Lebensende. Alle seine Konzerte, die der Rundfunk in den USA angeblich »live« übertrug, waren »Potemkinsche Dörfer«, denn Rachmaninow bestand darauf, dass statt seiner realen Darbietung nur »Konserven« gesendet wurden, eigene Schallplatteneispielungen der Werke, die auf dem Konzertprogramm standen. Dieses heute übliche »Playback«-Verfahren bei TV-Produktionen erlebte einen grotesken Höhepunkt am 5. Oktober 1938, als die BBC ein Jubiläumskonzert von Sir Henry Wood aus der Royal-Albert-Hall in London übertragen wollte. Der Dirigent hatte sich für dieses »Mammut-Konzert« mit Werken von Bach, Händel, Beethoven, Wagner, Bax, Elgar, Sullivan und Vaughan Williams Sergej Rachmaninow als einzigen Solisten mit dessen 2. Klavierkonzert gewünscht. Durch Rachmaninows hartnäckige Verweigerung der Erlaubnis zur Übertragung seiner Darbietung ergab sich für den Rundfunkhörer die absurde Situation, dass er Zweidrittel des Konzertes »live« am Empfänger miterleben konnte, Rachmaninows Auftritt aber entfiel, da die BBC wiederum eine »Konserveneinspielung« verweigerte.[23)]

Aber glücklicherweise war das Interview nur ein »Sturm im Wasserglas«! Im Frühjahr 1929 bespielte Rachmaninow nach 31 Konzerten in den USA weitere Schallplatten bei RCA und für den 5.12.1929 ist auch wieder eine »Rundfunkübertragung« eines Klavierabends Rachmaninows verzeichnet, diesmal in Berlin, da das Konzert schon im September (!) als ausverkauft gemeldet wurde. Ganz Geschäftsmann, der er nun einmal in Amerika geworden war, erbat er von seinem Manager Foley, unabhängig aller Ängste oder künstlerischer Selbstzweifel, sofort nähere Verhandlungsinstruktionen bezüglich der Vergütung und wollte ein ähnliches Honorar, wie er es im November 1928, ein Jahr zuvor also, erhalten hatte: 9.000 Reichsmark netto! Zugleich drängte er ebenfalls auf die Präsentation seiner neuen Einspielung des zweiten Klavierkonzertes sowohl auf amerikanischen als auch europäischen Markt, da diese die beste Werbung für seine Konzerte wäre!

Dazwischen lagen aber noch unbeschwerte Monate in Frankreich, diesmal bereichert um einen Kinematografen – Vorläufer der heutigen Schmalspur- und Videokameras –, sehr zur Freude der jungen Leute, allen voran Schaljapins Sohn Boris, der sich als »Regisseur« der hauseigenen Laienschar gleich für seinen späteren Beruf als Maler und Angehöriger der Künstlerkolonie in Hollywood vorbereitete.

Sergej Rachmaninow-Portrait von Boris Schaljapin 1940 in Huntington, Long Island, angefertigt
(Glinka-Museum, Moskau)

Jedoch Rachmaninow blieb im Hintergrund. Er genoss als »Finanzier« das Spektakel, nahm aber aktiv nicht am turbulenten Ferientreiben teil.

Auch jetzt hielt er sein persönliches Ego hinter Arbeit und Konzertleben verborgen und spielte den fröhlichen Gastgeber. Was er zu diesem Zeitpunkt wirklich dachte, ist nur schwer und bruchstückhaft zu ermitteln. So versuchte Nicolaj Medtner bei seinen vielen Besuchen im »Le Pavillon« immer vergeblich, mit Rachmaninow in ein Gespräch über Musik zu kommen:

Ich kenne Rachmaninow seit meinen Kindertagen, mein ganzes Leben verlief zu seinem parallel, aber mit keinem habe ich so wenig über Musik geredet, wie mit ihm. Einmal erzählte ich ihm, wie sehr ich mit ihm über den Kernpunkt Harmonie sprechen möchte. Sofort wurde seine Miene abweisend und er sagte: »Ja, ja, müssen uns sicher mal darüber unterhalten«, aber er kam nie mehr darauf zurück. Jeder Tonschöpfer muss das Gefühl »so und nicht anders« haben. Wenn Rachmaninow diese Inspiration verspürt, und wenn auch nur für kürzeste Zeit, beginnt er zu komponieren. Aber er ist durch seine Verpflichtungen mehr als gehandikapt. Alles geht bei ihm nach genauer Tageseinteilung …[24)]

Das Erheiternde an diesen Worten Nicolaj Medtners war, dass Rachmaninow genau die gleichen benützte, wenn er über Medtner sprach:

Medtners ganze Lebensführung in Montmorency war so monoton. Ein Künstler kann nicht alles von sich aus geben. Er muss auch äußere Eindrücke empfangen. Ich sagte ihm einmal: »Du solltest mal die Nacht in einer Spelunke verbringen, sauf mal durch, ein Künstler kann kein Moralapostel sein« ...[24)]

Die Abende wurden gewöhnlich mit einem Pokerspiel verbracht, bei dem Medtner immer der Verlierer war oder die Töchter plötzlich ausriefen: »Vater, spiel uns ›Bublitschki‹!« Dies war damals ein sehr bekanntes russisches Lied über einen bösen Mann, der für die harten Pfannkuchen russischer Art in alten Zeiten verantwortlich gemacht wurde. Und Rachmaninow begleitete am Klavier, während alle Gäste ›Bublitschki‹ sangen.
Inmitten der Abreisevorbereitungen zu einer neuen Europatournee mit 30 Konzerten ereilte Rachmaninow noch in »Le Pavillon« die erste einer Reihe von negativen Nachrichten: am 19. September 1929 war in Nowgorod seine Mutter gestorben und dort am 22. des Monats auf dem Roshdestwenski-Friedhof beigesetzt worden. In der Stadt hatte sie die letzten Jahre zurückgezogen verbracht, vom Sohn durch regelmäßige Geldzuweisungen unterstützt. Ihr Verhältnis zueinander war seit dem Verschwinden des Vaters aus dem Familienclan in St. Petersburg, damals vor fast einem Menschenalter, nie sehr innig gewesen, der Kontakt beschränkte sich nach der Emigration nur noch auf gelegentlichen Briefwechsel. Eine Verwandte von der mütterlichen Seite, Maria A. Litwinowa, teilte ihm nun das Ableben der Mutter mit und übersandte einen letzten Brief der Mutter an ihn. Rachmaninow antwortete sofort und bat um genaue Details bezüglich des Todes der Mutter und ließ 50 Dollar für »Spesen« an die Überbringerin der Nachricht übermitteln.
Das zweite Negativerlebnis hatte weitreichendere Folgen für ihn: am 24. Oktober kam es zum großen Börsenkrach, dem »schwarzen Freitag«, der Rachmaninow in allen Geschäftsbereichen schwer traf:

1. Er selbst verlor einen großen Teil seines Vermögens, das er zuvor in Aktien angelegt hatte!
2. Die weltweit hohe Arbeitslosigkeit ließ den Schallplattenmarkt fast

zusammenbrechen. Waren 1921 allein in den USA 100 Millionen Schallplatten verkauft worden, so setzten die Firmen 1932 nur noch fünf Millionen Exemplare um. Dies bedeutete für ihn den Wegfall fast sicher disponierbarer Einnahmen!

3. Auch die dritte Säule seines Finanzsystems begann zu wackeln: die Auftritte! Arbeitslose Familienväter hatten andere Sorgen als in ein Konzert von Rachmaninow zu gehen. Zwar waren die 13 Konzerte in England, die acht in Deutschland sowie die fünf in Holland noch ein voller Erfolg, die englischen Zeitungen *Sunday Times* und *Manchester Guardian* hielten ihn für den damals besten lebenden Pianisten, aber bereits die Frühjahrstournee 1930 in den USA zeigte die Folgen der nun ausgebrochenen Weltwirtschaftskrise: von Januar bis April sind nur noch 24 Klavierabende verzeichnet, vor teilweise halbleeren bis ganz leeren Sälen, was sich wiederum spürbar in der Haushaltskasse der Rachmaninows niederschlug. Zudem befand er sich auch persönlich in einer Krise. Da er fühlte, dass sich sein Interpretationsstil änderte, verließ er, wie bereits angedeutet (vgl. Kap. X), den Boden »akademischer Balance«, griff immer stärker in den Notentext ein und neigte zu Änderungen, die den tatsächlichen Absichten der Werke zuwiderliefen. Er suchte die Kreativität in der Interpretation, zu der er sich als Komponist nicht durchringen konnte. Andererseits verschloss er auch seine Augen vor dem wirtschaftlichen Elend nicht, das ihn umgab:

Wir spazierten mit Rachmaninow zum Hotel. Er wollte allein um Mitternacht nach Boston abreisen, wo er am nächsten Tag ein Konzert geben sollte. Die düsteren Straßen waren verdreckt und überfüllt mit Menschen. Rachmaninow ging ziemlich langsam. Er betrachtete die schmutzige Welt mit einem besonderen Blick aus seinen wechselhaft abwesenden, ruhigen und zeitweise scharfen Augen, die alles bemerkten. »Schau, schau her!«, rief er plötzlich, wobei er an der Auslage eines kleinen Fischgeschäftes stoppte. »Schau, der Händler betrügt den alten Mann, er gibt ihm nicht das volle Gewicht, der Schuft! Schau nur!« An der nächsten Ecke sahen wir die erschreckende Gestalt einer alten Farbigen. Gekleidet in schmutzige Lumpen, saß sie auf einer Schachtel, streckte uns ihre zitternde Hand hin und starrte mit ihren blinden Augen in völlige Leere. Ihre Augenlider waren rot und geschwollen. »Oh, was ist denn hier los? Schaut nur«, rief Rachmaninow mit leichtem Schaudern und zückte seine Brieftasche.[25)]

Widersprüchlich, zu Extremen neigend, spontan und rationalistisch, kühl und kontaktfreudig, dies alles nur mit »großer slawischer Seele« erklären zu wollen, ist zu einfach, ebenso auch seine Selbstdarstellung zu übergehen, die er im Juni 1930 in Form eines Interviews der Zeitung *Musical Times* gab:

Je älter wir werden, desto mehr verlieren wir unser Selbstvertrauen, den Schutz unserer Jugend, und die Augenblicke werden weniger, in denen wir glauben, richtig gehandelt zu haben. Wir bekommen lukrative Verbindungen, mehr als wir brauchen, aber wir hängen immer noch zu großen Teilen von jener inneren Befriedigung ab, die vom äußeren Erfolg unabhängig ist, und die wir am Anfang unserer Karriere verspüren, in der Zeit persönlicher Schwierigkeiten, wo die öffentliche Anerkennung sehr weit weg erscheint. Heute passiert es ziemlich selten, dass ich wirklich mit mir zufrieden bin, fühle, dass ich einen wirklichen Erfolg habe. Solche Gegebenheiten prägen sich für lange Zeit in mein Gedächtnis ein – fast für immer. Ich erinnere mich der Stadt, wo ich dieses Hochgefühl verspürte, sowie aller Details. Ich weiß noch genau den Konzertsaal, alles erschien mir dort an jenem Abend vollkommen – das Licht, das Klavier, das Publikum. Nur an solchen Abenden fühle ich mich glücklich und zufrieden. Zum letzten Male verspürte ich dieses Glücksgefühl in Wien ... Da gibt es allerdings eine Last, die schwer auf meinen Schultern liegt, schwerer als alles andere, und das mir in meiner Jugend unbekannt war, ich habe kein Vaterland. Ich habe das Land verlassen, wo ich geboren wurde, meine Jugend verbrachte, wo ich alle Kümmernisse der Jugend durchlitt und überwand und wo ich zuletzt auch Erfolg errang. Die ganze Welt steht mir offen und überall habe ich Erfolg, nur ein Ort bleibt mir verschlossen, und dies ist mein eigenes Land – Russland.[26)]

Prophetische Worte, die sich bewahrheiten sollten. Fast scheint es, als hätte er in diesem Jahr zu viel gesagt. Die ersten Gewitterwolken traten noch im Jahre 1930 auf, als in Clairefontaine zwei Freunde, Richard Holt und Oskar von Riesemann, Rachmaninow um Erlaubnis baten, über ihn eine Biografie verfassen zu dürfen. Rachmaninow willigte ein, unter zwei Bedingungen:
Erstens dürfe es ihn keine Zeit kosten, zweitens müsste seine Schwägerin Sofija Satina als ständige Begleiterin und Insiderin die Daten und Einzelheiten überprüfen, an die er sich nicht mehr genau erinne-

re.[27] In Zusammenarbeit mit seiner Schwägerin[28] stellte er einige Fotos und autobiographische Skizzen zusammen und schickte diese in englischer Übersetzung an Richard Holt in London, der bald darauf verstarb, so dass das Vorhaben nicht ausgeführt werden konnte, sowie im Original in russischer Sprache an Oskar von Riesemann in die Schweiz. Im Sommer 1930 war das Projekt diesbezüglich so weit gediehen, dass von Riesemann nach Clairefontaine kam, um die letzten Einzelheiten des Manuskriptes zu besprechen. Was nun geschah, war eine Komödie à la Deutschlands meistgelesener Tageszeitung. Schon der Buchtitel versetzte Rachmaninow in gelindes Entsetzen: »Rachmaninows Erinnerungen, erzählt von Oskar von Riesemann.« Lange Passagen dieses »Meisterwerkes« wurden als direkte Rede dargestellt, so dass sich darüber auch Sofija Satina nur wundern konnte, da von Riesemann nicht einmal einen Bleistift mit sich geführt hatte, als er in den Jahren zuvor in Clairefontaine zu Besuch war. Seroff räumt ein, obwohl er das Buch[29] ansonsten verteidigt, dass Rachmaninow ihm[30] selbst gesagt habe, er sei der Meinung, von Riesemann nur Material in Gesprächsform gegeben zu haben, niemals aber daran gedacht habe, wörtlich zitiert zu werden. Dieser »Versuch des In-den-Mund-legens« war es, der Rachmaninow empörte, zumal ein anderes Verhalten auch aus Rücksicht auf in Russland lebende Personen opportun schien. Daran konnte selbst das Vorwort in v. Riesemanns Buch nichts ändern:

Niemals zuvor bedauerte ich es mehr, die russische Kurzschrift nicht zu beherrschen. Zudem bin ich ärgerlich, wenn es Augenblicke gibt, in denen mich die notwendige Übersetzung ins Englische von der plastischen Schärfe und der klaren Strenge des Ausdrucks abhält, die der Erzählende zeigte. Es kommt nicht oft vor, dass ein Biograf in der Lage ist, aus einer so klaren Quelle zu schöpfen. In diesem Fall wurde die Gelegenheit um so dankbarer ergriffen, da die lebende Quelle zugleich der einzig mögliche Zugang war. Das Material, das gewöhnlich den Grundstock einer Biografie bildet, z. B. Briefe, Manuskripte, Zeitungsausschnitte, etc. war verschlossen. Es blieb in Sowjetrussland und daher unmöglich zu verwenden. Ich neige zu der Ansicht, dass, wenn jemand die absolute Wahrheit eines persönlichen Gesprächs in Erwägung zieht, dieser Umstand wenig ausmacht, wie ebenso die Tatsache, dass das Material für dieses Buch von der Hauptperson selbst ausgewählt wurde. Bei der Biografie über eine lebende Person von Gefühlen anderer auszugehen, ist eine Grundsatzfrage, die wir hier ruhig übergehen dürfen. Hierfür ist der Hauptträger dieser Arbeit wohl der beste Beweis. Die fehlenden Kapitel in der Geschichte sind am geeignetsten für historische Rückblicke und sollten von späteren Berichterstattern hinzugefügt werden. Ich hoffe, die folgenden Passagen werden eines Tages reichlich Ergänzung finden; sie benötigen keine Nachprüfung und könnten daher die Grundlage jeder zukünftigen Rachmaninow-Biografie darstellen.[31)]

Rachmaninow jedenfalls las das Manuskript und war wenig überzeugt, wie der Kurzbrief an von Riesemann zeigt:
Villa Senar
Hertenstein/Luzern
Mein lieber Herr Riesemann,
ich habe mit Interesse das Manuskript Ihres Buches gelesen und will Ihnen für das persönliche Verständnis danken, mit dem Sie unsere vertraulichen Gespräche in Clairefontaine behandelt haben. Falls Sie die Bedeutung einiger meiner bescheidenen Anmerkungen überbewertet haben, so bin ich sicher, dass dies nur wegen unserer langen und engen Freundschaft geschah. Glauben Sie mir!
Herzlichst Ihr S. Rachmaninow[32)]

Bei allen unnötigen Aufregungen und Querelen, die ihn nun doch mehr Zeit kosten sollten, als Rachmaninow gedacht hatte, besaß die Angelegenheit einen überaus angenehmen Nebeneffekt. Bei einem Besuch von Riesemanns in dessen damaliger Schweizer Wahlheimat entdeckte die Familie Rachmaninow ihren Traumplatz für einen ständigen Wohnsitz in Europa. Es war dies Hertenstein am Vierwaldstätter See, nahe Luzern, und im Jahre 1931, nach insgesamt 46 Konzerten in Europa und Amerika, konnten die Baupläne besprochen werden. Ein Name für das Domizil war schnell gefunden: »SENAR« (abgeleitet aus den beiden Vornamen Sergej und Natalja) und bereits im Sommer 1932 konnten Teile der Villa bezogen werden, dem »häuslichen Glück« auf Schweizer Boden stand nichts mehr im Weg. Und dies war auch für die Psyche Rachmaninows bitter nötig.
Drei Jahre später kam es bezüglich des »literarischen Meisterwerkes« Riesemanns noch einmal zur Krise zwischen Autor und beschriebener Person: Rachmaninow verweigerte die Druckerlaubnis, von Riesemann hatte das Werk aus finanzieller Not aber bereits an den Ver-

lag geschickt. Rachmaninow lehnte weiterhin ab, so dass ihn der Autor persönlich in der Schweiz aufsuchte. Dort verwies ihn der Komponist an seinen Manager Foley, da er selbst mal wieder in Reisevorbereitungen – diesmal nach Bayreuth – steckte und verlangte kategorisch Änderungen in erheblichem Maße, vor allem bezüglich Riesemanns Aussagen zur zaristischen und sowjetischen Kulturpolitik. Politische Schwierigkeiten konnte er zu diesem Zeitpunkt, wie wir noch sehen werden, gar nicht gebrauchen! Die Geschichte endete wie in einer Schmierenkomödie: von Riesemann inszenierte einen Selbstmordversuch mit einer Überdosis Morphium und Rachmaninow, nun emotional bewegt, übernahm die Änderungskosten des Manuskriptes in Höhe von mehreren hundert Dollar und ließ ein Kapitel vollkommen streichen! Außer Spesen nichts gewesen! Er war mal wieder der Dumme! Bis zum Lebensende mochte er diese Biografie nicht!

XII. Kapitel

»Citizen Rachmaninow«

Bis zum Beginn der dreißiger Jahre hatte sich Rachmaninow meist politischer Betätigungen enthalten, sie in seiner Exilzeit ängstlich vermieden. Lediglich im musikalischen Sektor ließ er sich während der ersten Jahre nach der Emigration auf ein diplomatisches Meisterstück ein: er war Ehrenvorsitzender von drei (!) verschiedenen, meist miteinander heillos zerstrittener Organisationen!
Sein alter Freund, Jugendschüler und späterer Minister in der »Kerenskij-Regierung«, Alexander I. Konowalow, hatte in Paris, dem Mekka der russischen Emigranten, ein »Russisches Konservatorium« gegründet, dessen Ehrenvorsitzender Rachmaninow war. Parallel hierzu organisierte J. N. Pomeranzew ein »Volkskonservatorium« in Zusammenarbeit mit der »Russischen Volksuniversität«. Dessen Ehrenpräsident: Sergej Rachmaninow. Und weil Paris eine so weitläufige und kulturell vielfältige Stadt ist, in deren Mauern – zumindest auf dem Sektor der Kunst – jeder nach seiner Fasson selig werden soll und kann, rief O. E. Gunst dort ebenfalls das »Russische Normalkonservatorium« ins Leben. Dessen Ehrenpräsident? – Erraten, es war wiederum Sergej Rachmaninow! Aber diese Tätigkeiten bildeten schon der Gipfel seiner politischen Aktivitäten und wenig geeignet, die sowjetische Seite gegen ihn aufzubringen, zumal Rachmaninow immer wieder größere Summen für wohltätige Zwecke nach Russland transferierte. Nun aber, am 12. Januar 1931, erschien ein polemischer Leserbrief in der *New York Times*, der neben dem Chemieprofessor Iwan Ostromyslenskj und Fürst Ilja Tolstoj, dem Sohn des Dichterfürsten, auch seinen Namen als Unterschrift trägt:

Tagore in Russland

Der Kreis für russische Kultur«, dessen Ziel es ist, die geistigen Beziehungen zwischen den russischen Emigranten in New York zu vertiefen, fühlt sich veranlasst, zu einem jüngst erschienenen Interview von Rabindranath Tagore[1)] *einige Anmerkungen zu machen. Dieser hatte Russland besucht und viele seiner Aussagen erweckten den Eindruck, dass das Land zwei verschiedene Gesichter hat: das vor der Revolution und danach. Zu unserer größten Überraschung gab er den Aktivitäten der Bolschewisten den Vorrang und schien mit ihren Bemühungen auf dem Feld der Erziehung der Kinder völlig einverstanden. Seltsam, kein Wort über die Schrecken, die das Sowjetregime und besonders die OGPU (Sicherheitshauptamt) verbreitet hatten.*

Hin und wieder gab es schon ähnliche Feststellungen in der Presse, von Personen herausgegeben, die versteckt oder offen bezahlte Steigbügelhalter der kommunistischen Unterdrücker Russlands waren. Der Wert solcher Äußerungen ist jedem denkenden Menschen bestens bekannt. Noch ist es möglich, jeder dieser Lügen persönlich zu antworten. Bei Tagore liegt der Sachverhalt anders: Er wird unter die größten lebenden Zeitgenossen gezählt. Seine Stimme wird in der ganzen Welt gehört und man schenkt ihr Beachtung. Indem er bezüglich der zweifelhaften pädagogischen Leistungen der Sowjets wahre Lobeshymnen erhebt und dabei sorgfältig jeden Hinweis auf die unbeschreiblichen Qualen vermeidet, denen die Sowjets das russische Volk über 13 Jahre hinweg ausgesetzt haben, erweckt er den falschen Eindruck, dass zur Zeit keine rohe Gewalt unter dem Segen des Sowjetregimes herrscht. In Anbetracht etwaiger Missverständnisse, die dadurch entstehen könnten, wollen wir ihn fragen, warum er der Tatsache aus dem Wege geht, dass ganz Russland unter der schrecklichen Knute einer zahlenmäßig verschwindenden, aber ausgezeichnet organisierten Gangsterbande von Kommunisten stöhnt, die durch den roten Terror ihre Zwangsherrschaft über das russische Volk ausüben? Weiß er überhaupt, dass, einer Statistik zufolge, die von den Bolschewisten selbst herausgegeben wurde, zwischen 1923 und 1928 mehr als drei Millionen Personen, zumeist Arbeiter und Kleinbauern, in Konzentrationslagern gefangen gehalten wurden, die nichts anderes als Folterkammern darstellten?[2)] Er kann nicht die Tatsache leugnen, dass die kommunistischen Herrscher in Russland bestrebt sind, die größte Ertragsmenge an Nahrungsmitteln aus den Kleinbauern herauszupressen mit der Absicht, sie dabei auf den Stand von kriechenden Elendsgestalten zurückzustufen, Dissidenten mit der Verbannung in den äußersten Norden bestrafen und bestraft haben, wo diese, die auf wundersame Art das strenge Klima überlebten, gewaltsam gezwungen werden, Arbeiten zu verrichten, die nur mit dem Strafdienst auf den Galeeren in alter Zeit verglichen werden können?

Diese unglücklichen Kreaturen sind täglich systematisch unsagbaren Peinigungen, Erniedrigungen, Qualen und Foltern ausgesetzt. Zur Zeit seines Besuches in Russland wurden von der OGPU 46 russische Pro-

fessoren und Ingenieure ohne Verfahren erschossen, einzig aus dem Grunde, weil sie es entweder wagten, sich in solche Behandlungsmethoden einzumischen oder an der Weisheit des andauernden Fünf-Jahres-Planes zu zweifeln: Zu keiner Zeit gab es in einem Land jemals eine solche Herrschaft, die für so viele Grausamkeiten, Morde und Volksmord allgemein verantwortlich gemacht werden kann, wie von den Bolschewisten bis heute begangen. Ist es denn wirklich möglich, dass, bei all seiner Liebe für Menschlichkeit, Weisheit und Philosophie, er kein Wort des Mitgefühls oder des Mitleids für die russische Nation fand? Durch seine ausweichende Haltung gegenüber den kommunistischen Totengräbern Russlands, durch seinen pseudofreundlichen Standpunkt, den er ihnen gegenüber eingenommen hatte, leistete er einer berufsmäßigen Mörderclique nachhaltige und ungerechtfertigte Unterstützung. Indem er die Wahrheit über Russland verbarg, hat er dem ganzen russischen Volk großen Schaden zugefügt, vielleicht ungewollt, aber unter Umständen auf lange Sicht auch der ganzen Welt.

New York
12. Januar 1931
Iwan I. Ostromyslenskj
Sergej Rachmaninow
Graf Ilja Tolstoj

Wenn auch alle bisherigen Biografen der Meinung sind, dass Rachmaninows Unterschrift unter diesen Artikel wohl eher einen Freundschaftsdienst dem Fürsten Tolstoj gegenüber bedeutete, so bleibt die Tatsache der Namenszeichnung als solche bestehen. Und bei diesen Zeilen denkt der Autor immer an das Wort von Joachim Kaiser[3)]: »Musik ist nie neutral!«

Betrachten wir doch nur die »Entmythologisierung« Mozarts auf musikhistorischem Sektor in jüngster Zeit vom Wunderkind und realitätsfremden Schöngeist zum wachen, politisch engagierten Zeitkritiker! Auch Rachmaninow war nicht mehr realitätsfremd. Er lebte in keinem Elfenbeinturm mit selbstgehäkelten russischen Wunschträumen und war ohne jeden Zweifel nicht senil und kein Mensch, der etwas unbesehen unterschrieb, wie wir bei den Protestnoten der Winterunruhen 1905 gesehen haben.

Zudem hatte er schon im erwähnten Interview 1930, also bevor er die Protestnote zeichnete, zugegeben, dass eine Rückkehr unter den gegebenen politischen Umständen für ihn als Angehörigen der ehe-

maligen Bourgeoisie und Aristokratie unmöglich gewesen wäre. Stalin hatte Leute für wesentlich geringere Tatbestände umbringen lassen.[4] Zudem war Rachmaninow sich wohl schon beim Lesen der Protestnote klar, dass es hier nicht nur um Tagore ging, sondern dieser nur einen Anlass für eine Generalabrechnung mit den Kommunisten gab. Tagore war ein Aushängeschild. Hitler benützte ähnlich große Künstler und Wissenschaftler, moderne Diktatoren ebenso. Man zeigte Tagore nur die Schokoladenseite, die Rückseite der Potemkinschen Dörfer wurde »vergessen«. Zugleich kam Tagore aus Indien, das unter unsäglichem Elend litt und leidet, britisches Kolonialgebiet war, Klassenbewusstsein im Übermaß und Brot zu wenig hatte. Zeigt man einem solchen Besucher ein scheinbar geregeltes Gesellschaftsleben ohne Schwankungen und materielle Not mit gleichwertigen Bildungschancen für alle, so ist es nur offensichtlich und natürlich, dass dieser davon begeistert ist. Sollte dies alles einem gebildeten, klugen und informierten Manne unbekannt sein? Wer unterschreibt schon aus Gefälligkeit?
Die Antwort von russisch-sowjetischer Seite ließ nicht lange auf sich warten: am 9. März 1931 brachte das *Moskauer Abendblatt* einen empörten Bericht über eine Aufführung des Moskauer Konservatoriums von Rachmaninows Chorsinfonie »Glocken« unter Leitung von Albert Coates:

Der Klang der Glocken, eine Liturgie – der Teufel weiß was für eine –, die Furcht vor einer elementaren Umwälzung erfüllten den Konzertsaal. Alles passte hervorragend zu dieser Herrschaftsklasse, die schon lange vor der Oktoberrevolution zum Sterben verurteilt war. Die Musik verfasste Rachmaninow, ein Emigrant, ein gefährlicher Feind Sowjetrusslands, während die Worte von einem anderen Emigranten geschrieben wurden, dem Mystiker Balmont. Die Aufführung wurde von Albert Coates geleitet, der Russland 1917 verlassen hatte und nun auf Einladung der Partei zurückgekehrt war, was aber nur wegen seines Auslandspasses möglich war. Um dieses skurrile Bild zu vervollständigen, fehlt nun noch die Beschreibung des Publikums: einige altertümliche Figuren im Gehrock, einige altersschwache Damen in altmodischen, nach Mottenkugeln duftenden Seidenrüschen, mit kahlen Häuptern, zitternden Wangen, wässrigen Augen, langen Handschuhen, Lorgnettes …[6]

Schlimmer war noch der *Prawda*-Artikel zu diesem Konzert, denn hinter dieser Zeitung stand Stalin selbst, und »der größte Führer aller Zeiten« gab auch hier oft seine Meinung unzensiert wieder, nicht immer zum Glück und Wohle der Sprache und Grammatik.[5)]
Nachprüfbar sind Stalins Äußerungen erst im Falle der Komponisten Dimitri Schostakowitsch und Sergej Prokofjew, bei denen jeweils die »Vernichtung« der Kompositionen und teilweise auch der beruflichen Existenz der Komponisten durch Stalins *Prawda*-Artikel eingeleitet wurden (vgl. den Artikel »Chaos statt Musik« 1936). So liegt zumindest der Verdacht nahe, im Falle Rachmaninows könnte es ebenso gewesen sein:

Wer ist der Komponist dieses Werkes? Sergej Rachmaninow, der ehemalige Sänger der Großunternehmer und der Bourgeoisie – ein Komponist, der schon lange ausgespielt hat und dessen Musik nur konturenlose Nachahmung und Reaktion ausstrahlt. Ein früherer Gutsbesitzer, der, heute wie 1918, in Hass gegen die russischen Kleinbauern entbrennt, die ihm sein Land wegnahmen, ein verschworener und aktiver Feind der sowjetischen Herrschaft. Der Autor des Textes (nach E. A. Poe) ist der idiotische, dekadente und mystische Balmont, der sich schon vor langer Zeit mit den »Weißemigranten« identifiziert hatte. Vor nicht allzu langer Zeit veröffentlichte derselbe Rachmaninow zusammen mit Ilja Tolstoj einen offiziellen Leserbrief in der Zeitung New York Times (15. Januar 1931) anlässlich Rabindranath Tagores großartiger Reise in die UdSSR, der in seiner Unverschämtheit unübertroffen ist, und in dem diese zwei »Soldaten der weißen Armee« eine Fülle von Klagen gegen die von der OGPU verübten »Folterungen« und die »Sklaverei« in unserem Lande erheben und die Sowjetherrschaft als eine Regierung von Mördern, Kriminellen und Henkern bezeichnen.[6)]

Eine Woche später zogen die verantwortlichen Professoren in Leningrad und Moskau nach. Den Ausschlag für das vollkommene Verbot der Werke Rachmaninows gab wohl seine Unterschrift unter einen Aufruf in der Zeitung *New York Herald Tribune* vom 20. März 1931, in dem zu einem Boykott russischer Einfuhrgüter in den USA aufgerufen wurde, und der von 210 prominenten Exilrussen unterzeichnet war. Zehn Tage später veröffentlichte die Zeitung *Charkow-Nachrichten*, das offizielle Organ der Sowjetrepublik Ukraine, eine Resolution der Vereinigten Ukrainischen Hochschulen, in der es heißt:

… Ein Autor, dessen Werke in ihren emotionalen und geisteskranken Effekten durch und durch bourgeois sind, der Komponist von Liturgien, Abendmessen und »Glocken«, der Handlanger des Foxtrotts. Rachmaninow war und ist ein Sklave und Werkzeug der schlimmsten Feinde des Proletariats: der Weltbourgeoisie und des Weltkapitalismus! Wir fordern die proletarische Jugend der Ukraine und alle staatlichen Institutionen auf, die Kompositionen Rachmaninows zu boykottieren. Nieder mit Rachmaninow! Nieder mit dem ganzen Werk Rachmaninows![6)]

Wie gut wir doch diese Töne kennen! Mit dem Vorzeichen »arisch« versehen, könnten sie nahtlos ins Kulturprogramm Hitlers und seiner »Genossen« passen! Auch hier wurden dem »verweichlichten Bankierssohn und Juden Mendelssohn Bartholdy« alle Rechte als Komponist und Mensch abgesprochen und mit ihm gleich rund einem Dutzend weiterer »Volksschädlinge«. Freilich, Russland war noch jung in seiner Musikgeschichte, die eigentlich erst 100 Jahre zuvor begonnen hatte. Die Machthaber konnten oder wollten Rachmaninow nicht völlig verschwinden lassen. Es gab einfach zu wenige Komponisten mit internationaler Reputation, die für Russlands Ansehen in der Welt werben konnten, und nichts braucht eine Diktatur mehr als Ansehen und Erfolg. Hitler tat sich da schon leichter, sein Potenzial war ungleich größer.

In Russland schwieg man Rachmaninow offiziell eine Zeit lang tot, er übte »Selbstkritik«, indem er öffentlich erklärte, er habe von den Absichten dieses Artikels nichts gewusst, und Freunde und Bekannte von ehemals, nun in Amt und Würden als »verdiente« Sowjetbürger, wechselten inoffiziell bald wieder Briefe mit ihm. In einem zensierten Land eigentlich eine Unmöglichkeit, außer es geschieht mit Duldung der Staatsregierung! Auch in diesem Punkt sind die Parallelen zum Leben Dimitri Schostakowitschs überdeutlich, der zwar verfehmt, aber am Leben und außerhalb der Konzentrationslager gelassen wurde. Stalin hatte ein feines Gespür für das Machbare, auch hier.[7)] Rachmaninows Interpretation war richtungweisend für das Klavierspiel bis in unsere Tage. Mochte man den Komponisten negieren, den Pianisten hielt man immer in Ehren. So wuchsen Wladimir Horowitz, später authorisierter Interpret des »Elefantenkonzerts«, Rachmaninows 3. Klavierkonzerts, Emil Gilels und Swjatoslaw Richter in dieser Tradition intellektuellen, sachlichen und allein auf den Notentext bezogenen Spiels auf, die Rachmaninow wohl entschieden

mitprägte. Allerdings muss klar betont werden: sie alle kopierten ihn nicht. Auch als Orchesterleiter blieb Rachmaninow für den russischen Raum richtungweisend, sogar während des Boykotts in den 30er Jahren. Der Komponist dagegen musste sich ein paar Jahre »Dekadenz« und »Snobismus« gefallen lassen. Nicht nur sein offizielles Engagement für Russland im 2. Weltkrieg, sondern auch der Versuch der kommunistischen Machthaber, sich legitim auf kulturelle und historische Vorbilder zu stützen, erleichterten in den kommenden Jahren die »Repatriierung«.
Zudem nahm Rachmaninow erst im letzten Lebensjahr die amerikanische Staatsbürgerschaft an – vermutlich auch aus Rücksicht auf innerrussische Verhältnisse:
Bereits im Januar 1926 hatte Rachmaninow der Vorsitzende der »Liga für Amerikanisierung«, Nathaniel Philipps, diesbezüglich angeschrieben und um einen Presseartikel gebeten, in dem dieser die Vorteile der Einbürgerung beispielhaft für andere darlegen sollte. Rachmaninow musste erst einmal den Irrtum – er sei bereits amerikanischer Staatsbürger – aufklären und fügte gleichzeitig hinzu, dass er zwar Amerika dankbar und aufgeschlossen gegenüberstehe, aber *ich halte es für unmöglich, mich von meinem Heimatland loszusagen und bei der gegenwärtigen Weltpolitik Bürger der Vereinigten Staaten zu werden.*[8] Vollends rehabilitiert wurde der Komponist in Russland nach 1945, wohl im Zuge der reaktionären Bestrebungen Stalins und seines Paladin Tichon Chrennikow.[9] Noch vor dem Beschluss des ZK gegen den Formalismus wurden nun Rachmaninows Werke – natürlich nur die weltlichen, die kirchlichen waren bis in die letzten Tage nur unter Schwierigkeiten in der Sowjetunion erhältlich oder aufführbar – als »Musterbeispiele« für den erwünschten, von Maxim Gorkij in den 30er Jahren geprägten »sozialistischen Realismus« hingestellt:

Rachmaninow war der Meinung, die veränderten Bedingungen im sowjetischen Russland würden seinen künstlerischen Aktivitäten keinen Raum lassen. Aber schon während des letzten Krieges fand Rachmaninow gemeinsame Gefühle und eine gemeinsame Sprache mit uns und war glücklich in der Überzeugung, dass es immer einen festen Platz seiner Kunst bei uns gab und geben wird!
In den »Materialien« von S. A. Satina[11] *wird uns ein trauriges Bild vom Leben des Komponisten entworfen. Wir sehen Rachmaninow irgendwo an einem Bahnhof, beschützt von seiner ständigen Reisebegleiterin, Na-*

talja Alexandrowa, seiner Frau. Beide versuchen, sich aufdringlicher Fotografen zu erwehren. Einem von diesen gelingt es, Rachmaninow im Bild festzuhalten, als dieser versucht, sein Gesicht mit den Händen zu verbergen.
Am nächsten Tag erschien das Foto in den örtlichen Zeitungen mit der Überschrift: »Die Hände, die eine Million wert sind.« Wo fand er die Abgeschiedenheit und die Quelle für einen schöpferischen Neubeginn? In den Hinweisen zu den »Materialien« gibt uns Sofija Satina einen klaren Hinweis. Sie schildert uns den Komponisten als einen Mann, der niemals das Interesse an irgendwelchen Vorgängen in seinem Geburtsland, dem weit entfernt liegenden Russland, verloren hatte. Rachmaninow unternahm unmenschliche Anstrengungen, niemals den Kontakt zu seiner eigenen russischen Kultur zu verlieren. Ob in Amerika oder während seiner Reisen auf dem europäischen Kontinent der eifrige Leser Rachmaninow sammelte die neuesten Veröffentlichungen unserer russischen Literatur. Mehr und mehr wuchs in ihm die Überzeugung, dass vom russischen Volk eine große, neue Kultur geschaffen wird. Und mit diesem Gedanken kehrte auch die alte Schaffenskraft zu ihm zurück.[10)]

Man höre und staune, dies ist wirklich ein Meisterwerk aus »Dichtung und Wahrheit«, ein perfektes Puzzle aus richtigen Fakten und regimetreuen Schlussfolgerungen: Musik als Politikum. Ein Verhalten, das ihm zehn Jahre zuvor vorgeworfen wurde: Einmischung, Volksaufhetzung etc. wird nun als »eifriges Lesen«, als »Interesse an den Vorgängen in Russland«, als »unmenschliche Anstrengung, die Verbindung mit der russischen Kultur aufrechtzuhalten« erklärt. Auch die lange Zeit ohne Komposition in Rachmaninows Leben wird elegant umschrieben: mit dem Glauben an die neue, russische Kultur, nach der Säuberungswelle, der Zwangskollektivierung, der Schauprozesse, mit dem Beginn der imperialen Machtausdehnung sei auch für Rachmaninow erst eine Schaffung neuer künstlerischer Werke möglich gewesen, getreu der Überzeugung des Kommunismus von der rein gesellschaftspolitischen Aufgabe des Künstlers im »sozialistischen Realismus!«
Hitlers Einmarsch 1941 in Russland gab Stalin endlich die Gelegenheit, sich legitim in die gewachsene Geschichte Russlands einzureihen. Er erfuhr nun auch von den Emigranten Unterstützung und zumindest Duldung seines Systems – ein durchaus natürlicher Vorgang. Flugs beeilten sich die Machthaber, möglichst viele Differenzen zu

beseitigen, möglichst viele Gegner »großzügig« in die Gemeinschaft wieder aufzunehmen, wobei sie geflissentlich übersahen, dass erst sie es waren, die den »Status quo« geschaffen hatten.

Ein ›Bourgeois‹ Rachmaninow hätte im sozialistischen Russland der 20er Jahre vielleicht unter dem liberalen Volkskommissar für Bildungswesen, Anatol Lunatscharskj, arbeiten, nicht aber überleben können. Andererseits wäre er durch die Isolation Russlands in diesen Jahren ohne Impulse vom Ausland geblieben und physisch wahrscheinlich verhungert. In Zeiten der Not denkt die Menschheit an die Kunst bekanntlich zuletzt. Aber, Glück für die Kommunisten! 1928 trat Stalin seinen Gewaltmarsch an, Russland bis 1944 zu modernisieren. Zugleich erschienen auch die ersten neuen Werke Rachmaninows. Aufbruch auf beiden Seiten. Materielle Sicherheit und Weltruhm genügten Rachmaninow in jenen Jahren aus sowjetischer Sicht nicht:[12)]

Beängstigt bezüglich der Zukunft seiner Familie, war er gezwungen, ohne jede Pause Konzerte zu geben, Schallplatten einzuspielen und zwar in so großer Zahl, dass diese seine Wünsche und Möglichkeiten überstiegen und ihn in eine »Konzertsklaverei« pressten. In seinem Alter, krank und müde, musste Rachmaninow andauernd von einer Stadt zur anderen reisen, von der Konzerthalle zum Zug und umgekehrt hetzen, ständig seine schwindenden Kräfte bis zum Äußersten strapazieren, keine Minute frei zu haben, um einen Brief zu schreiben, mit Händen, die so müde waren, dass er nicht einmal einen Bleistift halten konnte. Und für seine empfundene eigentliche Berufung, die Komposition, waren streckenweise überhaupt keine Zeit und Konzentration übrig. Während der 25 Jahre, die er im Ausland verbrachte, hatte er nur einige wenige Kompositionen und meistens nur Arrangements von Werken anderer Komponisten und deren Themen verfasst. Welch großen Unterschied weisen hierzu doch die Bedingungen auf, unter denen die sowjetischen Komponisten und Künstler jetzt leben. Die ›Talente‹ der sowjetischen Musik kennen weder die Schwierigkeiten »Engagements zu erhalten«, noch hört man sie im Alter über Erschöpfungszustände klagen wie Rachmaninow in seinen Briefen. In jeder Altersstufe haben sowjetische Komponisten viele Gelegenheiten, ihre Talente auszuprobieren und sind völlig frei von dem Zwang, für jemand anderen arbeiten zu müssen. Rachmaninow ging, seinen eigenen Worten zufolge, »gezwungenermaßen« nach Amerika; er hat uns sogar versichert, dass er dieses Land liebe. Aber sei-

ne Briefe sind voll von bitteren Klagen über das »verfluchte Leben dort«, über das »schweißtreibende Arbeitssystem«, über die »andauernde Hetze, notwendige Dinge zu erledigen, und eine Menge hiervon ist nicht notwendig und ziemlich stumpfsinnig«, über die Unmöglichkeit, ruhig eine schöpferische Tätigkeit auszuüben. Für eine wahre Beschreibung Amerikas beeinflusste seine Person auch das Buch der Sowjetautoren Ilf und Petrow. Nun, Rachmaninow gelang es nicht, sich zu amerikanisieren. Er fühlte in althergebrachten Werten, »konservativ«, und wurde überrumpelt von einer fieberhaften Geschäftigkeit und kulturellen Dekadenz. Er konnte mit der »Nachkriegswelt« – den 20er und 30er Jahren –, mit deren Kunst und deren Lebensgefühlen nicht zurechtkommen. Er war glücklich, dass seine Töchter nicht »zeitgerecht« lebten, und er verhielt sich den modernen Komponisten gegenüber sarkastisch, von denen er sagte, er sei noch nicht reif genug hierfür, und über einen zeitgenössischen Virtuosen:[13)]

»nicht einmal die Hochzeit mit der Tochter eines berühmten Dirigenten verleihe ihm irgendeine Musikalität.«

Überall, in Amerika und Westeuropa, suchte Rachmaninow die Ruhe, – so teuer seinem Herzen, so notwendig für seine Kunst, die er mit seiner Auswanderung aus seinem Heimatland verloren hatte, aber nirgends in einer Welt der degenerierten, kapitalistischen Zivilisation finden konnte.

Wie sahen aber nun die verdienten Sowjetautoren Ilf und Petrow Amerika durch »Rachmaninows Brille?« Sehen wir uns die betreffende Passage aus ihren Reiseerinnerungen genauer an:

Die besten Musiker der Welt

… Das reiche Amerika hat Besitz ergriffen von den besten Musikern der Welt. In New York, in der Carnegie Hall, hörten wir Rachmaninow und Stokowski. Rachmaninow saß, wie uns ein anderer Komponist erzählte, vor seinem Auftritt in seiner Garderobe und erzählte Geschichten. Aber sobald die Glocke läutete, erhob er sich von seinem Platz und ging mit der großen Trauer eines russischen Exilanten auf die Bühne. Am Abend, an dem wir ihn hörten, erschien er groß und sehr schlank mit einem länglichen, traurigen Gesicht, das Haar sorgfältig gebürstet. Er setzte sich ans Klavier, ordnete gewissenhaft die Schwänze seines alten, schwarzen Fracks, rückte eine seiner Manschetten mit seiner großen Hand zurecht und wandte sich dem Publikum zu. Sein Gesichtsaus-

druck schien zu sagen: »Ja, ich bin in einem unglücklichen Exil und verpflichtet, für Sie wegen Ihrer verfluchten Dollars zu spielen und für diese Erniedrigung bitte ich nur um eines – Ruhe.«
Es herrschte eine so große, tödliche Stille, als ob die tausend Zuhörer auf der Galerie tot dalagen, hinweggerafft von einem neuen, völlig unbekannten Musikgas. Rachmaninow endete. Wir erwarteten eine Explosion. Aber im Zuschauerraum nur gewöhnlicher Applaus. Wir trauten unseren Ohren nicht. Wir fühlten kalte Gleichgültigkeit. Das Publikum war nicht gekommen, um bemerkenswerte Musik bemerkenswert gespielt zu hören, sondern nur, um sich einer lästigen Pflicht zu entledigen. Nur von der Galerie hörten wir einige enthusiastische Beifallsstürme …[14)]

Manches ist hier sehr scharfsinnig beobachtet, manches verdreht und einiges arbeitet in den altbekannten Schemata sowjetischer Propaganda. Rachmaninow selbst betonte immer wieder, wie erheiternd er diese Satiren der, offiziell als Humoristen fungierenden Schriftsteller fand, verwahrte sich allerdings entschieden gegen die Darstellung seiner Person!
Das Phänomen der Heimatliebe haben wir bei russischen Künstlern öfter, und dies war das größte Druckmittel der Sowjetregierung: die Auslieferung und damit die Konfrontierung mit einer vollkommen anderen Welt, mit teilweise gänzlich anderen Maximen für unliebsame Kulturträger.
Selbst in den 70er und 80er Jahren des 20. Jh. konnten sich westliche Beobachter der, auf künstlerischem Gebiet scheinbar heilen Welt des Sowjetsystems nicht entziehen und dies liest sich dann folgendermaßen:

Uns mag dieses System als bürokratische Einengung künstlerischer Freiheit und künstlerischen Handelns erscheinen. Festzustellen bleibt, dass die Provinz besser kulturell versorgt wird als die unsere. Unsere Existenzangst braucht kein Musiker – auch der gescheiterte – was oft genug vorkommt – zu haben. Von jenen Musikern … war keiner unzufrieden … Eines war bei allen Gesprächspartnern festzustellen: ein guter Musiker wird unter der Leitung von »Gostkonzert« sicherlich nicht reich und vermögend, aber er genießt in der Sowjetunion so etwas wie Anerkennung, Ehre – nicht so sehr die offizielle als vielmehr die inoffizielle … Sie scheinen zu wissen, dass man mit Geld nur ein fragwürdiges Selbstwertgefühl kaufen kann.[15)]

Aber dies war nur die eine Seite der Medaille, die positive für den konformen Musiker, den Parteiauserwählten. Für die anderen, die nicht der Partei angehörten, nicht den Machthabern entsprachen, konnte dies leicht tödliche Folgen in Zusammenhang mit »staatlicher Fürsorge« haben. Unter Stalin gewiss. Schostakowitsch führte selbst Nikolaj Schilijajew und Dina Gatschew als Beispiel für die Musikerverfolgung an, wenngleich er im selben Atemzug auch wieder Kogan Recht zu geben schien:

Dieser Typ des Komponisten als Reklametrommel ist mir fremd, er hat in der russischen Musik keine Tradition, vielleicht ist deshalb russische Musik im Westen weniger populär, als sie es verdient.[16)]

Möglicherweise ein Seitenhieb auf Rachmaninow, Strawinsky, Prokofjew, die emigriert waren und doch großen Erfolg hatten? Eventuell. Viel wichtiger erscheint aber Schostakowitschs These zu sein, warum gerade eine Diktatur, eine Tyrannei so großen Wert auf Künstler und Sportler legt. Diese Förderung ist wohl allein mit nationaler Bestätigung im Weltwettbewerb nicht zu belegen:[16)]

Warum wollen die Leute, dass Tyrannen sich als Mäzene und Kunstliebhaber ausgeben? Tyrannen wissen, dass sie ihre schmutzigen Geschäfte viel besser tätigen können, wenn sie als gebildet und kultiviert gelten und nicht als Banausen und Flegel. Der Generalissimus muss stets und für alle der große Weise sein … Er braucht nur zu befehlen, der geliebte Führer und Lehrer … Will er Fachmann auf dem Gebiet der Orchestrierung sein? Er ist auch das … Wenn der große Führer keine Bücher schreibt, sondern Köpfe abschneidet, was ist er dann? Die Antwort ist schlicht: ein Schlächter, ein Raubmörder … Ein völlig anderes Bild entsteht, wenn der Führer Beethoven spielt, nicht wahr? Das verändert mit einem Schlage die Landschaft. Ich kannte viele Musiker, die allen Ernstes behaupteten, Stalin liebe Beethoven. Natürlich, mit moderner Musik kann er nicht viel anfangen, sagten sie, das können sowieso nur die wenigsten. Und schließlich hat Josef Wissawionowitsch noch außer Musik viele andere Dinge im Kopf. Aber er liebt klassische Musik. Zum Beispiel Beethoven.[17)] *Er liebt alles Erhabene. Zum Beispiel die Berge. Beethoven ist auch etwas Erhabenes, also liebt er ihn …*

Kein Wunder, wenn der Musikwissenschaftler Daniel Schitamirskj nach 1945 zu dem Schluss kam:

Im Laufe vieler Jahre haben die Musikkritiker einseitig Rachmaninow als zeitgenössischen Komponisten betrachtet ... Aber sein Stil ist weit davon entfernt, so konservativ zu sein, wie sie es schildern ...
Ich bin davon überzeugt, dass Rachmaninow nicht zur Gruppe revolutionärer Erneuerer gehört, aber er zeigt bis zu seinem Lebensende ein tiefes, zeitgemäßes Empfinden ...[18)]

Vollends klar wird die Phraseologie diktatorischer Propaganda, wenn wir die ZK-Kritik an zeitgenössischer Musik vom 10.02.1948 hinzufügen:

... die Ablehnung der Grundsätze der klassischen Musik, die Verbreitung der Atonalität, der Dissonanz und der Disharmonie, die Verneinung so lebenswichtiger Elemente, Elemente der Musik, wie es die Melodie darstellt, die Begeisterung für chaotische, neuropathische Kombinationen, die die Musik in Kakophonie und in die bloße Anhäufung chaotischer Laute verwandelt.[5)]

Allen Parteiwünschen gerecht war in diesem Punkt das Werk Rachmaninows sicherlich, besonders die letzten drei Kompositionen: die »Variationen über ein Thema von Corelli« op. 42, die 3. Sinfonie op. 44 und die drei »sinfonischen Tänze« op. 45.
Dabei traten die alten Schwierigkeiten seit dem Desaster der ersten Sinfonie aus den 90er Jahren des 19. Jahrhunderts wieder auf – nur in neuer Umgebung! Die Generalthematik, das traurige Schicksal eines sensiblen Mannes in einer harten Umwelt, schuf eine meditative Form, die nicht frei von Larmoyanz ist. Wir dürfen nicht vergessen, diese Haltung stand im 20. Jahrhundert der modernen Musikauffassung gegenüber! Rachmaninow schrieb 1930 für ein Publikum, das bereits 1912 Igor Strawinsky und 1930 Paul Hindemith gehört, das Schönbergs »Dodekaphonie« und Alban Bergs »Wozzek« im Ohr hatte. Da musste die Tschaikowskij und Anton Rubinstein verpflichtete Musik wie ein Gespenst vergangener Tage erscheinen, sehr angenehm für das Ohr, aber eben nur eine Erinnerung an nie mehr wiederkehrende Zeiten. Daher waren die Kompositionen Rachmaninows der 30er Jahre nur Nostalgie, ein Echo auf das, was im Vorkriegsrussland

und -europa ›Spätromantik‹ genannt wurde. Dieses Russland war nicht mehr existent, trotz ZK-Beschluss von 1948. Rachmaninows Musik entsprach in Melodiebildung, Gestaltung und Rhythmik durchaus den Wünschen nach Legitimation, nach Tradition innerhalb der russischen Führung, aber nicht zeitgemäßen Entwicklungen. Rachmaninow war kein Erneuerer, kein Kämpfer, er war Schüler und Mensch des 19. Jahrhunderts, der letzte Spätromantiker auf dem russischen Musikthron.

Die gleichen kompositorischen Probleme zeigen sich auch in der großen Form der Klaviersonate. Im Jahr 1931 – geprägt durch die großen Auseinandersetzungen auf politischer Ebene – wurde die bereits 1913 komponierte 2. Sonate in b-Moll[19] op. 36, Presman gewidmet, überarbeitet und für den eigenen Konzertgebrauch eingerichtet. Kürzer gefasst als die erste in der Tonart d-Moll und ohne thematischen Hintergrund, krankt sie an inhaltlicher Themenschwäche. Die enormen technischen Schwierigkeiten sind sehr auf Publikumseffekte ausgerichtet, aber für das eigentliche Tonmaterial zu verwickelt und zu kompliziert angelegt. Vergleichbar mit dem 4. Klavierkonzert gibt es auch hier Augenblicke großer Schönheit in der Melodiebildung – etwa die »non allegro« bezeichnete Überleitung zum langsamen Satz –, aber der große Gedankenwurf fehlt. Daran ändert auch die jetzt, 1931, erfolgte Überarbeitung nichts, der immerhin 120 Takte (!) gegenüber dem Original fehlen:

1. Fassung (1913)

2. Fassung (1931)

Die Polyphonie in der Satztechnik ist mehr gewollt als gekonnt, die pianistisch-technische Überbordung ertränkt die gelobte aquarelleske Transparenz der zuvor entstandenen Klavierwerke. Auch der Parameter Zeit bleibt ein Problem – die Komposition ist zu lang:

In dieser Sonate laufen so viele Stimmen gleichzeitig eigenständig, und sie ist zu lang. Chopins Sonate dauert 19 Minuten, und alles ist gesagt.[20]

Damit aber ist der Irrweg dieses Monumentaltorsos noch nicht beendet, denn von Wladimir Horowitz existiert eine Einspielung, die eine »Selbdrittfassung« zeigt: Urfassung kombiniert mit Revison sowie Veränderungen vonseiten Horowitz, alles authorisiert vom Komponisten!
Mehr Glück hatte Rachmaninow dagegen immer mit der Form: Thema und Variation.[21] Im Jahre 1932 veröffentlichte er seine am 16. Juli 1931 fertiggestellte letzte Komposition für Klavier solo: die »Corelli-Variationen« op. 42. Als Thema dient hier nicht ein Originalthema von Arcangelo Corelli, sondern vielmehr der berühmte alte Tanz »La Folia«, den schon Franz Liszt in seiner »Spanischen Rhapsodie«, Cherubini in seiner Oper »Hôtellerie portugaise«, Johann Sebastian Bach in seiner »Bauernkantate« verwendet hatten, und den Corelli selbst in seiner 12. Sonate als »Variation sérieuse« bezeichnet:

Der Bau der Melodie ist sehr einfach: eine neunmalige Wiederholung der ersten Phrase mit einem fünftönigen Ambitus. Aber gerade diese

Statik ergibt eine Unzahl von Variationsmöglichkeiten. Wie alle bedeutenden Werke Rachmaninows steht auch dieses Variationswerk in einer Molltonart: d-Moll (!) und erscheint in seiner Gesamtlänge – XX Variationen mit Coda – von lakonischer Kürze. Zudem sind die Variationen, gemessen am sonstigen Klavierwerk Rachmaninows, in technischer Hinsicht als »einfach« zu bezeichnen. Außer dem Kadenzzwischenspiel bilden sie zudem in formaler Hinsicht ein zusammenhängendes, in sich geschlossenes Werk, vergleichbar mit der Unzahl anderer vom gleichen Typus des 18. und 19. Jahrhunderts. Trotzdem ergeben sich in den einzelnen Variationen eine Fülle von bemerkenswerten Einsichten, die Rachmaninows ganze Meisterschaft in der Kleinform zeigen: etwa in der Variation V die Gegenüberstellung von $\frac{3}{4}$- und $\frac{2}{4}$-Takt[22] oder das »Adagio misterioso« in der VI. Variation. Die Variation II dagegen bringt den Rhythmus direkt in eine Art »swing time«. Ebenso rhythmisch geprägt sind die Variationen XII und XIII. Pianistisch besonders stark ausgerichtet sind die Variationen XIV, XVI-XX, die eine Klimax technischer Anforderungen bringen. Harmonisch am interessantesten dürften dagegen die Variationen XI–XIII sein sowie die als »Intermezzo« gekennzeichnete Modulation nach Des-Dur unmittelbar danach! Nicht zu vergessen auch die Coda über dem Orgelpunkt D, in der der weitgespannte Andantemelodiebogen noch einmal die Ausgangstonart d-Moll aufgreift. Der formale Gesichtspunkt dagegen wird in Variation III angesprochen, als Rachmaninow das Thema in Menuettgestalt – allerdings mit dem Tempogefühl des 20. Jahrhunderts – bringt, und am freiesten wird das Thema in den Variationen IV und IX behandelt, wobei in letzterer eigentlich nur noch der zögernde Rhythmus des Themas nachempfunden wird. In Variation IV dagegen wird zweierlei deutlich:

1. Rachmaninow zerlegt die melodische Struktur des Themas und bringt hier eine »Fantasie«, ein freies Spiel über die ersten beiden Takte – eine Reduktion also.

2. Der Beginn dieser Variation ist auf das engste mit der XIII. Variation der »Variationen über ein Thema von Frédéric Chopin« op. 22 verwandt.

Die »Chopinvariationen« von 1901 sind technisch virtuoser konzipiert, aber doch mehr Ausschmückungen des Choralthemas denn wirkliche Variationen. Die rhythmische Komponente ist in op. 22 viel weniger ausgeprägt als in op. 42. Die weiten Melodiebögen beherrschen das Feld neben großen technischen Problemen. Lediglich in Variation XI wird im harmonischen Bereich bereits ein Fingerzeig auf die Variationen op. 42 gegeben, außerdem entfernt sich diese am weitesten vom ursprünglichen Thema, Gedanken, die in den »Corelli-Variationen« dann meisterhaft entwickelt werden. Eine Ausnahme, die doch bemerkenswert ist: in der XII. Variation versucht Rachmaninow, die Beziehung zur kontrapunktischen Fugenform herzustellen, kann aber das Versprechen nicht einlösen:

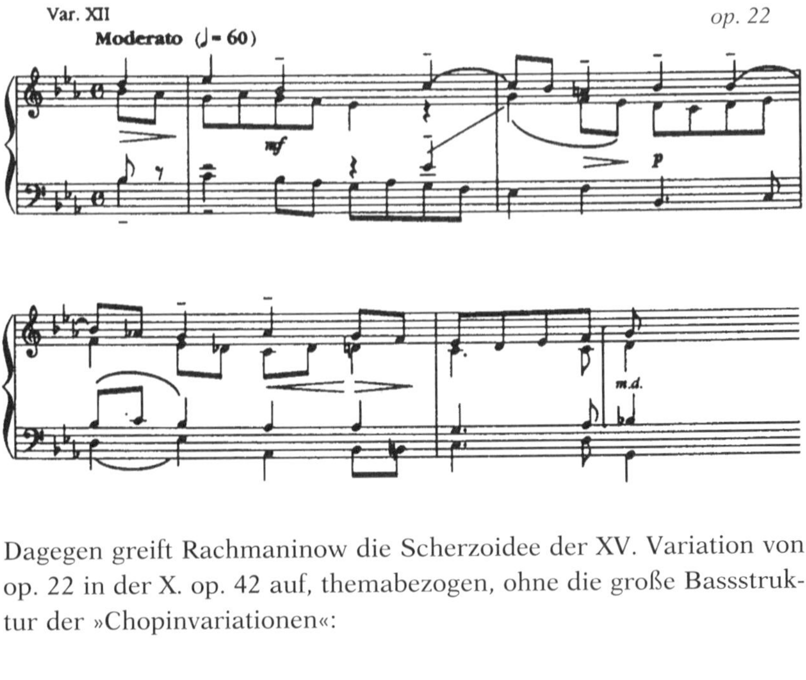

Dagegen greift Rachmaninow die Scherzoidee der XV. Variation von op. 22 in der X. op. 42 auf, themabezogen, ohne die große Bassstruktur der »Chopinvariationen«:

Im Herbst des Vollendungsjahres der »Corelli-Variationen« traf Rachmaninow abermals mit Joseph Yasser zusammen, der ihn schon auf die enge Beziehung zwischen dem Thema des dritten Klavierkonzertes und des Introitusses aus dem großen »Abend und Morgenlob« aufmerksam gemacht hatte. (vgl. Kapitel I) Yasser hatte zu dieser Zeit gerade seine *Theory of volving Tonality* entwickelt, in der er von einer 19-teiligen Tonskala ausging. Rachmaninow wies diese These als eigentlich unhörbar zurück, d. h. das menschliche Ohr könne solche Tonunterteilungen nicht mehr wahrnehmen, die sich über den 12 Tonabständen innerhalb einer Oktave erheben würden. Außerdem sei der tonale Raum in seiner Veränderung viel träger als der menschliche Verstand registriere:

Und wie zur Bekräftigung seiner These setzte sich Rachmaninoff an den Flügel und demonstrierte Yasser die Stadien der musikalischen Evolution frei nach Tanejew. Für einen kurzen Augenblick wusste Yasser wirklich nicht, ob Rachmaninoff mit ihm einen musikalischen Spaß trieb. Denn der Pianist hatte in den drei Varianten seines Modellbeispiels, eines Wiener Walzers, keine einzige Note verändert. Und doch waren zwischen den Tönen – wie Yasser verblüfft feststellte – erstaunliche Änderungen bewegt worden. Rachmaninow hatte den »musikalischen Atem«, die nicht notierbare Agogik, von Variation zu Variation abgewandelt. Nach Ansicht des Komponisten lägen gerade hier die verborgenen Antriebskräfte für die Stadien der Musikentwicklung.[24]

Genau diese »unmerkliche Veränderung«, diese Metamorphose in Zeitlupenform sind ihm bei den »Corelli-Variationen« perfekt gelungen, die er Fritz Kreisler widmete, der ihn mit dieser Melodie bei ihrer Zusammenarbeit für die Schallplattenindustrie bekannt gemacht hatte!
Bei der Uraufführung am 12. Oktober 1931 in Montreal aber war den »Corelli-Variationen« wiederum kein Erfolg beschieden! Ebenso wenig bei allen anderen Konzerten der Saison.
In einem Brief an Medtner vom 21.12.1931[25)] schrieb Rachmaninow:

Lieber Nicolaj Karlowitsch,
anbei übersende ich dir meine neuen Variationen. Ich führte sie selbst fünfzehnmal auf, aber von diesen fünfzehn Aufführungen war nur eine gut. Alle übrigen liefen wohl eher unter der Rubrik »Schmierereien«. Ich kann meine eigenen Kompositionen einfach nicht interpretieren, sie erscheinen mir langweilig! In ihrer vollständigen Form habe ich die Variationen nicht ein einziges Mal gespielt. Ich ließ mich vielmehr vom Husten des Publikums leiten. Sobald es sich verstärkte, ließ ich die nächste Variation einfach aus, gab es kein Hustenkonzert, spielte ich die Variationen der Reihe nach. In einem Konzert in einer Kleinstadt – ich weiß nicht mehr wo – husteten sie so heftig, dass ich von 20 Variationen nur zehn spielte. In New York stellte ich einen persönlichen Rekord auf, indem ich 18 Variationen spielte. Ich hoffe aber, dass du alle Variationen durchspielen wirst und dabei nicht hustest …

Der Uraufführung im Oktober 1931 in Montreal war also eine Reihe von Klavierabenden in Amerika gefolgt, bei denen die »Corelli-Variationen« einen Programmschwerpunkt neben dem Standardrepertoire bildeten. Das Interesse des Publikums an den neuen Kompositionen war gering, gefragt aber nach wie vor der Komponist des 2. und 3. Klavierkonzerts, das er im März 1932 unter Leitung von Sir Henry Wood in London spielte. Dies nahm die »Royal Philharmonic Society« zum Anlass, ihm durch die Herzogin von Athall die goldene Ehrenmedaille zu überreichen. Ernest Neumann, Kritiker der *Sunday Times* und großer Bewunderer von Sergej Rachmaninow, schrieb sehr zynisch über dieses Ereignis am 13. März 1932:

Ich hoffe sehr, dass seine Einführung in den geheiligten Kreis nicht einige andere Eingeweihte verärgern wird – den begabten Sänger von ›Bleib bei mir‹ z. B. …

Überhaupt stand das Jahr 1932 beruflich für Rachmaninow unter keinem guten Stern, sieht man von einem kleinen »Rachmaninow-Festival« im Januar in Minneapolis und Chicago ab, bei dem Eugene Ormandy und Josef Stock seine 2. Sinfonie, seine beiden Klavierkonzerte No. 2 und 3. sowie die »Vocalise« und »Die Toteninsel« einem begeisterten Publikum zu Gehör brachten. Überraschend reagierte auch die Presse wohlwollend!
Bedingt durch die Wirtschaftskrise sowie die unsichere politische Lage, wurden die übrigen Konzerte jedoch in Amerika kühl aufgenommen, die Einnahmen gingen zurück. Auch in Europa herrschte die gleiche Stimmung. Dazu kamen physische Erschöpfungserscheinungen beim Künstler selbst:

Die Blutgefäße meiner Finger platzten, blaue Flecken bildeten sich. Ich sagte daheim nicht viel darüber. Aber irgendetwas kann jeden Augenblick passieren. Dann kann ich vor Schmerzen keine zwei Minuten mehr spielen; ich habe Schwierigkeiten einige Akkorde zu greifen. Es ist wahrscheinlich das Alter. Und nimmt man mir jetzt noch diese Konzerte weg, so wird dies in jeder Hinsicht für mich das Ende sein![26)]

Im Mai 1932 gab es wenigstens im Familienkreise ein freudiges Ereignis: die Hochzeit seiner zweiten Tochter Tatjana mit Boris Konjus. Die Begeisterung Rachmaninows über diesen Schwiegersohn war doppelt groß, denn für ihn hatte sich sein Lebenskreis geschlossen. Mit der Familie Konjus, besonders aber mit dem »neuen« Schwiegervater Julij, verbanden ihn neben freundschaftlichen vor allem musikalische Beziehungen: Julij war Geiger und Bratschist im Bolschoj-Theater, Konzertmeister bei den New Yorker Philharmonikern, Dozent am Moskauer Konservatorium sowie Redigator des 4. Klavierkonzertes. Daneben finden sich in dieser Musikerfamilie noch andere Persönlichkeiten, mit denen Rachmaninow in seiner Jugend- und Studienzeit engen Kontakt hatte: Georgij E. Konjus (1862–1933) war Komponist und Musiktheoretiker sowie Professor am Moskauer Konservatorium. Er war der Auslöser der »Konjus-Affäre« im Jahre 1899, als er gegen den reaktionären Kurs der damaligen Zarenregierung protestierte und die suspendierte Studien- und Rechtsordnung für die Studenten einforderte. Einzige Reaktion der damaligen Machthaber: fristlose Kündigung – Safonow sowie der Rest des Kollegiums schwiegen dazu!

Lew E. Konjus (1871–1944) wiederum unterhielt zu Rachmaninow engere Beziehungen! Der Pianist und Professor am Moskauer Konservatorium sowie Gründer der Moskauer »Musikschule« als Vorschule für das Konservatorium rief zusammen mit Alexander Konowalow 1925 das »Russische Konservatorium« in Paris ins Leben, dessen Ehrenpräsidentschaft, wie wir schon wissen, Sergej Rachmaninow bekleidete. Lew Konjus Frau Olga war nicht nur eine entfernte Verwandte Rachmaninows, sondern auch Informantin für manch bezeichnende Episode aus Rachmaninows Jugendzeit: eines Tages in den Jahren 1889/90 hatten Rachmaninow und Slonow, mit dem er damals oft eine Wohnung geteilt hatte, nur noch 20 Kopeken in der Tasche und viel Hunger im Bauch. Diese karge Summe musste aber für eine Straßenbahnfahrt zu einer Schülerin reichen. Kurzum, der Hunger war stärker, die Freunde erstanden für die 20 Kopeken Brot und Wurst und Rachmaninow lief zu Fuss zum Unterricht, im Moskauer Winter nicht gerade eine gesunde Übung! Aber er dachte an die komfortable Heimfahrt, da ja dies der Tag der Honorarzahlung bei der Familie der Schülerin war. Wie groß war seine Enttäuschung, als die fürsorgliche Mutter der Schülerin ihm zwar eine warme Reisedecke für die Rückfahrt mitgab, aber das Honorar zu bezahlen vergaß. Eigentlich unnötig zu erwähnen, dass Rachmaninow in seinem Stolz sich eine Erinnerung an den Lohn bei der Hausfrau verbat![27)]

Der Name Lew E. Konjus hatte sich zudem unter denen anderer Komponisten befunden, deren Werke zusammen mit Rachmaniows Streichquartettsätzen, in Orchesterfassung, im Konservatoriumskonzert am 24. Februar 1891 in Moskau aufgeführt und von den *Moskauer Nachrichten* am 28.2.1891 lobend besprochen worden waren.

Rachmaninows Schwiegersohn Boris Juljewitsch Konjus wird den Lebenskreis des Komponisten auf andere Art und Weise schließen: er besucht in Paris die Offiziersschule und schlägt die Militärlaufbahn wie Rachmaninows Vorfahren ein. Zugleich endet damit auch der musikalische Zweig der Familien! Der 1933 geborene Enkel Rachmaninows, Alexander B. Konjus, hat mit der Musik als Beruf nichts mehr zu tun! Seine Mutter, Rachmaninows Tochter Tatjana Sergejewna, starb relativ jung, 1961, im Alter von 54 Jahren. Der Schwiegervater Julij E. Konjus kehrte 1939 freiwillig in die Sowjetunion zurück, wo sein weiteres Schicksal unklar bleibt. Offiziell ist er dort 1942 verstorben.

Jetzt aber, in den Jahren 1931–1939, gehörten die Sommermonate in Hertenstein, am Vierwaldstätter See in der Schweiz, zu den glücklich-

sten der Familie! Der große Grundbesitz der Villa ermöglichte Rachmaninow, fast eine Idylle nach Art seines geliebten Iwanowka entstehen zu lassen. In Briefen an seine Schwägerin schrieb er in diesen Jahren voller Begeisterung von seinen Pflüg- und Pflanzversuchen, seinem fast als botanisch zu bezeichnenden Garten, in dem sich alle mitteleuropäischen Baumsorten befänden. Die Villa »SENAR« wird zum notwendigen Refugium, zum Rekreationszentrum für den physisch und psychisch immer schwächer werdenden Pianisten. Die zahlreichen Besuche von Freunden und Kollegen in diesen Monaten taten sicherlich auch ihre belebende Wirkung auf den Allgemeinzustand des Hausherrn. Für eine Komposition blieb aber keine Zeit. Im Herbst musste er für 50 (!) Konzerte nach Amerika zurückkehren. Da war es auch kein Trost, dass er im selben Jahr sein 40-jähriges Pianistenjubiläum seit seinem Debüt im Jahre 1892 feiern konnte. Hinzu kam noch ein Hexenschuss, der ihn so stark beeinträchtigte, dass er in San Antonio zum Klavier und wieder zurückgeführt werden musste. Am 22.12.1932 gedachten aber seine Freunde anlässlich seines New Yorker Konzerts seines Jubiläums. Privatsekretär Somow und Freund Ostromyslenski, Chemiker und Unterzeichner der Protestnote gegen Tagore aus dem Jahre 1931, überreichten dem sichtlich bewegten Pianisten nach seinem Konzert mit den New Yorker Philharmonikern in der Carnegie Hall eine Pergamentrolle mit Glückwünschen der Russisch-Akademischen Gesellschaft in den USA. Die russischsprachige Zeitschrift *Das Neue Russische Wort* veröffentlichte eine Sonderausgabe bezüglich dieses Jubiläums mit Wortbeiträgen von seinem Cousin Alexander Siloti, Glasunow (!), Schaljapin sowie zahlreicher Akademiker und Intellektueller. So viel Aufmerksamkeit und Anteilnahme taten Rachmaninow sichtlich gut, waren sie doch Balsam für seine sensible Seele!
Dabei bildeten diese Feierlichkeiten nur den Auftakt zu größeren, die diesmal in Europa stattfanden! Am 1. April 1933 feierte er seinen 60. Geburtstag. Aus diesem Grund luden die russischen Emigrantenkreise am 7. Mai in Paris zu einer großen Feier in die Salle Pleyel des Pariser Konservatoriums. Die Laudatio hielt kein geringerer als der große Pianist Alfred Cortot (1877–1962). Die Freunde brachten in Form der uns schon bekannten Geburtstagskantate einen persönlichen Beitrag. Auch diesmal widmeten wieder verschiedene russischsprachige Zeitungen Artikel und Analysen der Person und des Künstlers Sergej Rachmaninow. Ein besonders schönes Beispiel lieferte sein Freund Nikolaj Medtner in der Zeitschrift *Russland und das Slawentum*:

Seine wegweisende Bedeutung als Pianist und Dirigent liegt in seiner imaginativen Kraft, in seiner geistigen Vorstellung von musikalischen Bildern. Daher ist seine Interpretation immer so kreativ, als wenn der Komponist selbst das Werk spielen würde – und dieser Vorgang geschieht immer, als ob die Komposition zum ersten Mal interpretiert würde. Dabei erweckt er den Eindruck zu improvisieren und man glaubt, dass das Werk noch nie zuvor gehört worden sei![28)]

Für Rachmaninow sicherlich am interessantesten an dieser Gratulationscourt waren aber neben den amerikanischen und englischen Zeitungsberichten die zahlreichen Grüße und Glückwünsche aus der Heimat. Zeigte ihm die anglo-amerikanische Presse mit ihrer Aufmerksamkeit die gewachsene Wertschätzung des amerikanischen Publikums, trotz Wirtschaftskrise und Finanzschwäche, so die Grußadressen aus der Heimat die Andeutung eines Tauwetters in den abgekühlten Beziehungen!
Dem abflauenden Konzertinteresse wollte er in diesem Jahr mit einer Vielzahl neuer Programmwerke begegnen – ganz »businessman« amerikanischer Prägung. So spielte er in London 1933 nicht nur die »Corelli-Variationen« zum ersten Mal in Europa, sondern auch seine Transkription des Scherzos aus Mendelssohns »Sommernachtstraum« und des Préludes aus der E-Dur-Sonate für Violine solo von Bach.
Gerade seine Transkriptionen kamen bei Publikum und Kritik gleichermaßen gut an, wobei letztere ihm die intellektuellen Fähigkeiten bei dieser Kompositionsform bescheinigte, die sie demselben bei den größeren Werken eigener Prägung absprach. Lediglich die Transkription der Bachschen Partita begeisterte die Presse weniger. So schrieb der Kritiker anlässlich eines Konzertes am 7.11.1942 in New York:

Mir persönlich gefiel seine Transkription der E-Dur-Partita für Violine von J. S. Bach nicht. Zu viele Mittelstimmen und Harmonieänderungen … Auch schlug der Pianist zu viele falsche Töne an …[29)]

Im Sommer endlich dann die erfreuliche Nachricht: die Sowjets hatten sein Werkverbot teilweise gemildert, und Wilshau schrieb ihm begeistert von der herzlichen Aufnahme seiner »Corelli-Variationen«, der »Drei Russischen Lieder« und des 4. Klavierkonzertes in Moskau. Aufrichtig freute sich der Pianist auch über den Literatur-Nobelpreis

für seinen Freund Iwan Bunin im gleichen Jahr, mit dem ihn seit den glücklichen Jugendtagen auf der Halbinsel Krim eine herzliche Freundschaft verband. Endlich auch die Krönung seines Glücks: nach einer kleinen Operation und Beendigung seiner Konzerttournee durch Europa kann er im Mai 1935 die fertiggestellte Villa in Hertenstein beziehen. Soviel Motivationsschub befähigte ihn, im Sommer mit der Komposition eines Werkes zu beginnen, das zu den besten seiner Feder gehören wird: »Rhapsodie über ein Thema von Paganini« für Klavier und Orchester op. 43 in a-Moll.
Die bereits angekündigte Meisterschaft in den Variationsvorläufern op. 22 und op. 42 kam hier voll zum Durchbruch. Die »Paganini-Variationen« wurden neben dem 2. und 3. Klavierkonzert zum großen Wurf von bleibender Dauer. Am 30.1.1976, 42 Jahre nach der Uraufführung, schrieb Joachim Kaiser in einer Rezension über dieses Werk:

Die Rhapsodie für Klavier und Orchester über ein Thema von Paganini ist doch wohl Sergej Rachmaninows spirituellstes, witzigstes, elegantestes Werk für Klavier. Rachmaninow hat in diesem durchaus melodiösen, aber auch vielstimmig und souverän durchbrochenen Werk eben keine tränenschweren Melodien, keine russisch-dröhnenden Affekte komponiert. Er hat das alles übersetzt in eine geistvolle, gescheit durchdisponierte, fast nie banale, dafür oft geniale, feingliedrige Musik. Gerade Rachmaninow-Verächter können am lakonischen Esprit dieser Rhapsodie begreifen lernen, was für ein Künstler, was für ein Meister jener Sergej Rachmaninow gewesen ist.[30)]

Dem braucht eigentlich nichts hinzugefügt zu werden.
Das Thema ist dem berühmten 24. Caprice in a-Moll von Nicolo Paganini entnommen, das vor Rachmaninow schon Robert Schumann, Johannes Brahms, Franz Liszt und später Boris Blacher oder Witold Lutoslawski faszinierte. Man könnte also durchaus glauben, dass dieses Thema erschöpfend behandelt worden sei, keine neuen Gedankengänge mehr machbar erschienen, ähnlich dem »Corelli-Thema«, jedoch der Eindruck täuscht. Blieben die Vorgänger in eher deskribierender Weise an der Vorlage und setzten diese in mehr oder minder pianistische Technik um, so verband Rachmaninow die Thementeile völlig eigenständig, ähnlich der XI. Variation op. 22 oder der IX. Variation op. 42. Die motorisierende Wirkung der Komposition Pa-

ganinis geht so nicht verloren, im Gegenteil, sie wird in Virtuosität und Spielfreude gesteigert:

Natürlich kommt ihm die motivische Keimzelle der Vorlage, die kleine Terz, mehr als gelegen, bildet sie doch oft den thematischen Ursprung der Werke Rachmaninows. Zugleich blitzt aber auch sein Sinn für Humor gleich zu Beginn der Komposition auf: nach einer neuntaktigen Introduktion stellt er nicht, wie allgemein üblich, das Thema vor, sondern bringt zuerst eine Variation (Variation I, s. folgende Seite) desselbigen, ehe er es in Urgestalt vorstellt! Bluff und Narretei des Zuhörers, eine achsensymetrische Spielerei, der Vorgriff wird zum Rückgriff und umgekehrt.
Bemerkenswert auch der Gesamtumfang des Werkes: die ersten sechs Variationen sind eigentlich nur der Auftakt, das Vorspiel für den zweiten Teil, in dem die kluge Handhabung des riesigen Orchesterapparates besonders auffällt. Nie dominiert derselbe, viele Passagen des Klaviers sind unbegleitet, ebenso viele geben dem Orchester nur die Rolle eines zweiten Klaviers:

... Orchestra tacet« heißt es da, und nun beginnen, während das Orchester für längere Zeit den Mund hält, Sternmomente reizvoller, getupfter, perlender Klaviermusik. Rachmaninow geht gleichsam stilistisch klug zurück; im Gegensatz zum Paganini-Moll-Sound benutzt er nun ältere Toccataverspieltheit. Paganini im Gespräch mit Scarlatti.[31)]

Seit der Chorsinfonie »Glocken« hat der Komponist trotz dieser Akzentuierung des Klavierparts die Holzbläser und die Schlaginstrumente im Orchester niemals besser in Szene gesetzt. Vollends ein Gipfel an Humor und Skurrilität aber wird dieses Werk durch Hinzuführung eines neuen, anders gearteten Themas, »seine« so oft ver-

Beginn der Rhapsodie op. 43

wendete gregorianische Sequenz »Dies irae«. Rachmaninow wollte diese Sequenz klar als Kontrast darlegen:

Dabei bleibt in den mehr auf die rhythmische Komponente gerichteten Orchestervariationen, in denen das Klavier Pause hat, die Struktur der beiden Themen klar ersichtlich. Exposition und die ersten sechs Variationen betonen das rhythmische Element des Themas, die Spielerei und den Humor. Beachtenswert auch – verglichen mit den »Corelli-Variationen« – der pädagogische Aspekt der progressiven Abstraktion, die von Variation zu Variation zunimmt. Gleichsam bithematisch tritt nun in Variation VII die »dies irae«-Sequenz hinzu, während Fragmente des eigentlichen Paganini-Themas in den Celli und Kontrabässen die Verbindung zum Ausgangspunkt der Komposition herstellen. Dieser Gedankengang scheint in No. IX unterbrochen, als die Paganini-Vorlage nur noch skelettiert in den Klaviereinwürfen auftaucht. Bereits in der nächsten Variation aber kommt es wieder zu einer Symbiose der beiden Themen in den Oktaven des Klavieres und steigert sich bis hin zum Choral, der zur ad-libitum-Klavierpassage von den Holzbläsern angestimmt wird, ehe sich eine kurze, schwächere »Lisztkadenz« in Variation XI anschließt. Harmonisch wechselt der Komponist in Variation XII in die Subdominante d-Moll. Diese wird in Variation XIV zur Tonikaparallele von F, ehe F-Dur als Tonikaparallele von a-Moll den Schlusspunkt in Variation XXIV setzt.
Unter den zahllosen lyrischen Momenten fällt in diesem Werk besonders die Variation XVIII mit ihrem weiten Des-Dur-Bogen auf, in dem Rachmaninow die Vorlage umkehrt,

während danach bis zum Schluss des Werkes in der Antipode F-Dur das rhythmische Element des Urthemas wieder die Oberhand erhält; das Tempo wird kontinuierlich schneller. Nach zwei kurzen Kadenzen erreicht die Coda den Höhepunkt. Offensichtlich wird die Symbiose zwischen Paganini und Gregorianik, wenn die Blechbläser die Sequenz und die Streicher das Paganini-Thema gleichzeitig anstimmen:

Alles deutet auf einen fulminanten Schluss in a-Moll hin:

Am Ende setzt ein ruhiger F-Dur-Akkord einen eigenwilligen Akzent: Stille ohne Dissonanz: Das wär's gewesen![31)]

Der Zyklus wird zu einem Satzganzen, Paganini als vermenschlichter Teufel vor das Jüngste Gericht zitiert, ein Faust vor das himmlische Tribunal. Der Künstler als Extremwert und Gotteslästerung zugleich. Johann Wolfgang von Goethe und Thomas Mann lassen literarisch grüßen![33)]
In aller Stille war diese großartige Komposition vor sich gegangen. Am 18. August 1934 wurde das Werk in der Villa »SENAR« vollendet. Im September des gleichen Jahres teilte der Komponist die Fertigstellung in seinem Brief an Wilshau mit:

Ich verlasse »SENAR« am 15. September in Richtung Paris und fahre am 27. September nach Amerika, wo ich am 12. Oktober meine Konzerte beginnen werde. Diesmal geht meine Saison nur bis Weihnachten. Am 22. Januar beginne ich dann meine Konzerte in Europa, die bis zum 10. Mai dauern werden. In den letzten Jahren habe ich Ihnen nicht gestattet, mehr als 40 bis 45 Konzerte für mich zu arrangieren. Nun, für die kommende Saison haben Sie mich überredet, mehr zu geben. In Amerika 29, in Europa 40. Werde ich diese überhaupt überleben? Vor knapp zwei Wochen beendete ich meine neue Komposition. Ich nenne sieeine Fantasie für Klavier und Orchester in Form von Variationen über ein Thema von Paganini – dasselbe, über das Liszt und Brahms ihre Variationen geschrieben haben. Es ist ein sehr langes Werk von 20 bis 25 Minuten Dauer, fast so lang wie ein Klavierkonzert. Ich werde es nicht vor nächstem Frühjahr veröffentlichen, denn ich will versuchen, es in New York und London gleichzeitig herauszubringen, so dass ich anschließend dann die notwendigen Korrekturen vornehmen kann. Die

Paganini-Variationen – Partiturauszug

Paganini-Variationen – Codaauszug

Komposition ist sehr schwierig, und ich sollte eigentlich jetzt mit dem Üben beginnen, aber ich werde Jahr für Jahr fauler mit meinen Fingerübungen. Ich versuche, mich vor dem Üben zu drücken, indem ich alte Werke spiele, die noch gut im Fingergedächtnis sitzen …

Die Uraufführung fand mit Rachmaninow als Solist im November 1934 in Baltimore und dem Philadelphia Orchestra unter Leopold Stokowski statt. Das Werk wurde sofort ein riesiger Erfolg.[32)]
Der Musikverlag Foley brachte den Druck bereits zu Beginn des Jahres 1935 heraus und am 21. März des gleichen Jahres gab es die europäische Premiere in London und Warschau! Der Erfolg der Komposition aber bewirkte, dass Rachmaninow sich abermals mit dem Gedanken einer Choreographie für dieses Variationswerk trug, die von Michail Fokin und ihm selbst in drei Szenen zusammengestellt wurde und ihre Uraufführung unter größtem Beifall des Publikums am 30. Juni 1939 im Londoner Covent Garden erlebte. Hierbei ist vielleicht ein Brief aus den Anfängen des Ballettprojekts bemerkenswert, den Rachmaninow am 29.8.1937 an Fokin schrieb und der einen Teil der kompositorischen Absichten dieser Choreographie enthüllt:

Mein lieber Michail Michailowitsch,
ich kann Sie gerade nicht erreichen. Ich wollte Sie am 15. August in Luzern anrufen – wir sahen uns am 13. – und bekam die Antwort: ›Sie wären gestern abgereist‹.
Nachdem ich Ihren Brief erst gestern erhalten hatte, wollte ich Sie telefonisch in Montreux sprechen, die gleiche Antwort: ›gestern abgereist‹. Wohin jetzt? Sie gleichen einem Meteor, oder um es poetischer zu sagen, einem Neumond. Ich schicke daher diesen Brief an die Londoner Adresse. Bezüglich meiner Rhapsodie will ich nur schreiben, dass ich sehr glücklich wäre, wenn Sie etwas mit ihr anfangen könnten. Ich dachte letzte Nacht über das Projekt nach, und hier kamen mir folgende Gedanken, von denen ich Ihnen nur die Hauptrichtung anzeigen will, über Details reden wir sicherlich später. Warum greifen wir nicht die Legende »Paganini« wieder auf, der, um in seiner Kunst Vollkommenheit zu erreichen, sowie für eine Frau seine Seele einem bösen Geist verkauft hat? Alle Variationen mit dem Thema »Dies irae« symbolisieren den bösen Geist. Die Variationen XI bis XVIII sind Liebesepisoden. Paganini selbst erscheint beim »Thema« zum ersten Mal auf der Bühne und dann wieder, aber nun überwältigt, in Variation XXIII. Die ersten 12 Takte nach den Variatio-

nen am Ende der Komposition versinnbildlichen den Triumph des Eroberers. Der böse Geist erscheint zum ersten Mal in Variation VII, in der ab Takt 19 der Dialog mit Paganini über sein eigenes Thema und über das zweite Thema »Dies irae« angesprochen werden kann.
Die Variationen VIII–X können die Entwicklung des »bösen Geistes« darstellen. Variation XI ist die beherrschende Stelle für die Liebe. Variation XII – das Menuett – gilt dem ersten Auftreten der Frau, die in Variation XIII ihre erste Unterredung mit Paganini führt. Variation XIX – Paganinis Triumph, sein teuflisches Pizzicato. Es wäre hierbei äußerst interessant, Paganini mit seiner Geige darzustellen, natürlich nicht mit einer realen, sondern in einer Fantasieform. Die Personen, die den »bösen Geist« am Ende des Werkes darstellen, sollten dies als Karikaturen in ihrem Kampf für die Frau und Paganinis Kunst tun. Schließlich auch ein Hinweis auf Paganini selbst. Sie sollten auch Violinen erhalten, aber noch fantastischere und groteskere. Lachen Sie nicht auch mit mir? Ich wünschte so, Sie zu sehen, um mit Ihnen dieses Vorhaben in den Einzelheiten zu besprechen, natürlich nur, wenn mein Spaß und meine Gedanken für Sie wertvoll und interessant wären …[34]

Endlich hatten die Gedanken aus den Jahren 1914 (!) Früchte getragen. Damals schon wollte der Komponist bekanntlich mit M. Fokin

Sergej Rachmaninow (1936)
Foto: Musikverlag, Moskau 1988

ein Projekt starten, die »Skythen«, hatte dieses aber dann zurückgestellt, als Prokofjew sein gleichnamiges Werk komponierte (vgl. Kap. IX). Auch jetzt musste er immerhin mit dem Choreographen vier Jahre verhandeln, bis endlich eine Einigung zustande kam und – Ironie des Schicksals – den Erfolg konnte er selbst nicht genießen: ein Sturz in der Villa »SENAR« mit anschließender Gehbehinderung machte ein persönliches Erscheinen bei der Premiere in London unmöglich! Neben diesem Vorhaben ging aber der Konzertalltag weiter, und der bedeutete spielen, spielen und nochmals spielen.
Die Konzertsaison 1934/35 sah 29 Konzerte in Amerika und 40 in Europa vor, darunter 1935 zum ersten Mal in Spanien, mit dessen südländischem Temperament der zurückhaltende und verschlossene Nordrusse gar nicht zurecht kam. Zudem Konzertbeginn erst um 23 Uhr (!) sowie während des Klavierabends lautes Lachen und Reden innerhalb des Publikums, wobei die Kommunikation zwischen den Konzertbesuchern im Vordergrund, die künstlerische Darbietung im Hintergrund stand, waren zu viel für den Pianisten, der immer die gleiche Konzentration, die er für seine Darbietungen aufbrachte, auch vom Publikum verlangte!
Auf alle Fälle war er heilfroh, als er nach »SENAR« zurückkehren konnte und machte sich dort unverzüglich an die Arbeit für seine letzte Sinfonie in a-Moll op. 44. Der Arbeitsbeginn ist für den 18. Juni 1935 nachweisbar, das Ende für den 30. Juni 1936. Am Rande des Manuskriptes der Partitur befindet sich die Bemerkung: »Beendet. Ich danke Gott. SENAR.«
Die dritte Sinfonie sollte das gleiche Schicksal erleiden wie ihre Vorgänger. Sie gehört zum Schwächsten im Gesamtwerk Rachmaninows! Die Uraufführung am 6.11.1936 mit dem Philadelphia Orchestra unter Leitung von Leopold Stokowski anlässlich eines Konzerts in der »Royal Philharmonic Society« in London verlief daher wenig erfolgversprechend. Ein befremdendes Werk von teilweise beeindruckenden Motiven, die aber ohne Zusammenhang, ohne zwingende Logik entwickelt und dargestellt werden. Vergleichbar mit Frédéric Chopin und Franz Liszt kann man auch bei Sergej Rachmaninow feststellen: seine Stärke ist die Sinfonieform nicht, hierin zweifelsohne das Gegenteil seines Vorbildes Peter Tschaikowskij. Seinem Hang zur rhapsodischen Variationsform stellt sich der Gedankenaufbau einer autonomen Großform mit eigenem Material immer quer. Im zweiten Klavierkonzert erreicht er die Grenze seiner sinfonischen Möglichkeiten. Die von ihm bevor-

zugte Zyklusform eines kleinen, meist volksliedhaften Motives als Klammer der einzelnen Großabschnitte – so im dritten Konzert – wirkt wenig überzeugend. Als Leitidee für eine Themaentwicklung durch alle Sätze – erstmals in der zweiten Sinfonie verwendet – kann sich eine solche Entwicklungsform mit dem Vorbild – Tschaikowskijs 5. Sinfonie – nicht messen. Überhaupt gleicht die 3. Sinfonie formal sehr der zweiten, wie schon der Beginn, die Exposition, zeigt:

3. Sinfonie
Violastimme
1. Satz

2. Sinfonie
Cellostimme
1. Satz

Zudem müssen wir uns immer klar darüber sein, dass die Sinfonie 1936 nach den ersten Triumphen der Werke von Schönberg, Webern, Berg, Strawinsky usw. uraufgeführt wurde. Vom harmonischen Material aus betrachtet, scheint sie um 50 Jahre zu spät geschrieben. Während der langsamen Einleitung zum Allegro des ersten Satzes kommt einem vielleicht deshalb der Gedanke eines Abgesanges, des Abschieds, denn Rachmaninow muss bei dieser Sinfonie gewusst haben, dass er als Komponist großer sinfonischer Werke »out« war.[35)] So sehr er als Pianist richtungweisend wirkte und auch anerkannt wurde, so »rückständig« war er auf kompositorischem Gebiet dem 19. Jahrhundert verhaftet geblieben. Vielleicht wies er deshalb wiederholt auf Richard Strauss hin, der in Europa »als letzter Romantiker« zumindest eine ähnliche Position, wenn auch in der Öffentlichkeit viel erfolgreicher, vertrat:

Ich bewundere Männer wie Richard Strauss. Als Dirigent muss er ständig sowohl neue als auch alte Musik studieren. Sein Kopf muss voll von Musik anderer Komponisten sein, und gleichzeitig schreibt er seine eigene; ein sehr schwieriges Unterfangen.[36)]

In Rachmaninows eigener dritter Sinfonie fällt sofort auf, dass wunderschöne, elegante Melodiebögen unter einem Berg satztechnischer Möglichkeiten begraben werden, eine thematische Arbeit also nicht stattfindet. In den letzten Jahren seiner Pianistenkarriere war seine Orchestrierungsfähigkeit gewachsen – vgl. den virtuosen Schlagzeugsatz – aber jetzt wurde aus dieser Instrumentierkunst »Manierismus«. Wo noch einmal der alte Glanz des 2. Klavierkonzertes oder der 2. Sinfonie auftaucht, ist er nun so übertechnisiert festgelegt, dass der Zuhörer solchen Einfällen fast ein bisschen hilflos gegenübersteht:[37)]

Schon der riesige, äußerst subtil gearbeitete Orchesterapparat verstärkt diesen Eindruck: Bassklarinette, Kontrafagott, Alttrompete, Xylophon und zwei Harfen kommen zum spätromantischen Orchesterapparat noch hinzu. In diesem Punkt hat er der neuen Zeit sowie der Entwicklung der Instrumente ebenso Rechnung getragen wie im starken solistischen Einsatz derselben in der Durchführung des ersten Satzes. Dort gibt es eine entzückende Stelle für Piccolo, Fagott und Xylophon, ein durchaus humorvoller, witziger Einfall, aber er bleibt in seiner gedanklichen Vertiefung unerfüllt. Insgesamt bildet dieser Hauptsatz der Sinfonie ein sehr konventionelles Gedankengebäude, wie er im Lehrbuch der Sinfonie im 18. Jahrhundert hätte stehen können. Dafür spricht auch die Dreisätzigkeit des Werkes![38)]
Das Hauptthema des zweiten Satzes, Adagio ma non troppo, ist nur noch ein Abglanz früherer Melosherrlichkeit:

Dem aufmerksamen Hörer prägt sich nur die Satztechnik der Fuge in der Durchführung ein:

Einzige »Klammer« zwischen den einzelnen Sätzen dieser Sinfonie bildet der Rhythmus, der sehr harte, pulsierende Grundschläge, eine Art »Off Beat«, austeilt – eine Reminiszenz an die Beschäftigung mit den Werken Prokofjews aus den letzten russischen Tagen?
Am Ende der Sinfonie tauchen wieder die »Dies irae«-Klänge auf, allerdings nicht fatalistisch, sondern eher vorwärtsdrängend, stürmisch, fast ungeduldig![33] Übrigens zeigen sich überraschende Parallelen zur 4. Sinfonie Schostakowitschs, die dieser im gleichen Jahr vollendete. Vielleicht nicht ganz zufällig! Seit der offiziellen Anerkennung der Sowjetunion 1933 durch die USA hat sich seit 1934 das Klima für die Person und die Werke Rachmaninows in Russland spürbar verändert, und er wurde nun als tragende Säule der sowjetischen Kulturpolitik »wiederentdeckt«, wie wir schon gelesen haben. Allerdings, die Kritik und die Zuhörer akzeptierten die Sinfonie nicht und von den »Musikerkollegen« kam auch nicht gerade begeisterter Zuspruch, mit Ausnahme von Sir Henry Wood:

Neulich hatte ich das Vergnügen, mit Rachmaninow seine dritte Sinfonie in a-Moll einzustudieren, und ich habe sie am 22. März 1938 in Liverpool bei einem Konzert der Philharmonischen Gesellschaft aufgeführt, ebenso am 3. April im Rundfunk mit dem BBC-Orchester. Rachmaninow erschien bei der Morgenprobe und drückte seine völlige Zufriedenheit mit der Interpretation der Sinfonie aus, wobei er sich mit einer charmanten kleinen Ansprache an das Orchester wandte ... Das Werk beeindruckte mich als Ausdruck der wahren russisch-romantischen Schule; man ist von der Schönheit und der melodischen Linie der Themen und ihrer logischen Entwicklung gefangen. Wie Tschaikowskij, so benützt auch Rachmaninow die Instrumente des Orchesters in all ihren Effekten. Diese liebenswerten kleinen Phrasen für die Solovioline, imitiert von den vier Holzblasinstrumenten in Soloform! Ich bin überzeugt, dass die Kinder Rachmaninows sehen werden, dass das Werk beim Publikum, das große Melodiebögen liebt, einen wichtigen Stellenwert einnehmen wird. Daher gehe ich so weit zu prophezeihen, dass diese Sinfonie in Zukunft genauso beliebt sein wird wie Tschaikowskijs 5. Sinfonie.[39]

Rachmaninow selbst ist Realist genug, um die mangelnde Wirkung seines letzten großen sinfonischen Werkes zu sehen. Am 7. Juni 1937 schrieb er diesbezüglich in einem längeren Brief an Wilshau:

... Ich schreibe dir noch einige Zeilen betreffend meiner neuen Sinfonie. Man spielte sie in New York, Philadelphia, Chicago usw., wobei ich in den ersten beiden Aufführungen persönlich anwesend war. Die Interpretation war mustergültig (das Philadelphia Orchestra, worüber ich dir schon schrieb, unter dem Dirigat von Stokowski). Publikum und Kritik nahmen das Werk ausgesprochen ungnädig auf. Immer schmerzhafter wird mir der Gedanke zur Gewissheit: von mir, d. h. von Rachmaninow, wird es keine weitere Sinfonie mehr geben. Persönlich bin ich fest überzeugt, dass dieses Werk gut ist. Aber manchmal können auch Komponisten irren! Wie dem auch sei, an meiner Überzeugung halte ich bis jetzt fest! ...[40)]

Fast wie Trotz lesen sich diese Worte, aber in Wirklichkeit ist es die Sprache der Sinfonie, die das Publikum nicht mehr versteht. Sie klingt in jenen Jahren so, als wollte man mit der Bühnensprache des 18. Jh. ein Liebesgedicht im 20. Jh. schreiben und dazu noch in äußerst manieristischer Form!
In der Architektur dominierte in jenen Jahren der sachliche »Bauhausstil« aus Weimar, war Zweckrationalismus die Triebfeder der Kunst, in der Sprache analog Knappheit und Focussierung der Aussage, ebenso die seriellen Tendenzen eines Anton Webern in der Musik oder der Neoklassizismus eines Igor Strawinsky. Was sollte da der »alexandrinische Stil«, eine ausufernde Rhetorik ohne Substanz? Das Wort um des Wortes willen, der Ton um des Tones willen? Die Antwort auf solche Fragen finden wir vielleicht in der drei Jahre vor der 3. Sinfonie entstandenen Schrift »*Musa i Moda*« (»Muse und Mode«) von Nikolaj Medtner. Zwar hat diese Streitschrift wider eine neue Ästhetik keine weiteren Auswirkungen auf die Zeitgenossen, ja die darin angegriffenen Komponistenkollegen wie Richard Strauss, Igor Strawinsky oder gar der Schönbergkreis reagieren gar nicht, aber Rachmaniniow ist begeistert und will den Aufsatz sogar in seinem eigenen Verlag *TAIR* verlegen lassen, obwohl Medtner die 3. Sinfonie als zu ›modern‹ empfand, was wiederum den Komponisten sehr verärgerte! So eine Zustimmung kann eigentlich nur bedeuten, dass Rachmaninow mit den in der Arbeit vertretenen Thesen vollkommen übereinstimmt. Und was besagen diese nun?
Kurz Folgendes:

1. Medtner wirft der jungen Komponistengeneration vor, sie wolle aus dem musikalischen Alphabet neue Worte bilden, eine neue Sprache erfinden, ohne dabei die semantisch tradierten Werte zu beachten. Anders ausgedrückt – analog der Geschichte »Der alte Mann und der Tisch« von Peter Bichsel, in der ein Mann beginnt, alle Gegenstände mit neuen Wörtern zu versehen bzw. bekannte Wörter in einen anderen Zusammenhang zu setzen – würden auch die Komponisten nach einem neuen Tonsystem mit den bekannten Tonschritten und Bezeichnungen suchen. Um in unserer Geschichte fortzufahren, wenn der alte Mann zum »Bett« »Tisch« und umgekehrt sagt, behält er zwar die bekannten und vertrauten Worte bei, ändert aber ihren Sinn, ihre semantische Bedeutungsebene.
Keine Frage, in der Musik kann man damit Schönbergs Theorie der Dodekaphonik vergleichen, in der die Töne, unsere zwölf bekannten Halbtonschritte, zwar alle vorkommen, aber jetzt in anderer Funktion, denn die Bedeutungsebenen der Tonika oder Subdominante fallen weg, alle Töne sind gleichberechtigt!

2. Medtner wendet sich scharf gegen die Neoklassizisten, und damit besonders gegen Strawinsky oder Prokofjew, die in seinen Augen eine »Collagentechnik« anwenden, d. h. sie bedienen sich tradierter Formen, brechen sie auf und setzen die daraus entstehenden Bruchstücke zu neuen Puzzles zusammen. Diese, von ihm als »technische Spiegelfechtereien« bezeichneten Manierismen führen in seinen Augen von dem eigentlichen Ziel der Kunst: dem Wahren, Schönen und Guten weg und bringen jede Aussageform der Kunst in ein schlechtes Licht.

3. Grundlage jeder musikalischen Äußerung ist die Idee, die »Muse«, wie Medtner es bezeichnet, und die er mit dem klassischen Begriff der Inspiration gleichsetzt. Der Gedanke – seit Beethoven spätestens als Motiv in der Musik zu bezeichnen – entwickelt sich in diesem klassischen Denken – wir wissen schon, dass Medtner die 5. Sinfonie Beethovens als unübertroffenes Meisterwerk bezeichnete – zum Thema, dem tragenden Gedankengerüst einer Komposition. Darauf zu verzichten bedeutet in Medtners Augen entweder eine bewusste Negierung aller künstlerischen Grundsätze oder schlichtweg Dummheit, eine »Trägheit des Gehirns«, wie Medtner schreibt.

4. Die zeitgenössische Musik, bei Medtner als »Mode« bezeichnet, fal-

le durch Auflösung der Form und Negierung aller Traditionen auf, sie untergrabe jede Konstruktivität einer Kunst.[41]
Dies war nun Bestätigung für das künstlerische Selbstverständnis von Rachmaninow! Entwicklung aus einem Gedankenmaterial – bei ihm meist einzelne Intervalle oder Kurzmotive – mit starker Betonung des Volksliedhaften hin zu Phrasen, zu Halb- und Ganzsätzen, wenn wir im Bild der Musik als Sprache weiter bleiben wollen. Zudem die Tradition als Wurzel, als Fundament einer neuen Darstellungssicht, wie Rachmaninow seine Arbeit sah, als Thema mit »Unendlichkeitsvariationen«, wenngleich man kritisch anmerken muss, dass manche Kompositionen unter diesem Blickwinkel klingen wie der bekannte »alte Wein in neuen Schläuchen«! Rachmaninow ist als Komponist nach diesen Thesen Medtners ein gewiefter Rhetoriker, der durch unterschiedliche Akzentuierung oder Phrasierung bekannten Worten und Sätzen eine neue Bedeutung bzw. variierte Bedeutungsebene vermitteln kann, aber nicht wirklich Neues zu sagen weiß.
Bemerkenswert in diesem Zusammenhang auch die Hinwendung des Pianisten Rachmaninow zur Klassik, besonders zum Werk Ludwig van Beethovens.
Im Brief vom 7. Juni 1937 an seinen Freund Wilshau äußerte sich Rachmaninow auch bezüglich des 1. Klavierkonzerts Beethovens, das ab diesem Jahr immer häufiger in seinen Programmen auftaucht, gekoppelt mit seiner eigenen Komposition »Rhapsodie über ein Thema von Paganini«:

Seit dem heutigen Tage fange ich wieder an, mein 1. Klavierkonzert zu studieren. Gott sei Dank ist es nicht allzu kompliziert für mich. Weil im Winter die Schallplatten dieses Konzertes auf dem Markt erscheinen, bin ich bereit, es auch in meinem zweiten Orchesterkonzert in London am 2. April zu spielen. Mein erstes Konzert zusammen mit Beethovens erstem (was für eine göttliche Musik!) und meine Rhapsodie …[40]

In der Tat, die Transparenz, die Ausgewogenheit, die Rachmaninow zwischen Inhalt und Form in seinen »Corelli-Variationen« andeutet und in der »Rhapsodie« vollkommen erreicht, paaren sich gut mit der klassischen Helle und heiterer Durchsichtigkeit des Beethovenschen Konzertes. Rachmaninows »Altersstil« sucht die Objektivität, das Lösen von subjektiv-psychologischen Elementen, die seine frühen Kompositionen vor allem beeinflusst hatten. Damit fehlt diesen aber auch

die Substanz. Es ist ein Spielen mit und für Formen, ein eher abstraktes Jonglieren mit gedanklichen Aufgaben, aber keine persönliche, keine individuelle Aussage. Zu Recht werden daher in den Kritiken zu diesen letzten Werken die kompositorischen Techniken – Orchestrierung und Satz – gelobt, aber auch die »Sterilität«, die Unpersönlichkeit der Aussage kritisiert!
Allerdings fällt ihm auch der Arbeitsprozess immer schwerer. Die Stresssituationen führen nicht nur zu einem immer höheren Zigarettenkonsum, sondern auch zu immer längeren Pausen bzw. zu deutlichen Konzentrationsmängeln in den Konzerten. Schon während der Arbeit an der 3. Sinfonie musste er im Sommer 1935 zweimal in Baden-Baden zur Kur. Die Klagen über physische Probleme, besonders im Rücken- und Armbereich nahmen zu. Hinzu kamen noch die Sorgen um die politische Lage. Hitlers Expansionspolitik in den Jahren 1935–1939 führte jedem die drohenden Schatten eines neuen Krieges vor Augen, auch Rachmaninow, der sich gleich doppelte Sorgen machen musste, da zumindest seine zweite Tochter Tatjana mit ihrem Mann in Frankreich bleiben wollte und auch die französische Staatsbürgerschaft angenommen hatte. Zu allem Überfluss noch ein persönlicher Schicksalsschlag: Im April 1938 erfuhr Rachmaninow, dass sein alter Freund Schaljapin schwer erkrankt in Paris im Krankenhaus läge. Als Rachmaninow ihn dort besuchte, sah er einen Sterbenden! Schaljapin starb am 11. April und Rachmaninow war verzweifelt. Wie beim Tode Tanejews schrieb er auch diesmal den Nachruf in der Pariser Zeitung *Letzte Nachrichten*. Die Beisetzung des Sängers, den Rachmaninow in seinem Nachruf als »Genius« bezeichnete, fand unter großem Gefolge der Pariser Bevölkerung statt, und schien den Worten Rachmaninows in seinem Artikel Recht zu geben, dass nur der tot sei, an den sich niemand erinnere!
Die Konzertsaison 1938/39 eröffnete der Pianist Rachmaninow wiederum in Amerika mit 30 (!) Klavierabenden sowie Orchesterkonzerten unter den Dirigenten Ormandy, Mitropulos und Sir Barbirolli, ausschließlich mit den eigenen Klavierkonzerten zur Ankurbelung des Plattenverkaufes!
Das Jahr 1939 begann er mit elf Klavierabenden in Europa, die er am 11. März 1939 mit seinem letzten Auftritt in London beschloss. Zugleich suchte er in Paris und Umgebung ein Domizil für seine Tochter und seinen Schwiegersohn, das der jungen Familie im Falle eines Krieges Schutz bieten sollte, denn niemand machte sich mehr Illusio-

nen über Hitlers Angriffsabsichten! Der Premiere des Balletts mit der Musik seiner »Rhapsodie« konnte er am 30. Juni 1939 bekanntlich wegen seiner Sturzverletzung, ausgerechnet am Tage des Geburtstages seiner älteren Tochter Irina, dem 27. Mai, in London nicht beiwohnen. Anfang Juli schließlich bat er seine Schwägerin Sofija – die politische Lage klar vor Augen – einen neuen Sommersitz für das nächste Jahr auf Long Island/New York zu suchen. Seinen musikalischen Abschied von Europa nahm Rachmaninow bei den Luzerner Festwochen am 11. August 1939! Unter Stabführung von Ernest Ansermet spielte er sein »Vermächtnisprogramm«: Beethovens 1. Klavierkonzert und seine »Paganini-Rhapsodie«. Zugleich eine letzte politische Demonstration auf europäischen Boden, denn das Festival war nach Hitlers Einmarsch in Österreich als Gegenfestival zu den Salzburger Festspielen von den Künstlern ins Leben gerufen worden, die im nun faschistischen Salzburg nicht mehr auftreten wollten: Toscanini, Casals, Ansermet und eben Rachmaninow!
Am 23. August bestiegen die Rachmaninows ohne ihre Tochter Tatjana nebst deren Familie das Schiff, das als eines der letzten nach Amerika fuhr. Am 24. August kam es in Mosku zur Unterzeichnung des Hitler-Stalin-Paktes sowie des geheimen Zusatzprotokolls und am 1.9. begann Hitler seinen Überfall auf Polen! Aber zu diesem Zeitpunkt war Rachmaninow bereits mit dem Umzug in sein neues Haus in Huntingdon/Long Island beschäftigt, das die Schwägerin für ihn erstanden hatte.
Der Herbst dieses Jahres stand für Rachmaninow ganz im Zeichen seines 30. Jahrestages des Debüts in Amerika vom Jahre 1909. Zusammen mit Eugene Ormandy, dem Organisator des »Rachmaninow-Festivals«, sowie dem Philadelphia Orchestra spielte er seine Klavierkonzerte eins bis drei und die »Paganini-Variationen«, außerdem erklangen »Die Toteninsel«, die zweite und dritte Sinfonie sowie die Chorsinfonie »Glocken«! Neben dem regen Publikumszuspruch – alle Konzerte waren schon im Voraus ausverkauft – dürften Rachmaninow besonders die positiven Kritiken bezüglich seiner Werke gefreut haben. Überhaupt schien sich eine Wendung in der amerikanischen Presse zugunsten des Komponisten Rachmaninow einzustellen. Jedenfalls verspürte Rachmaninow noch einmal kompositorischen Auftrieb. Sah er in einem Brief an Wilshau vom 26.7.1939 das Festival noch als eine »Bilanz« seines Lebens an, als eine Referenz der Musiker an einen »alten Mann«, so begann er nun, im Sommer 1940, auf seinem neuen Landsitz Orchard Point mit der Komposition seines

letzten Werkes, das eher den Titel »Bilanz« als das Festival verdient: den »Sinfonischen Tänzen« op. 45.
Angeregt durch den Erfolg seiner »Paganini-Variationen« als Ballettmusik griff er wie ein sorgsamer Hausvater, der sein Heim bestellt und geordnet zurücklassen will, zu einem Torso seiner Komponistenarbeit, den er noch nicht vollendet hatte: zu der begonnenen Ballettmusik »Die Skythen« aus dem Jahre 1915. Aber auch diesmal schien das Schicksal diesem Werk wenig huldvoll! War es 1915 der junge Prokofjew, der mit seiner »Skythischen Suite« op. 25 Rachmaninow zwang, seine Komposition zurückzustellen, so war es diesmal, 1940, der junge Schostakowitsch, der gleichzeitig ein sinfonisches Werk, die »Fantastischen Tänze«, verfasste, das Rachmaninow in Zugzwang brachte.
Aber Rachmaninow änderte in diesem Fall nur den Titel, um einen Parallelismus zu vermeiden. Ein guter Schachzug, muss man allerdings einräumen, denn die geplanten Satzüberschriften stehen nur sehr indirekt mit dem Inhalt derselben in Verbindung: Tanz No. 1 – »Mittag« – mit marschähnlichem Rhythmus und stark dominierender Dreiklangsfigur, No. 2 – »Dämmerung« – mit starker Betonung des Blechbläsersatzes (Fanfaren!) – und endloser Walzerpirouetten, No. 3 – »Mitternacht« – mit der Totensequenz »dies irae« sowie dem 9. Gesang aus seinem »großen Abend- und Morgenlob« op. 37. Hier denkt man eher an eine subjektiv-biografische Bilanz denn an Naturschilderung oder impressionistische Stimmungsbilder. Sehen wir uns den ersten Tanz etwas näher an:

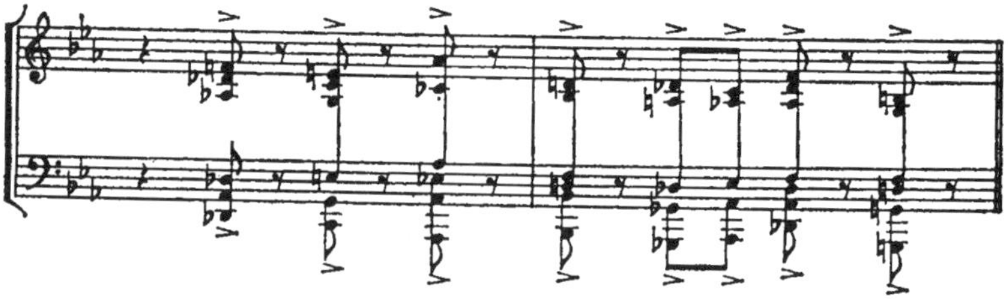

Mit wuchtigen Akkordschlägen, die an Verdis Einleitung zum »Dies irae« seines Requiems gemahnen, beginnt der Satz, wobei die Struktur durch ihre Rhythmusnotierung – Achtelakkord mit Achtelpause – sowie die scharfen Akzente noch aggressiver wird. Das erste Thema selbst entwickelt sich wieder aus der Keimzelle eines Dreiklangs, der sich aus vertikal geschichteten Terzintervallen ergibt, wobei letztere immer eine »Urstruktur« Rachmaninowschen Denkens gebildet haben:

Getreu seiner Überzeugung von einer »Entwicklungsmusik« gestaltet er nun das ganze Themenmaterial aus dieser Dreiklangsstruktur! So formt er das Melodiematerial des eingefügten langsamen Mittelteils – wodurch dieser Tanz selbst eine »Miniatursinfonie« im klassischen Sinne wird – aus der Umkehrung dieses Dreiklangmaterials, nun als Gesangslinie für Altsaxophon solo. Erinnerungen an die »Bylinen«, die melancholischen Lieder aus Rachmaninows eigentlicher Heimat, dem Gebiet um Nowgorod, tauchen angesichts dieser – rhythmisch sehr augmentierten – Melodie auf:

Aber damit noch nicht genug! Der »Jongleur« greift zum dritten Ball aus seiner Vermächtniskiste und erinnert an ein Werk, das er zeit seines Lebens immer studiert und sogar in seinem kleinen Emigrantengepäck aus Russland mitgenommen hatte: an den »Goldenen Hahn«, die Oper Rimskij-Korsakows. Das vierte Thema schließt sowohl den Tanz als auch den Lebenskreis Rachmaninows: das schicksalhafte Triolenmotiv aus seiner 1. Sinfonie:

Ist es Trotz, zeigt es Beharrungsvermögen oder verletzten Stolz und nie wirklich überwundener Schmerz, getreu dem überlieferten Leitsatz Luthers: »Hier steh ich und kann nicht anders, so wahr mir Gott helfe«?

Der zweite Tanz dieses »musikalischen Testamentes« ist noch einmal eine Auseinandersetzung mit dem großen Vorbild, dem Idol seiner Jugendzeit, mit Peter Tschaikowskij! Wie in dessen sechster Sinfonie ist dieser Tanz ein flirrender Walzer, der sich hypnotisch um sich selber dreht, ein rasendes Taumeln durch das Leben, gespickt mit verborgenen Zitaten aus den großen Ballettmusiken Tschaikowskijs:[42]

Hat er deshalb ursprünglich die Tageszeiten als Lebenssymbole gewählt? Der »Mittag« als Zenit der jugendlichen Schöpfungskraft, die »Dämmerung« als schnell dahineilende Lebenszeit und die »Mitternacht« als Tod und Metamorphose in ein anderes Leben?

Wie dem auch sei, im dritten Satz stellt er seine zweite starke Affinität neben dem Werk Peter Tschaikowskijs noch einmal klar heraus: seine Beziehung zum russisch-orthodoxen Glauben und den Glauben an eine – andersartige Weiterexistenz nach dem Tode. Die lateinische Totensequenz »Dies irae« wird überlagert vom »Credogesang«, dem 9. Abschnitt aus seinem »großen Abend- und Morgenlob« op. 37. Ausdrücklich setzt er über diesen Teil der Partitur ein »Alleluja«, fast als wolle er den Jubelgesang über die Todessequenz stellen, der Glaube triumphiert über die Hoffnungslosigkeit:

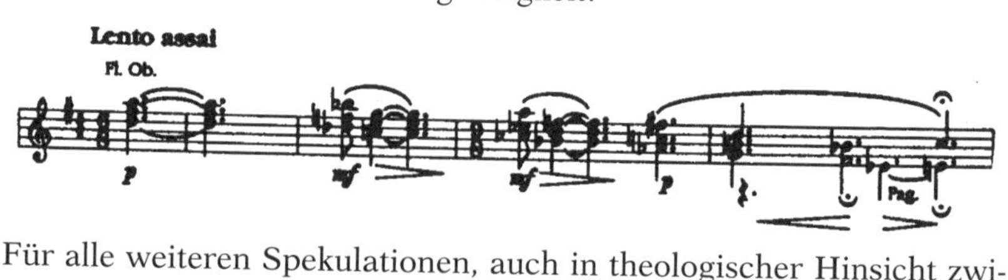

Für alle weiteren Spekulationen, auch in theologischer Hinsicht zwischen orthodoxer und katholischer Dogmatik, fehlen jegliche Beweise oder Äußerungen vonseiten des Komponisten. Festzuhalten bleibt,

dass Rachmaninow das Werk offensichtlich in größter Schaffenseile fertigstellte. Überliefert sind fünf Wochen mit einer täglichen Arbeitszeit von 9–23 Uhr, und das Schlussmemorandum unter der Orchesterpartitur vom 29.10.1940 lautet: »Ich danke dir, Gott.«
Zugleich stellte er neben der Orchesterfassung auch eine für zwei Klaviere her, was wiederum beweist, wie wichtig ihm diese letzte persönlich Komposition und ihre Verbreitungsmöglichkeiten waren. Außerdem arbeitete er zum ersten Mal vor Vollendung einer Komposition die Instrumentierung mit Orchestermusikern durch, mit den Mitgliedern der New Yorker Philharmonikern. Er wollte offensichtlich diesmal allen Einwänden und fast schon obligatorischen Überarbeitungsversuchen nach Ur- und Erstaufführungen vorbeugen! Aber alle Mühe schien vergebens!
Die Uraufführung am 3. Januar 1941 mit dem Widmungsträger der Komposition, dem Philadelphia Orchestra unter Eugene Ormandy, war alles andere als ein Erfolg! Die Kritik bescheinigte dem Werk »Langeweile«, Anklänge an die Kompositionen von Ravel, Richard Strauss (!), Jean Sibelius, keine Inspiration oder »Aufbruch zu neuen

Sergej Rachmaninow (1940)
In seinem Apartment in New York
Foto: Musikverlag, Moskau 1988

Ufern«! Nur Olim Downes von der *Times* äußerte sich positiv. Etwas besser urteilte die Kritik ein Jahr später, beim Orchesterkonzert am 18. Dezember 1942 in New York. Bei diesem letzten Konzert Rachmaninows in der Stadt – er spielte seine »Paganini-Rhapsodie« und Dimitri Mitropulos dirigierte die »Sinfonischen Tänze« – verhielt sich die Presse positiver, ging zumindest detaillierter auf das Werk ein. Trotzdem, ein dauerhafter Erfolg ist den Tänzen bis heute versagt. Daran kann auch das persönliche Dankesschreiben Ormandys vom 10. Januar 1941 im Namen des Orchesters Rachmaninow gegenüber nichts ändern. Als Komponist blieb er bis zum Ende seines Lebens in Amerika ein Außenseiter und seine letzten Werke wurden eher milde als »Alterstorheiten« belächelt denn ernstgenommen!

So ergeht es auch der letzten Überarbeitung des 4. Klavierkonzertes aus dem Jahre 1941! Den Arbeitsmonaten, wiederum auf Orchard Point/ Huntingdon, im Sommer folgte die Premiere der letzten Überarbeitung am 17. Oktober 1941, abermals mit dem Philadelphia Orchestra unter Eugene Ormandy. Fazit der Presse: gähnende Langeweile!

Da bot das Konzert in Chicago im Frühjahr des Jahres wenig Trost, das Rachmaninow zum Orchesterjubiläums »seiner« Philadelphier dirigierte: seine 3. Sinfonie und seine Chorsinfonie »Glocken«. Diesmal reagierte die Presse begeistert, und die *Chicago Daily Times* betitelte ihren Bericht über das Konzert mit der Überschrift: *»Welch wunderbar alter Mann!«*[43]

Aber Rachmaninow ist in jenen Tagen über solche Höhen und Tiefen seiner Künstlerexistenz erhaben, ihn beschäftigten weit andere Probleme:

Zum einen das ungeklärte Schicksal seiner Tochter Tatjana, die mit ihrer Familie im deutsch-besetzten Frankreich zurückgeblieben war und von der jede Nachricht fehlte. Zum anderen Hitlers Einmarsch in die Sowjetunion im gleichen Jahr. Noch einmal, wie schon im Ersten Weltkrieg, stellte er sein ganzes weiteres Handeln in den Dienst fürs Vaterland. Soweit es die eigene finanzielle Lage zuließ, übergab er alle seine Konzerthonorare bis zum Lebensende entweder dem Roten Kreuz oder dem sowjetischen Generalkonsul für Hilfsfonds nach Russland und rief unablässig zu Spenden auf! Auch diesmal ließ er alle Zuwendungen wieder in den Zeitungen veröffentlichen und wies akribisch die Verwendung der Gelder nach, wenngleich die Werbung für solche »patriotischen« Veranstaltungen versteckter ablaufen musste als in Russland während des Ersten Weltkrieges! Die Furcht vie-

ler Amerikaner vor den Bolschewisten des Jahres 1917 war noch zu tief! So half oft die Mundpropaganda, zu der Freunde und Verwandte in verstärktem Maße angehalten wurden, z. B. auch sein mittlerweile 78-jähriger Vetter Alexander Siloti, der anlässlich Rachmaninows Konzert in der Carnegie Hall ebenfalls eine private Spendensammlung veranstaltete und die Summe Rachmaninow überreichte. So konnte denn auch, wie die *New York Herald Tribune* meldete, im November 1941 nach dem Konzert ein Schiff, beladen mit ärztlichen Hilfsgütern und Medikamenten im Werte von 3.973,29 Dollar, nach Russland aufbrechen. Spender dieser Güter: Sergej Rachmaninow, wie die Aufschrift auf den Kisten bewies. Vollends deprimierend wurde die politische Situation ab Dezember 1941! Am 7. dieses Monats überfielen die Japaner die amerikanische Flotte in Pearl Harbor und trugen damit den Krieg zum ersten Mal für die Amerikaner vor deren eigene Haustür! Angesichts solcher Nachrichten rückte man näher zusammen, und so bat Rachmaninow Sergej Bertensson im Winter 1941/42 für ihn und für den Sommer eine Villa in Beverly Hills, dem Künstlerwohnort in Hollywood, zu suchen und zu mieten. Dies mag verwundern, zumal Rachmaninow Sicherheitsgefühl für diesen Wohnsitzwechsel äußerte und die Pazifikküste doch nach dem Angriff auf Pearl Harbor wesentlich kriegsbedrohter als die Ostküste war. Aber der Hauptgrund für den Wohnortwechsel bildeten die Freunde und Bekannten aus der russischen Zeit, die sich dort im Laufe der letzten Jahre angesiedelt hatten. So mieteten die Rachmaninows im Mai 1942 am Berghang von Beverly Hills eine geräumige Villa mit Swimmingpool, Garten, Musikstudio und herrlichem Pazifikblick in unmittelbarer Nachbarschaft von Wladimir Horowitz, Igor Strawinsky und Arthur Rubinstein. Hinzu kam noch Boris, der Sohn seines unvergessenen Freundes Fjodor Schaljapins, der hier als Maler wirkte, sowie die Familie Sergej Bertensson. So gesehen fühlte sich Rachmaninow in diesem Freundeskreis »sicher«, und es kam neben dem gedanklichen Austausch in Rachmaninow gewohnt gastlichem Haus jetzt auch oft zu Hauskonzerten und gegenseitigem Vorspielen, besonders mit dem jungen Horowitz.
Ende Juni kaufte Rachmaninow dann seine letzte Immobilie: ein Haus am Elm Drive in Beverly Hills, das zum festen Wohnsitz der Familie werden sollte:

In meinem Leben habe ich sechs Häuser erworben, von denen nur das in New York eigentlich ein Gewinn war, weil ich es zu einem höheren Preis als dem bezahlten veräußern konnte. Die anderen habe ich entweder vollkommen verloren, wie den Besitz in Russland, oder doch faktisch, wie den Besitz in Deutschland oder in der Schweiz. Dieses letzte hier wird mir wahrscheinlich von den Japanern genommen werden, obwohl ich, offen gesagt, kaum glaube, dass sie hierher kommen. Aber wenn sie kommen, kommen sie garantiert nur wegen des Hauses. So etwas nennt man dann Schicksal![44)]

Ironie, trotz Schmerzen und zunehmendem körperlichen Verfall! Wie in »SENAR« pflanzte er trotz aller Handicaps wieder neue Bäume, kümmerte sich um den Garten und dessen Bepflanzung, als wäre er noch der Gutsbesitzer auf Iwanowka! Fast, als könnte er seine schwindende Gesundheit noch einmal aufhalten, sich noch einmal in die neue Erde festkrallen und Wurzeln schlagen, verbrachte er jede freie Minute in diesen letzten Sommertagen seines Lebens im Garten seines neuen Hauses. Er wusste, die Pianistenlaufbahn neigte sich dem Ende entgegen, nicht nur wegen der gehäuften technischen Mängel und den konzentrationsmäßigen Unsicherheiten, sondern vor allem wegen der Physis. Sklerose und Hypertonie hatten beängstigende Ausmaße erreicht, die neuralgischen Schmerzen der Rückenmuskulatur wurden unerträglich, eine chronische Bronchitis durch den gestiegenen Zigarettenkonsum nicht besser! Rachmaninow beschloss, dass die Saison 1942/43 die letzte als Konzertpianist sein sollte. Die noch verbleibende Lebenszeit wollte er mit Komponieren verbringen. Folgerichtig nahm er im Sommer 1942 bei RCA seine letzte Schallplatte auf und startete am 12. Oktober 1942 mit einem Klavierabend in Detroit seine letzte Tournee. Gleichzeitig widerfuhr ihm eine späte Rehabilitation: Anlässlich seines 50-jährigen Künstlerjubiläums veranstaltete das Konservatorium in Moskau eine »Rachmaninow-Ausstellung« mit Fotos, Manuskripten sowie Notenmaterial zu seinen Werken. Dabei wurde diese unter das Motto eines »russischen Künstlerlebens« gestellt. Dass die Moskauer dazu überhaupt in der Lage waren, verdankten sie dem Dienstmädchen der Rachmaninows, Maria A. Iwanowna, die in den Revolutionswirren und den Schreckens- sowie Hungerjahren das zurückgelassene Material ihrer »Herrschaft« in der alten Wohnung am Strastnoje-Boulevard wie ihren Augapfel selbst unter persönlich entbehrungsreichsten Situationen gehütet

und, trotz mehrmaliger Aufforderung der Rachmaninows aus dem Exil, nichts verkauft oder gegen Lebensmittel eingetauscht hatte! 1924 konnte sich die Familie dafür noch einmal persönlich bei Maria Iwanowna bedanken, als diese sie mittels eines Ausreisevisums in Dresden besuchen konnte. 1925 starb die ›treue Seele‹ dann an Krebs in Moskau.
Nun, nicht zuletzt durch seine Spendenfreudigkeit, war er in Russland wieder eine »Persona grata«, ein Umstand, der ihn sicherlich freute! Aber nun drohte der Ärger von der anderen Seite: 1931 hatten ihn die Sowjets wegen seiner Unterschrift unter die Protestnote angegriffen, jetzt, 1942, erhielt er scharfe Kritik vonseiten der Emigranten sowie des konservativen Amerikas bezüglich seines Einsatzes gerade für dieses Regime:

Natürlich spiele ich wieder für Russland. Russland jetzt zu unterstützen, heißt, Amerika zu helfen. Aber Amerika hilft jeder, Russland nur wenige. Noch bin ich ein Russe, und daher ist es für mich selbstverständlich, weiterhin für Russland zu kämpfen.[45)]

In den Augen des Künstlers war diese abschließende Tournee von unterschiedlicher Qualität. Wenn er seinem überanstrengten Körper das Äußerste abverlangte, erreichte er noch einmal den Gipfel seiner Interpretationskunst, so z. B. in den Konzerten in Detroit am 12.10.1942 oder New York am 7.11. und 18.12.1942. Auch seine letzten beiden Orchesterkonzerte am 11. und 12. Februar 1943 in Chicago mit seinem europäischen »Abschiedsprogramm« – Beethovens 1. Klavierkonzert und seiner »Paganini-Rhapsodie« – werden mit »standing ovations« bedacht, aber der körperliche Schwächezustand war unübersehbar und die Pausen nahmen zu. Er klagte über zunehmende Müdigkeit, Gewichtsverlust sowie einen hartnäckigen Husten, wollte jedoch die meisten Konzerte noch durchführen.
Nur das Übungspensum schränkte er auf zwei bis drei Stunden pro Tag ein. Unterbrochen von einer sechswöchigen Konzertpause, die das *Life-Magazin* zu einer Aufnahmeserie für eine Sonderausgabe zum 12.4.1943 nutzte, sowie einiger kleinerer Feiern im privaten Kreis anlässlich seines Künstlerjubiläums, quälte sich Rachmaninow zu Beginn des Jahres 1943 von Konzert zu Konzert. Nach dem letzten Orchestertriumph in Chicago diagnostizierte ein Arzt im Hotel eine leichte Rippenfellentzündung sowie hochgradige Neuralgie. Er riet zum Ab-

bruch der Tournee sowie zu einer Rückkehr ins sommerlich-warme Kalifornien. Aber Rachmaninow blieb hart! Mehr tot als lebendig spielte er noch am 15. Februar in Louisville und stand am 17. des Monats zum letzten Mal in Knoxville auf dem Podium. Sein Abschlussprogramm: Englische Suite a-Moll v. Johann Sebastian Bach, »Papillons« op. 2 v. Robert Schumann, Sonate b-Moll op. 35, Etüde op. 10/3 E-Dur, op. 25/5 e-Moll von Frédéric Chopin, Etudes tableaux a-Moll und h-Moll op. 39, zwei Transkriptionen von Werken Richard Wagners sowie zwei Liszt-Etüden als Zugaben.
An eine Weiterfahrt nach Florida war nach diesem Konzert nicht mehr zu denken. Rachmaninow quälte ein starker Krampfhusten, hinzu kamen Schmerzen im Rücken sowie im Seitenbereich, die jede Körperlage oder -bewegung fast unmöglich machten. Rachmaninow verließ den Zug in Atlanta und fuhr unmittelbar nach New Orleans mit dem Ziel, nach Los Angeles zurückzukehren. Seine ihn begleitende Frau sagte alle weiteren Termine ab, aber die Rückfahrt gestaltete sich für die beiden zum Alptraum. Alle Verbindungen waren unterbrochen oder verspätet, der Krieg hatte mit seinen Truppen- und Logistikbewegungen nun Hochkonjunktur. So brauchten die Rachmaninows von New Orleans bis Los Angeles allein fünf Tage (!) mit der Bahn, von den Wartezeiten unterwegs ganz zu schweigen. Für den schwerkranken Rachmaninow ein Martyrium!
In Los Angeles begab sich Rachmaninow unter starker Anteilnahme der Freunde sofort ins Hospital. Dr. Alexander Golyzin, ehemals Arzt an der Moskauer Universitätsklinik und jetzt Rachmaninows »Hausarzt«, stellte eine Lungen- und Rippenfellentzündung fest, verordnete Bettruhe und einige Tage Klinikaufenthalt. Als allerdings die Depressionen des Patienten ob dieser Umgebung zu stark wurden, entließ ihn der Arzt zur häuslichen Pflege am 2. März 1943. Und wirklich, die vertraute Umgebung – inzwischen waren auch seine ältere Tochter Irina Wolkonskij sowie seine Schwägerin Sofija Satina aus Massachusetts nach Los Angeles gekommen und zusätzlich eine russische Krankenschwester – Olga Mordowskaja – engagiert – schien dem Patienten gut zu tun. Er hütete zwar das Bett, nahm aber wieder regen Anteil am Tagesgeschehen, besonders an den russischen Frontberichten um Stalingrad, sowie an Gartenarbeiten. Allerdings klagte er weiter über zunehmende Schmerzen im Oberarm, absolvierte aber täglich weiter im Bett seine Fingerübungen, um fit zu bleiben! Mitte März begann der rapide physische Verfall: sein Appetit sank, am Kör-

per zeigten sich Schwellungen im Lymphdrüsenbereich! Ein kleiner operativer Eingriff brachte die Gewissheit: Rachmaninow war unheilbar an Lungenkrebs erkrankt!
Die letzten Tage des Komponisten wurden von der Familie fürsorglich gestaltet, nur noch wenige Freunde zugelassen. Die Schmerzen versuchte man mit immer höheren Morphiumdosen zu dämpfen, die Rachmaninow in immer längeren Dämmerphasen hielten. Das Glückwunschtelegramm vom 22.3.1943 zum 70. Geburtstag, abgesandt vom sowjetischen Komponistenverband Moskau und unterzeichnet von alten Freunden und Wegstreitern wie Glier, Prokofjew, Mjaskowskij, Schostakowitsch, Chatschaturjan, Kabalewski und Chreninkow erreichte ihn nicht mehr bei Bewusstsein. In der ersten Stunde des 28. März 1943 starb Rachmaninow, drei Tage vor seinem 70. Geburtstag. Aber selbst jetzt hatte sein Körper noch keine Ruhe, blieben ihm, wie so oft in seinem Leben, Wünsche verwehrt!
Am gleichen Abend wurde, dem Ritus der russisch-orthodoxen Kirche entsprechend, sein Leichnam in einer kleinen Kapelle bei Los Angeles aufgebahrt und die Totenmesse gelesen. Als Begräbnismusik hatte Rachmaninow selbst den Gesang No. 5 aus seiner Vespervertonung op. 37 bestimmt, das Simeon-Gebet: »Herr, nun lässest du deinen Diener in Frieden gehen.«
Schon bei der Uraufführung in Moskau im März 1915 war die Realisierung dieses Gesangs problematisch:

Gegen Ende (von No. 5) ist eine von den Bässen ausgeführte Passage – eine ganz langsam und pianissimo gesungene, zum tiefsten B hinuntergehende Tonleiter. Als ich diese Passage spielte, schüttelte Danilin den Kopf und sagte »Wo auf Erden können wir solche Bässe finden? Die sind ja rar wie Spargel zur Weihnachtszeit!« Natürlich hat er sie gefunden. Ich kannte die Stimmen meiner Landsmänner und wusste genau, welche Anforderungen ich an russische Bässe stellen konnte.[46)]

In Amerika erwies sich die Durchführung, zumal in der Schnelligkeit des Augenblicks, als völlig unpraktikabel. Stattdessen intonierte ein Kosakenchor das »Gospodi pomilui« aus Rachmaninows »Liturgie« op. 31! Sein Körper ruhte bei diesem Gottesdienst bereits im verlöteten Zinnsarg, denn Rachmaninow hatte verfügt, dass er auf dem Friedhof des Nowo-Dewitschj-Klosters in Moskau begraben werden wollte, des Klosters, das einst 1524 von Großfürst Wassilij III. gegründet

Nuovo-Dewitschj-Kloster in Moskau
(Archiv: P. Kotsch)

und erbaut worden war, von dem Mann also, mit dem die Familienchronik der Rachmaninows in Russland ihren Anfang genommen hatte. Der Lebenskreis hätte sich somit geschlossen. Zudem liegen auf diesem Friedhof Alexander Skrjabin und Anton Tschechow begraben, der Mann, der einst bei dem Treffen auf der Halbinsel Krim im Jahre 1898 dem jungen Rachmaninow prophezeit hatte:

Junger Mann, ich sehe eine glänzende Zukunft in Ihrem Gesicht geschrieben.[47]

Aber leider blieb und bleibt ihm dieser Wunsch bis heute verwehrt. Anders als sein Freund Fjodor Schaljapin, dessen Überreste 1984 nach St. Petersburg aus Paris überführt werden konnten, gibt es diese Möglichkeit bei Rachmaninow nicht, denn er war bei seinem Tode kein Bürger der Sowjetunion oder des heutigen Russlands mehr, sondern seit 1. Februar 1943 amerikanischer Staatsbürger. Am Ende seines Lebens hatte er sich doch noch entschlossen, die bereits in den 20er Jahren ihm öfter angetragene Staatsbürgerschaft zu erwerben.

Der Krieg in Europa, Russlands verzweifelte Lage, selbst am Höhepunkt der Stalingradschlacht noch, ließen ihn eine Rückkehr in seine Heimat endgültig als unmöglich erscheinen. Hinzu kamen noch die Rechtsfragen aus seinen Tantiemen – sowohl bezüglich seiner Urheberrechte als auch seiner Schallplattenverträge –, die eine Annahme der amerikanischen Staatsbürgerschaft geraten ließen. Der amerikanische Staatsbürger, »Citizen Rachmaninow«, aber kann nicht in Moskau begraben werden, so lautet das Gesetz!
Daher wurde der Sarg am 1. Juni 1943 unter großem öffentlichen Interesse und unter Teilnahme sowjetischer und amerikanischer Regierungsmitglieder auf dem Kensico-Friedhof in der Nähe von New York beigesetzt. Eine grüne Hecke umschließt ein kleines Grab, das mit dem orthodoxen Kreuz geschmückt ist. Die Grabplatte gibt nur eine lakonische Auskunft:

Sergej Rachmaninow
1. April 1873 – 28. März 1943

Anmerkungen

Kapitel I

1) Diese Gesänge werden heute noch »Znamennyje« genannt, »Zeichengesänge« in meist homophoner Gestalt und dem Volkslied nahestehend.
2) Gretschanow übertrifft in seiner Liturgie noch die von Kastalski geforderte Abkehr von den »Petersburgianismen« und setzt, getreu den Strukturen der Volksmusik auch colla-parte-Instrumente ein. Damit war eine Aufführung in kirchlichen Räumen von vornherein unmöglich, da hier nur a cappella musiziert werden durfte!
   Zwar verfasst Rachmaninow seine Werke in diesem geforderten Stil, aber auch diesen blieb die Zulassung zum gottesdienstlichen Gebrauch verwehrt, zumindest zu Lebzeiten. Der konservativen Kirchenleitung waren sie nicht regelgerecht genug und seit Tschaikowskijs Tat ohnehin neue Kirchenmusik suspekt.
3) Apetjan: Bd. 2, S. 11 ff
4) Bertensson/Leyda: S. 184

Kapitel II

1) Der orthodoxe Kirchenkalender bleibt von der gregorianischen Reform unberührt, wodurch sich eine rück zu datierende Differenz von zwölf Tagen zum westlichen Kalender ergibt. Rachmaninow selbst gibt als seinen Geburtsort in einem Brief vom 14.9.1896 an A. Satajewitch das Landgut Oneg an.
2) Unter diesem Titel veröffentlichte Alexander v. Andreersky 1951 im Max Hesse Verlag, Berlin, ein Buch über russische Musikgeschichte.
3) Oskar v. Riesemann: »Rachmaninoffs Recollections told to Oskar v. Riesemann«, New York 1934/Reprint 1970, S. 30 ff
4) Alexander Siloti, Schüler von Nicolaj Swerjew und Anton Rubinstein, Schüler v. Franz Liszt 1883-86, Pianist, Dirigent und Konzertunternehmer, Professor am Moskauer Konservatorium, später in Amerika an der Juilliardschool in New York.
   Über die verwandtschaftlichen Beziehungen hinaus blieb er bis zum Tode des Komponisten ein enger Freund, Verbündeter und unermüdlicher Helfer.

Kapitel III

1) Matwej L. Presman: »Ein kleiner Ausschnitt aus dem musikalischen Moskau der 80er Jahre«, erschienen in Apetjan: »Erinnerungen an Rachmaninow«, 5. Auflage, Moskau 1988, Bd. 1, S. 150 ff
2) Oskar v. Riesemann: »Rachmaninoffs Recollections told to Oskar v. Riesemann«, New York 1934/Reprint 1970, S. 47 ff
3) M. L. Presman: S. 156 ff
4) Leonid Sabanejew: »Modern Russian Composers«, New York 1927, S. 103-120
5) Geoffrey Norris und Robert Threlfall: »A Catalog of Compositions of Rachmaninoff«, London 1981: Hier wird als erstes Werk eine Studie in fis-Moll angeführt.

6) Geoffrey Norris: »Sergej Rachmaninoff«, London 1976, S. 7/8
7) A. Alexejew: »Russische Klaviermusik Ende des 19./Anfang des 20. Jahrhunderts«, Moskau 1969, S. 113
8) Sergej Tanejew: »Persönlichkeit, Werk, Dokumente«, Moskau 1925, S. 120 ff
9) S. Rachmaninow: Briefe, S. 39
10) S. Rachmaninow: Briefe, S. 42, Anmerkung 4
11) Victor Seroff: »Sergej Rachmaninoff«, London 1950, S. 36/38
12) Apetjan: »Erinnerungen an ...« Bd. 1, S. 220 ff
13) A. Rubinstein: »Mein glückliches Leben«, Frankfurt/Main 1980, S. 616
14) S. Rachmaninow: Briefe, S. 46
15) S. Rachmaninow: Briefe, S. 53 ff
16) S. Rachmaninow: Briefe, S. 62 ff
17) Bertensson/Leyda: S. 43
18) Juri Keldysch: »Rachmaninow und seine Zeit«, Moskau 1973, S. 62
19) Bertensson/Leyda: S. 44

Kapitel IV

1) Victor Seroff: »Sergej Rachmaninoff«, S. 50
2) Patrick Piggot: »S. Rachmaninov«, London 1978, S. 30
3) Victor Seroff: S. 45 ff
4) Bertensson/Leyda: S. 253 ff
5) Apetjan: Erinnerungen, Bd. 1, S. 218
6) Robert Threlfall: »Sergej Rachmaninow«, London 1973, S. 17
7) Arthur Rubinstein: »Mein glückliches Leben«, Frankfurt/Main 1980, S. 617
8) Geoffrey Norris: »Sergej Rachmaninow«, London 1976, S. 18
9) Nach westlicher Zählweise der 9. Januar 1893. Dem orthodoxen Kalender gemäß war es der 28.12.1892.
10) Mit Ausnahme des Prélude wurde die Sammlung op. 3 bei diesem Konzert am 9.1.1893 uraufgeführt. Gutheil veröffentlichte diese Werke unter dem Titel: »Cinque Morceaux de fantasie«: Elegie, Prélude, Melodie, Polichinelle, Serenade
11) Apetjan: Erinnerungen, Bd. 1, S. 224
12) Victor Seroff: S. 55
13) Bertensson/Leyda: S. 54
14) S. Rachmaninow: Briefe, S. 81
15) Victor Seroff: S. 59
16) Bertensson/Leyda: S. 60
17) Brief vom 5.6.1893
18) S. Rachmaninow: Briefe, S. 87
19) S. Rachmaninow: Briefe, S. 106
20) Geoffrey Norris: S. 23
21) Apetjan: Erinnerungen, Bd. 1, S. 349
22) Oskar von Riesemann: Erinnerungen, S. 94
23) S. Rachmaninow: Briefe, S. 134
24) Robert Threlfall: S. 19 ff
25) Apetjan: Erinnerungen, Bd. 1, S. 331
26) Geoffrey Norris: S. 24
27) Victor Seroff: S. 59

Kapitel V

1) S. Rachmaninow: Literarisches Erbe, Bd. 2, S. 101
2) Geoffrey Norris: S. 101
3) Bertensson/Leyda: S. 72
4) Apetjan: Erinnerungen, Bd. 1, S. 242
5) Rimskij-Korsakow: »Chronik meines musikalischen Lebens« Berlin/Leipzig 1928, S. 211 ff
6) Apetjan: Erinnerungen, Bd. 1, S. 429
7) S. Rachmaninow: Briefe, S. 143
8) S. Rachmaninow: literarisches Erbe, Bd. 2, S. 101
9) Edmund Garden: Tschaikowskij – Leben und Werk, Stuttgart 1986, S. 58
10) Bertensson/Leyda: S. 70
11) S. Rachmaninow: Briefe, S. 154
12) Modest Tschaikowskij (1850-1916) hatte stets eine glückliche Hand bei den Libretti für die Opern seines Bruders Peter bewiesen. So wurde er gerne von vielen Komponisten als Librettist zu Rate gezogen.
13) Sie war die Frau eines Krüppels mit Namen Giaciotto da Rimini und wurde 1283 oder 1284 von diesem zusammen mit seinem Bruder – ihrem Geliebten – ermordet. Dante setzte diesem Liebesdrama in seiner »Göttlichen Komödie« ein Denkmal. Die Textstelle: »An diesem Abend lasen sie nicht mehr weiter« wurde zur geflügelten Metapher für den Beginn einer leidenschaftlich-körperlichen Liebe.
14) S. Rachmaninow: Briefe, S. 156
15) Victor Seroff: S. 75 ff
16) Maria Biesold: S. 116
17) Maria Biesold: S. 62
18) Apetjan: Erinnerungen, Bd. 1, S. 310 ff
19) A. J. und K. Swan: »Rachmaninow: persönliche Erinnerungen«. Musikalische Vierteljahresschrift, 30. Jahrgang, Januar-April 1944, S. 185 ff, zitiert nach Bertensson/Leyda, S. 75 ff
20) vgl. zu diesen Ausführungen den Artikel »Tolstojs Überlegenheit« von Joachim Kaiser anlässlich des 150. Geburtstages von Tolstoj in der Süddeutschen Zeitung Nr. 207, 9. /10. September 1978, S. 105/106
21) Victor Seroff: S. 81 ff
22) Nietzsche: »Der Wille zur Macht«, München 1978, S. 159
23) Nietzsche: S. 458
24) Es durfte sich hierbei um einen Internisten mit psychologischen Kenntnissen handeln, da die Begriffe »Psychologe« oder »Psychiater« als Berufsbezeichnung damals noch nicht gebräuchlich waren.
25) Geoffrey Norris: S. 32
26) Geoffrey Norris: S. 78
27) Bertensson/Leyda: S. 88 ff
28) S. Rachmaninow: Briefe, S. 185, 187, 189
29) Bertensson/Leyda: S. 94 ff
30) Keldysch: S. 173
31) Es handelte sich hierbei um den Vater des Schriftstellers A. W. Amfiteatrow (1862-1938)
32) Apetjan: Erinnerungen, Bd. 2, S. 292

Kapitel VI

1) Lyle Watson: S. 117
2) Rachmaninow: Briefe, S. 209
3) Rachmaninow: Briefe, S. 212
4) Rachmaninow: Briefe, S. 294
5) Rachmaninow: Briefe, S. 292
6) Geoffrey Norris: S. 35
7) Geoffrey Norris: S. 35
8) Riesemann: S. 146
9) Ein weiterer Versuch – »Monna Vanna« – auf ein Libretto von M. Slonow nach einem Text von M. Maeterlinck aus den Jahren 1906-08 wurde nicht fertiggestellt, obwohl Rachmaninow den vollendeten 1. Akt nach Amerika mitnahm. Die Idee zu einer weiteren Oper – »Salambo« nach Flauberts berühmten Roman – scheiterte schon in den Vorstadien der Liberettisierung.
10) Victor Seroff: S. 36
11) Von beiden Opern wurden sowohl ein russisches als auch deutsches Textbuch veröffentlicht.
12) Der Opernplan für die Saison 1904/05 sah noch folgende Werke vor: P. Tschaikowskij: »Pique Dame« und »Eugen Onegin«, A. Borodin: »Prinz Igor« M. Glinka: »Ein Leben für den Zaren«, A. Rubinstein: »Demaon«, M. Mussorgskij: »Boris Godunow« sowie S. Rachmaninows neue Opern: »Der geizige Ritter« und »Francesca da Rimini« sowie N. Rimskij-Korsakows »Pan Wojewoda«
13) Victor Seroff: S. 90
14) Victor Seroff: S. 92
15) Apetjan: Bd. 1, S. 354 ff
16) Lyle Watson: S. 115 ff
17) Kunin: S. 136
18) Victor Seroff: S. 91
19) Maxim Gorki: »Mein Freund Fjodor«, Tübingen 1960, S. 263 ff
20) Keldysch: S. 221 ff
21) M. Biesold: S. 397
22) Apetjan: Bd. 1, S. 422/23
23) Bertensson/Leyda: S. 109
24) Keldysch: S. 221
25) Lyle Watson: S. 155 ff
26) Rachmaninow: Briefe, S. 317
27) Werner Scheck: S. 347 ff
28) Riesemann: S. 122 ff
29) Victor Seroff: S. 95
30) Victor Seroff: S. 95
31) Er hatte die Tochter des größten Teefabrikanten Russlands geheiratet.
32) Die Arbeitszeit eines Musikers betrug damals nur rund 6 Monate im Jahr, wenn man die in Russland üblichen 3 Monate Sommerpause und die sonstigen Ferien abzieht, in denen der Theaterbetrieb ruhte.
33) Keldysch: S. 230
34) Anette Jessipowa (1851-1914) bestimmte – ebenso wie Theresa Careno (1853-1917) – die Pianistenszene der Nach-Lisztschen Ära und war Schülerin von Leschetitzky (1830-1915). 1880 ging er mit ihr seine dritte Ehe ein, diese wurde 1893 geschieden. Künstlerisch galt A. Jessipowa als die »verkörperte Leistungsfähigkeit am Klavier« (Harald C. Schonberg: »Die großen Pianisten«, München

1965, S. 327 ff). Vor allem in Amerika war die Begeisterung für sie groß. Ihrem Klavierspiel wurde »katzenähnliche Kraft und Geschmeidigkeit« (»Dwight's Journal«, 1876) sowie glänzende Präzision ... unglaubliches Tempo« zugesprochen (G. B. Shaw 1888). Ohne jeden Zweifel war sie Leschetitzkys berühmteste Schülerin, von der G. B. Shaw in seinem Konzertbericht 1888 aber auch bemerkte: »wirklich eine erstaunliche – um nicht zu sagen erschreckende – Künstlerin«.
35) Bertensson/Leyda: S. 113
36) Oskar v. Riesemann: S. 127
37) Rimskij-Korsakow: S. 290
38) Bertensson/Leyda: S. 170
39) Lyle Watson: S. 115
40) Igor Strawinskys Vater Feodor (1843-1902) war gefeierter Bassist am Mariinskij-Theater in St. Petersburg.

Kapitel VII

1) Rachmaninow: Briefe, S. 321
2) Rachmaninow: Briefe, S. 280
3) Rachmaninow: Briefe, S. 276
4) Rachmaninow: Briefe, S. 283
5) Rachmaninow: Briefe, S. 290 – Brief vom 2.8.1906
6) Rachmaninow: Briefe, S. 322
7) Rachmaninow: Briefe, S. 293
8) Rachmaninow: Briefe, S. 297 ff
9) Kurt Wilhelm: »Richard Strauss – persönlich«, S. 185
10) Ricard Strauss: Betrachtungen und Erinnerungen, S. 190 ff
11) »Die poetische Idee bei R. Strauss«, »Das Orchetser« 7/8 1994, S. 7 ff
12) Bertensson/Leyda: S. 368 ff
13) Im August 1984 wurde dieser 1. Akt, der zusammen mit Teilen des Nachlasses Rachmaninows in die Washington-Congress-Bibliothek gelangt war, vom Philadelphia Orchestra unter Leitung von Igor Bukettoffs am Institut of Performing Arts, Saratoga/New York, uraufgeführt!
14) Rachmaninow: Briefe, S. 317 ff
15) Sabanejew: »Modern Russian Composers«, S. 110 f
16) Emil, Nikolaus von Reznicek (1860-1945) ist heute nur noch durch seine Oper »Donna Diana« (1894) bekannt, deren Ouvertüre oft in Orchesterkonzerten zu hören ist. Insgesamt schrieb er zwölf Opern, vier Sinfonien, verschiedene Orchesterwerke, ein Violinkonzert, Kammermusikwerke, sowie Chormusik. Von 1920-26 unterrichtete er Komposition und Instrumentation an der Hochschule für Musik in Berlin. Von Richard Strauss wurden Person und Werk sehr geschätzt.
17) Apetjan: Erinnerungen, Bd. 1, S. 402
18) Im Jahre 1981 z. B. interpretierte A. Weissenberg diese Sonate bei den Salzburger Festspielen, nach Ansicht der Kritik und der Reaktion des Publikums wenig befriedigend.
19) Rachmaninow: Briefe, S. 329
20) Riesemann: S. 231
21) Rachmaninow: Briefe, S. 307
22) Rachmaninow: Briefe, S. 308
23) Bertensson/Leyda: S. 152

24) Laslo Glozer: »Der letzte Zentaur« – Ein Aufsatz zum 150. Geburtstag Arnold Böcklins, SZ Nr. 238, 1977, S. 107 ff
25) Victor Seroff: S. 106
26) Bertensson/Leyda: S. 156
27) Apetjan: Erinnerungen, Bd. 1, S. 310
28) Rachmaninow: Briefe, S. 368
29) Victor Seroff: S. 106 ff
30) W. Reich (Hrsg.): Prokofjew – Aus meinem Leben, S. 36
31) V. Seroff: S. 115 ff
32) Rachmaninow: Briefe, S. 370
33) Rachmaninow: Briefe, S. 371
34) Rachmaninow: Briefe, S. 361
35) Von einem »Welturheberrecht« im streng juristischen Sinne kann nicht gesprochen werden. Das Urheberrecht ist nur bundesrechtlich in den einzelnen Ländern geregelt. Allerdings gibt es seit 1886 die »Berner Übereinkunft zum Schutze von Werken der Literatur und Kunst« (9.9.), der das Deutsche Reich sofort beigetreten war, nicht aber das zaristische Russland oder später die Sowjetrepublik. Diese internationale Vereinbarung gewährleistet für diese Werke den Angehörigen der Vertragsstaaten gleichen Urheberschutz wie den eigenen Staatsangehörigen. 1908 in Berlin, 1928 in Rom, 1948 in Brüssel, 1967 in Stockholm und 1971 in Paris wurde diese Vereinbarung revidiert und erweitert. Daher spricht man heute von der »Revidierten Berner Übereinkunft«. Alle Regierungsformen in Deutschland haben diese Vereinbarung übernommen und zum Reichs- bzw. Bundesgesetz erklärt.
36) Apetjan: Erinnerungen, Bd. 1, S. 366 ff
37) Keldysh: S. 202
38) Das Auto kaufte Rachmaninow sich erst 1912 von der Firma Krylow und Co. Hier irrten die Spötter also!
39) Riesemann: S. 158
40) Victor Seroff: S. 113 ff
41) R. Coolige: S. 182
42) vgl. Kapitel I
43) J. Culshaw: S. 86 ff
44) Bertensson/Leyda: S. 164/65

Kapitel VIII

1) Dr. Zehelein: »Akustiklehre«, München 1974, S. 110 ff
2) G. Grodeck: »Schriften zur Literatur und Kunst«, Wiesbaden 1964
3) Geoffrey Norris: S. 41/42
4) Wie schon das 2. Klavierkonzert so kam auch dieses Prélude zu Filmehren: es bildet die musikalische »Untermalung« bei dem 1928 von J. v. Sternberg gedrehten Film »Sein letzter Befehl« mit dem unvergessenen E. Jannings in der Hauptrolle.
5) J. Culshaw: S. 110 ff
6) Oskar v. Riesemann: S. 165
7) F. Kunin: S. 332 (in der Übersetzung von Maria Biesold in »Sergej Rachmaninoff«, S. 230)
8) Bertensson/Leyda: S. 172
9) Rachmaninow: Briefe, S. 400

10) Bertensson/Leyda: S. 182
11) Victor Seroff: S. 117 ff
12) gewidmet »Re«, 6. Juni 1912
13) Rachmaninow: Briefe, S. 556
14) Rachmaninow: Briefe, S. 419 ff (Alle Briefe betreffend!)
15) D. Eberlein: »Russische Musikanschauung um 1900«, Regensburg 1978, S. 109
16) Victor Seroff: S. 140 ff
17) Geoffrey Norris: S. 49 und vgl. Kapitel III
18) Dimitri S. Mereschkowskij (1865-1941), bedeutender russischer Schriftsteller und Kritiker. Um 1900/1902 entwickelte Mereschkowskij eine mystische oder apokalyptische Lehre, die auf der Heiligkeit von Körper und Seele zugleich beruhte.
19) Sinaida Hippius (1869-1945) war seine deutschstämmige Frau. Sie gehörte zu den führenden Persönlichkeiten des Symbolismus in der russischen Literatur um die Jahrhundertwende.

Kapitel IX

1) »Musik in Geschichte und Gegenwart«: S. 1918/19
2) L. Sabanejew: »Modern Russian Composers«, New York 1927, zu Rachmaninow siehe dort das Kapitel: »Sergey Rakhmaninoff«, S. 103-120 / vgl. Kapitel III
3) vgl. zu dieser Auseinandersetzung Alfred Swans Artikel in der »Musikalischen Vierteljahresschrift«, Januar-April 1944
4) Bereits 1905 hatte Dershanowski einen eigenen Musikverlag »Vorwärts« gegründet und wollte dort »Revolutionslieder« publikumswirksam verbreiten. Glasunow, Ljadow und Rimskij-Korsakow hatten sogar Harmonisierungen einzelner Lieder für dieses Vorhaben verfasst, nur das Publikum, die Käuferschicht, fehlte. Sang- und klanglos ging das Unternehmen ein.
5) W. G. Karatygin: »Leben, Tätigkeit Werk«, Leningrad 1927, S. 204 (Übersetzung: Maria Biesold in »Rachmaninoff«, Berlin 1991, S. 237)
6) Victor Seroff: S. 167/68
7) S. Prokofjew: »Aus meinem Leben«, S. 54 sowie vgl. Kapitel III
8) Apetjan: Erinnerungen, Bd. 1, S. 376
9) I. Nestjew: »Prokofjew«, Berlin 1962, S. 126
10) S. Prokofjew: »Aus meinem Leben«, S. 59
11) N. Nabokov: »Zwei rechte Schuhe«, München 1975, S. 194/95
12) S. Prokofjew: »Aus meinem Leben«, S. 70 ff
13) S. Schibli: »Alexander Skrjabin und seine Musik«, München 1983, S. 92 ff
14) Victor Seroff: S. 169
15) Rachmaninow: Briefe, S. 395
16) Riesemann: S. 171
17) Culshaw: S. 115 ff
18) vgl. die Idee des »goldenen Schnittes« in der Analyse von Pamela Wilder, Alabama 1988, S. 46
19) Bertensson/Leyda: S. 202
20) Oskar v. Riesemann: S. 170 ff
21) S. Schibli: S. 92 ff
22) Victor Seroff: S. 173 ff
23) S. Schibli: S. 100 ff

24) Als nominell noch immer im Amt befindlicher Inspektor für das Schulwesen war Rachmaninow vom Militärdienst als Staatsbeamter grundsätzlich befreit, obwohl er im Juli 1914 in einem Brief an seinen Cousin berichtet, dass er einen Einberufungsbescheid erhalten habe, dieser aber als »verfrüht« zurückgezogen wurde.
25) Oskar v. Riesemann: S. 177
26) Oskar v. Riesemann: S. 178 ff
27) Alexander Block: »Ausgewählte Werke in drei Bänden«, herausgegeben von Fritz Mierau, München 1978
28) Walter Urbanek: »Deutsche Literatur des 19. und 20. Jahrhunderts«, Bamberg 1970, S. 171 ff

Kapitel X

1) vgl. die Neuauflage der vollständigen Rachmaninow-Kollektion, Cassette 1-5 bei RCA-Victrola, AVM 3-02260/02261/02262/02295/02296
2) Apetjan: Erinnerungen, Bd. 1, S. 310
3) Allerdings gibt es eine handschriftliche Notiz Rachmaninows an Sir Henry Wood 1938 in englischer Sprache! Zur schriftlichen Kommunikation mussten seine Englischkenntnisse schon gereicht haben!
4) Oskar v. Riesemann: S. 51
5) Arthur Rubinstein: »Erinnerungen«, Frankfurt/Main 1973, S. 226
6) Bertensson/Leyda: S. 215
7) Bertensson/Leyda: S. 217
8) Maria Biesold: Sergej Rachmaninoff, S. 300
9) Apetjan: Erinnerungen, Bd. 1, S. 218
10) Keldysch: S. 99 (Übersetzung: Maria Biesold)
11) Ding, Xiao-Li: »Rachmaninoff plays Rachmaninoff«, Boston-University 1991
12) A. Rubinstein: »Mein glückliches Leben«, S. 119
13) Nabokov: »Zwei rechte Schuhe«, S. 194
14) »Am Flügel: Hubert Giesen. Lebenserinnerungen«, Frankfurt/Main 1972, S. 126 ff
15) Kunin: »Mit den Augen eines Zeitgenossen«, S. 136 ff (Übersetzung: M. Biesold)
16) Maria Biesold: S. 300
17) Bertensson/Leyda: S. 218
18) Bertensson/Leyda: S. 221
19) Bertensson/Leyda: S. 295
20) Lyle Watson: S. 78

Kapitel XI

1) veröffentlicht in »Gedenken an Rachmaninow«, Sofija Satina, New York 1946. Die Berichterstatterin war die Frau des Privatsekretärs.
2) Stanislawskj: Briefe, S. 482 (Übersetzung: Maria Biesold in Maria Biesold: Sergej Rachmaninoff, Berlin 1991, S. 319)
3) Biesold: S. 322 (Übersetzung: Maria Biesold)
4) Bertensson/Leyda: S. 219
5) Rachmaninow: literarisches Erbe, S. 128
6) Gemeint ist hier die Geburtstagskantate auf den 50. Geburtstag von Sergej Rachmaninow. Text: W. R. Wilshau, Musik: Reinhard Glier.

7) Rachmaninow: literarisches Erbe, S. 441
8) Oskar v. Riesemann: Erinnerungen, S. 182
9) Rachmaninow: literarisches Erbe, S. 139 ff
10) Bertensson/Leyda: S. 370
11) Rachmaninow: literarisches Erbe, S. 197
12) Robert Threlfall wies 1973 in seinem Artikel »Rachmaninows Revision and unknown Version of his Fourth Concerto«, erschienen in »Musical Opinion« (S. 236 ff), nach, dass 21 Takte des ersten Satzes, zwei im zweiten und 91 (!) im dritten Satz ersatzlos gestrichen wurden und viele Alterationen im Klavier- und Orchesterpart eingeführt.
13) Dies scheint auch der Grund dafür zu sein, dass Victor Seroff die Uraufführung für den 8.12.1931 in Berlin ansetzte, wobei Bruno Walter die Berliner Philharmoniker leitete. (Seroff: S. 195). Die letzte Überarbeitung von Rachmaninows eigener Hand erfolgte 1941!
14) Bertensson/Leyda: S. 246
15) Bertensson/Leyda: S. 371
16) A. J. und K. Swan: »Rachmaninow: persönliche Erinnerungen« in »Die musikalische Vierteljahresschrift«, 30. Jahrgang, 1944 (S. 4 ff)
17) Emigrierte 1927 aus Russland, war der geschiedene Mann des deutschen Filmstars Olga Tschechowa.
18) Rachmaninow: literarisches Erbe, S. 235
19) Lyle Watson: S. 189 ff
20) Der Interviewer war zu diesem Zeitpunkt Redakteur bei Musical News and Herold, Herausgeber Kenneth Curwen, London.
21) »Annee de Pelerinage« Bd. II, die sog. »Dante-Sonate«
22) Interessant, dass die gleichen Vorwände und Einsprüche nun bezüglich der Schallplatte heute noch von einzelnen Musikern vertreten werden, vgl. Sergiu Celibidache!
23) G. Norris: S. 71
24) A. J. u. K. Swan: S. 10 ff
25) A. J. u. K. Swan: S. 17 ff
26) vgl. Rachmaninows Artikel »Some critical Moments in my Career« in Musical Times, LXXI 1930, S. 558 ff, zitiert nach V. Seroff, S. 176 ff
27) Den russischen Schrifsteller Mark Aldanow, der über eine Pariser Literaturagentur angefragt hatte, lehnte Rachmaninow ab.
28) Im Jahre 1945 wird S. Satina einen Teil des persönlichen Nachlasses für eine Biografie über Rachmaninow nach Moskau an das »Institut für kulturelle Beziehungen mit fremden Ländern« schicken!
29) Victor Seroff: S. 218 ff: »Rachmaninow riet mir, dies nicht zu lesen, weil es nichts Neues gegenüber dem Buch v. Riesemann enthielt. Dies stimmt auch tatsächlich, Lyle's Buch korrigiert noch nicht einmal die wenigen offensichtlichen Irrtümer in v. Riesemanns Werk.«
30) Victor Seroff: S. 219
31) vgl. die deutsche Ausgabe der »Erinnerungen«, die 1936 in Berlin erschien.
32) Der Brief an v. Riesemann wurde also bereits aus dem neuen Schweizer Domizil geschrieben!

Kapitel XII

1) Rabindranath Tagore (1861-1941), Hindu, Dichter und Philosoph, erregte im Herbst 1930 großes Aufsehen, als er in mehreren Berichten und Vorträgen die Vorzüge des sozialistischen Russland lobte und die Zustände im damaligen Indien mit denen in Russland vor der Revolution gleichsetzte – für die russischen Emigranten in Amerika ein rotes Tuch! Tagore selbst gilt heute als einer der wichtigsten Vertreter der modernen indischen Literatur, eigentlich eher noch der bengalischen, denn er war von Geburt Bengale. Da er ein Jahr in England studiert hatte und seine Gedichte in englischer Sprache in Europa veröffentlichte, wurde er rasch bekannt und in Kunstkreisen sehr geschätzt! Für seinen Prosagedichtband »Gitanjali« erhielt er 1913 als erster nichteuropäischer Dichter den Literatur-Nobelpreis. Damit wurde er vollends zu einer mythischen Symbolfigur im Asienfieber Europas: »Die weltverneinenden, nirwanasuchenden Weisen Indiens werden abgelöst durch Tagores Lebensbejahung, durch die Sehnsucht zur Tat.« (Kurt Pinthus im Januar 1914 in der Zeitschrift *Merker*, Nr. 5, 103/104, S. 39-41). Die »Sehnsucht zur Tat« machte ihn gerade für den »tatkräftigen« Sozialismus Stalins empfänglich. Alexander Zemlinsky, Schwager von Arnold Schönberg, setzte Tagore bereits 1924 mit seiner »Lyrischen Symphonie« op. 18 ein klingendes Denkmal. Die Sätze der Sinfonie beruhen auf sieben der insgesamt 85 Liebeslieder umfassenden Sammlung »Der Gärtner«, die 1914 in der deutschen Übersetzung von Hans Effenberger erschienen waren.
Der Artikel wird zitiert nach Victor Seroff: S. 178 ff
2) Hier wird wohl auf Stalins brutale Zwangskollektivierung, besonders in der Ukraine, angesprochen!
3) Joachim Kaiser: »Erlebte Musik«, Hamburg 1977
4) Die 30er Jahre waren die Jahre der Schauprozesse, der Massenhinrichtungen – vgl. »Zeugenaussagen«, die Memoiren des Dimitrij Schostakowitsch, Hamburg 1979
5) »Musik in Russland und in der Sowjetunion«, Berlin 1958, S. 407
6) Oskar v. Riesemann: S. 201-204
7) Stalins Maxime lautete: »Um Erfolge zu haben, darf man auch auf das Geringste nicht verzichten.«
8) Rachmaninow: literarisches Erbe, S. 186
9) »Bluthund oder Anwalt des Musiklebens«, Neue Musikzeitung Nr. 13, März 1984, S. 16 ff
10) vgl. hierzu »das schöpferische Leben des S. V. Rachmaninow« von Prof. K. A. Kusetzkow, Sovietskaja Musjka, Vol. VI, Moskau 1945
11) Seine Schwägerin Sofija Satina hatte mit dem bereits erwähnten Material große Teile des gesamten Briefnachlasses nach dem Tode Rachmaninows den sowjetischen Behörden übergeben. Auf dieser Grundlage verfasste A. Kusetzkow seine erwähnte Biografie!
12) G. Kogan: »Anmerkungen zum Briefwechsel S. Rachmaninow – W. Wilshau«, Moskau 1949, S. 89 ff
13) Diese Version mit sozialistischem Blickwinkel bezüglich der Heirat von W. Horowitz mit Wanda Toscanina teilte Rachmaninow mit Sicherheit nicht!
14) zitiert nach V. Seroff: S. 197 ff
15) Baldur Bockhoff: »Erst nach Kasachstan, dann nach München«, SZ, 10.8.1979
16) »Zeugenaussagen«, S. 160 ff

17) Die angebliche Liebe Stalins zu Beethoven scheint erst nachträglich im »Führermythos« geschehen zu sein. In Lenins Elternhaus dagegen wurde viel musiziert, wobei Lenins Mutter Beethovens Musik besonders schätzte.
18) Victor Seroff: S. 237/38
19) Auch Fr. Chopins 2. Sonate steht in b-Moll:
20) G. Norris: »Rakhmaninov's Second Thoughts«, Musical Times, 64. Jahrgang 1973, S. 366
21) Interessanterweise vertrat der Komponist selbst die gegenteilige Ansicht. Er betrachtete die Klangpalette des Orchesters als geeigneter für größere Ideen mit größeren Effektvarianten. In kleineren Formen dagegen müsse er Zugeständnisse machen, er fühle sich zu sehr eingeschränkt – vgl. S. Rachmaninow: »The composers speak« in »The book of modern composers«, hrsg. v. D. Even, New York 1956, S. 268 ff
22) In Bayern oft als »Zwiefacher« verwendete Tanzform – vgl. auch Carl Orff: »Uf dem Anger« aus »Carmina Burana«.
23) Das gleiche Prélude in c-Moll op. 28/20, von Fr. Chopin diente ungefähr zum selben Entstehungszeitpunkt F. Busoni für seine Komposition »Variationen und Fuge« op. 25 als Vorlage.
24) Maria Biesold: S. 362
25) Rachmaninow: literarisches Erbe, S. 321
26) A. J. Swan und K. Swan: S. 9 ff
27) Apetjan: Erinnerungen an S. Rachmaninow, Bd. 1, S. 227 ff
28) Bertensson/Leyda: S. 298
29) Bertensson/Leyda: S. 377
30) J. Kaiser: »Erlebte Musik«, S. 499 ff
31) J. Kaiser, S. 500
32) RCA nahm das Werk noch im selben Jahr mit den gleichen Interpreten auf Schallplatte, nachdem sie zuvor eine fünfjährige Pause in der Zusammenarbeit mit dem Komponisten eingelegt hatte – wohl aus den erwähnten Gründen der Wirtschaftsrezession in Amerika. 1977 erschien beim gleichen Label eine »bereinigte« Neuauflage dieser Einspielung zusammen mit der Aufnahme des 2. Klavierkonzertes aus dem Jahre 1929. Interessant ist diese Neuauflage schon deswegen, weil hierbei neben offensichtlichen Fehlern auch verbale Randbemerkungen von Rachmaninow und Stokowski während der Aufnahme zu hören sind!
33) D. Rubin: »Transformations of Dies Irae in Rachmaninows second and third Symphony« – MR 23, 1962, S. 132-36
34) Rachmaninow: Briefe, S. 542
35) J. Kaiser: S. 500
36) Victor Seroff: S. 211 ff
37) vgl. hierzu das negative Presseurteil anlässlich der Uraufführung (Bertensson/Leyda: S. 323 ff)
38) Als formale Neuerung integrierte der Komponist das Scherzo als schnellen Mittelteil in den langsamen 2. Satz, wodurch allerdings die eigentliche Absicht desselben verloren geht. Auf diesem Weg kehrt formaltechnisch die Sinfonie wieder zur Dreisatzform des frühen 18. Jahrhunderts zurück.
39) H. J. Wood: »My life of music«, London 1938, S. 451-52
40) Rachmaninow: Briefe, S. 540
41) vgl. die vollständige Schrift »Musa i Moda« in der engl. Übersetzung v. A. Swan in »The Muse and the Fashion«, London 1951. Der Vergleich mit der Erzählung von Peter Bichsel stammt vom Autor dieser vorliegenden Biografie.

42) M. Fokin lehnte aber dieses Werk für eine Choreographie ab, da der Rhythmus der Tänze, besonders der des Walzers im zweiten Tanz, untänzerisch gesetzt sei. (Bertensson/Leyda: S. 360)
43) Bertensson/Leyda: S. 364
44) Bertensson/Leyda: S. 374
45) Bertensson/Leyda: S. 376
46) A. J. Swan und K. Swan: S. 5 ff
47) Bertensson/Leyda: S. 83

Rachmaninows Leben im Spiegel der Zeitgeschichte 1873–1943

Biografie	Politik	Kunst
1873: 20. März/1. April Geburt Rachmaninows auf dem Familiengut Semjonow südlich des Ilmensees Umzug der Familie auf das Gut Oneg	1873: Dreikaiserbündnis zwischen Russland, Deutschland und Österreich (22.10.) Usbekistan wird mit dem Chanat Schiwa erobert.	1873: Schaljapin geboren (1.2.) Tscherepnin geboren (3.5.)
		1874: Schönberg geboren (13.9.) »Boris Godunow« v. Mussorgskij am Mariinskij-Theater in St. Petersburg uraufgeführt
	1875: Japan tauscht Südsachalin gegen die Kurilen.	1875: Ravel geboren (7.3.) Glier geboren (30.12.) Bizet gestorben (3.6.)
		1876: Fallada geboren (23.11.)
	1877: Krieg gegen die Türkei Expansion auf dem Balkan	1877: Dohnányi geboren (27.7.)
	1878: Berliner Kongress (Juni/Juli)	
	1879: Gründung der Terrorgruppe »Volksfreiheit«	1879: Medtner geboren (24.12.) Respighi geboren (9.7.)
		1880: Bloch geboren (24.7.) Offenbach gestorben (4.10.)
	1881: Ermordung Zar Alexander II. (1.3.) Regierungsantritt Zar Alexander III. Judenprogrome Gründung der Geheimpolizei »Ochrana«	1881: Bartók geboren (25.3.) N. Rubinstein gestorben (11.3.) Mussorgskij gestorben (16.3.)
1882: Umzug der Familie nach St. Petersburg Rachmaninow soll am Konservatorium studieren, verliert aber das Stipendium wegen mangelhafter Leistungen.		1882: Stokowski geboren (18.4.) Strawinsky geboren (5.6.) Kodály geboren (16.12.)

	1883: Plechanow gründet in der Schweiz den »Bund der Befreiung der Arbeit«.	1883: Metropolitan Opera in New York eröffnet Wagner gestorben (13.2.) Webern geboren (3.12.)
	1884: Pfarrschulen werden begünstigt, die Schulen der Semtswa und Stadtverwaltungen benachteiligt (Statut vom 13.7.).	1884: Smetana gestorben (12.5.)
1885: Beginn der »Lehrzeit« in Nicolaj Swerjews »Klavierpensionat« zusammen mit Presman und Skrjabin in Moskau	1885: »Reversalzwang« für die baltischen Provinzen Livland, Lettland, Kurland: Kinder aller Konfessionen müssen orthodox getauft werden. Widerstand der evangelischen Ostseeprovinzen Strafprozesse und Verbannungen Russisch als Pflichtsprache für den Unterricht in allen Schulen. Zensur für die Universitäten. Russisch wird Amtssprache in allen Provinzen.	1885: Tschaikowskij wird Direktor der Moskauer Abteilung der Russischen Musikgesellschaft (RMO) Sergej Tanejew wird Direktor des Moskauer Konservatoriums Berg geboren (9.2.) Varèse geboren (22.12.)
1886: Aufnahme ins Moskauer Konservatorium – »Nikolaj-Rubinstein-Stipendium« Klaviertranskription von Tschaikowskijs »Manfred«-Sinfonie	1886: Intervention in Bulgarien (August)	1886: Liszt gestorben (31.7.)
1887: Kompositionsstudien bei Arenski und Tanejew. Erste Kompositionen: Scherzo für Orchester sowie erste Klavierwerke	1887: Rückversicherungsvertrag mit Deutschland (18.6.)	1887: Borodin gestorben (15.2.)
1888: Eintritt in die Klavierklasse seines Vetters A. Siloti am Konservatorium. Erste Skizzen zur Oper »Esmeralda« (unvollendet). Scherzo für Orchester	1888: Drei-Kaiser-Jahr in Deutschland Wilhelm II. besteigt den Thron.	1888: Alkan gestorben (29.3.)

1889: erfolgreiche Zwischenprüfung am Konservatorium. Skizzen zu einem Klavierkonzert (unvollendet). Bruch mit Swerjew und Umzug zu den Verwandten Satin.		1889: v. Henselt gestorben (10.10.) Tanejew tritt als Rektor des Konservatorium zurück, Safonow wird sein Nachfolger. R. Strauss: »Don Juan«
1890: Kompositionsbeginn des 1. Klavierkonzertes	1890: Bismarck wird von Wilhelm II. entlassen.	1890: Tschaikowskij legt aus Protest gegen Safonows Konservartoriumsleitung seine Präsidentschaft in der RMO-Sektion Moskau nieder. Ibert geboren (15.8.) Martin geboren (15.9.) Martinu geboren (8.12.) R. Strauss: »Tod und Verklärung«
1891: Klavierexamen mit »Auszeichnung« (24.5.) »Russische Rhapsodie« für zwei Klaviere Beendigung der Arbeit am ersten Klavierkonzert »Prinz Rostislaw« fertiggestellt	1891: Berufsverbot für alle Juden in öffentlichen Ämtern oder provinzialischen Selbstverwaltungsorganen. Baubeginn der Transsibirischen Eisenbahn	1891: Siloti gibt seine Professur am Konservatorium aus Protest gegen Sofonow und aus Solidarität mit Tschaikowskij zurück Prokofjew geboren (11.4.) Delibes gestorben (16.1.)
1892: Debüt als Pianist (30.1.) Abschlussprüfung im Fach Komposition ebenfalls mit »Auszeichnung«. Prüfungsarbeit: Oper »Aleko« »Große Goldmedaille« für herausragende Leistungen als Pianist und Komponist – Prélude »cis-Moll« und »Trio élégiaque« g-Moll Aussöhnung mit Swerjew und erste Kontakte zum Verleger Gutheil	1892: Annäherung an Frankreich Russisch-französische Militärkonvention	1892: Honegger geboren (10.3.) Milhaud geboren (4.9.) Lalo gestorben (22.4.) 1. Klaviersonate von Skrjabin
1893: Premiere »Aleko« am Moskauer Bolschoj-Theater (27.4.). Kompositionen: »Fels« op. 7, 6 Lieder op. 8,	1893: Juden müssen ihre nichtjüdischen Vornamen ablegen. Beginn der Radikalisierung der	1893: Swerjew gestorben (30.9.) Tschaikowskij gestorben (25.10.) Gounod gestorben (18.10.)

Vollendung der Lieder op. 4, 1. Suite für zwei Klaviere op. 5, »Trio élégiaque« op. 9 (dem Gedenken an Tschaikowskij gewidmet)	jüdischen »Intelligenzia« und Anschluss derselben an die Revolutionäre.	Gustav Mahler: Sinfonie No. 2 und 3
1894: »7 Morceaux de salon« op. 10, »Six Morceaux pour le Piano à quatre mains« op. 11, Capriccio über Zigeunerweisen« op. 12 Erste Anstellung als Musiklehrer am Moskauer Mariinskij-Institut	1894: Verlobung des Thronfolgers mit der deutschen Prinzessin Alice. Der Thronfolger wird damit mit den Hohenzollern in Deutschland verwandt (April) Tod Alexander III. durch Nierenversagen auf der Krim (20.10.) Hochzeit des Thronfolgers (14.11.) Regierungsantritt als Zar Nikolaus II.	
1895: 1. Sinfonie op. 13 Tournee mit vorzeitigem Abbruch als Partner der Geigerin Teresina Tua	1895: Russland erobert Westturkestan	1895: Hindemith geboren (16.11.) »Studien über Hysterie« von Sigmund Freud in Wien veröffentlicht Beginn der Psychoanalyse als Wissenschaft R. Strauss: »Till Eulenspiegels lustige Streiche«
1896: 12 Lieder op. 14 »Six Moments musicaux pou Piano« op. 16	1896: Schweres Unglück in Moskau bei den Krönungsfeierlichkeiten für Nikolaus II. (Mai) Verteidigungsabkommen mit China (22.5.)	1896: Bruckner gestorben (11.10.) Skrjabin: Klavierkonzert fis-Moll op. 20
1897: Premierendebakel der 1. Sinfonie unter Glasunow in St. Petersburg Erste Begenung mit Leo Tolstoi Bekanntschaft mit F. Schaljapin Anstellung als 2. Dirigent an der privaten »Mamontowoper« in Moskau		1897: Brahms gestorben (3.4.) Premiere des Klavierkonzertes v. Skrjabin in Odessa (11.10.) und 3. Klaviersonate Konzerttournee Mahlers durch Polen und Russland

1898: Transkription der 1. Sinfonie für Klavier Erste Skizzen zur Oper »Francesca da Rimini« Operstudien mit Schaljapin zu »Boris Godunow« Bekanntschaft mit Tschechow auf der Krim Theatertournee durch Südrussland, im Anschluss Rücktritt vom Dirigentenposten	1898: Gründung der Sozialdemokratischen Partei in Russland – 1. Parteitag in Minsk	1898: Leo Tolstoj: »Auferstehung« Eugene Ormandy geboren (18.11.) Poulenc geboren (7.1.)
1899: Erster Auftritt in London: Dirigat von »Fels« op. 7 und als Pianist zwei Werke aus op. 3 Neue Kompositionstätigkeit ab den Sommermonaten	1899: 1. Haager Friedenskonferenz (Mai-Juli) Das russische Reichsgesetz gilt auch für Finnland – Bruch der finnischen Verfassung. »Die Entwicklung des Kapitalismus in Russland« von W. Iljin (Lenin) erscheint.	
1900: 2. Begegnung mit Tolstoj (Januar) Schwere psychische Krise Psychatrische Behandlung bei Dr. Dahl in Moskau Erneute Fahrt auf die Krim mit Schaljapin Besuch bei Wasilij Kalinnikow Italienreise mit Schaljapin im Sommer für das Debüt an der Mailänder Scala »Liebesduett« (»Francesca da Rimini«) Skizzen zum 2. und 3. Satzes des zwei-		1900: Copland geboren (14.11.) Sullivan gestorben (22.11.) Kalinnikow gestorben (29.12.) Debussy: »Nocturnes«

ten Klavierkonzertes in c-Moll op. 18 Uraufführung derselben im Dezember in Moskau.

1901: 1. Satz des 2. Klavierkonzertes
Suite No. 2 für zwei Klaviere op. 17
Sonate für Violoncello und Klavier op. 19
»Pantelej der Heiler« für vierstimmigen Chor a cappella
Aufgabe der Lehrtätigkeit am Mariinskij-Institut.

1902: Kantate »Frühling«
Lieder op. 21
Heirat mit seiner Cousine Natalja Alexandrowa Satina (April)
Hochzeitsreise nach Österreich, Italien, Bayern (Bayreuth)
Musikinspektor in Moskau (Dezember)

1903: »Chopin-Variationen« op. 22
»Préludes« op. 23
Skizzen und Vorarbeiten zur Oper »Der geizige Ritter«
Geburt der ersten Tochter Irina auf Iwanowka (Mai)
Bekanntschaft mit A. u. M. Kersin, Veranstalter der »Konzerte Russischer Musik« in Moskau. Regelmäßige Auftritte dort als Dirigent und Pianist.

1904: Klavierauszug »Francesca da Rimini«
»Glinka-Preis« für 2. Klavierkonzert (500 Rubel)

1901: Russische Wehrpflicht in Finnland
Auflösung der finnischen Armee
Unterrichtsminister Bogoljepow erliegt einem Attentat.
Gründung der Partei der Sozialrevolutionäre (PSR) unter Viktor Tschernow

1902: Schutzbündnis Japan-England gegen Russland (30.1.)
Hungerrevolte in der Ukraine und an der mittleren Wolga

1903: Verhandlungen mit Japan scheitern.
Bobrikow übernimmt Zivilverwaltung in Finnland (April). Russisch wird zur Amtssprache in Finnland.
Auf dem Exilparteitag in London spalten sich die russischen Sozialisten in Bolschewiki und Menschewiki.
Finanzminister Witte tritt zurück, übernimmt aber den Vorsitz im Ministerkomitee.

1904: Bobrikow ermordet (16. Juni)
Innenminister Plewe ermordet
Russisch-japanischer Krieg (bis

1901: Verdi gestorben (27.1.)
Ravel: »Jeux d´eaux«

1903: Hugo Wolf gestorben (22.2.)
Igor Strawinsky: Sonate für Klavier

1904: Dvořák gestorben (1.5.)
Tschechow gestorben(15.7.)
Kabalewski geboren (17.12.)

Dirigent am Bolschoj-Theater in Moskau Erfolgreiche Premiere »Ein Leben für den Zaren« (Glinka)	Juni 1905). Vernichtende Niederlagen für die Russen zu Wasser und zu Lande. »Volksfrontbildung« der verschiedenen demokratischen Oppositionsgruppen in Paris. Geburt des Zarewitsch Alexej	Skrjabin: Beendigung der 3. Sinfonie Beginn der Arbeit zu »Le Poème de l'extase«
1905: Fertigstellung der Opern »Francesca da Rimini« und »Der geizige Ritter« (Sommer) Dirigententätigkeit am Bolschoj-Theater und in den Kersin-Konzertreihen	1905: Fall von Port Arthur (2.1.) »Blutsonntag« (9.1.) Seeniederlage bei Tsushima (27.5.) »Affäre Rimskij-Korsakow« (März) Protest der Maler in St. Petersburg (Januar) Herbstrevolution mit blutigen Straßenschlachten Generalstreik in Moskau Oktobermanifest des Zaren (17.10.) Gründung der KaDetten-Partei Novemberresolution der Künstler: Rachmaninow unterschreibt Forderung nach einem »Allrussischen Verband der Vertreter der Schönen Künste« Attentat auf Großfürst Sergej, Onkel des Zaren Geplantes Defensivbündnis Deutschland-Russland scheitert am Widerstand aller Minister (Juli) »Polarstern-Mission«	1905: Debusy: »La Mer« R. Strauss: »Salome« F. Léhar: »Die lustige Witwe«
1906: Premiere der beiden neuen Opern unter Leitung des Komponisten am Bolschoj-Theater (Januar) Rücktritt vom Dirigenten- und	1906: P. Stolypin neuer Ministerpräsident Staatsgrundgesetze (23.4.) Zweite Haager Friedenskonferenz (Juni-Oktober)	1906: Arenski gestorben (25.2.) Schostakowitsch geboren (12.9.) Strawinsky: Sinfonie in Es op. 1 Schönberg: Kammersinfonie

	Musikinspektorposten wegen der Unruhen Umzug nach Italien Neues Opernprojekt »Salambô« (nicht vollendet) 15 Lieder op. 26 (Iwanowka/Sommer) Umzug nach Dresden Beginn der Arbeiten an der 2. Sinfonie und der 1. Klaviersonate	Agrarreformen(Oktober/November) Rückkehr zur Autokratie Erfolg Frankreichs in der Marokkokrise	
1907:	2. Sinfonie und 1. Klaviersonate Skizzen zur Oper »Monna Vanna« (nicht vollendet) 2. Klavierkonzert in der »Saison Russe« Djaghilews in Paris (Mai) 2. Tochter Tatjana auf Iwanowka geboren	1907: Russisch-britischer Vertrag über Persien und Afghanistan (31.8.) Rasputin trifft zum ersten Mal (?) die Zarenfamilie in St. Petersburg. Abkommen mit Japan über die Äußere Mongolei (Juli)	1907: Grieg gestorben (4.9.) Skrjabin: 5. Klaviersonate Skandal bei Schönbergs Kammersinfonie in Wien
1908:	2. Klavierkonzert zusammen mit Kussewitzkij (Leitung) in Berlin (Januar) Uraufführung der 2. Sinfonie (26.1.) in St. Petersburg – Tournee nach London (Mai) Uraufführung der 1. Klaviersonate durch Igumnow in Moskau (17.10.) »Glinka-Preis« für die 2. Sinfonie Konzertourneen nach Holland und Deutschland	1908: Russisch-britische Entente, Zar Nikolaus II. trifft Edward VII. in Reval. Aufstand der Jungtürken (Juli) Bulgarien unabhängiges Königreich (5. Okt.) Bosnienkrise (7. Okt.): Österreich annektiert Bosnien und Herzegowina.	1908: Rimskij-Korsakow gestorben (8.6.) Messiaen geboren (10.12.) Mahler wird Dirigent der Metropolitan Opera Company. Strawinsky: »Feuerwerk« für Orchester
1909:	Fertigstellung der sinfonischen Dichtung »Die Toteninsel« in Dresden Vizepräsident der Russischen Musikgesellschaft (RMO) Rückkehr nach Russland (April)		1909: Albéniz gestorben (18.5.) Uraufführung der Oper »Der Goldene Hahn« von Rimskij-Korsakow (29.9./Moskau) Sergej Prokofjew: Klaviersonate op. 1

	Klavierkonzert No. 3 (Iwanowka/ Sommer) Erste Amerika-Tournee (Oktober) Uraufführung des 3. Klavierkonzertes in New York unter Walter Damrosch (28.11.)		Gründung des »Russischen Musikverlages« durch das Ehepaar Kussewitzkij
1910:	3. Klavierkonzert in New York unter Gustav Mahler (16.1.) Rückkehr aus Amerika (Februar) Liturgie op. 31 und 13 Préludes op. 32 Dirigiertätigkeit bei den RMO-Konzerten Konzertreisen ins Ausland Inspektion der Musikschule Saratow Iwanowka geht in den Besitz der Satin-Kinder und Rachmaninows über.	Die finnische Gesetzgebung geht auf die Duma über (Juni). Polen muss die Semtswo-Verwaltung übernehmen. Baltendeutsche Grundbesitzer übernehmen die Vertretung Estlands und Lettlands in der Duma. Gesetze zur Agrarreform (14.6.)	Balakirew gestorben (16.5.) Strawinsky: »Der Feuervogel« Skrjabin: »Promethée. Le Poèm du feu« Prokofjew: »Herbstskizzen« für Orchester Mahler: 8. Sinfonie (»Sinfonie der Tausend«) in München uraufgeführt Leo Tolstoj gestorben
1911:	Etudes tableaux op. 33 Gemeinsames Konzert mit Skrjabin Konzerttourneen als Pianist in Russland und England (Herbst) Inspektion der Musikschule Rostow (nördl. Moskaus)	Ermordung Stolypins in der Kiewer Oper in Anwesenheit des Zaren (1.9.) Graf Kokowzow übernimmt die Nachfolge. »Boxeraufstand« in China	Mahler gestorben (18.5.) Prokofjew: 1. Klavierkonzert Des Dur Skrjabin: Klaviersonaten No. 6 u. 7 (»Weißes Meer«) Strawinsky: »Petruschka« und »Zwei Gedichte v. K. Balmont für Gesang und Klavier« R. Strauss: »Rosenkavalier« Schönberg: »Harmonielehre«
1912:	14 Lieder op. 39 »Vokalise« op. 34/14 Rachmaninow kauft ein Auto. Beginn des Briefwechsels mit M. Schaginian Affäre »Presman« an der Musik-	Sturz der Mandschu-Dynastie in China Unabhängigkeitserklärung der Mongolei von China Geheimvertrag Russland-Japan (8.7.)	Massenet gestorben (13.8.) Prokofjew: Premiere des 1.Klavierkonzertes in Moskau (25.7.) »Toccata« für Klavier Skrjabin: Klaviersonate No. 8, 9 (»Schwarze Messe«) u. 10

schule in Rostow (Don). Rachmaninow legt sein Amt als Vizepräsident nieder. Neuerliche psychische Krise (Erschöpfungszustand) Abermaliger Italienaufenthalt mit der Familie	1. Balkankrieg (Okt.) Schutzvertrag mit der Mongolei (3.11.) Einmarsch russischer Truppen in die Äußere Mongolei Rasputin heilt den Thronfolger »aus der Ferne«.	Ravel: »Daphnis und Chloë« Schönberg: »Pierrot lunaire« E. Medtner: »Modernismus und Musik« – eine Streitschrift Beginn des »Kulturstreites« zwischen »Modernisten gegen Konservative«
1913: Erste Skizzen zur Chorsinfonie »Glocken« in Rom Rückreise über Berlin nach Russland wegen der Typhuserkrankung der Töchter Fertigstellung der Sinfonie »Glocken« auf Iwanowka 2. Klaviersonate (Originalfassung) Uraufführung »Glocken« in St. Petersburg (30.11.)	1913: 2. Balkankrieg (Juli) Friede von Bukarest (10.8.) Friede von Konstantinopel (29.9.) Russisch-chinesische Erklärung	1913: B. Britten geboren (22.11.) Strawinsky: »Le sacre du printemps« (5.4. in Paris)
1914: Premiere der Chorsinfonie »Glocken« in Moskau Reise nach England mit Vorbesprechungen für eine dortige Aufführung der Chorsinfonie »Glocken« Reise in den Ural (August) Beginn der regen Konzerttätigkeit im Rahmen der »Wohlfahrtskonzerte« für die Kriegskosten	1914: Attentat von Sarajewo (28.6.) Poincaré und Viviani bei Nikolaus II. (22.–23.7.) »Geheime Demarche« Ultimatum Österreichs an Serbien (23.7.) Militärische Hilfszusage Russlands an Serbien (25.7.) Rückweisung des Ultimatums durch Serbien (25.7.) Mobilmachung in Russland (26.7.) Vorschlag des englischen Außenministers für eine Balkankonferenz (26.7.) Kriegserklärung Österreichs an	1914: Ljadow gestorben (15.8.)

	Serbien (28.7.) Erfolglose Telegramme zwischen Wilhelm II. und Nikolaus II. (29.-31.7.) Kriegserklärung Deutschlands an Russland (1.8.) Kriegserklärung Österreichs an Russland (6.8.) Umbenennung St. Petersburgs in Petrograd Niederlage der russischen Armeen bei Tannenberg (23.-31.8.) und an den Masurischen Seen (5.-15.9.) Gewinn von Galizien mit Zwangsannektierung Angriff der Türkei auf Russland (Oktober) Kriegserklärung der Türkei an Russland (Nov.)	
1915: »Vesper« op. 37 Gedenkkonzert für Skrjabin Nachruf auf Tanejew veröffentlicht Beginn der umstrittenen Klavierabende mit Werken A. Skrjabins	1915: Sieg der Russen an der Kaukasusfront gegen die Türken (Januar) Niederlage gegen Deutsche und Österreicher in Galizien (Mai). Verlust Persiens an die Türken (Febr.) – Wiedergewinnung im Herbst Rasputin kehrt nach Petrograd zurück und übernimmt die »de facto«-Herrschaft. Absetzung des Großfürsten Nikolaj (Onkel des Zaren) vom Oberbefehl über die Armee. Der Zar übernimmt den Oberbefehl selbst (24.8.) Duma verweigert die Zusammenar-	1915: Skrjabin gestorben (14.4.) Tanejew gestorben (6.6.) Schönberg: »Jakobsleiter« Gutheil verkauft seinen Verlag an Kussewitzkij

	beit mit Ministern von Rasputins Gnaden. Zusammenschluss der Abgeordneten zum »Progressiven Block« (Aug.). Bildung von selbstständigen »Kriegsindustrie-Komitees« aller gesellschaftlichen Gruppen Regierung handlungsunfähig Entente-Vertrag über Aufteilung der Türkei Kriegseintritt Bulgariens auf Seiten der Mittelmächte (Okt.) Vertrag von Kjachta zwischen China und Russland	
1916: 6 Lieder op. 38 Etudes tableaux op. 39 Konzerttournee durch Südrussland (Sommer) Rachmaninows Vater stirbt auf Iwanowka (August) Aufenthalt im Kaukasus Förderndes Mitglied im Hilfsfond: »Gesellschaft bedürftiger Musiker und ihrer Familien« (Gründer: A. Siloti und M. Gorkij).	1916: Boris Stürmer wird auf Empfehlung Rasputins Ministerpräsident sowie Innen- und Außenminister. Endgültige Niederlage Frankreichs und Englands bei den Dardanellen gegen die Türkei (Mustafa Kemal) Sommeroffensive General Brussilows (Juni) mit geringen Erfolgen, aber riesigen Verlusten in Galizien Kriegseintritt Rumäniens auf Seiten der Allierten (Aug.) Sykes-Picot-Abkommen (April 1916) mit der Entente sieht die Selbstständigkeit Polens vor. Rücktritt Stürmers und Benennung von Trepow als neuen Ministerpräsidenten Ermordung Rasputins durch Fürst Jussupow (17.12.)	1916: Granados gestorben (24.3.) Reger gestorben (11.5.) Prokofjew: »Skythische Suite« op. 20 unter Skandal in Petrograd aufgeführt

	Rücktritt Trepows und Golizyn neuer Ministerpräsident (rechtsextrem) Attentat auf die Kaiserin (28.12.) Nikolaus im Hauptquartier in Mogilew isoliert Umsturzpläne sogar innerhalb der kaiserlichen Familie	
1917: Erste Skizzen zum 4. Klavierkonzert Revision des 1. Klavierkonzertes Drei Werke für Klavier Konzertournee als Pianist Erstes Konzert nach der Februarrevolution im Sonderkonzert Kussewitszkijs (13.3.) Abschlusstournee nach Südrussland und Jalta Vorzeitige Abreise aus Iwanowka und letzter Aufenthalt auf der Krim. Rückkehr nach Moskau Einladung aus Stockholm für Konzerte (Nov.) Flucht aus Russland mit der Familie und Freund von Struve (23.12.) von Petrograd nach Stockholm. Ankunft in Stockholm (24.12.)	1917: Ausbruch der Revolution (23.2) Provisorische Regierung (Fürst Lwow) (28.2.) Abdankung von Nikolaus II. (2.3.) Lenin zurück in Petrograd (3.4.) Festnahme von Stürmer, Golizyn und Protopopow Beginn der illegalen Enteignungen der Grundbesitzer Erste Einberufung der »Sowjets« (3.6.) Großfürst Michail nimmt die Nachfolge in der Zarenherrschaft nicht an. Ende der Romanow-Herrschaft in Russland Niederschlagung eines Aufstandes durch die Regierung Trotzkij verhaftet, Lenin flieht nach Finnland (3.7.) Kerenskij Ministerpräsident (8.7.) Beginn der Oktoberrevolution (24/25.10.) Waffenstillstand von Brest-Litowsk (2.12.)	1917: Prokofjew: »Visions fugitives« »Symphonie classique« »Es sind ihrer Sieben«-Kantate für Tenor, Chor und Orchester nach Texten von K. Balmont Klaviersonaten No. 3 u. 4
1918: Konzertserien in Kopenhagen, Stockholm, Lund und Malmö als Pianist	1918: Konstituierende Versammlung (5.1.) Unabhängigkeit der Ukraine (9.1.) Beginn des Bürgerkrieges (10.1.)	1918: Debussy gestorben (25.3.) Cui gestorben (24.3.) Prokofjews Debüt in Amerika als Pianist (20.11.)

Erster Wohnsitz in Kopenhagen Annahme von Konzertangeboten aus Amerika als Pianist, aber Ablehnung aller Dirigierangebote. (1.11.) Abreise nach Amerika und erstes Konzert dort in Providence (8.12.) Vorvertrag bei Edison Company Saison mit 36 Konzerten	»Brotfrieden« (27.1.) Einführung des gregorianischen Kalenders (1./14.2.) Friede von Brest-Litowsk (3.3.) Trotzkij Volkskommissar für Verteidigung (8.4.) Friede von Bukarest (7.5.) Aufstand der Tschechischen Legion (26.5.) Vormarsch auf Jekaterinenburg (8.6.) Ermordung des deutschen Gesandten Mirbach (6.7.) Russische Föderative Sowjetrepubliken (9.7.) Ermordung der Zarenfamilie (17.7.) Ermordung des deutschen Oberbefehlshabers in der Ukraine, Generaloberst Eichhorn (30.7.) Zusatzabkommen mit Deutschland (27.8.) Estland und Livland werden unabhängig Annullierung der Verträge (13.11.) Vormarsch der »Roten Armee« auf Estland u. Livland Die Alliierten landen in Odessa, Baku und Batum sowie in der Ukraine. Japan marschiert auf dem Festland ein.	Strawinsky: »Geschichte vom Soldaten«
1919: Erster Vertrag mit »Ampico« (Firma für mechanische Klaviere) Erste Schallplatten- und Rollenaufnahmen Für den Sommer wird ein Haus in	1919: Gründung der Sowjetrepublik Weißrussland (1.1.) Die »Rote Armee« erobert Riga (3.1.) Gründung der Komitern (2.3.)	1919: Prokofjew: »Die Liebe zu den drei Orangen« Strawinsky: »Pulchinella« u. »Piano Rag Music«

der Nähe von San Francisco gemietet.	Abzug der Alliierten (April) Gründung der Ukrainischen Sowjetrepublik (8.4.) Freikorps kämpfen das Baltikum frei Baltische Landwehr befreit Riga (22.5.) Siege der »Roten Armee« gegen die »Weißen« Friedensvertrag von Versailles	
1920: Volksliedbearbeitungen Sommer in Goshen bei New York Nicolas von Struve verunglückt in Paris tödlich. Exklusivvertrag mit Victor-Talkin-Machine Ehrenmitgliedschaft der Academia di Santa Cecilia in Rom	1920: Friede von Dorpat (2.2.) Friede von Moskau (12.7.) Friede von Riga (11.8.) Friede von Dorpat (14.10.) Ende des Bürgerkrieges Isolationismus der USA Die Sowjetunion tritt dem Völkerbund nicht bei.	1920: Bruch gestorben (2.10.)
1921: Kauf eines Apartments in New York Sommer auf Locus Point /New Jersey Erste Kontakte zu den Angehörigen in Russland Offizielles Gesuch um Einreise Genehmigte Reise wird aus gesundheitlichen Gründen nicht angetreten Erste Briefkontakte mit Nicolaj Medtner, der Russland via Deutschland verlässt.	1921: Aufstand der Kronstädter Matrosen (1.-18.3.) Hungersnöte Internationale Hilfsaktionen Lenin verkündet auf dem 10. Parteitag die Neue Ökonomische Politik (16.3.) Friede von Riga mit Polen (18.3.) Handelsvertrag mit Persien (26.2.) Handelsvertrag mit Afghanistan (28.2.) Handelsvertrag mit Türkei (16.3.) Abkommen mit der Äußeren Mongolei (5.11.) Abkommen mit England (16.3.) Abkommen mit Deutschland (6.5.)	1921: Humperdinck gestorben (27.9.) Saint-Saëns gestorben (16.12.) Prokofjew: Fünf Gedichte von Balmont für Gesang und Klavier Uraufführung der Oper »Die Liebe zu den drei Orangen« (Chicago, 30.12.)

1922: Ehrendoktorwürde der Universität Nebraska (24.1.) Wohltätigkeitskonzerte für Russen in der UdSSR und USA Erstes Nachkriegskonzert in London (Mai) Treffen mit den Satins in Dresden Aufruf zur Unterstützung des Musikwissenschaftlichen Instituts in Moskau (Oktober)	1922: Transkaukasische Föderation der Sowjetrepubliken (12.3.) Wirtschafts- und Reparationskonferenz in Genua (10.4.) Vertrag von Rapallo (16.4.) Abrüstungskonferenz in Washington Viermächteabkommen Nansen-Paß für staatenlose Flüchtlinge X. Allrussischer Sowjetkongress Gründung der UdSSR (30.12.) IV. Komiternkongress (Nov.) Lenin erleidet zwei Schlaganfälle (Mai/Dezember) »Politisches Testament« Lenins (25.12.) Beginn der Inflation in Deutschland Scharfe Zollerhöhungen in den USA	
1923: 71 Konzerte in den USA, Kuba und Kanada Erstes Gastspiel des Moskauer Künstler-Theaters in Amerika unter musik. Leitung von A. Siloti	1923: Calvin Coolidge wird Präsident der USA Inflation und Rentenmark in Deutschland Nachtrag zum »Testament« Lenins (4.1.) Ablehnung Stalins als Nachfolger Dritter Schlaganfall Lenins (März) Verfassung der UdSSR (6.7.) Hitlers Putsch in München (9.11.)	1923: Prokofjew: 5. Klaviersonate Schönberg: Fünf Klavierwerke op. 23 »Komposition mit 12 Tönen«
1924: Konzert im Weißen Haus vor dem Präsidenten (10.3.) Ab diesem Sommer jährliche Europaaufenthalte mit der Familie, vornehmlich in Frankreich	1924: Tod Lenins (21.1.) Machtkampf zwischen Stalin und Trotzkij XIII. Parteitag (23.-31.5.)	1924: Busoni gestorben (27.7.) Fauré gestorben (4.11.) Puccini gestorben (29.11.) Prokofjew: 2. Sinfonie Strawinsky: »Concerto für Klavier«

Heirat der Tochter Irina mit dem Fürsten Pjotr Wolkonskij in Dresden (Sept.) Kontakt zu Iwan Bunin Acht Konzerte in England (Okt.) Rückkehr in die USA zur neuen Saison Sponsortätigkeit bei Gershwins »Rhapsody in Blue« in New York (12.2.)		und Blasorchester« sowie »Klaviersonate«
1925: Zweites Konzert im Weißen Haus (16.1.) Verkauf des Apartments in New York Tod des Schwiegersohnes (Aug.) Geburt der ersten Enkelin Sofija (Sept.) Gründung des *TAIR*-Verlages in Paris zur Absicherung der Töchter	1925: Rücktritt Trotzkijs als Kriegskommissar (Jan.) »Sozialismus in einem Lande« (Stalin) Absage an die Weltrevolution Hitlers »Mein Kampf« erscheint XIV. Parteitag (18.-31.12.)	1925: Satie gestorben (1.7.) Boulez geboren (25.3.) Prokofjew: »Der stählerne Schritt« Strawinsky: erste USA-Tournee Berg: »Wozzeck«
1926: Vollendung des 4. Klavierkonzertes und der »Drei Russischen Lieder« für Chor und Orchester in Cannes Plattenaufnahmen mit der Sängerin Nadeshda Plewitzkaja	1926: Deutsch-sowjetischer Freundschaftsvertrag und Neutralitätsabkommen (24.4.) Neutralitätsvertrag mit Litauen (28.9.) »Reuebekenntnis«Trotzkijs (Oktober) Ausschluss Trotzkijs aus dem Politbüro	1926: Henze geboren (1.7.)
1927: Uraufführung des 4. Klavierkonzertes (18.3.) Schallplattenaufnahmen mit Fritz Kreisler (April) Aufenthalte in Dresden und der Schweiz	1927: Abbruch der diplomatischen Beziehungen zwischen der Sowjetunion und England (27.5.) Tschiang Kai-schek beseitigt den Einfluss der Kommunisten in China Ausschluss von Trotzkij, Kamenjew und Sinowjew aus der Partei (Nov.)	1927: Strawinsky: »Oedipus Rex«

	XV. Parteitag (2.-19.12.): Kollektivierung und Industrialisierung	
1928: Amerika-Debüt von Wladimir Horowitz mit Rachmaninows 3. Klavierkonzert (23.2.) Erstes Treffen der beiden in New York Sommermonate in der Normandie und Dresden. Treffen mit Medtner Herbst: Große Europatournee	1928: Verbannung Trotzkijs nach Kasachstan (Jan.) 1. Fünfjahresplan tritt in Kraft Mao Tse-tung beginnt mit dem Aufbau der »Roten Armee« in China (Mai).	1928: Janácek gestorben (12.8.) Stockhausen geboren (22.8.) Prokofjew: 3.Sinfonie Ravel: Bolero Strawinsky: »Apollon Musagète«
1929: Schallplattenaufnahme als Dirigent: »Die Toteninsel« Kauf eines Hauses in Clairefontaine bei Paris Tod der Mutter in Russland (Sept.) Europatournee (Okt.)	1929: Herbert Hoover neuer Präsident der USA Trotzkij aus der UdSSR ausgewiesen (Jan.) Litwinow-Protokoll zum Kellog-Pakt (9.2.) Wiederaufnahme der diplomatischen Beziehungen mit England (Okt.) »Schwarzer Freitag« (24.10.) Weltwirtschaftskrise	1929: Prokofjew: »Verlorener Sohn« in Paris uraufgeführt. Strawinsky: »Renard« in Paris uraufgeführt
1930: Orchestrierung einiger Etudes tableaux durch O. Respighi für Kussewitzkij Finanzielle Einbußen und Terminabsagen durch die Weltwirtschaftskrise Sommer in Clairefontine Erste Kontakte mit Oskar v. Riesemann bezüglich einer Biografie Kauf eines Grundstückes in Hertenstein am Vierwaldstätter See in der Schweiz	1930: Bei Reichstagswahlen wird die NSDAP die zweitstärkste Partei im Reichstag. Zwangskollektivierung der Landwirtschaft in der UdSSR (Kulakenmassaker Jan.-März) Litwinow neuer Außenkommissar Zweite Säuberungswelle Stalins in der UdSSR	1930: Prokofjew: 4. Sinfonie Schostakowitsch: die Oper »Die Nase« hat in Leningrad Premiere. (18.1.)

1931	»Corelli«-Variationen Überarbeitung der 2. Klaviersonate Unterzeichnung von Protestschreiben gegen das Sowjetregime (15.1.) Baubeginn der Villa »SENAR« in der Schweiz Uraufführung der Variationen in Montreal	Zweite Zwangskollektivierung Hungersnöte Deportationen Presseattacken und Verbot der Werke Rachmaninows in der UdSSR Deutschland wird von Notverordnungen und Präsidialkabinetten regiert. Japan besetzt die Manschurei	Prokofjew: 4. Klavierkonzert Ravel: Konzert für die linke Hand Poulenc: Concert Champêtre
1932	Goldmedaille der Königlichen Philharmonischen Gesellschaft in London (März) Tatjana heiratet in Paris Boris Konjus 40. Jahrestag des Pianistendebüts	Nichtangriffspakte mit allen westlichen Nachbarn (Januar-Juli) Gegenseitige Waffenhilfe gegen einen Dritten (Deutschland) Selbstmord von Stalins Frau 2. Fünfjahresplan Separatistenbewegungen in der Ukraine Gründung des sowjetischen Komponistenverbandes »Sozialistischer Realismus« als Kunstdoktrin	Prokofjew: 5. Klavierkonzert Strawinsky: Psalmensinfonie
1933	Enkelsohn Alexander B. Konjus geboren Festakte zum 60. Geburtstag in New York und Paris Kauf eines Motorbootes für die Villa »SENAR« Ablehnung der Biografie von Riesemanns	Hitler wird Reichskanzler (30.1.) »Bücherverbrennung« (10.5.) Franklin D. Roosevelt neuer Präsident der USA Programm des »New Deal« und Aufhebung der Prohibition in den USA UdSSR offiziell von den USA anerkannt (16.11.) Stalin spricht vom »Sieg des Sozialismus«	Schönberg emigriert in die USA

1934: »Rhapsodie über ein Thema von Paganini« für Klavier und Orchester (Uraufführung: 7.11. in Baltimore) »SENAR« wird bezogen Revidierte Fassung der Biografie veröffentlicht	1934: »Röhm-Putsch« in Deutschland (Juni) Beginn des Sowjetpatriotismus (Juni) UdSSR im Völkerbund (18.9.) Aufhebung des Boykotts der Werke Rachmaninows in der UdSSR Beginn der »großen Säuberung«	1934: Elgar gestorben (23.2.) Delius gestorben (10.6.) Hindemith: »Mathis der Maler« Prokofjew: Sinfonischen Suite aus der Filmmusik »Leutnant Kishe« N. Medtner: »Muse und Mode« veröffentlicht
1935: Erste Arbeiten zur 3.Sinfonie Kur in Baden-Baden	1935: Politische Schauprozesse in der UdSSR Beginn des »Großen Terrors« »Stachanow«-Kampagne führt zur Wiedereinführung der Akkordarbeit, auch in der Landwirtschaft (August) Gesetze zur Familien- und Schulordnung »Nürnberger Gesetze« in Deutschland VII. Komiternkongress in Moskau »Langer Marsch« Maos in China	1935: Berg gestorben (24.12.) Dukas gestorben (17.5.) Prokofjew: 2. Violinkonzert Strawinsky: Concerto für zwei Klaviere Gershwin: »Porgy and Bess«
1936: 3. Sinfonie Uraufführung: 6.11. in Philadelphia Revison der Chorsinfonie »Glocken« für eine Aufführung in Sheffield (England)	1936: Olympiade in Deutschland Beginn des Spanischen Bürgerkrieges Hinrichtungswelle in der UdSSR Stalin-Verfassung (5.12.) Tod Maxim Gorkis (18.6.) Rückkehr Prokofjews nach Russland Strawinsky wird französischer Staatsbürger »Antikomitern«-Pakt Deutschlands mit Japan und Italien (»Stahl-Achse«)	1936: Glasunow gestorben (21.3.) Respighi gestorben (18.4.) Prokofjew: »Romeo und Julia« »Peter und der Wolf«

1937: Vorbesprechungen mit Fokin bezüglich eines Balletts über die »Paganini-Variationen«	1937: Säuberungswelle in der »Roten Armee« (Juni) Chinesisch-Japanischer Krieg Nichtangriffspakt UdSSR-China (21.8.) Wirtschaftskrise in der UdSSR	1937: Gershwin gestorben (11.7.) Roussel gestorben (23.8.) Ravel gestorben (28.12.) Strawinsky: »Dumbarton Oaks« Berg: »Lulu« uraufgeführt
1938: Revision der 3. Sinfonie	1938: Anschluss Österreichs an Deutschland (März) »Münchner Abkommen« (29./30.9.) »Reichskristallnacht« (9.11.) Berija neuer Innenkommissar	1938: Schaljapin gestorben (12.4.) Prokofjew: 1. Cellokonzert »Alexander Newski«-Kantate
1939: Letztes Konzert in England (1.3.) Premiere des »Paganini-Balletts« (30.6.) Letztes Konzert auf europäischem Boden Luzern (11.8.) Abreise aus Europa (23.8.) Festakt zum 30. Jahrestages des Bühnenjubiläums Rachmaninows in Amerika in New York	1939: Zerschlagung der Resttschechei (März) Ablehnung eines exterritorialen Verbindungsweges nach Danzig durch Polen (28.3.) Britisch-französische Garantieerklärung für Polen (31.3.) Einführung der allgemeinen Wehrpflicht in England (27.4.) Hitler kündigt den Nichtangriffspakt mit Polen (28.4.) Molotow wird Außenkommissar der UdSSR (3.5.) Deutsch-Russischer Nichtangriffspakt mit Geheimprotokoll (23.8.) Überfall Deutschlands auf Polen (1.9.) Kriegserklärung Frankreichs und Englands an Deutschland (3.9.) Einmarsch Russlands in Polen (17.9.) Angriff Russlands auf Finnland (28.11.)	1939: Prokofjew: Sieben Massenlieder für Gesang und Klavier Oper »Semjon Kotko« Strawinsky: »Musikalische Poetik« (Vorlesungen)

	Ausschluss der UdSSR aus dem Völkerbund (14.12.)	
1940: Letzte Komposition: »Sinfonische Tänze« Orchand Point letzter Sommersitz	1940: Norwegenfeldzug (April) Westfeldzug (Mai) Deutsch-Russisches Wirtschaftsabkommen (10.2.) Friedensvertrag Russland-Finnland (12.3.) Deutsch- Französischer Waffenstillstand (22.6.) Die Sowjetregierung zwingt Rumänien, Bessarabien und Teile der Bukowina abzutreten. Zwangsannektierung der baltischen Staaten (1.8.) Molotow in Berlin (12./13.11.) Ermordung Trotzkijs in Mexiko (20.8.) Leih- und Pachtvertrag England-USA Milhaud emigriert in die USA Schönberg wird amerikanischer Staatsbürger. Bartok siedelt nach New York über.	1940: Strawinsky: Sinfonie in C
1941: Uraufführung der »Sinfonischen Tänze« (3.1.) Revision des 4. Klavierkonzertes Schallplattenaufnahmen (Dez.) Beginn der Wohltätigkeitskonzerte für sowjetische Kriegsopfer in New York	1941: Nichtangriffspakt Russland-Japan (13.4.) Balkanfeldzug und Besetzung Griechenlands (6.4.) durch deutsche Truppen Afrikafeldzug General Rommels Angriff auf die Sowjetunion (22.6.) Deutscher Vorstoß bis auf die Krim und 50 Kilometer vor Moskau	1941: Prokofjew: Oper »Krieg und Frieden«

	Überfall Japans auf Pearl Harbour (7.12.) Kriegseintritt der USA	
1942: Sommer in Kalifornien Letzte Plattenaufnahmen als Pianist Hauskauf in Beverly Hills Beginn der letzten Tournee	1942: Deutsch-Japanische Erfolge an allen Kriegsfronten	1942: Prokofjew: 7. Klaviersonate
1943: Amerikanische Staatsbürgerschaft (1.2.) Letztes Konzert (17.2.) Tod in Beverly Hills (28.3.)	1943: Schlacht um Stalingrad Kapitulation der 6. Armee (2.2.)	1943: Bartók: Konzert für Orchester

Werkverzeichnis der Kompositionen von Sergej Rachmaninow

I. Werke für Klavier zu zwei Händen ohne opus-Zahl:

Studie f-Moll	1886
Lento d-Moll	1887
(»Lied ohne Worte«)	
Vier Werke für Klavier:	1887
1. Romance fis-Moll	
2. Prélude es-Moll	
3. Melodie E-Dur	
4. Gavotte D-Dur	
Drei Nocturnes für Klavier:	
fis-Moll, F-Dur, c-Moll	(14.11.1887 – 12.1.1888)
Werk für Klavier (d-Moll)	1890
Prélude F-Dur	1891
Vier Improvisationen für Klavier	1896
(Arenski, Glasunow, Rachmaninow, Tanejew)	
Zwei Werke für Klavier:	1899
»Morceaux de fantasie« (g-Moll)	(11.1.)
»Fughetta« (F-Dur)	(4.2.)
(bis heute nicht veröffentlicht)	
»Polka von V. R.« [3]	März 1911
(über ein Thema von V. Rachmaninow, dem Vater des Komponisten)	
(L. Godowski gewidmet)	
Drei Werke für Klavier:	1917
1. Prélude (d-Moll)	
2. Orientalische Skizze (B-Dur)	
3. Fragmente (As-Dur)	
(Die Werke wurden 1919[6] und posthum veröffentlicht)	

II. Werke für Klavier zu zwei Händen mit opus-Zahl:

Op. 3[1]	»Morceaux de Fantasie pour Piano«: (Arenski gewidmet) 1. Elégie 2. Prélude (cis-Moll) 3. Mélodie 4. Polichinelle 5. Serenade	Herbst 1892
Op. 10[1]	»Morceaux de Salon pour Piano«: (P. Pabst gewidmet) 1. Nocturne 2. Walzer 3. Barcarole 4. Melodie 5. Humoreske 6. Romance 7. Mazurka	Nov.-Jan. 1893/94
Op. 16[1]	»Six Moments Musicaux pour Piano« (A. Satajewitch gewidmet) 1. Andantino 2. Allegretto 3. Andante cantabile 4. Presto 5. Humoreske 6. Maestoso	Okt.-Dez. 1896
Op. 22[1]	»Variationen über ein Thema von Chopin« (J. Leschetizky gewidmet)	1902/03
Op. 23[1]	10 Préludes (A. Siloti gewidmet) (fis; B; d; D; g; Es; c; As; es; Ges;)	1903/04
Op. 28[1]	Sonate No. 1 (d-Moll) (Allegro moderato – Lento – Allegro molto)	Jan.-Mai 1907
Op. 32[1]	13 Préludes (C; b; E; e; G; f; F; a; A; h; H; gis; Des)	Aug.-Sept. 1910

Op. 33[1]	9 Etudes tableaux (f; C; es; Es; g; cis)	August 1911

Die ursprünglich vorgesehen Etudes No. 3-5 wurden von Rachmaninow zuerst nicht veröffentlicht.
Die Originalkomposition No. 4 in a-Moll erschien später in op. 39 als No. 6, No. 3 in c-Moll/C-Dur, datiert vom 18. August 1911, und No. 5 d-Moll, datiert vom 11. September 1911, wurden erst 1948 posthum herausgegeben.

Op. 36[4]	Klaviersonate No. 2 (b-Moll) (M. Presman gewidmet und vom Komponisten 1931 überarbeitet)	Jan.-Sept. 1913
Op. 39[3]	9 *Etudes tableaux* (c; a; fis; h; es; a; c; d; D)	Sept.-Febr. 1916/17
Op. 42[4]	»Variationen über ein Thema von Corelli« (Fritz Kreisler gewidmet)	Sommer 1931

III. Werke für Klavier zu vier Händen/für zwei Klaviere oder für Klavier zu mehreren Händen ohne opus-Zahl:

Zwei Werke für Klavier zu sechs Händen: 1. Valse (As-Dur) 2. Romance (A-Dur)	Sommer 1890
»Russische Rhapsodie« (e-Moll/G-Dur)[1]	12.-14. Jan. 1891
Romanze für Klavier zu vier Händen	1894
»Polka Italienne« (es-Moll/Es-Dur)[2] (S. Siloti gewidmet)	1906

IV. Werke für Klavier zu vier Händen/zwei Klaviere mit opus-Zahl:

Op. 5[1]	»Fantasie (Tableaux) pour deux Pianos« (P. Tschaikowskij gewidmet) 1. Barcarole 2. »Oh Nacht, oh Liebe« 3. Tränen 4. Ostern	Sommer 1893
Op. 11[1]	»Six Morceaux pour le Piano a quatre mains« 1. Barcarole 2. Scherzo 3. Russisches Lied 4. Walzer 5. Romanze 6. »Slawisch«	1894
Op. 17[1]	Suite No. 2 (A. Goldenweiser gewidmet) 1. Introduktione 2. Walzer 3. Romanze 4. Tarantella	Dez.-April 1900/01

V. Werke für Klavier und Orchester:

	Konzert für Klavier und Orchester 1. Satz: Allegro molto (c-Moll/unvollendet)	1889
Op. 1[1]	Konzert für Klavier und Orchester No. 1 (fis-Moll) (A. Siloti gewidmet)	1890/91/1917
Op. 18[1]	Konzert für Klavier und Orchester No. 2 (c-Moll) (Dr. N. Dahl gewidmet)	1901

Op. 30[1]	Konzert für Klavier und Orchester No. 3 (d-Moll) (J. Hofmann gewidmet)	1909
Op. 40[4]	Konzert für Klavier und Orchester No. 4 (g-Moll) (N. Medtner gewidmet)	1914/17/27/41
Op. 43[4]	Rapsodie über ein Thema von N. Paganini	1934

VI. Klaviertranskriptionen:

»Manfred«-Sinfonie (P. Tschaikowskij) für zwei Klaviere	1886
»Dornröschen«-Ballettmusik (P. Tschaikowskij) für zwei Klaviere	1890
6. Sinfonie (A. Glasunow)	1896
Menuett aus der L'Arlesienne-Suite No. 1 (G. Bizet)	1900
»Der Flieder« op. 21/5 (S. Rachmaninow)[2]	1914
»The Star-Spangled-Banner« (Smith)[4]	1918
Kadenz zur 2. Ungarischen Rhapsodie[4] (F. Liszt)	1919
»Hopak« (M. Mussorgskij)[4] für Klavier und Violine	1924
»Die Forelle« (F. Schubert)[4]	1925
»Liebesfreud-Liebesleid« (F. Kreisler)[4]	1925
»Hummelflug« (N. Rimskij-Korsakow)[4]	1929
Scherzo aus »Ein Sommernachtstraum«[4] (F. Mendelssohn Bartholdy)	1933

Prélude – Gavotte – Gigue (Partita No. 3 für Solovioline v. J. S. Bach)[4] 1933

»Wiegenlied« (P. Tschaikowskij)[4] 1941

VII. Kammermusik mit Klavier ohne opus-Zahl:

Romanze für Violine und Klavier (a-Moll, Lento) 1888

Romanze für Violoncello und Klavier (f-Moll) 1890

»Melodie über ein Thema von S. Rachmaninow« für Violine, Violoncello und Klavier (D-Dur) 1890

»Trio élégiaque« 1892
für Klavier, Violine, Violoncello
(g-Moll, Lento lugubre)
1947 als opus posthumum veröffentlicht

VIII. Kammermusikwerke mit Klavier und opus-Zahl:

Op. 2[1] »Prélude et Danse orientale pour violoncelle avec accompagnement de piano« 1892
(A. Brandukow gewidmet)
1. Prélude (F-Dur)
2. Orientalischer Tanz (a-Moll)

Op. 6[1] »Morceaux de Salon pour Violon et Piano« 1893
1. Romance (d-Moll)
2. Danse hongroise (d-Moll)

Op. 9[1] »Trio élégiaque pour Piano, Violon et Violoncelle« 25.10.-15.12.1893
(Seconde Partie avec accompagnement d'Harmonium)
»Im Gedenken an P. Tschaikowskij«

Op. 19[1]	Sonate für Violoncello und Klavier (A. Brandukow gewidmet)	12.12.1901

X. Kammermusikalische Werke:

Zwei Sätze eines Streichquartetts: (Fassung für Streichorchester) 1. Romance (g-Moll) 2. Scherzo (D-Dur)	1889
Zwei Sätze eines Streiquartetts (unvollendet): 1. Allegro moderato (g-Moll) 2. Andante molto sostenuto (c-Moll)	1896

XI. Werke für Sinfonieorchester ohne opus-Zahl:

Scherzo: Allegro (F-Dur/d-Moll)	1887
»Manfred«-Sinfonische Dichtung nach dem gleichnamigen Gedicht von Lord Byron (unvollendet)	1890
»Prinz Rostislaw«-Sinfonische Dichtung für großes Orchester nach der gleichnamigen Ballade v. A. K. Tolstoj (d-Moll)	1891
»Jugendsinfonie«-Fragment: 1. Satz: Grave – Allegro molto	1891
»Don Juan«-zwei Episoden à la Liszt nach dem gleichnamigen Gedicht von Lord Byron (unvollendet)	1894
Sinfonische Skizze	1897

XII. Werke für Orchester mit opus-Zahl:

Op. 7[2]	»Fels«-Sinfonische Dichtung nach einem Gedicht von M. Lermontow	1893
Op. 12[1]	»Capriccio über Zigeunerweisen« (P. Lodizhensky gewidmet)	1894
Op. 13[1]	Sinfonie No. 1 (d-Moll) (A. L. gewidmet)	1895-97
Op. 27[1]	Sinfonie No. 2 (e-Moll) (S. Tanejew gewidmet)	1906/07
Op. 29[1]	»Die Toteninsel« Sinfonische Dichtung für großes Orchester nach einem Gemälde von A. Böcklin (N. v. Struve gewidmet)	1909
Op. 44[4]	Sinfonie No. 3 (a-Moll)	1935/36
Op. 45[4]	Sinfonische Tänze (E. Ormandy gewidmet)	1940/41

XIII. Opernkompositionen:

	»Esmeralda«-Fragment nach V. Hugos Roman »Der Glöckner von Notre Dame«	1888
	Zwei Monologe aus »Boris Godunow« (Text: A. Puschkin)	1891
	»Aleko«-Oper in einem Akt[1] nach dem Libretto v. V. J. Nemirowitsch-Dantschenko nach einem Gedicht von A. Puschkin (»Zigeuner«)	1892

Op. 24[1]	»Der geizige Ritter«-Oper in drei Bildern nach einer Ballade v. A. Puschkin[1]	1904
Op. 25[1]	»Francesca da Rimini«-Oper in zwei Bildern mit Pro- und Epilog nach einem Libretto v. M. Tschaikowskij[1]	1904
	»Monna Vanna«-Fragment Text: M. Slonow nach M. Materlinck Uraufführung des Fragments 1984 in Saratoga/New York	1906-08

XIV. Werke für mehrstimmigen Chor a-cappella mit und ohne opus-Zahl:

	»Deus meus« Motette für sechstimmigen gemischten Chor (a-Moll)	1890
	»In Gebeten ewig die Mutter Gottes preisend« Motette für vierstimmigen gemischten Chor	1893
	»Chor der Seelen« für vierstimmigen Chor	1894
	Zwei russische Lieder für gemischten Chor: 1. »Am Tor« 2. »Die Schuhe«	1899
	»Pantelej der Heiler« für vierstimmigen Chor (Text: A. K. Tolstoj)	1901
Op. 31[3]	»Liturgie des hl. Johann Chrysostomos« für mehrstimmgen gemischten Chor	1910
Op. 37[3]	»Das große Abend- und Morgenlob« für mehrstimmigen Knaben- und Männerchor »Im Gedenken an Stepan Smolenski«	1915

XV. Werke für mehrstimmigen Chor und Klavierbegleitung mit und ohne opus-Zahl:

	»Lied der Nachtigall« für mehrstimmigen gemischten Chor und Klavier (Text: A. K. Tolstoj)	1894
Op. 15[2]	Sechs Lieder für Frauen- oder Knabenchor und Klavier: 1. »Gott sei Dank« (Text: N. Nekrassow) 2. »Nacht« (Text: V. Ladyshenski) 3. »Die Kiefer« (Text: M. Lermontow) 4. »Traumeswellen« (Text: K. Romanow) 5. »Gefangen!« (Text: N. Zyganow) 6. »Der Engel« (Text: M. Lermontow)	1895

XVI. Werke für Chor und großes Orchester:

Op. 20[1]	»Frühling« Kantate für Bariton solo, gemischten Chor und Orchester nach dem gleichnamigen Gedicht von N. A. Nekrassow (N. Morosow gewidmet)	1902
Op. 35[1]	»Glocken« Chorsinfonie für Sopran, Tenor, Bariton solo, Chor und Orchester nach dem gleichnamigen Gedicht von E. A. Poe in der Übersetzung von K. Balmont (»Meinem Freund Willem Mengelberg und seinem Orchester in Amsterdam gewidmet«)	1913
Op. 41[4]	Drei russische Volkslieder für Chor und Orchester (L. Stokowski gewidmet)	1926

XVII. Werke für eine Singstimme und Klavier mit opus-Zahl

Op .4[1] *Sechs Lieder für Singstimme und Klavier:*

1. *»Oh nein, ich flehe dich an, bleib meine Liebste, verlass mich nicht!«* 1891
   für Sopran oder Bariton
   (Text: D. Mereschowskij)
2. *»Morgen«* 1891
   für Altstimme oder Bariton (Text: M. L. Janowa)
   (J. S. Sachnowskij gewidmet)
3. *»Wenn schweigende Nacht mich umfängt«* 1889
   für Sopran oder Bariton (Text: A. Fet)
   (V. D. Skalon gewidmet)
4. *»Singe nicht, Du Schöne«* 1893
   für Sopran oder Tenor (Text: A. Puschkin)
   (N. A. Satina gewidmet)
5. *»Oh, Du mein Feld«* 1893
   für Sopran oder Tenor (Text: A. K. Tolstoj)
   (E. N. Lysikowa gewidmet)
6. *»So viele Stunden – so viele Launen«* 1893
   für Sopran oder Tenor
   (Text: Graf Golenischtschew-Kutusow)
   (Gräfin Golenischtschew-Kutusow gewidmet)

Op. 8[1] *Sechs Lieder für Singstimme und Klavier:* 1893

1. *»Die Wasserlilie«*
   für Mezzosopran (Text: H. Heine – A. Pleschtschejew)
   (A. A. Jaroschewski gewidmet)
2. *»Wie eine Blüte, tauerfrischt zur Freude«*
   für Mezzosopran oder Bariton (Text: H. Heine – A. Pleschtschejew)
   (M. A. Slonow gewidmet)
3. *»Gedanke«*
   für Mezzosopran oder Bariton (Text: V. Schewtschenko – A. Pleschtschejew)
   (L. G. Jakowlew gewidmet)

4. »*Das Soldatenweib*«
für Mezzosopran oder Bariton
(Text: V. Schewtschenko – A. Pleschtschejew)
(V. Olferjewa gewidmet)

5. »*Der Traum*«
für Sopran oder Tenor
(Text: H. Heine – A. Pleschtschejew)
(N. D. Skalona gewidmet)

6. »*Das Gebet*«
für Sopran (Text: J. W. Goethe – A. Pleschtschejew)
(N. A. Deischa-Sionitzkaja gewidmet)

Op. 14[1] *Zwölf Lieder für Singstimme und Klavier:* 1896

1. »*Ich warte auf Dich*«
für Sopran (Text: M. Dawidowa)
(N. Skalona gewidmet)

2. »*Die kleine Insel*«
für Sopran oder Tenor (Text: Balmont)
(N. A. Skalona gewidmet)

3. »*Seit langem verliebt*«
für Alt oder Bass (Text: A. Fet)
(Z. A. Pribytkowa gewidmet)

4. »*Ich kam zu ihr*«
für Mezzosopran oder Bariton (Text: A. Kolsow)
(J. S. Sachnowskij gewidmet)

5. »*Diese Sommernächte*«
für Sopran oder Tenor (Text: D. Rathaus)
(M. J. Gutheil gewidmet)

6. »*Die ganze Welt liebt Dein Lächeln*«
für Mezzosopran oder Bariton (Text: A. K. Tolstoj)
(A. N. Iwanowski gewidmet)

7. »*Glaube es mir nicht!*«
für Sopran oder Tenor (Text: A. K. Tolstoj)
(A. G. Klokatschewa gewidmet)

8. »*Oh, sei nicht traurig*«
für Mezzosopran oder Bariton (Text: A. Apuchtin)
(N. A. Alexandrowna gewidmet)

9. »*So schön wie der Tag im hellen Mittagsglanz*«
für Mezzosopran und Bariton (Text: N. Minski)
10. »*In meiner Seele*«
für Kontraalt oder Bass (Text: N. Minski)
(E. A. Lavrouskaja gewidmet)
11. »*Frühlingswasser*«
für Sopran oder Tenor (Text: F. Tjutschew)
(A. D. Ornatskaja gewidmet)
12. »*Die Zeit*«
für Kontraalt oder Sopran (Text: S. Nadson)

Op. 21[1] *Zwölf Lieder für Singstimme und Klavier:* 1900

1. »*Schicksal*«
für Bass oder Bariton (Text: S. Nadson)
(F. J. Schaljapin gewidmet)
2. »*Das Grab*«
für Kontraalt (Text: S. Nadson)
3. »*Dämmerung*«
für Sopran oder Tenor (Text: M. Guyot)
4. »*Die Antwort*«
für Sopran oder Tenor (Text: V. Hugo – L. Mey)
(E. S. Kreuzer gewidmet)
5. »*Der Flieder*«
für Sopran (Text: E. Beketowa)
6. »*Einsamkeit*«
für Sopran (Text: Alfred de Musette – A. Apuchtin)
7. »*Wie erhaben ist dieser Ort*«
für Sopran (Text: G. Galina)
8. »*Der Tod eines Hänflings*«
für Mezzosopran oder Tenor (Text: V. Schukowski)
(O. A. Troubnikowa gewidmet)
9. »*Melodie*«
für Sopran oder Tenor (Text: S. Nadson)
10. »*Vor dem Bild*«
für Mezzosopran (Text: Graf A. Golenischtschew – Kutusow)
(M. A. Iwanowna gewidmet)

11. *»Ich prophezeihe nicht«*
für Sopran (Text: A. Kruglow)
12. *»Wie tut es mir leid«*
für Sopran (Text: G. Galina)
(V. A. Satin gewidmet)

Op. 26[1] *15 Lieder für Singstimme und Klavier:* 1906
(M. S. und A. M. Kersin gewidmet)

1. *»Des Herzens Geheimnis«*
für Mezzosopran (Text: A. K. Tolstoj)
2. *»Er nahm mir alles«*
für Mezzospran (Text: F. Tjutschew)
3. *»Komm, lass uns rasten«*
für Kontraalt oder Bass (Text: A. Tschechow)
(aus dem 4. Akt von »Onkel Wanja«)
4. *»Zweifacher Abschied«*
Duett für Sopran und Bariton (Text: A. Kolsow)
5. *»Geliebte, lass uns fliehen!«*
für Tenor (Text: Graf A. Golenischtschew-Kutusow)
6. *»Christ ist erstanden«*
für Mezzosopran (Text: D. Mereschowskij)
7. *»An die Kinder«*
für Mezzosopran (Text: A. Chomjakow)
8. *»Das Mitleid, welches ich erflehte«*
für Tenor (Text: D. Mereschowskij)
9. *»Wiederum bin ich allein«*
für Tenor (Text: Schewtschenko – J. Bunin)
10. *»Vor meinem Fenster«*
für Sopran (Text: Galina)
11. *»Springbrunnen«*
für Tenor (Text: Tjutschew)
12. *»Die traurige Nacht«*
für Tenor (Text: Bunin)
13. *»Als wir gestern uns trafen«*
für Tenor (Text: J. Polonskj)
14. *»Der Ring«*
für Mezzosopran (Text: A. Kolsow)
15. *»Alles vergeht«* (Text: D. Rathaus)
für Bass

Op. 34[1] *14 Lieder für Singstimme und Klavier:* 1912

1. »*Die Muse*«
   für Sopran oder Tenor (Text: A. Puschkin)
   (»Re« gewidmet)
2. »*Der Seele Versteck*«
   für Kontraalt oder Bass (Text: A. Korinfskj)
   (F. J. Schaljapin gewidmet)
3. »*Der Sturm*«
   für Sopran oder Tenor (Text: A. Puschkin)
   (L. V. Solinow gewidmet)
4. »*Flugwind*«
   für Tenor (Text: C. Balmont)
   (L. V. Solinow gewidmet)
5. »*Arion*«
   für Sopran oder Tenor (Text: A. Puschkin)
   (L. V. Solinow gewidmet)
6. »*Die Auferstehung des Lazarus*«
   für Kontraalt oder Bass (Text: A. Chomjakow)
   (F. J. Schaljapin gewidmet)
7. »*Es kann nicht sein*«
   für Mezzosopran (Text: A. Maijkow)
8. »*Musik*«
   für Mezzosopran (Text: Polonskj)
   (»P. Tsch.« gewidmet)
9. »*Der Dichter*«
   für Mezzosopran oder Bariton (Text: F. Tjutschew)
   (F. J. Schaljapin gewidmet)
10. »*An diesen Tag erinnere ich mich*«
    für Sopran oder Tenor (Text: F. Tjutschew)
    (L. V. Solinow gewidmet)
11. »*Der Bauer*«
    für Alt oder Bass (Text: A. Fet)
    (F. J. Schaljapin gewidmet)
12. »*Was für herrlich' Entzücken*«
    für Sopran oder Tenor (Text: A. Fet)
    (L. V. Solinow gewidmet)
13. »*Missklang*«
    für Sopran (Text: J. Polonskj)
    (F. Litvine gewidmet)

14. »*Vocalise*«
(Lentamente, Molto cantabile)
für Sopran oder Tenor
(A. V. Neschdanowa gewidmet)

Op. 38^3 *6 Lieder für Sopran und Klavier:* 1916
(N. P. Koschitz gewidmet)

1. »*In meinem Garten, in der Nacht*«
(Text: A. Isaakjan)
2. »*Für Sie*«
(Text: A. Belji)
3. »*Gänseblümchen*«
(Text: J. Sewerjanin)
4. »*Der Rattenfänger*«
(Text: W. Brjusow)
5. »*Traum*«
(Text: F. Soloub)
6. »*A – u*«
(Text: K. Balmont)

XVIII. Lieder für eine Singstimme und Klavier ohne opus-Zahl

1. »*Am Tor des Paradieses*« 1890
für Bass (Text: M. Lermontow)
2. »*Ich sage Dir nichts*«
für Bass (Text: A. Fet)
(M. Slonow gewidmet)
3. »*Wieder pochst Du, mein Herz*«
für Sopran (Text: N. Grekow)
4. »*Seemannslied*« 1891
5. »*Es war im April*«
für Sopran oder Tenor (Text: E. Pailleron)
6. »*Die Dämmerung brach herein*«
für Sopran oder Tenor (Text: A. K. Tolstoj)
7. »*Schlaflose Nacht*«
für Bass (Text: M. Lermontow)

8. »*Das Lied eines enttäuschten Mannes*« für Bass (Text: D. Rathaus) 1893
9. »*Die verwelkte Blume*« für Bass (Text: D. Rathaus)
10. »*Erinnerst Du Dich an den Abend?*« für Bass (Text: A. K. Tolstoj)
11. »*Hattest Du einen Schluckauf?*« für Bass 1899
12. »*Die Nacht*« für Bass (Text: D. Rathaus) 1900
13. »*Brief an Konstantin Stanislawskj von S. R.*« für Bass 1908
14. »*Aus dem Johannesevangelium*« für Bass 1915
15. »*Zwei heilige Gesänge*« für hohe Stimme (Text: K. Romanow u. G. Soloub) 1916
16. Drei Russische Lieder für Singstimme und Klavier: 1920
    1. »*Der kleine Splitter*«
    2. »*Apfelbaum, o Apfelbaum*«
    3. »*Entlang der Straße*«
17. »*Puder und Schminke*« (Volkslied) 1925

Zu Lebzeiten Rachmaninows sind die Werke bei folgenden Verlagen erschienen:

1) Verlag Edition A. Gutheil
2) Verlag Edition Jürgensohn
3) Verlag Edition Grandes Editions Russes
4) Verlag Edition TAIR – Paris (Rachmaninows eigener Verlag)
5) Verlag Charles Foley – New York
6) Verlag MUSGIZ
7) Sammlung von Werken zeitgenössischer russischer Komponisten (Verlag Jürgensohn)

Repertoireverzeichnis des Dirigenten S. Rachmaninow 1891–1941

Das folgende Werkverzeichnis des Dirigenten S. Rachmaninow weist eine erstaunliche Vielfalt und Dichte auf! Bedenken wir, Rachmaninow war ein Autodidakt. Am Konservatorium gab es keine Dirigierklasse.

»Debüt« feierte Rachmaninow als Dirigent mit seiner Motette »Deus meus« 1891. 1893 schlossen sich zwei Aufführungen seiner eigenen Oper »Aleko« in Kiew mit mehr als mäßigem Erfolg an, 1895 trat er nochmals als Dirigent in Moskau mit seinem »Capriccio über Zigeunerweisen« auf, ehe dann die Zeit des Operndirigenten begann. Trotzdem bleibt festzuhalten: Rachmaninow sah sich in erster Linie als Komponist, dann als Pianist und Familienvater. Dirigent war er sicherlich in seiner eigenen Wertschätzung zuletzt! Um so erstaunlicher dann diese Repertoirefülle!

I. Rachmaninow dirigiert eigene Werke:

1. Opern und Werke für Gesang und Orchester:

»Aleko«	(3x)
»Francesca da Rimini« op. 25	(5x)
»Der geizige Ritter« op. 24	(5x)
Kantate »Der Frühling« op. 20	(2x)
Chorsinfonie »Glocken« op. 35	(8x)

2. Werke für Orchester:

»Fels« op. 7	(4x)
»Capriccio über Zigeunerweisen« op. 12	(1x)
»Die Toteninsel« op. 29	(11x)
Sinfonie No. 2 e-Moll op. 27	(15x)
Sinfonie No. 3 a-Moll op. 44	(6x)
»Vocalise«-Orchesterfassung op. 34/14	(1x)

3. Werke für gemischten Chor a-cappella:

»Deus meus«-Motette	(1x)
»Lithurgie des hl. Johannes Chrysostomos« op. 31	(1x)

4. Werke für Soloinstrument mit Orchester:

Konzert No. 2 c-Moll op. 18	(3x)

II. Rachmaninow dirigiert Werke anderer Komponisten:

1. Opern und Werke für Gesang und Orchester:

M. Balakirew:	»Tamara«	(1x)
H. Berlioz:	»Fausts Versuchung«-Ausschnitte	(1x)
G. Bizet:	»Carmen«	(4x)
A. Borodin:	»Fürst Igor«	(10x)
	»Romanze« (orch. Glasunow)	(1x)
A.-S. Dargomyschskij:	»Rusálka«	(22x)
M. Glinka:	»Ein Leben für den Zaren«	(11x)
	»Kamarinskaya«	(1x)
	»Die Nacht in Madrid«	(1x)
C. W. Gluck:	»Orfeo«	(1x)
A. Ljadow:	»Baba Yaga«	(2x)
	Acht russische Volkslieder op. 58	(1x)
	»Der verzauberte See« op. 62	(1x)
	»Kikimora« op. 63	(1x)
	»Aus dem Buch der geheimen Offenbarung« op. 66	(1x)
	»Nénie«-(Totenklage) op. 67	(1x)
F. Liszt:	»Loreley«	(1x)
M. Mussorgskij:	»Boris Godunow«	(4x)
	»Jahrmarkt v. Sorochinski«	(3x)
	(Beide Werke auch in Ausschnitten als Dirigat nachweisbar)	

N. Rimskij-Korsakow:	»Weihnachtsabend«	(1x)
	»Die unsichtbare Stadt v. Kitesch«	(1x)
	»Schlacht v. Kerschenets«	(1x)
	»Mainacht«	(5x)
	»Pan Wojewoda«	(6x)
	»Scheherazade«	(1x)
C. Saint-Saëns:	»Samson und Delilah«	(5x)
I. Satz:	»Hamlet«-Fanfaren und Chor	(1x)
V. Serow:	»Die feindliche Kraft« – 2. Akt	(3x)
	»Rogneda«	(1x)
P. Tschaikowskij:	»Eugene Onegin«	(16x)
	»Francesca da Rimini«	(2x)
	»Pique Dame«	(21x)
	»Oprichnik«	(5x)
	»Moskau«-Kantate	(1x)
A. Thomas:	»Mignon«	(1x)
R. Wagner:	»Wesendonk-Lieder«	(3x)
	»Walküre« – »Wotans Abschied und Feuerzauber«	(1x)
Westorsky:	»Askolds Grab«	(7x)
	Nur den 3. Akt	(3x)

2. Werke für Orchester:

S. Arenski:	Sinfonie No. 1 h-Moll op. 4	(1x)
	»Variationen über ein Thema von Tschaikowskij« op. 35 a	(1x)
J. S. Bach:	Präludium aus der Kantate No. 35	(1x)
M. Balakirew:	»Ouvertüre über drei russische Themen«	(1x)
L. v. Beethoven:	»Egmont«-Ouvertüre op. 84	(1x)
A. Borodin:	Sinfonie No. 2 h-Moll	(2x)
J. Brahms:	»Variationen über ein Thema von Haydn« op. 56 a	(1x)
	»Tragische Ouvertüre« op. 81	(1x)
C. Debussy:	»Das Martyrium des hl. Sebastian«	(1x)
C. Franck:	»Chasseur maudit«-Sinfonische Dichtung	(1x)

A. Glasunow:	»Lyrische Dichtung« op. 12	(1x)
	»Der Frühling«-Musikbild op. 34	(2x)
	Ballettsuite op. 52	(1x)
	Sinfonie No. 6, c-Moll op. 58	(1x)
	»Jahreszeiten« op. 67 – »Der Winter«	(1x)
	»Aus dem Mittelalter« – Suite op. 79	(1x)
	»Finnische Phantasie« op. 88	(1x)
	»Im Gedenken an Gogol«-Prolog	(1x)
E. Grieg:	»Elegische Melodien« op. 34:	
	»Der letzte Frühling«	(1x)
	»Lyrische Suite« op. 54	(2x)
	»Peer Gynt«-Suite No. 1 op. 46	(3x)
	Suite No. 2 op. 55	(1x)
	Daraus: »Anitras Tanz« und	
	»In der Halle des Bergkönigs«	(2x)
A. K. Ljádow:	Intermezzo C-Dur op. 8	(1x)
	Scherzo D-Dur op. 16	(1x)
F. Liszt:	»Mazeppa«-Tondichtung	(1x)
	»Tasso«-Tondichtung	(1x)
F. Mendelssohn	Einleitungsmusik zu »Ein	
Bartholdy:	Sommernachtstraum« op. 21/61	(1x)
	Sinfonie No. 3 a-Moll op. 56	(1x)
	»Die Schottische«	
W. A. Mozart:	Sinfonie No. 40 in g-Moll KV 550	(1x)
M. Mussorgskij:	»Die Nacht auf dem kahlen Berge«	(7x)
M. Ravel:	»Valses nobles et entimentales«	(1x)
N. Rimskij-Korsakow:	»Sadko«-Musikbild op. 5	(1x)
	Sinfonie No. 2 op. 9 »Antar«	(1x)
	Ouvertüre »Das russische	
	Osterfest« op. 36	(1x)
Roger-Ducasse:	»Au Jardin de Margerite«	(1x)
	– Zwischenspiel –	
	Satz: »Der blaue Vogel«-Suite	(1x)
	»Der Lebenskampf«	(1x)
F. Schubert:	Marsch (orch. v. Juri Sachnowskij)	(1x)
A. Skrjabin:	Sinfonie No. 1 E-Dur op. 26	(1x)
R. Strauss:	»Don Juan« – Sinfonische Dichtung	
	op. 20	(2x)

	»Till Eulenspiegel« – Sinfonische Dichtung op. 28	(2x)
S. Tanejew:	Ouvertüre »Oresteia«	(1x)
P. Tschaikowskij:	»Slawischer Marsch« op. 31	(2x)
	Sinfonie No. 2 c-Moll op. 17 »Die kleine Russische«	(1x)
	Sinfonie No. 4 f-Moll op. 36	(2x)
	»Der Sturm«-Fantasie op. 18	(1x)
	Suite G-Dur op. 55 »Thema und Variationen«	(1x)
	Sinfonie e-Moll op. 64	(10 x)
	»Wojewoda« – Sinfonische Ballade op. 78	(1x)
A. Vivaldi:	Concerto d-Moll (arr. A. Siloti)	(1x)
R. Wagner:	»Siegfried Idyll«	(1x)
	Vorspiel 3. Akt aus der Oper »Lohengrin«	(1x)
C. M. v. Weber:	»Aufforderung zum Tanz« (arr. Weingartner)	(2x)
	Ouvertüre aus der Oper »Oberon«	(1x)

3. Werke für Soloinstrument und Orchester:

L. v. Beethoven:	Konzert für Klavier und Orchester No. 1 C-Dur op. 15	(1x)
	Konzert für Violine und Orchester D-Dur op. 61	(1x)
L. Konjus:	Konzert für Violine und Orchester e-Moll	(1x)
K. J. Dawydow:	Konzert für Violoncello und Orchester a-Moll op. 14	(1x)
A. Dvorak:	Konzert für Violoncello und Orchester h-Moll op. 104	(1x)
A. Glasunow:	Konzert für Violine und Orchester a-Moll op. 82	(1x)
E. Grieg:	Konzert für Klavier und Orchester a-Moll op. 16	(2x)
J. Haydn:	Konzert für Violoncello und Orchester C-Dur	(1x)

E. Lalo:	Konzert für Violoncello und Orchester d-Moll	(1x)
F. Liszt:	Konzert No. 1 für Klavier und Orchester Es-Dur	(3x)
	»Totentanz« für Klavier und Orchester	(3x)
	»Ungarische Rhapsodie No. 1« für Klavier und Orchester	(1x)
N. Moschkowski:	Konzert für Violine und Orchester	(1x)
C. Saint-Saëns:	Konzert für Violoncello und Orchester a-Moll op. 33	(1x)
F. Schubert:	»Wandererfantasie« Bearbeitung: F. Liszt für Klavier und Orchester	(1x)
A. Skrjabin:	Konzert für Klavier und Orchester No. 1 fis-Moll op. 20	(1x)
P. Tschaikowskij:	Konzert für Klavier und Orchester No. 1 b-Moll op. 23	(3x)
	Konzertfanatsie für Klavier und Orchester op. 56	(1x)

Repertoireverzeichnis des Pianisten Rachmaninow

Die vorliegende Übersicht enthält alle von Rachmaninow selbst in Konzerten zwischen 1892 und 1943 gespielten Werke. Die Stücke, die er auf Schallplatte oder Musikrollen eingespielt hatte, sind mit * gekennzeichnet. Auch hier werden wieder die erstaunliche Vielfalt und Bandbreite des Repertoires sichtbar. Allerdings orientierte sich der Pianist stärker am klassisch-romantischen Repertoire als der Dirigent, der mehr den zeitgenössischen russischen oder europäischen Komponisten verpflichtet war. Die »Avantgarde«, d. h. die richtungsweisenden Neuerer des frühen oder mittleren 20. Jh., fehlen bei beiden Funktionen. Ausnahme bildet das Jahr 1915, als Rachmaninow anlässlich des Todes von A. Skrjabin in einem Jahr eine erstaunliche Werkanzahl dieses Komponisten in den Gedächtniskonzerten darbrachte.

Ist die Fülle der Konzertnummern schon für einen Berufspianisten beachtlich – die Werke mussten studiert und erarbeitet werden – so wird diese Leistung noch bewundernswerter, wenn wir bedenken: Rachmaninow war zugleich Dirigent, Komponist sowie Familienvater und bekleidete noch immer den Posten des Chefdirigenten der »Moskauer Philharmonischen Gesellschaft«! Daher kann man bei Übersicht zu Recht von den »drei Leben« des Musikers Rachmaninow sprechen.

Die Jahreszahlen bedeuten jeweils die Premieren der Werke in öffentlichen Konzerten. Nicht berücksichtigt werden private Darbietungen bzw. Improvisationen im Freundes- oder Bekanntenkreis.

I. Rachmaninow spielt Werke anderer Komponisten:

1. Werke für Klavier und Orchester

L. v. Beethoven:	Konzert für Klavier und Orchester No. 1 C-Dur op. 15	(1937)
R. Schumann:	Konzert für Klavier und Orchester a-Moll op. 54	(1941)

F. Liszt:	Konzert für Klavier und Orchester No. 1 Es-Dur	(1917)
	»Totentanz « für Klavier und Orchester	(1939)
A. Rubinstein:	Konzert für Klavier und Orchester No. 4 d-Moll op. 70 1. Satz ist nachweisbar	(1892)
A. Skrjabin:	Konzert No. 1 für Klavier und Orchester fis-Moll op. 20	(1915)
P. Tschaikowskij:	Konzert für Klavier und Orchester b-Moll op. 23	(1911)

2. Werke für Klavier solo:

Alkan:	Etüde »Comme le vent«, op. 39/1	(1919)
	Trauermarsch op. 26a	(1919)
S. Arenski:	Barcarolle F-Dur op. 36/11	(1895)
	Esquisse F-Dur op. 24/1	(1893)
	Esquisse As-Dur op. 24/3	(1893)
J. S. Bach:	Englische Suite No. 2 BWV 807 a-Moll	(1923)
	Französische Suite No. 6 BWV 817 E-Dur	(1939)
	»Italienisches Konzert« BWV 971 F-Dur	(1937)
	Partita No. 4 BWV 828 D-Dur, daraus ist die Sarabande nachweisbar	(1925)*
	Präludium d-Moll BWV 851 aus dem »Wohltemperierten Klavier«, Bd. 1	(1924)
M. Balakirew:	»*Islamey*«-Fantasie für Klavier	(1930)
L. v. Beethoven:	Sonate No. 6 F-Dur op. 10/2 Dritter Satz: »Presto« ist nachweisbar	(1920)*
	Sonate No. 7 D-Dur op. 10/3	(1918)

	Sonate No. 8 c-Moll op. 13 »Pathetique«	(1921)
	Sonate No. 12 As-Dur op. 26	(1927)
	Sonate No. 14 cis-Moll op. 27/2 »Mondschein«	(1919)
	Sonate No. 16 G-Dur op. 31/1	(1933)
	Sonate No. 17 d-Moll op. 31/2 »Sturm«	(1919)
	Sonate No. 23 f-Moll op. 57 »Appassionata«	(1922)
	Sonate No. 24 Fis-Dur op. 78	(1929)
	Sonate No. 26 Es-Dur op. 81a »Les Adieux«	(1931)
	Sonate No. 27 e-Moll op. 90	(1920)
	Sonate No. 30 E-Dur op. 109	(1928)
	Sonate No. 32 c-Moll op. 111	(1938)
	32 Variationen c-Moll	(1919)*
A. Borodin:	Scherzo As-Dur	(1933)*
J. Brahms:	Ballade d-Moll op. 10/1	(1931)
	Ballade D-Dur op. 10/2	(1931)
	Ballade g-Moll op. 10/3	(1934)
	Intermezzo es-Moll op. 118/6	(1927)
F. Chopin:	Ballade No. 1 g-Moll op. 23	(1920)
	Ballade No. 2 F-Dur op. 38	(1924)
	Ballade No. 3 As-Dur op. 47	(1921)*
	Ballade No. 4 f-Moll op. 52	(1919)
	Barcarolle Fis-Dur op. 60	(1920)
	Berceuse Des-Dur op. 57	(1892)
	Etüden op. 10:	
	No. 1 C-Dur	(1928)
	No. 3 E-Dur	(1918)
	No. 5 Ges-Dur »Schwarze Tasten«	(1920)*
	No. 10 As-Dur	(1892)
	No. 12 c-Moll »Revolution«	(1892)
	Etüden op. 25:	
	No. 2 f-Moll	(1920)*
	No. 3 F-Dur	(1920)*

No. 4 a-Moll	(1938)
No. 5 e-Moll	(1938)
No. 7 cis-Moll	(1938)
No. 9 Ges-Dur »Schmetterling«	(1920)*
No. 12 c-Moll	(1918)
Fantasie f-Moll op. 49	(1922)

Impromtus:

No. 1 As-Dur op. 29	(1892)
No. 2 F-Dur op. 36	(1934)
No. 4 cis-Moll op. 66 »Fantasie«	(1929)

Mazurken:

E-Dur op. 6/3	(1924)
a-Moll op. 7/2	(1934)
f-Moll op. 7/3	(1936)
g-Moll op. 24/1	(1941)
h-Moll op. 33/4	(1929)
As-Dur op. 59/2	(1920)
fis-Moll op. 59/3	(1934)
f-Moll op. 63/2	(1937)
cis-Moll op. 63/3	(1920)*
G-Dur op. 67/1	(1941)
a-Moll op. 68/2	(1935)*

Nocturnes:

Es-Dur op. 9/2	(1922)*
F-Dur op. 15/1	(1927)
Fis-Dur op. 15/2	(1922)*
cis-Moll op. 27/1	(1918)
Des-Dur op. 27/2	(1921)
B-Dur op. 32/1	(1929)
G-Dur op. 37/2	(1931)
c-Moll op. 48/1	(1895)
fis-Moll op. 48/2	(1920)
f-Moll op. 55 /1	(1922)
E-Dur op. 62/2	(1923)

	Polonaisen:	
	No. 1 cis-Moll op. 26/1	(1921)
	No. 2 es-Moll op. 26/2	(1919)
	No. 3 A-Dur op. 40/1	(1931)
	No. 4 c-Moll op. 40/2	(1918)
	No. 5 fis-Moll op. 44	(1930)
	No. 6 As-Dur op. 53	(1921)
	Préludes op. 28:	(1938)
	No. 1-7, 11, 12, 16, 22, 23	
	No. 19	(1923)*
	Rondo in E-Dur op. 16	(1927)
	Scherzo No. 1 h-Moll op. 20	(1892)
	Scherzo No. 2 b-Moll op. 31	(1930)*
	Scherzo No. 3 cis-Moll op. 39	(1921)*
	Scherzo No. 4 E-Dur op. 54	(1924)
	Sonate No. 2 b-Moll op. 35	(1922)*
	Sonate No. 3 h-Moll op. 58	(1918)
	Tarntella As-Dur op. 43	(1933)
	Walzer Es-Dur op. 18	(1920)*
	Walzer F-Dur op. 34/3	(1920)*
	Walzer As-Dur op. 42	(1892)*
	Walzer Des-Dur op. 64/1	(1892)*
	Walzer cis-Moll op. 64/2	(1920)*
	Walzer As-Dur op. 64/3	(1919)*
	Walzer h-Moll op. 69/2	(1919)*
	Walzer Ges-Dur op. 70/1	(1920)*
	Walzer Des-Dur op. 70/3	(1928)
	Walzer e-Moll op. posth.	(1927)*
C. Daquin:	*»Le Coucou«*	(1918)*
C. Debussy:	*»Childrens Corner«*-Suite:	(1920)*
	No. 1, 3, 5, 6	
	»Fille aux cheveux de lin«	(1928)
	»Jardins sous la pluie«	(1928)
	Suite bergamasque	(1937)
	Suite pour le Piano	(1933)
E. Dohnány:	Etüde »Caprice« f-Moll op. 28/6	(1921)*

J. Field:	Nocturne No. 12 E-Dur	(1936)
	Nocturne No. 18 G-Dur	(1936)
E. Grieg:	Ballade in g-Moll op. 24	(1921)
	»Lyrische Stücke«:	
	op. 12/2-Walzer	(1920)*
	op. 12/4-Elfentanz	(1920)*
	op. 68/2-Großmutters Menuett	(1920)*
	»Szenen aus dem bäuerlichen Leben« op. 19: No. 1 »Melodie der Berge«	(1920)
Godard:	»En courant«	(1892)
G. F. Händel:	Arie und Variationen B-Dur	(1921)
	»Grobschmidvariationen«	(1935)*
J. Haydn:	Fantasie C-Dur	(1932)
	Variatonen f-Moll	(1918)
A. v. Henselt:	Etüde Fis-Dur op. 2/6	(1923)*
A. K. Ljádow:	Etüde As-Dur op. 5	(1922)
F. Liszt::	*»Au bord d´une source«*	(1920)*
	Ballade No. 2 b-Moll	(1921)*
	Konzertetüde No. 1 As-Dur *»Waldesrauschen«*	(1922)
	Konzertetüde No. 2 F-Dur *»Gnomenreigen«*	(1919)*
	Konzertetüde No. 3 Des-Dur *»Un sospiro«*	(1892)
	Consolation E-Dur	(1925)
	Études d´exécution transcendante:	
	No. 7 *»Eroika«*	(1925)
	No. 11 *»Harmonies du soir«*	(1931)
	Fantasia quasi Sonata »Dante«	(1928)
	»Faust-Walzer« (nach Gounod)	(1892)
	»Funérailles«	(1923)
	Grandes Études de Paganini:	

	No. 2 »*Octave*«	(1936)
	No. 3 »*Campanella*«	(1919)*
	No. 5 »*La Chasse*«	(1922)
	No. 6 »*Thema und Variationen*«	(1928)
	Grand Galop chromatique	(1921)
	Liebestraum No. 3 As-Dur	(1923)*
	Petrarca-Sonett No. 104	(1921)
	No. 123	(1933)
	Polonaise No. 2 E-Dur	(1924)*
	Sonate h-Moll	(1924)
	Spanische Rhapsodie	(1920)*
	Ungarische Rhapsodien:	
	No. 2 mit eigener Kadenz	(1919)*
	No. 9	(1930)
	No. 11	(1933)
	No. 12	(1892)
	No. 14	(1893)
	No. 15 »*Rakoczy-Marsch*«	(1927)
	Valse-Impromptu	(1892)
	Valse oubliée No. 1 Fis-Dur	(1930)
	No. 3 Des-Dur	(1936)
	Venezia e Napoli No. 3 – »Tarantella«	(1921)
N. Medtner:	»*Märchen*«:	
	e-Moll op. 14/2	(1935)
	b-Moll op. 20/1	(1918)
	h-Moll op. 20/2	(1918)
	f-Moll op. 26/3	(1918)
	h-Moll op. 34/1	(1927)
	e-Moll op. 34/2	(1925)
	a-Moll op. 34/3	(1921)
	d-Moll op. 51/1	(1928)
	»*Märchensonate*« op. 25/1	(1928)
	Improvisation op. 31/1	(1922)
	Trauermarsch op. 31/2	(1930)
	Novelle G-Dur op. 17/1	(1920)

	Novelle c-Moll op. 17/2	(1920)
	»Drei Hymnen auf das Lob der Arbeit« op. 49	(1929)
	»Tragisches Fragment« op. 7	(1918)
F. Mendelssohn Bartholdy:	*Etüden* op. 104:	
	No. 2 F-Dur	(1927)*
	No. 3 a-Moll	(1927)*
	»Rondo capriccioso« op. 14	(1919)*
	»Lieder ohne Worte«:	
	No. 3 A-Dur op. 19/3 *»Die Jagd«*	(1920)
	No. 4 A-Dur op. 19/4	(1920)
	No. 10 h-Moll op. 30/4	(1920)
	No. 11 D-Dur op. 30/5	(1920)
	No. 17 a-Moll op. 38/5	(1920)
	No. 32 fis-Moll op. 67/2 *»Ernüchterung«*	(1920)
	No. 34 C-Dur op. 67/4 *»Spinnerlied«*	(1919)*
	No. 37 F-Dur op. 85/1	(1920)
	No. 47 A-Dur op. 102/5 *»Fröhlicher Landmann«*	(1920)
	»Variations sérieuses« op. 54	(1919)
N. Moschkowskij:	*»La Jongleuse«* op. 52/4	(1922)*
W. A. Mozart:	Sonate No. 9 D-Dur, KV 311	(1919)
	Sonate No. 11 A-Dur, KV 331	(1920)
	1. Satz: Thema und Variationen	(1918)*
	3. Satz: Türkischer Marsch	(1920)*
	Sonate No. 17 D-Dur, KV 576	(1928)
P. Pabst:	Fantasie über Themen aus Tschaikowskij's *»Eugene Onegin«*	(1892)
	»Illustrations de l'opera La Dame de Pique«	(1893)
I. Paderewski:	Menuett G-Dur op. 14/1	(1920)*
F. Poulenc:	Novelette No. 1 C-Dur	(1939)
	Toccata	(1939)

J. P. Rameau:	Gavotte und Variationen a-Moll	(1938)
M. Ravel:	»*Le tombeau de Couperin*«:	(1928)
	Toccata	(1939)
A. Rubinstein:	Barcarolle No. 2 a-Moll, op. 45	(1892)*
	Etüde f-Moll op. 81/1	(1919)
	Polka bohémien op. 82/7	(1918)
C. Saint-Saëns:	Capriccio über ein Thema aus Glucks Oper »*Alceste*«	(1924)
D. Scarlatti:	*Sonaten:*	
	C-Dur Longo 105	(1928)
	D-Dur Longo ?	(1934)
	d-Moll Longo 422	(1928)
	E-Dur Longo 21	(1935)
	e-Moll Longo 22	(1935)
	f-Moll Longo ?	(1934)
	g-Moll Longo 338	(1935)
Schlösser:	Konzertstudie As-Dur op. 1/2	(1919)
F. Schubert:	Impromptu As-Dur D. 899/4	(1925)*
	Impromptu f-Moll D. 935/1	(1932)
	Moment musicale f-Moll D. 780/3	(1918)
	Moment musicale cis-Moll D. 780/4	(1918)
	Sonate D-Dur D. 850 »Gasteiner« 3. Satz: Rondo	(1933)
R. Schumann:	»*Albumblätter für die Jugend*« op. 124 No. 1-3	(1933)
	Arabesque C-Dur op. 18	(1933)
	»*Carnaval*« op. 9	(1919)*
	»*Davidsbündlertänze*« op. 6	(1930)
	»*Fanatsiestücke*« op. 12:	
	No. 1 »Des Abends«	(1892)
	No. 2 »Aufschwung«	(1892)
	No. 4 »Grillen«	(1932)
	No. 5 »In der Nacht«	(1932)
	No. 6 »Fabel«	(1932)
	»*Faschingsschwank aus Wien*« op. 26	(1942)

	»*Kreisleriana*« op. 16	(1893)
	»*Nachtstücke*« op. 23	(1932)
	Novellette fis-Moll op. 21/8	(1921)*
	»*Papillons*« op. 2	(1920)
	Sonate No. 2 g-Moll op. 22	(1924)
	Studien nach den Capricen von N. Paganini op. 3	(1919)
	»*Symphonische Etüden*« op. 13	(1927)
	»*Waldszenen*« op. 82: »Der Vogel als Prophet«	(1893)
A. Skrjabin:	Etüde Des-Dur op. 8/10	(1928)
	Etüde dis-Moll op. 8/12	(1915)
	Etüde fis-Moll op. 42/3	(1915)
	Etüde cis-Moll op. 42/5	(1915)
	Etüde Des-Dur op. 42/6	(1915)
	Fantasie h-Moll op. 28	(1915)
	Poème Fis-Dur op. 32/1	(1915)
	Préludes op. 11:	(1915)
	No. 1 C-Dur	
	No. 3 G-Dur	
	No. 6 h-Moll	
	No. 8 fis-Moll	
	No. 9 E-Dur	
	No. 11 B-Dur	
	No. 14 es-Moll	
	No. 18 f-Moll	
	No. 20 c-Moll	
	No. 21 B-Dur	
	No. 23 F-Dur	
	»*Satanic Poem*« op. 36	(1915)
	Sonate No. 2 gis-Moll op. 19 »*Fantasiesonate*«	(1915)
	Sonate No. 4 Fis-Dur op. 30	(1928)
	Sonate No. 5 Fis-Dur op. 53	(1915)
S. Tanejew:	Prélude et Fugue gis-Moll op. 29	(1928)
K. Tausig:	Etüde	(1892)
	»*Ungarische Zigeunerweisen*«	(1892)

P. Tschaikowskij:	Humoresque op. 10/2	(1923)*
	Nocturne F-Dur op. 10/1	(1892)
	Rêverie op. 9/1	(1894)
	Romance f-Moll, op. 5	(1918)
	»*Jahreszeiten*« op. 37:	
	No. 3 – März »*Gesang der Feldlerche*«	(1892)
	No. 6 – Juni »Barcarolle«	(1892)
	No. 10 – Oktober »Herbstlied«	(1892)
	No. 11 – November »Troika en traineaux«	(1892)
	Thema und Variationen op. 19/6	(1923)
	»Trepak« op. 72/18	(1920)
	Walzer As-Dur op. 40/8	(1920)*
C. M. v. Weber:	Momento capriccioso op. 12	(1920)*
	3. Satz der Sonate C-Dur op. 24: »Perpetuum mobile«	(1931)*

3. Rachmaninow spielt eigene Originalwerke für Klavier:

Siehe Discographie Rachmaninow

4. Rachmaninow spielt Transkriptionen/Bearbeitungen anderer Komponisten:

J. S. Bach:	Fantasia und Fuge g-Moll BWV 542 (Bearbeitung: F. Liszt)	(1936)
	Choralvorpiele:	
	»Nun freut euch« BWV 734	(1928)
	»Nun komm' der Heiden Heiland« BWV 599 (Bearbeitung: F. Busoni)	
	Orgelchoral A-Dur (Berabeitung: K. Tausig)	(1930)

	Präludien für Orgel g-Moll/ G-Dur (Bearbeitung: F. Busoni)	(1928)
	Partita No. 2 d-Moll für Violine solo BWV 1004 – Chaconne (Bearbeitung: F. Busoni)	(1918)
	Präludium und Fuge a-Moll BWV 543 (Bearbeitung: F. Liszt)	(1924)
	Toccata und Fuge d-Moll BWV 565 (Bearbeitung: K. Tausig)	(1934)
	»Weinen, Klagen, Sorgen, Zagen« (Bearbeitung: F. Liszt)	(1937)
L. v. Beethoven:	»Die Ruinen von Athen« op. 113: – Türkischer Marsch – (Bearbeitung: A. Rubinstein)	(1925)*
Dandrieu:	Caprice »Le Caquet« (Bearbeitung: L. Godowski)	(1918)
L. Delibes:	Walzer »Naila« (Bearbeitung: E. Dohnányi)	(1923)
M. Glinka:	»Die Lerche« /Bearbeitung: M. Balakirew)	(1895)
C. W. Gluck:	»Reigen seliger Geister« Ballettmusik aus der Oper »Orfeo« (Bearbeitung: Sgambati)	(1924)*
	»Gavotte im alten Stil« aus der Oper »Paris und Helena« (Bearbeitung: J. Pauer)	(1931)
F. Loeillet:	Gigue e-Moll (Bearbeitung: L. Godowski)	(1919)
N. Rubinstein:	»Valse et Tarantelle« (Bearbeitung für zwei Klaviere: K. Langer) (A. Goldenweiser als Partner)	(1900)
C. Saint-Saëns:	»Danse macabre« (Bearbeitung für zwei Klaviere) (A. Siloti als Partner)	(1900)
	»Der Schwan« aus dem »Karneval der Tiere« (Bearbeitung: A. Siloti)	(1924)*

D. Scarlatti:	Sonate d-Moll Longo 413 »Pastorale«	(1918)*
	Sonate E-Dur Longo 375 »Capriccio« (Bearbeitung: K. Tausig)	(1918)
F. Schubert:	Andantino und Variationen in h-Moll (Bearbeitung: K. Tausig)	(1927)
	Militärmarsch D. 733 (Bearbeitung: K. Tausig)	(1929)
J. Strauß:	Walzer »Künstlerleben« (Bearbeitung: L. Godowski)	(1924)
	Walzer »An der schönen blauen Donau« (Bearbeitung: Schultz-Evler)	(1922)*
	Walzer »Frühlingsstimmen«	(1918)
	Walzer »Nachtfalter«	(1928)
	Walzer »Man lebt nur einmal« (Bearbeitung: K. Tausig als Valse-Caprice 1-3)	(1918)*
R. Wagner:	»Feuerzauber« aus der Oper »Walküre« (Bearbeitung: Brassin)	(1923)
	»Spinnerlied« aus der Oper »Der Fliegende Holländer« (Bearbeitung: F. Liszt)	(1929)
C. M. v. Weber:	»Aufforderung zum Tanz« op. 65 (Bearbeitung: K. Tausig)	(1921)

5. Rachmaninow spielt eigene Transkriptionen/Bearbeitungen fremder Werke:

J. S. Bach:	Partita No. 3 E-Dur für Solovioline BWV 1006	(1933)*
G. Bizet:	Menuett aus der »L'Arlésienne-Suite« No. 1	(1922)*
F. Kreisler:	»Liebesleid«	(1921)*
	»Liebesfreud«	(1925)*
F. Mendelssohn Bartholdy:	Scherzo aus »Ein Sommernachtstraum«	(1933)*

N. Rimskij-Korsakow:	»Hummelflug« aus »Zar Sultan«	(1928)*
Miscellaneous:	»God Save The King«	(1933)
	»Star-Spangled Banner«	(1919)*

6. Rachmaninow spielt Liedtranskriptionen:

F. Chopin:	Liedtranskriptionen: »Mädchens Wunsch« op. 74/1 »Die Heimkehr« op. 74/15 (Bearbeitung: F. Liszt)	(1942)*
M. Mussorgskij:	»Hopak« (Bearbeitung: S. Rachmaninow)	(1924)*
F. Schubert:	Liedtranskriptionen:	
	»Das Wandern« (Bearbeitung: F. Liszt)	(1923)*
	»Ständchen« (Bearbeitung: F. Liszt)	(1932)*
	»Ave Maria« (Bearbeitung: F. Liszt)	(1923)
	»Die Forelle« (Bearbeitung: F. Liszt)	(1939)
	»Wohin?« (Bearbeitung: S. Rachmaninow)	(1925)*
R. Schumann:	»Kontrabandiste« aus »Spanisches Liederspiel« op. 74 (Bearbeitung: K. Tausig)	(1922)*
	»Widmung« op. 25/1 (Bearbeitung: F. Liszt)	(1932)
P. Tschaikowskij:	»Wiegenlied« op. 16/1 (Bearbeitung: S. Rachmaninow)	(1941)*

7. Rachmaninow als Kammermusiker:

a) Werke für Violine und Klavier:

L. v. Beethoven:	Sonate für Violine und Klavier op. 30/3 G-Dur (Partner: F. Kreisler)	(1928)*
	Sonate für Violine und Klavier op. 47 A-Dur »Kreutzer« (Partnerin: Teresina Tua)	(1895)
F. Chopin:	Nocturne op. 9/2 Es-Dur (Bearbeitung: P. Sarasate) (Partnerin: Teresia Tua)	(1895)
E. Grieg:	Sonate für Violine und Klavier No. 3 C-Dur op. 45 (Partner: F. Kreisler)	(1928)*
P. Sarasate:	»Tanz« für Violine und Klavier (Partnerin: Teresina Tua)	(1895)
F. Schubert:	Sonate für Violine und Klavier A-Dur D. 547 (Partner: F. Kreisler)	(1928)*
	Rondo für Violine und Klavier h-Moll D. 895 (Partnerin: Teresina Tua)	(1895)
F. Vieuxtemps:	»Arie varie« für Violine und Klavier (Partnerin: Teresina Tua)	(1895)
	Konzert No. 4 d-Moll op. 31 (Klavierauszug) (Partner: E. Ysaye)	(1901)
L. Wienawski:	Fantasie über Themen aus der Oper »Faust« (Partnerin: Teresina Tua)	(1895)

b) Werke für Violoncello und Klavier:

M. Brandukow:	Drei Werke für Violoncello und Klavier: »Feuille d'album«, »Mazurka«, »Auf dem Wasser« (Partner: M. Brandukow)	(1892)
K. J. Davidow:	»Abschied« für Violoncello und Klavier »Bei der Quelle« für Violoncello und Klavier (Partner: M. Brandukow)	(1892)
Popper:	Zwei Werke für Violoncello und Klavier »Gavotte« – »Rundtanz« (Partner: M. Brandukow)	(1892)
C. Saint-Saëns:	»Der Schwan« (Partner: M. Brandukow)	(1892)
P. Tschaikowskij:	Quartett No. 1 D-Dur op. 11 »Andante cantabile« (Bearbeitung für Violoncello und Klavier) (Partner: M. Brandukow)	(1903)

c) Kammermusik:

J. Brahms:	»Liebeslieder Walzer« op. 52 (Partner: A. Siloti)	(1903)
N. Rubinstein:	»Vals et Tarantelle« (Bearbeitung: Langer) (Partner: A. Siloti)	(1900)
C. Saint-Saëns:	»Danse macabre« (Bearbeitung für zwei Klaviere) (Partner: A. Siloti)	(1900)
P. Tschaikowskij:	Trio a-Moll für Violine, Violoncello und Klavier op. 50 (Partner: E. Ysaye und M. Brandukow)	(1901)

8. Rachmaninow als Liedbegleiter:

St. Arenski:	»Nacht« op. 17/4 (Partnerin: Vera Petrowa-Swanzewa)	(1903)
A. S. Dargomyschskij:	»Der Paladin« »Der alte Korporal« (Partner: F. Schaljapin)	(1900)
M. Glinka:	»Jüdisches Lied« (Partner: F. Schaljapin)	(1900)
E. Grieg:	»Abschied« op. 4/3 »Alte Weise« op. 4/5 »Du kennst nicht die Wogen ewiger Bewegung« op. 5/2 »Der Schwan« op. 25/2 »Albumverse« op. 25/3 (Partner: F. Schaljapin)	(1900)
Ippolitow-Iwanow:	»Nächtliches Schweigen« (Partnerin: Vera Petrowa-Swanzewa)	(1903)
W. A. Mozart:	Arie des Grafen aus »La nozze di Figaro« – »Ehemänner, seid wachsam« (Partner: F. Schaljapin)	(1900)
M. Mussorgskij:	»Hopak« (Partnerin: Vera Petrowa-Swanzewa)	(1903)
	»Waisenkind« »Puppenspiel« »Furcht« (Partner: F. Schaljapin)	(1900)
N. Rimskij-Korsakow:	»O, wenn Du es nur für einen Moment könntest« op. 39/1 »Der Prophet« op. 49/2 (Partner: F. Schaljapin)	(1900)
	»Schau in den Garten« op. 41/4 »Die Nymphe« op. 56/1 (Partnerin: Nadeschda Sabela-Wrubel)	(1903)

A. Rubinstein:	»Der Gefangene« (Partner: F. Schaljapin)	(1900)
R. Schumann:	»*Dichterliebe*« op. 48: »Aus meinen Tränen sprießen« »Die alten bösen Lieder« (Partner: F. Schaljapin)	(1900)
	»Die zwei Grenadiere« op. 49 (Partner: F. Schaljapin)	
R. Strauss:	»Sie wissen's nicht« op. 49/5 (Partnerin: Neschdanowa)	(1908)
P. Tschaikowskij:	Arie der Jolanta aus der Oper »Jolanta« (Partnerin: Nadeschda Sabela-Wrubel) Arie der Johanna aus der Oper »Die Jungfrau von Orleans« (Partnerin: Vera Petrowa-Swanzewa) Marias Wiegenleid aus der Oper »Mazeppa« (Partnerin: Nadeschda Sabela-Wrubel)	(1903)
	»Ich segne Euch, Wälder« op. 47/5 (Partner: F. Schaljapin)	(1900)

Verzeichnis der von Rachmaninow auf Schallplatte eingespielten Werke

Insgesamt hinterließ Rachmaninow 250 Schellackplatten, die er zwischen den Jahren 1929 und 1942 eingespielt hatte. Eine Gesamtkollektion mit technischen Aufbesserungen legte 1979 RCA Victrola (Vol. 1-5, AVM3- 02260/61/62/95/96) vor, mittlerweile sind auch Aufnahmen auf CD erhältlich (z. B. Christophorus-Verlag, Freiburg/Breisgau, SCGLV 73778).
Die Aufnahmen zeigen nicht nur den großen interpretatorischen und technischen Rahmen des Pianisten, sondern auch den Liebhaber der Variations- und Miniaturformen sowie den Transkripteur. Die Jahreszahlen in Klammern bedeuten immer das Einspielungsjahr. Wayne Stanke hat darüberhinaus erst kürzlich wieder Teile der von Rachmaninow eingespielten und persönlich höchst geschätzten Musikrollen in einer bemerkenswerten CD-Veröffentlichung breiten Zuhörerschichten zugänglich gemacht! (»A window in Time – Rachmaninow performs ...«, Telarc Digital 20 BIT CD – 80491)

I. Originalwerke anderer Komponisten für Klavier:

L. C. D´Aqiun:	»Le coucou« aus den »Pieces pour le clavecin«	(1920)
G. F. Händel:	»Grobschmiedvariationen« aus der Suite No. 5 E-Dur	(1936)
W. A. Mozart:	1. Satz aus der Sonate A-Dur KV 331 (Thema und Variationen 1, 5 u. 6)	(1919)
	3. Satz: Türkischer Marsch	(1920)
L. v. Beethoven:	32 Variationen c-Moll (Variationen 1-14, 19, 22-28, 31, 32)	(1926)
F. Schubert:	Impromptu As-Dur op. 90/4	(1925)
F. Mendelssohn Bartholdy:	Etüde F-Dur op. 104/2	(1927)
	Etüde a-Moll op. 104/3	(1927)
	Lied ohne Worte op. 67/2 »Spinnerlied«	(1928)

F. Chopin:	Scherzo b-Moll op. 31	(1921)
	Sonate b-Moll op. 35	(1930)
	Scherzo cis-Moll op. 39	(1924)
	Ballade As-Dur op. 47	(1926)
	Nocturnes:	
	Es-Dur op. 9/2	(1927)
	Fis-Dur op. 15/2	(1923)
	Walzer:	
	Es-Dur op. 18	(1921)
	F-Dur op. 34/3	(1920)
	As-Dur op. 42	(1919)
	Des-Dur op. 64/1	(1923)
	cis-Moll op. 64/2	(1927)
	As-Dur op. 64/3	(1919/27)
	h-Moll op. 69/2	(1923)
	Ges-Dur op. 70/1	(1921)
	e-Moll op. posth.	(1930)
R. Schumann:	»Carnaval« op. 9	(1929)
F. Liszt:	Polonaise No. 2 E-Dur	(1925)
	Konzertetüde No. 2 »Gnomenreigen«	(1925)
	Ungarische Rhapsodie No. 2 cis-Moll (Kadenz: S. Rachmaninow)	(1919)
v. Henselt:	Etüde op. 2/6 »Wenn ich ein Vöglein wär«	(1923)
A. Rubinstein:	Barcarole No. 2	(1925)
A. Borodin:	Scherzo As-Dur op. 8	(1935)
P. Tschaikowskij:	Humoreske G-Dur op. 10/2	(1923)
	»Troika« E-Dur op. 37a / 11 aus dem Zyklus »Die Jahreszeiten«	(1928)
	Walzer As-Dur op. 40/8	(1942)
C. Debussy:	»Golliwogg's cake-walk« aus »Childrens Corner«	(1921)
C. Saint-Saëns:	»Le cygne« aus dem Zyklus »Carnaval des animaux«	(1924)
E. v. Dohnányi:	Etude-Caprice f-Moll op. 28	(1921)
J. Paderewski:	Menuett G-Dur op. 14/1	(19?)

II. Transkriptionen von Werken anderer Komponisten für Klavier:

J. S. Bach:	Präludium aus der Partita III BWV 1006 für Violine solo E-Dur (Bearb.: S. Rachmaninow)	(1942)
D. Scarlatti:	Pastorale und Capriccio d-Moll Longo 413/104 (Bearb.: Tausig)	(1919)
C. W. Gluck:	»*Tanz der seeligen Geister*« aus der Oper »*Orfeo ed Euridice*« (Bearb.: Sgambati)	(1925)
L. v. Beethoven:	Türkischer Marsch op. 113/4 aus »*Die Ruinen von Athen*« (Bearb.: A. Rubinstein)	(1925)
F. Schubert:	Liedtranskriptionen:	
	»*Das Wandern*« (Bearb.: F. Liszt)	(1925)
	»*Ständchen*« (Bearb.: F. Liszt)	(1942)
F. Mendelssohn Bartholdy:	Scherzo aus »*Ein Sommernachtstraum*« (Bearb.: S. Rachmaninow)	(1935)
F. Chopin:	Liedtranskriptionen: »*Mädchens Wunsch*« op. 74/1 »*Die Heimkehr*« op. 74/15 (Bearb.: F. Liszt)	(1942)
R. Schumann:	»Der Contrabandiste« op. 74 (Bearb.: Tausig)	(1942)
G. Bizet:	Menuett aus »L'Arlésienne«-Suite No. 1 (Bearb.: S. Rachmaninow)	(1928)
P. Tschaikowskij:	»*Wiegenlied*« As-Dur op. 16/1 (Bearb.: S. Rachmaninow)	(1919/42)
M. Mussorgskij:	»*Hopak*« (Bearb.: S. Rachmaninow)	(1924)

N. Rimskij-Korsakow:	»Hummelflug« aus der Oper »Zar Sultan« (Bearb.: S. Rachmaninow)	(1929)
J. Strauß:	Walzer »*Man lebt nur einmal*« (Bearb.: Tausig)	(1927)
F. Kreisler:	»Liebesleid« (Bearb.: S. Rachmaninow)	(1921)
	»Liebesfreud« (Bearb.: S. Rachmaninow)	(1925)
Volkslied:	»Bublitschki« (Bearb.: S. Rachmaninow)	(1933)

III. Transkriptionen eigener Werke für Klavier:

	»Flieder« op. 21/5	(1942)
	»Gänseblümchen« op. 38/3	(1940)

IV. Kammermusikwerke anderer Komponisten:

a) Violine und Klavier:

L. v. Beethoven:	Sonate für Violine und Klavier G-Dur op. 30/3 (Violine: Fritz Kreisler)	(1927)
F. Schubert:	Grand Duo A-Dur D 574 (Violine: Fritz Kreisler)	(1927)
E. Grieg:	Sonate für Violine und Klavier C-Dur op. 45/3 (Violine: Fritz Kreisler)	(1927)

b) Singstimme und Klavier:

Volkslied:	»Puder und Schminke« (Gesang: Nadeshda Plewitskaja)	(1926)

V. Rachmaninow spielt eigene Werke:

1. Werke für Klavier und Orchester:

Klavierkonzert No. 1 fis- Moll op. 1 (1939/40)
(Philadelphia Orchestra, Ltg.: Eugene Ormandy)

Klavierkonzert No. 2 c-Moll op. 18 (1924)
(2. und 3. Satz)
(Philadelphia Orchestra, Ltg.: Leopold Stokowski)

Klavierkonzert No. 2 c-Moll op. 18 (1925)
(1. Satz)

Klavierkonzert No. 2 c-Moll op. 18 (1929)
(Philadelphia Orchestra, Ltg.: Leopold Stokowski)

Klavierkonzert No. 3 d-Moll op. 30 (1939/40)
(Philadelphia Orchestra, Ltg.: Eugene Ormandy)

Klavierkonzert No. 4 g-Moll op. 40 (1941)
(Philadelphia Orchestra, Ltg.: Eugene Ormandy)

Rhapsodie über ein Thema von Paganini (1934)
für Klavier und Orchester op. 43
(Philadelphia Orchestra, Ltg.: Leopold Stokowski)

2. Werke für Klavier solo:

Elégie	es-Moll	op. 3/1	(1928)
Prélude	cis-Moll	op. 3/2	(1919/28)
Mélodie	E-Dur	op. 3/3	(1920)
Polichinelle	fis-Moll	op. 3/4	(1920)
Serenade	b-Moll	op. 3/5	(1922)
Barcarole	g-Moll	op. 10/3	(1919)
Humoreske	G-Dur	op. 10/5	(1920)
Moment musical	es-Moll	op. 16/2	(1940)
Orientalische Skizze	B-Dur		(1940)
Prélude	g-Moll	op. 23/5	(1919/20)
Prélude	Ges-Dur	op. 23/10	(1940)
Prélude	G-Dur	op. 32/5	(1920)
Prélude	f-Moll	op. 32/6	(1940)

Prélude	F-Dur	op. 32/7	(1940)
Prélude	gis-Moll	op. 32/12	(1940)
Etudes tableaux	C-Dur	op. 33/2	(1940)
Etudes tableaux	Es-Dur	op. 33/4	(1940)
Etudes tableaux	g-Moll	op. 33/8	(1920)
Etudes tableaux	h-Moll	op. 39/4	(1929)
Etudes tableaux	a-Moll	op. 39/6	(1928)

Ohne opus-Zahl: »Polka de W. R.« (1919/28)

3. Werke für Klavier zu vier Händen:

»Polka italienne« (1938)
(Partnerin: Natalja Rachmaninowa)

VI. Rachmaninow dirigiert eigene Werke

Sinfonie No. 3 in a-Moll op. 44 (1939)
»Die Toteninsel« op. 29 (1929)
»Vocalise« op. 34/14 (1929)
(Transkription für Orchester: S. Rachmaninow)

Bibliographie

Alexejew, Aleksandr, Dmitievic: »S. V. Rachmaninow«. Moskau 1954

Anderson, William Robert: »Rachmaninow and his pianoforte concertos«. London 1947

Andreersky, Alexander von: »Genies und Dilettanten«. Berlin 1951

Andriessen, Johann: »S. Rachmaninow«. Amsterdam 1950

Apetjan, S. (Hrsg.): »S. W. Rachmaninoff-Briefe«. Moskau 1955

Apetjan, S. (Hrsg.): »Erinnerungen an Rachmaninoff«. 2 Bde., 5. Aufl., Moskau 1988

Apetjan, S. (Hrsg.): »Sergej Rachmaninoff – Literarisches Erbe«. 3 Bde., Moskau 1978-80

Baca, Richard: »A style analysis of the thirteen preludes op. 32 of Sergej Rachmaninoff«. Diss., Baltimore 1975

Bartel, Kerstin: »Die poetische Idee bei R. Strauss«. »Das Orchester«, 7/8, 1994

Bazanow, Nikolaj: »S. Rachmaninow«. Romaneste de Nicola Guma, Ed. Muzicala, Bukarest 1966

Bertensson, S. /Leyda: »Sergej Rachmaninoff – A lifetime in music«. New York 1956

Biesold, Maria: »Rachmaninoff – Zwischen Moskau und New York. Eine Künstlerbiografie«. Berlin 1993

Bloch, Alexander: »Ausgewählte Werke in drei Bänden«. München 1978

Boldt, Kenwyn: »The solo piano variations of Rachmaninoff«. Diss., Bloomington 1957

Bortnikowa, E.: »Autographen S. V. Rachmaninows in den Beständen des M. J. Glinkamuseums in Moskau«. Moskau 1955

Brjanzewa, Vera N.: »S. V. Rachmaninow«. Moskau 1976

Brodsky, Josef: »Die Macht der Elemente – Fjodor Dostojewski«. Süddeutsche Zeitung, München 1979

Chung, So-Ham Kim: »Analysis of Rachmaninoff's Concerto No. 2 in C-Minor op. 18. Aids towards performance«. Diss., Ohio 1988

Coolidge, Richard: »Architectonic technique and innovation in the Rakhmaninov piano concertos«. In »The Music Review«, 3, 1979

Culshaw, John: »Sergei Rachmaninov«. London 1949/New York 1951

Giesen, Hubert: »Am Flügel: Hubert Giesen – Lebenserinnerungen«. Frankfurt/Main 1972

Haylock, J.: »Sergei Rachmaninov«. London 1996

Jungheinrich, H.-H.: »Toteninsel als Ziel und Ausgangspunkt. Zur künstlerischen Physiognomie von Sergej Rachmaninoff«. Pianojahrbuch, Recklinghausen 1981, S. 70-75

Lamarga, Anthony: »A source book for the Study of Rachmaninoff's Preludes«. Diss., New York 1966

Lasarenko, Kim A.: »A style change in Rachmaninoff's Pianomusic as seen in the Second Piano Sonate in B-Flat op. 36 (1913 and 1931 revisons)«. Diss., Ohio 1988

Lobanova, Marina: »Zwischen Mysterium und Symbolik – Das Schaffen A. Skrjabins«. In »Orchester«, 5, 1996, S. 2-7

Mc Cabe, J.: »Rachmaninoff«. London 1974

Nabokov, Nicolas: »Zwei rechte Schuhe«. München 1975

Nagibin, Jurij: »Künstlernovellen«. Berlin 1986

Nestjew, I.: »Prokofjew«. Berlin 1962

Nietzsche, F.: »Der Wille zur Macht«. Hrsg. v. Dr. Leo Winter, München 1975

Norris, Geoffrey: »Rakhmaninov«. London 1976, Neuauflage 1993

Palmeri, Robert: »Sergei Vasilevich Rachmaninoff. A Guide to Research«. New York 1985
Pigott, Patrick: »Sergej Rachmaninoff«. In »The Great Composer Series«, London 1978
Prokofjew, Sergej: »Aus meinem Leben«. Hrsg. W. Reich, Zürich 1962
Rachmaninoff, Sergej: »The composer speaks«. In »The book of modern composers«, Hrsg. D. Ewen, New York 1956
–: »Some critical Moments in my Career«. In »Musical Times«, Bd. LXXI, 1930
Redepenning, Dorothea: »Geschichte der russischen und der sowjetischen Musik«. Bd. 1, Laaber. 1994
Riesemann, Oskar von: »Rachmaninoff's Recollections told to Oskar v. Riesemann«. New York, Berlin 1936, Reprint 1970
Rubinstein, Arthur: »Erinnerungen«. Frankfurt/Main 1973
–: »Mein glückliches Leben«. Frankfurt/Main 1980
Rüger, Christoph: »Ein Künstler – zwei Leben«. Zum 100. Geburtstag Sergej Rachmaninoffs in: »Musik und Gesellschaft« 1973, S. 198-203
Ruiz, Tarazona, Andrés: »Rachmaninov – La Rusia eterna«. Real Musical ed. Coleccion Musicos, Madrid 1975
Rummenhöller, Peter: »Zum Warencharakter in der Musik – Analyse von Rachmaninoffs Prelude op. 32/Nr. 1«. In »Zeitschrift für Musiktheorie«, 4, 1973, S. 30-36
Sabanejew, Leonid: »Sergey Rakhmaninoff«. In »Modern Russian Composers«, New York 1927, S. 103-120
Satin, Sophia: »In memoriam S. Rachmaninoff«. New York 1946
Schech, Werner: »Geschichte Rußlands«. München 1974
Schibli, Siegfried: »Alexander Skrjabin und seine Musik«. München 1983
Schonberg, Harold: »Die großen Pianisten«. München 1965
Schostakowitsch, Dimitrij: »Zeugenaussagen«. Hamburg 1979
Schwarz, Boris: »Musik und Musikleben in der Sowjetunion 1917 bis zur Gegenwart«. Teil I-III, Wilhelmshaven 1982
Seroff, Victor: »S. Rachmaninoff«. New York 1950
Solowcow, Anatolij: »S. V. Rachmaninov«. Moskau 1969
Strauss, Richard: »Betrachtungen und Erinnerungen«. München/Mainz 1981, S. 190 ff
Threlfall, Robert: »Sergei Rachmaninoff«. London 1973
Tanejew, Serge: »Persönlichkeit, Werk und Dokumente«. Moskau 1925
Urbanek, Walter: »Deutsche Literatur des 19./20. Jahrhundert«. Bamberg 1970
Walker, Robert: »Rachmaninoff. His Life and Times«. New York 1978
Wilder, Pamela Wright: »Sergei Rachmaninoff – Understandig the Composer through the Etudes Tableaux op. 33«. Diss., Alabama 1988
Wilhelm, Kurt: »R. Strauss – persönlich«. München 1984
Wood, H. J.: »My Life of Music«. London 1938
Woodruff, Benjamin, Wilson, jr.: »Rachmanoffs orchestral works«. Diss., Illinois, Urbana 1976
Yssac, Albert: »A study analysis and performance of the two sets of piano solo variations by Sergei Rachmaninoff«. Diss., New York 1978
Yassar, J.: »The opening Theme of Rachmaninoff's Third Piano Concert and its liturgical Prototype«. In »Musical Quarterly«, 55, New York 1969, S. 325 ff

Personen- und Sachregister

C

D

K

L

M

N

O

P

Q

R

S

T

U

V

W

Y

Z

Werkregister

M

O

P

R

S